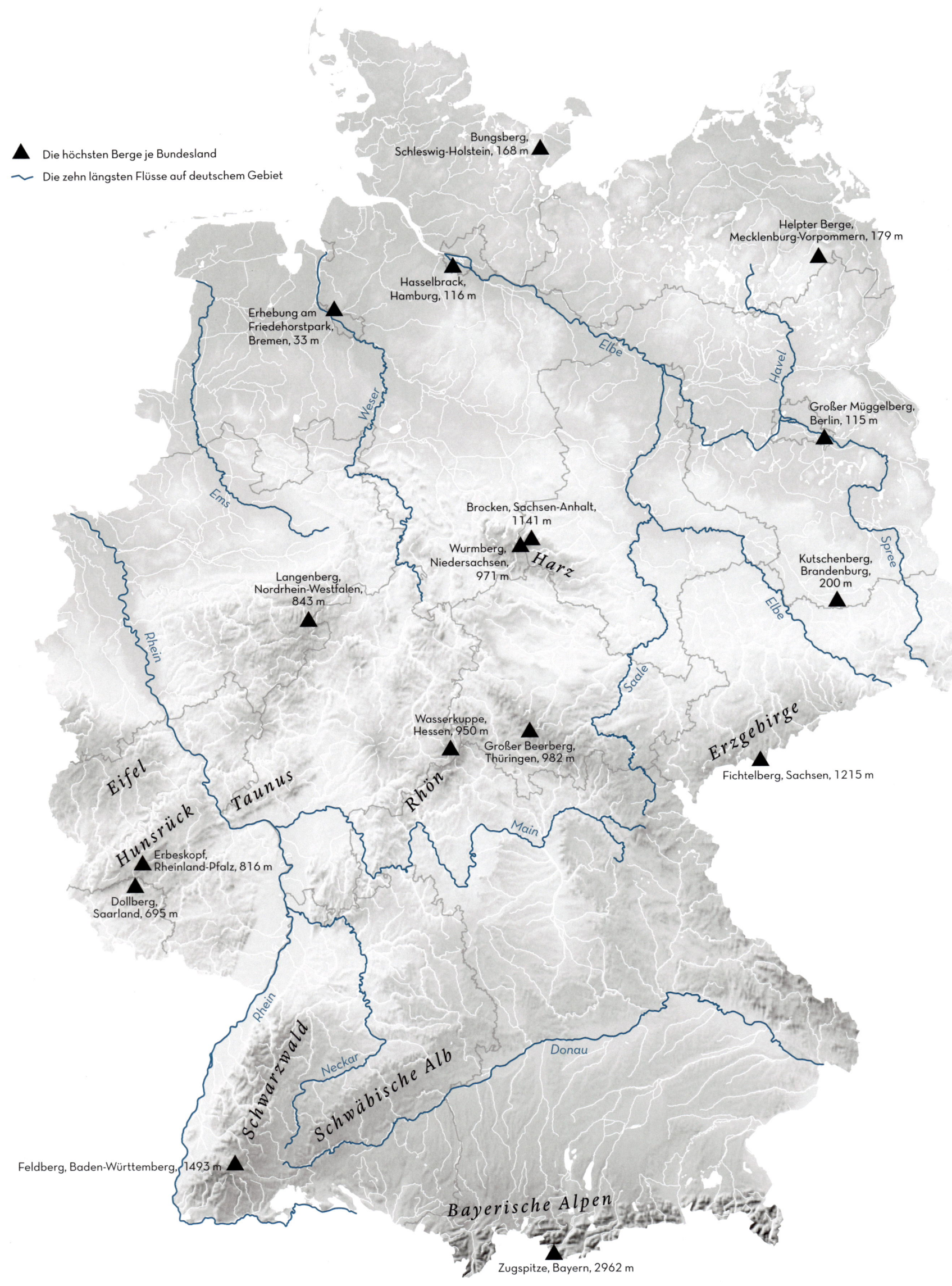

Die höchsten Berge je Bundesland

Die zehn längsten Flüsse auf deutschem Gebiet

Bungsberg, Schleswig-Holstein, 168 m

Helpter Berge, Mecklenburg-Vorpommern, 179 m

Hasselbrack, Hamburg, 116 m

Erhebung am Friedehorstpark, Bremen, 33 m

Elbe

Havel

Weser

Großer Müggelberg, Berlin, 115 m

Ems

Brocken, Sachsen-Anhalt, 1141 m

Wurmberg, Niedersachsen, 971 m

Harz

Kutschenberg, Brandenburg, 200 m

Spree

Langenberg, Nordrhein-Westfalen, 843 m

Rhein

Saale

Elbe

Eifel

Wasserkuppe, Hessen, 950 m

Großer Beerberg, Thüringen, 982 m

Erzgebirge

Taunus

Hunsrück

Rhön

Fichtelberg, Sachsen, 1215 m

Main

Erbeskopf, Rheinland-Pfalz, 816 m

Dollberg, Saarland, 695 m

Schwarzwald

Rhein

Neckar

Schwäbische Alb

Donau

Feldberg, Baden-Württemberg, 1493 m

Bayerische Alpen

Zugspitze, Bayern, 2962 m

DEUTSCHLAND VERSTEHEN

EIN LESE-, LERN- UND ANSCHAUBUCH

von RALF GRAUEL und JAN SCHWOCHOW

gestalten

Deutschland verstehen

Dieses Buch ist für alle, die früher Stunden über den Landkarten eines Atlas verbringen konnten und sich auf Berggipfel träumten, an ein Flussufer im Kongo oder in die Steppe der Mongolei. Es ist ein Buch für alle ehemaligen Puppenstubenmütter und Ritterburgenbesitzer. Für Menschen, die was wissen und entdecken wollen. Ein Bilderbuch für schlaue Leute, in dem sie sich verlieren und wiederfinden können.

Deutschland verstehen ist ein Wimmelbuch für Erwachsene. Es handelt von unserem Leben, den Dingen, die wir lieben, fürchten, besonders gut können und vielen anderen mehr.

Als Journalisten sind wir gewohnt, präzise Antworten auf Fragestellungen zu geben, die naturgemäß so eingegrenzt sind, dass für die Beantwortung schon der nächsten interessanten Frage kein Platz mehr bleibt. Eine Bildungsreise wie diese, kreuz, quer, in die Mitte, an die Ränder und wieder zurück, keinem Schema folgend, sondern entlang von Fragen, durch die Themen, die uns interessieren – eine solche Tour wollten wir schon lange machen. Sie ist nun möglich, weil mehr und mehr Zeitungen und Magazine deutsche Orte und Sachverhalte in Grafiken und Schaubildern aufbereiten.

So ist dieses Buch entstanden: Wir haben Freunde und Kollegen in Redaktionen und Designbüros angerufen, ihnen von dieser Idee erzählt und sie gebeten, ihre Schubladen und Festplatten zu durchforsten. Dieses Material haben wir gesichtet, mit unseren eigenen Arbeiten abgeglichen und die Lücken, die wir dann noch sahen, aufgefüllt mit neuen Schaubildern, die wir eigens für dieses Buch produziert haben. Unser herzlicher Dank geht an alle, die dieses Buch ermöglicht haben!

Deutschland verstehen ist ein Wochenendtrip, den Sie morgens, mittags und abends machen können. Steigen Sie ein in eine Zeitreise, wenn Sie die Musikcharts Ihres Abi-Jahrgangs nachschlagen [S. 28]. Erkunden Sie bei einem Rundgang Reichstag [S. 168], Kanzleramt [S. 170] oder Allianz Arena von innen [S. 22]. Buchen Sie die geführte Tour durch 50 Jahre deutsche Geschichte, von der Befreiung, der Luftbrücke, vier Generationen deutsch-deutscher Mauer bis zur Wiedervereinigung [ab S. 88]. Oder erfahren Sie alles über die größte Leidenschaft der Deutschen, das Trennen von Müll, und wie gut wir wirklich darin sind [S. 124].

Wo auch immer Ihre Reise startet: Wir wünschen Ihnen viel Vergnügen,

RALF GRAUEL und JAN SCHWOCHOW

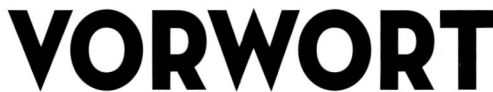

VORWORT 3

INHALT

IN EINEM LEBEN...

schlafen wir
24 JAHRE+ 5 MONATE

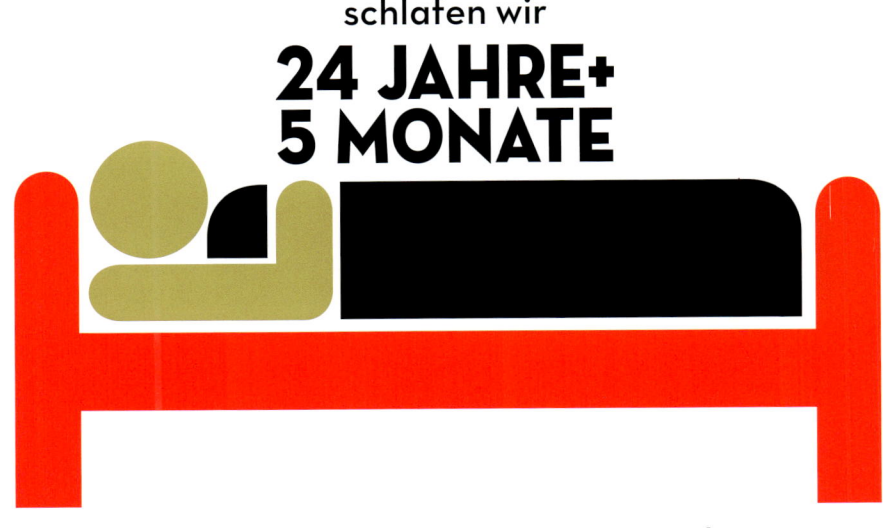

konsumieren wir knapp
33 JAHRE
Medien

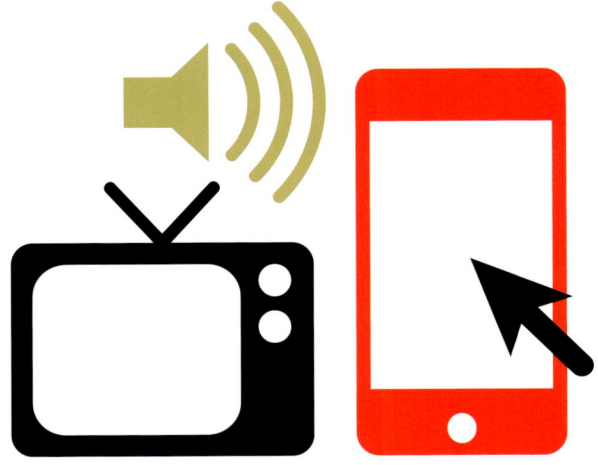

12 Jahre und 3 Monate: Fernsehen
10 Jahre und 5 Monate: Radio hören
4 Jahre und 3 Monate: Internet stöbern
1 Jahr und 11 Monate: Musik hören
1 Jahr und 3 Monate: Tageszeitung lesen
1 Jahr und 3 Monate: Bücher lesen
4 Monate: Zeitschriften lesen
3 Monate: Video/DVD schauen

verbringen wir
5 JAHRE
mit Essen

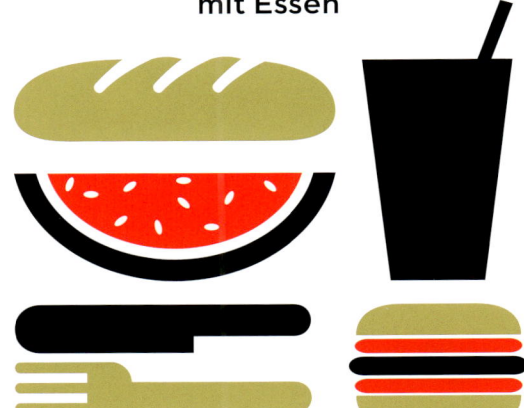

treiben wir
1 JAHR+ 7 MONATE
Sport

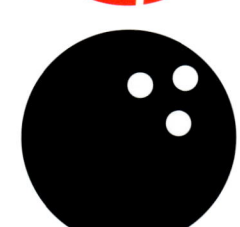

arbeiten wir
7 JAHRE

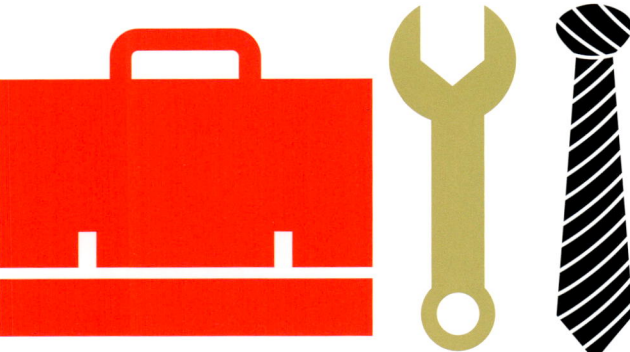

sitzen wir
2 JAHRE
im Auto, davon
6 MONATE
im Stau

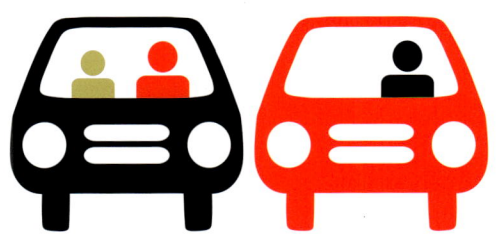

reden wir
2 JAHRE+ 10 MONATE
mit anderen Menschen

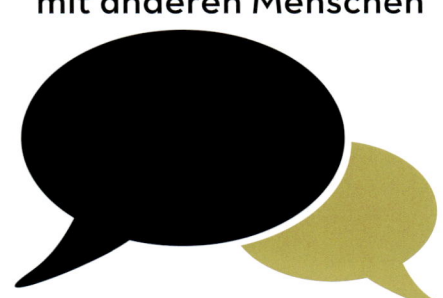

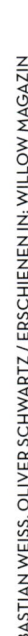

waschen und bügeln wir
9 MONATE

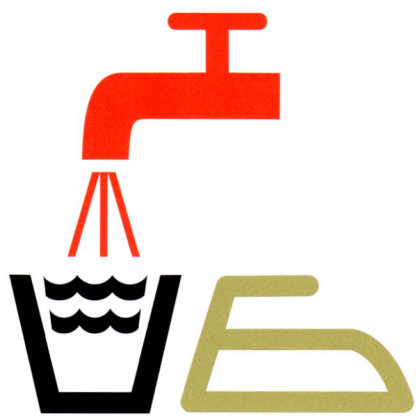

spielen wir
9 MONATE
mit unseren Kindern

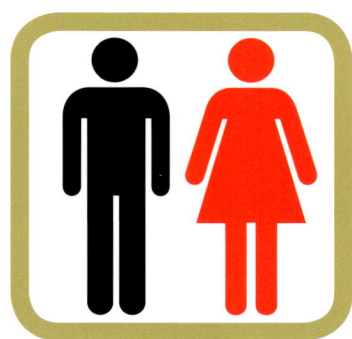

gehen wir
1 JAHR
ins Museum, Kino,
Theater oder
zu Konzerten

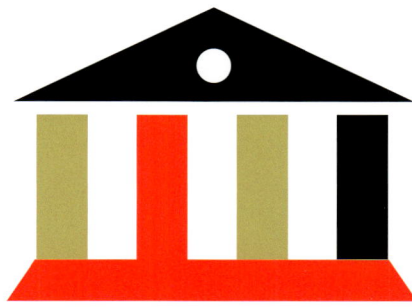

sitzen wir
6 MONATE
auf der Toilette

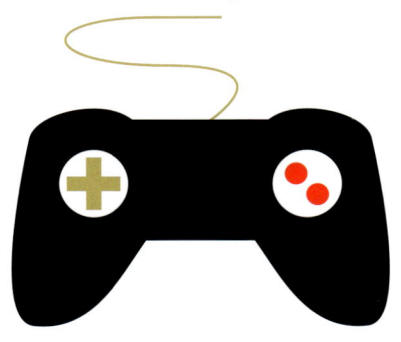

stehen oder sitzen wir
3 MONATE
in der Kneipe

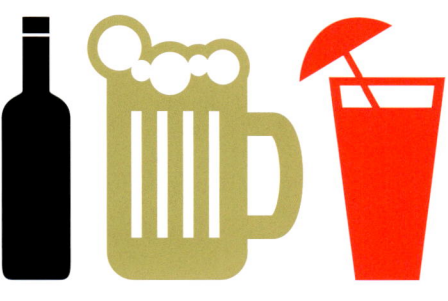

nehmen wir
3 MONATE
an Vereinssitzungen teil

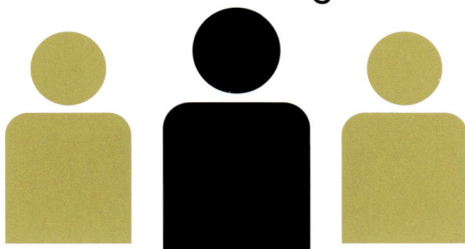

küssen wir
2 WOCHEN

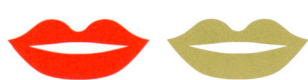

spielen wir
4 MONATE
am Computer

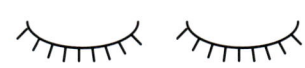

beten wir
2 WOCHEN

80 JAHRE DEUTSCHLAND

IN EINEM JAHR...

werden **7.724** Vergewaltigungen angezeigt (Dunkelziffer liegt deutlich darüber), **81,7** Prozent werden aufgeklärt.

treten **145.250** Mitglieder aus der evangelischen Kirche aus.

befinden sich **60.100** Männer und Frauen in einer Justizvollzugsanstalt oder in Sicherungsverwahrung.

verdient Bundeskanzlerin Angela Merkel **220.000** Euro.

kommen **677.947** neue Erdenbürger zur Welt.

sterben **4,**

ziehen **798.282** Menschen nach Deutschland.

bewerben sich **45.741** Ausländer bei deutschen Ämtern um Asyl.

beschlagnahmt der Zoll **160** Millionen illegale Zigaretten.

lassen sich **20.000** Frauen die Brüste vergrößern.

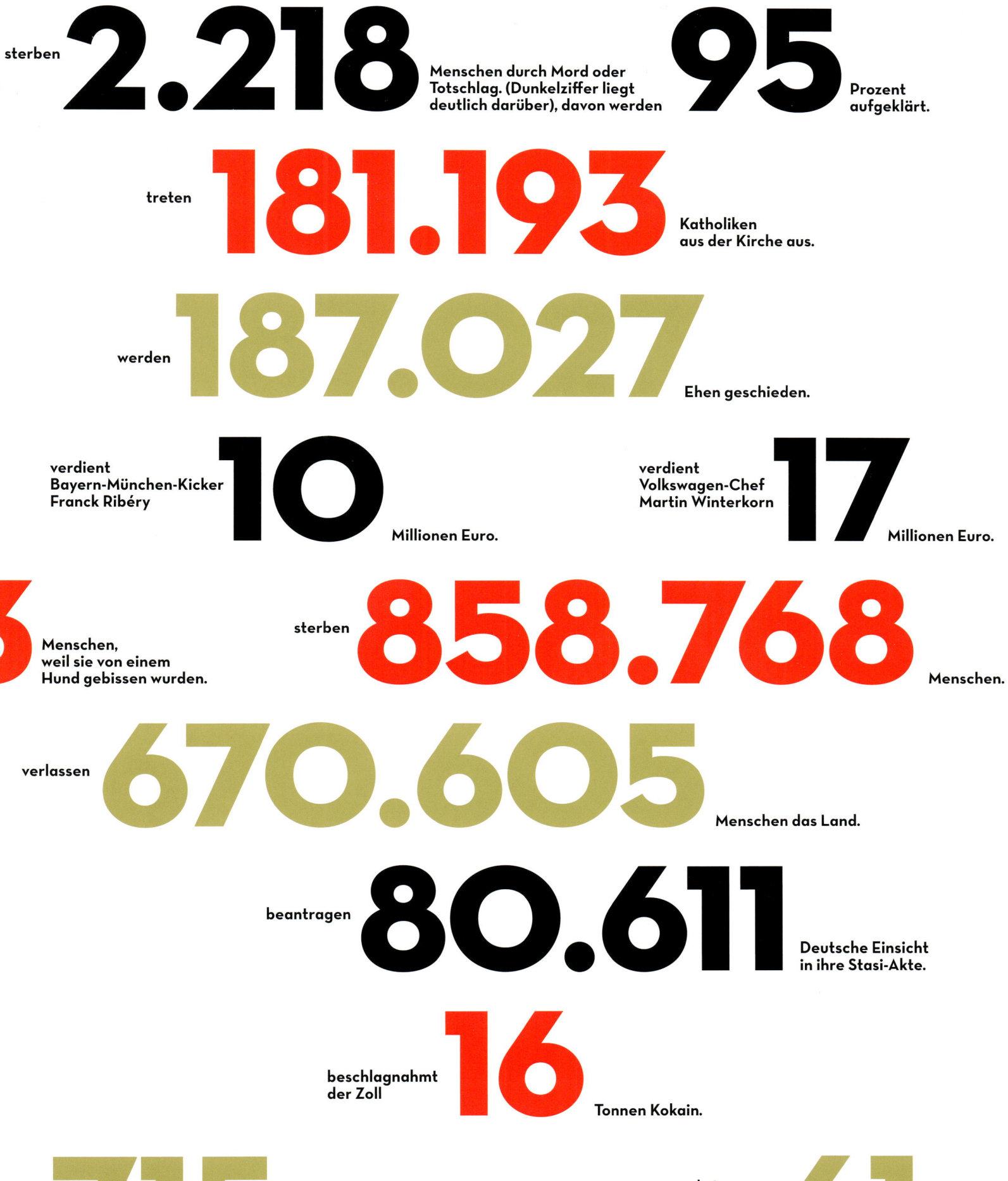

sterben **2.218** Menschen durch Mord oder Totschlag. (Dunkelziffer liegt deutlich darüber), davon werden **95** Prozent aufgeklärt.

treten **181.193** Katholiken aus der Kirche aus.

werden **187.027** Ehen geschieden.

verdient Bayern-München-Kicker Franck Ribéry **10** Millionen Euro.

verdient Volkswagen-Chef Martin Winterkorn **17** Millionen Euro.

3 Menschen, weil sie von einem Hund gebissen wurden.

sterben **858.768** Menschen.

verlassen **670.605** Menschen das Land.

beantragen **80.611** Deutsche Einsicht in ihre Stasi-Akte.

beschlagnahmt der Zoll **16** Tonnen Kokain.

lassen sich **715** Männer die Brust verkleinern.

verzehrt ein Deutscher durchschnittlich **61** Kilo Fleisch.

365 TAGE DEUTSCHLAND

IN EINER STUNDE WERDEN...

76,7
Kinder geboren.

80,94
Gewerbe abgemeldet.

96,92
Gewerbe angemeldet.

39,4
Millionen Euro durch Schwarzarbeit umgesetzt.

398

125,5
tausend Euro für Kultur ausgegeben.

13,3
Schwangerschaftsabbrüche durchgeführt.

719,2
Straftaten begangen.

5.29

10,03
Fälle von Wirtschaftskriminalität bekannt.

376,7
tausend Euro Maut eingenommen.

1,97
Millionen Briefe verschickt.

143,7
Millionen Euro in Form von Krediten an Unternehmen und Selbstständige vergeben.

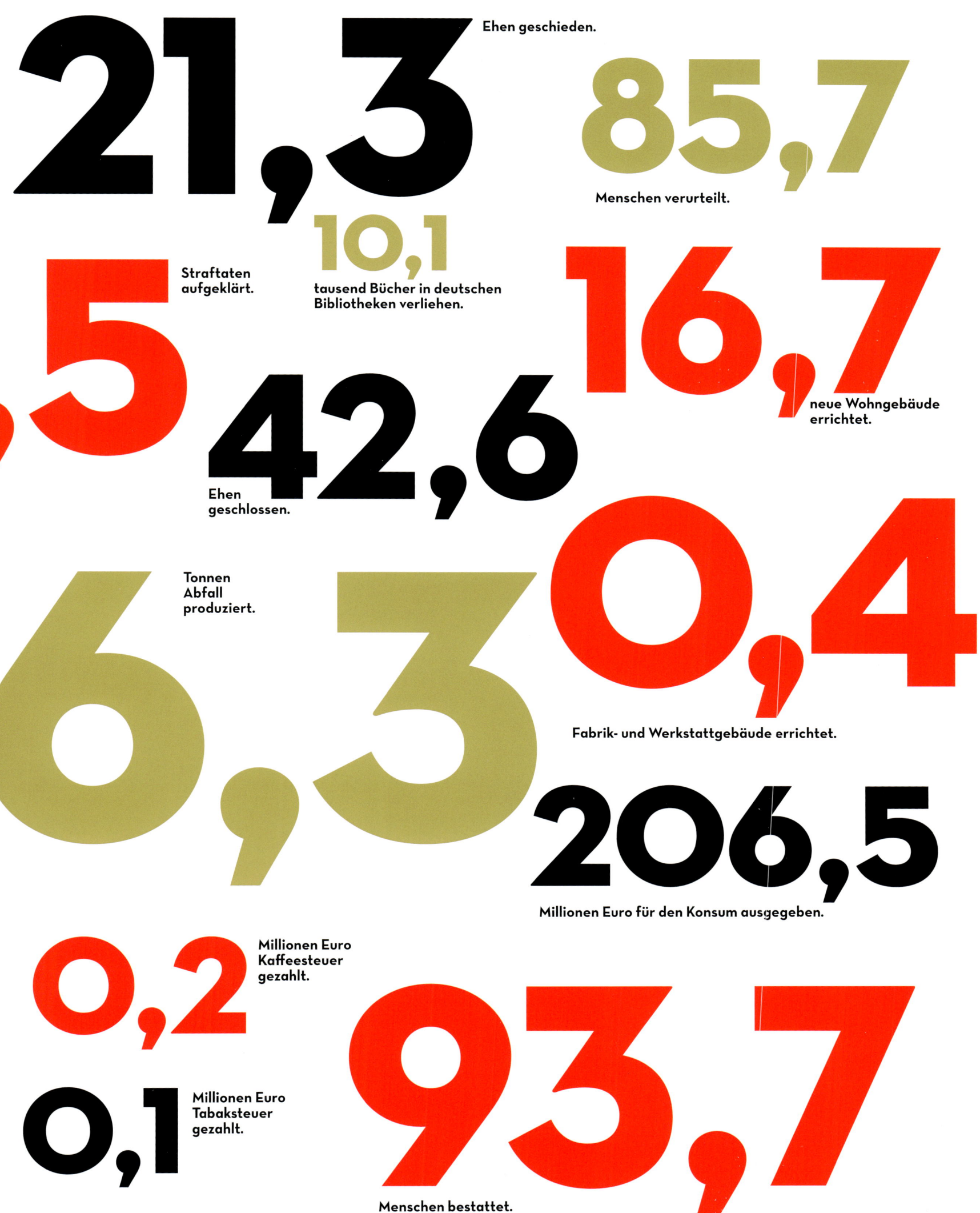

21,3 Ehen geschieden.

85,7 Menschen verurteilt.

,5 Straftaten aufgeklärt.

10,1 tausend Bücher in deutschen Bibliotheken verliehen.

16,7 neue Wohngebäude errichtet.

42,6 Ehen geschlossen.

6,3 Tonnen Abfall produziert.

0,4 Fabrik- und Werkstattgebäude errichtet.

206,5 Millionen Euro für den Konsum ausgegeben.

0,2 Millionen Euro Kaffeesteuer gezahlt.

0,1 Millionen Euro Tabaksteuer gezahlt.

93,7 Menschen bestattet.

60 MINUTEN DEUTSCHLAND

KAPITEL 1

WAS WIR LIEBEN

Keine Frage, ohne Raab, Grass und Lena wären wir alle nicht klüger – aber um einiges ärmer. Ohne Essen wäre unser Leben kürzer. Ohne Sex ginge es kaum weiter und fade wäre es sowieso. Ruhe finden wir im Autobahnstau, im Wald und im Urlaub; letzterer ist uns derart heilig, dass wir durchschnittlich hundert Tage und mehr arbeiten, um anschließend umso matter in den Liegestühlen zu versinken. Ach ja, fehlt noch der Fußball: Ohne den macht natürlich alles keinen Sinn. Über die Gewichtung unserer Vorlieben lässt sich streiten. Die Spuren allerdings, die wir bei der Ausübung unseres Lebendig-Seins und der Dinge, die wir daran so lieben, hinterlassen – Charts, Tickets, Verkaufszahlen, Stauzeiten – diese Spuren lassen sich lesen und anschaulich darstellen.

Finden Sie auf den folgenden Seiten: einen typisch deutsch gedeckten Teller, und wie er sich im Laufe der Jahre verändert hat. So viel vorab, trotz Pommes und McDonald's, es steht nicht gut um die Kartoffel [S. 14]. Entdecken Sie den ultimativen Beweis, dass Borussia Dortmund nicht nur der in der Fußballsaison 2012 erfolgreichste deutsche Club war. Er war auch der effizienteste: Durchschnittlich dreimal mehr Geld musste der FC Bayern ausgeben, um ein Tor zu schießen oder einen Sieg zu erringen. Und lernen Sie, dass ein Bundesliga-Tor im Durchschnitt 703.460 Euro gekostet hat [S. 20].

Romantischen Gemütern sei die Seite 28 ans Herz gelegt. Dort können Sie durch alle Musik-Hits seit 1950 auf eine Zeitreise gehen. Egal, ob Ihr Pop-Gedächtnis bei Cliff Richards, Boney M., Falco oder Schnappi einsetzt, die Liste wird Sie garantiert in die Zeit Ihrer ersten großen Liebe, Cliquen, Mitesser und Klassenfahrten zurückversetzen.

Robuster geht es auf Seite 26 zu. Dort lernen Sie den Aufbau einer typischen Demo kennen – aus Polizeihubschrauberperspektive. Falls Sie je die Teilnahme in einem der sogenannten Schwarzen Blöcke erwägen, machen Sie sich vorher besser mit dem Unterschied zwischen BEDO-Bereitschaftspolizisten und BFE-Beamten vertraut. Könnte ja mal wichtig werden.

Anteil der Deutschen, die ihren jetzigen Ehepartner noch einmal heiraten würden, in Prozent: **90**—Anzahl der Deutschen in lang jährigen Beziehungen, die den Partner noch sexuell attraktiv finden, in Prozent: **80,9**—Anteil der deutschen Männer, die sich eine Beziehung ohne Sex nicht vorstellen können, in Prozent: **75,5**—Zahl der Frauen, die Kuscheln gegenüber Sex bevorzugen, in Prozent: **52,9**—Zahl der Eheschließungen 2010 in Deutschland: **382.055**—Zahl der Scheidungen 2010 in Deutschland: **182.027** Zahl der 1999 in Deutschland beschäftigten Kutscher: **1.648**—Zahl der 2009 in Deutschland beschäftigten Kutscher: **1.627**—Zahl der Brauereien, die es 2010 in Deutschland gab: **1.325**—Alter der ältesten, noch existierenden Brauerei in Deutschland in Jahren: **972**—Bier, das in Deutschland in Bioqualität verkauft wird, in Prozent: **0,3**—Anteil der Ziegen- und Schafsmilch, die in Deutschland in Bioqualität verkauft wird, in Prozent: **81**—Zahl der Katzen, die 2009 in deutschen Haushalten lebten, in Millionen, **8,2**—Zahl der Kinder, die 2009 in deutschen Haushalten lebten, in Millionen: **8,2**—Zahl der Kinder (zw. 6 u. 13 Jahren), die auf die Frage, nach Kriterien für eine gelungene Mahlzeit „gute Laune am Tisch" und „sich das Essen wünschen dürfen" angeben, in Prozent: **95**—Zahl der Kinder, die auf die Frage, nach Kriterien für eine misslungene Mahlzeit „zu viel Gemüse auf dem Teller" angeben, in Prozent: **35**—Zahl der Kinder, die als Kriterien für eine misslungene Mahlzeit „unbekanntes Essen", „zu schnell fertig sein müssen" und „beim Kochen helfen müssen", in Prozent: **25**—Zahl der Kinder, die als Kriterium für eine misslungene Mahlzeit angeben, dass sie „nicht beim Kochen helfen durften", in Prozent: **20**—Zahl der Packungen—Paracetamol, die 2010 in Deutschland verkauft wurden, in Millionen: **20,5**—Zahl der Berufsorchester in Deutschland: **130** Zahl der jährlich neuen oder neu aufgelegten Buchtitel: **94.000**—Auslastung des Signal Iduna Parks in Dortmund, des am besten ausgelasteten Stadions der Welt, in Prozent: **99,8**—Zahl der Stadionbesuche in der Bundesligasaison 2011/2012 insgesamt in Millionen: **13,8**—Zahl der Besuche in deutschen Museen im Jahr 2009 in Millionen: **113** Umsätze am deutschen Kunstmarkt 2009 in Milliarden Euro: **1,84**—Zahl der Deutschen, die Kunstverständnis als wichtig empfinden, in Prozent: **9,8**—Zahl der Deutschen, die ein gepflegtes Aussehen als wichtig empfinden, in Prozent: **56,9**—Zahl der Deutschen, die Familienleben als wichtig empfinden, in Prozent: **77,6**—Zahl der Deutschen, die enge Beziehungen zu anderen Menschen als wichtig empfinden, in Prozent: **85,5**

Kohl, Kartoffel, Schwein und Apfel

Was wir am liebsten essen – und wie viel

Hauptsache, Kohlehydrate und Protein! Wenn kein Schweinefleisch oder Rind auf unseren Tellern landet, dann zumindest Pasta. Nudeln und Teiggerichte erklären den hohen Konsum an Eiern. Noch ist die Kartoffel die Sättigungsbeilage schlechthin. Doch seit Jahren sinkt unser Appetit auf die Erdknolle.

LÖFFEL UND GABEL FÜR DAS DESSERT

In einem Jahr verzehrt ein durchschnittlicher Deutscher rund 825 Kilogramm an Lebensmitteln. Die Kreise veranschaulichen die unterschiedliche Verteilung unserer Nahrung.

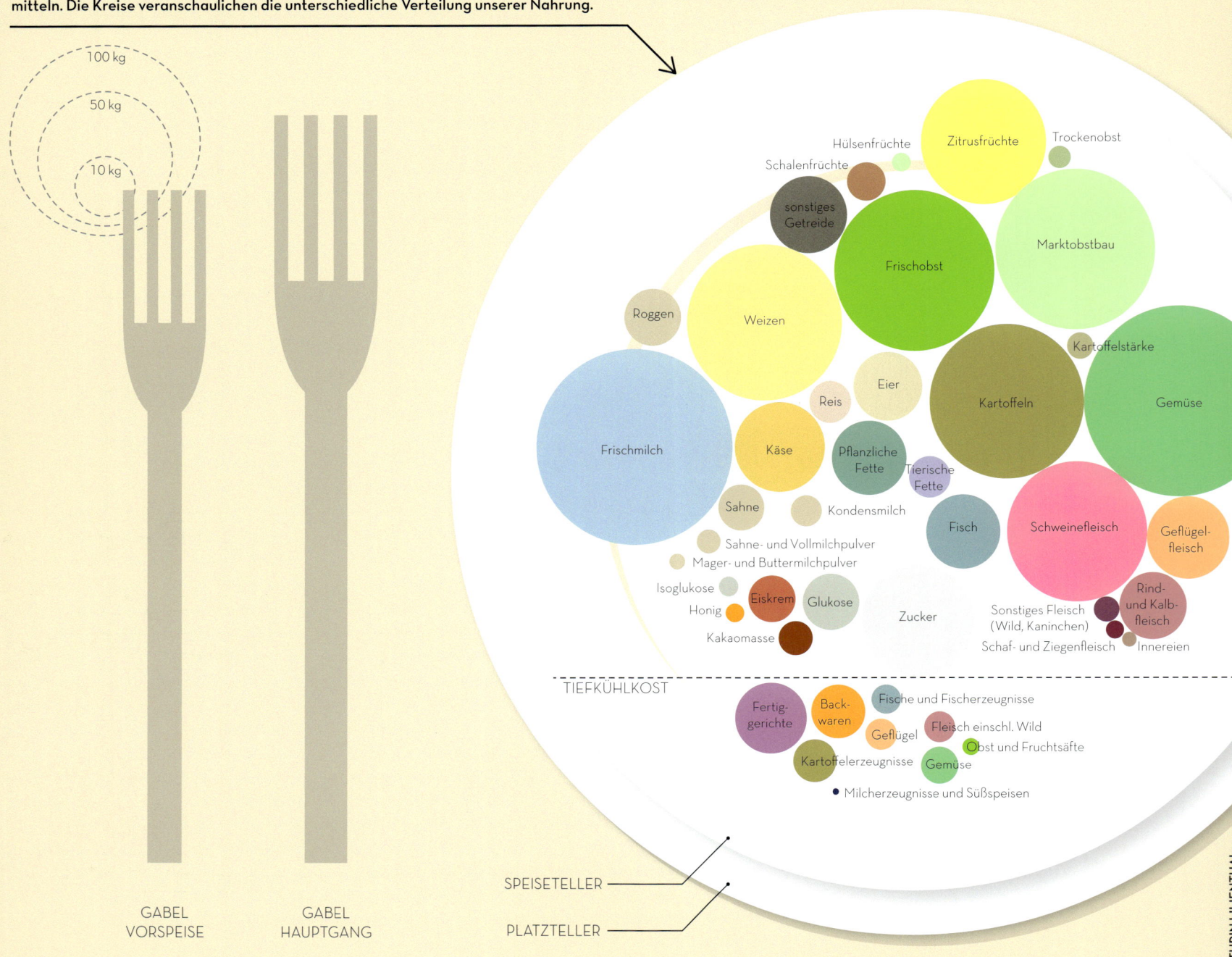

100 kg

50 kg

10 kg

Hülsenfrüchte
Zitrusfrüchte
Trockenobst
Schalenfrüchte
sonstiges Getreide
Marktobstbau
Frischobst
Roggen
Weizen
Kartoffelstärke
Eier
Kartoffeln
Gemüse
Reis
Frischmilch
Käse
Pflanzliche Fette
Tierische Fette
Sahne
Kondensmilch
Fisch
Schweinefleisch
Geflügelfleisch
Sahne- und Vollmilchpulver
Mager- und Buttermilchpulver
Isoglukose
Eiskrem
Glukose
Rind- und Kalbfleisch
Honig
Zucker
Sonstiges Fleisch (Wild, Kaninchen)
Kakaomasse
Schaf- und Ziegenfleisch
Innereien

TIEFKÜHLKOST

Fertiggerichte
Backwaren
Fische und Fischerzeugnisse
Geflügel
Fleisch einschl. Wild
Kartoffelerzeugnisse
Obst und Fruchtsäfte
Gemüse
Milcherzeugnisse und Süßspeisen

SPEISETELLER
PLATZTELLER

GABEL VORSPEISE

GABEL HAUPTGANG

So viel isst ein Deutscher in einem Jahr

210 EIER

5,9 KG BUTTER

5,3 KG MARGARINE

14

GRAFIK: GOLDEN SECTION GRAPHICS / RECHERCHE: KATHRIN LILIENTHAL

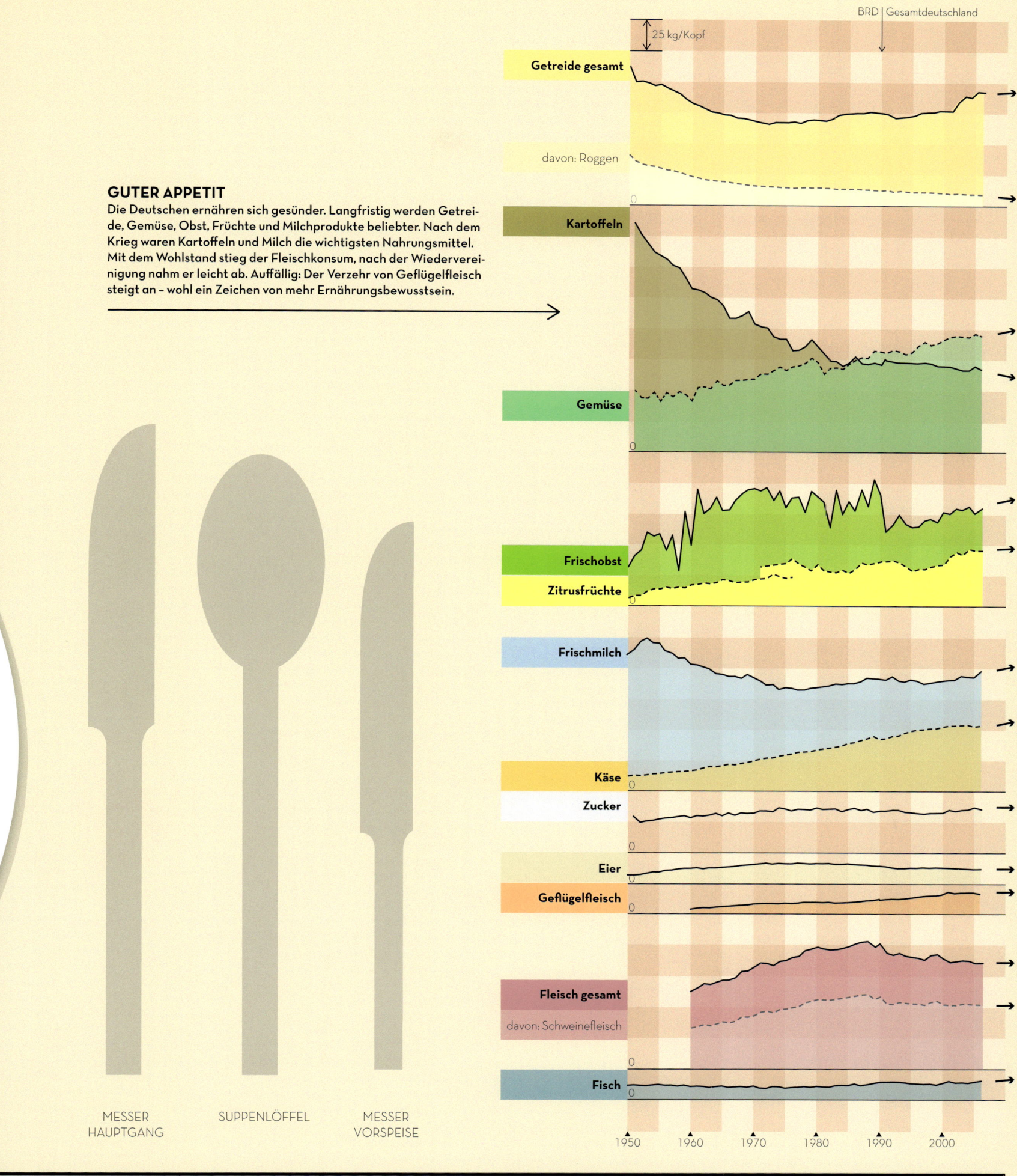

GUTER APPETIT

Die Deutschen ernähren sich gesünder. Langfristig werden Getreide, Gemüse, Obst, Früchte und Milchprodukte beliebter. Nach dem Krieg waren Kartoffeln und Milch die wichtigsten Nahrungsmittel. Mit dem Wohlstand stieg der Fleischkonsum, nach der Wiedervereinigung nahm er leicht ab. Auffällig: Der Verzehr von Geflügelfleisch steigt an – wohl ein Zeichen von mehr Ernährungsbewusstsein.

25 kg/Kopf

BRD | Gesamtdeutschland

Getreide gesamt

davon: Roggen

0

Kartoffeln

Gemüse

0

Frischobst

Zitrusfrüchte

0

Frischmilch

Käse

Zucker

0

Eier

Geflügelfleisch

0

Fleisch gesamt

davon: Schweinefleisch

0

Fisch

0

1950   1960   1970   1980   1990   2000

MESSER HAUPTGANG

SUPPENLÖFFEL

MESSER VORSPEISE

9,3 KG SCHOKOLADE

7,7 L SPEISEEIS

70,5 KG OBST

WAS WIR LIEBEN

ESSEN

15

Deutschland, ganz zart

Unsere Wirtschaft mag eine führende Rolle einnehmen. Unsere sexuelle Aktivität platziert uns im hinteren Mittelfeld. Mit zwei Akten pro Woche liegen wir zwischen Thailand und Kanada. Eine Übersicht, was passiert, wenn hier die Lichter ausgehen

DURCHSCHNITTLICHE PENISLÄNGE IM ERIGIERTEN ZUSTAND

Länge: 14,61 cm | Umfang: 11,7 cm

SO LANGE DAUER DER SEX IM DURCHSCHNITT

- 1% — <5 min
- 9% — 5 bis 10 min
- 29% — 10 bis 20 min
- 29% — 20 bis 30 min
- 26% — 30 min und länger
- 6% — weiß nicht

DURCHSCHNITTLICHE LÄNGE DER VAGINA

10 cm

DURCHSCHNITTLICHE KÖRBCHENGRÖSSE

80C

HABEN SIE ZURZEIT SEXUELLE BEZIEHUNGEN MIT MEHREREN PARTNERN GLEICHZEITIG?

8%

GRAFIK: BENJAMIN ERFURTH / RECHERCHE: KAI SCHÄCHTELE

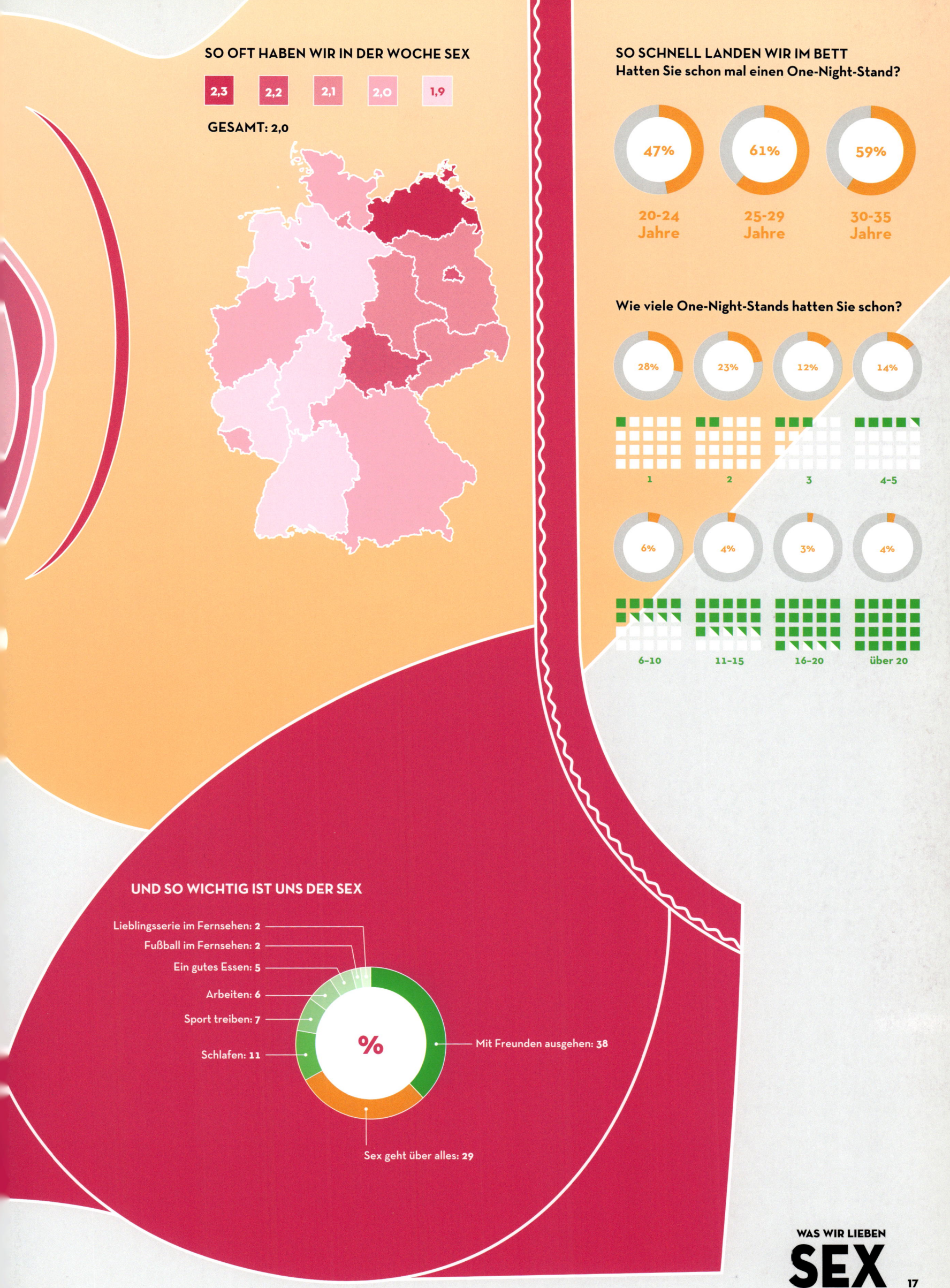

SO OFT HABEN WIR IN DER WOCHE SEX

| 2,3 | 2,2 | 2,1 | 2,0 | 1,9 |

GESAMT: 2,0

SO SCHNELL LANDEN WIR IM BETT
Hatten Sie schon mal einen One-Night-Stand?

47% — 20-24 Jahre
61% — 25-29 Jahre
59% — 30-35 Jahre

Wie viele One-Night-Stands hatten Sie schon?

28% — 1
23% — 2
12% — 3
14% — 4-5

6% — 6-10
4% — 11-15
3% — 16-20
4% — über 20

UND SO WICHTIG IST UNS DER SEX

Lieblingsserie im Fernsehen: 2
Fußball im Fernsehen: 2
Ein gutes Essen: 5
Arbeiten: 6
Sport treiben: 7
Schlafen: 11

Mit Freunden ausgehen: 38

Sex geht über alles: 29

%

WAS WIR LIEBEN
SEX

Die 251 wirklich unnötigsten Hits der TV-Geschichte

Alle Angaben ohne Gewähr, vor allem aber: ohne Anspruch auf Vollständigkeit

Die Best-Of-Shows wurden erfunden, als die Konkurrenz größer und das Geld knapp wurde. Die Redakteure schickten die Praktikanten in die Archive, ließen sie alte TV-Konserven aufspüren, öffnen und die Inhalte durch ein Sieb aus Superlativen pressen.

Heute spielt man die Häppchen gern ausgestiegenen Dschungelcamp-Teilnehmern vor oder Big-Brother-Heroen wie Jürgen aus Herne. Deren Silhouetten werden digital in einen Rahmen des jeweiligen Sendethemas montiert, damit der vertrautbeschwingte

Eindruck von Kasperletheater entsteht. Hysterie und Begeisterung der meist unwissenden Kommentatoren („ach, da war ich ja noch gar nicht geboren...“) sorgen dafür, dass sich alle Zuschauergruppen von drei bis neunzig Jahren mitgenommen fühlen.

RTL Die 10 bewegendsten Ereignisse	06.03.2003
NDR Die größten Norddeutschen	28.12.2004
RTL Die 10 außergewöhnlichsten Millionäre	26.01.2005
RTL Die 10 größten Kinderstars	02.02.2005
RTL Die 10 erotischsten Frauen	09.02.2005
RTL Die 10 pikantesten Skandale	16.02.2005
NDR Die Kultautos der Deutschen	14.05.2005
RTL Die 10 größten TV-Aufreger	03.06.2005
RTL Die 10 spektakulärsten Trennungen	10.06.2005
RTL Die 10 begehrtesten Society-Kinder	17.06.2005
RTL Die 10 größten Comebacks	01.07.2005
NDR Die größten Sommerhits	02.07.2005
RTL Die 10 erotischsten Männer	08.07.2005
RTL Die 10 fiesesten TV-Biester	15.07.2005
NDR Unvergessene Tore	17.07.2005
RTL Die 10 größten Ausraster	22.07.2005
NDR Die größten Popsongs des Nordens	23.07.2005
RTL Die 10 größten Comedians	29.07.2005
RTL Die 10 aufregendsten Liebes-Affären	05.08.2005
RTL Die 10 witzigsten TV-Pannen	12.08.2005
RTL Die 10 erotischsten TV-Momente	19.08.2005
RTL Die 10 größten Musik-Skandale	26.08.2005
RTL Die 10 spektakulärsten TV-Shows	02.09.2005
RTL Die 10 dramatischsten Momente bei Hinter Gittern	09.09.2005
HR Die beliebtesten Weihnachtslieder der Hessen	21.12.2005
NDR Die schönsten Weihnachts-Momente im TV	22.12.2005
NDR Die besten Comedy-Songs des Nordens	29.12.2005
NDR Die 100 schönsten Bauwerke Norddeutschlands	02.01.2006
NDR Die größten Skandale der Republik	13.04.2006
NDR Die schönsten Urlaubsziele Norddeutschlands	14.04.2006
NDR Die schönsten Operetten	15.04.2006
NDR Die schönsten Fußball-Songs	25.05.2006
NDR Was den Norden bewegte	04.06.2006
RTL Die 10 größten Adelsskandale	23.06.2006
HR Die beliebtesten Fußball-Lieder der Hessen	29.06.2006

RTL Die 10 beliebtesten Werbestars	30.06.2006
RTL Die 10 peinlichsten Jugendsünden	07.07.2006
RTL Die 10 größten Showmaster	14.07.2006
RTL Die 10 beliebtesten Teenie-Bands	21.07.2006
RTL Die 10 spektakulärsten Reality-Shows	28.07.2006
NDR Die beliebtesten Trecker Norddeutschlands	29.07.2006
RTL Die 10 peinlichsten Fehltritte	04.08.2006
RTL Die 10 beliebtesten Kultserien	11.08.2006
RTL Die 10 verrücktesten Rekorde	18.08.2006
RTL Die 10 lustigsten TV-Patzer	25.08.2006
RTL Die 10 peinlichsten Paparazzi-Fotos	01.09.2006
NDR Die beliebtesten Bücher des Nordens	03.09.2006
HR Die größten Hessen	02.12.2006
RTL Die 10 größten Casting-Stars	13.01.2007
RTL Die 10 emotionalsten DSDS-Momente	03.02.2007
RTL Die 10 schrägsten Promi-Sänger	10.02.2007
NDR Die schönsten Love-Songs	16.02.2007
RTL Die 10 witzigsten DSDS-Castings	17.02.2007
NDR Die größten deutschen Kabarettisten	05.04.2007
NDR Die kuriosesten Sportmomente	08.04.2007
HR Die schönsten Ausflugsziele der Hessen	09.04.2007
HR Die beliebtesten Liebeslieder der Hessen	30.04.2007
RTL Die 10 witzigsten Karriere-Starts	13.06.2007
RTL Die 10 größten Soap-Stars	20.06.2007
RTL Die 10 spektakulärsten Rosenkriege	27.06.2007
RTL Die 10 spektakulärsten Castingshows	06.07.2007
RTL Die 10 spannendsten Promi-Duelle	11.07.2007
RTL Die 10 beliebtesten Kinderserien	18.07.2007
RTL Die 10 schrägsten Familien	25.07.2007
NDR Die größten Modesünden	26.07.2007
RTL Die 10 emotionalsten Tiergeschichten	01.08.2007

RTL Die 10 größten Ausrutscher	08.08.2007
NDR Die beliebtesten Tänze	09.08.2007
RTL Die 10 beliebtesten Doku-Soaps	15.08.2007
RTL Die 10 romantischsten Hochzeiten	22.08.2007
NDR Die schönsten Musicals	23.08.2007
RBB Die 30 tollsten Erfindungen	14.11.2007
NDR Die schönsten Leuchttürme Norddeutschlands	19.12.2007
NDR Die schönsten Märchen	23.12.2007
HR Die beliebtesten Heimatfilme der Hessen	25.12.2007
NDR Die beliebtesten Eisenbahnen	25.12.2007
NDR Die schönsten Brücken Norddeutschlands	26.12.2007
NDR Die besten Party-Hits	29.12.2007
NDR Die schönsten Shantys und Seemannslieder	03.01.2008
HR Die beliebtesten Fastnachtslieder der Hessen	27.01.2008
RTL Die 10 spektakulärsten Dschungel-Momente	01.02.2008
RTL Die 10 hammermäßigsten DSDS-Kracher	09.02.2008
RTL Die 10 schrägsten Musik-Karrieren	16.02.2008
RBB Die 30 beliebtesten Hobbys	20.02.2008
RTL Die 10 beliebtesten Kinderstars	23.02.2008
RBB 30 x verschwundenes Berlin	07.05.2008
NDR Die schönsten Schiffe	10.05.2008
NDR Die größten Fußballer aller Zeiten	01.06.2008
RTL Die 10 witzigsten TV-Shows	04.06.2008
RBB Die 30 schrägsten Frisuren	07.06.2008
NDR Die größten Fußballpannen	07.06.2008
RTL Die 10 witzigsten Promi-Interviews	02.07.2008
RTL Die 10 verrücktesten Skandalbands	09.07.2008
NDR Die berühmtesten Zitate	13.07.2008
RTL Die 10 witzigsten Live-Comedians	16.07.2008
RTL Die 10 spektakulärsten Promi-Pleiten	23.07.2008
RTL Die 10 verrücktesten Mallorca-Sänger	30.07.2008
RTL Die 10 schrägsten Promi-Pärchen	06.08.2008
RTL Die 10 größten Teenie-Stars	13.08.2008
RTL Die 10 beliebtesten Promi-Shows	20.08.2008

HR Die beliebtesten Reiseziele der Hessen	03.10.2008
HR Hessens beliebteste Bauwerke	01.11.2008
NDR Die verrücktesten Spektakel Norddeutschlands	02.11.2008
NDR Die schönsten Weihnachtslieder des Nordens	24.12.2008
NDR Die schönsten Schmuse-Songs	28.12.2008
NDR Die beliebtesten norddeutschen Schauspieler	28.12.2008
RTL Die 10 schrägsten DSDS-Karrieren	31.01.2009
RTL Die 10 emotionalsten TV-Castings	07.02.2009
RTL Die 10 größten DSDS-Aufreger	14.02.2009
NDR Die schönsten Tierparks Norddeutschlands	10.04.2009
RTL Die 25 spektakulärsten TV-Skandale	01.05.2009
RBB Die 30 schönsten Modesünden	13.05.2009
RTL Die 25 emotionalsten Deutschland-Momente	23.05.2009
RTL Die 10 größten Teenie-Skandale	05.06.2009
RTL Die 10 spektakulärsten Promi-OPs	12.06.2009
RTL Die 10 beliebtesten TV-Ärzte	19.06.2009
RTL Die 10 größten Blitz-Karrieren	03.07.2009
RTL Die 10 beliebtesten Kuppelshows	10.07.2009
RTL Die 10 schrillsten Millionäre	17.07.2009
NDR Die schönsten Fußballgeschichten	28.07.2009
RTL Die 10 spektakulärsten Michael-Jackson-Momente	31.07.2009
NDR Die größten Schlagzeilen der Politik	11.08.2009
RTL Die 10 schrägsten XXL-Karrieren	21.08.2009
RTL Die 10 peinlichsten Möchtegern-Stars	28.08.2009
NDR Die beliebtesten Kultschlager	06.09.2009
RTL Die 25 spektakulärsten Promi-Ausrutscher	12.09.2009
RTL Die 10 witzigsten Fitness-Videos	20.09.2009
RBB Die 30 größten Berliner Aufreger	23.09.2009
RTL Die 25 schrägsten Doku-soap-Helden	26.09.2009

GRAFIK: THORSTEN LANGE / RECHERCHE: STEFAN NIGGEMEIER

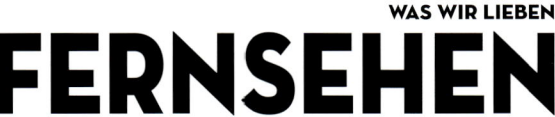

WAS WIR LIEBEN
FERNSEHEN

Geld schießt keine Tore

Der Bundesliga-Effizienzrechner zeigt: Köpfchen gewinnt

Für viele ist die Fußball-Bundesliga die beste Liga der Welt. Sie hat weltweit die höchsten Zuschauerzahlen. Spitzenspiele werden in Hunderte Länder übertragen. Die Leistung der Vereine liegt so nahe beieinander, dass der Wettkampf bis zum Ende spannend bleibt. Doch wie steht es um die Effizienz der

18 Bundesligisten? Insgesamt investieren die Vereine mehr als 600 Millionen Euro pro Saison in ihre Spieler. Um zu illustrieren, wie erfolgreich sie damit jeweils wirtschaften, muss man nur die Spieleretats ins Verhältnis zu ihren Ergebnissen setzen. So zeigt sich, was es einen Verein kostet, ein Tor zu schie-

ßen, einen erfolgreichen Pass zu spielen, einen Punkt zu gewinnen und einen Sieg einzufahren. Im Schnitt kostet ein Tor 703.460 Euro. Die wichtigste Erkenntnis: Überflieger Dortmund erzielte seine phänomenalen Saisonerfolge mit nur jeweils dem Drittel dessen, was die Bayern einsetzen mussten.

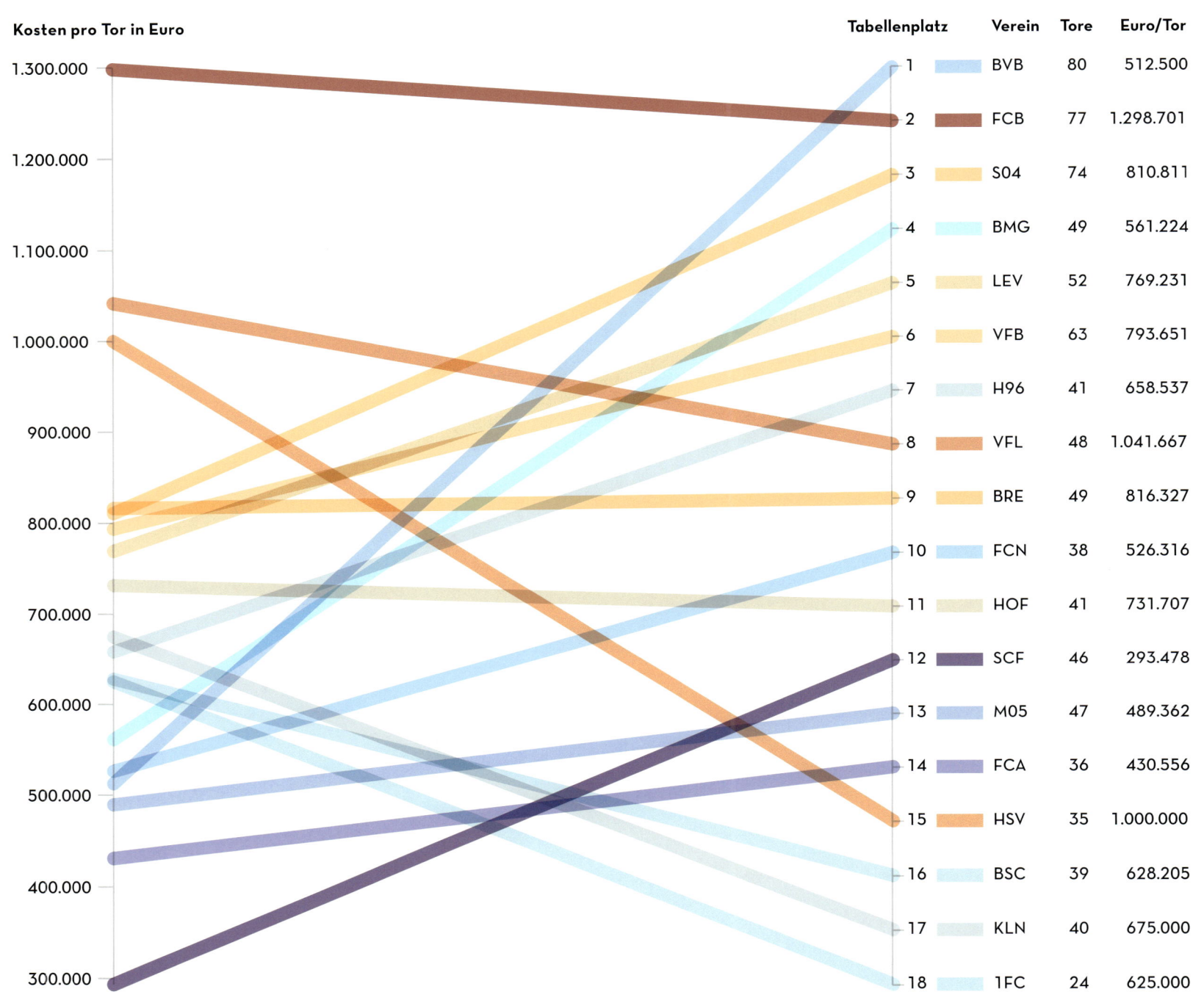

Kosten pro Tor in Euro

Tabellenplatz	Verein	Tore	Euro/Tor
1	BVB	80	512.500
2	FCB	77	1.298.701
3	S04	74	810.811
4	BMG	49	561.224
5	LEV	52	769.231
6	VFB	63	793.651
7	H96	41	658.537
8	VFL	48	1.041.667
9	BRE	49	816.327
10	FCN	38	526.316
11	HOF	41	731.707
12	SCF	46	293.478
13	M05	47	489.362
14	FCA	36	430.556
15	HSV	35	1.000.000
16	BSC	39	628.205
17	KLN	40	675.000
18	1FC	24	625.000

Ø 703.460 Euro/Tor

Tabellenplatz nach dem Ende der Saison 2011/12

	Kürzel	Verein	Etat in Mio. Euro									
1	BVB	Bor. Dortmund	41	7	H96	Hannover 96	27	13	M05	Mainz 05	23
2	FCB	Bayern München	100	8	VFL	VfL Wolfsburg	50	14	FCA	FC Augsburg	15,5
3	S04	Schalke 04	60	9	BRE	Werder Bremen	40	15	HSV	Hamburger SV	35
4	BMG	Bor. M'gladbach	27,5	10	FCN	1. FC Nürnberg	20	16	BSC	Hertha Berlin	24,5
5	LEV	B. Leverkusen	40	11	HOF	1899 Hoffenheim	30	17	KLN	1. FC Köln	27
6	VFB	VfB Stuttgart	50	12	SCF	SC Freiburg	13,5	18	1FC	1. FC K'lautern	15

GRAFIK / RECHERCHE: PAUL BLICKLE, TIBOR BOGUN, STEFFEN DOBBERT, CHRISTIAN SPILLER, SASCHA VENOHR / ERSCHIENEN IN: ZEIT ONLINE

Kosten pro Sieg in Euro

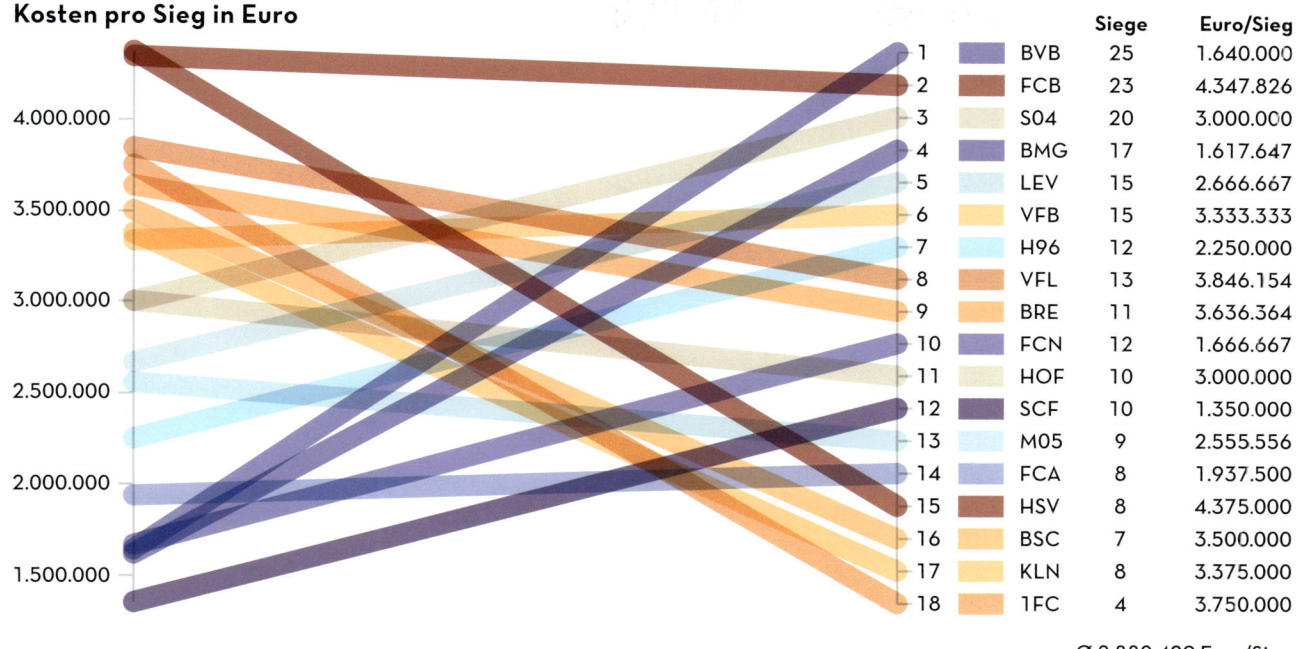

		Siege	Euro/Sieg
1	BVB	25	1.640.000
2	FCB	23	4.347.826
3	S04	20	3.000.000
4	BMG	17	1.617.647
5	LEV	15	2.666.667
6	VFB	15	3.333.333
7	H96	12	2.250.000
8	VFL	13	3.846.154
9	BRE	11	3.636.364
10	FCN	12	1.666.667
11	HOF	10	3.000.000
12	SCF	10	1.350.000
13	M05	9	2.555.556
14	FCA	8	1.937.500
15	HSV	8	4.375.000
16	BSC	7	3.500.000
17	KLN	8	3.375.000
18	1FC	4	3.750.000

Ø 2.880.429 Euro/Sieg

Kosten pro Punkt in Euro

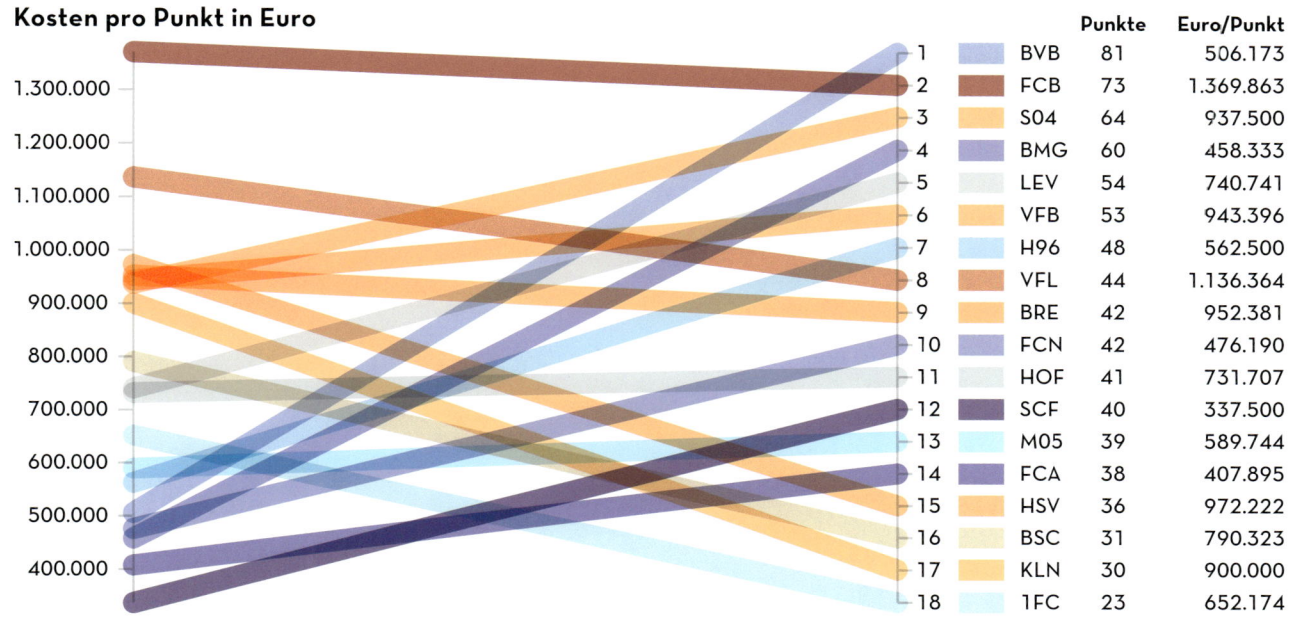

		Punkte	Euro/Punkt
1	BVB	81	506.173
2	FCB	73	1.369.863
3	S04	64	937.500
4	BMG	60	458.333
5	LEV	54	740.741
6	VFB	53	943.396
7	H96	48	562.500
8	VFL	44	1.136.364
9	BRE	42	952.381
10	FCN	42	476.190
11	HOF	41	731.707
12	SCF	40	337.500
13	M05	39	589.744
14	FCA	38	407.895
15	HSV	36	972.222
16	BSC	31	790.323
17	KLN	30	900.000
18	1FC	23	652.174

Ø 748.056 Euro/Punkt

Kosten pro erfolgreichen Pass in Euro

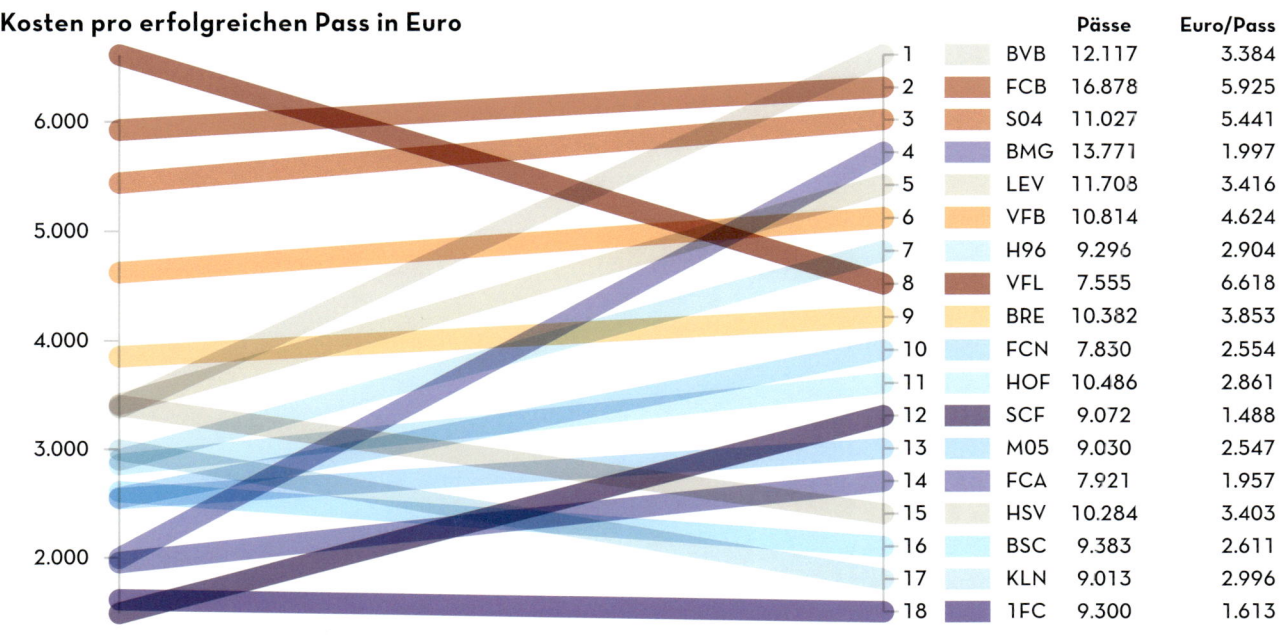

		Pässe	Euro/Pass
1	BVB	12.117	3.384
2	FCB	16.878	5.925
3	S04	11.027	5.441
4	BMG	13.771	1.997
5	LEV	11.708	3.416
6	VFB	10.814	4.624
7	H96	9.296	2.904
8	VFL	7.555	6.618
9	BRE	10.382	3.853
10	FCN	7.830	2.554
11	HOF	10.486	2.861
12	SCF	9.072	1.488
13	M05	9.030	2.547
14	FCA	7.921	1.957
15	HSV	10.284	3.403
16	BSC	9.383	2.611
17	KLN	9.013	2.996
18	1FC	9.300	1.613

Ø 3.344 Euro/Pass

72.000 Freunde sollt ihr sein!

Ein typischer Tag in der Bundesliga, im Stadion der Bayern

Auf dem Feld spielen elf Männer gegen elf Männer mit einem Ball um den Sieg. Dieses Treiben genügt schon, um in einem architektonischen Meisterwerk 2.000 Arbeitsplätze zu sichern und mehr als 69.000 Herzen in Wallung zu bringen. Fans, Würstlverkäufer, Busfahrer, Balljungen, Greenkeeper, Kitabetreuer und Escort-Kids: Jeder von ihnen trägt auf seine Weise zum Gelingen eines großartigen Nachmittags bei.

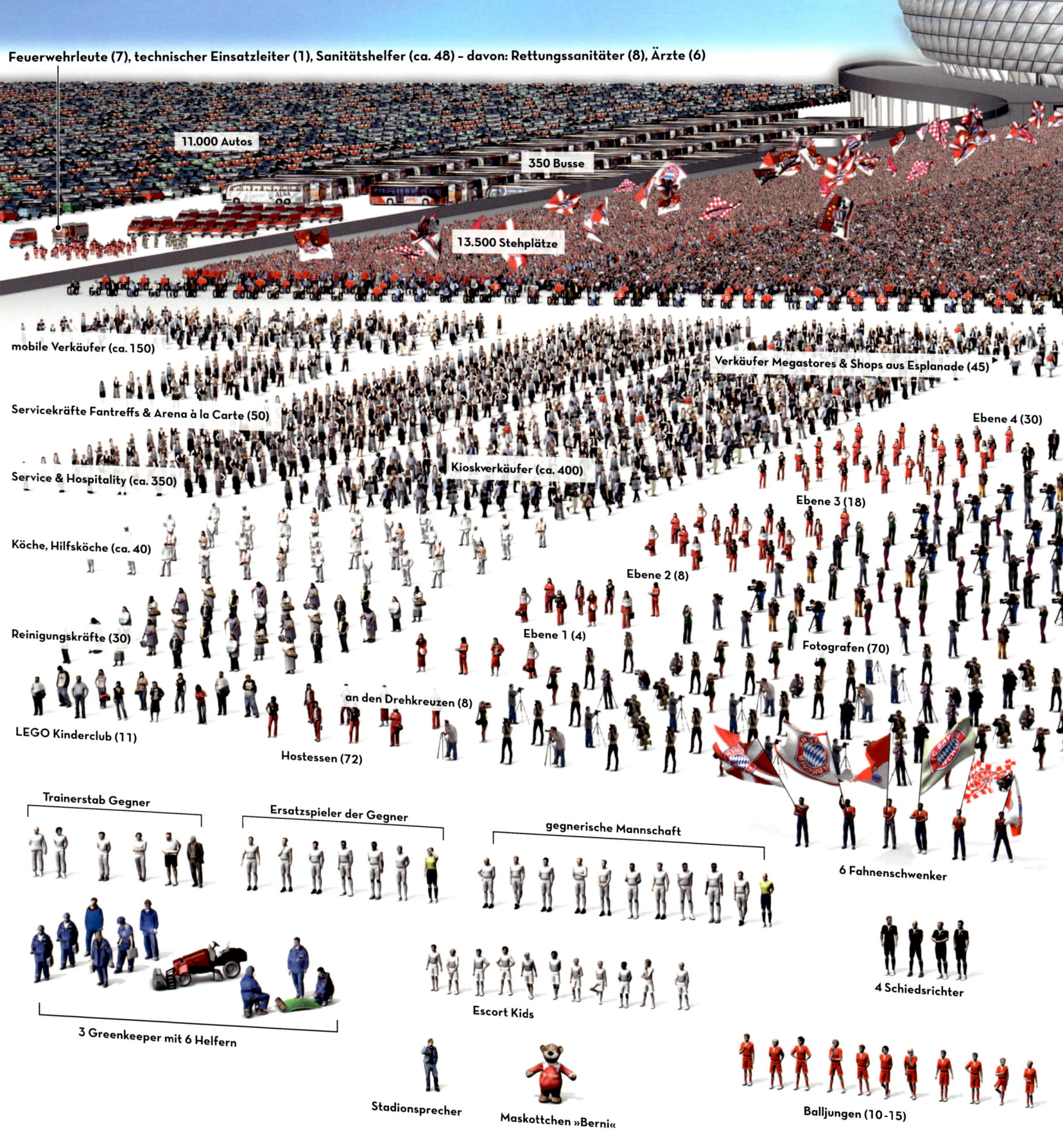

Feuerwehrleute (7), technischer Einsatzleiter (1), Sanitätshelfer (ca. 48) – davon: Rettungssanitäter (8), Ärzte (6)

11.000 Autos

350 Busse

13.500 Stehplätze

mobile Verkäufer (ca. 150)

Verkäufer Megastores & Shops aus Esplanade (45)

Servicekräfte Fantreffs & Arena à la Carte (50)

Ebene 4 (30)

Service & Hospitality (ca. 350)

Kioskverkäufer (ca. 400)

Ebene 3 (18)

Köche, Hilfsköche (ca. 40)

Ebene 2 (8)

Reinigungskräfte (30)

Ebene 1 (4)

Fotografen (70)

an den Drehkreuzen (8)

LEGO Kinderclub (11)

Hostessen (72)

Trainerstab Gegner

Ersatzspieler der Gegner

gegnerische Mannschaft

6 Fahnenschwenker

3 Greenkeeper mit 6 Helfern

Escort Kids

4 Schiedsrichter

Stadionsprecher

Maskottchen »Berni«

Balljungen (10-15)

GRAFIK: GOLDEN SECTION GRAPHICS / RECHERCHE: CEMANO COMMUNICATION / ERSCHIENEN IN: IN GRAPHICS

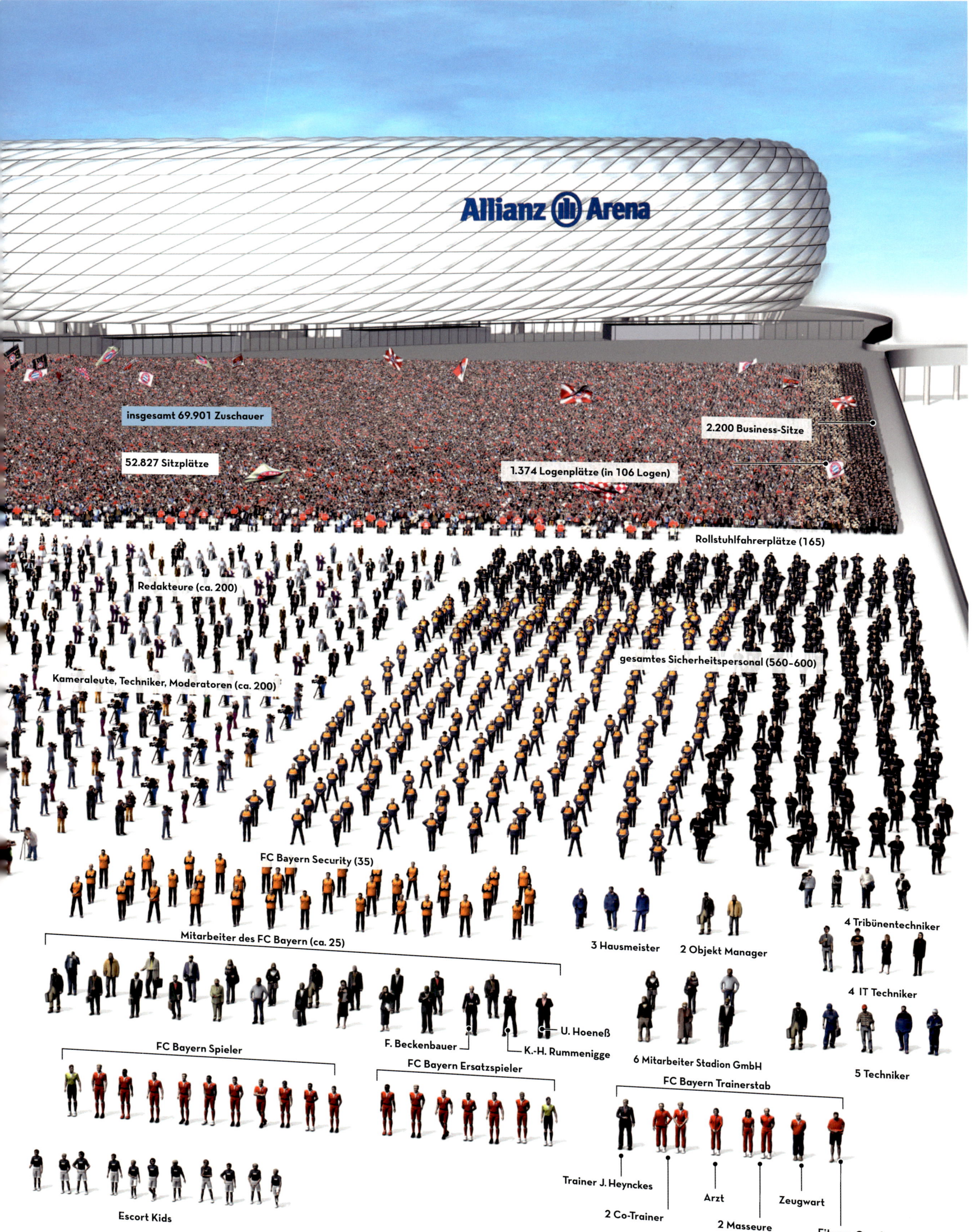

insgesamt 69.901 Zuschauer

52.827 Sitzplätze

1.374 Logenplätze (in 106 Logen)

2.200 Business-Sitze

Rollstuhlfahrerplätze (165)

Redakteure (ca. 200)

Kameraleute, Techniker, Moderatoren (ca. 200)

gesamtes Sicherheitspersonal (560–600)

FC Bayern Security (35)

Mitarbeiter des FC Bayern (ca. 25)

3 Hausmeister

2 Objekt Manager

4 Tribünentechniker

4 IT Techniker

6 Mitarbeiter Stadion GmbH

5 Techniker

F. Beckenbauer

U. Hoeneß

K.-H. Rummenigge

FC Bayern Spieler

FC Bayern Ersatzspieler

FC Bayern Trainerstab

Escort Kids

Trainer J. Heynckes

2 Co-Trainer

Arzt

2 Masseure

Zeugwart

Fitness-Coach

WAS WIR LIEBEN

FUSSBALL II

Bauplan der Begeisterung

Ein Netz aus Gastronomie, Versorgungsräumen, Sicherheit und Technik durchzieht das Innere des Stadions. Die obere Etage durchläuft ein Band aus 106 Logen. Jede von ihnen wird von den Besitzern individuell eingerichtet. Die größte bietet Platz für 62, die kleinste für acht Gäste. Öffnungszeiten der Edelkabinen: 365 Tage im Jahr

HEILIGER ROLLRASEN

20 beladene Fernlastzüge liefern die insgesamt 290 Tonnen Rasen an. 2,5 Tage benötigen die Arbeiter, um das kostbare Grün zu verlegen. Das Gesamtkunstwerk misst am Ende nahezu 8.000 Quadratmeter.

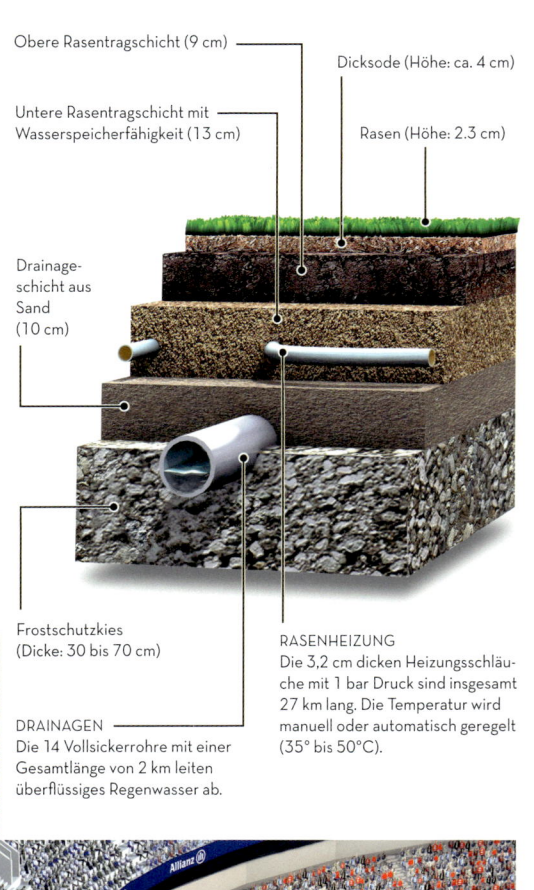

Obere Rasentragschicht (9 cm)

Dicksode (Höhe: ca. 4 cm)

Untere Rasentragschicht mit
Wasserspeicherfähigkeit (13 cm)

Rasen (Höhe: 2.3 cm)

Drainage-
schicht aus
Sand
(10 cm)

Frostschutzkies
(Dicke: 30 bis 70 cm)

RASENHEIZUNG
Die 3,2 cm dicken Heizungsschläuche mit 1 bar Druck sind insgesamt 27 km lang. Die Temperatur wird manuell oder automatisch geregelt (35° bis 50°C).

DRAINAGEN
Die 14 Vollsickerrohre mit einer Gesamtlänge von 2 km leiten überflüssiges Regenwasser ab.

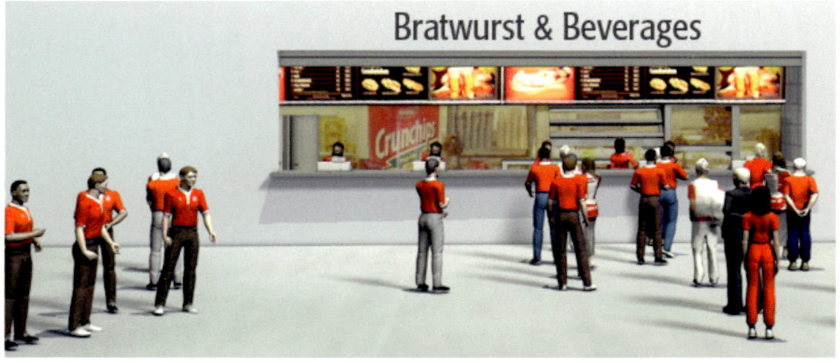

HUNGER UND DURST

1,23 Würstchen pro Sekunde gehen an 28 Kiosken über die Theken. In 4,5 Stunden werden im Schnitt 20.000 Würstchen, 15.000 alkoholfreie Getränke und 40.000 Biere an die Fans verkauft.

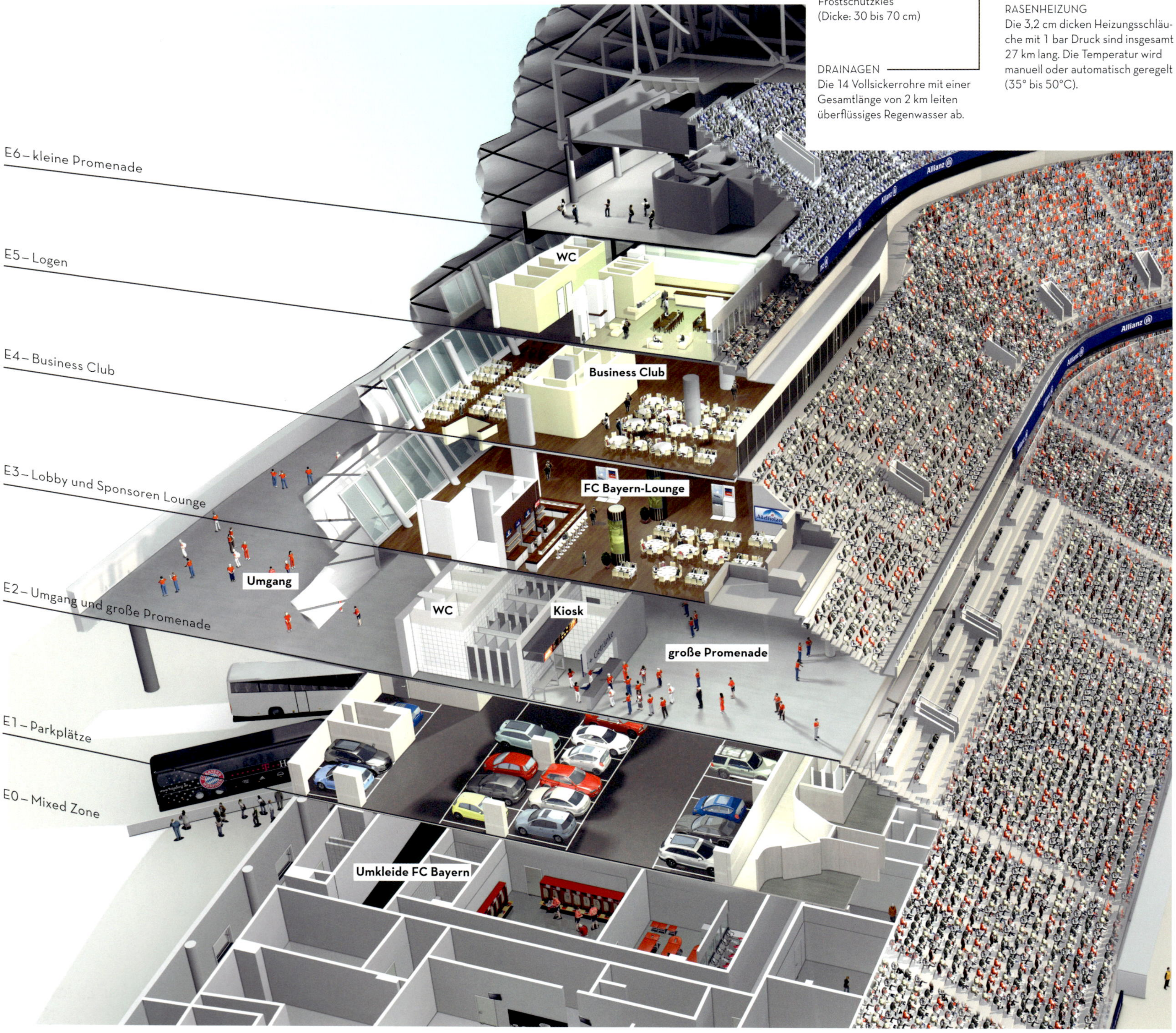

Bratwurst & Beverages

E6 – kleine Promenade

E5 – Logen

WC

E4 – Business Club

Business Club

E3 – Lobby und Sponsoren Lounge

FC Bayern-Lounge

E2 – Umgang und große Promenade

Umgang

WC

Kiosk

große Promenade

E1 – Parkplätze

E0 – Mixed Zone

Umkleide FC Bayern

GRAFIK: GOLDEN SECTION GRAPHICS / RECHERCHE: CEMANO COMMUNICATION / ERSCHIENEN IN: IN GRAPHICS

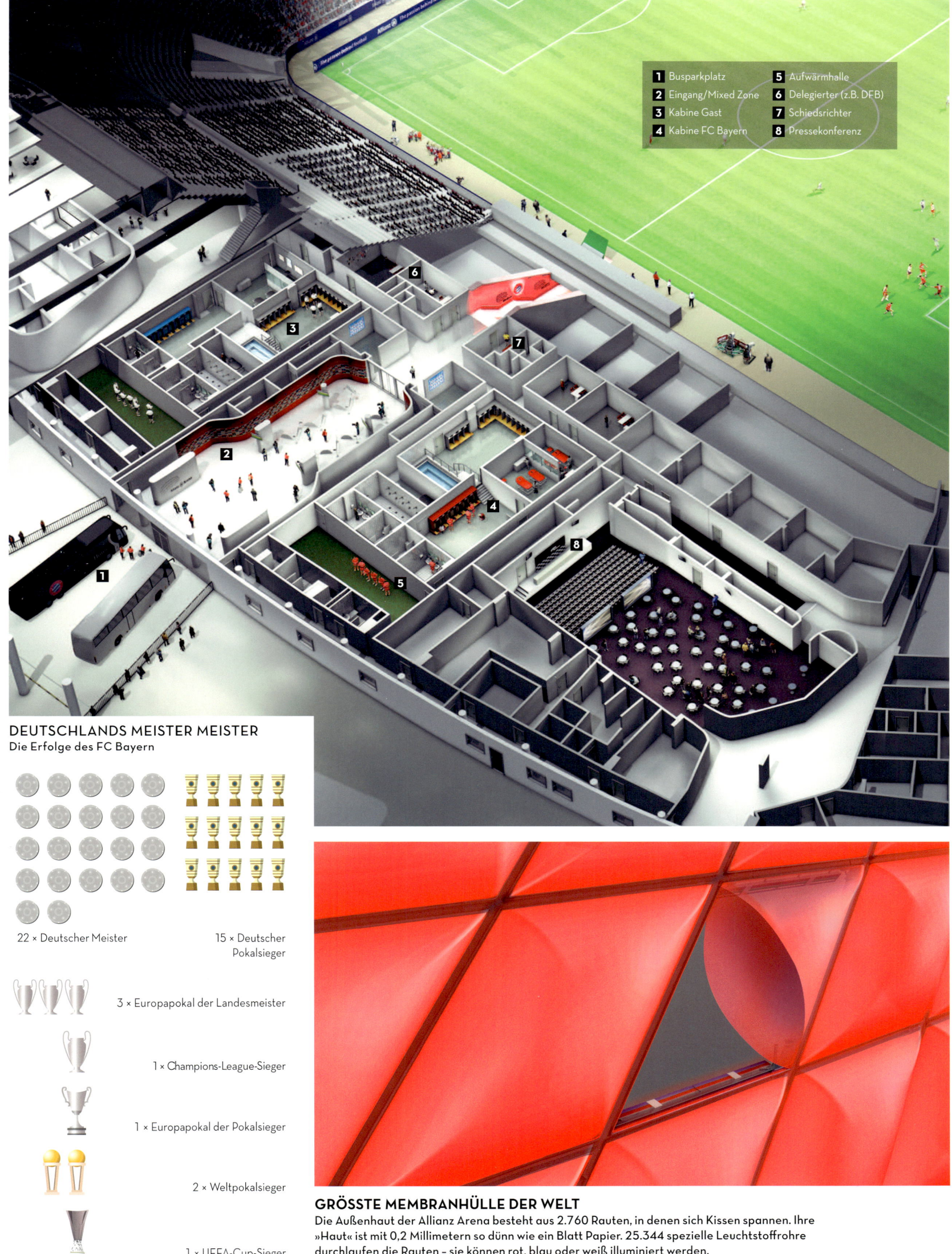

1	Busparkplatz	5	Aufwärmhalle
2	Eingang/Mixed Zone	6	Delegierter (z.B. DFB)
3	Kabine Gast	7	Schiedsrichter
4	Kabine FC Bayern	8	Pressekonferenz

DEUTSCHLANDS MEISTER MEISTER
Die Erfolge des FC Bayern

22 × Deutscher Meister

15 × Deutscher Pokalsieger

3 × Europapokal der Landesmeister

1 × Champions-League-Sieger

1 × Europapokal der Pokalsieger

2 × Weltpokalsieger

1 × UEFA-Cup-Sieger

GRÖSSTE MEMBRANHÜLLE DER WELT
Die Außenhaut der Allianz Arena besteht aus 2.760 Rauten, in denen sich Kissen spannen. Ihre »Haut« ist mit 0,2 Millimetern so dünn wie ein Blatt Papier. 25.344 spezielle Leuchtstoffrohre durchlaufen die Rauten – sie können rot, blau oder weiß illuminiert werden.

WAS WIR LIEBEN

FUSSBALL III

Und am Sonntag geht Papa protestieren!

Meinung auf der Straße: vom Ausnahmefall zum Volkssport

Demos gehören zu Deutschland wie das Hefeweizen zum Biergarten. Öffentlicher Raum ist Meinungsraum, wir lieben die Straße. Sei es, um gegen Flughäfen (Berlin, Frankfurt), Bahnhöfe (Stuttgart 21) zu wettern oder für „Friede, Freude, Eierkuchen" zu tanzen, wie bei der ersten Loveparade 1989.

Die konnte sich unter dem Deckmäntelchen der freien Meinungsäußerung immerhin zur globalen Marke entwickeln, zum Vorteil des Partystandortes Berlin. Von den Ostermärschen der 1950er-Jahre, Massendemos gegen Nato-Doppelbeschluss, Brokdorf, Gorleben, Montagsaufständen der DDR bis

zu Occupy und brutalen 1.-Mai-Demos: Die Grenzen zwischen Bürgerprotest und Folklore sind fließend. Aber es ist nicht tragisch, eher ein gutes Zeichen, wenn nun auch die am stärksten fußläufige Form der Ausübung unserer Grundrechte Ableger treibt. Studieren Sie hier: die klassische, urbane Variante.

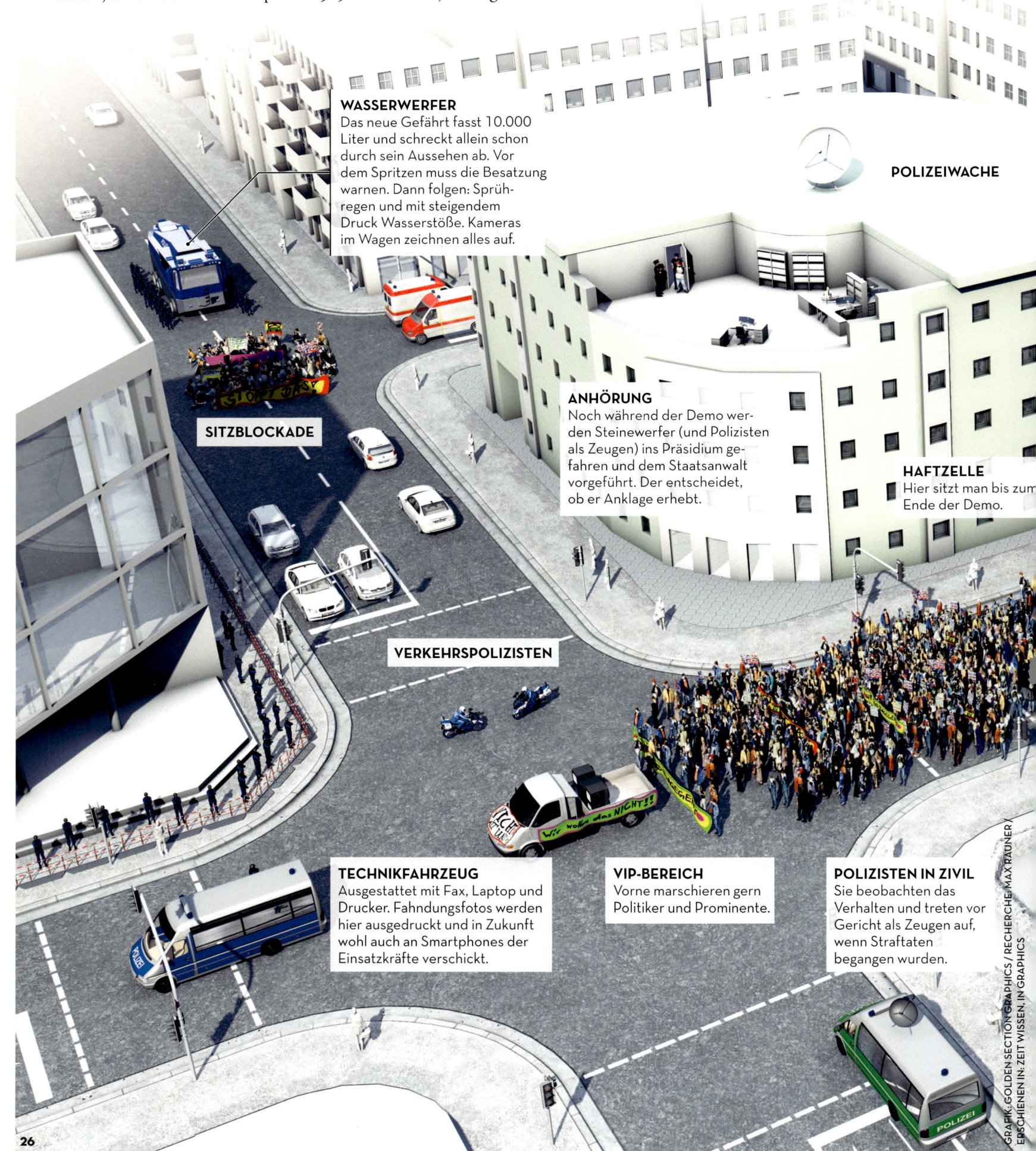

WASSERWERFER
Das neue Gefährt fasst 10.000 Liter und schreckt allein schon durch sein Aussehen ab. Vor dem Spritzen muss die Besatzung warnen. Dann folgen: Sprühregen und mit steigendem Druck Wasserstöße. Kameras im Wagen zeichnen alles auf.

POLIZEIWACHE

ANHÖRUNG
Noch während der Demo werden Steinewerfer (und Polizisten als Zeugen) ins Präsidium gefahren und dem Staatsanwalt vorgeführt. Der entscheidet, ob er Anklage erhebt.

HAFTZELLE
Hier sitzt man bis zum Ende der Demo.

SITZBLOCKADE

VERKEHRSPOLIZISTEN

TECHNIKFAHRZEUG
Ausgestattet mit Fax, Laptop und Drucker. Fahndungsfotos werden hier ausgedruckt und in Zukunft wohl auch an Smartphones der Einsatzkräfte verschickt.

VIP-BEREICH
Vorne marschieren gern Politiker und Prominente.

POLIZISTEN IN ZIVIL
Sie beobachten das Verhalten und treten vor Gericht als Zeugen auf, wenn Straftaten begangen wurden.

GRAFIK: GOLDEN SECTION GRAPHICS / RECHERCHE: MAX RAUNER / ERSCHIENEN IN: ZEIT WISSEN, IN GRAPHICS

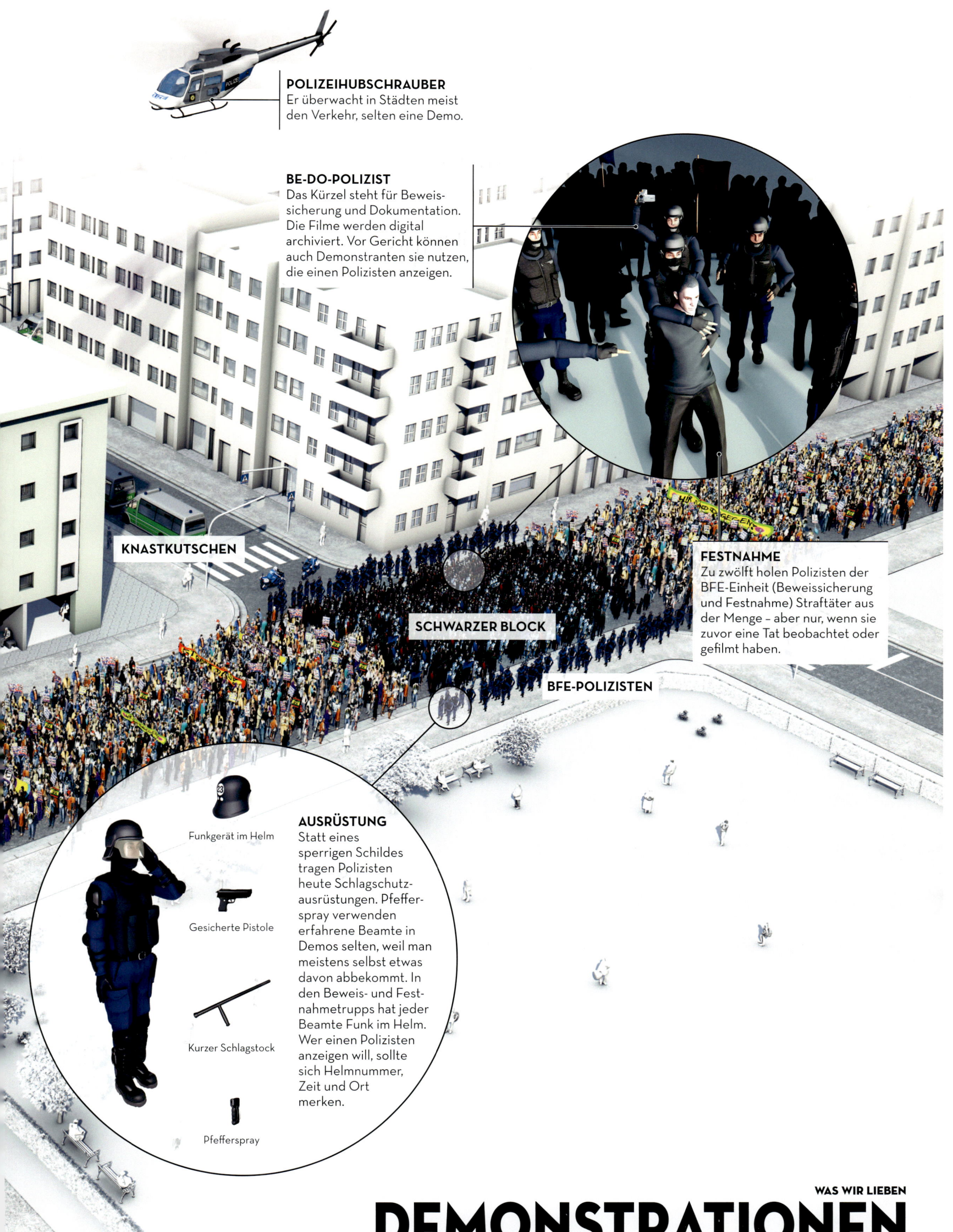

POLIZEIHUBSCHRAUBER
Er überwacht in Städten meist
den Verkehr, selten eine Demo.

BE-DO-POLIZIST
Das Kürzel steht für Beweissicherung und Dokumentation.
Die Filme werden digital
archiviert. Vor Gericht können
auch Demonstranten sie nutzen,
die einen Polizisten anzeigen.

KNASTKUTSCHEN

SCHWARZER BLOCK

FESTNAHME
Zu zwölft holen Polizisten der
BFE-Einheit (Beweissicherung
und Festnahme) Straftäter aus
der Menge – aber nur, wenn sie
zuvor eine Tat beobachtet oder
gefilmt haben.

BFE-POLIZISTEN

Funkgerät im Helm

Gesicherte Pistole

Kurzer Schlagstock

Pfefferspray

AUSRÜSTUNG
Statt eines
sperrigen Schildes
tragen Polizisten
heute Schlagschutz-
ausrüstungen. Pfeffer-
spray verwenden
erfahrene Beamte in
Demos selten, weil man
meistens selbst etwas
davon abbekommt. In
den Beweis- und Fest-
nahmetrupps hat jeder
Beamte Funk im Helm.
Wer einen Polizisten
anzeigen will, sollte
sich Helmnummer,
Zeit und Ort
merken.

WAS WIR LIEBEN

DEMONSTRATIONEN

Disco Deutschland
Die Top Drei der Jahres-Charts seit 1950

Im Deutschland der 1950- und 1960er-Jahre besingen noch Freddy Quinn, Heintje und Catharina Valente abwechselnd Heimat, Mama, Liebe oder die Vorzüge europäischer Urlaubsziele. Spätestens mit der Eurovision ziehen dann Mulitkulti, Hippies und sexuell eindeutige Vorspielgesänge in die Charts ein. Die Achtziger überdrehen den Hedonismus in Richtung Leistung und Spaß. Einstweilige Höhepunkte: Bummbummbumm mit Après-Ski-Faktor. Ab 2000 ähnelt ein Teil der Charts dem Hamburger Hafen: Containerware, vorwiegend aus Übersee. Der andere Teil deutschelt: Holzmichl trifft auf Tokio Hotel und Lena Meyer-Landrut.

1952
- Jo Stafford **You Belong to Me**
- Kat Starr **Wheel of Fortune**
- Lale Andersen **Blaue Nacht am Hafen**

1953
- Bibi Johns **Bella Bimba**
- Bruce Low **Soviel Wind und keine Segel**
- Das Cornel Trio **Du, Du, Du**

1954
- Caterina Valente **O Mama, O Mama, O Mamajo**
- Chordettes **Mister Sandman**
- Das Cornel Trio **Der Mann am Klavier**

1955
- Bruce Low **Das alte Haus von Rocky Docky**
- Caterina Valente **Ganz Paris träumt von der Liebe**
- Dean Martin **Memories Are Made of This**

1956
- Freddy Quinn **Heimweh**
- Bill Haley **Rock Around the Clock**
- Peter Alexander **Der Mond hält seine Wacht**

1962
- Gerhard Wendland **Tanze mit mir in den Morgen**
- Bob Moore **Mexico**
- Nana Mouskouri **Ich schau den weißen Wolken nach**

1963
- Manuela **Schuld war nur der Bossa Nova**
- Freddy Quinn **Junge komm bald wieder**
- Rocco Granata **Buona Notte**

1964
- Cliff Richard **Rote Lippen soll man küssen**
- Bernd Spier **Das kannst Du mir nicht verbieten**
- Siw Malmkvist **Liebeskummer lohnt sich nicht**

1965
- Nini Rosso **Il Silenzio**
- Petula Clark **Downtown**
- Ronny **Kleine Annabelle**

1966
- Al Martino **Spanish Eyes**
- Frank Sinatra **Strangers in the Night**
- Chris Andrews **Yesterday Man**

1972
- Vicky Leandros **Ich hab' die Liebe gesehn**
- Mouth & MacNeal **Hello-A**
- Christian Anders **Es fährt ein Zug nach Nirgendwo**

1973
- Demis Roussos **Goodbye My Love**
- Gilbert O'Sullivan **Get Down**
- Bernd Clüver **Der Junge mit der Mundharmonika**

1974
- George McCrae **Rock Your Baby**
- Rubettes **Sugar Baby Love**
- Terry Jacks **Seasons in the Sun**

1975
- George Baker Selection **Paloma Blanca**
- Sweet **Fox on the Run**
- Udo Jürgens **Griechischer Wein**

1976
- Pussycat **Mississippi**
- Boney M. **Daddy Cool**
- Abba **Fernando**

1982
- OMD **Maid of Orleans**
- Andy Borg **Adios Amor**
- Spider Murphy Gang **Skandal im Sperrbezirk**

1983
- Irene Cara **Flashdance – What a Feeling**
- Mike Oldfield **Moonlight Shadow**
- Peter Schilling **Major Tom**

1984
- Alphaville **Big in Japan**
- Stevie Wonder **I Just Called to Say I Love You**
- Laura Branigan **Self Control**

1985
- Opus **Live Is Life**
- Modern Talking **You're My heart, You're My Soul**
- Falco **Rock me Amadeus**

1986
- Falco **Jeanny**
- Level 42 **Lessons in Love**
- Chris Norman **Midnight Lady**

1992
- Dr. Alban **It's My Life**
- Snap **Rhythm Is a Dancer**
- U 96 **Das Boot**

1993
- Haddaway **What Is Love**
- Ace Of Base **All That She Wants**
- Culture Beat **Mr. Vain**

1994
- Mariah Carey **Without You**
- All-4-One **I Swear**
- Wet Wet Wet **Love Is All Around**

1995
- Vangelis **Conquest of Paradise**
- Rednex **Wish You Were Here**
- Bryan Adams **Have You Ever Really Loved a Woman?**

1996
- Los del Rio **Macarena**
- Faithless **Insomnia**
- Robert Miles **Children**

2002
- Las Ketchup **The Ketchup Song**
- Shakira **Whenever, Wherever**
- Herbert Groenemeyer **Mensch**

2003
- DSDS **We Have a Dream**
- Alexander **Take Me Tonight**
- Yvonne Catterfeld **Für dich**

2004
- O-Zone **Dragostea Din Tei**
- De Randfichten **Lebt denn der alte Holzmichl noch?**
- Usher feat. Lil' John & Ludacris **Yeah!**

2005
- Schnappi, das kleine Krokodil **Schnappi**
- Tokio Hotel **Durch den Monsun**
- Akon **Lonely**

2006
- Goleo VI pres. Bob Sinclar feat. Gary Nesta Pine **Love Generation**
- Texas Lightning **No No Never**
- Shakira feat. Wyclef Jean **Hips Don't Lie**

GRAFIK: RÜDIGER JOPPE / RECHERCHE: BRUNO PISCHEL

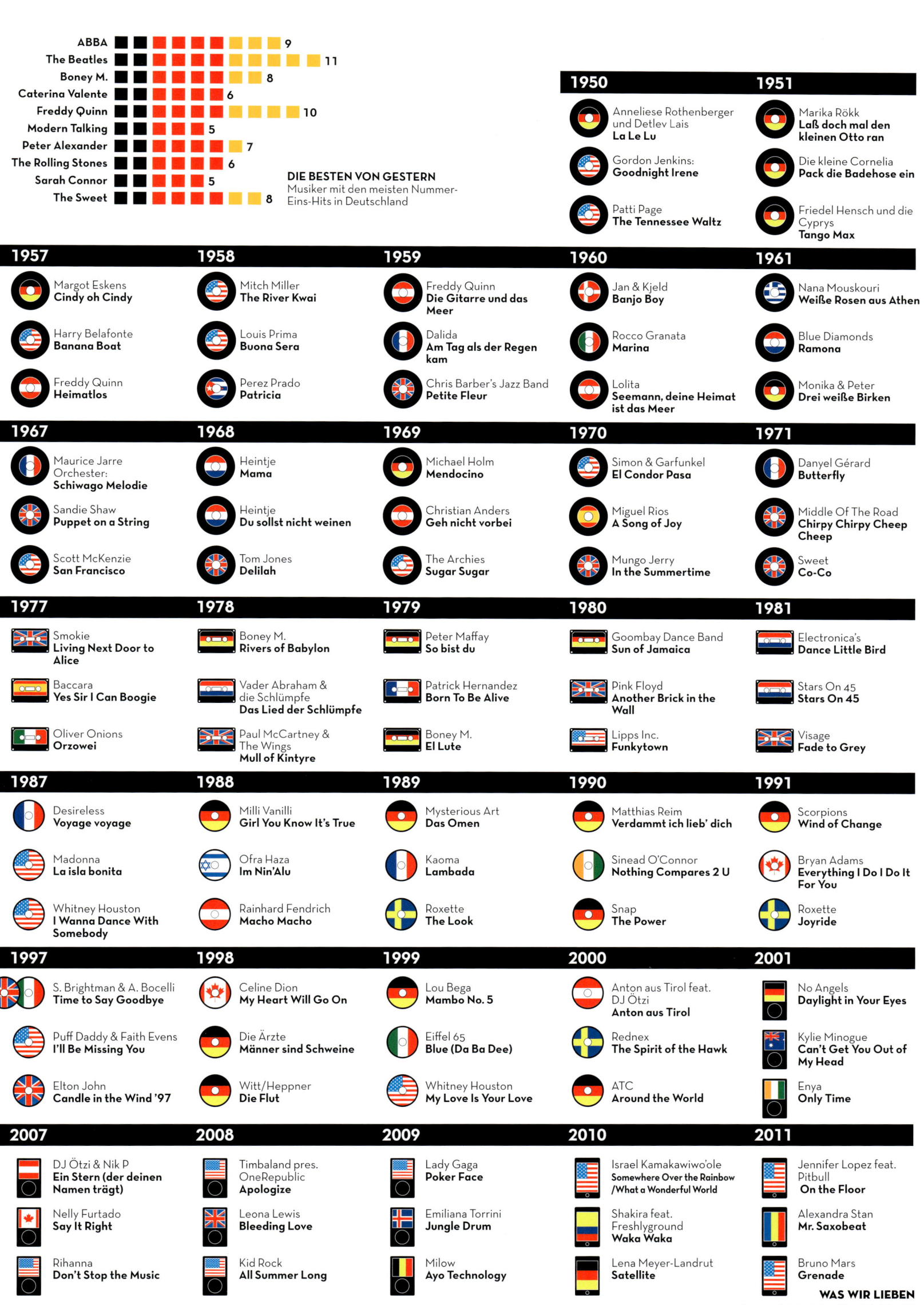

DIE BESTEN VON GESTERN
Musiker mit den meisten Nummer-Eins-Hits in Deutschland

Künstler	Hits
ABBA	9
The Beatles	11
Boney M.	8
Caterina Valente	6
Freddy Quinn	10
Modern Talking	5
Peter Alexander	7
The Rolling Stones	6
Sarah Connor	5
The Sweet	8

1950
- Anneliese Rothenberger und Detlev Lais — La Le Lu
- Gordon Jenkins: Goodnight Irene
- Patti Page — The Tennessee Waltz

1951
- Marika Rökk — Laß doch mal den kleinen Otto ran
- Die kleine Cornelia — Pack die Badehose ein
- Friedel Hensch und die Cyprys — Tango Max

1957
- Margot Eskens — Cindy oh Cindy
- Harry Belafonte — Banana Boat
- Freddy Quinn — Heimatlos

1958
- Mitch Miller — The River Kwai
- Louis Prima — Buona Sera
- Perez Prado — Patricia

1959
- Freddy Quinn — Die Gitarre und das Meer
- Dalida — Am Tag als der Regen kam
- Chris Barber's Jazz Band — Petite Fleur

1960
- Jan & Kjeld — Banjo Boy
- Rocco Granata — Marina
- Lolita — Seemann, deine Heimat ist das Meer

1961
- Nana Mouskouri — Weiße Rosen aus Athen
- Blue Diamonds — Ramona
- Monika & Peter — Drei weiße Birken

1967
- Maurice Jarre Orchester: Schiwago Melodie
- Sandie Shaw — Puppet on a String
- Scott McKenzie — San Francisco

1968
- Heintje — Mama
- Heintje — Du sollst nicht weinen
- Tom Jones — Delilah

1969
- Michael Holm — Mendocino
- Christian Anders — Geh nicht vorbei
- The Archies — Sugar Sugar

1970
- Simon & Garfunkel — El Condor Pasa
- Miguel Rios — A Song of Joy
- Mungo Jerry — In the Summertime

1971
- Danyel Gérard — Butterfly
- Middle Of The Road — Chirpy Chirpy Cheep Cheep
- Sweet — Co-Co

1977
- Smokie — Living Next Door to Alice
- Baccara — Yes Sir I Can Boogie
- Oliver Onions — Orzowei

1978
- Boney M. — Rivers of Babylon
- Vader Abraham & die Schlümpfe — Das Lied der Schlümpfe
- Paul McCartney & The Wings — Mull of Kintyre

1979
- Peter Maffay — So bist du
- Patrick Hernandez — Born To Be Alive
- Boney M. — El Lute

1980
- Goombay Dance Band — Sun of Jamaica
- Pink Floyd — Another Brick in the Wall
- Lipps Inc. — Funkytown

1981
- Electronica's — Dance Little Bird
- Stars On 45 — Stars On 45
- Visage — Fade to Grey

1987
- Desireless — Voyage voyage
- Madonna — La isla bonita
- Whitney Houston — I Wanna Dance With Somebody

1988
- Milli Vanilli — Girl You Know It's True
- Ofra Haza — Im Nin'Alu
- Rainhard Fendrich — Macho Macho

1989
- Mysterious Art — Das Omen
- Kaoma — Lambada
- Roxette — The Look

1990
- Matthias Reim — Verdammt ich lieb' dich
- Sinead O'Connor — Nothing Compares 2 U
- Snap — The Power

1991
- Scorpions — Wind of Change
- Bryan Adams — Everything I Do I Do It For You
- Roxette — Joyride

1997
- S. Brightman & A. Bocelli — Time to Say Goodbye
- Puff Daddy & Faith Evens — I'll Be Missing You
- Elton John — Candle in the Wind '97

1998
- Celine Dion — My Heart Will Go On
- Die Ärzte — Männer sind Schweine
- Witt/Heppner — Die Flut

1999
- Lou Bega — Mambo No. 5
- Eiffel 65 — Blue (Da Ba Dee)
- Whitney Houston — My Love Is Your Love

2000
- Anton aus Tirol feat. DJ Ötzi — Anton aus Tirol
- Rednex — The Spirit of the Hawk
- ATC — Around the World

2001
- No Angels — Daylight in Your Eyes
- Kylie Minogue — Can't Get You Out of My Head
- Enya — Only Time

2007
- DJ Ötzi & Nik P — Ein Stern (der deinen Namen trägt)
- Nelly Furtado — Say It Right
- Rihanna — Don't Stop the Music

2008
- Timbaland pres. OneRepublic — Apologize
- Leona Lewis — Bleeding Love
- Kid Rock — All Summer Long

2009
- Lady Gaga — Poker Face
- Emiliana Torrini — Jungle Drum
- Milow — Ayo Technology

2010
- Israel Kamakawiwo'ole — Somewhere Over the Rainbow / What a Wonderful World
- Shakira feat. Freshlyground — Waka Waka
- Lena Meyer-Landrut — Satellite

2011
- Jennifer Lopez feat. Pitbull — On the Floor
- Alexandra Stan — Mr. Saxobeat
- Bruno Mars — Grenade

WAS WIR LIEBEN

MUSIK

29

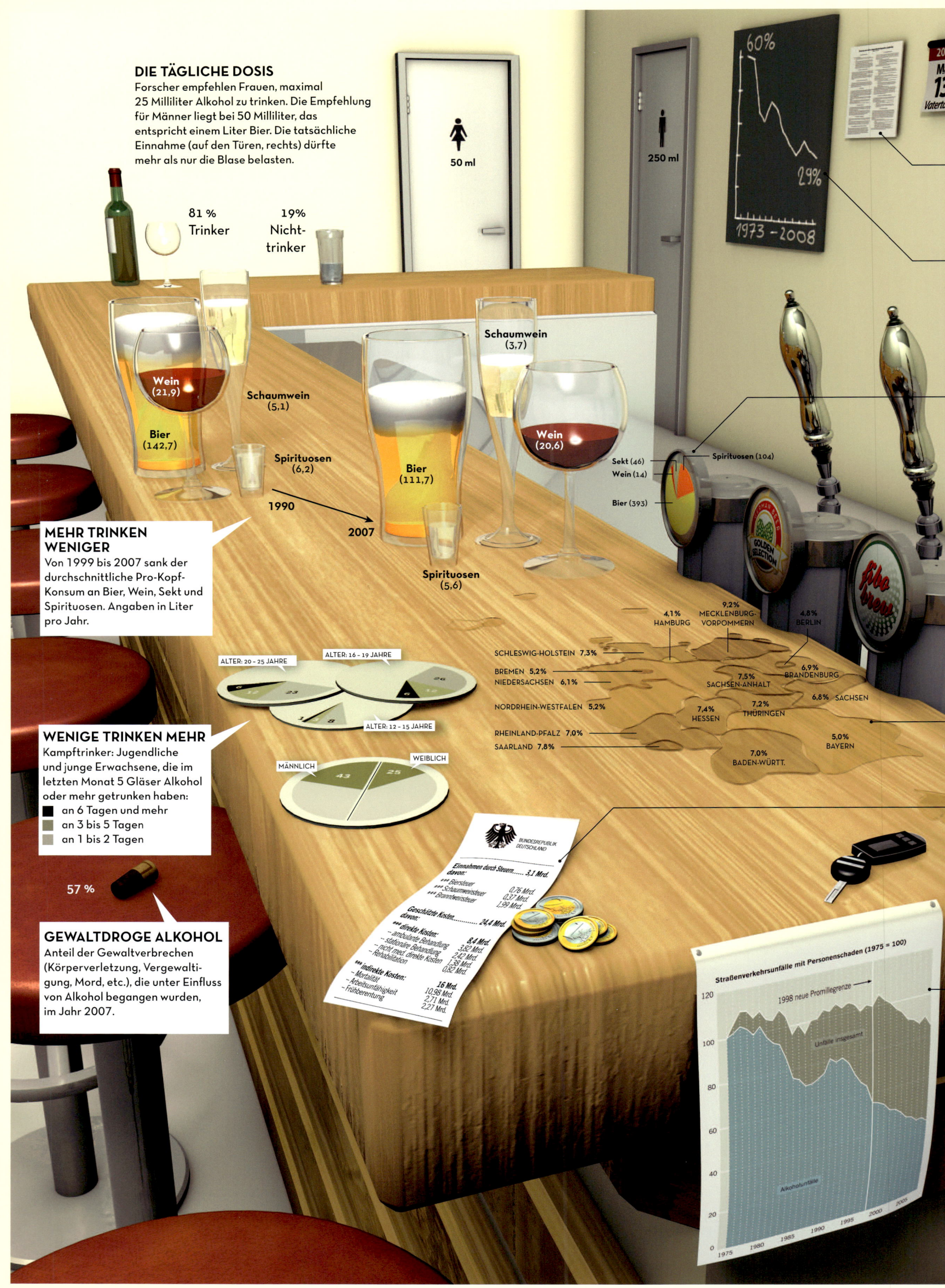

DIE TÄGLICHE DOSIS
Forscher empfehlen Frauen, maximal 25 Milliliter Alkohol zu trinken. Die Empfehlung für Männer liegt bei 50 Milliliter, das entspricht einem Liter Bier. Die tatsächliche Einnahme (auf den Türen, rechts) dürfte mehr als nur die Blase belasten.

50 ml

250 ml

60%

29%

1973 - 2008

81 %
Trinker

19%
Nicht-
trinker

Wein
(21,9)

Schaumwein
(5,1)

Bier
(142,7)

Spirituosen
(6,2)

Schaumwein
(3,7)

Bier
(111,7)

Wein
(20,6)

Spirituosen
(5,6)

1990

2007

Sekt (46)
Wein (14)
Spirituosen (104)
Bier (393)

MEHR TRINKEN WENIGER
Von 1999 bis 2007 sank der durchschnittliche Pro-Kopf-Konsum an Bier, Wein, Sekt und Spirituosen. Angaben in Liter pro Jahr.

ALTER: 20 – 25 JAHRE
ALTER: 16 – 19 JAHRE
ALTER: 12 – 15 JAHRE

MÄNNLICH 43
WEIBLICH 25

WENIGE TRINKEN MEHR
Kampftrinker: Jugendliche und junge Erwachsene, die im letzten Monat 5 Gläser Alkohol oder mehr getrunken haben:
■ an 6 Tagen und mehr
■ an 3 bis 5 Tagen
■ an 1 bis 2 Tagen

4,1% HAMBURG
9,2% MECKLENBURG-VORPOMMERN
4,8% BERLIN
SCHLESWIG-HOLSTEIN 7,3%
BREMEN 5,2%
NIEDERSACHSEN 6,1%
6,9% BRANDENBURG
7,5% SACHSEN-ANHALT
NORDRHEIN-WESTFALEN 5,2%
6,8% SACHSEN
7,4% HESSEN
7,2% THÜRINGEN
RHEINLAND-PFALZ 7,0%
SAARLAND 7,8%
5,0% BAYERN
7,0% BADEN-WÜRTT.

57 %

GEWALTDROGE ALKOHOL
Anteil der Gewaltverbrechen (Körperverletzung, Vergewaltigung, Mord, etc.), die unter Einfluss von Alkohol begangen wurden, im Jahr 2007.

BUNDESREPUBLIK DEUTSCHLAND

Einnahmen durch Steuern...... 3,1 Mrd.
davon:
*** Biersteuer .... 0,76 Mrd.
*** Schaumweinsteuer ... 0,27 Mrd.
*** Branntweinsteuer .... 1,99 Mrd.

Geschätzte Kosten........ 24,4 Mrd.
*** direkte Kosten:........ 8,4 Mrd.
– ambulante Behandlung ... 3,82 Mrd.
– stationäre Behandlung ... 2,42 Mrd.
– nicht med. direkte Kosten 1,38 Mrd.
– Rehabilitation .... 0,82 Mrd.
*** indirekte Kosten:....... 16 Mrd.
– Mortalität .... 10,98 Mrd.
– Arbeitsunfähigkeit ...... 2,71 Mrd.
– Frühberentung .... 2,27 Mrd.

Straßenverkehrsunfälle mit Personenschaden (1975 = 100)

120

1998 neue Promillegrenze

100

Unfälle insgesamt

80

60

40

Alkoholunfälle

20

0
1975 1980 1985 1990 1995 2000 2005

FEIERTAG MIT SAUFERLAUBNIS

421 Verkehrsunfälle unter Alkoholeinfluss ereigneten sich 2008 am Vatertag. Merke: Der Durchschnitt liegt bei 132 Alkoholunfällen täglich.

JUGEND FORSCHT

13.338 Jugendliche zwischen zehn und 25 Jahren wurden im Jahr 2000 alkoholbedingt ins Krankenhaus eingewiesen. 2008 waren es schon 36.063.

DANKE, ICH MÖCHTE NICHT

Andererseits hat sich der Anteil der Zwölf- bis 25-Jährigen, die mindestens einmal pro Woche Alkohol trinken, seit 1973 halbiert.

»SAIL AWAY ... «

Werbeausgaben für diverse Flüssigdrogen – in Millionen Euro

ALKOHOL AM STEUER

Bundesweite Anteile der Unfälle mit Personenschaden, bei denen Alkohol im Spiel ist, in Prozent. Niedersachsen liegt übrigens genau im Bundesdurchschnitt.

DER STAAT ZAHLT DRAUF

Minusrechnung Rausch: Steuereinnahmen durch Alkohol wiegen bei Weitem nicht die Kosten auf, die durch seinen Konsum entstehen. Alkohol macht krank, schadet dem Körper, lässt uns früher sterben. Und entgegen der verbreiteten Mär: Trinkertode bedeuten keine Ersparnis. Die Säufer entlasten zwar die Rentenkassen, weil sie eher sterben. Dafür zahlen sie kürzer ein und tauchen früher in der Statistik auf – als Frührentner.

STRASSEN WERDEN SICHERER

Seit Einführung der neuen Promillegrenze 1998 sinken auch die Zahlen der nicht durch Alkohol bedingten Unfallzahlen.

GRAFIK: GOLDEN SECTION GRAPHICS / RECHERCHE: MARIA ROSSBAUER / ERSCHIENEN IN: DIE ZEIT

„Korn, Bier, Schnaps und Wein,

und wir hören unsere Leber schreien", singen die Toten Hosen über unsere Lieblingsdroge. Und damit beschreiben sie nur einen Teil des Problems. Ernüchternde Zahlen rund um Komasaufen, Autounfälle, Gewaltverbrechen und Organschäden

SO BERECHNEN SIE IHREN PEGEL

Modellrechnung für einen 80 Kilo schweren Mann, der 0,5 Liter Bier trinkt. Frauen genießen ihren Rausch länger. Sie werden schneller betrunken und bauen Alkohol langsamer ab.

Beispiel: ein halber Liter Bier mit 5,2 % Alkohol
500 ml × **0,052 =** 26 ml reiner Alkohol

Die Dichte von Alkohol beträgt 0,8 g/ml
26 ml × **0,8 g/ml =** 20,8 g reiner Alkohol

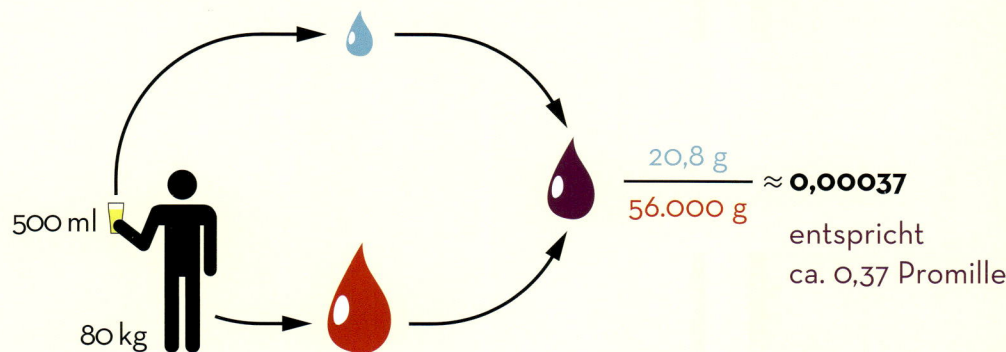

$$\frac{20{,}8\ \text{g}}{56.000\ \text{g}} \approx 0{,}00037$$

entspricht ca. 0,37 Promille

500 ml

80 kg

80 kg × **0,7 =** 56 kg Flüssigkeit

Männer haben einen Körperflüssigkeitsanteil von 0,7 (Frauen: 0,6)

Schleppender Abbau: Bei Männern sinkt der Alkoholgehalt um 0,15 Promille/h, bei Frauen um 0,13.

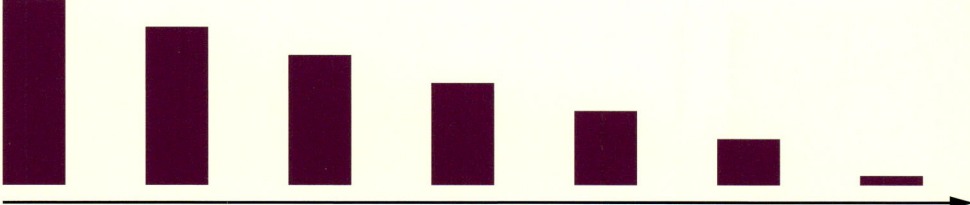

Achtung: Ein Promille bedeutet mehr als sechs Stunden Ausnüchterungszeit.

Ihre persönliche Promille- und Ausnüchterungsrechnung erstellen Sie in der „TÜV-SÜD-Bar". Dort finden Sie auch Information zu Strafen am Steuer. www.tuev-sued.de/bar

WAS WIR LIEBEN
ALKOHOL

GRAFIK: SABINE HECHER / RECHERCHE: SILKE JANOVSKY / ERSCHIENEN IN: BERLINER ZEITUNG

Im Land der Lenker wird's dichter

Unser neues Lieblingshobby: im Stau stehen

Mit jeder Tochter, jedem Sohn und jeder Subvention (wie vor Jahren mit der Abwrackprämie) nimmt die Zahl der Autos zu, die täglich über unsere Straßen fahren. Auf jeden zweiten Deutschen kommt heute ein Pkw oder angemeldetes Nutzfahrzeug. Natürlich rollen die nicht ständig über den Asphalt. Es sei denn, es sind Ferien…

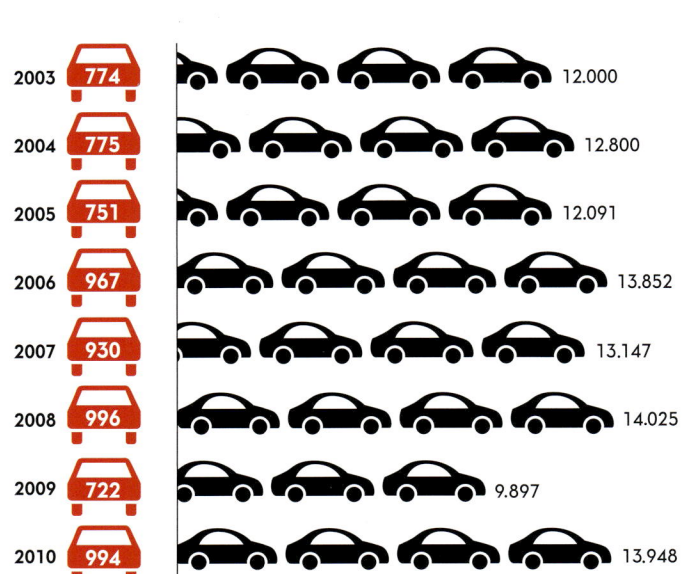

AUS LIEBE ZUM AUTOMOBIL

Anzahl der Staus ab 10 Kilometern Länge in einer Sommersaison und ihre Gesamtlänge in Kilometern

Jahr		km
2003	774	12.000
2004	775	12.800
2005	751	12.091
2006	967	13.852
2007	930	13.147
2008	996	14.025
2009	722	9.897
2010	994	13.948

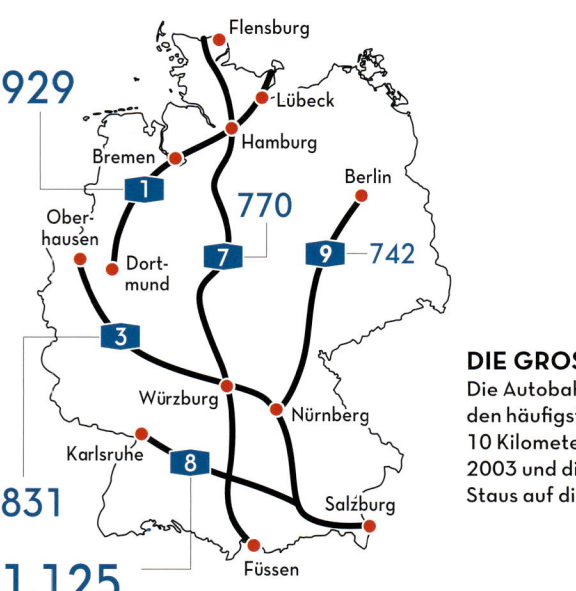

DIE GROSSEN FÜNF

Die Autobahnstrecken mit den häufigsten Staus über 10 Kilometern Länge seit 2003 und die Anzahl der Staus auf diesen Strecken

WARTEZEIT

Im Schnitt verbringt jeder Deutsche jährlich gut

50 STUNDEN

im Stau – mehr als eine ganze Arbeitswoche.

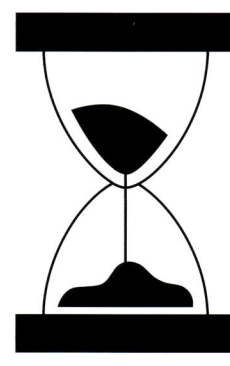

SAMMELSTELLEN 2011
Autobahnabschnitte mit besonderer Staugefahr in diesem Sommer

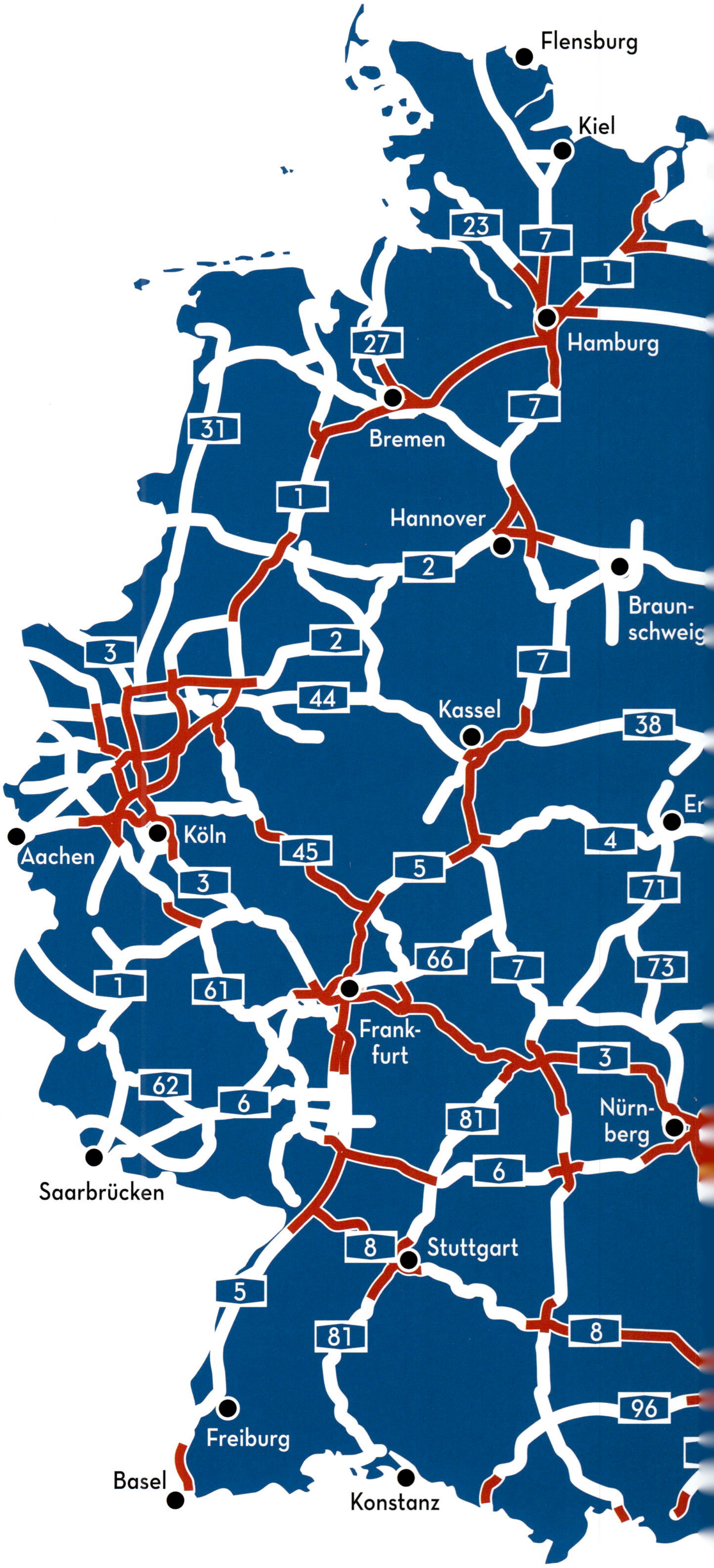

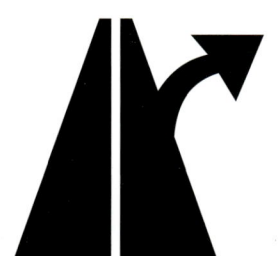

AUSWEICHTENDENZ
Fast die Hälfte aller Autofahrer,
44 PROZENT,
versucht bei einem absehbaren Stau, die Autobahn zu verlassen.

24.7.2004 Frankfurt — Nürnberg [3] 85 km	21.8.2004 Salzburg — München [8] 85 km
3.8.2003 München — Salzburg [8] 75 km	16.7.2005 Frankfurt — Nürnberg [3] 70 km
27.6.2008 Frankfurt — Nürnberg [3] 65 km	29.7.2006 Würzburg — Hannover [7] 60 km

FREUDE AM WARTEN
Die längsten Staus in Deutschland (Stop and go)

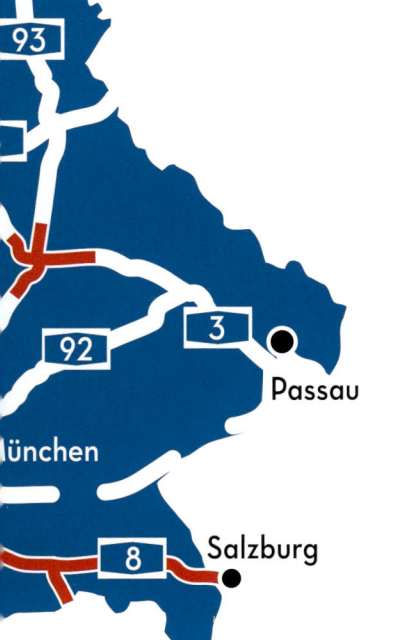

VORSPRUNG DURCH KRABBELN
Ameisen wissen, was zu tun ist. Die Insekten überholen nicht, und schnellere Tiere passen ihre Geschwindigkeit dem Vordermann an. So ergeben sich gleichmäßige Durchschnittsgeschwindigkeiten.

„I'M STILL STANDING"— HITLISTE FÜR DIE STUNDENLANGE WARTEZEIT
1. You Are the Sunshine of My Life – Stevie Wonder
2. Ice Ice Baby – Vanilla Ice
3. Dust in the Wind – Kansas
4. You Are Not Alone – Michael Jackson
5. I'm Still Standing – Elton John
6. Wait And See – Holy Ghost!
7. Always Crashing in the Same Car – David Bowie
8. Get Up, Stand Up – Bob Marley
9. Far Far Away – Slade
10. Behind the Wheel – Depeche Mode
11. Holiday – Madonna
12. Little Red Corvette – Prince
13. Take Me Out – Franz Ferdinand
14. Pull Up to the Bumper – Grace Jones
15. Walk on the Wild Side – Lou Reed
16. Inside And Out – Feist
17. Street Spirit – Radiohead
18. I Can See For Miles – The Who
19. Watching the Wheels – John Lennon
20. Fast Car – Tracy Chapman

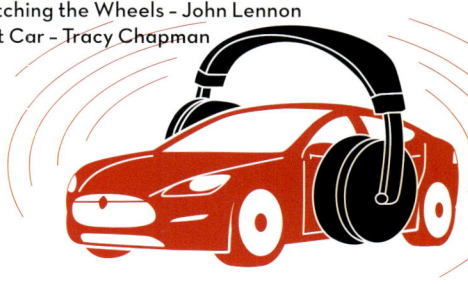

REKORD
Das Guiness-Buch nennt als längsten Stau der Welt den zwischen Paris und Lyon im Jahr 1980, als sich die Autos über eine Länge von
176 KILOMETERN
Stoßstange an Stoßstange reihten.

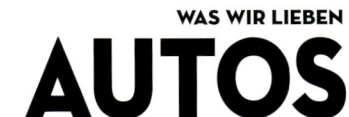

WAS WIR LIEBEN
AUTOS

33

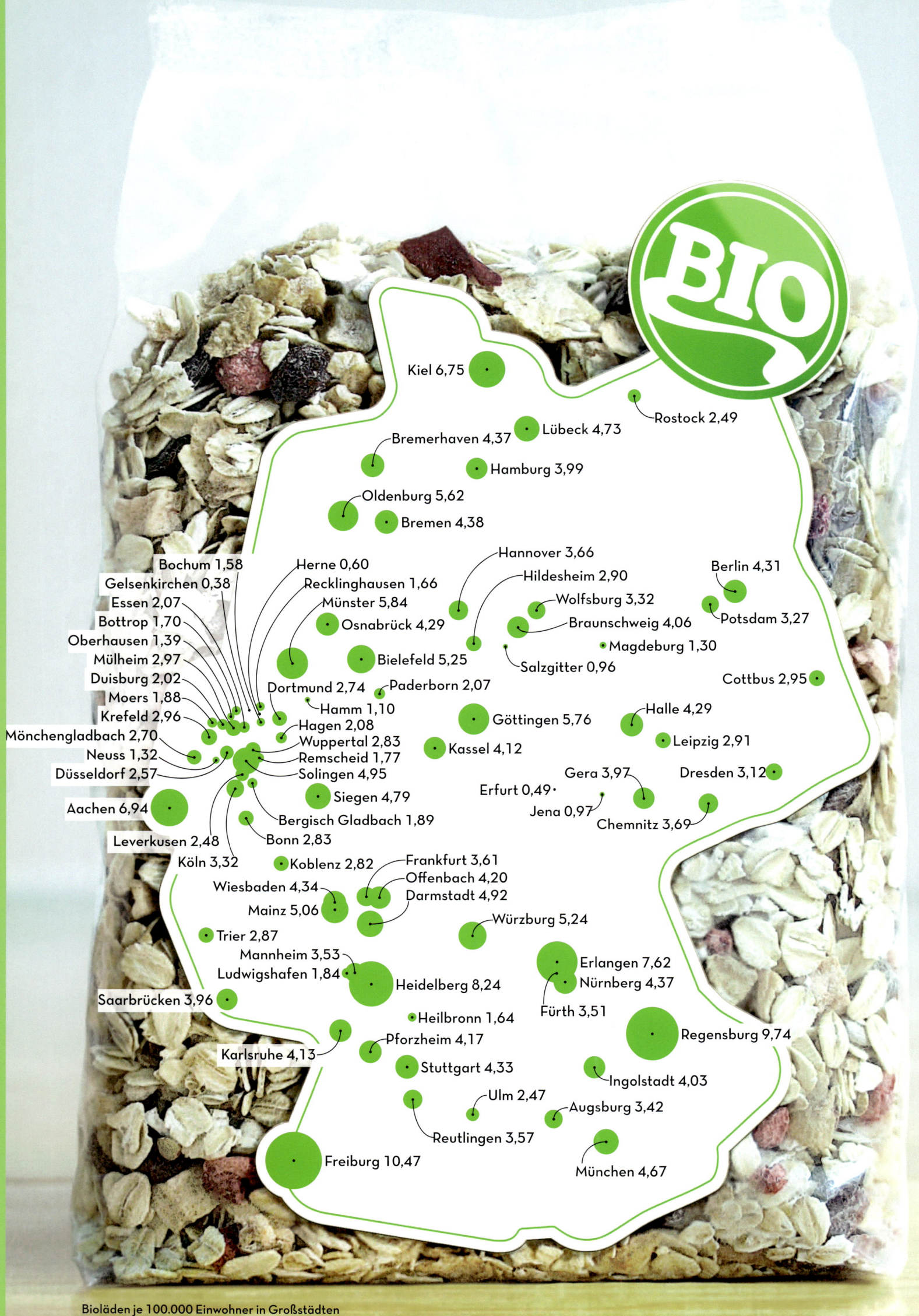

Kiel 6,75

Rostock 2,49

Bremerhaven 4,37   Lübeck 4,73

Hamburg 3,99

Oldenburg 5,62

Bremen 4,38

Hannover 3,66

Bochum 1,58   Herne 0,60   Hildesheim 2,90   Berlin 4,31

Gelsenkirchen 0,38   Recklinghausen 1,66   Wolfsburg 3,32

Essen 2,07   Münster 5,84   Braunschweig 4,06   Potsdam 3,27

Bottrop 1,70   Osnabrück 4,29

Oberhausen 1,39   Magdeburg 1,30

Mülheim 2,97   Bielefeld 5,25   Salzgitter 0,96   Cottbus 2,95

Duisburg 2,02

Moers 1,88   Dortmund 2,74   Paderborn 2,07   Halle 4,29

Krefeld 2,96   Hamm 1,10   Göttingen 5,76   Leipzig 2,91

Mönchengladbach 2,70 Hagen 2,08   Dresden 3,12

Neuss 1,32   Wuppertal 2,83   Kassel 4,12

Düsseldorf 2,57   Remscheid 1,77   Gera 3,97

                     Solingen 4,95   Siegen 4,79   Erfurt 0,49

Aachen 6,94   Jena 0,97   Chemnitz 3,69

                     Bergisch Gladbach 1,89

Leverkusen 2,48   Bonn 2,83

Köln 3,32   Koblenz 2,82   Frankfurt 3,61

                                       Offenbach 4,20

Wiesbaden 4,34   Darmstadt 4,92

Mainz 5,06   Würzburg 5,24

Trier 2,87

Mannheim 3,53   Erlangen 7,62

Ludwigshafen 1,84   Heidelberg 8,24   Nürnberg 4,37

Saarbrücken 3,96   Fürth 3,51

                     Heilbronn 1,64   Regensburg 9,74

                     Pforzheim 4,17

Karlsruhe 4,13   Stuttgart 4,33   Ingolstadt 4,03

                                       Ulm 2,47   Augsburg 3,42

                                       Reutlingen 3,57

Freiburg 10,47   München 4,67

Bioläden je 100.000 Einwohner in Großstädten
mit mehr als 100.000 Einwohnern

GRAFIK: JÖRG BLOCK / RECHERCHE: FRIEDERIKE MILBRADT / ERSCHIENEN IN: ZEIT MAGAZIN

Grün, grüner, deutsch

Den Titel des Exportweltmeisters haben wir an China verloren. Aber in der Kategorie emsige Umweltschützer und Naturfreaks nehmen wir unverdrossen die Poleposition ein

RECHERCHE: KATHRIN LILIENTHAL / TEXT: RAINER SCHMIDT

Obwohl Deutschland wie kaum ein anderes Land von den Segnungen der Moderne und des industriellen Fortschritts profitiert hat, war hier stets zugleich ein starker romantischer Wunsch nach einer naturbelassenen Welt spürbar. Das grüne Bewusstsein ist heute fester Teil unserer gesellschaftlichen DNA: In keinem Land war die Stimmung hysterischer, als 1986 in Tschernobyl der Reaktorkern schmolz, nirgendwo wurde die Ökobewegung so früh eine zentrale politische Kraft, nur hier, nicht in Japan, verkündete nach der Katastrophe von Fukushima eine Regierung 2011 einer irritierten Weltöffentlichkeit den Ausstieg aus der Atomkraft.

Den radikalsten Wandel aber scheint das Land der Currywürste und Schweinshaxen beim Essen zu durchlaufen: Nicht nur, dass die Nachfrage nach Fleisch über die vergangenen 20 JAHRE stark gesunken (-17,8 %) ist, während deutlich mehr Gemüse (+35 %) und Fisch (+15,3 %) gekauft wurde, es soll – so der Eindruck – am liebsten „bio" sein. Die Bundesrepublik ist mit knapp 6 MILLIARDEN EURO Umsatz der größte Markt für Biolebensmittel in Europa, weit vor dem zweitplatzierten Frankreich (3,4 MILLIARDEN EURO).

In manchen Vierteln der Großstädte prägen Biosupermärkte das Bild vom ökobewussten Konsumenten. Jeder Lebensmittelproduzent, der den Trend nicht verpassen will, bringt grüne Produkte auf den Markt. Waren es früher lediglich Naturkost- und spezielle Bioläden, kommt heute kein Supermarkt mehr ohne diese Produkte aus. Die Vielfalt ist verwirrend: Es gibt mehr als 100 BIO-MARKEN und ÖKOSIEGEL, amtlich ist davon nur eins: Die Bunderegierung führte 2001 das „Bio-Siegel" ein, mit dem die Produkte ausgezeichnet werden dürfen, die nach der EG-Öko-Verordnung hergestellt werden. Knapp ein Dutzend deutscher ökologischer Anbauverbände stellt darüber hinaus noch strengere Anforderungen, für deren Einhaltung sie eigene Label verteilen.

Die erste „Bio-Marke" wurde mit „Demeter" übrigens schon 1928 etabliert. Anfang der 20ER-JAHRE des vergangenen Jahrhunderts zeigten sich Bauern und Lebensreformer beunruhigt wegen der Folgen des immer stärker eingesetzten Kunstdüngers. Sie suchten nach alternativen Ideen und fanden sie etwa in der vom Anthroposophen Rudolf Steiner begründeten „biologisch-dynamischen Wirtschaftsweise". Das gefiel spirituell-intellektuellen Großbürgern, naturverbundenen Wandervögeln und Reformköstlern.

Nach Krieg, Hunger und der Fressphase der Nachkriegsjahre rückte gesunde Ernährung wieder mit den Studentenprotesten und den sprichwörtlichen „Müslis" in den Fokus. Von einem Szenephänomen ist es schon lange zu einem gesamtgesellschaftlichen Thema geworden, obwohl die Deutschen noch nie so wenig Geld von ihrem Haushaltseinkommen für Lebensmittel ausgegeben haben (aktuell: 11 %).

„Bio" ist in der Regel teurer als die herkömmliche Produktion. Und zwar so teuer, dass sich gelegentlich der Verdacht aufdrängt, es handele sich hier vor allem um die schichtspezifische Nachfrage einer bestimmten Gruppe urbaner Meinungsführer. Denn allen Wachstumsraten und dem medialen Wirbel zum Trotz ist der Markt noch überschaubar.

In Deutschland, immerhin Europas Marktführer, macht er gerade 3,4 % des Gesamtumsatzes mit Lebensmitteln aus, in Frankreich sind es gut 2 %. Deutlich besser stehen überraschenderweise Länder da, von denen man weit weniger hört als von den sendungsbewussten Deutschen, etwa Dänemark (7,2 %), Österreich (6 %) und die Schweiz (4,9 %).

Die Eidgenossen geben mit 139 EURO übrigens auch am meisten Geld für Biolebensmittel aus, in Deutschland, das sich in diesem Bereich gerne so weit vorne wähnt, sind es gerade mal gut 70 EURO pro Kopf – pro JAHR wohlgemerkt. Da ist noch viel Bio-Luft nach oben.

Das ist ja unerhört!

Wie Autoren und ihre Bücher uns aufregen

Pornografie- und Plagiatsvorwürfe, Grenzüberschreitungen und blutige Provokationen: von Selbstmorden nach Goethes „Werther" bis zum müden Gähnen bei der Debatte um Christian Krachts „Imperium". Eine Fieberkurve der gesellschaftlichen Erregung

SKANDALFAKTOR

SEHR HOCH

HOCH

MITTEL

NIEDRIG

1774 – JOHANN WOLFGANG VON GOETHES „DIE LEIDEN DES JUNGEN WERTHER", in dem Werther sich am Ende das Leben nimmt, löst eine Serie von Selbstmorden junger Männer aus.

1920 – DIE URAUF-FÜHRUNG VON AR-THUR SCHNITZLERS „REIGEN" AM 23. DEZEMBER 1920 in Berlin führt zum „Rei-gen-Prozess". Zwei Schau-spieler werden wegen „Unzucht" angezeigt und gegen Schnitzler ein Auf-führungsverbot verhängt, das bis 1982 gilt, in Filmen aber später umgangen wird. Der „Reigen" erzählt in 10 Dialogen, was Men-schen nach dem Sex be-wegt (der nicht gezeigt wird).

1966 – DER ERST 23-JÄHRIGE PETER HANDKE BELEIDIGT AUF EINER TAGUNG DER GRUPPE 47 in Princeton seine Schrift-stellerkollegen und macht sich so als junger Wilder einen Namen. Nach einer Lesung steht er auf und prangert die geistlose „Beschreibungsimpotenz" der Autoren und der Lite-raturkritik an, die ebenso „läppisch und idiotisch" sei wie „diese läppische und idiotische Literatur".

1983 – RAINALD GOETZ SCHLITZT SICH MIT EINER RASIERKLINGE BEIM INGEBORG-BACH-MANN-Wettbewerb die Stirn auf und ruft: „Ihr könnt's mein Hirn haben!" Das Blut rinnt ihm das Gesicht herunter, tropft aufs Manuskript. Am Ende ist er blutüberströmt.

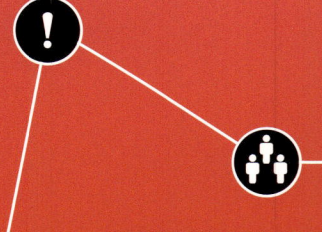

1996 – NACH DER VERÖFFENTLI-CHUNG VON PETER HANDKES REISEBE-RICHT „Eine winterliche Reise zu den Flüssen Donau, Save, Morawa und Drina oder Gerechtigkeit für Serbien" kommt es zum Streit um die politische Position des Autors, die Handke – etwa mit seiner Grabrede bei Slobodan Milošević Beerdigung – bis heute nährt. Kritiker werfen Handke vor, die ser-bischen Kriegsverbrechen zu verharmlosen, während Handke den Umgang der Medien mit Sprache heftig kritisiert.

1795/96 – JOHANN WOLFGANG VON GOETHE UND FRIEDRICH SCHILLER VERFASSEN gemeinsam die „Xenien", ein Angriff auf den Literaturbetrieb, in dem die verspotteten Dichter-kollegen wie Christoph Mar-tin Wieland oder Friedrich Nicolai namentlich genannt werden und sich in anonym verfassten „Gegen-Xenien" wehren.

1898 – „ERDGEIST" VON FRANK WE-DEKIND, DIE GE-SCHICHTE VOM AUFSTIEG UND FALL einer Kindfrau und Sexgöt-tin, ist bei der Uraufführung in Leipzig ein Skandal und zieht wegen „Verbreitung unzüchtiger Schriften" einen Prozess nach sich. Auch Wedekinds Fortset-zung „Die Büchse der Pan-dora" 1904 erregt die Ge-müter. Beide Stücke fasst er später unter dem Titel „Lulu" zusammen.

1977 HERBERT ACHTERNBUSCH VERBRENNT DEN SCHECK MIT DEM PREISGELD FÜR DEN VON Verleger Hubert Burda gestifteten Petrar-ca-Preis auf der Preisver-leihung in Frascati bei Rom und verlässt die Veranstal-tung unter Protest.

GRAFIK: RÜDIGER JOPPE / RECHERCHE / TEXT: JULIA ENCKE

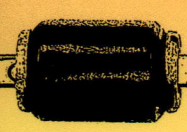

1774   1795/96   1898   1920   1966   1977   1983   1996

politisch / gesellschaftspolitisch

! Provokation

§ Plagiat / Persönlichkeitsrechte

♟ Pornografievorwurf

1998 – MARTIN WAL-SER LÖST BEI DER VERLEIHUNG DES FRIEDENSPREISES DES DEUTSCHEN Buchhandels die so ge-nannte „Schlussstrich-Debatte" aus. Nach der Rede applaudieren die Gäste stehend - mit Ausnahme des Vorsitzen-den des Zentralrats der Juden in Deutschland Ignatz Bubis, dessen Ehefrau Ida und Friedrich Schorlemmer.

2006 – ALS IM AU-GUST AUS ANLASS DES ERSCHEINENS VON GÜNTER GRASS' autobiografi-schem Werk „Beim Häuten der Zwiebel" bekannt wird, dass dieser mit 17 Jahren der Waffen-SS angehört und das jahrzehntelang verschwiegen hat, beginnt eine umfangreiche Debat-te über seine Lieblingsrolle als moralische Instanz im Nachkriegsdeutschland.

2012 – LITERATUR-NOBELPREISTRÄ-GER GÜNTER GRASS WIRFT DEM STAAT ISRAEL IN SEINEM Gedicht „Was gesagt wer-den muss" vor, mit seiner Iran-Politik den Weltfrie-den zu gefährden. Er wird einer Verdrehung der Tat-sachen und des Antisemi-tismus beschuldigt, Israel verhängt ein Einreisever-bot gegen ihn.

2002 – ALS MARTIN WALSER IN SEINEM SCHLÜSSELROMAN „TOD EINES KRITI-KERS" den Literaturkri-tiker Marcel Reich-Ranicki als Person und als Symbol einer unredlichen Kultur-szene kritisiert, rügt u.a. Frank Schirrmacher sein „Spiel mit antisemitischen Klischees".

2008 – CHARLOTTE ROCHE SORGT MIT IHREM ROMAN „FEUCHTGEBIETE" FÜR AUFREGUNG. Der Roman thematisiert Ekel und Sexualität wie es provokanter kaum geht. Die Erzählerin berichtet freimütig von Menstruati-onsblut, Urin, Eiter, Sper-ma, Smegma, ihrer Liebe zu Exkrementen und Kör-perausscheidungen sowie von ihren Gedanken über Inzest.

1998 – „BRUCH-STÜCKE AUS EINER KINDHEIT" VON „BINJAMIN WILKO-MIRSKI" HEISSEN DIE Erinnerungen eines letti-schen Holocaust-Überle-benden, die der Jüdische Verlag 1995 im Suhrkamp Verlag herausbringt. Es geht um eine Kindheit im KZ und die Verfrachtung in die Schweiz, wo dem Autor eine neue Identität aufge-pfropft worden sei. 1998 zeigte der Schriftsteller Daniel Ganzfried, dass Wil-komirski eigentlich als Bru-no Grosjean im Schweizer Biel als uneheliches Kind geboren und von der wohl-habenden Zürcher Ärztefa-milie Doessekker adoptiert wurde. In einem KZ ist er nie gewesen.

2003 – DER VER-TRIEB VON MAXIM BILLERS ROMAN „ESRA" WIRD IM FRÜHJAHR UNTER-SAGT, nachdem die ers-ten Exemplare ausgeliefert worden sind. In dem Buch, das viele Sexszenen ent-hält, geht es um die Bezie-hung des Ich-Erzählers zu seiner Freundin Esra. Eine Ex-Freundin Billers, eine Schauspielerin, erkennt sich in der Figur wieder und sieht ihr Persönlich-keitsrecht verletzt. Auch die Mutter der Ex-Freundin geht gegen das Buch vor, da sie sich in der Figur der „Lale", einer Alkoholikerin, verunglimpft sieht. Der Roman ist bis heute vom Bundesverfassungsgericht verboten.

2006 – FERIDUN ZAI-MOGLU WIRD VOR-GEWORFEN, SICH IN SEINEM ROMAN „LEYLA" BEI EMINE SEVGI Özdamars „Das Leben ist eine Karawanse-rei" bedient zu haben.

2010 – HELENE HEGEMANN WIRD BESCHULDIGT, FÜR IHREN ROMAN „AXOLOTL ROAD-KILL" bei dem Berliner Blogger und Autoren Airen („Strobo") abgeschrieben zu haben.

2012 – DER „SPIEGEL"-JOURNA-LIST GEORG DIEZ SCHREIBT ANLÄSS-LICH DES ERSCHEI-NENS DES Romans „Imperium" von Christian Kracht, dieser sei der Celine seiner Generation. Der Vorwurf: Kracht pro-pagiere eine „rassistische Weltsicht".

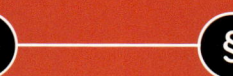
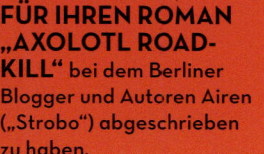

Zugabe, bitte!
Was uns deutsche Bühnen kosten

Armes, teures, absurdes Theater: Je mehr Menschen auf den Brettern stehen, je mehr Musiker in den Gräben vor den Bühnen hocken und echten Instrumenten wunderbare Töne entlocken, je mehr Menschen in Parkett und Loge gebannt auf ihren Stühlen sitzen, umso kostspieliger wird der Spaß. Das ist er uns wert, 2,5 Milliarden Euro jährlich, um genau zu sein.

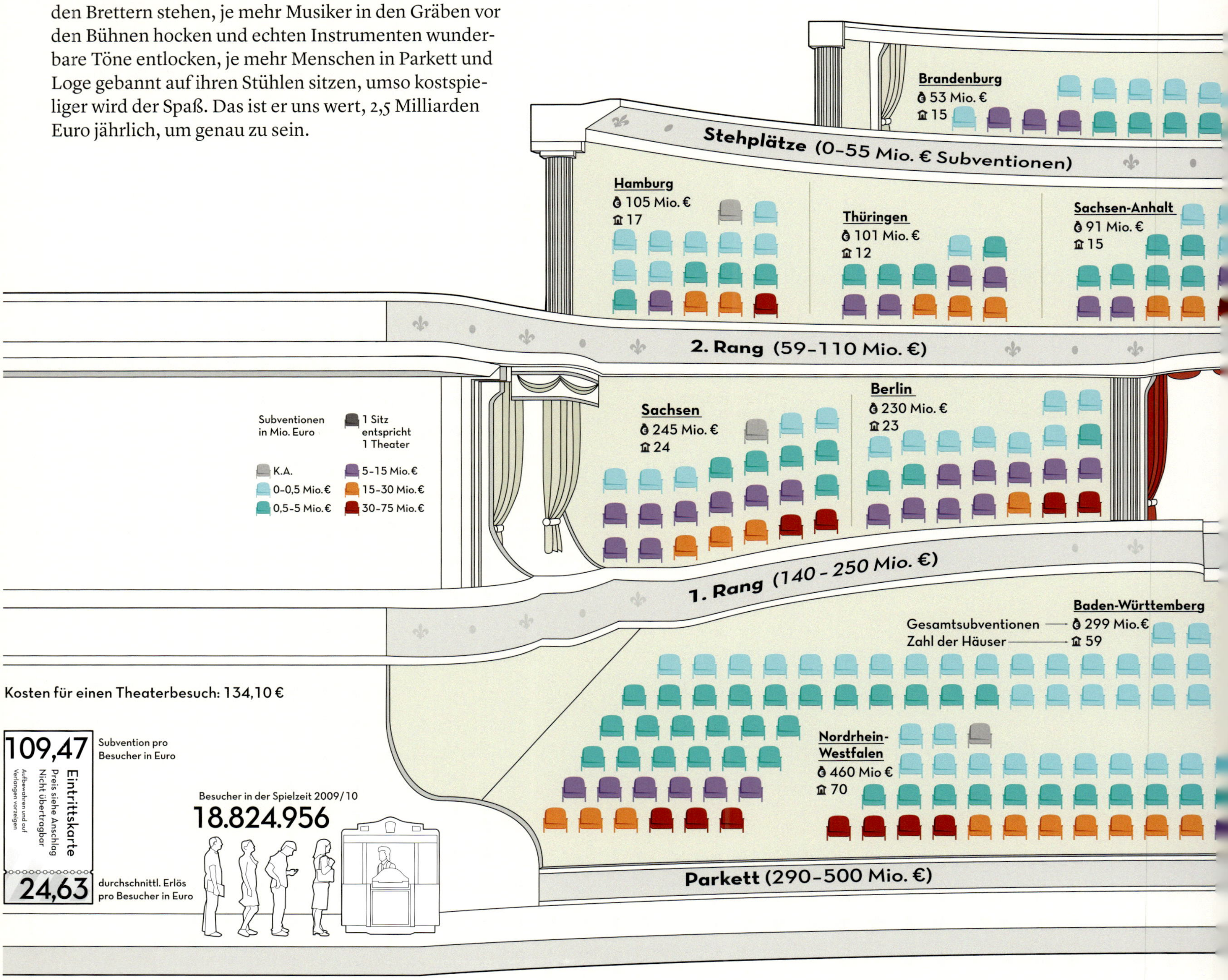

Brandenburg
♦ 53 Mio. €
🏛 15

Stehplätze (0–55 Mio. € Subventionen)

Hamburg
♦ 105 Mio. €
🏛 17

Thüringen
♦ 101 Mio. €
🏛 12

Sachsen-Anhalt
♦ 91 Mio. €
🏛 15

2. Rang (59–110 Mio. €)

Sachsen
♦ 245 Mio. €
🏛 24

Berlin
♦ 230 Mio. €
🏛 23

Subventionen in Mio. Euro — 1 Sitz entspricht 1 Theater

- K.A.
- 0–0,5 Mio. €
- 0,5–5 Mio. €
- 5–15 Mio. €
- 15–30 Mio. €
- 30–75 Mio. €

1. Rang (140 – 250 Mio. €)

Baden-Württemberg
Gesamtsubventionen —— ♦ 299 Mio. €
Zahl der Häuser —— 🏛 59

Kosten für einen Theaterbesuch: 134,10 €

109,47 Subvention pro Besucher in Euro

Aufbewahren und auf Verlangen vorzeigen / Nicht übertragbar

Eintrittskarte Preis siehe Anschlag

24,63 durchschnittl. Erlös pro Besucher in Euro

Besucher in der Spielzeit 2009/10
18.824.956

Nordrhein-Westfalen
♦ 460 Mio €
🏛 70

Parkett (290–500 Mio. €)

DIE FÖRDER-PYRAMIDE

Der Vergleich zwischen Förderung pro Bundesland und durchschnittlicher Förderung pro Theater zeigt, dass auch hier von Einheitlichkeit nicht die Rede sei kann.

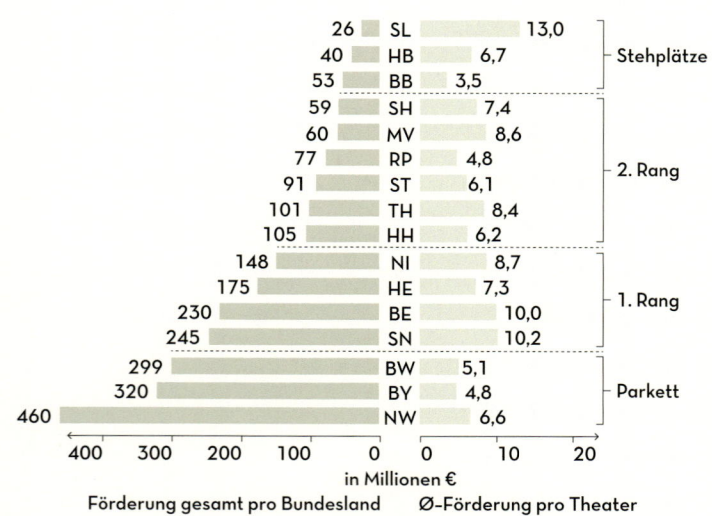

Förderung gesamt pro Bundesland		Ø-Förderung pro Theater	
26	SL	13,0	Stehplätze
40	HB	6,7	
53	BB	3,5	
59	SH	7,4	2. Rang
60	MV	8,6	
77	RP	4,8	
91	ST	6,1	
101	TH	8,4	
105	HH	6,2	
148	NI	8,7	1. Rang
175	HE	7,3	
230	BE	10,0	
245	SN	10,2	
299	BW	5,1	Parkett
320	BY	4,8	
460	NW	6,6	

400 300 200 100 0 — 0 10 20
in Millionen €

OPULENT IN DRESDEN, WOHLHABEND IN ESSEN, ARM IN BERLIN

Herbe Unterschiede: Die rund 500.000 Dresdener sind geradezu üppig ausgestattet, mit der Hälfte der Berliner Zuschüsse bespielen sie acht Häuser. In Berlin (3 Mio Einwohner) reicht das gerade mal für die Philharmonie und drei Opern und Grips-Theater. Interessant an Essen: Die einstige Stahl- und Kohlemetropole pumpt alle Fördergelder in Hochkultur.

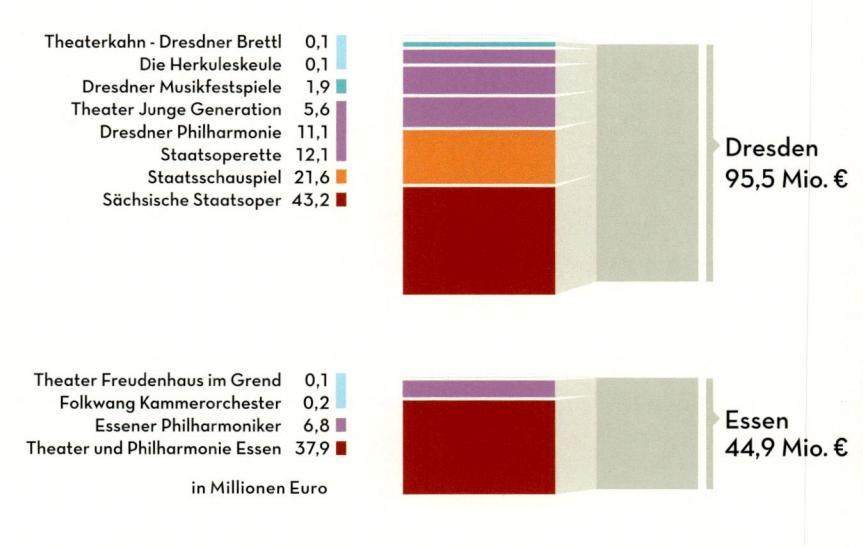

Theaterkahn - Dresdner Brettl	0,1	
Die Herkuleskeule	0,1	
Dresdner Musikfestspiele	1,9	
Theater Junge Generation	5,6	
Dresdner Philharmonie	11,1	
Staatsoperette	12,1	
Staatsschauspiel	21,6	
Sächsische Staatsoper	43,2	**Dresden 95,5 Mio. €**

Theater Freudenhaus im Grend	0,1	
Folkwang Kammerorchester	0,2	
Essener Philharmoniker	6,8	
Theater und Philharmonie Essen	37,9	**Essen 44,9 Mio. €**

in Millionen Euro

GRAFIK: KIRCHERBURKHARDT / RECHERCHE: HANDELSBLATT RESEARCH / ERSCHIENEN IN: HANDELSBLATT

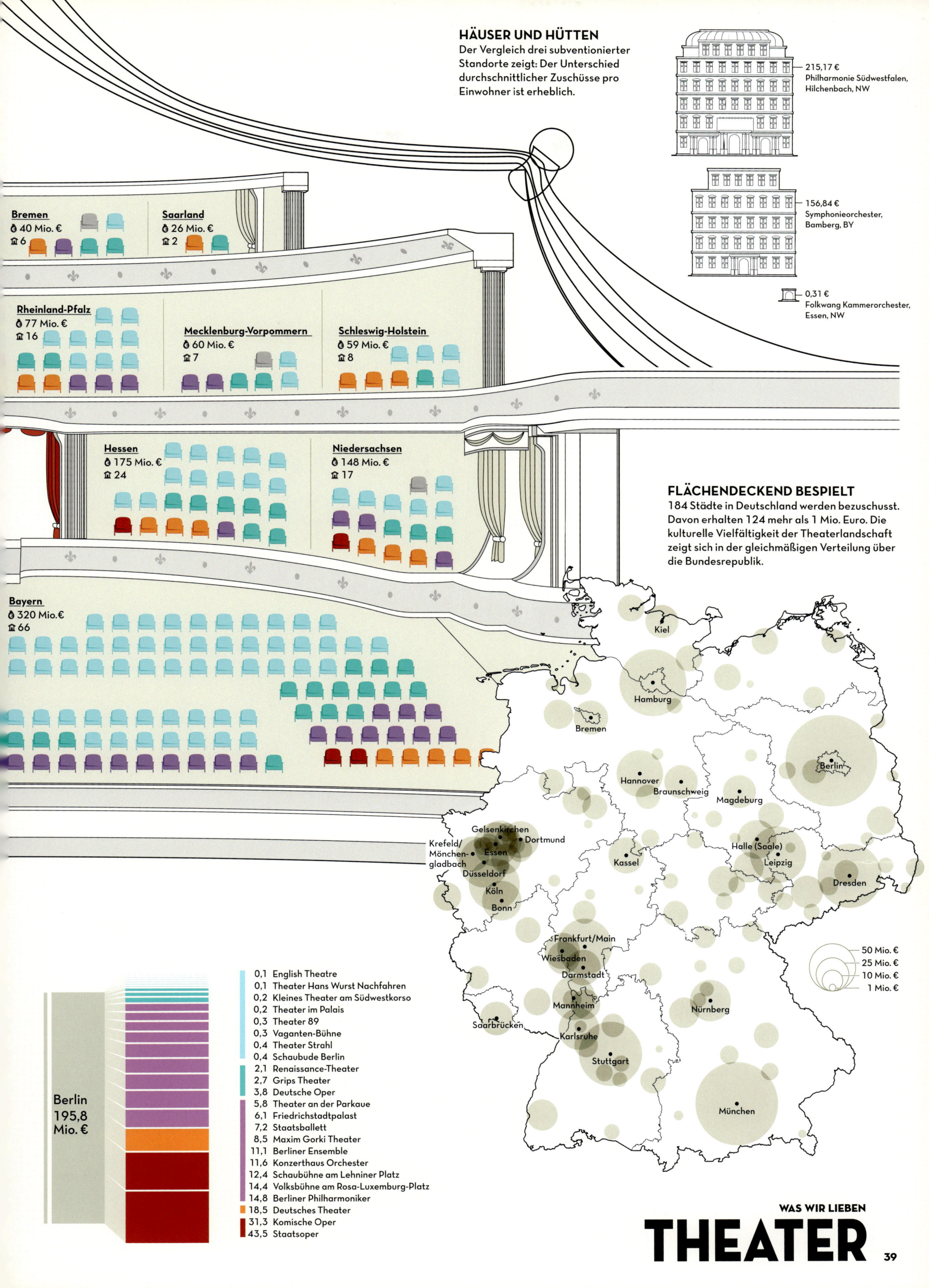

HÄUSER UND HÜTTEN
Der Vergleich drei subventionierter Standorte zeigt: Der Unterschied durchschnittlicher Zuschüsse pro Einwohner ist erheblich.

215,17 € Philharmonie Südwestfalen, Hilchenbach, NW

156,84 € Symphonieorchester, Bamberg, BY

0,31 € Folkwang Kammerorchester, Essen, NW

Bremen
🎭 40 Mio. €
🏛 6

Saarland
🎭 26 Mio. €
🏛 2

Rheinland-Pfalz
🎭 77 Mio. €
🏛 16

Mecklenburg-Vorpommern
🎭 60 Mio. €
🏛 7

Schleswig-Holstein
🎭 59 Mio. €
🏛 8

Hessen
🎭 175 Mio. €
🏛 24

Niedersachsen
🎭 148 Mio. €
🏛 17

Bayern
🎭 320 Mio. €
🏛 66

FLÄCHENDECKEND BESPIELT
184 Städte in Deutschland werden bezuschusst. Davon erhalten 124 mehr als 1 Mio. Euro. Die kulturelle Vielfältigkeit der Theaterlandschaft zeigt sich in der gleichmäßigen Verteilung über die Bundesrepublik.

Berlin 195,8 Mio. €

0,1	English Theatre
0,1	Theater Hans Wurst Nachfahren
0,2	Kleines Theater am Südwestkorso
0,2	Theater im Palais
0,3	Theater 89
0,3	Vaganten-Bühne
0,4	Theater Strahl
0,4	Schaubude Berlin
2,1	Renaissance-Theater
2,7	Grips Theater
3,8	Deutsche Oper
5,8	Theater an der Parkaue
6,1	Friedrichstadtpalast
7,2	Staatsballett
8,5	Maxim Gorki Theater
11,1	Berliner Ensemble
11,6	Konzerthaus Orchester
12,4	Schaubühne am Lehniner Platz
14,4	Volksbühne am Rosa-Luxemburg-Platz
14,8	Berliner Philharmoniker
18,5	Deutsches Theater
31,3	Komische Oper
43,5	Staatsoper

50 Mio. €
25 Mio. €
10 Mio. €
1 Mio. €

Kiel
Hamburg
Bremen
Hannover
Braunschweig
Magdeburg
Berlin
Gelsenkirchen
Dortmund
Krefeld/Mönchengladbach
Essen
Düsseldorf
Köln
Bonn
Kassel
Halle (Saale)
Leipzig
Dresden
Frankfurt/Main
Wiesbaden
Darmstadt
Mannheim
Nürnberg
Saarbrücken
Karlsruhe
Stuttgart
München

WAS WIR LIEBEN
THEATER

Die R-Aktie

Gerhard Richters Arbeiten bilden den Leitwert des deutschen Kunstkosmos

Im Casino-Kapitalismus ist der Kunstmarkt das ultimative Hinterzimmer. Seit die Börsen Computerprogramme und normale Menschen einlassen, haben sich die wirklich Reichen zurückgezogen in die Welt der Galerien und Auktionshäuser. Dort vermehren sie ihre Vermögen um traumhafte Faktoren, und je flacher die Aktien, umso extremer gehen die Gebote nach oben. Von der globalen Kunsthausse profitiert auch der deutsche Markt; von allen Künstlern (lebenden und toten) ist Gerhard Richter der nicht nur wandelbarste sondern mit Abstand erfolgreichste. Das Erstellen von Charts auf Grundlage von Erstverkäufen allerdings ist unmöglich. Primärpreise, also solche, die Sammler direkt zahlen, sind nicht zu ermitteln; dafür ist der Markt viel zu diskret. Ebenso schweigen Galeristen beim Thema „Faktor": einer Art Quadratzentimeterwert pro Künstler, mit dem sie Endpreise unterschiedlich großer Gemälde berechnen. Die Größen der Leinwände auf dieser Seite illustrieren daher den Gesamtumsatz, den die Werke eines Künstlers bislang im Sekundär- und Tertiärmarkt erzielten, sprich bei Auktionen. Auch hier verdrängt Richter alle. Die Handelsvolumina der neun anderen deutschen Top-Künstler machen mit 342 Millionen Euro weniger als die Hälfte des Umsatzes aus, den Richters Arbeiten allein erzielen.

1 GERHARD RICHTER
722.070.799 €

2 GEORG BASELITZ
81.215.153 €

4 ANDREAS GURSKY
67.000.482 €

9 NEO RAUCH
20.226.060 €

8 THOMAS RUFF
17.301.719 €

GRAFIK: THORSTEN LANGE / RECHERCHE: ARTNET.DE

HÖCHSTPREISE DEUTSCHER WERKE

Gerhard Richter – schon zu Lebzeiten im ewigen
Olymp neben Kirchner, Marc, Feininger, Beckman

Rang	Name	Preis	Jahr
1	Ernst L. Kirchner	29.959.113 €	2006
2	Franz Marc	19.164.109 €	2008
3	Lyonel Feininger	18.307.648 €	2007
4	Max Beckmann	17.738.089 €	2001
5	Gerhard Richter	17.153.362 €	2012
6	Gerhard Richter	16.360.598 €	2011
7	Franz Marc	16.359.314 €	2007
8	Gerhard Richter	15.214.300 €	2012
9	Gerhard Richter	14.157.364 €	2011
10	Gerhard Richter	13.276.583 €	2012

DAX VS. GERHARD RICHTER

Crash 2009: Sammler mussten sich von Richter trennen. Sein Wert erholte sich. Der DAX dümpelt weiter.

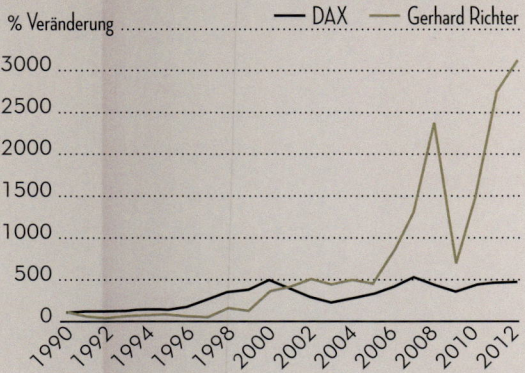

DAX VS. TOP 10 DER LEBENDEN DEUTSCHEN KÜNSTLER

Völlig losgelöst: Kunst ist der neue Out-Performer.

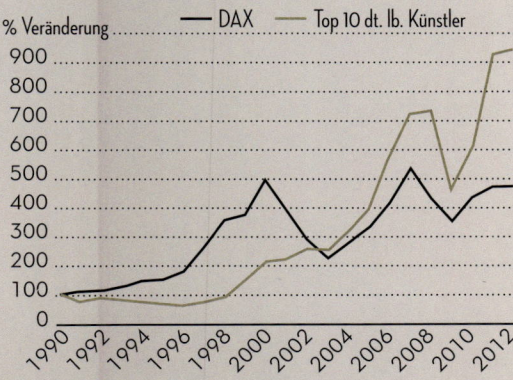

10 A.R. PENCK
15.740.049 €

3 ANSELM KIEFER
72.499.200 €

5 THOMAS STRUTH
24.417.256 €

GÜNTHER UECKER
22.752.214 €

7 ALBERT OEHLEN
21.453.034 €

2011: DEUTSCHLAND VS. CHINA, USA

Chinesen sammeln wie US-Anleger viele Klassiker, geben
aber das Doppelte aus. Deutschland? Ausbaufähig!

Land	verkaufte Werke	Marktanteil nach Werken	Umsätze der Verkäufe	Markanteil nach Umsätzen
China	67.320	19,21 %	4.219.739.056 €	43,60 %
Deutschland	24.242	6,92 %	161.204.213 €	1,67 %
USA	74.307	21,21 %	2.259.060.312 €	23,34 %

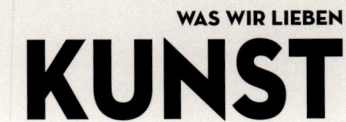

Neun Milliarden grüne Mitbürger

Weltweit schrumpfen die Wälder. In Deutschland wachsen sie. Eine Million Hektar sind in den letzten Jahrzehnten neu hinzugekommen. Fast ein Drittel der Gesamtfläche Deutschlands besteht aus Wald. Die Bundesrepublik ist eines der waldreichsten Länder Europas

ANTEIL DER BAUMARTENGRUPPEN IN PROZENT

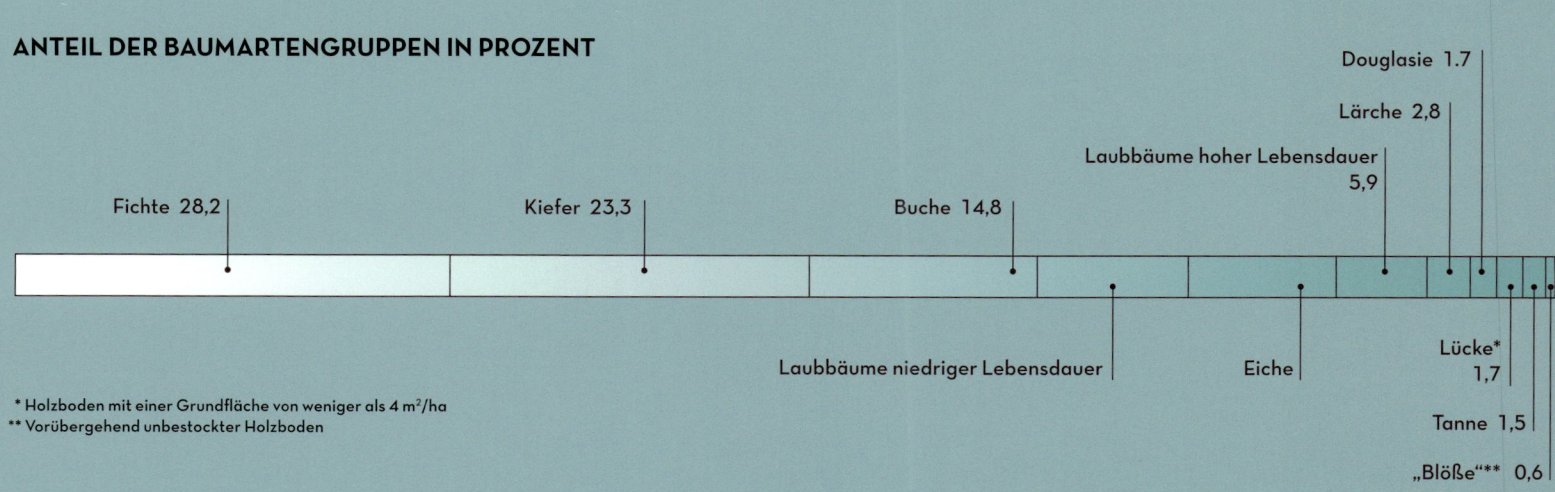

Fichte 28,2   Kiefer 23,3   Buche 14,8

Douglasie 1,7
Lärche 2,8
Laubbäume hoher Lebensdauer 5,9

Laubbäume niedriger Lebensdauer   Eiche   Lücke* 1,7
Tanne 1,5
„Blöße"** 0,6

* Holzboden mit einer Grundfläche von weniger als 4 m²/ha
** Vorübergehend unbestockter Holzboden

DEUTSCHLANDS HÄUFIGSTE BAUMARTEN

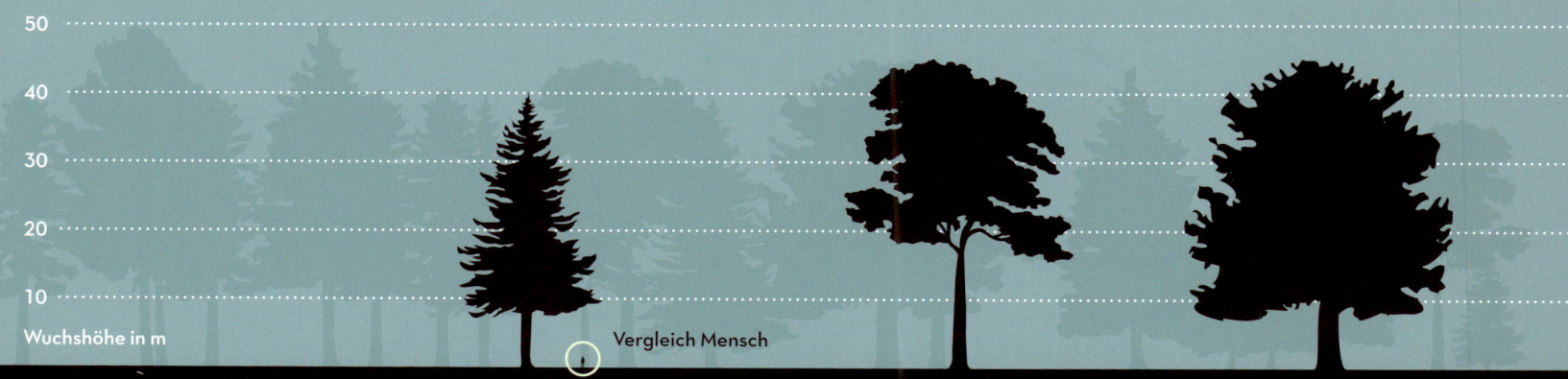

50
40
30
20
10
Wuchshöhe in m   Vergleich Mensch

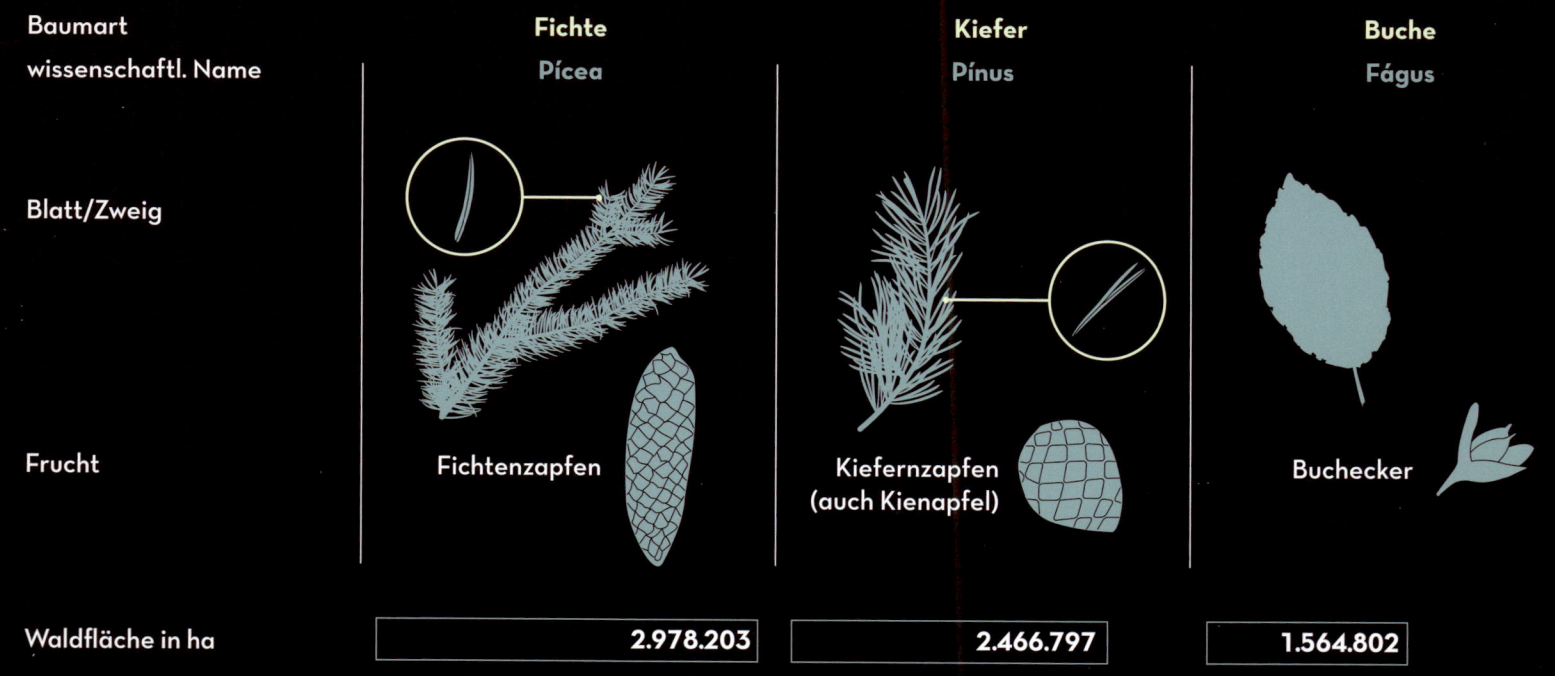

Baumart	Fichte	Kiefer	Buche
wissenschaftl. Name	Pícea	Pínus	Fágus
Blatt/Zweig			
Frucht	Fichtenzapfen	Kiefernzapfen (auch Kienapfel)	Buchecker
Waldfläche in ha	2.978.203	2.466.797	1.564.802

WO DIE BÄUME WACHSEN
Waldflächen der Bundesländer in ha

Schleswig-Holstein 162.466

Niedersachsen, Hamburg
& Bremen 1.162.522

Nordrhein-
Westfalen 887.550

Hessen 880.251

Rheinland-Pfalz
835.558

Saarland 98.458

Baden-Württemberg
1.362.229

Mecklenburg-
Vorpommern
534.962

Brandenburg
& Berlin
1.071.733

Sachsen-Anhalt
492.128

Sachsen 511.578

Thüringen 517.903

Bayern 2.558.461

Waldanteil gemessen an Gesamtfläche

- 0 – 20 %
- 20 – 40 %
- 40 – 60 %
- > 60 %

WEM DIE WÄLDER GEHÖREN

Staatswald (Bund)
3,7 %

Staatswald (Land)
29,6 %

Körperschaftswald
19,5 %

Privatwald
43,6 %

Treuhandwald
3,7 %

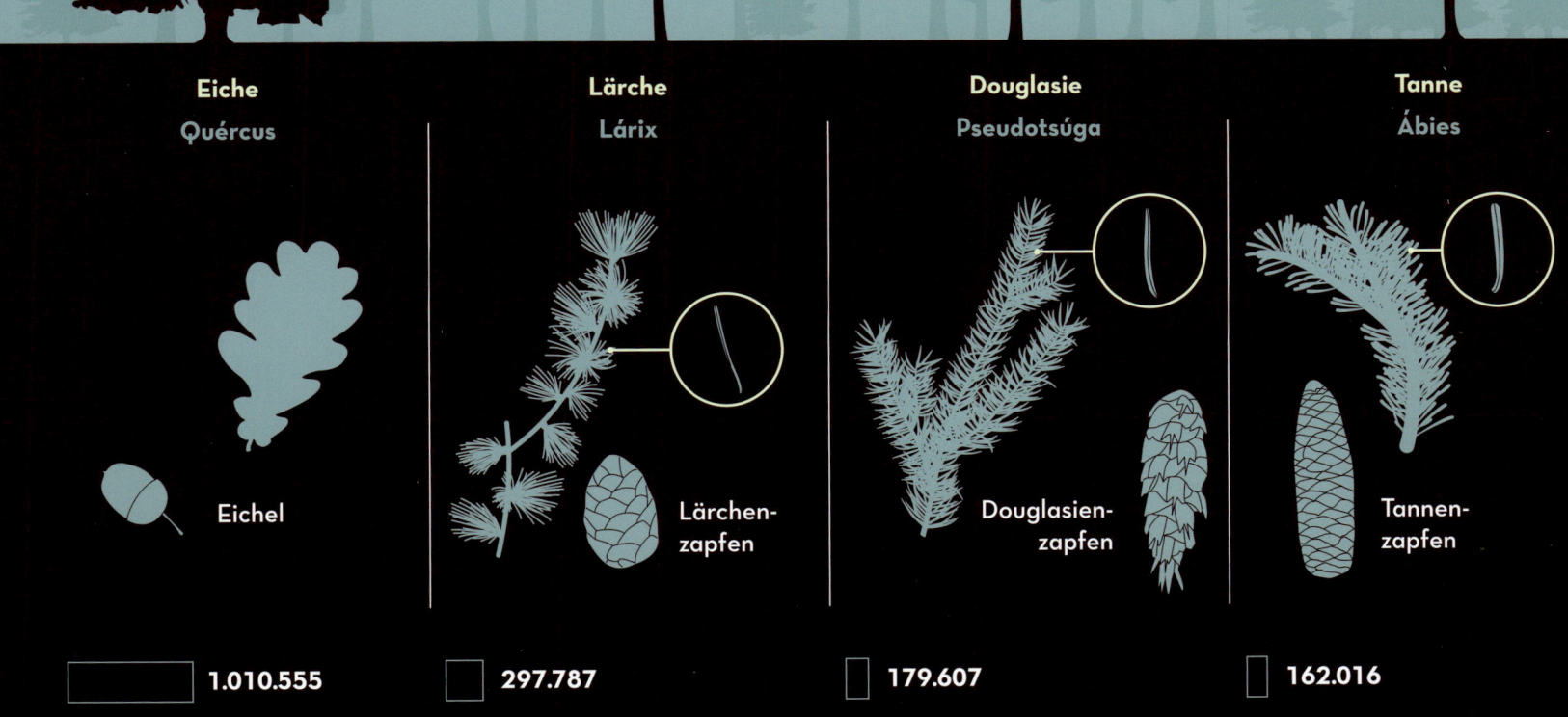

Eiche
Quércus

Lärche
Lárix

Douglasie
Pseudotsúga

Tanne
Ábies

Eichel

Lärchen-
zapfen

Douglasien-
zapfen

Tannen-
zapfen

1.010.555

297.787

179.607

162.016

WAS WIR LIEBEN
WALD

43

Arbeiten bis der Flieger kommt

Für kaum etwas schuften wir so gern wie für unsere Erholung

Es heißt, Urlaub sei die schönste Zeit des Jahres. Was wir übersehen: wie viel unserer Zeit wir investieren, um zwei Wochen in die Dominikanische Republik oder nach Australien zu reisen. Die Übersicht zeigt Arbeitstage, die im jeweiligen Urlaub stecken. Der Rechnung zugrunde liegt ein durchschnittliches Haushaltsnettoeinkommen von 2.700 Euro, wovon jeder im Schnitt 1.350 Euro im Monat zur freien Verfügung hat.

ARBEITSTAGE

Die Angaben beziehen sich jeweils auf einen zweiwöchigen Urlaub für eine Familie mit zwei Kindern, von denen eines zur Schule geht.

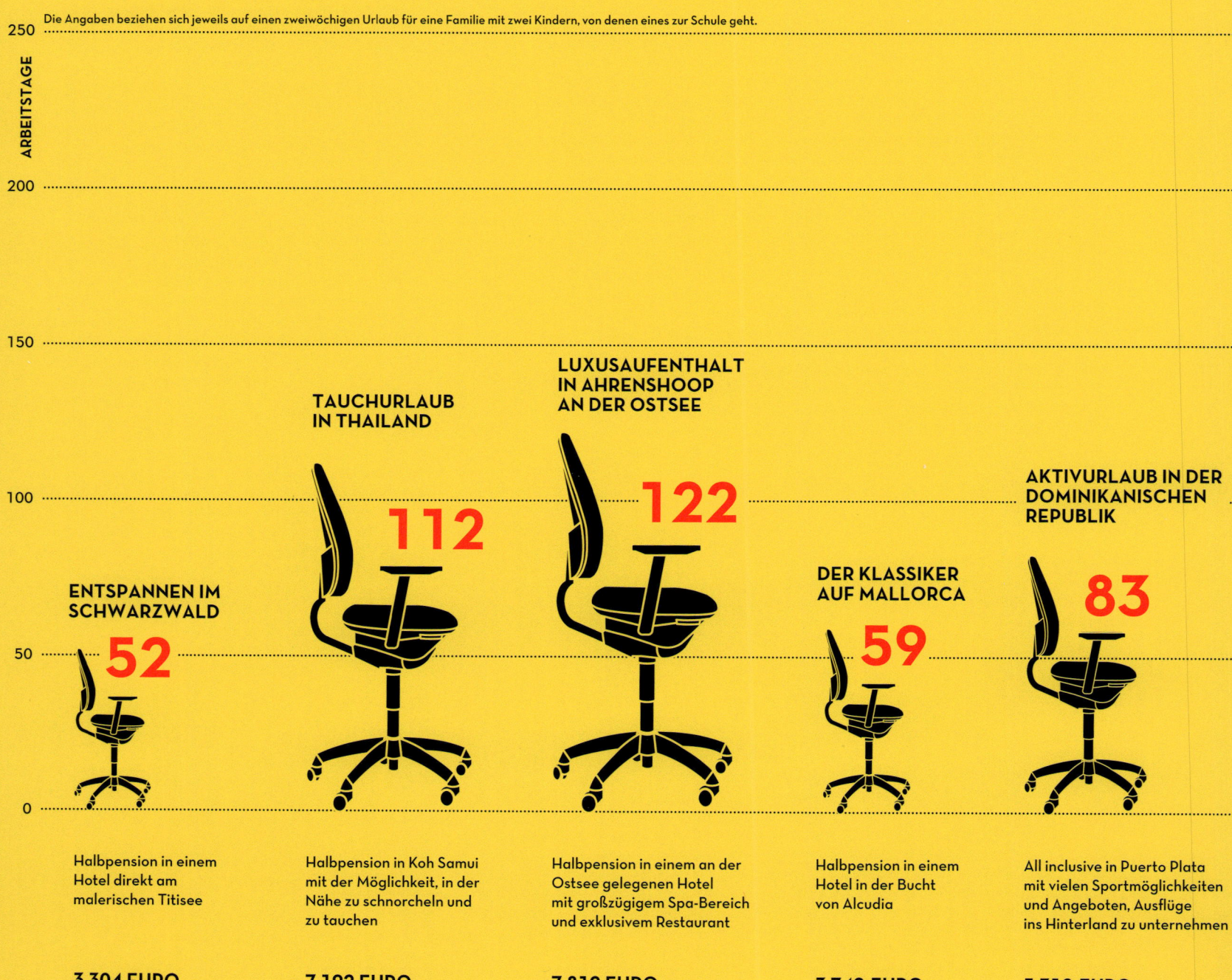

ENTSPANNEN IM SCHWARZWALD
52

TAUCHURLAUB IN THAILAND
112

LUXUSAUFENTHALT IN AHRENSHOOP AN DER OSTSEE
122

DER KLASSIKER AUF MALLORCA
59

AKTIVURLAUB IN DER DOMINIKANISCHEN REPUBLIK
83

Halbpension in einem Hotel direkt am malerischen Titisee

Halbpension in Koh Samui mit der Möglichkeit, in der Nähe zu schnorcheln und zu tauchen

Halbpension in einem an der Ostsee gelegenen Hotel mit großzügigem Spa-Bereich und exklusivem Restaurant

Halbpension in einem Hotel in der Bucht von Alcudia

All inclusive in Puerto Plata mit vielen Sportmöglichkeiten und Angeboten, Ausflüge ins Hinterland zu unternehmen

3.304 EURO

7.192 EURO

7.812 EURO

3.742 EURO

5.312 EURO

GRAFIK: BENJAMIN ERFURTH / RECHERCHE: KAI SCHÄCHTELE, TUI

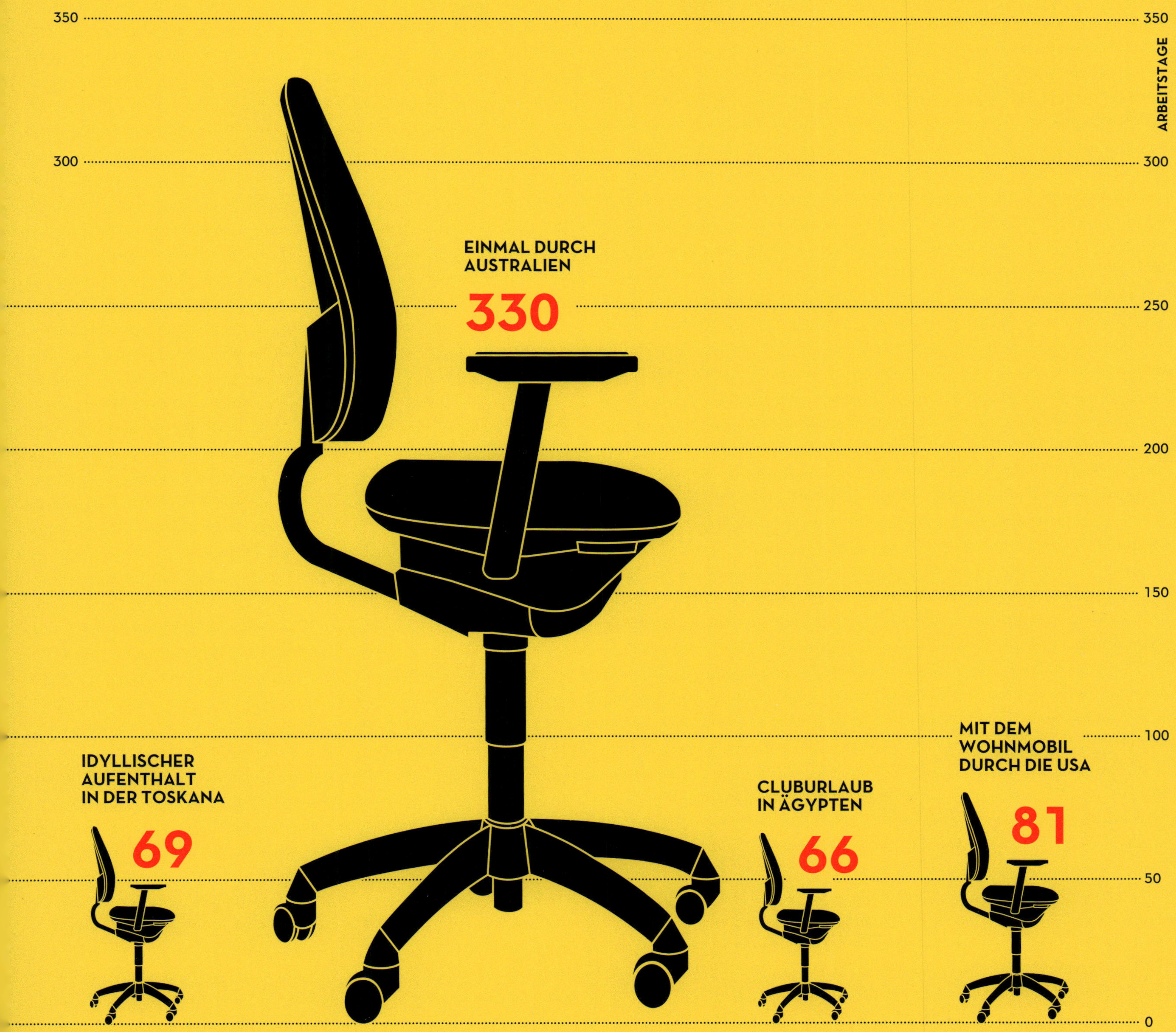

350

300

EINMAL DURCH
AUSTRALIEN

330

300

250

200

150

IDYLLISCHER
AUFENTHALT
IN DER TOSKANA

69

MIT DEM
WOHNMOBIL
DURCH DIE USA

100

CLUBURLAUB
IN ÄGYPTEN

66

81

50

0

Halbpension in einem typisch
toskanischen Gebäude
inmitten von Olivenhainen
und Weinbergen

Eine geführte Rundreise mit Hotel-
übernachtungen an acht verschiedenen
Orten, unter anderem Sydney,
Rockhampton und Coffs Harbour

Halbpension in
einer Ferienanlage
am Roten Meer

Von San Francisco aus im
„Road Bear RV" an der Küste
entlang und wieder zurück

4.426 EURO

21.122 EURO

4.232 EURO

5.200 EURO

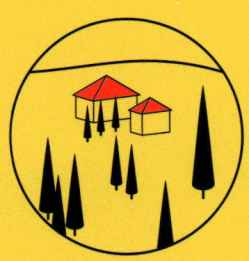

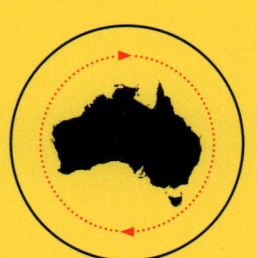

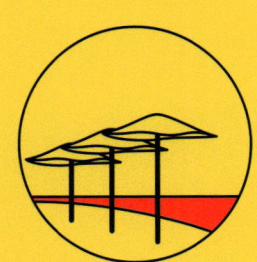

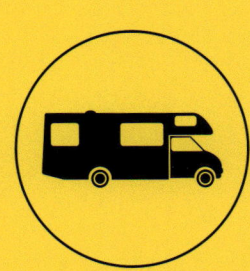

WAS WIR LIEBEN

URLAUB

KAPITEL 2

WAS WIR FÜRCHTEN

Der Mensch hat vor allem Angst, was fremd ist oder zwei Beine hat. Wir fürchten uns vor Krankheit [S. 54], Tod [S. 66], Katastrophen [S. 56] und den Schulden der anderen [S. 60]. Richtig in Wallung kommen wir Deutschen erst, wenn wir etwas nicht sehen, hören, riechen oder schmecken können. Radioaktivität hat uns in der Hand [S. 48]. Nach Fukushima und unserem global einzigarten Atomausstieg steht fest: Kein Land der Erde ist so von der Atomkraft besessen wie Deutschland [S. 50].

Unsere Atomangst fußt in den in zwei Weltkriegen entfesselten Technologien, sie konnte gedeihen in den Friedensbewegungen, fand eine Heimat bei den Grünen und Eintritt in Pop und Politik mit Petra Kelly. Geboren aber wurde sie in der deutschen Romantik; als sich Neugier, Wissensdrang und Zweifel zu der Empfindung vermischten, die uns heute noch drückt. Auffallend viele Dichter und Denker waren Naturwissenschaftler. Und nahezu jeden hat es immer wieder unter Tage gezogen, hinab in die kathedralengroßen Erzbergwerke der Zeit. Goethe war 33 Jahre lang Direktor der Bergwerksdirektion im thüringischen Ilmenau. Der junge Novalis war Bergassessor, Alexander von Humboldt studierter Oberbergrat, und es war ein sächsischer Berghauptmann namens Hans Carl von Carlowitz, der den heute so epochalen Begriff der „Nachhaltigkeit" ersann und ihn damals definierte [S. 75]. Dort unten fanden sie eine unter- wie überirdische Stille vor, die sie auf Distanz zu den Technologien ihrer Zeit gehen ließ. In der Ergriffenheit der Romantiker muss die urdeutsche Idee gründen, Strahlungsmüll in Gruben zu versenken [S. 52]. Kein anderes Land der Erde macht das so.

Im jedem Fortschritt steckt ein düsterer Kern, so mahnte Goethe später im Faust. Zwar hat die Angst auch unsere Kraft genährt; das Bangen und Zweifeln im Angesicht der Konsequenzen hat uns grün, innovativ und öko gemacht. Aber egal ob es um Afghanistan [S. 62] oder Stammzellforschung [S. 68] geht: Wenn der Fortschritt anklopft, wird uns wieder klamm ums Herz.

Zahl der Atomkraftwerke, die in Deutschland gebaut, aber nie in Betrieb genommen wurden: **24**—*Zahl der Atomkraftwerke, die in Deutschland gebaut und in Betrieb genommen wurden:* **37**—*Davon sind inzwischen abgeschaltet:* **28**—*Zahl der Kernreaktoren, die in Deutschland gebaut, aber nicht der Stromerzeugung, sondern Forschungszwecken dienen:* **45**—*Davon sind inzwischen abgeschaltet:* **37**—*Zahl der Atomkraftwerke, die weltweit im Bau sind:* **63**—*Zahl der Atomkraftwerke, die in Deutschland im Bau sind:* **0**—*Jahr, in dem alle deutschen Atomkraftwerke abgeschaltet sein sollen:* **2022**—*Zahl der Deutschen, die sich pro Jahr wegen eines Grillunfalls schwerste Verbrennungen zuziehen:* **500**—*Anteil der Verletzungen, die auf unsachgemäßen Gebrauch von Brandbeschleunigern zurückgehen, in Prozent:* **75**—*Anteil der Deutschen, die es 2011 „ekelhaft" finden, wenn sich Homosexuelle in der Öffentlichkeit küssen, in Prozent:* **25,3**—*Anteil der Deutschen, die 2011 der Meinung waren, dass Juden in Deutschland zu viel Einfluss haben, in Prozent:* **13**—*Zahl der Deutschen, die 2011 der Meinung sind, dass die meisten Langzeitarbeitslosen nicht wirklich daran interessiert sind, wieder ins Berufsleben einzusteigen, in Prozent:* **52,7**—*Zahl der Deutschen, die 2011 der Meinung sind, dass man die in Deutschland lebenden Ausländer wieder in ihre Heimat zurückschicken sollte, wenn hier die Arbeitsplätze knapp werden, in Prozent:* **29,3**—*Zahl der Deutschen, die sich „Gesundheit und fit bleiben" für ihr Alter wünschen, in Prozent:* **87,1**—*Zahl der Deutschen, die sich Produktangebote für Senioren wünschen, in Prozent:* **2,8**—*Zahl der pflegebedürftigen Menschen, die in Deutschland leben, in Millionen:* **2,13**—*Zahl der Menschen, die 2004 in deutschen Pflegeheimen aufgrund mangelnder Versorgung schätzungsweise starben:* **10.000**—*Zahl der Menschen, die in Deutschland auf ein Organ warten, das ihr Leben retten könnte:* **12.000**—*Zahl der Organspenden, die jährlich stattfinden:* **1.200**—*Zahl der Bundesbürger, die einen Organspendeausweis besitzen, in Prozent:* **25**—*Zahl der Erwachsenen in Deutschland, die als funktionale Analphabeten gelten, wodurch sie nicht angemessen am gesellschaftlichen Leben teilhaben können, in Millionen:* **7,5**—*Zahl der städtebaulich markanten Moscheen in den alten Bundesländern mit sichtbarer islamischer Architektur:* **120**—*Zahl der städtebaulich markanten Moscheen in den neuen Bundesländern mit sichtbarer islamischer Architektur:* **0**—*Zahl der Deutschen, die 2011 angeben, sich „durch die vielen Muslime hier manchmal wie ein Fremder im eigenen Land" zu fühlen, in Prozent:* **30,2**—*Zahl der Dönerkebab, die täglich in Deutschland gegessen werden, in Millionen:* **1,15**

Wenn sogar die Natur strahlt

Zugspitze oder Ferienflieger? Was macht kranker?

Als 1986 der Reaktor von Tschernobyl explodierte, verboten deutsche Eltern ihren Kindern, zum Spielen in den Wald zu gehen. Als 2011 die Reaktoren von Fukushima schmolzen, beschloss die deutsche Regierung als einzige der Welt den zügigen Ausstieg aus der Atomenergie. Hierzulande scheinen wir besonders große Angst davor zu haben, radioaktiv verstrahlt zu werden. Was vielen nicht bewusst ist: Wenn nicht gerade ein Atomunfall für Schlagzeilen und erhöhte Belastungen sorgt, ist es auch mal Mutter Natur oder unser Wunsch nach Mobilität, der für eine gewisse Dosis verantwortlich ist. Selbst beim Verzehr einer Banane gelangt eine Strahlung von 0,0001 Millisievert in den Körper. Radioaktive Stoffe treten im menschlichen Körper und in der Umwelt alltäglich auf, sie sind natürlichen wie künstlichen Ursprungs. Diese Karte zeigt, um welche Orte in Deutschland und um welche Aktivitäten diejenigen besser einen Bogen machen sollten, die unter allen Umständen Extra-Strahlen vermeiden wollen.

IM FLUGZEUG

Passagiere und Besatzung werden kosmischer Strahlung ausgesetzt. Auf einer Flughöhe von 12.000 Metern beträgt die Dosisleistung etwa 0,007 Millisievert pro Stunde. Wer 25 Flugstunden erreicht, ist einer zusätzlichen Strahlenexposition von etwa 0,2 Millisievert ausgesetzt, das ist rund ein Zehntel der jährlichen natürlichen Strahlendosis. Die mittlere Jahresdosis für das Flugzeugpersonal lag 2006 bei 2,2 Millisievert.

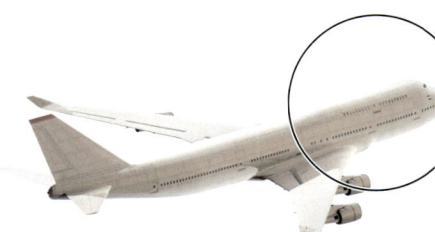

STRAHLUNGSWERTE

Jahreshöchmenge, die ein Atomkraft ausstrahlen darf in Millisievert:	0,25
Radioaktive Dosis durch ein Mammogram in Millisievert:	3
Tagesdosis 50 Kilometer nordwestlich von Fukushima, in Millisievert:	3,6
Jahreshöchstbelastung für Arbeiter in Strahlungsbereichen in Millisievert:	50
Maximale stündliche in Fukushima gemessene Dosis in Millisievert:	400
Dosis, bei der sich die Chance eines Menschen, an Krebs zu erkranken, um den Faktor 1:125 erhöht in Millisievert:	1.000
Für gewöhnlich tödliche Dosis in Millisievert:	6.000
Tödliche Dosis in Millisievert:	10.000

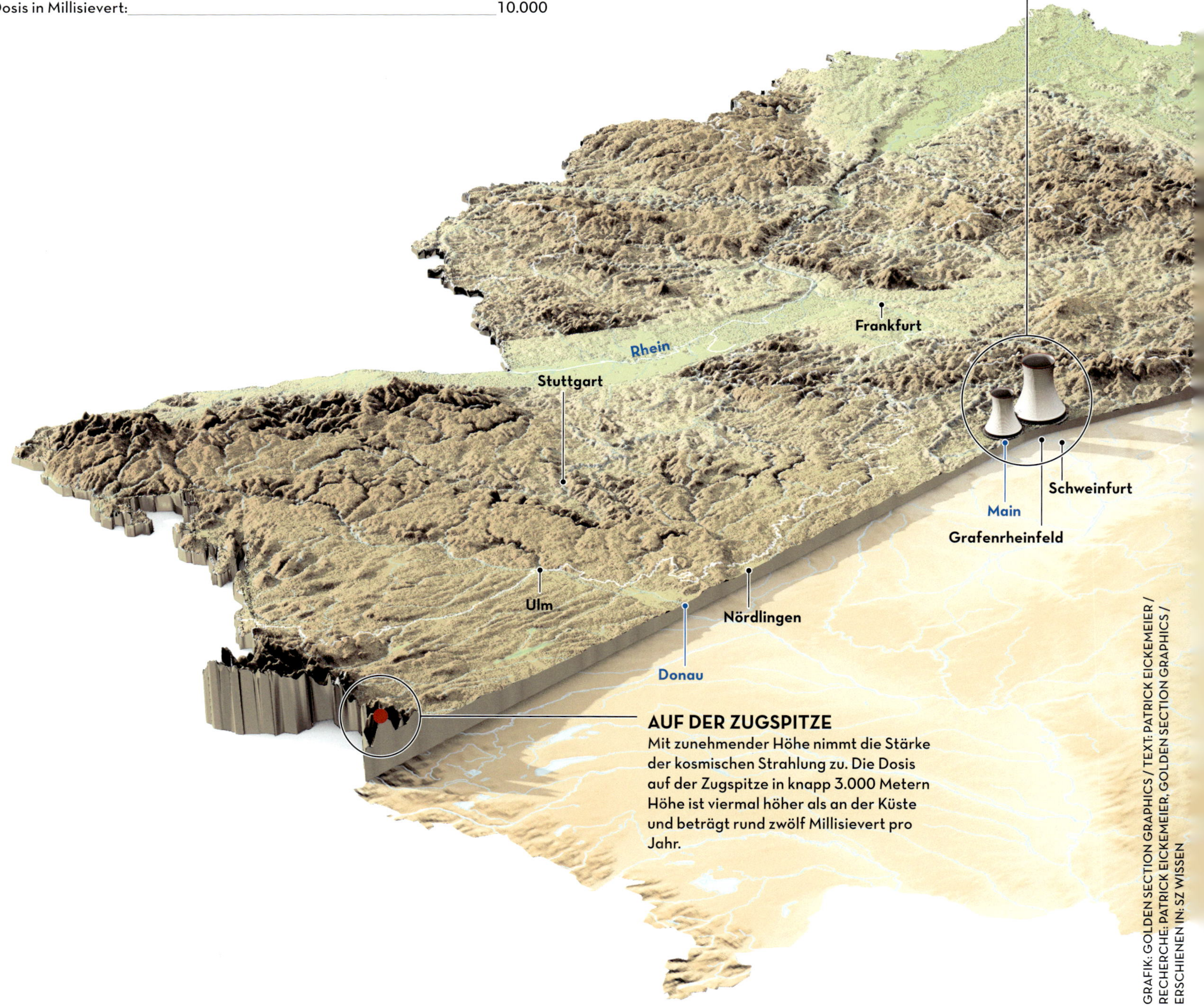

IN DER NÄHE DES ATOMKRAFTWERKS

Kernkraftwerke tragen mit unter 0,01 Millisievert weniger als ein Prozent zur jährlichen Strahlenbelastung der Bundesbürger bei. Nach einer Studie von 2007 im Auftrag des Bundesamtes für Strahlenschutz nimmt das Leukämierisiko für Kinder jedoch zu, je näher sie an einem Kernkraftwerk wohnen. Zwischen 1980 und 2003 erkrankten im Umkreis von fünf Kilometern um die Reaktoren 37 Kinder neu an Leukämie. Im statistischen Durchschnitt wären nur 17 Fälle zu erwarten gewesen.

Frankfurt

Rhein

Stuttgart

Schweinfurt

Main

Grafenrheinfeld

Ulm

Nördlingen

Donau

AUF DER ZUGSPITZE

Mit zunehmender Höhe nimmt die Stärke der kosmischen Strahlung zu. Die Dosis auf der Zugspitze in knapp 3.000 Metern Höhe ist viermal höher als an der Küste und beträgt rund zwölf Millisievert pro Jahr.

GRAFIK: GOLDEN SECTION GRAPHICS / TEXT: PATRICK EICKEMEIER / RECHERCHE: PATRICK EICKEMEIER, GOLDEN SECTION GRAPHICS / ERSCHIENEN IN: SZ WISSEN

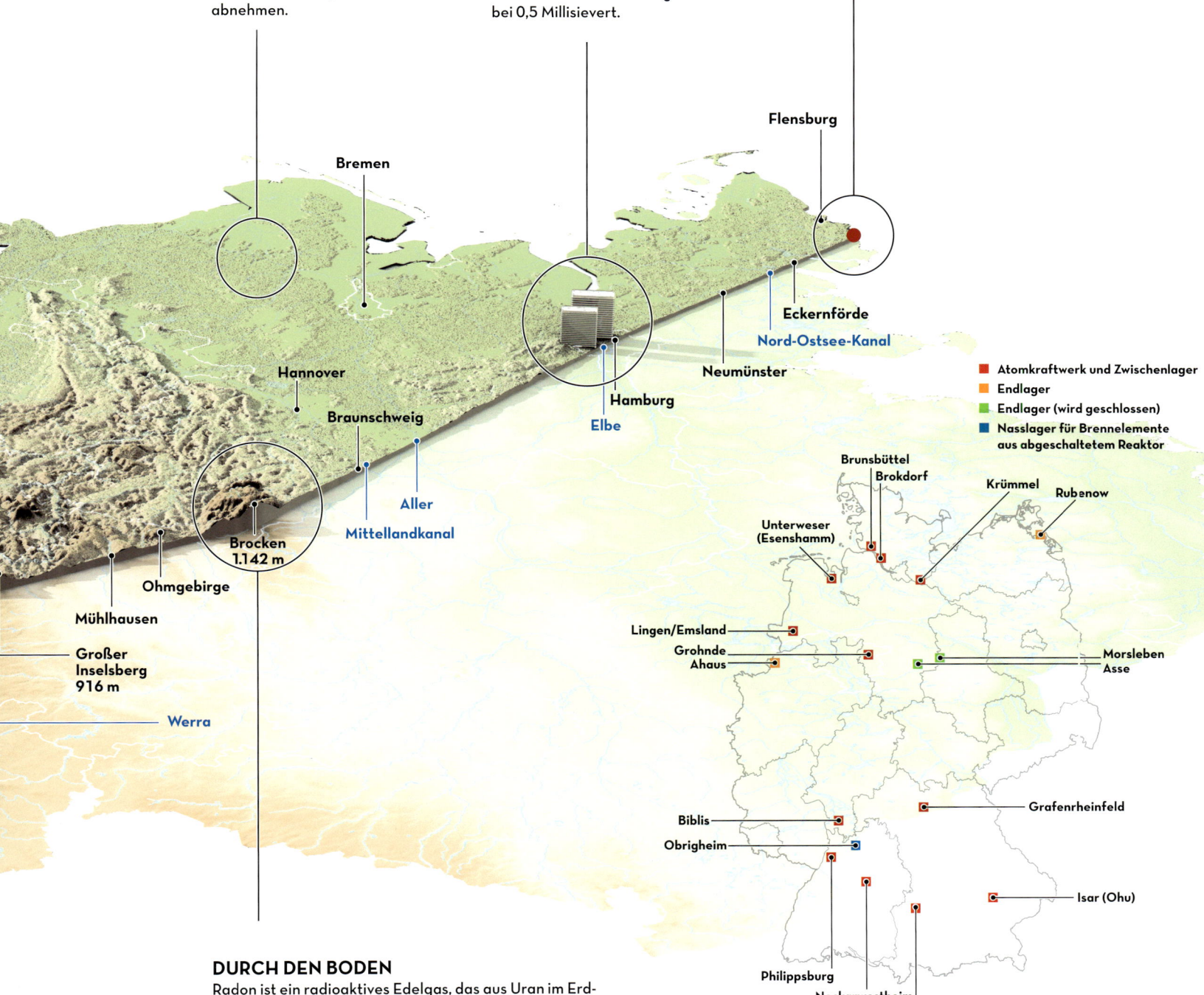

IN DER NAHRUNG

Nahrungsmittel für Menschen enthalten radioaktives Kalium. Die jährliche Dosis beträgt im Durchschnitt etwa 0,3 Millisievert. Wildbret, Waldbeeren und -pilze sind seit Tschernobyl stärker mit radioaktivem Material (vor allem Cäsium-137) belastet. Eine Mahlzeit mit 200 Gramm höher kontaminierten Maronenröhrlingen aus Südbayern ergibt beispielsweise eine Belastung von 0,01 Millisievert. Die Cäsium-Konzentrationen werden weiterhin nur langsam abnehmen.

IM KRANKENHAUS

Werden Arme oder Beine geröntgt beträgt die Dosis 0,01 bis 0,1 Millisievert, bei einer beidseitigen Mammografie 0,8 bis 1,8 Millisievert. Bei Untersuchungen wie etwa der Computertomografie (CT) ergeben sich deutlich höhere Dosen: zwei bis vier Millisievert bei einer Kopf-CT, zehn bis 25 Millisievert bei einer Bauchraum-CT. Mit durchschnittlich 1,3 jährlichen Röntgenanwendungen pro Person nimmt Deutschland in Europa eine Spitzenposition ein. Die daraus resultierende jährliche Zusatzbelastung liegt bei durchschnittlich 1,9 Millisievert pro Kopf. Die effektive zusätzliche Dosis für das geschützte medizinische Personal liegt bei 0,5 Millisievert.

AM MEER

Kosmische Strahlung wird zum Teil von der Atmosphäre geschluckt. Wie viel Strahlung am Boden ankommt, hängt davon ab, auf welcher Höhe man sich befindet. Auf Meeresniveau ist die Strahlungsdosis mit etwa 0,3 Millisievert pro Jahr am niedrigsten.

Flensburg

Bremen

Eckernförde

Nord-Ostsee-Kanal

Neumünster

Hannover

Hamburg

Braunschweig

Elbe

Aller

Mittellandkanal

Brocken
1.142 m

Ohmgebirge

Mühlhausen

Großer
Inselsberg
916 m

Werra

Atomkraftwerk und Zwischenlager
Endlager
Endlager (wird geschlossen)
Nasslager für Brennelemente aus abgeschaltetem Reaktor

Brunsbüttel
Brokdorf

Krümmel
Rubenow

Unterweser
(Esenshamm)

Lingen/Emsland

Grohnde
Ahaus

Morsleben
Asse

Biblis

Grafenrheinfeld

Obrigheim

Isar (Ohu)

Philippsburg

Neckarwestheim

Gundremmingen

DURCH DEN BODEN

Radon ist ein radioaktives Edelgas, das aus Uran im Erdboden oder aus Baustoffen freigesetzt wird und in die Luft entweicht. Im Jahresdurchschnitt wird jeder Bundesbürger durch Einatmen des Gases einer Belastung von etwa 1,1 Millisievert ausgesetzt. Erhöhte Radonwerte in Gebäudeluft können Lungenkrebs verursachen.

Das Ende ist nahe!

Aber der Atommüll bleibt

Der Ausstieg ist beschlossene Sache. Die Frage, wie die radioaktiven Abfallstoffe über Jahrtausende sicher gelagert werden, wird noch viele Generationen beschäftigen. Diese Karte zeigt die Leistung deutscher Atomkraftwerke und wie viel Tonnen radioaktiven Mülls jedes Atomkraftwerk voraussichtlich noch produzieren wird. Die Daten stammen aus dem Jahr 2010, aus einer Zeit also, als niemand über Fukushima redete. Bislang wurden sie weder vom Bundesamt für Strahlenschutz noch vom Ministerium für Wirtschaft und Technologie aktualisiert. Dargestellt sind auch die bereits abgeschalteten Kraftwerke. Übrigens: Eine Anpassung der Menge noch zu erwartenden radioaktiven Schwermetalls würde die Radien der Kreise nur unerheblich verändern. Denn die meiste Strahlung befindet sich bereits in den Anlagen selbst: in Maschinen, Bauteilen, Beton und Gehäusen, die alle ebenso aufwendig entsorgt werden müssen.

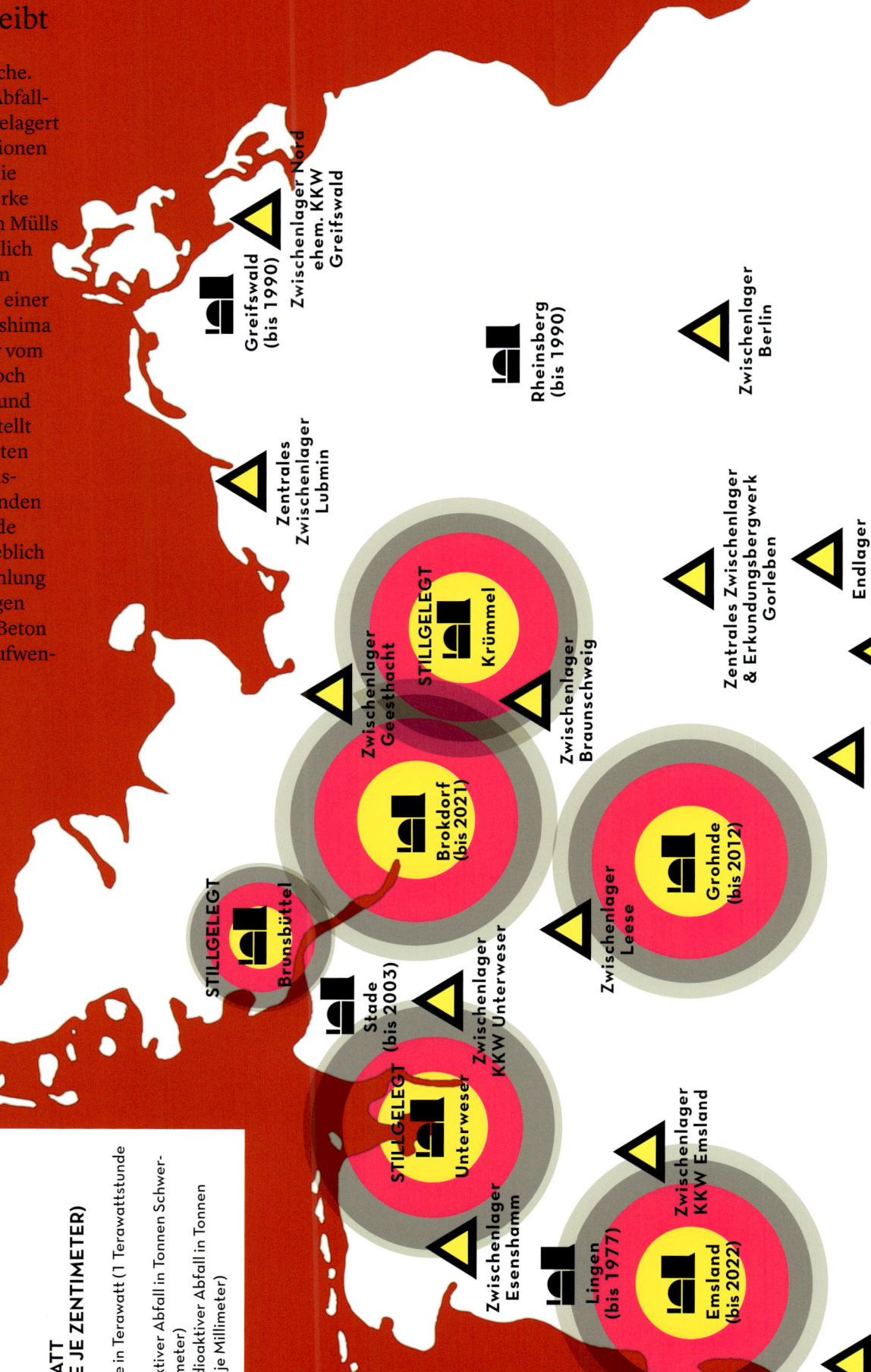

ZAHLEN ZUR KARTE:

Biblis: 2,5; 15; 16; 3
Brokdorf: 1,5; 11; 6; 4
Brunsbüttel: 0,8; 6; 4; 1
Emsland: 1,4; 11; 6; 4
Grafenrheinfeld: 1,3; 9; 7; 3
Grohnde: 1,4; 11; 6; 4
Gundremmingen: 2,7; 21; 13; 7
Isar: 2,4; 19; 11; 5
Krümmel: 1,4; 10; 5; 4
Neckarwestheim: 2,2; 17; 10; 5
Philippsburg: 2,4; 18; 11; 6
Unterweser: 1,4; 9; 8; 2

LEISTUNG IN GIGAWATT
(1 GIGAWATTSTUNDE JE ZENTIMETER)

- ● Im Jahr erzeugte Energie in Terawatt (1 Terawattstunde je Millimeter)
- ● Bisher erzeugter radioaktiver Abfall in Tonnen Schwermetall (100 Tonnen je Millimeter)
- ● Noch zu erwartender radioaktiver Abfall in Tonnen Schwermetall (100 Tonnen je Millimeter)

GRAFIK: DANIEL STOLLE / RECHERCHE: RALF GRAUEL, MATTHIAS SOMMER / ERSCHIENEN IN: KATALOG ZU „CAFÉ ENDLAGER"

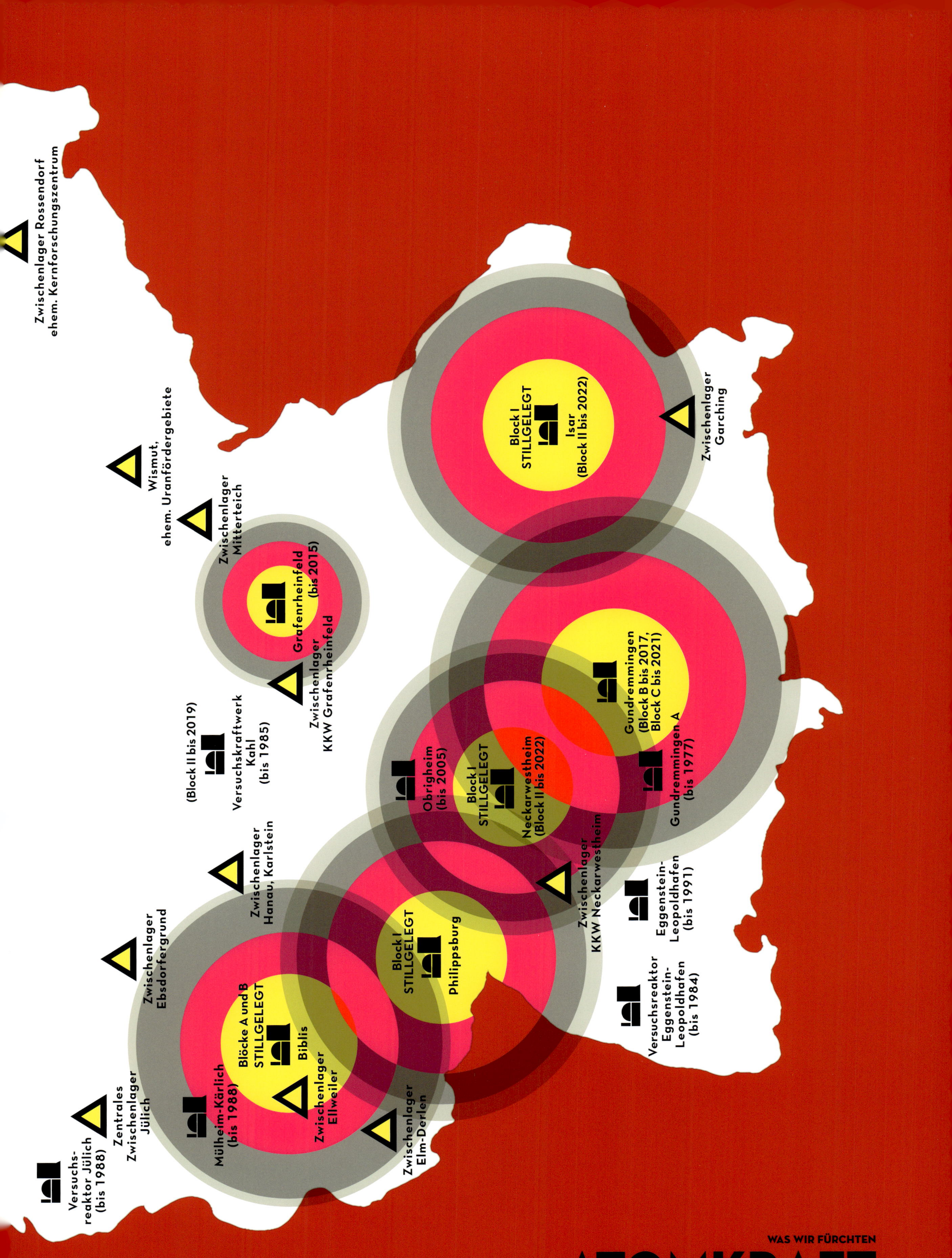

Zwischenlager Rossendorf
ehem. Kernforschungszentrum

Wismut,
ehem. Uranfördergebiete

Zwischenlager
Mitterteich

Grafenrheinfeld
(bis 2015)

Zwischenlager
KKW Grafenrheinfeld

(Block II bis 2019)

Versuchskraftwerk
Kahl
(bis 1985)

Block I
STILLGELEGT
Isar
(Block II bis 2022)

Zwischenlager Garching

Gundremmingen
(Block B bis 2017,
Block C bis 2021)

Gundremmingen A
(bis 1977)

Obrigheim
(bis 2005)

Block I
STILLGELEGT
Neckarwestheim
(Block II bis 2022)

Zwischenlager
KKW Neckarwestheim

Eggenstein-
Leopoldhafen
(bis 1991)

Versuchsreaktor
Eggenstein-
Leopoldhafen
(bis 1984)

Zwischenlager
Hanau, Karlstein

Zwischenlager
Ebsdorfergrund

Zentrales
Zwischenlager
Jülich

Versuchs-
reaktor Jülich
(bis 1988)

Blöcke A und B
STILLGELEGT
Biblis

Mülheim-Kärlich
(bis 1988)

Zwischenlager
Ellweiler

Zwischenlager
Elm-Derlen

Block I
STILLGELEGT
Philippsburg

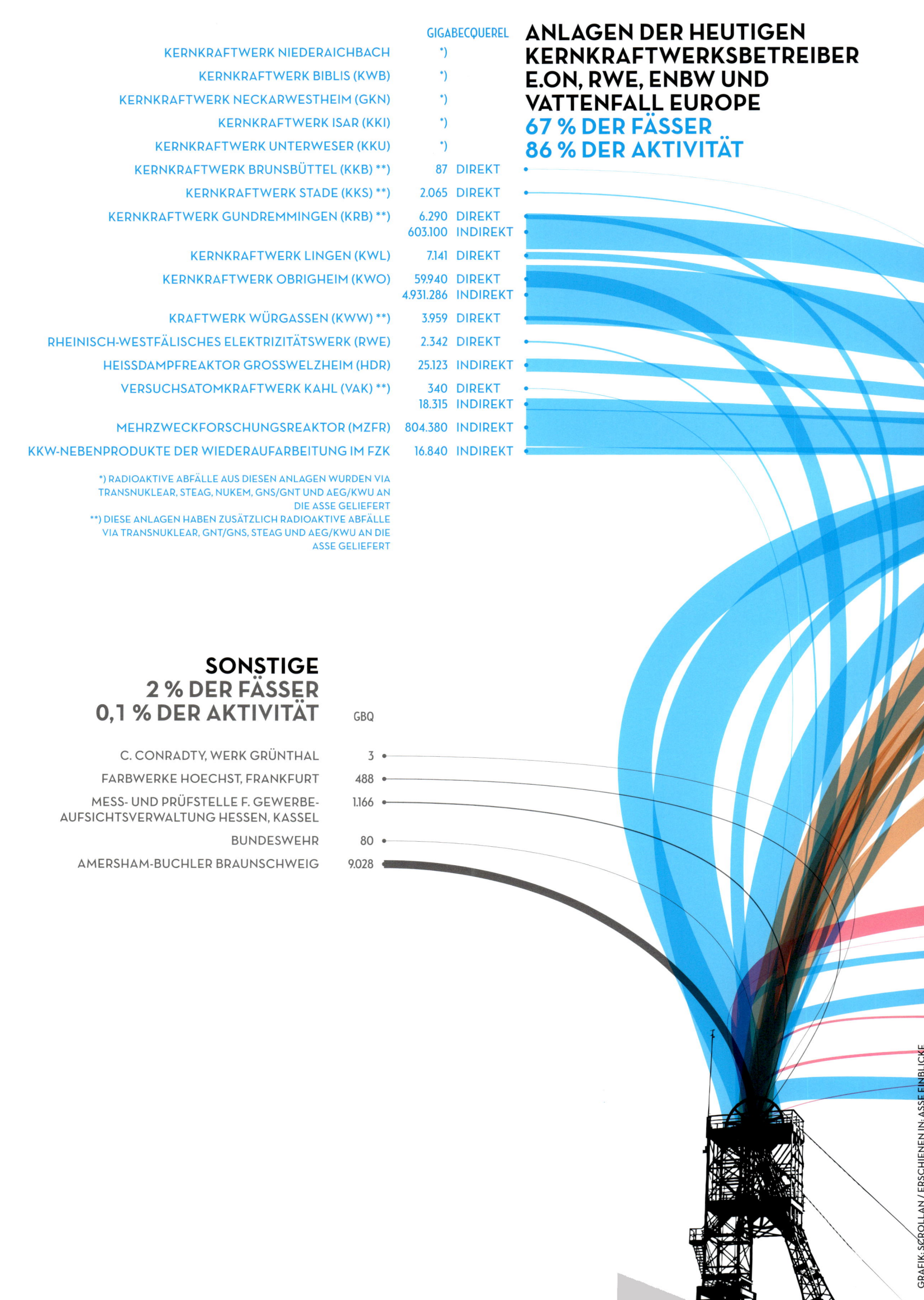

	GIGABECQUEREL	
KERNKRAFTWERK NIEDERAICHBACH	*)	
KERNKRAFTWERK BIBLIS (KWB)	*)	
KERNKRAFTWERK NECKARWESTHEIM (GKN)	*)	
KERNKRAFTWERK ISAR (KKI)	*)	
KERNKRAFTWERK UNTERWESER (KKU)	*)	
KERNKRAFTWERK BRUNSBÜTTEL (KKB) **)	87	DIREKT
KERNKRAFTWERK STADE (KKS) **)	2.065	DIREKT
KERNKRAFTWERK GUNDREMMINGEN (KRB) **)	6.290	DIREKT
	603.100	INDIREKT
KERNKRAFTWERK LINGEN (KWL)	7.141	DIREKT
KERNKRAFTWERK OBRIGHEIM (KWO)	59.940	DIREKT
	4.931.286	INDIREKT
KRAFTWERK WÜRGASSEN (KWW) **)	3.959	DIREKT
RHEINISCH-WESTFÄLISCHES ELEKTRIZITÄTSWERK (RWE)	2.342	DIREKT
HEISSDAMPFREAKTOR GROSSWELZHEIM (HDR)	25.123	INDIREKT
VERSUCHSATOMKRAFTWERK KAHL (VAK) **)	340	DIREKT
	18.315	INDIREKT
MEHRZWECKFORSCHUNGSREAKTOR (MZFR)	804.380	INDIREKT
KKW-NEBENPRODUKTE DER WIEDERAUFARBEITUNG IM FZK	16.840	INDIREKT

ANLAGEN DER HEUTIGEN KERNKRAFTWERKSBETREIBER E.ON, RWE, ENBW UND VATTENFALL EUROPE
67 % DER FÄSSER
86 % DER AKTIVITÄT

*) RADIOAKTIVE ABFÄLLE AUS DIESEN ANLAGEN WURDEN VIA TRANSNUKLEAR, STEAG, NUKEM, GNS/GNT UND AEG/KWU AN DIE ASSE GELIEFERT
**) DIESE ANLAGEN HABEN ZUSÄTZLICH RADIOAKTIVE ABFÄLLE VIA TRANSNUKLEAR, GNT/GNS, STEAG UND AEG/KWU AN DIE ASSE GELIEFERT

SONSTIGE
2 % DER FÄSSER
0,1 % DER AKTIVITÄT

	GBQ
C. CONRADTY, WERK GRÜNTHAL	3
FARBWERKE HOECHST, FRANKFURT	488
MESS- UND PRÜFSTELLE F. GEWERBE-AUFSICHTSVERWALTUNG HESSEN, KASSEL	1.166
BUNDESWEHR	80
AMERSHAM-BUCHLER BRAUNSCHWEIG	9.028

GRAFIK: SCROLLAN / ERSCHIENEN IN: ASSE EINBLICKE

Einfach alles rein, in die gute Grube!

Die Asse war nur ein Forschungsbergwerk. Doch irgendwer muss das vergessen haben

Eigentlich wollten sie in dem ehemaligen Salzbergwerk erforschen, wie radioaktiver Müll zu lagern sei, jeweils der schwach strahlende. Und jeweils solche Abfälle, die von der Wissenschaft stammen, der Bundeswehr oder von medizinisch-biologischen Anlagen. Weil aber in Deutschland Engpässe entstanden, verfüllten die Wissenschaftler die Hohlräume im Bergwerk mit Beton, Salzgrus und Atommüll aus der ganzen Republik. Und

zwar von Quellen, die den kleinen Stollen in Niedersachsen gar nicht hätten beliefern dürfen. Der Trick: Industriemüll wurde über den Umweg des Kernforschungszentrums Karlsruhe umdeklariert. Nun aber werden die Stollen in der Asse undicht. Zwölf Kubikmeter Wasser sickern täglich ein, das Grundwasser ist gefährdet. Der Müll soll hochgeholt werden, aus insgesamt 13 Kammern in 750 Metern Tiefe. Insgesamt wurden

an die Asse 125.787 Fässer mit ca. 7.806.025 Gigabecquerel Aktivität (zum Einlagerungstermin) abgegeben. Es ist unmöglich, das Tiefeninventar bestimmten Anlieferern zuzuordnen, die Radionuklide zerfallen unterschiedlich. Doch über Listen lässt sich zurückverfolgen: Zwei Drittel aller Fässer in der Asse kommen aus den Anlagen der heutigen Kraftwerksbetreiber E.on, RWE, EnBW und Vattenfall Europe.

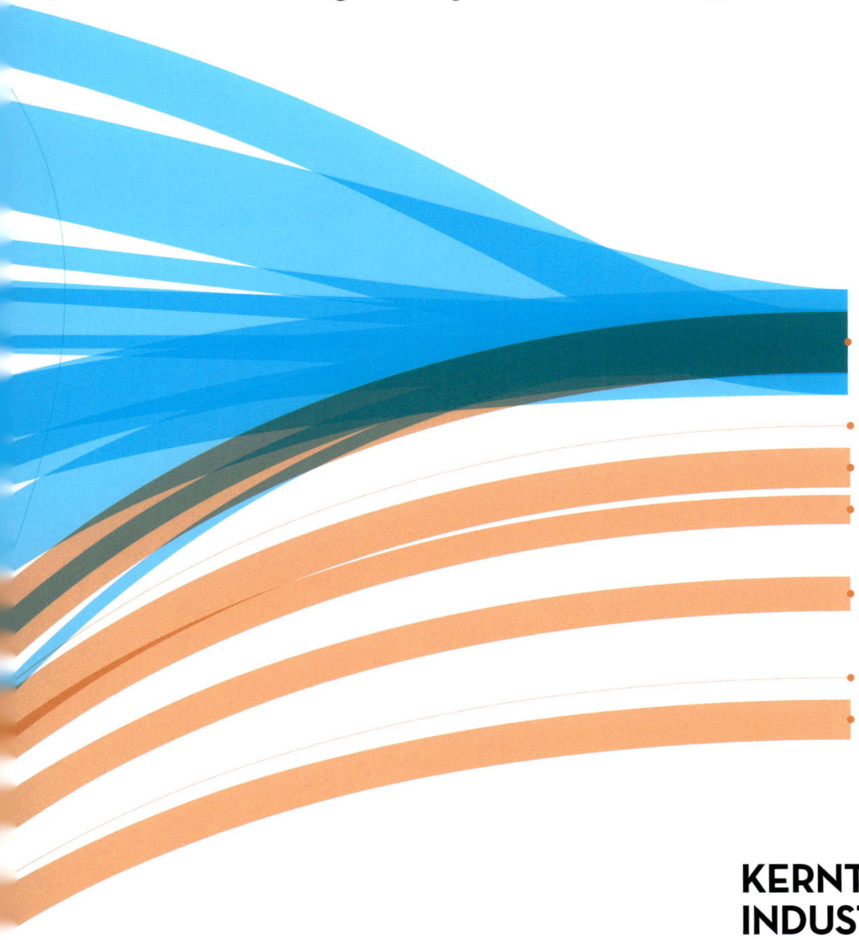

KERNFORSCHUNG
23 % DER FÄSSER
13 % DER AKTIVITÄT
(OHNE LIEFERUNGEN AUS DEN ANLAGEN DER KKW BETREIBER)

GBQ

GBQ	
593.956 (6.399.044	FORSCHUNGSZENTRUM KARLSRUHE (FZK) INDIREKTE LIEFERUNGEN DER KKW)
319	FORSCHUNGSREAKTOR GARCHING (FRM)
122.840	FORSCHUNGSZENTRUM JÜLICH (FZJ)
66.230	GES. F. KERNENERGIEVERWERTUNG IN SCHIFFSBAU U. SCHIFFFAHRT (GKSS)
91.390	HAHN-MEITNER INSTITUT, BERLIN (HMI)
0	GSF-SCHACHTANLAGE ASSE (BETRIEBSABFÄLLE)
79	GSF, INSTITUT F. STRAHLENBOTANIK, HANNOVER
132.460	GSF, NEUHERBERG

KERNTECHNISCHE INDUSTRIE
8 % DER FÄSSER
1 % DER AKTIVITÄT
(OHNE LIEFERUNGEN AUS DEN ANLAGEN DER KKW BETREIBER)

GBQ

GBQ	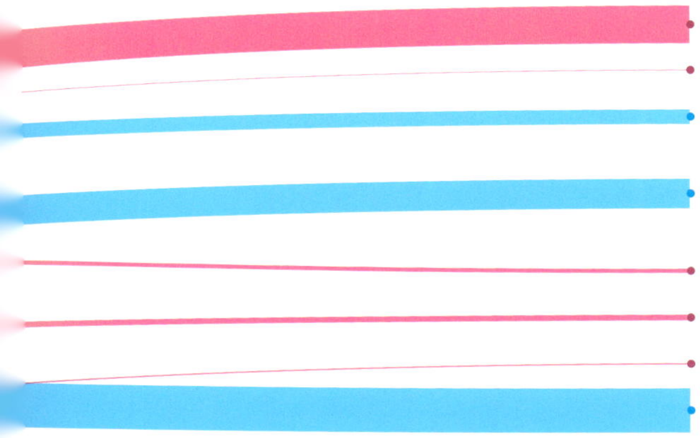
87.690	TRANSNUKLEAR, HANAU
10	KERNREAKTORTEILE GMBH (KRT)
13.875	KRAFTWERK UNION, ERLANGEN UND KARLSTEIN (KWU) UND AEG GROSSWELZHEIM *)
57.462	GES. F. NUKLEARSERVICE ESSEN (GNS) UND GES. F. NUKLEARTRANSPORTE, ESSEN (GNT) *)
2.523	NUKLEAR-CHEMIE U. -METALLURGIE (NUKEM)
3.004	REAKTOR-BRENNELEMENT UNION (RBU)
503	SIEMENS FORSCHUNGSLABORATORIUM, ERLANGEN
141.710	STEAG KERNENERGIE, ESSEN *)

*) AUS NICHT KONKRETER BENANNTEN ANLAGEN DER KKW-BETREIBER

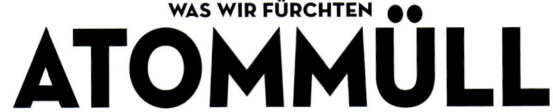

WAS WIR FÜRCHTEN
ATOMMÜLL

Hier droht Gefahr!
Wo Sie besser vorsichtig sein sollten

Das Nord-Süd-Gefälle des Reichtums (armer Norden, wohlhabender Süden) scheint sich bei Kriminellen noch nicht herumgesprochen zu haben. Die machen nämlich lieber den Nordwesten unsicher; dafür plagen den Süden infektiöse Zecken und kritische Ozonwerte.

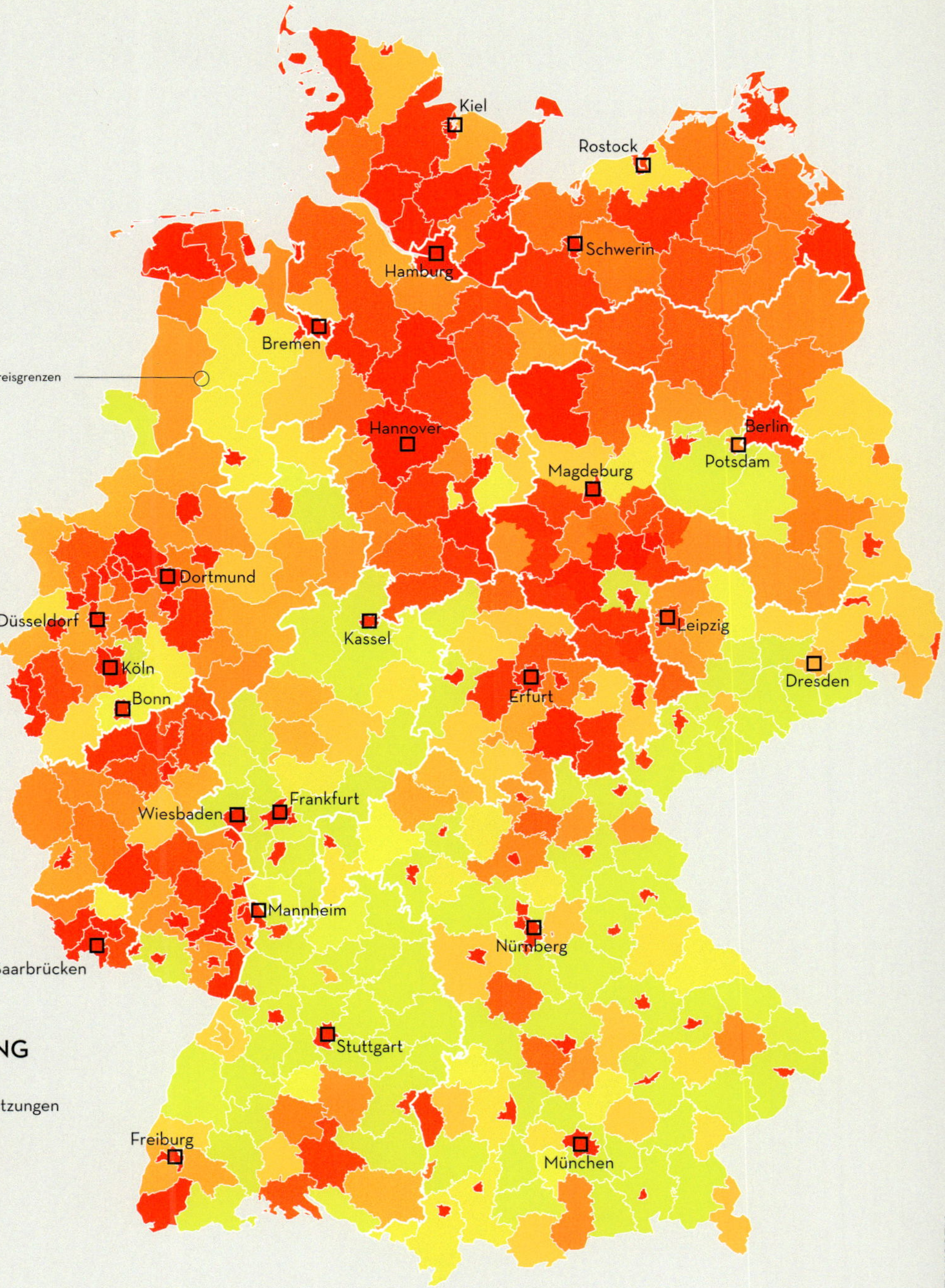

Aktuelle Kreisgrenzen

OPFER DER MOBILITÄT

Verunglückte je 100 000 Einwohner nach Straßenkategorien:

Kreisstraßen 7,4
Landesstraßen 17,2
Bundesstraßen 35,0
Autobahnen 40,5
%

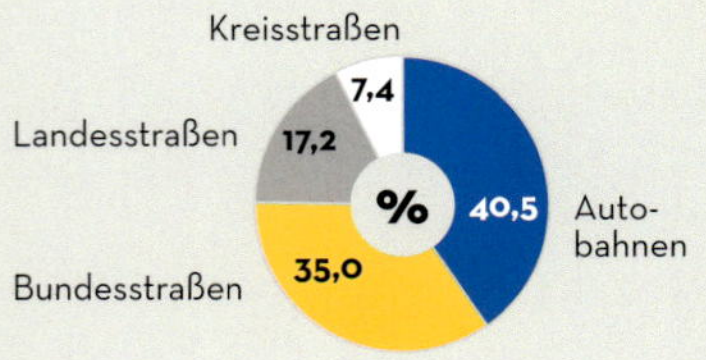

Getötete je eine Million Einwohner nach Straßenkategorien:

Kreisstraßen 6,8
Landesstraßen 14,3
Bundesstraßen 32,7
Autobahnen 46,6
%

KÖRPERVERLETZUNG

Erfasste Fälle von Körperverletzungen pro 100.000 Einwohner

250 — 1660

Kiel · Rostock · Schwerin · Hamburg · Bremen · Hannover · Berlin · Potsdam · Magdeburg · Dortmund · Düsseldorf · Kassel · Leipzig · Köln · Bonn · Dresden · Erfurt · Wiesbaden · Frankfurt · Mannheim · Nürnberg · Saarbrücken · Stuttgart · Freiburg · München

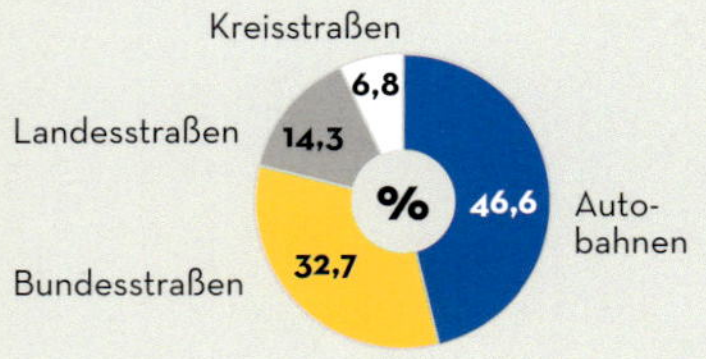

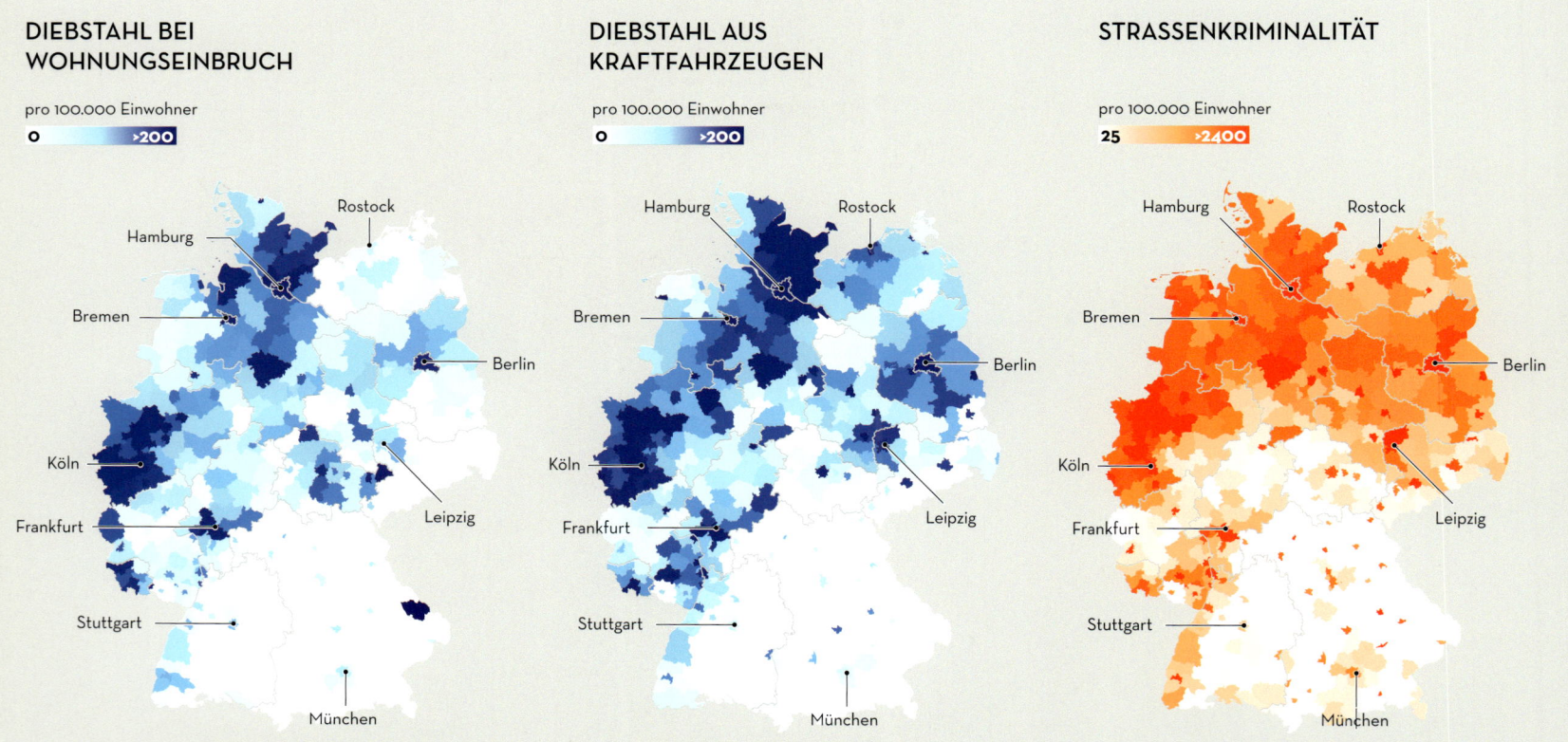

DIEBSTAHL BEI WOHNUNGSEINBRUCH

pro 100.000 Einwohner

0 — >200

Rostock · Hamburg · Bremen · Berlin · Köln · Frankfurt · Leipzig · Stuttgart · München

DIEBSTAHL AUS KRAFTFAHRZEUGEN

pro 100.000 Einwohner

0 — >200

Hamburg · Rostock · Bremen · Berlin · Köln · Frankfurt · Leipzig · Stuttgart · München

STRASSENKRIMINALITÄT

pro 100.000 Einwohner

25 — >2400

Hamburg · Rostock · Bremen · Berlin · Köln · Frankfurt · Leipzig · Stuttgart · München

GRAFIK: GOLDEN SECTION GRAPHICS / RECHERCHE: GOLDEN SECTION GRAPHICS, PATRICK EICKEMEIER / ERSCHIENEN IN: SZ WISSEN

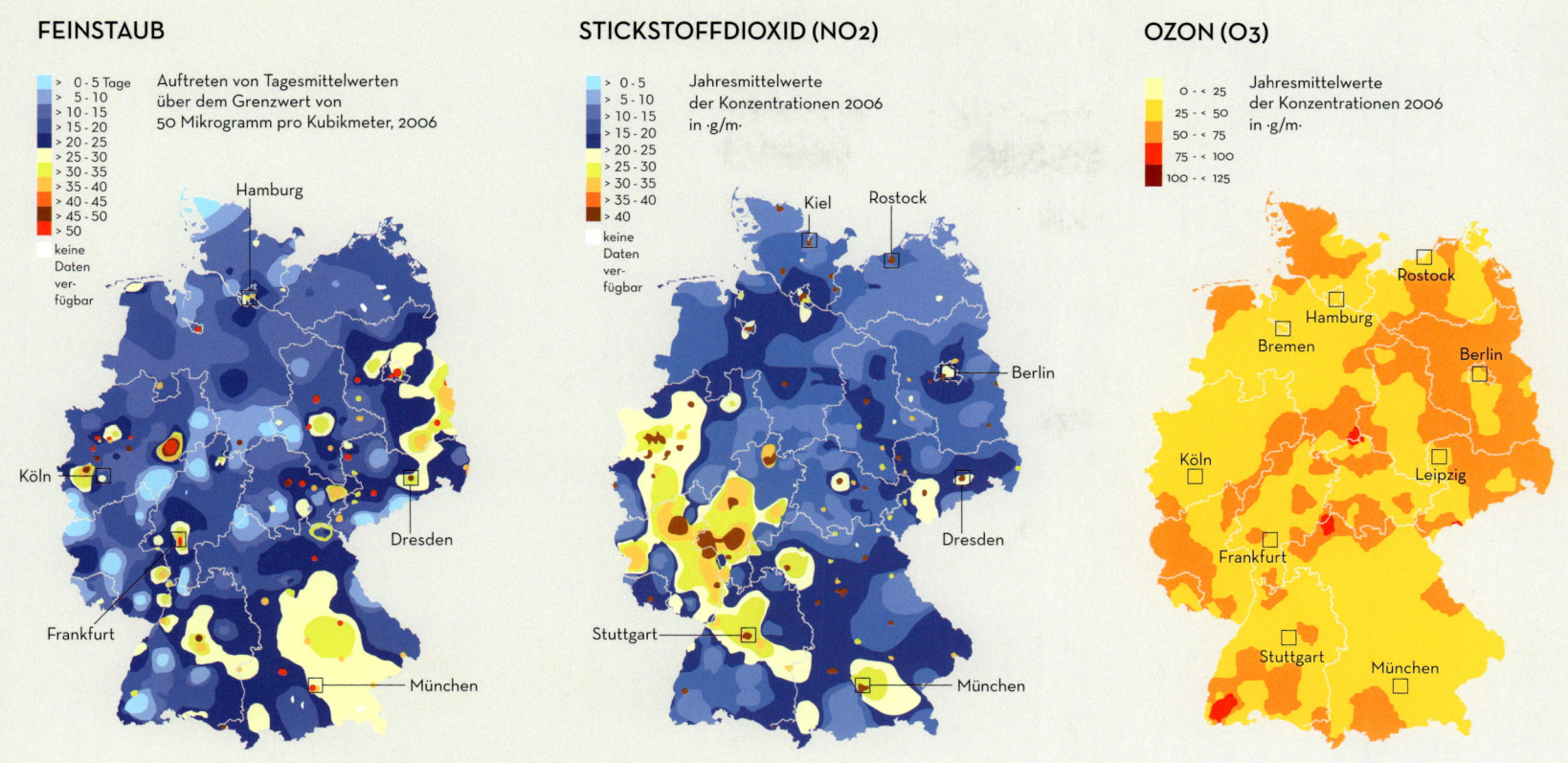

FEINSTAUB

> 0 - 5 Tage
> 5 - 10
> 10 - 15
> 15 - 20
> 20 - 25
> 25 - 30
> 30 - 35
> 35 - 40
> 40 - 45
> 45 - 50
> 50
keine Daten verfügbar

Auftreten von Tagesmittelwerten über dem Grenzwert von 50 Mikrogramm pro Kubikmeter, 2006

Hamburg
Köln
Frankfurt
Dresden
München

STICKSTOFFDIOXID (NO2)

> 0 - 5
> 5 - 10
> 10 - 15
> 15 - 20
> 20 - 25
> 25 - 30
> 30 - 35
> 35 - 40
> 40
keine Daten verfügbar

Jahresmittelwerte der Konzentrationen 2006 in ·g/m·

Kiel
Rostock
Berlin
Dresden
Stuttgart
München

OZON (O3)

0 - < 25
25 - < 50
50 - < 75
75 - < 100
100 - < 125

Jahresmittelwerte der Konzentrationen 2006 in ·g/m·

Rostock
Hamburg
Bremen
Berlin
Köln
Leipzig
Frankfurt
Stuttgart
München

INFEKTIÖSE ZECKEN

Mittelwerte der Fallzahlen pro 100 000 Einwohner

0
3
6

Hamburg
Rostock
Bremen
Berlin
Mühlheim
Köln
Leipzig
Frankfurt
Stuttgart
München

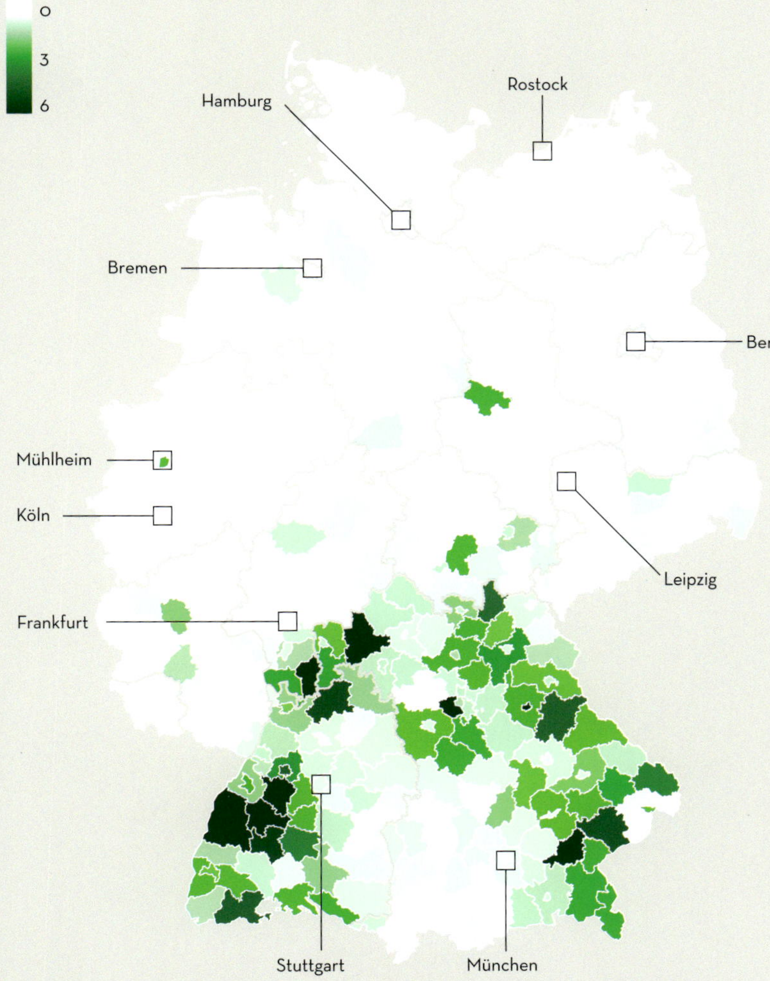

RESISTENTE ERREGER

Mittelwerte der Fallzahlen pro 100 000 Einwohner in den Jahren 2001 bis 2007

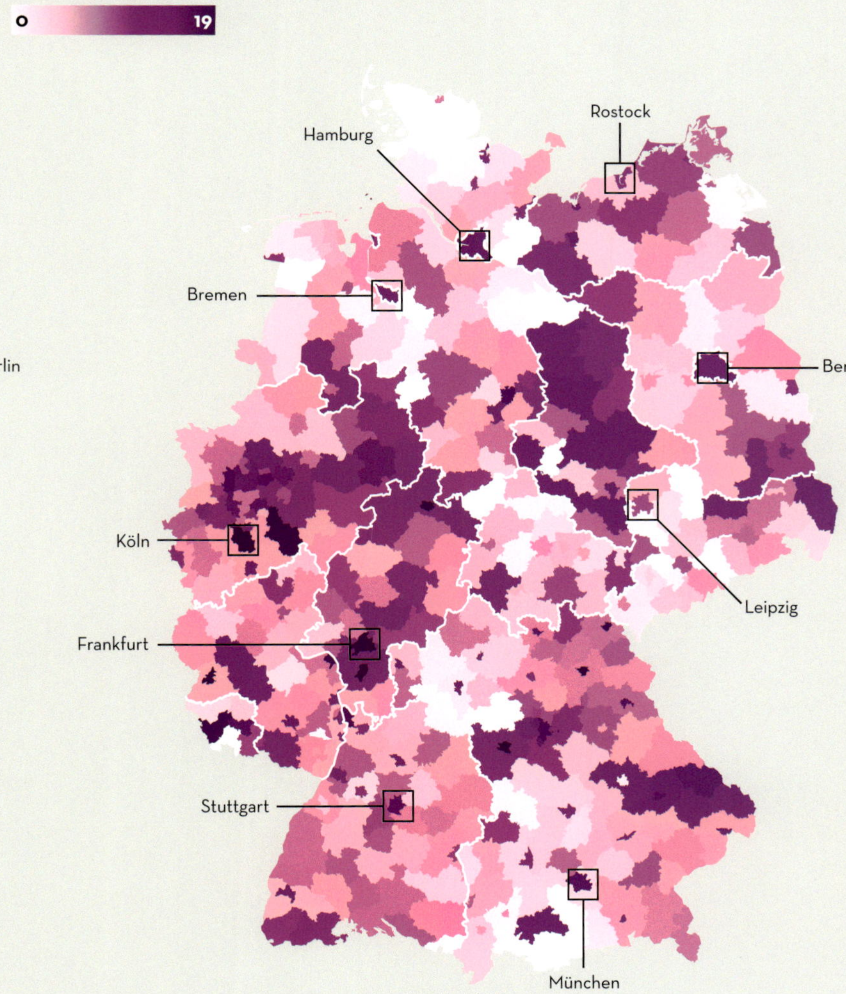

0   19

Hamburg
Rostock
Bremen
Berlin
Köln
Leipzig
Frankfurt
Stuttgart
München

VERBRECHEN, ZECKEN UND OZON

Die Moden der Hysterie

So objektiv sie sich auch geben – Medien folgen in ihrer Berichterstattung unserer Angst und lenken so unsere Stimmungen. Die Aufmerksamkeitskurve einiger Reizthemen der letzten 30 Jahre, gemessen an der Zahl der Veröffentlichungen zum jeweiligen Thema

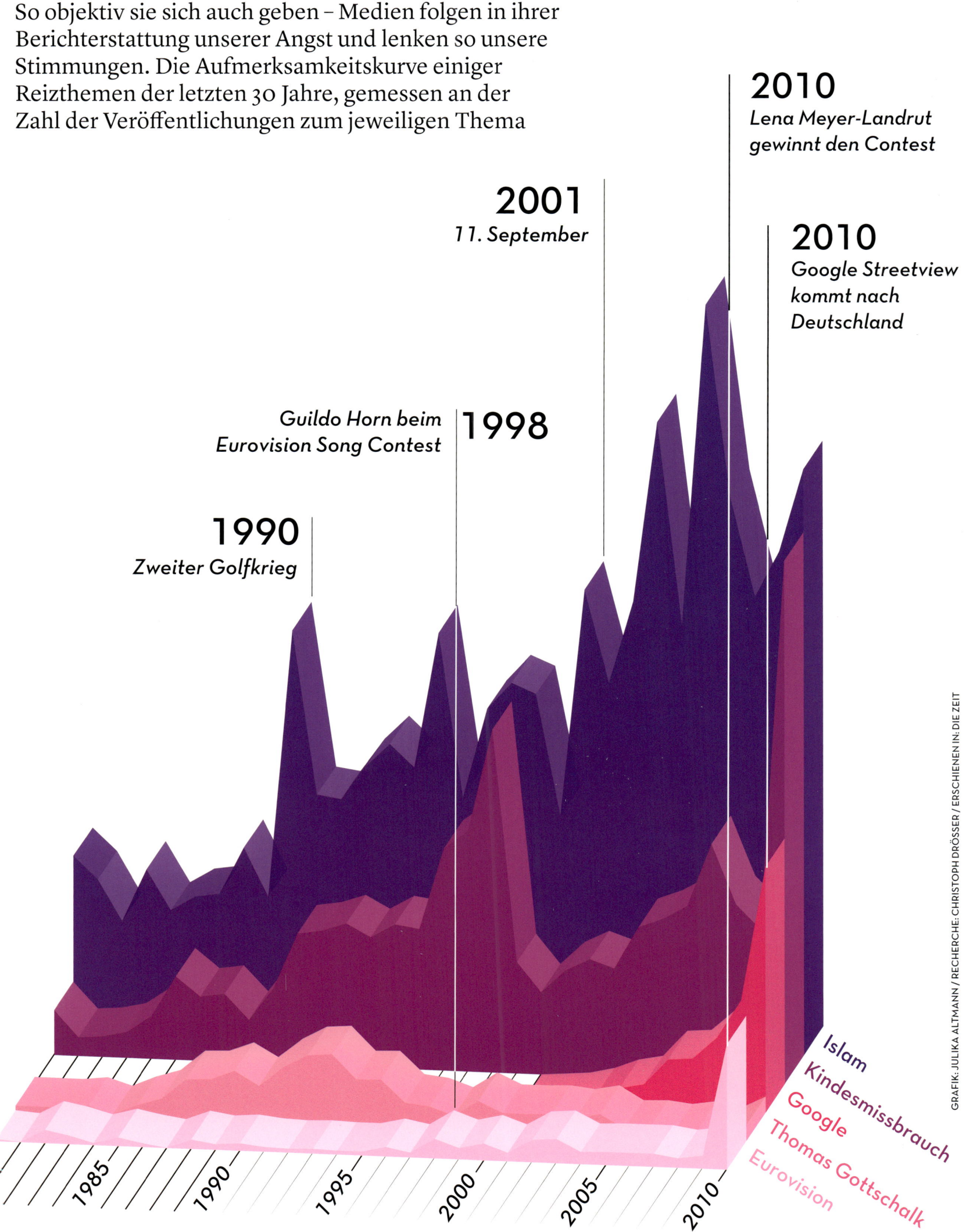

2010
Lena Meyer-Landrut gewinnt den Contest

2010
Google Streetview kommt nach Deutschland

2001
11. September

Guildo Horn beim Eurovision Song Contest **1998**

1990
Zweiter Golfkrieg

Islam
Kindesmissbrauch
Google
Thomas Gottschalk
Eurovision

1980 · 1985 · 1990 · 1995 · 2000 · 2005 · 2010

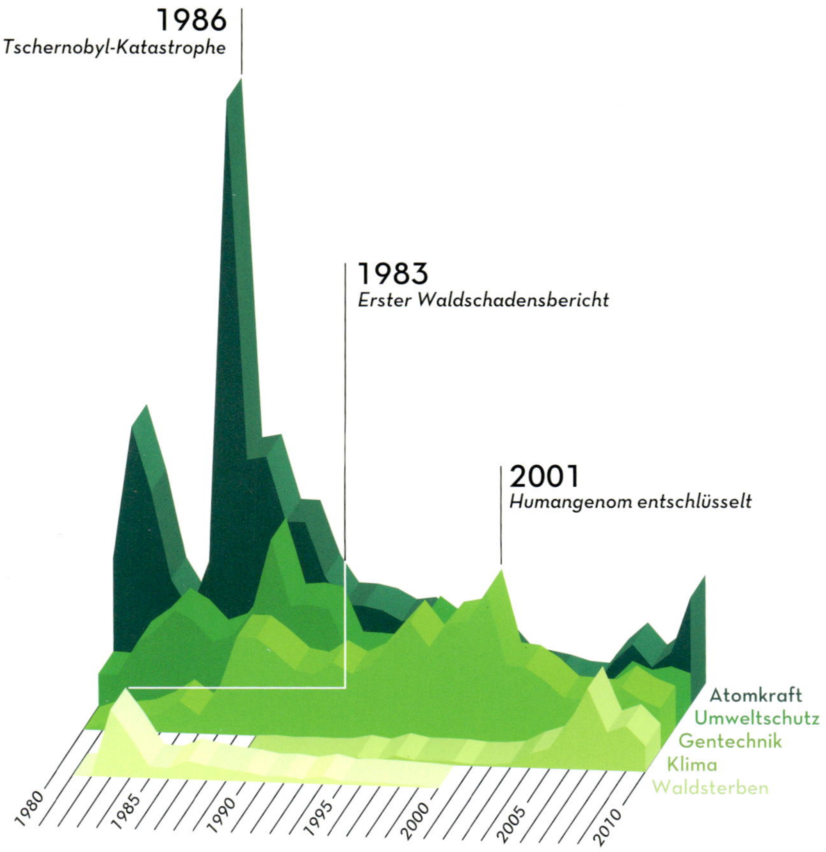

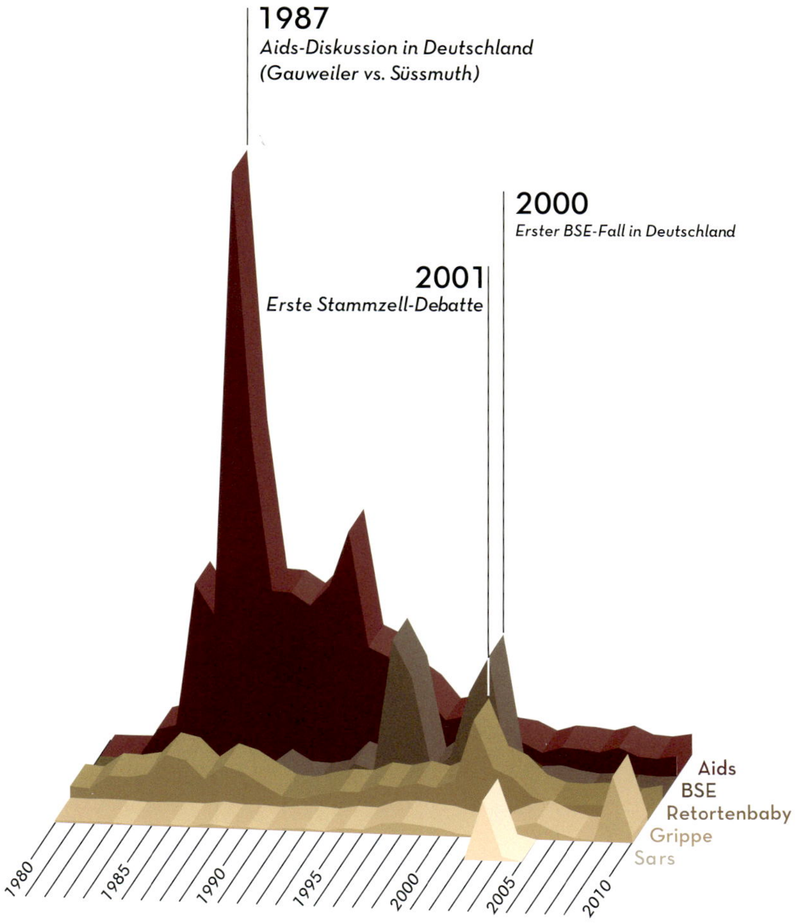

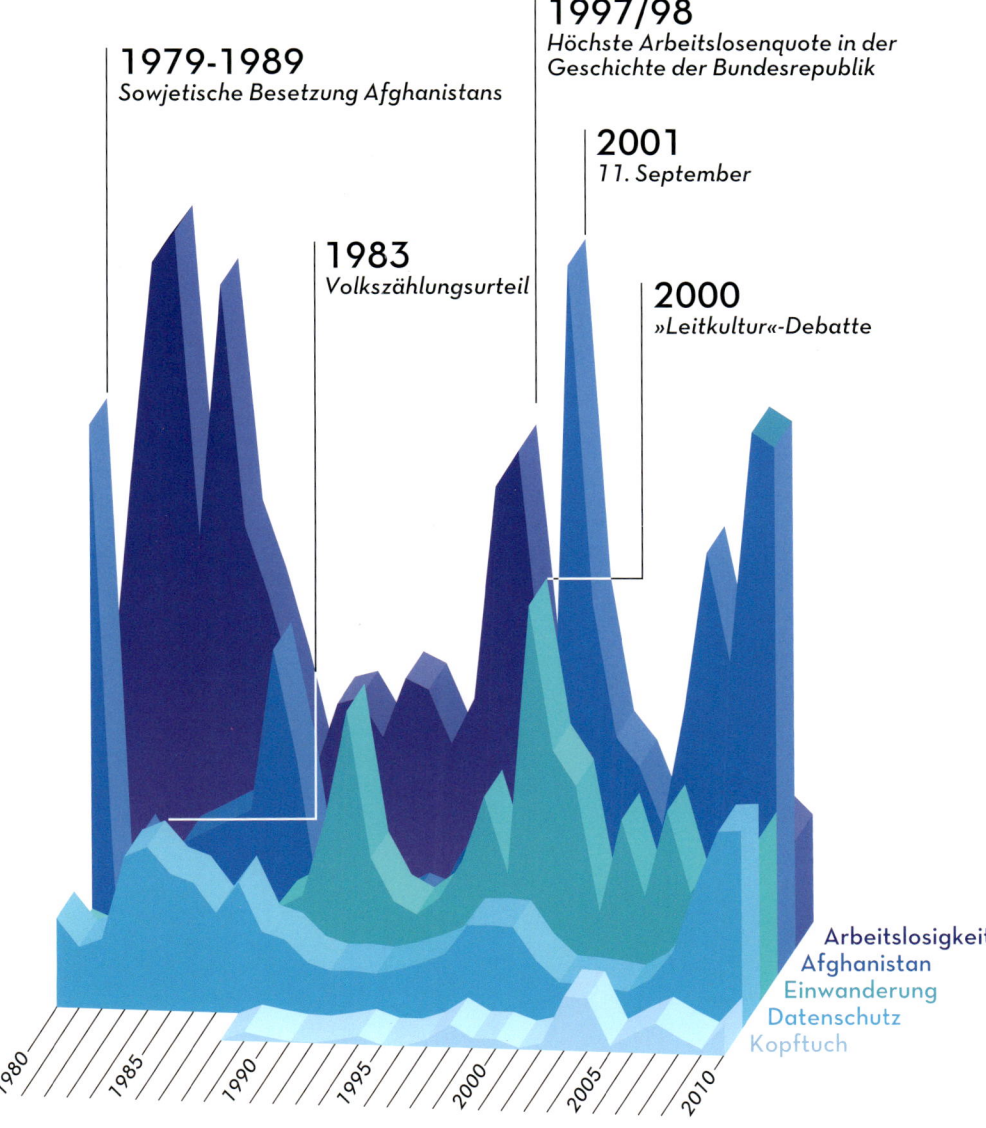

1986
Tschernobyl-Katastrophe

1983
Erster Waldschadensbericht

2001
Humangenom entschlüsselt

Atomkraft
Umweltschutz
Gentechnik
Klima
Waldsterben

1980 1985 1990 1995 2000 2005 2010

1987
Aids-Diskussion in Deutschland
(Gauweiler vs. Süssmuth)

2001
Erste Stammzell-Debatte

2000
Erster BSE-Fall in Deutschland

Aids
BSE
Retortenbaby
Grippe
Sars

1980 1985 1990 1995 2000 2005 2010

1979-1989
Sowjetische Besetzung Afghanistans

1997/98
Höchste Arbeitslosenquote in der
Geschichte der Bundesrepublik

2001
11. September

1983
Volkszählungsurteil

2000
»Leitkultur«-Debatte

Arbeitslosigkeit
Afghanistan
Einwanderung
Datenschutz
Kopftuch

1980 1985 1990 1995 2000 2005 2010

WAS WIR FÜRCHTEN

ISLAM, AIDS UND JOBVERLUST

Braune Elemente

Die rechtsextreme Szene wimmelt von Codes und Symbolen. Die wenigsten der Zeichen sind verboten

Bei einem Hakenkreuz-Tattoo oder einem Adolf-Hitler-Bild auf Arm oder dem gebügelten T-Shirt ist es einfach: Der Träger ist ein Neonazi. Schwerer ist es für viele bereits bei einer demonstrativ gezeigten „18", die steht für die Buchstaben „A" und „H", also die Initialien Adolf Hitlers. Die Erkennungszeichen der rechtsextremen Szene haben sich in den vergangenen Jahren stark vermehrt und sind

in vielen Fällen nicht mehr sofort als solche zu erkennen. Bezüge auf den Nationalsozialismus belegen ganz plakativ die politische Gesinnung. Wie aber ist es beispielsweise bei den germanischen Symbolen? Die werden auch von Szenen genutzt, die großen Wert darauf legen, nicht mit Neonazis in einen Topf geworfen zu werden. Wer also Thors Hammer oder das Bild eines Wikin-

gerhelms trägt, muss nicht automatisch ein Faschist sein. Ähnlich ist es mit bestimmten Modemarken: Firmen wie Fred Perry oder Lonsdale, die oft von Rechtsextremen getragen werden, legen großen Wert darauf, nicht mit dem stumpfen neonazistischen Umfeld in Verbindung gebracht zu werden. Dieses Schaubild soll helfen, den Überblick im braunen Sumpf zu behalten.

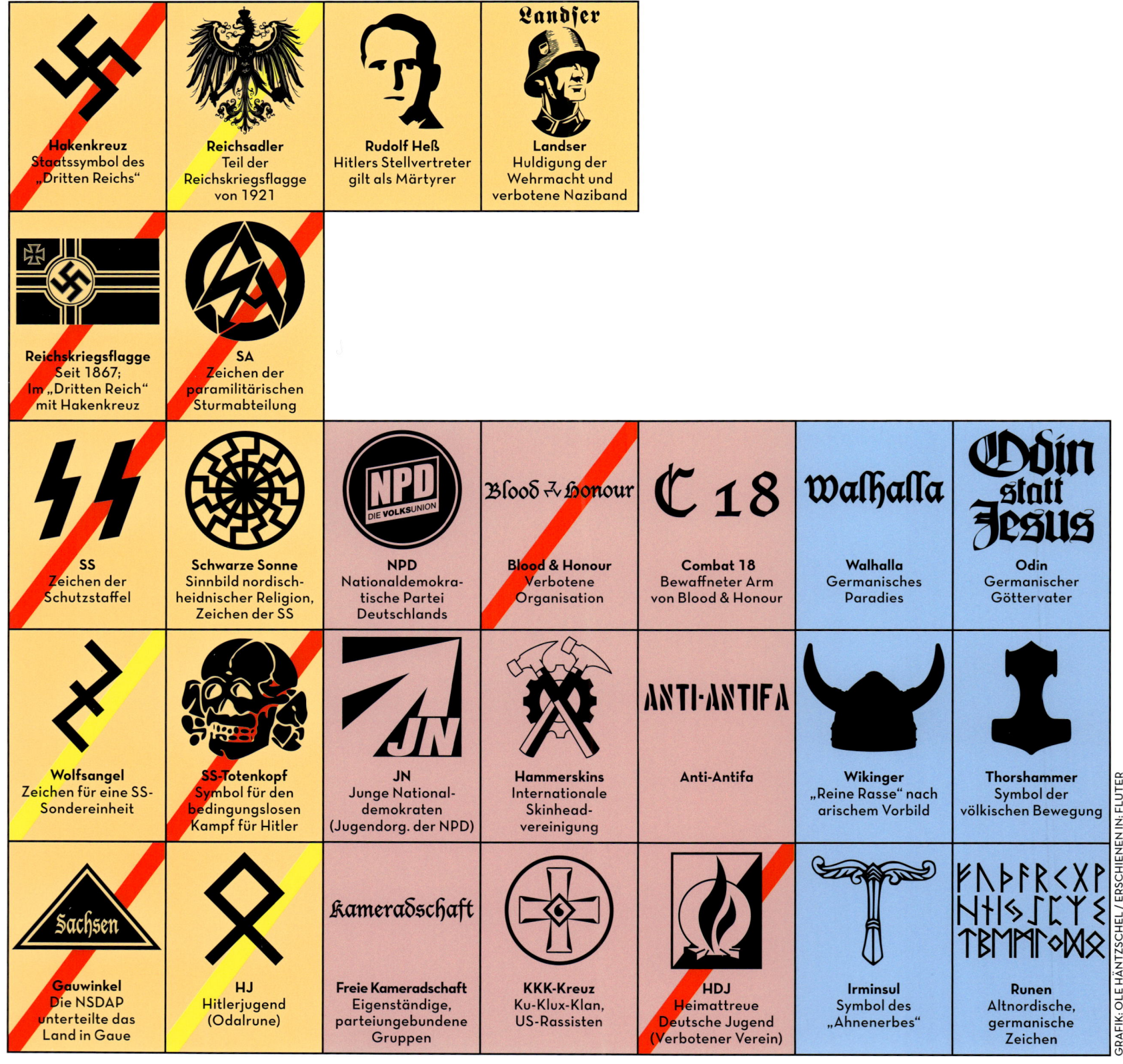

Hakenkreuz Staatssymbol des „Dritten Reichs"

Reichsadler Teil der Reichskriegsflagge von 1921

Rudolf Heß Hitlers Stellvertreter gilt als Märtyrer

Landser Huldigung der Wehrmacht und verbotene Naziband

Reichskriegsflagge Seit 1867; Im „Dritten Reich" mit Hakenkreuz

SA Zeichen der paramilitärischen Sturmabteilung

SS Zeichen der Schutzstaffel

Schwarze Sonne Sinnbild nordisch-heidnischer Religion, Zeichen der SS

NPD Nationaldemokratische Partei Deutschlands

Blood & Honour Verbotene Organisation

Combat 18 Bewaffneter Arm von Blood & Honour

Walhalla Germanisches Paradies

Odin Germanischer Göttervater

Wolfsangel Zeichen für eine SS-Sondereinheit

SS-Totenkopf Symbol für den bedingungslosen Kampf für Hitler

JN Junge Nationaldemokraten (Jugendorg. der NPD)

Hammerskins Internationale Skinheadvereinigung

Anti-Antifa

Wikinger „Reine Rasse" nach arischem Vorbild

Thorshammer Symbol der völkischen Bewegung

Gauwinkel Die NSDAP unterteilte das Land in Gaue

HJ Hitlerjugend (Odalrune)

Freie Kameradschaft Eigenständige, parteiungebundene Gruppen

KKK-Kreuz Ku-Klux-Klan, US-Rassisten

HDJ Heimattreue Deutsche Jugend (Verbotener Verein)

Irminsul Symbol des „Ahnenerbes"

Runen Altnordische, germanische Zeichen

GRAFIK: OLE HÄNTZSCHEL / ERSCHIENEN IN: FLUTER

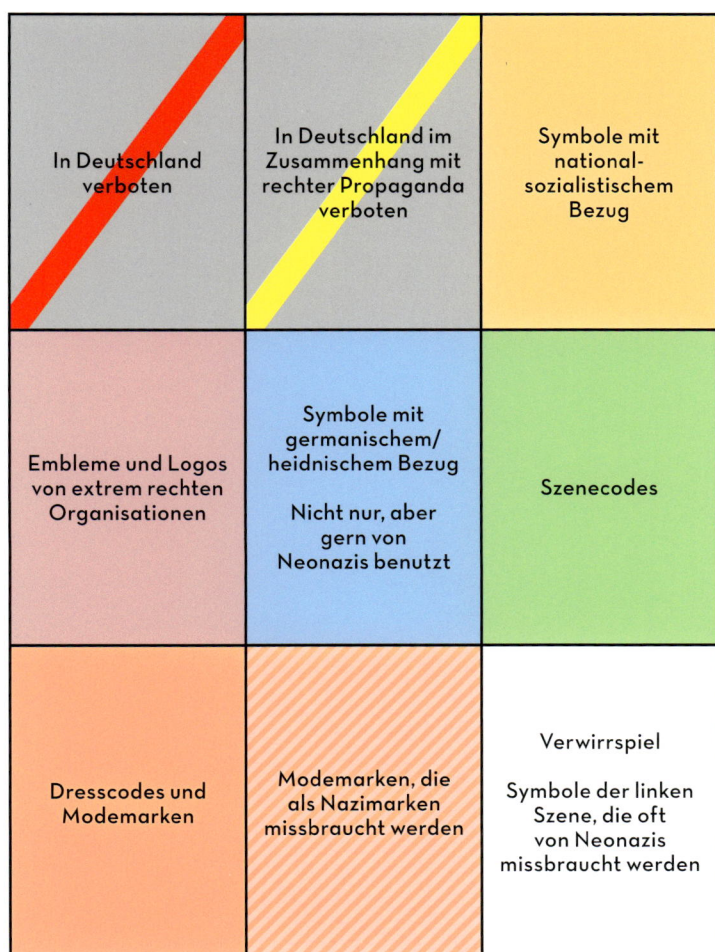

In Deutschland verboten	In Deutschland im Zusammenhang mit rechter Propaganda verboten	Symbole mit national-sozialistischem Bezug
Embleme und Logos von extrem rechten Organisationen	Symbole mit germanischem/ heidnischem Bezug — Nicht nur, aber gern von Neonazis benutzt	Szenecodes
Dresscodes und Modemarken	Modemarken, die als Nazimarken missbraucht werden	Verwirrspiel — Symbole der linken Szene, die oft von Neonazis missbraucht werden

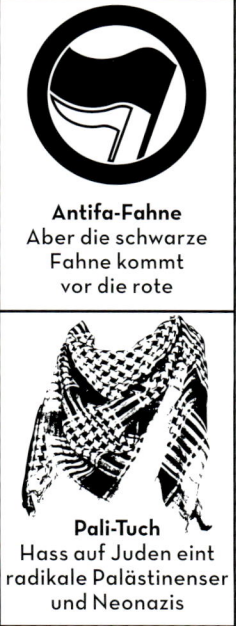

Antifa-Fahne
Aber die schwarze Fahne kommt vor die rote

Pali-Tuch
Hass auf Juden eint radikale Palästinenser und Neonazis

Masterrace
Nomen est omen

Alpha-Industries
Beliebt wegen der Ähnlichkeit mit dem SA-Logo

WHITE POWER — White-Power-Faust
Symbol für Überlegenheit der „weißen Rasse"

Keltenkreuz*
Dieselbe Bedeutung wie die White-Power-Faust

168:1
Anspielung auf rechten Terroranschlag in den USA mit 168 Toten

Kategorie C — KC / Kategorie C
Steht für Gewaltbereitschaft (und ist der Name einer Naziband)

Doberman
Macht den Träger zum scharfen Wachhund

Troublemaker GERMANY — Troublemaker
Skinheads Favorite

LONSDALE — Lonsdale
Beliebt wegen des „nsda" im Logo

14 Words
Berüchtigte rassistische Rede eines US-Nazis aus 14 Wörtern

18
Erster und achter Buchstabe im Alphabet: Adolf Hitler

28
B und H wie Blood & Honour

88
H und H wie Heil Hitler

Ansgar Aryan
Die Saga von der germanischen Mode

Thor Steinar
Nicht nur bei Neonazis beliebt, aber bei denen auf jeden Fall

Pit Bull — Pitbull
Klamotten für den Hooligan

H8
Englisch ausgesprochen: Hate = dt. Hass

ACAB
All Cops are Bastards (Wurde aus der Punkszene übernommen)

WAR
White Aryan Resistance

ZOG
Zionist Occupied Government (Zionistisch besetzte Regierung)

Consdaple
Klamotten mit „nsdap" im Logo

Erik and Sons
Rechtsradikalen-Marke, nennt sich „Viking Brand"

Fred Perry
Wegen des Lorbeerkranzes beliebt

*In einigen Bundesländern verboten

WAS WIR FÜRCHTEN
NEONAZIS 59

Geber und Nehmer
Schulden im Überblick

Es gibt nichts zu beschönigen: Die Lage ist kompliziert. Wir haben dennoch versucht, sie etwas zu ordnen. Finden Sie hier: Schuldenstände, Geldströme, Rettungspakete, Risiken und Systemteilnehmer. Was Sie nicht finden: Theorien über Ursachen der Krise oder etwa Angaben zu ihrem Ende. Denn das ist leider noch nicht in Sicht.

100 Mrd. €

Die Geberländer

ANDERE LÄNDER

IRLAND (u.a. Rentenreservefond)
GROSSBRITANNIEN
DÄNEMARK
SCHWEDEN

BELGIEN

DEUTSCHLAND

Euroländer

Legende:
- Anteil am IWF-Rettungsplan für Griechenland
- Anteil am IWF-Kredit
- Anteil am EU-Rettungsplan für Griechenland
- Anteil an Garantien (EFSF)
- Anteil an den Target-Verbindlichkeiten (EFSF)
- Anteil am ESM (Bar)
- Anteil am ESM (Bürgschaften)
- Anteil am EZB-Anleihenkauf (Euroländer)

ESTLAND
SPANIEN

FRANKREICH

ITALIEN

ZYPERN
LUXEMBURG
MALTA
NIEDERLANDE

ÖSTERREICH
SLOWENIEN
SLOWAKEI
FINNLAND

WICHTIGE BEGRIFFE:

EAMS: Euro Area Member States: Staaten der Eurozone

EFSF: European Financial Stability Facility: Europäische Finanzstabilisierungsfazilität, sprich, Rettungsschirm für notleidende Euroländer

EFSM: European Financial Stabilisation Mechanism: Europäischer Finanzstabilisierungsmechanismus

ESM: European Stability Mechanism: Europäischer Stabilitätsmechanismus

EZB: Europäische Zentralbank

IWF: Internationaler Währungsfonds

PSI: Private Sector Involvement: Beteiligung des Privatsektors, also privater Gläubiger wie Banken und Versicherungen, an den Rettungsmaßnahmen.

Troika: Russisch für »Dreiergespann«. In der Schuldenkrise werden damit die drei Institutionen EZB, IWF und EU-Kommission bezeichnet.

Der Rettungsschirm der Troika

IWF 4/2012

Nicht EU-gebunden: Diese Kredite können von jedem Land der Welt in Anspruch genommen werden.

430

bisher in Anspruch genommen 78,5

noch verfügbar 171,5

250

IWF 4/2011

bilaterale Kredite der EURO-Länder: 80

EAMS 52,9
27,1

60

EFSM 48,5
11,5

EFSF 67,3

Auszahlungsmittel: 440

ESM 80

Auszahlungsmittel: 500

Aufstockung im März 2011 30

420

Garantien 310

Garantien 200

30,0
5,5

»PSI sweetener« **PSI**
Angefallene Zinsen

Zusätzliche Sicherheiten 35 **EZB**

EZB

GIIPS: Ankauf von griechischen, irischen, italienischen, portugiesischen und spanischen Staatsanleihen

220

GRAFIK: GOLDEN SECTION GRAPHICS / RECHERCHE: GOLDEN SECTION GRAPHICS, WELTGRUPPE AXEL SPRINGER ERSCHIENEN IN: IN GRAPHICS

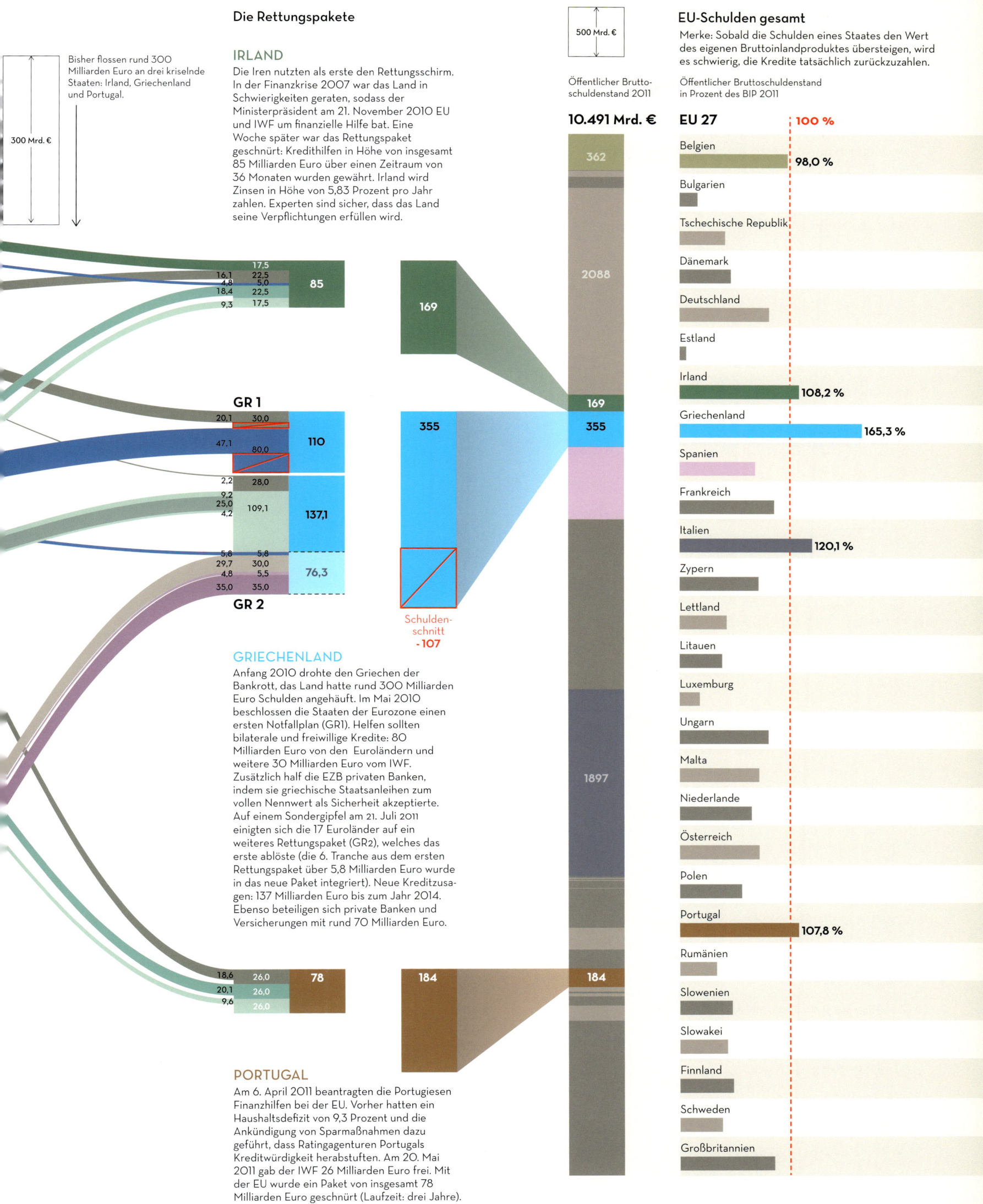

Die Rettungspakete

300 Mrd. €

Bisher flossen rund 300 Milliarden Euro an drei kriselnde Staaten: Irland, Griechenland und Portugal.

IRLAND

Die Iren nutzten als erste den Rettungsschirm. In der Finanzkrise 2007 war das Land in Schwierigkeiten geraten, sodass der Ministerpräsident am 21. November 2010 EU und IWF um finanzielle Hilfe bat. Eine Woche später war das Rettungspaket geschnürt: Kredithilfen in Höhe von insgesamt 85 Milliarden Euro über einen Zeitraum von 36 Monaten wurden gewährt. Irland wird Zinsen in Höhe von 5,83 Prozent pro Jahr zahlen. Experten sind sicher, dass das Land seine Verpflichtungen erfüllen wird.

17,5
16,1   22,5
4,8   5,0
18,4   22,5
9,3   17,5
85

GR 1
20,1   30,0
47,1   80,0
110

2,2   28,0
9,2
25,0   109,1
4,2
137,1

5,8   5,8
29,7   30,0
4,8   5,5
35,0   35,0
76,3

GR 2

GRIECHENLAND

Anfang 2010 drohte den Griechen der Bankrott, das Land hatte rund 300 Milliarden Euro Schulden angehäuft. Im Mai 2010 beschlossen die Staaten der Eurozone einen ersten Notfallplan (GR1). Helfen sollten bilaterale und freiwillige Kredite: 80 Milliarden Euro von den Euroländern und weitere 30 Milliarden Euro vom IWF. Zusätzlich half die EZB privaten Banken, indem sie griechische Staatsanleihen zum vollen Nennwert als Sicherheit akzeptierte. Auf einem Sondergipfel am 21. Juli 2011 einigten sich die 17 Euroländer auf ein weiteres Rettungspaket (GR2), welches das erste ablöste (die 6. Tranche aus dem ersten Rettungspaket über 5,8 Milliarden Euro wurde in das neue Paket integriert). Neue Kreditzusagen: 137 Milliarden Euro bis zum Jahr 2014. Ebenso beteiligen sich private Banken und Versicherungen mit rund 70 Milliarden Euro.

18,6   26,0
20,1   26,0
9,6   26,0
78

PORTUGAL

Am 6. April 2011 beantragten die Portugiesen Finanzhilfen bei der EU. Vorher hatten ein Haushaltsdefizit von 9,3 Prozent und die Ankündigung von Sparmaßnahmen dazu geführt, dass Ratingagenturen Portugals Kreditwürdigkeit herabstuften. Am 20. Mai 2011 gab der IWF 26 Milliarden Euro frei. Mit der EU wurde ein Paket von insgesamt 78 Milliarden Euro geschnürt (Laufzeit: drei Jahre).

169
355
Schulden-
schnitt
-107

184

500 Mrd. €

Öffentlicher Brutto-
schuldenstand 2011

10.491 Mrd. €

362
2088
169
355
1897
184

EU-Schulden gesamt

Merke: Sobald die Schulden eines Staates den Wert des eigenen Bruttoinlandproduktes übersteigen, wird es schwierig, die Kredite tatsächlich zurückzuzahlen.

Öffentlicher Bruttoschuldenstand in Prozent des BIP 2011

EU 27   **100 %**

Belgien   **98,0 %**
Bulgarien
Tschechische Republik
Dänemark
Deutschland
Estland
Irland   **108,2 %**
Griechenland   **165,3 %**
Spanien
Frankreich
Italien   **120,1 %**
Zypern
Lettland
Litauen
Luxemburg
Ungarn
Malta
Niederlande
Österreich
Polen
Portugal   **107,8 %**
Rumänien
Slowenien
Slowakei
Finnland
Schweden
Großbritannien

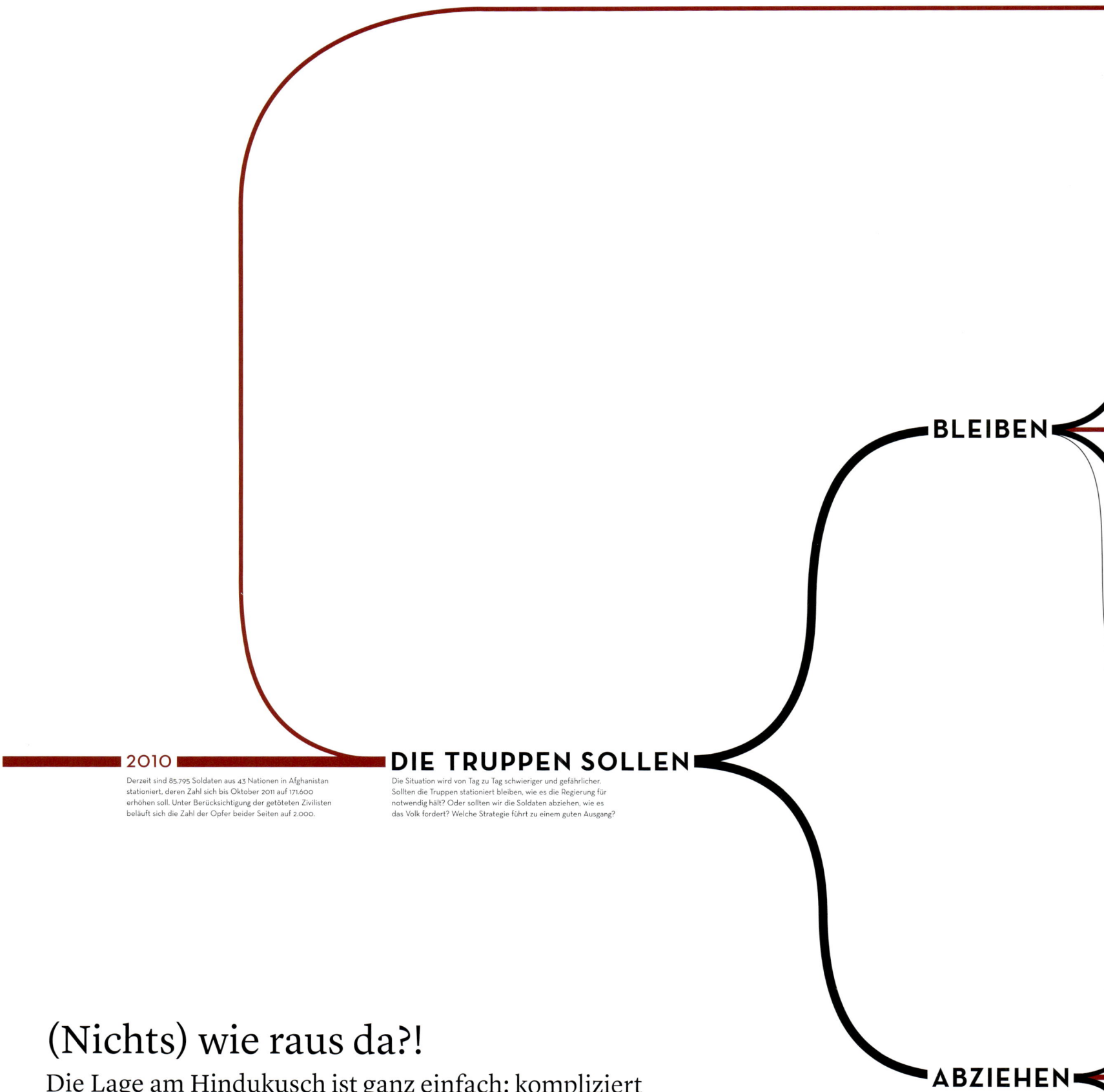

BLEIBEN

ABZIEHEN

2010

Derzeit sind 85.795 Soldaten aus 43 Nationen in Afghanistan stationiert, deren Zahl sich bis Oktober 2011 auf 171.600 erhöhen soll. Unter Berücksichtigung der getöteten Zivilisten beläuft sich die Zahl der Opfer beider Seiten auf 2.000.

DIE TRUPPEN SOLLEN

Die Situation wird von Tag zu Tag schwieriger und gefährlicher. Sollten die Truppen stationiert bleiben, wie es die Regierung für notwendig hält? Oder sollten wir die Soldaten abziehen, wie es das Volk fordert? Welche Strategie führt zu einem guten Ausgang?

(Nichts) wie raus da?!

Die Lage am Hindukusch ist ganz einfach: kompliziert

Eine der ältesten Militärweisheiten lautet: Wenn man irgendwo reingeht, sollte man schon vorher wissen, wie man wieder herauskommt. Und was die konkreten Ziele der Mission sind. Soweit die Theorie. Als nach den Terroranschlägen vom 11. September 2001 amerikanische Truppen in Afghanistan einmarschierten, wollten sie das Taliban-Regime beenden und das Land möglichst in die Demokratie führen, irgendwie. Der Einsatz entwickelte sich jedoch zu einem Desaster. Zwar wurden die Taliban in benachbarte Länder wie Pakistan vertrieben, aber jetzt greifen sie auch von da aus westliche Militärs und heimische Kräfte an. Jede Art von Normalität ist Lichtjahre entfernt, die westlichen Alliierten gelten vielen Afghanen trotz ihrer offiziellen Beschützerfunktion heute eher als Besatzer. Knapp zehn Jahre nach Ausbruch des Krieges entschied der amerikanische Präsident Barack Obama im Sommer 2011, die Truppen bis Ende 2014 komplett abzuziehen. Dieser Entscheidung ging eine intensive Debatte über die möglichen Folgen eines Abzugs oder eines längeren Engagements voraus, nicht nur in Amerika, sondern auch in Deutschland. Die Grafik illustriert den Verlauf der Diskussion und zeigt die Probleme, vor denen die Politiker damals standen – und bis heute stehen.

GRAFIK / RECHERCHE: KAREN HENTSCHEL, PIERRE LA BAUME, MARC TIEDEMANN / ERSCHIENEN IN: INFORMATION GRAPHICS

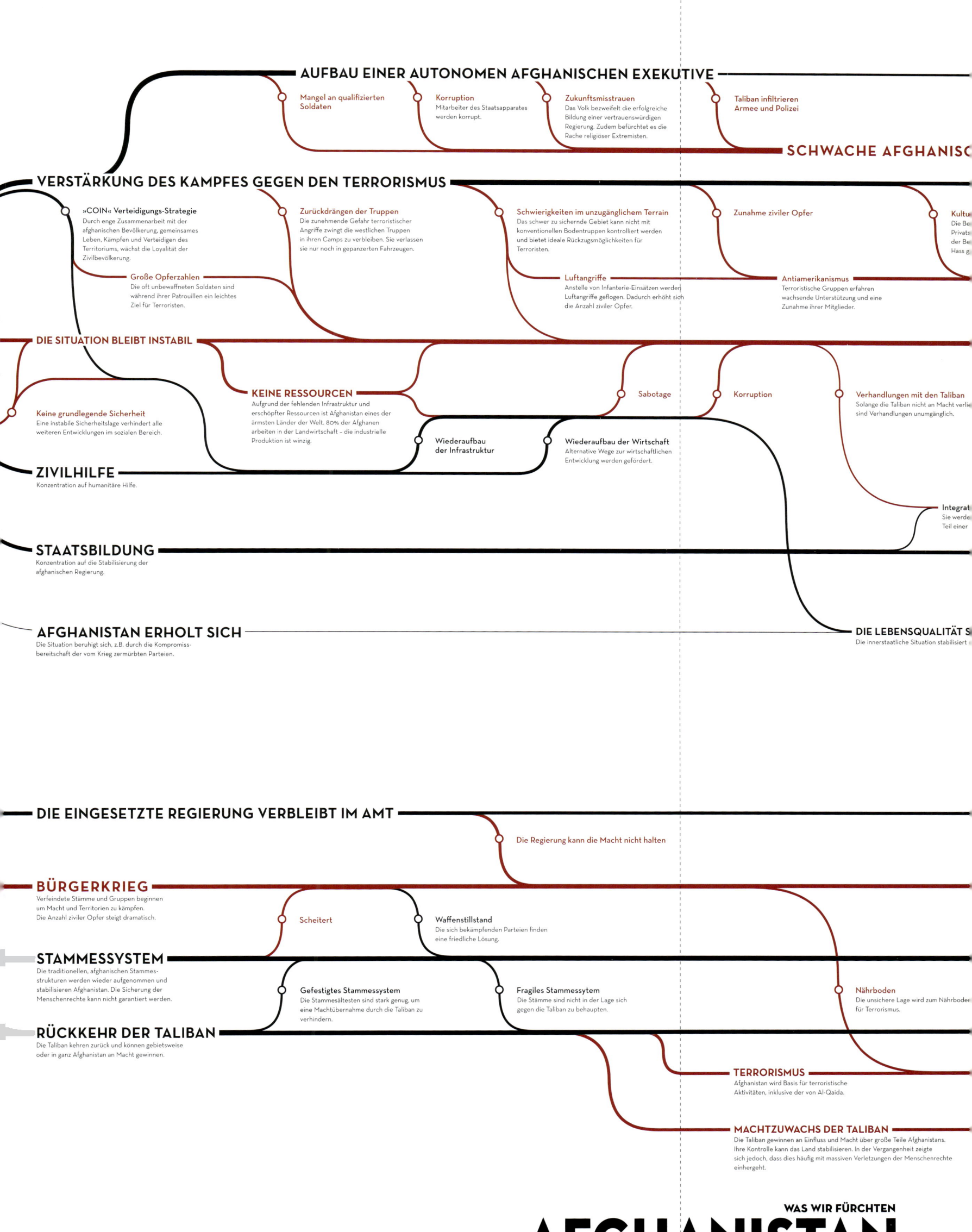

AUFBAU EINER AUTONOMEN AFGHANISCHEN EXEKUTIVE

Mangel an qualifizierten Soldaten

Korruption
Mitarbeiter des Staatsapparates werden korrupt.

Zukunftsmisstrauen
Das Volk bezweifelt die erfolgreiche Bildung einer vertrauenswürdigen Regierung. Zudem befürchtet es die Rache religiöser Extremisten.

Taliban infiltrieren Armee und Polizei

SCHWACHE AFGHANISC

VERSTÄRKUNG DES KAMPFES GEGEN DEN TERRORISMUS

»COIN« Verteidigungs-Strategie
Durch enge Zusammenarbeit mit der afghanischen Bevölkerung, gemeinsames Leben, Kämpfen und Verteidigen des Territoriums, wächst die Loyalität der Zivilbevölkerung.

Zurückdrängen der Truppen
Die zunehmende Gefahr terroristischer Angriffe zwingt die westlichen Truppen in ihren Camps zu verbleiben. Sie verlassen sie nur noch in gepanzerten Fahrzeugen.

Schwierigkeiten im unzugänglichem Terrain
Das schwer zu sichernde Gebiet kann nicht mit konventionellen Bodentruppen kontrolliert werden und bietet ideale Rückzugsmöglichkeiten für Terroristen.

Zunahme ziviler Opfer

Kultu
Die Bei
Privats
der Bei
Hass g

Große Opferzahlen
Die oft unbewaffneten Soldaten sind während ihrer Patrouillen ein leichtes Ziel für Terroristen.

Luftangriffe
Anstelle von Infanterie-Einsätzen werden Luftangriffe geflogen. Dadurch erhöht sich die Anzahl ziviler Opfer.

Antiamerikanismus
Terroristische Gruppen erfahren wachsende Unterstützung und eine Zunahme ihrer Mitglieder.

DIE SITUATION BLEIBT INSTABIL

KEINE RESSOURCEN
Aufgrund der fehlenden Infrastruktur und erschöpfter Ressourcen ist Afghanistan eines der ärmsten Länder der Welt. 80% der Afghanen arbeiten in der Landwirtschaft – die industrielle Produktion ist winzig.

Sabotage

Korruption

Verhandlungen mit den Taliban
Solange die Taliban nicht an Macht verlie sind Verhandlungen unumgänglich.

Keine grundlegende Sicherheit
Eine instabile Sicherheitslage verhindert alle weiteren Entwicklungen im sozialen Bereich.

Wiederaufbau der Infrastruktur

Wiederaufbau der Wirtschaft
Alternative Wege zur wirtschaftlichen Entwicklung werden gefördert.

ZIVILHILFE
Konzentration auf humanitäre Hilfe.

Integrat
Sie werde
Teil einer

STAATSBILDUNG
Konzentration auf die Stabilisierung der afghanischen Regierung.

AFGHANISTAN ERHOLT SICH
Die Situation beruhigt sich, z.B. durch die Kompromiss-bereitschaft der vom Krieg zermürbten Parteien.

DIE LEBENSQUALITÄT S
Die innerstaatliche Situation stabilisiert

DIE EINGESETZTE REGIERUNG VERBLEIBT IM AMT

Die Regierung kann die Macht nicht halten

BÜRGERKRIEG
Verfeindete Stämme und Gruppen beginnen um Macht und Territorien zu kämpfen. Die Anzahl ziviler Opfer steigt dramatisch.

Scheitert

Waffenstillstand
Die sich bekämpfenden Parteien finden eine friedliche Lösung.

STAMMESSYSTEM
Die traditionellen, afghanischen Stammes-strukturen werden wieder aufgenommen und stabilisieren Afghanistan. Die Sicherung der Menschenrechte kann nicht garantiert werden.

Gefestigtes Stammessystem
Die Stammesältesten sind stark genug, um eine Machtübernahme durch die Taliban zu verhindern.

Fragiles Stammessytem
Die Stämme sind nicht in der Lage sich gegen die Taliban zu behaupten.

Nährboden
Die unsichere Lage wird zum Nährboden für Terrorismus.

RÜCKKEHR DER TALIBAN
Die Taliban kehren zurück und können gebietsweise oder in ganz Afghanistan an Macht gewinnen.

TERRORISMUS
Afghanistan wird Basis für terroristische Aktivitäten, inklusive der von Al-Qaida.

MACHTZUWACHS DER TALIBAN
Die Taliban gewinnen an Einfluss und Macht über große Teile Afghanistans. Ihre Kontrolle kann das Land stabilisieren. In der Vergangenheit zeigte sich jedoch, dass dies häufig mit massiven Verletzungen der Menschenrechte einhergeht.

WAS WIR FÜRCHTEN

AFGHANISTAN

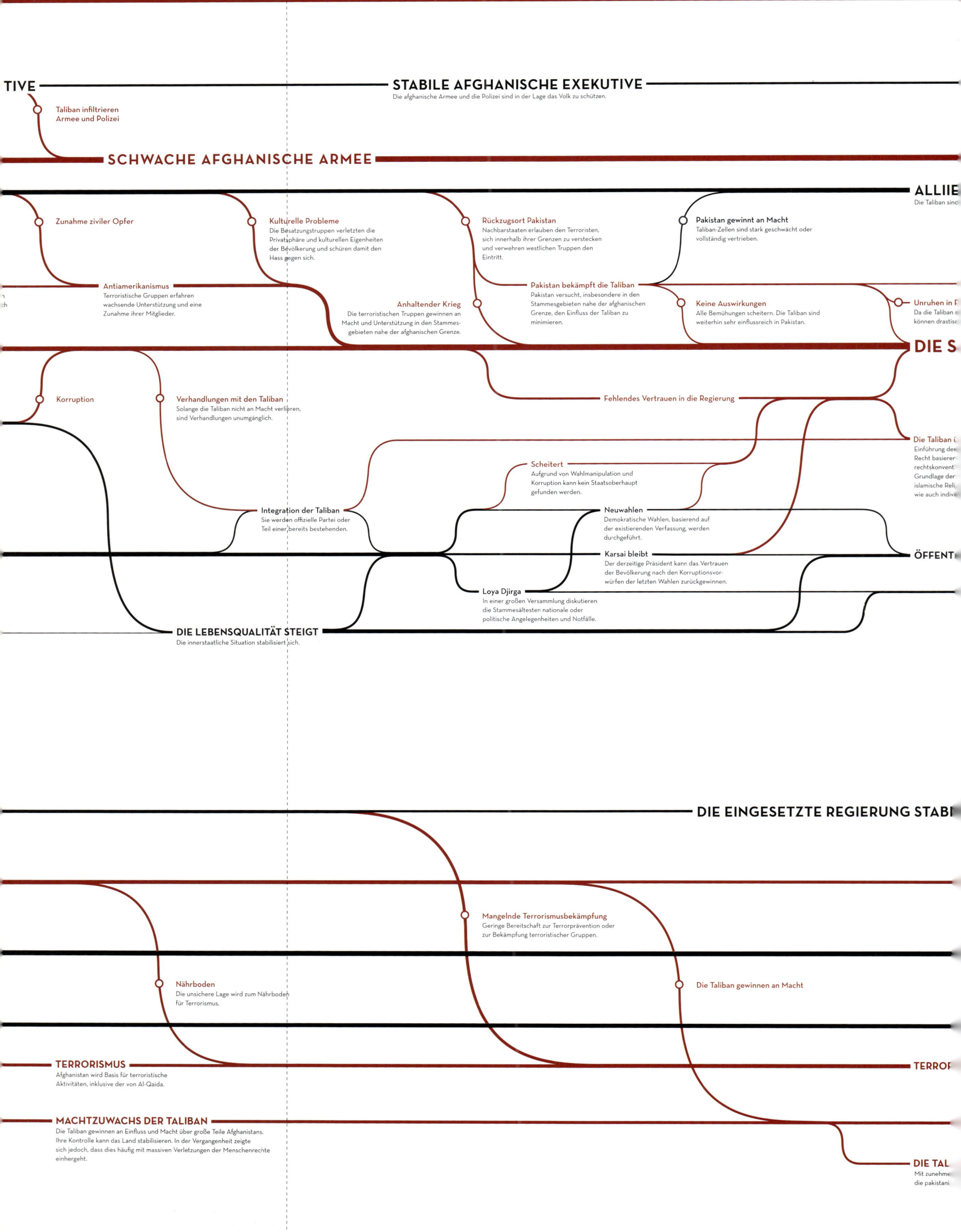

...TIVE

STABILE AFGHANISCHE EXEKUTIVE
Die afghanische Armee und die Polizei sind in der Lage das Volk zu schützen.

Taliban infiltrieren Armee und Polizei

SCHWACHE AFGHANISCHE ARMEE

ALLIIE...
Die Taliban sind...

Zunahme ziviler Opfer

Kulturelle Probleme
Die Besatzungstruppen verletzten die Privatsphäre und kulturellen Eigenheiten der Bevölkerung und schüren damit den Hass gegen sich.

Rückzugsort Pakistan
Nachbarstaaten erlauben den Terroristen, sich innerhalb ihrer Grenzen zu verstecken und verwehren westlichen Truppen den Eintritt.

Pakistan gewinnt an Macht
Taliban-Zellen sind stark geschwächt oder vollständig vertrieben.

Antiamerikanismus
Terroristische Gruppen erfahren wachsende Unterstützung und eine Zunahme ihrer Mitglieder.

Anhaltender Krieg
Die terroristischen Truppen gewinnen an Macht und Unterstützung in den Stammesgebieten nahe der afghanischen Grenze.

Pakistan bekämpft die Taliban
Pakistan versucht, insbesondere in den Stammesgebieten nahe der afghanischen Grenze, den Einfluss der Taliban zu minimieren.

Keine Auswirkungen
Alle Bemühungen scheitern. Die Taliban sind weiterhin sehr einflussreich in Pakistan.

Unruhen in P...
Da die Taliban s... können drastis...

DIE S

Korruption

Verhandlungen mit den Taliban
Solange die Taliban nicht an Macht verlieren, sind Verhandlungen unumgänglich.

Fehlendes Vertrauen in die Regierung

Die Taliban i...
Einführung des... Recht basieren... rechtskonvent... Grundlage der... islamische Reli... wie auch indivi...

Scheitert
Aufgrund von Wahlmanipulation und Korruption kann kein Staatsoberhaupt gefunden werden.

Integration der Taliban
Sie werden offizielle Partei oder Teil einer bereits bestehenden.

Neuwahlen
Demokratische Wahlen, basierend auf der existierenden Verfassung, werden durchgeführt.

Karsai bleibt
Der derzeitige Präsident kann das Vertrauen der Bevölkerung nach den Korruptionsvorwürfen der letzten Wahlen zurückgewinnen.

ÖFFENT

Loya Djirga
In einer großen Versammlung diskutieren die Stammesältesten nationale oder politische Angelegenheiten und Notfälle.

DIE LEBENSQUALITÄT STEIGT
Die innerstaatliche Situation stabilisiert sich.

DIE EINGESETZTE REGIERUNG STABI...

Mangelnde Terrorismusbekämpfung
Geringe Bereitschaft zur Terrorprävention oder zur Bekämpfung terroristischer Gruppen.

Nährboden
Die unsichere Lage wird zum Nährboden für Terrorismus.

Die Taliban gewinnen an Macht

TERRORISMUS
Afghanistan wird Basis für terroristische Aktivitäten, inklusive der von Al-Qaida.

TERROR...

MACHTZUWACHS DER TALIBAN
Die Taliban gewinnen an Einfluss und Macht über große Teile Afghanistans. Ihre Kontrolle kann das Land stabilisieren. In der Vergangenheit zeigte sich jedoch, dass dies häufig mit massiven Verletzungen der Menschenrechte einhergeht.

DIE TAL...
Mit zunehme... die pakistani...

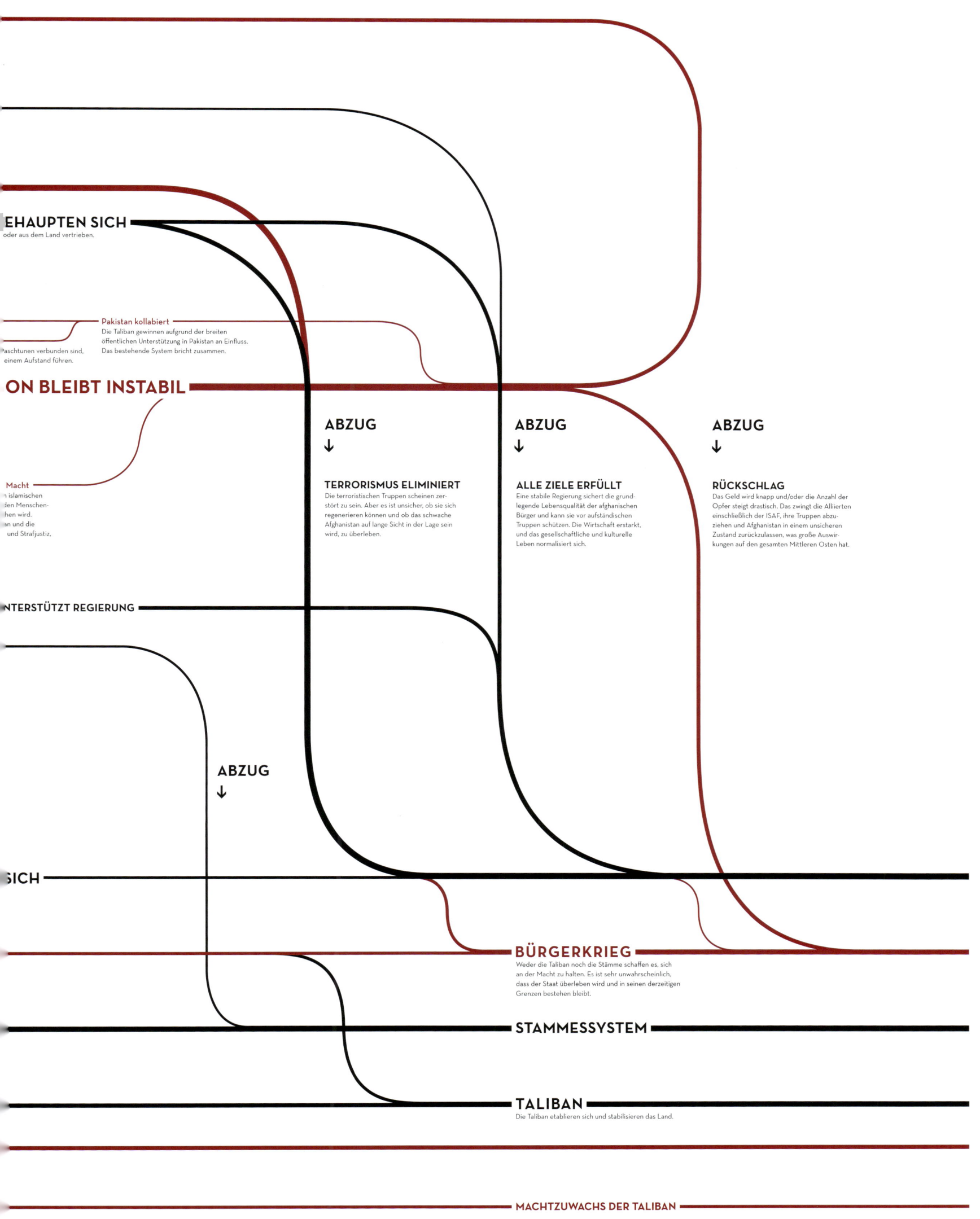

EHAUPTEN SICH
oder aus dem Land vertrieben.

Pakistan kollabiert
Die Taliban gewinnen aufgrund der breiten öffentlichen Unterstützung in Pakistan an Einfluss. Das bestehende System bricht zusammen.

aschtunen verbunden sind,
einem Aufstand führen.

ON BLEIBT INSTABIL

Macht
n islamischen
den Menschen-
hen wird.
an und die
und Strafjustiz,

NTERSTÜTZT REGIERUNG

ABZUG
↓

TERRORISMUS ELIMINIERT
Die terroristischen Truppen scheinen zerstört zu sein. Aber es ist unsicher, ob sie sich regenerieren können und ob das schwache Afghanistan auf lange Sicht in der Lage sein wird, zu überleben.

ABZUG
↓

ALLE ZIELE ERFÜLLT
Eine stabile Regierung sichert die grundlegende Lebensqualität der afghanischen Bürger und kann sie vor aufständischen Truppen schützen. Die Wirtschaft erstarkt, und das gesellschaftliche und kulturelle Leben normalisiert sich.

ABZUG
↓

RÜCKSCHLAG
Das Geld wird knapp und/oder die Anzahl der Opfer steigt drastisch. Das zwingt die Alliierten einschließlich der ISAF, ihre Truppen abzuziehen und Afghanistan in einem unsicheren Zustand zurückzulassen, was große Auswirkungen auf den gesamten Mittleren Osten hat.

ABZUG
↓

SICH

BÜRGERKRIEG
Weder die Taliban noch die Stämme schaffen es, sich an der Macht zu halten. Es ist sehr unwahrscheinlich, dass der Staat überleben wird und in seinen derzeitigen Grenzen bestehen bleibt.

STAMMESSYSTEM

TALIBAN
Die Taliban etablieren sich und stabilisieren das Land.

MACHTZUWACHS DER TALIBAN

EN AN MACHT IN PAKISTAN
ut ausgebauten Infrastruktur gelingt es den erstarkten Taliban,
ieren. Dies könnte ihnen Zugang zu atomaren Waffen ermöglichen.

WAS WIR FÜRCHTEN
AFGHANISTAN

Die Greisen-Republik

Die gute Nachricht: Wir leben immer länger. Die schlechte:
Wir wissen nicht, wohin mit unseren Alten

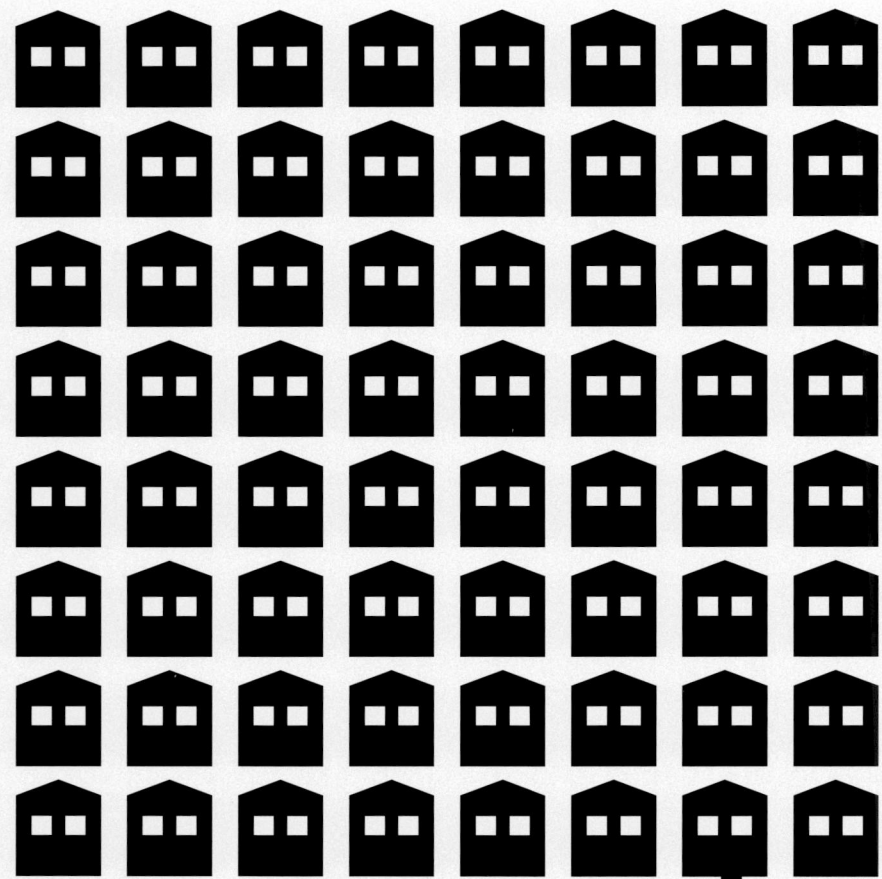

PFLEGELANDSCHAFT DEUTSCHLAND

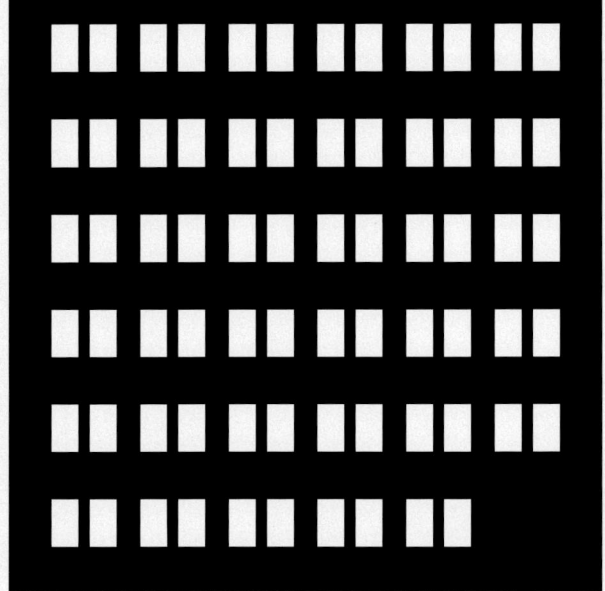

1,45 Millionen werden zu Hause gepflegt   68 %

0,68 Millionen werden in Heimen gepflegt   32 %

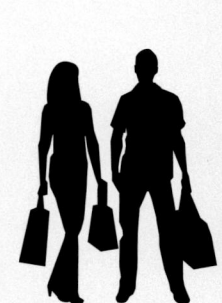

davon
980.000
von Angehörigen
67,5 %

davon
472.000
von Pflege-
diensten
32,5 %

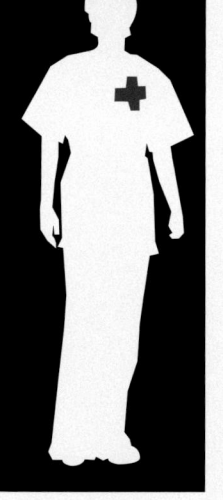

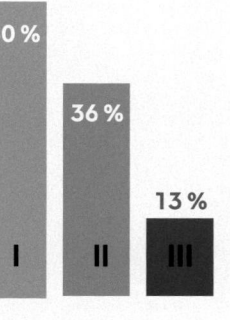

Die drei Pflegestufen
fehlende zu 100 %: noch nicht entschieden

50 %		
I	36 %	
	II	13 %
		III

erhebliche Pflegebedürftigkeit
(mindestens 90 Minuten pro Tag)

schwere Pflegebedürftigkeit
(mindestens 180 Minuten pro Tag)

schwerste Pflegebedürftigkeit
(mindestens 300 Minuten pro Tag)

von **214.000**
Beschäftigten

von **546.000**
Beschäftigten

**Vergleich
1999 zu 2005**

 3,4 % weniger
Betreuung zu Hause

 13,5 % mehr
ambulante Pflege

 18 % mehr
Pflege im Heim

Suizide pro 100.000 Einwohner im Jahr 2006

2		-73
		0
40		167

Abweichung von der bundesdurchschnittl. Sterbeziffer 2005 durch Herzinfarkt in Prozent

DEPRESSION IM SÜDOSTEN

2006 nahmen sich 9.765 Menschen das Leben. Drei Viertel waren Männer, ein Viertel waren Frauen.

HERZKRANKER OSTEN

2005 starben mehr als 60.000 Menschen an einem Herzinfarkt, überproportional viele im Osten.

FRAUEN   MÄNNER

83,6	77,9	79,6	71,7

Lebenserwartung von Frauen und Männern in Deutschland im Jahr 2005, Alter in Jahren

DAS ALTER IST WEIBLICH

60-jährige Männer können auf durchschnittlich 20,6 weitere Lebensjahre hoffen. 60-jährige Frauen hingegen auf 24,5 weitere Lebensjahre.

WAS WIR FÜRCHTEN

ALTER UND TOD

Fragen des Gewissens

Wann beginnt Leben? Und wem gehört es?

14. Februar 2008: In der Bundestagsdebatte zur Änderung des Stammzellgesetzes verlaufen die Fronten quer durch alle Fraktionen. Das alte Gesetz aus dem Jahr 2002 regelt Einfuhr und Verwendung embryonaler Stammzellen. Weil der deutschen Wissenschaft das Material ausgeht, verlangt sie eine Neuregelung und Planungssicherheit. Die Politiker plagen Skrupel. Am Ende der Debatte steht ein Kompromiss. Das Parlament verschiebt den „Stichtag": Die Zeugung der zu Forschungszwecken importierten Zellen muss nicht mehr wie früher vor 2002 liegen sondern vor 2007. Die Debatte unter Aufhebung des „Fraktionszwangs" markiert eine Sternstunde der Demokratie.

GRUNDLAGENFORSCHUNG
Embryonale Stammzelllinien sind notwendige Grundlagenforschung, zum Entwickeln und Verständnis der adulten Stammzellenforschung.
Der Grundlagenforschung ist immanent, dass man nicht weiß, wohin sie führt.

VERUNREINIGUNG
Die verfügbaren Stammzelllinien sind verunreinigt und daher unbrauchbar.
Für bestimmte Forschungen braucht man in jedem Fall stabilere Linien.
Die Stichtagsverschiebung ermöglicht den Zugang zu diesen Linien.

FÖRDERUNG
Deutschland muss forschen, um die Entwicklung nicht zu verpassen, und zwar in höherer Qualität und Quantität.

ETHISCHE FORSCHER
Deutsche Forscher haben gefestigte ethische Standpunkte und wissen was sie tun.
Der Forschungsstandort Deutschland muss also gefördert werden.

FORSCHUNGSFREIHEIT
Die Forschungsfreiheit darf nicht behindert werden und ist verfassungsrechtlich nicht begründbar.

KEINE KOMPROMISSE
Zwischen den Extremen Verbot und Freigabe kann es keinen sinnvollen Kompromiss geben.

ETHIK DES HEILENS
Die Freiheit der Forschung ist im Grundgesetz verankert und darf nicht behindert werden.

KEIN ANREIZ
Eine Verschiebung des Stichtags gibt keinen Anreiz zur Gewinnung neuer Stammzellen oder zur Tötung von Embryonen.

KOMPROMISS
Die Verschiebung des Stichtags bewahrt den Kompromiss zwischen Forschungsfreiheit und Lebensschutz.

TREUE ZUR IDEE
Eine Verschiebung des Stichtags erhält den Geist des damaligen Kompromisses. Ihn nicht zu verschieben bedeutet die Austrocknung des Kompromisses.

ERGEBNISSE IM AUSLAND
Man darf ausländische Forschungsergebnisse nicht verleugnen. Wie soll man mit diesen Ergebnissen umgehen?

FORSCHUNG FREIGEBEN
Stichtag komplett streichen
Straffreiheit für Forscher
B

GESETZE LOCKERN
Stichtag auf den 1.5.2007 verschieben
Strafen nur im Inland
A

GRAFIK / RECHERCHE: JANA KÜHL, DIMITAR RUSZEV, FLORIAN KÖHNE / ERSCHIENEN IN: WWW.INCOM.ORG

ZUORDNUNG ZU ÄNDERUNGSENTWÜRFEN UND FRAKTIONEN

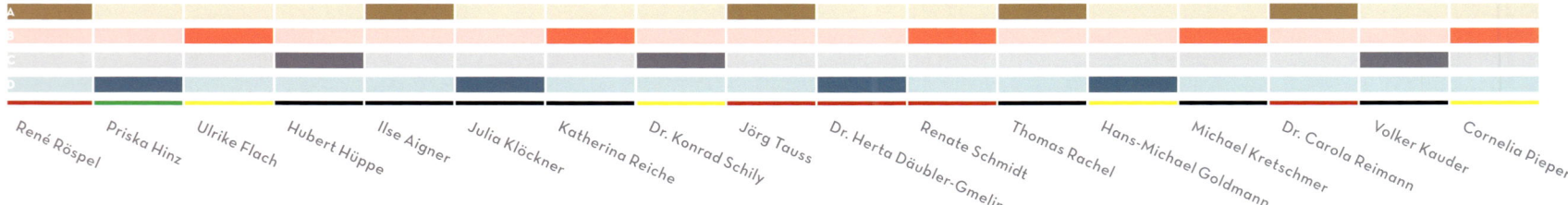

René Röspel · Priska Hinz · Ulrike Flach · Hubert Hüppe · Ilse Aigner · Julia Klöckner · Katherina Reiche · Dr. Konrad Schily · Jörg Tauss · Dr. Herta Däubler-Gmelin · Renate Schmidt · Thomas Rachel · Hans-Michael Goldmann · Michael Kretschmer · Dr. Carola Reimann · Volker Kauder · Cornelia Pieper

C ←→   D   → A   → B

346   443

126

118   442

TÖTUNG
Ab Verschmelzung von Ei und Samenzelle ist das Embryo ein lebendiger Mensch.
Embryonale Stammzellforschung tötet also Menschen.

WANDERDÜNE
Es macht keinen Sinn, den Stichtag immer aufs Neue weiter hinaus zu schieben.
Wenn man das einmal macht, tut man es immer wieder.

UNGEWISSHEIT
Heilung ist nur eine Hoffnung, ein vages Versprechen.
Es ist nicht nachgewiesen, dass embryonale
Stammzellenforschung zu Therapien führt.

MENSCHENWÜRDE
Menschenleben dürfen nicht zu Forschungszwecken getötet werden.
Die Würde des Menschen gilt ab der Verschmelzung von Ei- und Samenzelle und genießt
nach dem Grundgesetz absoluten Schutz. Der Zweck heiligt nicht die Mittel.

ALTERNATIVEN
Adulte Stammzellen
als die Embryonale.

KEINE VERZWECKUNG
Menschen sind keine Rohstoffe. Frauen sind keine
Rohstofflieferanten. Es ist Entschleunigung nötig um einer Verzweckung
des Menschen vorzubeugen.

RECHTSSICHERHEIT
Der Kompromiss von 2002 schafft Rechtssicherheit.
Er war beschlossene Sache.

FORSCHUNG VERBIETEN
Embryon. Stammzellforsch. verbieten
Keine Einfuhr neuer Stammzellen
C

STATUS QUO BEWAHREN
Stichtag bleibt der 1.1.2002
Strafen nur im Inland
D

Änderungs-
entwürfe

Unterzeichner
nach Fraktions-
zugehörigkeit

Haupt-
argumente

Entwürfe:
Ja-Stimmen

Entwürfe:
Nein-Stimmen

Eberhard Gienger | Fritz Kuhn | Thomas Oppermann | Brigitte Zypries | Maria Eichhorn | Dr. Petra Sitte | Monika Knoche | Dr. Wolfgang Wodarg | Patrick Meinhardt | Michael Brand | Horst Seehofer | Norbert Geis | Kerstin Griese | Peter Hintze | Steffen Reiche | Dr. Annette Schavan

KAPITEL 3

WOHER WIR KOMMEN

Engländer haben Monarchie und Humor. Franzosen ziehen ihren Sinn aus Republik und Savoir-vivre. Italiener sind geprägt von Familie und deren Bande. Wir Deutschen kommen von der Arbeit. Erst „schaffen" wir, dann ist „Feierabend", und wir fragen: „Was machst du so?" Kein Weltbild ist so ökonomisiert wie das deutsche.

Es begann mit der Reformation Martin Luthers, der den Schlendrian seiner Zeitgenossen kritisierte, die lieber Anti-Höllen-Scheine kauften, statt ihr Schicksal in die eigenen Hände zu nehmen. Diese Märkte hebelte Luther aus. In seiner deutschen Bibel [S. 75] fusionierte er die hebräischen Begriffe für die göttliche „Berufung" und die weltliche „Erwerbsarbeit" zu einem fortan gewichtigen Wort: „Beruf". Damit war der persönliche, frei gestaltbare Heilsweg geschaffen. Leibeigene wurden Eigen-Tümer, Tätigkeiten zu Berufen, aus denen wiederum später die Familiennamen entstanden – erste amtliche Siegel der Personenhaftigkeit [S. 76].

Zwei Deutsche brachten die nächste ökonomische Revolution in Gang, Marx und Engels. Und sogar die Urkatastrophen der Deutschen, Nationalsozialismus und Holocaust, waren bis zum Ende ökonomisch projektiert – vom Raub jüdischen Eigentums bis zur organisierten Ausbeutung von Zwangsarbeitern in Rüstungsbetrieben und Lagern [S. 86].

Mit dem Wirtschaftswunder fand der Westen zu neuem Stolz – und zu einem Verdrängungsmechanismus, den erst 68er und RAF aufbrachen [S. 102]. Die Selbstwahrnehmung aber blieb. Westlich der Mauer [S. 96] wuchs die Identifikation mit Arbeit, Wirtschaft, Wachstum [S. 108], östlich davon, im Phantomschmerz eines grauen Zwillings, wuchs die Sehnsucht. Der Mauerfall war irre [S. 100]. Danach schnappten alle in ihre Wirklichkeiten zurück. Westdeutsche empfinden die Wende als Pleite eines Unrechtsstaats. Ostdeutsche sehen sie als das Resultat ihrer friedlichen Revolution. Beide haben recht. Aber einig werden wir erst, wenn alle gleich viel haben, von dem, was uns so wichtig ist: Arbeit.

Alter der ersten Siedlungsbelege auf dem Gebiet der heutigen Bundesrepublik Deutschland in Jahren: 700.000—Zahl der Menschen, die 2010 in Deutschland lebten: 82.282.988— Zahl der Mundarten und Dialekte, die heute in Deutschland wissenschaftlich unterscheidbar gesprochen werden, von Schleswigisch bis Südbairisch: 92—Durchschnittliche Lebens- erwartung Anfang des 19. Jahrhunderts in Jahren: 38—Durchschnittliche Lebenserwartung heute in Jahren: 80—Durchschnittliche Säuglingssterblichkeit Anfang des 19. Jahrhunderts in Prozent: 50—Durchschnittliche Säuglingssterblichkeit heute in Prozent: 0,25— Kabinettsumbildungen während der 14 Jahre andauernden Epoche der Weimarer Republik: 20—Kabinettsumbildungen seit Bestehen der Bundesrepublik Deutschland: 22— Luftlinie vom nördlichsten bis zum südlichsten Punkt Deutschlands in Kilometern: 886— Länge der deutsch-deutschen Zonengrenze von 1949 bis 1989 in Kilometern: 1.400— Zahl der dokumentierten Opfer, die beim Versuch, die innerdeutsche Grenze von Ost nach West zu überqueren, ums Leben kamen: 872—Zahl der dokumentierten Fälle, in denen Westdeutsche an der innerdeutschen Grenze von DDR-Grenztruppen erschossen wurden: 2—Kosten, die Aufbau und Betrieb der innerdeutschen Grenze allein zwischen 1961 und 1964 für die DDR verursachten, in Milliarden Mark Ost: 1,82—Durchschnitt- liches Haushaltsnettoeinkommen eines Einpersonenhaushalts in der DDR (1981) in Mark Ost: 778—Durchschnittliche Monatsmiete für eine 58-qm-Neubauwohnung in der DDR (1989) in Mark Ost: 70—Endverbraucherpreis (EVP) für ein Päckchen Pfefferminzbonbons (Pfeffi) im Einzelhandel der DDR, in Mark Ost: 0,10—EVP für eine Dose Ananas im Einzelhandel der DDR (1989) in Mark Ost: 18—EVP für einen Farbfernseher Color 40 mit Fernbedienung in Mark Ost: 4.900—Datum der misslungenen sozialistischen Revolution im Jahr 1918, bei der als Nebeneffekt aber quasi über Nacht die Monarchie in Deutschland abgeschafft wird: 9. NOVEMBER—Datum eines Putschversuchs im Jahr 1923, bei dem in München der junge Adolf Hitler versucht, die Macht an sich zu reißen: 9. NOVEMBER— Datum der Reichspogromnacht im Jahr 1938, bei der in ganz Deutschland jüdische Geschäfte und Synagogen brennen: 9. NOVEMBER—Datum der Öffnung der Berliner Mauer im Jahr 1989, durch ein zufällig im italienischen Fernsehen übertragenes Interview mit dem Staatssekretär der SED Günter Schabowski: 9. NOVEMBER—Zahl der Demonstranten, die sich am 4. November 1989 auf dem Ost-Berliner Alexanderplatz zu einer friedlichen Kundgebung versammelten: 520.000

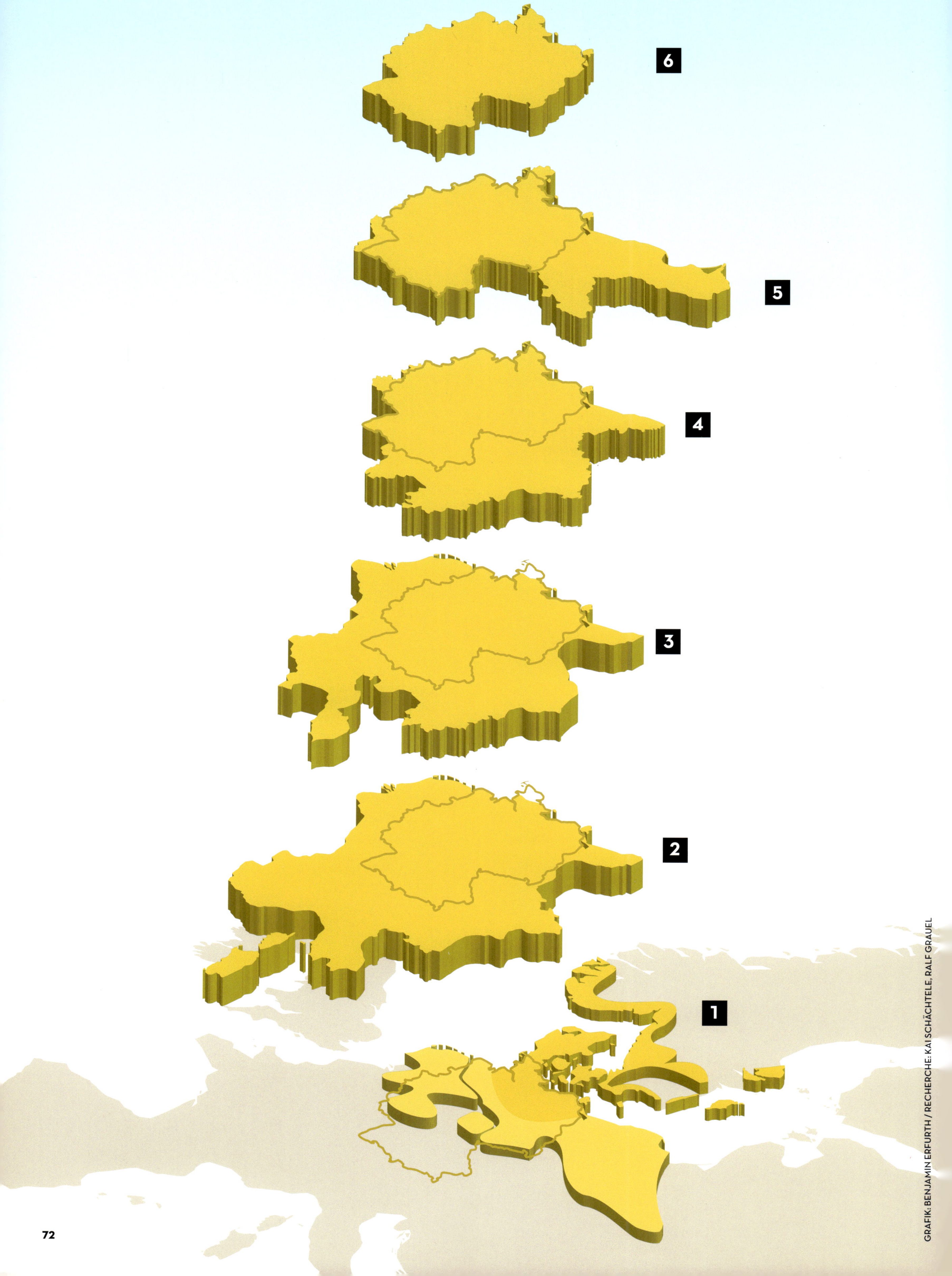

6

5

4

3

2

1

GRAFIK: BENJAMIN ERFURTH / RECHERCHE: KAI SCHÄCHTELE, RALF GRAUEL

Deutsche Geschichte in Schichten

Sechs archäologische Ausschnitte aus der Historie unseres Landes. Wie Deutschland in 500 Jahren aussehen wird, kann heute keiner vorhersagen. Wahrscheinlich wird unsere Nation eine andere Form haben. Mit Sicherheit wird sie anders heißen

6   DEUTSCHLAND 2012

Für viele der 81 Millionen Deutschen ist dieser Umriss noch immer neu und ungewohnt, denn erst seit dem Mauerfall 1989 und mit der darauffolgenden Wiedervereinigung ging Deutschland im Nordosten erfreulich in die Breite. Die nächste Veränderung der deutschen Form wird mit Europa zu tun haben und zwar dann, wenn die Mitgliedstaaten der EU ihre Nationalgrenzen völlig aufgeben und zu Bundesstaaten werden. Konzepte für die im Frieden Vereinigten Staaten von Europa liegen längst in Schubladen in Brüssel, Paris und Berlin.

5   WEIMARER REPUBLIK 1918/19

Der erste Weltkrieg ist verloren, das Schlachten endlich beendet. In der Folge der Soldatenaufstände bricht das Deutsche Kaiserreich in sich zusammen, jedoch ohne dass die politische Klasse Demokratisisierungsmaßnahmen für Gesellschaft, Wirtschaft oder Militär angeschoben hätte. Die Siegermächte werden das deutsche Staatsgebiet weiter zerschlagen, die Ostgebiete zum Beispiel werden abgetrennt. Wirtschaftliche und politische Unruhen erfassen das Land, die sich erst mit der Machtergreifung der Nazis beruhigen – und in einer Jahrhundertkatastrophe enden. Bevölkerung: circa 60 Millionen Menschen.

4   DEUTSCHER BUND 1815

Feindschaft eint dieses Bündnis, aber kein gemeinsames Projekt wie etwa die Bildung einer Nation mit einheitlicher Verfassung oder gar Werten. Napoleon ist seit zwei Jahren besiegt, als sich Teile der Siegermächte, nämlich Preußen, Niederlande, Dänemark, Großbritannien und Österreich sowie 35 Fürstentümer und vier freie Städte, zu einem Territorialbund zusammenschließen, der nur eines soll: Ordnung schaffen. „Tagen" werden die Bundesmitglieder fortan im Frankfurter Haus der europäischen Postmonopolisten Thurn und Taxis. Es wird noch fünfzig Jahre, viel Armut im Volk, Unruhen und Studentenaufstände brauchen, bis aus Deutschland auch nur annähernd so etwas wie eine Nation wird. Bevölkerung: circa 30 Millionen Menschen.

3   HEILIGES RÖMISCHES REICH 1530

Es ist die Zeit der Erfindungen, Universitäten, Umbrüche und Reformationen. Kaiser Karl der Fünfte versucht, das Reich der Welfen, Habsburger, Wettinen, Hohenzollern und Wittelsbacher zu einen, er lädt die Fürsten nach Augsburg ein, um dort ihre Vorstellungen vom christlichen Glauben zu diskutieren und einen gemeinsamen Nenner zu finden. Aus dem Plan wird nichts. Zu weit weichen die Vorstellungen der Kirchen- und Landesfürsten voneinander ab. Das gesamte 16. Jahrhundert könnte florieren dank neuer Techniken und Errungenschaften: Buchdruck, Bergbau, Gewerbe und dem Reichtum der jungen Städte. Stattdessen folgen 200 Jahre Glaubenskriege, bei denen Konfessionen herhalten müssen, um Kriege zu führen. Bevölkerung Mitteleuropas: circa 25 Millionen Menschen.

2   HEILIGES RÖMISCHES REICH 1200

Es reicht von Holstein bis nach Sizilien, umfasst Korsika, Sardinien, Friesland, Teile des Burgund, Böhmen und Pommerns. Das Heilige Römische Reich, regiert von Stauferkönigen wie Barbarossa und Friedrich II, ist geprägt von den üblichen mittelalterlichen Machtkämpfen zwischen Kirche und Kaiser einerseits und den weltlichen Fürsten untereinander. Dennoch floriert unter dem Insignium des Reichsapfels (Globus und Kreuz) der Handel. Siedler erhalten Rodungsrechte, Märkte werden zu Städten, Klöstern zu Wissenszentren. Zwischen 1000 und 1240 wird die Bevölkerung Mitteleuropas anwachsen, von vier auf 11,5 Millionen Menschen.

1   DIE GEBIETE DER GERMANEN 500 – 200 V. CHR.

Ein richtiges Volk sind sie streng genommen nicht, dafür variieren ihre Dialekte zu stark. Sie nennen sich Cherusker, Vandalen, Goten, Alemannen, Burgunden, Franken, Langobarden, Sachsen, Teutonen, Warnen, Sueben, Friesen. Tacitus wird sie später in Ingwäonen und Herminonen unterteilen; aber trotz aller Klassifizierungen, Überlieferungen und Epen rund um Cäsars Kriege und gallische Dörfer bleiben die Germanen ein zersiedeltes Grüppchen von Stämmen, die insgesamt auf nicht viel mehr als zwei Millionen Menschen gekommen sein dürften. Höhepunkt der Einigkeit: Als sie unter Arminius Führung zwei römische Legionen schlagen. Die Römer werden daraufhin entlang des Rheins einen Wall bauen. Südlich des Limes entstehen Handel, Städte, Weinbau und Wirtschaft. Nördlich bleibt es noch lange wild. Erst nach dem Zusammenbruch Roms und der Christianisierung raufen sich frühe Fürstenhäuser zusammen und bilden schließlich unter Karl dem Großen im Jahr 800 das erste Kerneuropa.

Parallelen, Paare, purer Zufall

Meilensteine neu sortiert: Zu einer Liste der großen und kleinen Ereignisse, die das Schicksal zu Zeitgenossen machte. Natürlich sind diese Gegenüberstellungen völlig willkürlich. Aber vielleicht merken Sie (sich) nebenbei ein paar neue Zusammenhänge?

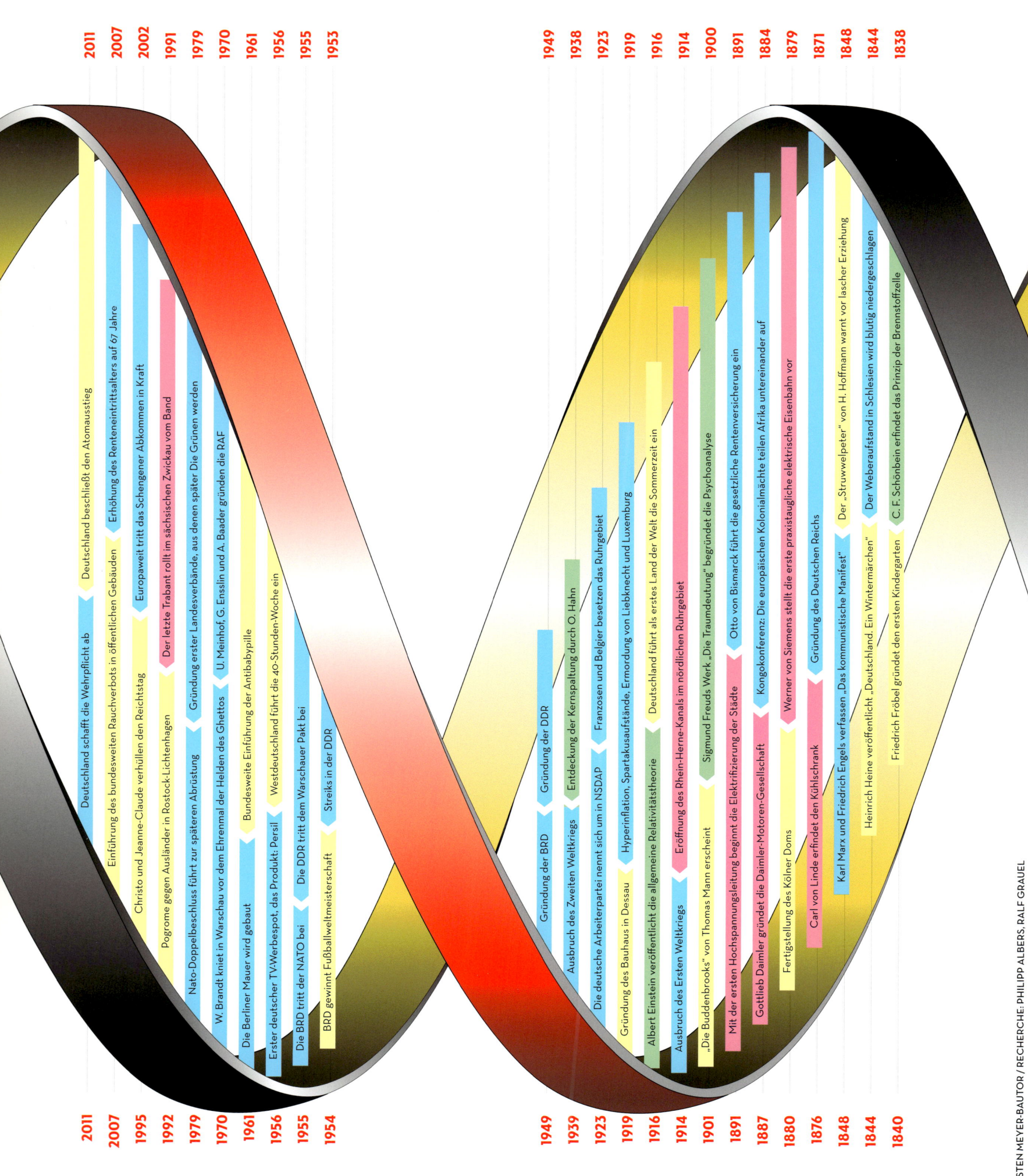

Obere Jahreszahlen (links): 2011 2007 2002 1991 1979 1970 1961 1956 1955 1953

Obere Jahreszahlen (rechts): 1949 1938 1923 1919 1916 1914 1900 1891 1884 1879 1871 1848 1844 1838

Ereignisse (links):
- Deutschland beschließt den Atomausstieg
- Einführung des bundesweiten Rauchverbots in öffentlichen Gebäuden
- Erhöhung des Renteneintrittsalters auf 67 Jahre
- Christo und Jeanne-Claude verhüllen den Reichstag
- Europaweit tritt das Schengener Abkommen in Kraft
- Der letzte Trabant rollt im sächsischen Zwickau vom Band
- Nato-Doppelbeschluss führt zur späteren Abrüstung
- Gründung erster Landesverbände, aus denen später Die Grünen werden
- W. Brandt kniet in Warschau vor dem Ehrenmal der Helden des Ghettos
- U. Meinhof, G. Ensslin und A. Baader gründen die RAF
- Die Berliner Mauer wird gebaut
- Bundesweite Einführung der Antibabypille
- Erster deutscher TV-Werbespot, das Produkt: Persil
- Westdeutschland führt die 40-Stunden-Woche ein
- Die BRD tritt der NATO bei
- Die DDR tritt dem Warschauer Pakt bei
- BRD gewinnt Fußballweltmeisterschaft
- Streiks in der DDR

Ereignisse (rechts):
- Gründung der BRD
- Gründung der DDR
- Ausbruch des Zweiten Weltkriegs
- Entdeckung der Kernspaltung durch O. Hahn
- Die deutsche Arbeiterpartei nennt sich um in NSDAP
- Franzosen und Belgier besetzen das Ruhrgebiet
- Gründung des Bauhaus in Dessau
- Hyperinflation, Spartakusaufstände, Ermordung von Liebknecht und Luxemburg
- Albert Einstein veröffentlicht die allgemeine Relativitätstheorie
- Deutschland führt als erstes Land der Welt die Sommerzeit ein
- Ausbruch des Ersten Weltkriegs
- Eröffnung des Rhein-Herne-Kanals im nördlichen Ruhrgebiet
- „Die Buddenbrooks" von Thomas Mann erscheint
- Sigmund Freuds Werk „Die Traumdeutung" begründet die Psychoanalyse
- Mit der ersten Hochspannungsleitung beginnt die Elektrifizierung der Städte
- Otto von Bismarck führt die gesetzliche Rentenversicherung ein
- Gottlieb Daimler gründet die Daimler-Motoren-Gesellschaft
- Kongokonferenz: Die europäischen Kolonialmächte teilen Afrika untereinander auf
- Werner von Siemens stellt die erste praxistaugliche elektrische Eisenbahn vor
- Fertigstellung des Kölner Doms
- Gründung des Deutschen Reichs
- Carl von Linde erfindet den Kühlschrank
- Karl Marx und Friedrich Engels verfassen „Das kommunistische Manifest"
- Der „Struwwelpeter" von H. Hoffmann warnt vor lascher Erziehung
- Heinrich Heine veröffentlicht „Deutschland. Ein Wintermärchen"
- Der Weberaufstand in Schlesien wird blutig niedergeschlagen
- Friedrich Fröbel gründet den ersten Kindergarten
- C. F. Schönbein erfindet das Prinzip der Brennstoffzelle

Untere Jahreszahlen (links): 2011 2007 1995 1992 1979 1970 1961 1956 1955 1954

Untere Jahreszahlen (rechts): 1949 1939 1923 1919 1916 1914 1901 1891 1887 1880 1876 1848 1844 1840

GRAFIK: TORSTEN MEYER-BAUTOR / RECHERCHE: PHILIPP ALBERS, RALF GRAUEL

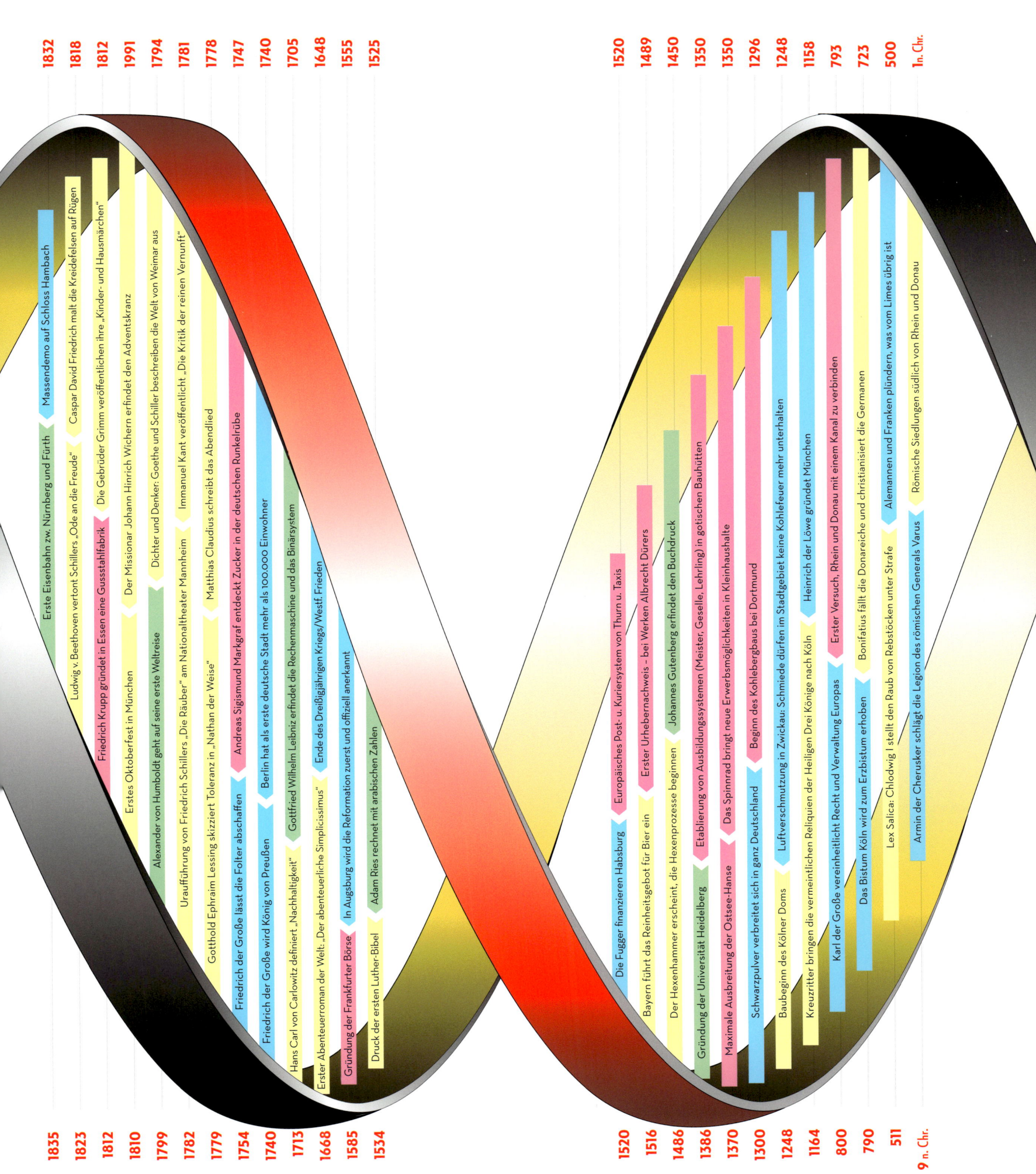

1832 Massendemo auf Schloss Hambach
1818 Caspar David Friedrich malt die Kreidefelsen auf Rügen
1812 Die Gebrüder Grimm veröffentlichen ihre „Kinder- und Hausmärchen"
1991
1794 Der Missionar Johann Hinrich Wichern erfindet den Adventskranz
1781 Dichter und Denker: Goethe und Schiller beschreiben die Welt von Weimar aus
1778 Immanuel Kant veröffentlicht „Die Kritik der reinen Vernunft"
1747 Matthias Claudius schreibt das Abendlied
1740 Andreas Sigismund Markgraf entdeckt Zucker in der deutschen Runkelrübe
1705 Berlin hat als erste deutsche Stadt mehr als 100.000 Einwohner
1648 Gottfried Wilhelm Leibniz erfindet die Rechenmaschine und das Binärsystem
1555 Ende des Dreißigjährigen Kriegs/Westf. Frieden
1525

1835 Erste Eisenbahn zw. Nürnberg und Fürth
1823 Ludwig v. Beethoven vertont Schillers „Ode an die Freude"
1812 Friedrich Krupp gründet in Essen eine Gussstahlfabrik
1810 Erstes Oktoberfest in München
1799 Alexander von Humboldt geht auf seine erste Weltreise
1782 Uraufführung von Friedrich Schillers „Die Räuber" am Nationaltheater Mannheim
1779 Gotthold Ephraim Lessing skizziert Toleranz in „Nathan der Weise"
1754 Friedrich der Große lässt die Folter abschaffen
1740 Friedrich der Große wird König von Preußen
1713 Hans Carl von Carlowitz definiert „Nachhaltigkeit"
1668 Erster Abenteuerroman der Welt: „Der abenteuerliche Simplicissimus"
1585 In Augsburg wird die Reformation zuerst und offiziell anerkannt
1534 Gründung der Frankfurter Börse
Adam Ries rechnet mit arabischen Zahlen
Druck der ersten Luther-Bibel

1520 Europäisches Post- u. Kuriersystem von Thurn u. Taxis
1489 Erster Urhebernachweis – bei Werken Albrecht Dürers
1450 Johannes Gutenberg erfindet den Buchdruck
1350 Etablierung von Ausbildungssystemen (Meister, Geselle, Lehrling) in gotischen Bauhütten
1350 Das Spinnrad bringt neue Erwerbsmöglichkeiten in Kleinhaushalte
1296 Beginn des Kohlebergbaus bei Dortmund
1248 Luftverschmutzung in Zwickau: Schmiede dürfen im Stadtgebiet keine Kohlefeuer mehr unterhalten
1158 Heinrich der Löwe gründet München
793 Erster Versuch, Rhein und Donau mit einem Kanal zu verbinden
723 Bonifatius fällt die Donareiche und christianisiert die Germanen
500 Alemannen und Franken plündern, was vom Limes übrig ist
Römische Siedlungen südlich von Rhein und Donau

1520 Die Fugger finanzieren Habsburg
1516 Bayern führt das Reinheitsgebot für Bier ein
1486 Der Hexenhammer erscheint, die Hexenprozesse beginnen
1386 Gründung der Universität Heidelberg
1370 Maximale Ausbreitung der Ostsee-Hanse
1300 Schwarzpulver verbreitet sich in ganz Deutschland
1248 Baubeginn des Kölner Doms
1164 Kreuzritter bringen die vermeintlichen Reliquien der Heiligen Drei Könige nach Köln
800 Karl der Große vereinheitlicht Recht und Verwaltung Europas
790 Das Bistum Köln wird zum Erzbistum erhoben
511 Lex Salica: Chlodwig I stellt den Raub von Rebstöcken unter Strafe
9 n. Chr. Armin der Cherusker schlägt die Legion des römischen Generals Varus

1 n. Chr.

GRÖNE

Beauftragter eines Grundherrn auf dem Hof Krone

SECKLER

Schatzmeister

AUGSTEIN
Bernsteindrechsler

HODENS
Wundarzt

BOGNER
BOGENER
Bogenmacher, Bogenschütze

ACKERMANN
Ackerbauer

BECKER
BACK
BACKMANN
BECK
BOCK
Bäcker

HERBERGER
Herbergswirt

GRASS
GRÄSER
GRASER
Wiesenwirtschafter

SCHOP
Holzverwerter

SIMMEL
Semmelbäcker

KNEF
KNEIF
KNIEF
Schuster

PFEIFFER
PFEIFER
PEIFER
PEIPER
PIEPER
PIEPERS
Stadtmusikanten

WAGNER
WEHNER
WAINER
WEINERT
WEHNERT
Wagenbauer

SCHICKEDANZ
Tanzordner, Tanzlehrer

KANNEGIESSER
Zinngießer

FELGENHAUER
Radmacher

HACKL
HÄCKEL
HECKEL
HACKER
Fleischhacker, Baumfäller, Zimmermann, Arbeiter im Weinberg

KRABBE
Krabbenfischer

BLÜHM
BLUM
BLÜMEL
BLÜMKE
BLÜMING
BLOHM
Blumengärtner

MÄLZER
Malzbereiter

KRANZLER
Kranzbinder

SCHIRRMACHER
Geräte-, Werkzeug-, Wagen-, Geschirrmacher

HAUENSCHILD
HAUSCHILD
beruflicher Zweikämpfer

BORNGRÄBER
Brunnenmacher

KÖHLER
KOHLER
KAHLER
KAHLER
Kohlenbrenner

SCHINDER
Abdecker

QUANDT
Schelm, Schalk, pfiffiger Kerl

BAUKNECHT
Ackerknecht

NONNENMACHER
Kastrierer

BRETT-
Sägemüller

JAUCH
Ackermaß, auch: Jubelschrei

GOLDGRÄBER
Toilettenreiniger

FLICK
Flicker: Ausbesserer

KOGLER
Gaukler

GRAFIK: VLADIMIR LLOVET CASADEMONT / RECHERCHE: BRUNO PISCHEL

MEYER

KÄSTNER
KESTNER
KÖSTNER
KASTNER

Verwalter des Kornkastens und aller Einkünfte an Fürstenhöfen, Klöstern etc.

Als der Mälzer noch kleine Brötchen backte...

Einst galt: „Zeig' mir deine Arbeit, und ich sage dir, wie du heißt": Bis heute stammen 30 der 50 häufigsten Familiennamen von alten Berufen: Schneider, Fischer, Richter. Hinzu kamen Beschreibungen zur Wohnstätte oder Herkunft: Busch, Stein. Nachnamen wurden zu Vornamen: Werner, Herrmann, Walter. „Übernamen" stammen von Aussehen und Charakter (Jung, Fuchs, Klein), andere aus Kulturen, von Handelswaren oder Werkzeugen. Der erste vererbte Familienname taucht im Venedig des 9. Jahrhunderts auf. 300 Jahre später kam diese Tradition nach Süddeutschland, seit dem 15. Jahrhundert gibt es sie flächendeckend. 1874 wurden im Deutschen Reich Standesämter eingerichtet, seitdem trägt jeder Deutsche einen amtlichen Vor- und Nachnamen. Die Liste zeigt Namen und Ursprünge – sortiert nach sozialem Rang zur Entstehungszeit.

SPEER
Hersteller von Speerspitzen

LITFASS
Schankwirt

CHNEIDER

BAADER
BADSTUBER
Betreiber einer Badestube

KOGEL
KAGEL
KAGELER
KAGELMANN
KOGELER
KUGLER
KÜGLER
KÖGLER
Hersteller von Kapuzen

HIPP
HIPPE
HIPPEL
HIPPER
HIPPLER
Waffelbäcker

RIEFENSTAHL
Schwertfeger, Stahlschmied

ENHAUER

KESSLER
KETTLER
Kesselschmied, Kupferschmied

KANTHER
KANTER
KANTERS
Vorsänger

DÄUBLER
DÄUBLE
DEUBLER
DEIBLER
Taubenhändler, Taubenzüchter

SEILER
Hersteller von Seilen, Schnüren, Kordeln

OCHSENKNECHT
OCHS
OCHSENBEIN
OCHSENFUSS
OCHSENKOPF
Viehhändler, Viehnutzer

OPFERMANN
OFFERMANN
OPPERMANN
Kirchendiener

DOPPLER
Würfelspieler, Würfeldrechsler

FABER
Schmied

DAIMLER
DÄUMLER
Scherge mit der Daumenschraube

DRÄGER
Lastträger

EISENMEISTER
Kerkermeister

RENNER
RINNER
gewappneter Reitknecht, reitender Bote

GRAF
Dorfschulz, Verspotteter

SPRINGER
SPRANGER
SPRENGER
Gaukler, Tänzer

KINDERMANN
Schulmeister

GIGER
Geiger, Fiedler

GOTTSCHALK
Gottesknecht, -diener

SCHNEIDER

BÄRSCHNEIDER
Schweinekastrierer

GRÄBER
GREBER
GRABER
GRABERT
Totengräber

KEIL
Grobian

RÖSLER
Pferdeverleiher, Knecht

MERKEL
Verniedlichungsform des Vornamen Markwart

WECKER
Weckenverkäufer

WOHER WIR KOMMEN

FAMILIENNAMEN

77

Die Vor-Flechter

In Deutschland wurde die Monarchie 1918 durch die Ausrufung der Republik abgeschafft. Doch insgeheim regieren die Deutschen in vielen europäischen Adelshäusern noch immer mit – und zwar seit geraumer Zeit

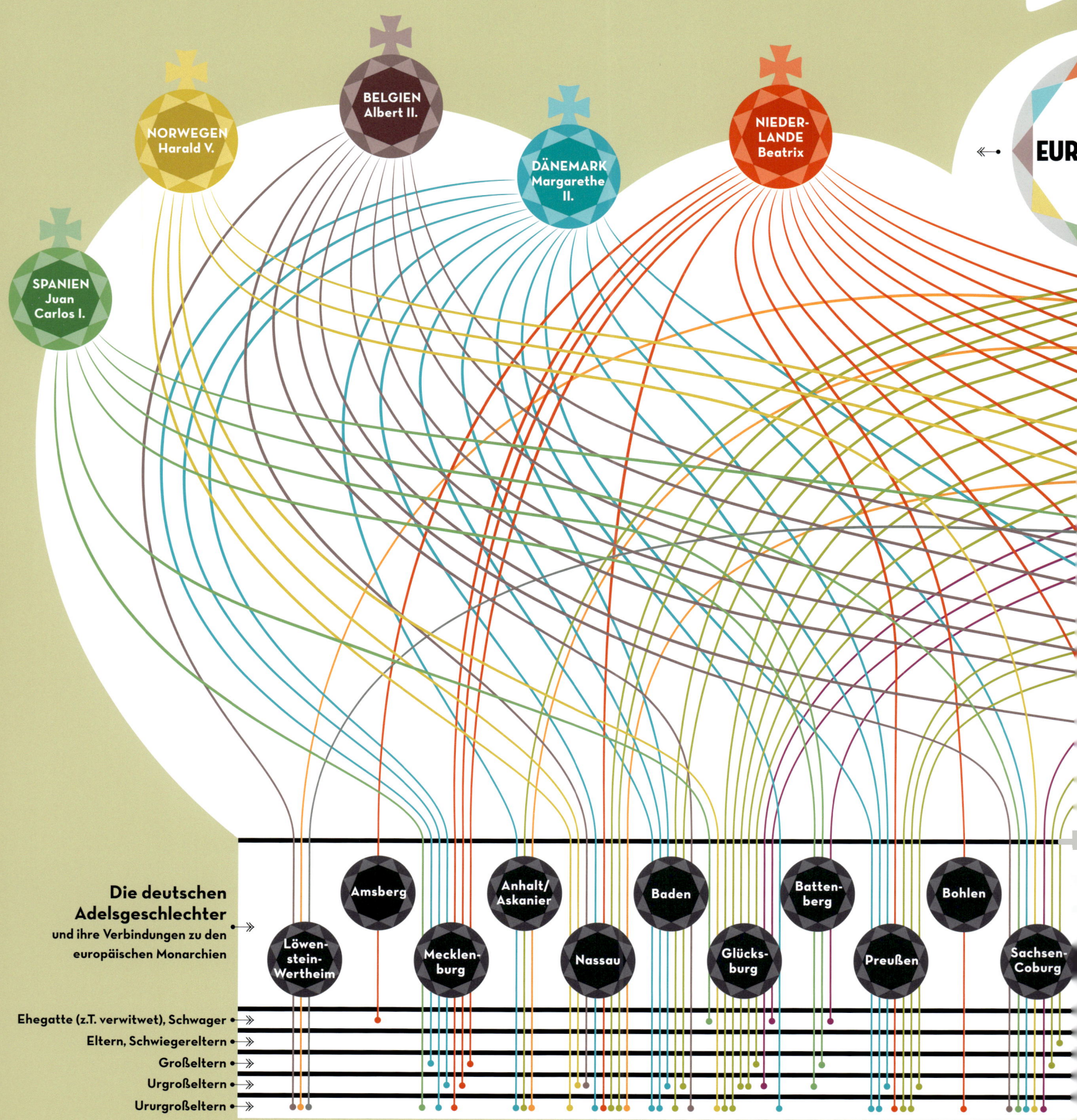

SPANIEN
Juan Carlos I.

NORWEGEN
Harald V.

BELGIEN
Albert II.

DÄNEMARK
Margarethe II.

NIEDER-
LANDE
Beatrix

EUR

Die deutschen Adelsgeschlechter
und ihre Verbindungen zu den europäischen Monarchien

Löwen-
stein-
Wertheim

Amsberg

Mecklen-
burg

Anhalt/
Askanier

Nassau

Baden

Glücks-
burg

Batten-
berg

Preußen

Bohlen

Sachsen-
Coburg

Ehegatte (z.T. verwitwet), Schwager
Eltern, Schwiegereltern
Großeltern
Urgroßeltern
Ururgroßeltern

GRAFIK: SABINE HECHER / RECHERCHE: EVA SUDHOLT / ERSCHIENEN IN: DIE BERLINER MORGENPOST, BERLINER ILLUSTRIRTE

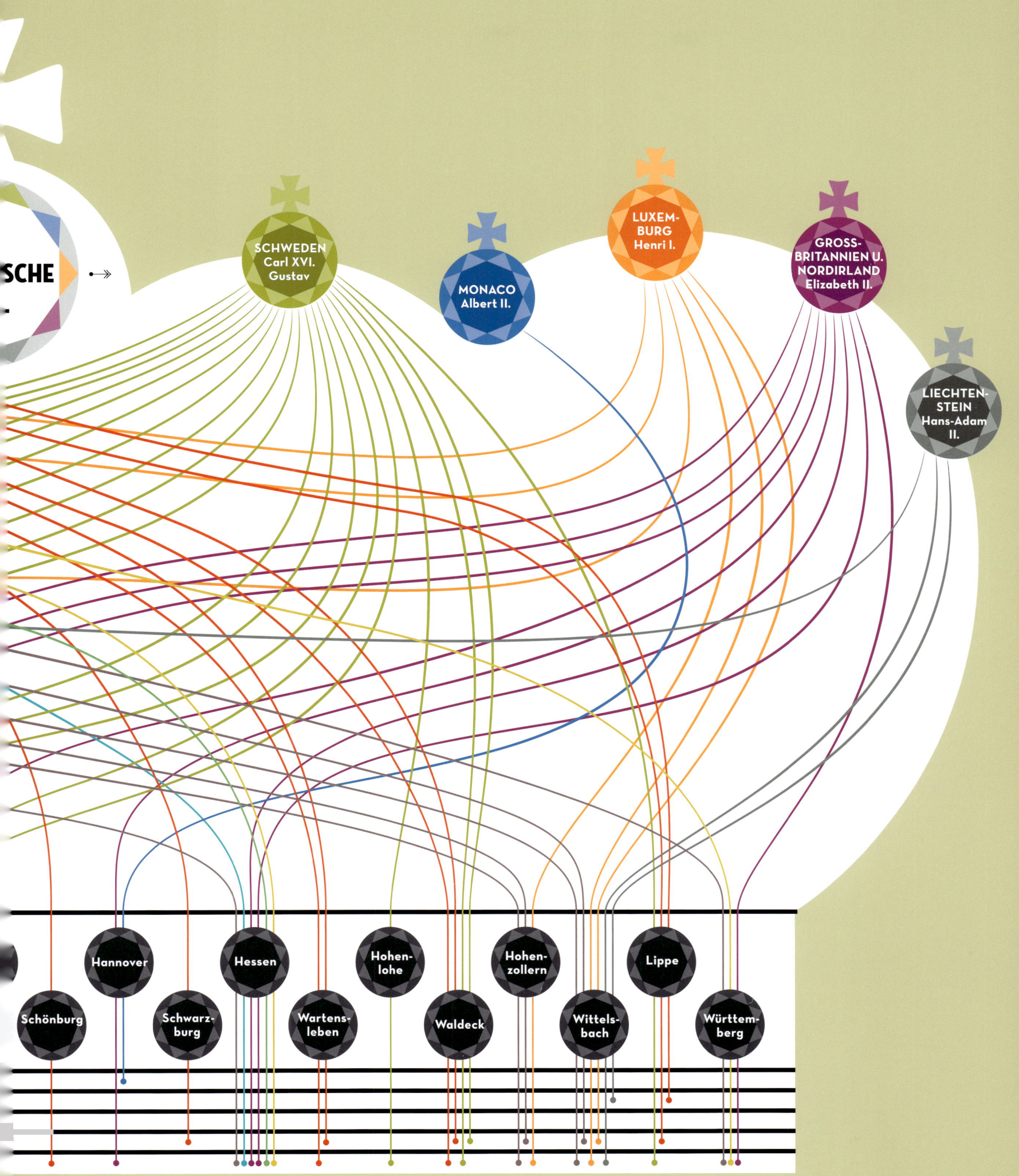

SCHWEDEN
Carl XVI.
Gustav

MONACO
Albert II.

LUXEM-
BURG
Henri I.

GROSS-
BRITANNIEN U.
NORDIRLAND
Elizabeth II.

LIECHTEN-
STEIN
Hans-Adam
II.

SCHE

Hannover

Hessen

Hohen-
lohe

Hohen-
zollern

Lippe

Schönburg

Schwarz-
burg

Wartens-
leben

Waldeck

Wittels-
bach

Württem-
berg

1804

1 MILLIARDE

123 Jahre

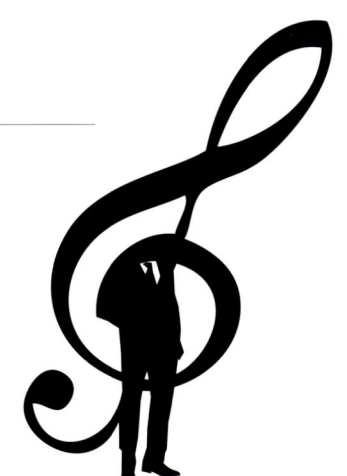

War früher alles besser?

Als Jogi Löw geboren wurde, galt in den USA noch strikte Rassentrennung. Bei Joseph Ratzingers Geburt lag die Säuglingssterblichkeit noch bei 14 Prozent. Eine demografische Zeitreise entlang der Kennziffern unserer Entwicklung

Johann Strauss (Vater)
Komponist
* 14. März 1804

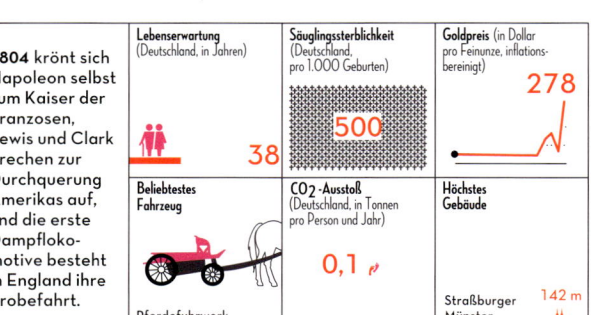

1804 krönt sich Napoleon selbst zum Kaiser der Franzosen, Lewis und Clark brechen zur Durchquerung Amerikas auf, und die erste Dampflokomotive besteht in England ihre Probefahrt.

Lebenserwartung (Deutschland, in Jahren)	**Säuglingssterblichkeit** (Deutschland, pro 1.000 Geburten)	**Goldpreis** (in Dollar pro Feinunze, inflationsbereinigt)
38	500	278
Beliebtestes Fahrzeug	**CO₂-Ausstoß** (Deutschland, in Tonnen pro Person und Jahr)	**Höchstes Gebäude**
Pferdefuhrwerk	0,1	Straßburger Münster — 142 m

Benedikt XVI.
Papst
* 16. April 1927

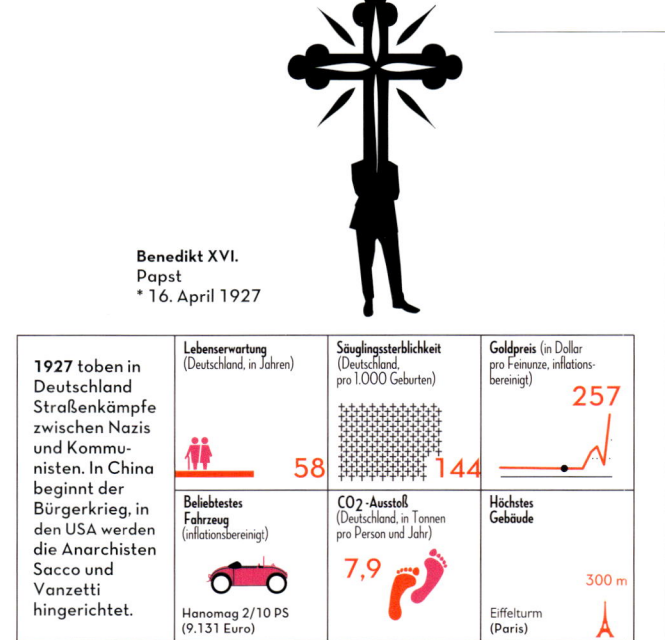

1927 toben in Deutschland Straßenkämpfe zwischen Nazis und Kommunisten. In China beginnt der Bürgerkrieg, in den USA werden die Anarchisten Sacco und Vanzetti hingerichtet.

Lebenserwartung (Deutschland, in Jahren)	**Säuglingssterblichkeit** (Deutschland, pro 1.000 Geburten)	**Goldpreis** (in Dollar pro Feinunze, inflationsbereinigt)
58	144	257
Beliebtestes Fahrzeug (inflationsbereinigt)	**CO₂-Ausstoß** (Deutschland, in Tonnen pro Person und Jahr)	**Höchstes Gebäude**
Hanomag 2/10 PS (9.131 Euro)	7,9	Eiffelturm (Paris) — 300 m

Joachim Löw
Fußball-Bundestrainer
* 3. Februar 1960

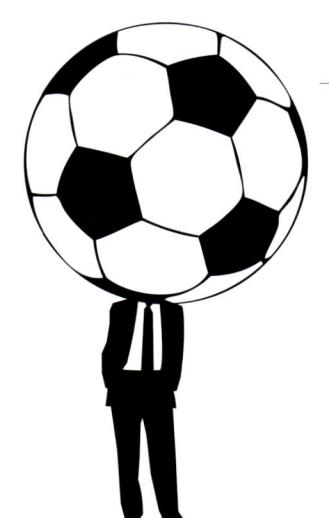

1960 werden 17 afrikanische Staaten unabhängig. John F. Kennedy gewinnt die Präsidentschaftswahlen in den USA, der Laser wird erfunden, und Armin Hary läuft 100 Meter in zehn Sekunden.

Lebenserwartung (Deutschland, in Jahren)	**Säuglingssterblichkeit** (Deutschland, pro 1.000 Geburten)	**Goldpreis** pro Feinunze, inflationsbereinigt
70	41	255
Beliebtestes Fahrzeug (inflationsbereinigt)	**CO₂-Ausstoß** (Deutschland, in Tonnen pro Person und Jahr)	**Höchstes Gebäude**
VW Käfer (7.797 Euro)	3,8	Empire State Building (New York) — 449 m

Barbara Schöneberger
Moderatorin
* 5. März 1974

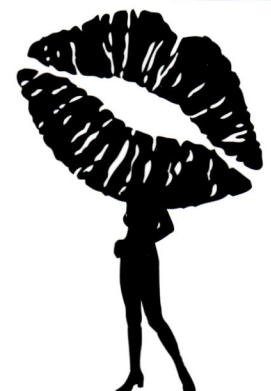

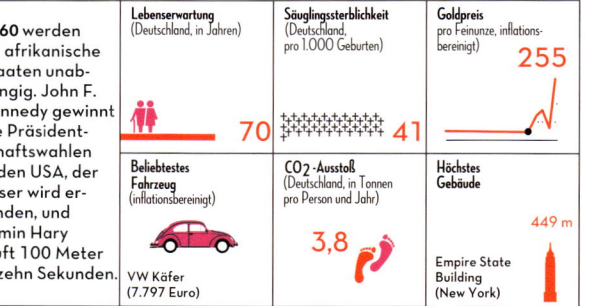

1974 tritt Nixon wegen Watergate zurück und Brandt wegen Guillaume. Deutschland wird zu Hause Fußballweltmeister, und Abba gewinnt mit »Waterloo« den Eurovision Song Contest.

Lebenserwartung (Deutschland, in Jahren)	**Säuglingssterblichkeit** (Deutschland, pro 1.000 Geburten)	**Goldpreis** pro Feinunze, inflationsbereinigt
71	22	698
Beliebtestes Fahrzeug (inflationsbereinigt)	**CO₂-Ausstoß** (Deutschland, in Tonnen pro Person und Jahr)	**Höchstes Gebäude**
VW Golf I (9.029 Euro)	7,5	Ostankino-Turm (Moskau) — 537 m

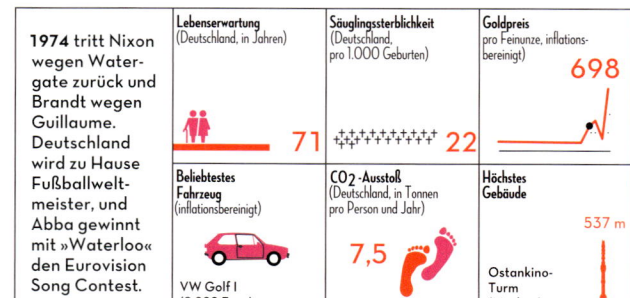

GRAFIK: NORA COENENBERG / RECHERCHE: CHRISTOPH DRÖSSER / ERSCHIENEN IN: DIE ZEIT

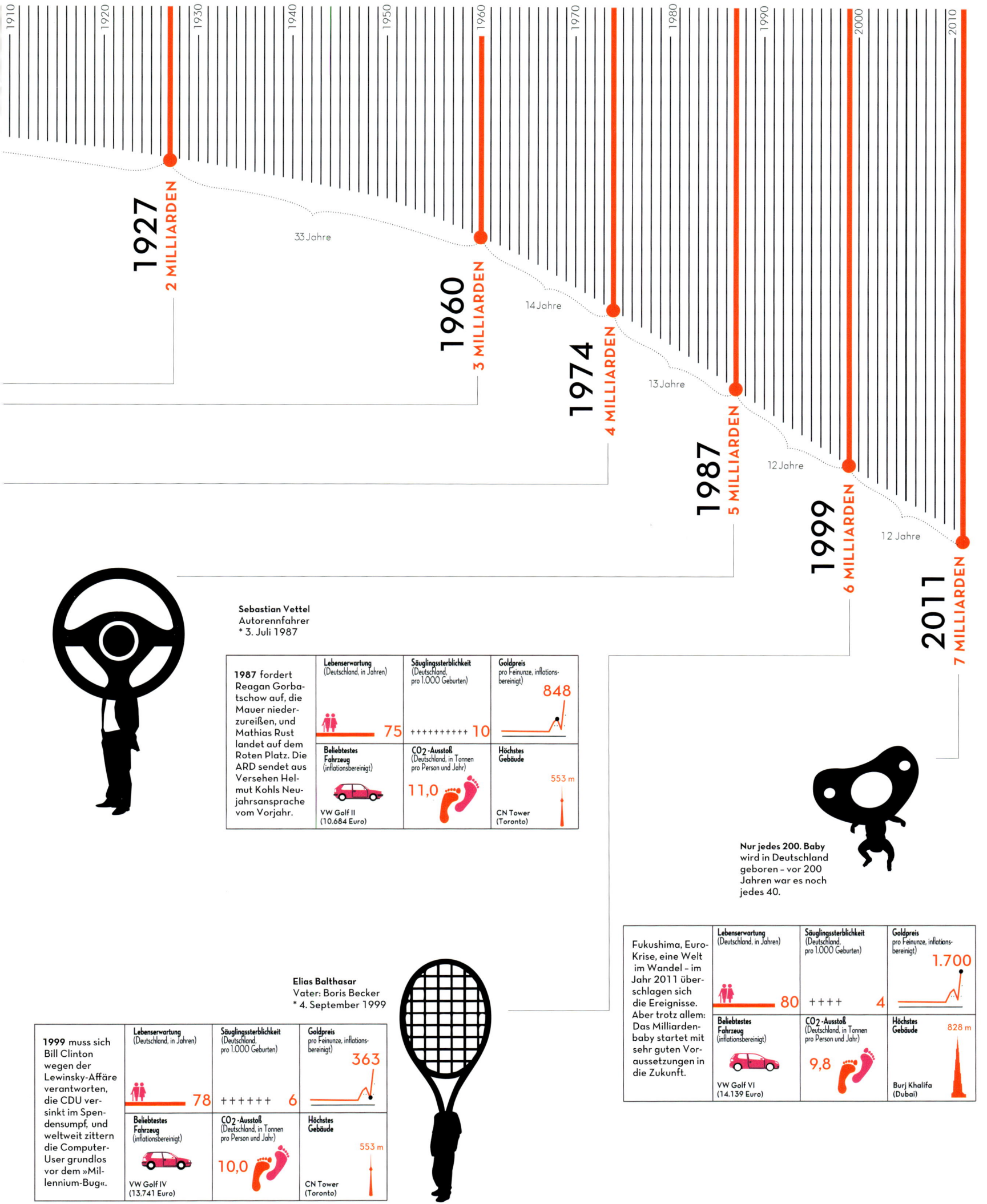

1910 1920 1930 1940 1950 1960 1970 1980 1990 2000 2010

1927 2 MILLIARDEN

33 Jahre

1960 3 MILLIARDEN

14 Jahre

1974 4 MILLIARDEN

13 Jahre

1987 5 MILLIARDEN

12 Jahre

1999 6 MILLIARDEN

12 Jahre

2011 7 MILLIARDEN

Sebastian Vettel
Autorennfahrer
* 3. Juli 1987

1987 fordert Reagan Gorbatschow auf, die Mauer niederzureißen, und Mathias Rust landet auf dem Roten Platz. Die ARD sendet aus Versehen Helmut Kohls Neujahrsansprache vom Vorjahr.

Lebenserwartung
(Deutschland, in Jahren)
75

Säuglingssterblichkeit
(Deutschland, pro 1.000 Geburten)
++++++++++ 10

Goldpreis
pro Feinunze, inflationsbereinigt)
848

Beliebtestes Fahrzeug
(inflationsbereinigt)
VW Golf II
(10.684 Euro)

CO2-Ausstoß
(Deutschland, in Tonnen pro Person und Jahr)
11,0

Höchstes Gebäude
553 m
CN Tower
(Toronto)

Nur jedes 200. Baby wird in Deutschland geboren – vor 200 Jahren war es noch jedes 40.

Elias Balthasar
Vater: Boris Becker
* 4. September 1999

1999 muss sich Bill Clinton wegen der Lewinsky-Affäre verantworten, die CDU versinkt im Spendensumpf, und weltweit zittern die Computer-User grundlos vor dem »Millennium-Bug«.

Lebenserwartung
(Deutschland, in Jahren)
78

Säuglingssterblichkeit
(Deutschland, pro 1.000 Geburten)
++++++ 6

Goldpreis
pro Feinunze, inflationsbereinigt)
363

Beliebtestes Fahrzeug
(inflationsbereinigt)
VW Golf IV
(13.741 Euro)

CO2-Ausstoß
(Deutschland, in Tonnen pro Person und Jahr)
10,0

Höchstes Gebäude
553 m
CN Tower
(Toronto)

Fukushima, Euro-Krise, eine Welt im Wandel – im Jahr 2011 überschlagen sich die Ereignisse. Aber trotz allem: Das Milliardenbaby startet mit sehr guten Voraussetzungen in die Zukunft.

Lebenserwartung
(Deutschland, in Jahren)
80

Säuglingssterblichkeit
(Deutschland, pro 1.000 Geburten)
++++ 4

Goldpreis
pro Feinunze, inflationsbereinigt)
1.700

Beliebtestes Fahrzeug
(inflationsbereinigt)
VW Golf VI
(14.139 Euro)

CO2-Ausstoß
(Deutschland, in Tonnen pro Person und Jahr)
9,8

Höchstes Gebäude
828 m
Burj Khalifa
(Dubai)

WOHER WIR KOMMEN
WOHLSTAND

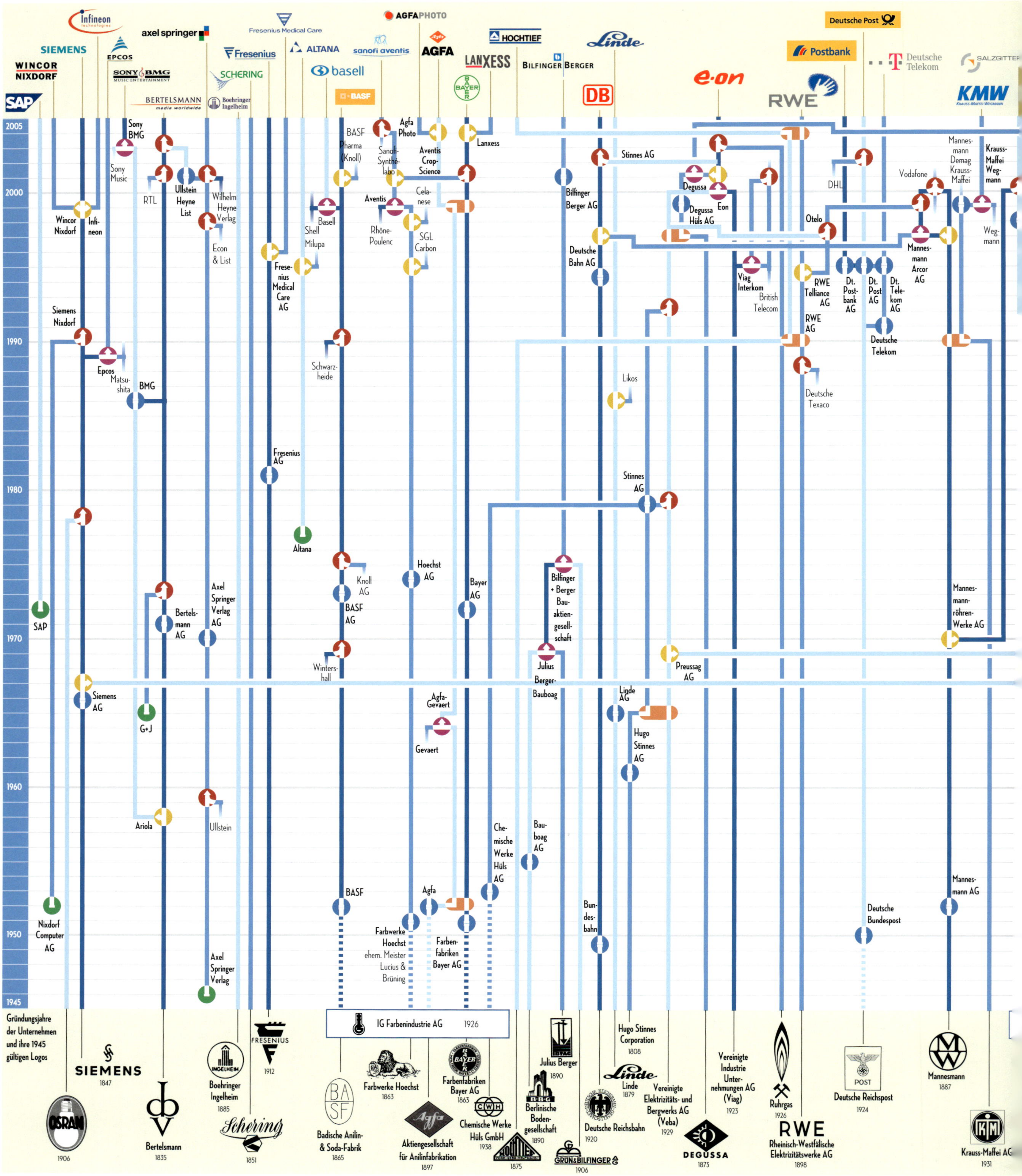

Die Deutschland AGs

Ursprünge und Lebensläufe deutscher Konzerne

Sie gelten als das Rückgrat des deutschen Wohlstands. Allein die Jahre, auf die unsere Konzerne zurückblicken, flößen Respekt ein. Viele Unternehmen sind älter als der Staat, in dem sie Steuern zahlen. Hinter jedem der bunten Punkte stehen nicht nur Erfolge, sondern Dramen, Tränen und Schweiß – auch wenn letzterer sich heute eher auf Hemdkrägen abzeichnet als in Blaumännern.

GRAFIK: ANDREAS MOHRMANN / RECHERCHE: HAUKE FRIEDRICHS, EVA KÜHNEN, JAN-OLIVER SCHÜTZ, DR. NIKOLAUS FÖRSTER; DOKUMENTATION: TOBIAS BAYER, KRISTIAN KLOSS / ERSCHIENEN IN: FINANCIAL TIMES DEUTSCHLAND

Gründungsjahre der Unternehmen und ihre 1945 gültigen Logos

IG Farbenindustrie AG 1926

SIEMENS 1847
OSRAM 1906
Bertelsmann 1835
Boehringer Ingelheim 1885
Schering
FRESENIUS 1912
BASF — Badische Anilin- & Soda-Fabrik 1865
Farbwerke Hoechst 1863
Aktiengesellschaft für Anilinfabrikation 1897
Agfa
Farbenfabriken Bayer AG 1863
Chemische Werke Hüls GmbH 1938
Julius Berger 1890
Berlinische Boden-gesellschaft 1890
GRÜN & BILFINGER 1906
Linde 1879
Deutsche Reichsbahn 1920
Vereinigte Elektrizitäts- und Bergwerks AG (Veba) 1929
Vereinigte Industrie Unternehmungen AG (Viag) 1923
Ruhrgas 1926
DEGUSSA 1873
RWE Rheinisch-Westfälische Elektrizitätswerke AG 1898
Deutsche Reichspost 1924
Mannesmann 1887
Krauss-Maffei AG 1931
Hugo Stinnes Corporation 1808
Nixdorf Computer AG
SAP

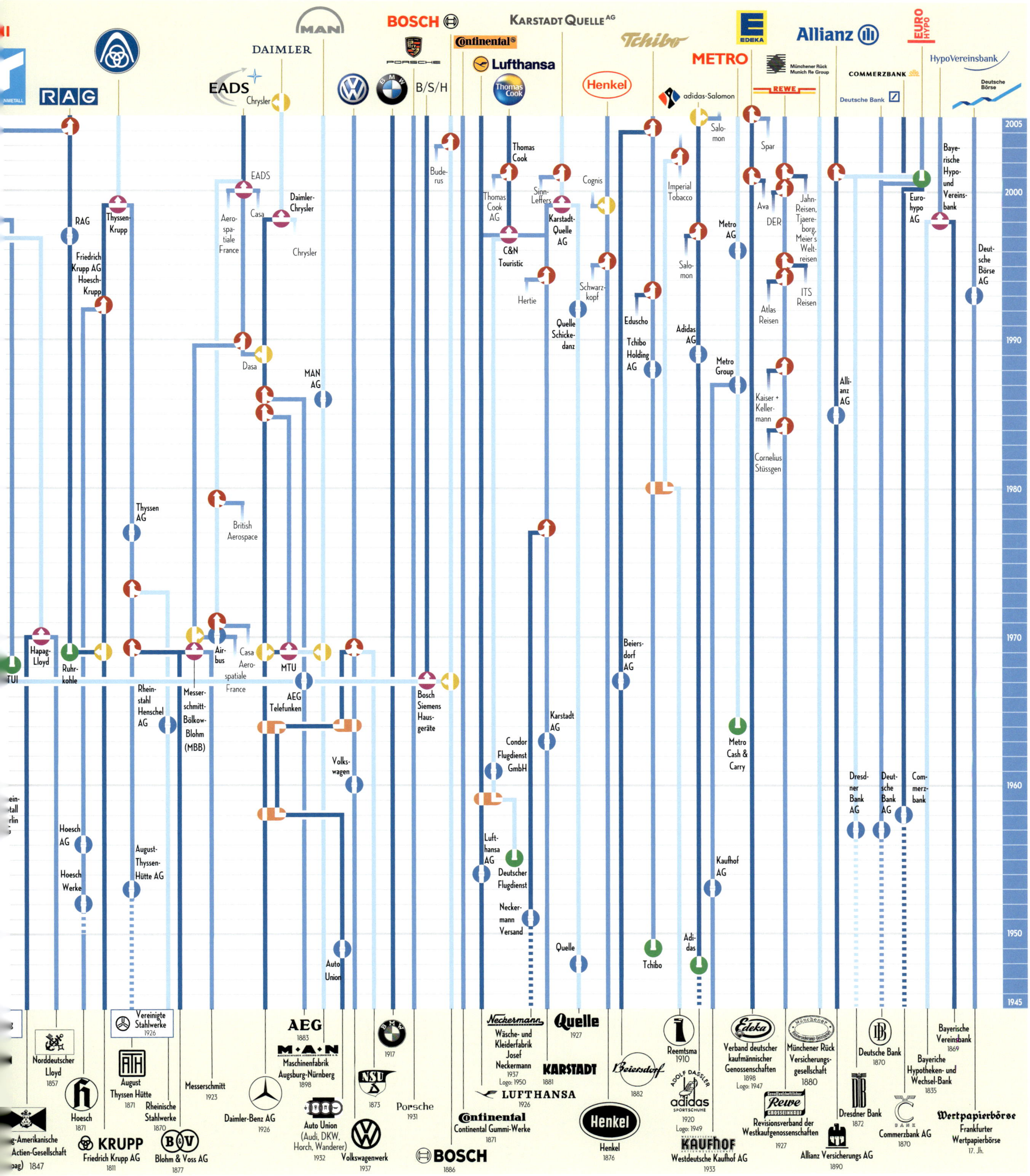

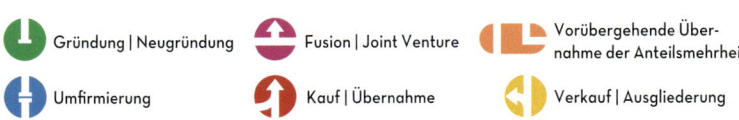

Der Stammbaum zeigt die Entwicklungsstränge großer deutscher Unternehmen von 1945 bis 2005. Minderheitsbeteiligungen sowie Auslandsaktivitäten werden zugunsten der Übersichtlichkeit nicht berücksichtigt, auch handelt es sich bei der Darstellung von Verflechtungen lediglich um eine Auswahl. Ein Wandel der Rechtsform wird nur dargestellt, wenn damit eine Namensänderung einhergeht.

Legend:
- Gründung | Neugründung
- Umfirmierung
- Fusion | Joint Venture
- Kauf | Übernahme
- Vorübergehende Übernahme der Anteilsmehrheit
- Verkauf | Ausgliederung

WOHER WIR KOMMEN

WIRTSCHAFT

1939-1945: Unendliches Leid
Die Bilanz der Jahrhundertkatastrophe

Auch knapp 70 Jahre nach Ende des Zweiten Weltkrieges gibt es für bestimmte Länder und Opfergruppen der NS-Schreckensherrschaft immer noch keine eindeutigen Toten-Zahlen, sondern bloß Schätzungswerte. Auch in der jüngeren Literatur finden sich überraschend wenige Versuche, die Gesamtzahl der Toten des Zweiten Weltkriegs global und systematisch geordnet aufzugliedern. Insbesondere die Angaben einiger osteuropäischer Länder wurden in den vergangenen Jahrzehnten noch einmal korrigiert. In der früheren Sowjetunion waren sie unter Stalin beispielsweise lange aus politischen Gründen zu niedrig angesetzt worden. Bei Schwankungen der NS-Opferzahlen wurde für die vorliegende Darstellung der jeweils höhere Wert verwendet.

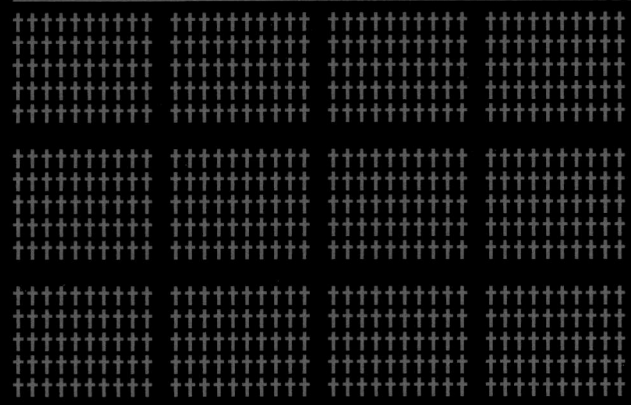

Polen 4.500.000 - 6.000.000

Norwegen 10.000

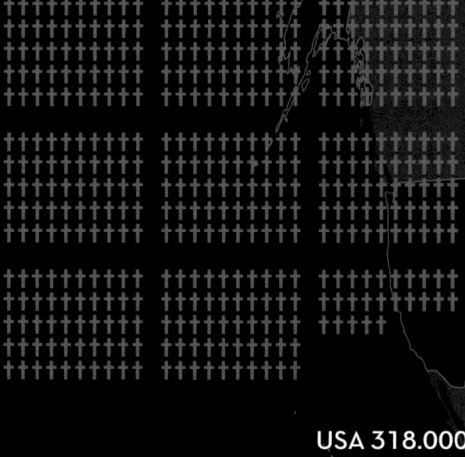

Deutschland 5.250.000

Großbritannien 386.000

Niederlande 125.000

Belgien 60.000

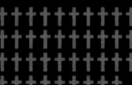

USA 318.000

Frankreich 810.000

Italien 330.000

OPFER DES NATIONALSOZIALISMUS

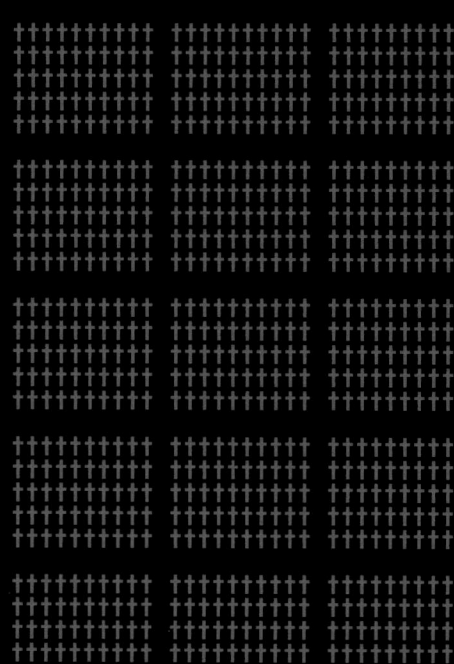

Juden 6.000.000

Sowjetische Kriegsgefangene 3.300.000

Nichtjüdische Zivilisten, KZ-Häftlinge, Zwangsarbeiter, Deportierte 3.340.000

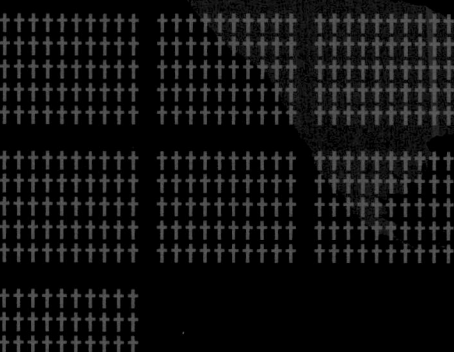

Roma/Sinti 219.600

Euthanasieopfer 250.000

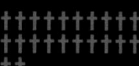

GRAFIK: RÜDIGER JOPPE / RECHERCHE: RAINER SCHMIDT

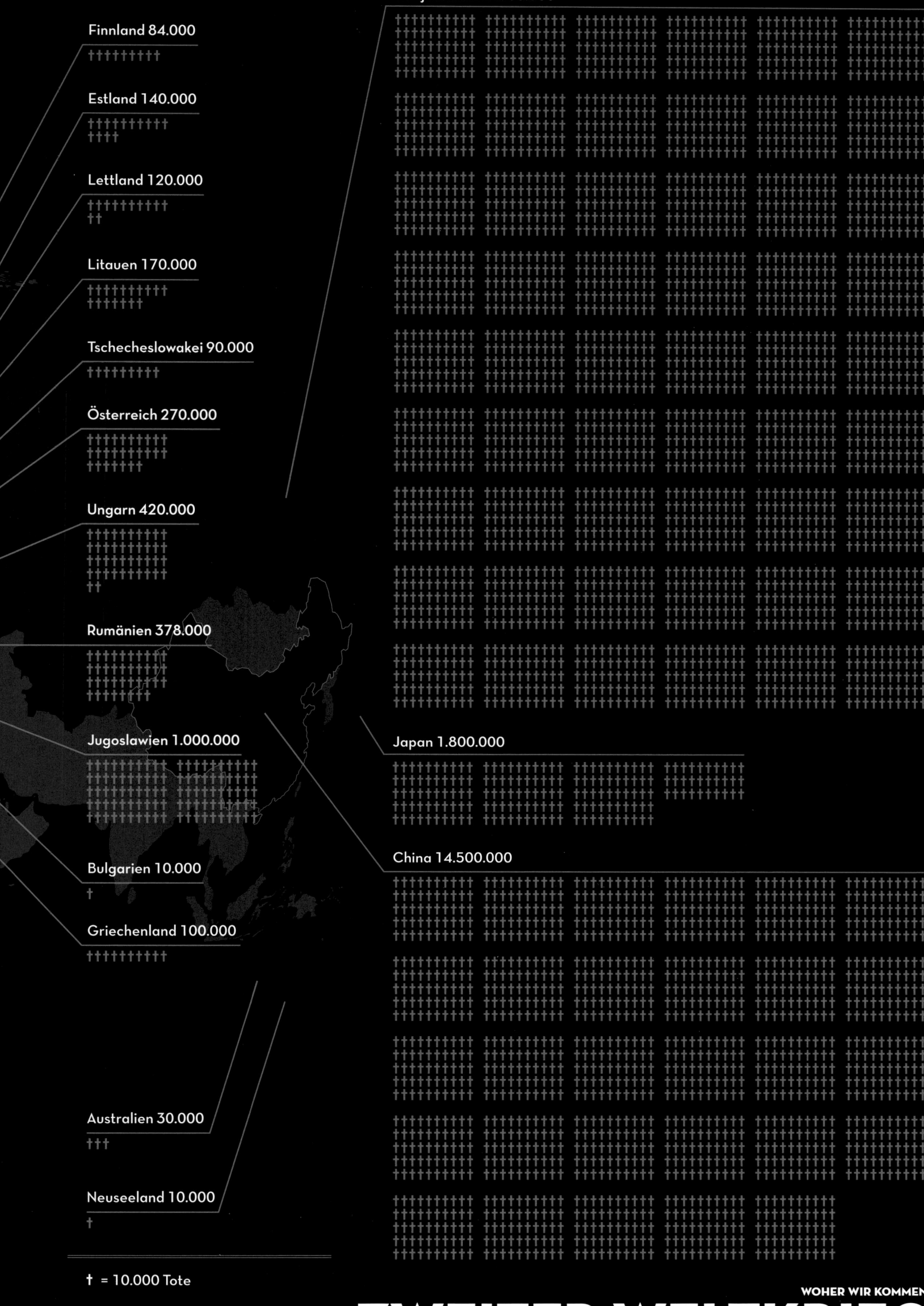

Finnland 84.000
†††††††††

Estland 140.000
††††††††††
††††

Lettland 120.000
††††††††††
††

Litauen 170.000
††††††††††
†††††††

Tschecheslowakei 90.000
†††††††††

Österreich 270.000
††††††††††
††††††††††
†††††††

Ungarn 420.000
††††††††††
††††††††††
††††††††††
††††††††††
††

Rumänien 378.000
††††††††††
††††††††††
††††††††††
††††††††

Jugoslawien 1.000.000
†††††††††† ††††††††††
†††††††††† ††††††††††
†††††††††† ††††††††††
†††††††††† ††††††††††
†††††††††† ††††††††††

Bulgarien 10.000
†

Griechenland 100.000
††††††††††

Australien 30.000
†††

Neuseeland 10.000
†

† = 10.000 Tote

Sowjetunion 27.000.000

Japan 1.800.000

China 14.500.000

ZWEITER WELTKRIEG

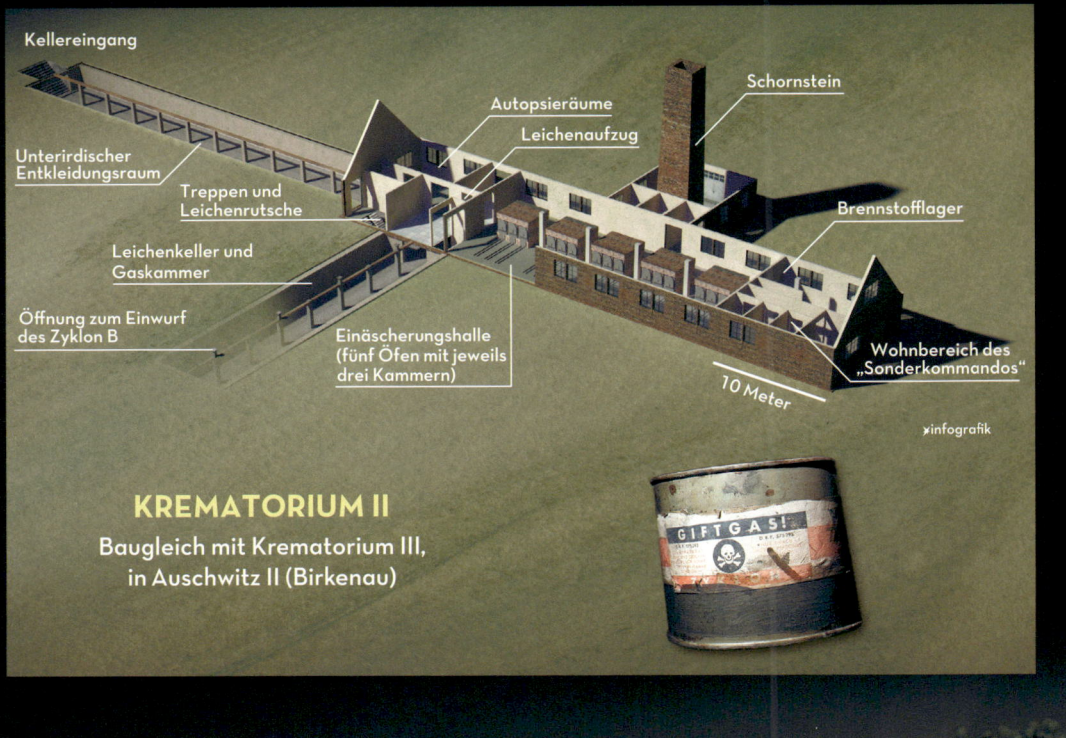

Kellereingang

Unterirdischer Entkleidungsraum

Treppen und Leichenrutsche

Leichenkeller und Gaskammer

Öffnung zum Einwurf des Zyklon B

Autopsieräume

Leichenaufzug

Schornstein

Brennstofflager

Einäscherungshalle (fünf Öfen mit jeweils drei Kammern)

Wohnbereich des „Sonderkommandos"

10 Meter

xinfografik

KREMATORIUM II
Baugleich mit Krematorium III,
in Auschwitz II (Birkenau)

GIFTGAS!

Konzentrationslager
AUSCHWITZ II (Birkenau)
Herbst 1944

Das Lager war
komplett umgeben
von einem System aus
elektrischen Zäunen, Gräben
und Wachtürmen.
Die einzelnen Lagerabschnitte
trennten zusätzliche Stacheldrahtzäune.

Bauabschnitt 1

GRAFIK: CHRISTIAN EISENBERG, JOCHEN STUHRMANN /
RECHERCHE / TEXT: CHRISTIAN EISENBERG /
ERSCHIENEN IN: STERN

Die Mordfabrik
Hier wurde das Töten abgearbeitet

Das Konzentrationslager Auschwitz im Süden des besetzten Polens war ein kleinstadtgroßer Komplex, der eigentlich aus drei Vernichtungslagern bestand, deren größtes Auschwitz-Birkenau war. Hier ermordeten die Nazis bis zur Befreiung der Anlage durch die Rote Armee insgesamt rund 1,1 Millionen Menschen. Es war von allen deutschen Lagern das größte und gilt heute noch weltweit als Sinnbild für den Holocaust – und als Sinnbild für die minutiöse Organisation, mit der die Deutschen ihren Plan umsetzten, einen Teil ihrer eigenen Bevölkerung und der bislang eroberten Gebiete zu ermorden.

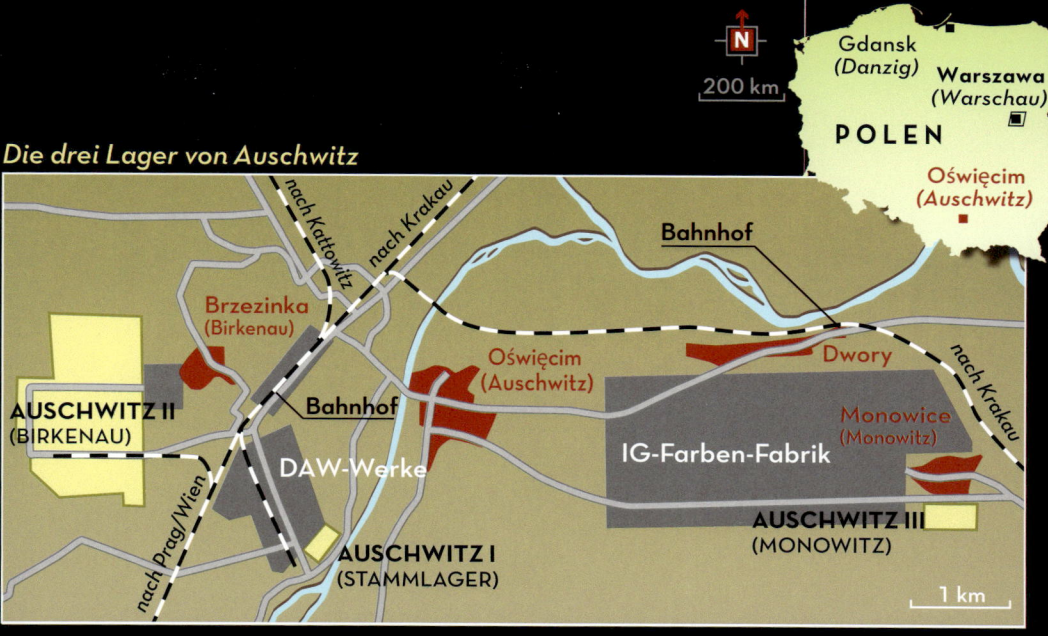

Die drei Lager von Auschwitz

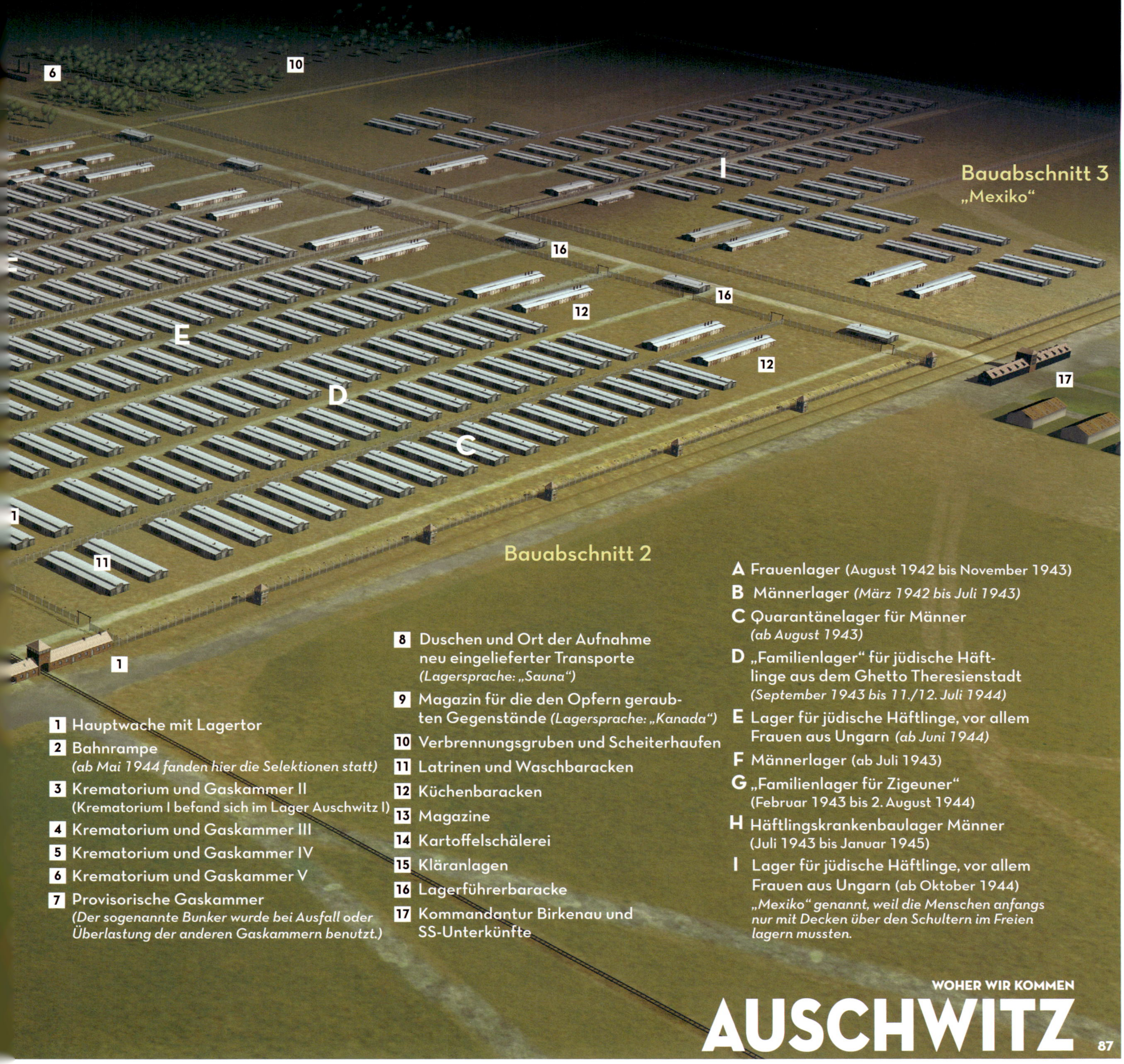

Bauabschnitt 3 „Mexiko"

Bauabschnitt 2

1 Hauptwache mit Lagertor

2 Bahnrampe
(ab Mai 1944 fanden hier die Selektionen statt)

3 Krematorium und Gaskammer II
(Krematorium I befand sich im Lager Auschwitz I)

4 Krematorium und Gaskammer III

5 Krematorium und Gaskammer IV

6 Krematorium und Gaskammer V

7 Provisorische Gaskammer
(Der sogenannte Bunker wurde bei Ausfall oder Überlastung der anderen Gaskammern benutzt.)

8 Duschen und Ort der Aufnahme neu eingelieferter Transporte
(Lagersprache: „Sauna")

9 Magazin für die den Opfern geraubten Gegenstände *(Lagersprache: „Kanada")*

10 Verbrennungsgruben und Scheiterhaufen

11 Latrinen und Waschbaracken

12 Küchenbaracken

13 Magazine

14 Kartoffelschälerei

15 Kläranlagen

16 Lagerführerbaracke

17 Kommandantur Birkenau und SS-Unterkünfte

A Frauenlager (August 1942 bis November 1943)

B Männerlager *(März 1942 bis Juli 1943)*

C Quarantänelager für Männer *(ab August 1943)*

D „Familienlager" für jüdische Häftlinge aus dem Ghetto Theresienstadt *(September 1943 bis 11./12. Juli 1944)*

E Lager für jüdische Häftlinge, vor allem Frauen aus Ungarn *(ab Juni 1944)*

F Männerlager *(ab Juli 1943)*

G „Familienlager für Zigeuner" *(Februar 1943 bis 2. August 1944)*

H Häftlingskrankenbaulager Männer *(Juli 1943 bis Januar 1945)*

I Lager für jüdische Häftlinge, vor allem Frauen aus Ungarn *(ab Oktober 1944)*
„Mexiko" genannt, weil die Menschen anfangs nur mit Decken über den Schultern im Freien lagern mussten.

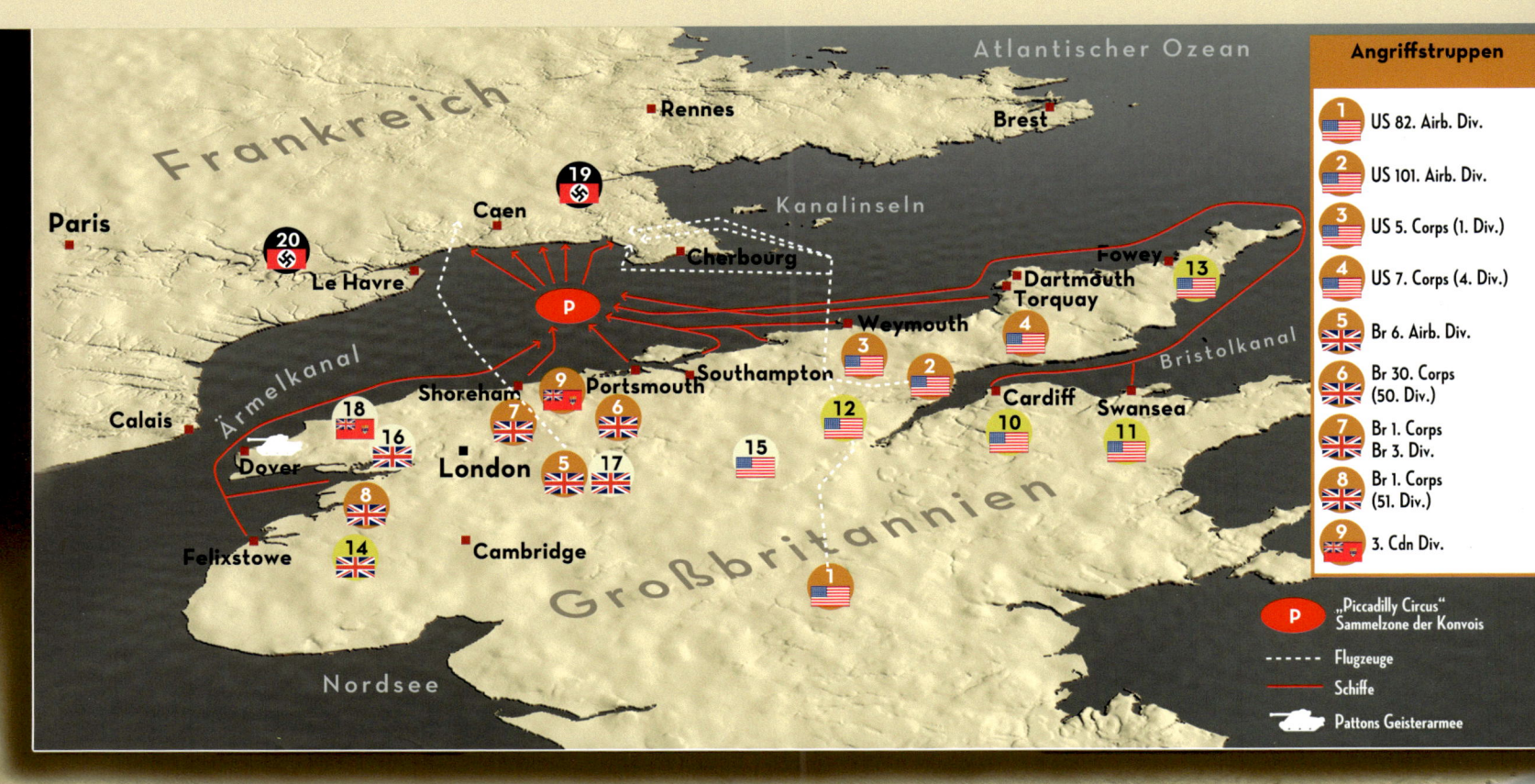

Angriffstruppen

1. US 82. Airb. Div.
2. US 101. Airb. Div.
3. US 5. Corps (1. Div.)
4. US 7. Corps (4. Div.)
5. Br 6. Airb. Div.
6. Br 30. Corps (50. Div.)
7. Br 1. Corps Br 3. Div.
8. Br 1. Corps (51. Div.)
9. 3. Cdn Div.

P „Piccadilly Circus" Sammelzone der Konvois

- - - Flugzeuge
—— Schiffe
Pattons Geisterarmee

Frankreich · Rennes · Brest · Caen · Kanalinseln · Cherbourg · Paris · Le Havre · Ärmelkanal · Calais · Dover · Nordsee · Shoreham · Portsmouth · Southampton · Weymouth · Dartmouth Torquay · Fowey · Cardiff · Swansea · Bristolkanal · London · Felixstowe · Cambridge · Großbritannien

0.15–3.00 UHR
Fallschirmjäger landen im Hinterland der Küste.

3.15 UHR
Die Strände werden bombardiert, die ersten Truppen landen auf einer kleinen Insel vor „Utah Beach".

6.30 UHR
H-Hour an „Utah" und „Omaha Beach"

7.30–7.45 UHR
H-Hour an den Stränden „Gold", „Sword" und „Juno"

12.03 UHR
Britische Truppen vereinigen sich mit Fallschirmjägern an den Orne-Brücken.

13.00 UHR
Die 4. US-Infanterie-Division vereinigt sich mit der 101. Airborne bei Pouppeville.

16.00 UHR
Panzer rücken von „Omaha Beach" landeinwärts vor.

24.00 UHR
Fünf Brückenköpfe am Ufer sind befestigt, die Befreiung Europas hat begonnen.

Normandie · Carentan · Isigny-sur-Mer · Pouppeville · Colleville-sur-Mer · Port-en-Bessin · Bayeux · Arromanches-les-Bains · Pointe du Hoc · OMAHA · GOLD · JUNO · SWORD · Orne-Brücken · Caen · Saint-Aubin-sur-Mer · Dives-sur-Mer · Villers-sur-Mer · Cap de la Hève · Le Havre

Seinebucht

6.30 Uhr — 1. Amerikanische Infanterie-Division 34 250 Mann

7.30 Uhr — 50. Britische Infanterie-Division 24 970 Mann

8.00 Uhr — 3. Kanadische Infanterie-Division 21 400 Mann

7.30 Uhr — 3. Britische Infanterie-Division 28 450 Mann

Lastensegler — 6. Britische Fallschirmjäger-Division 4255 Mann

6. Juni 1944: Der längste Tag

Die Deutschen haben lange mit einer „Invasion" gerechnet, allerdings bei Calais, an der engsten Stelle des Ärmelkanals. Das Ziel der Operation „Overlord", zu der General Eisenhower den Befehl gab, heißt aber Normandie. Mit einem Tag Verspätung beginnt bei unruhiger See das größte Landeunternehmen der Militärgeschichte – und damit die Befreiung Europas vom Westen her.

GRAFIK / RECHERCHE: ANDREW TIMMINS / TEXT: TEJA FIEDLER / ERSCHIENEN IN: STERN

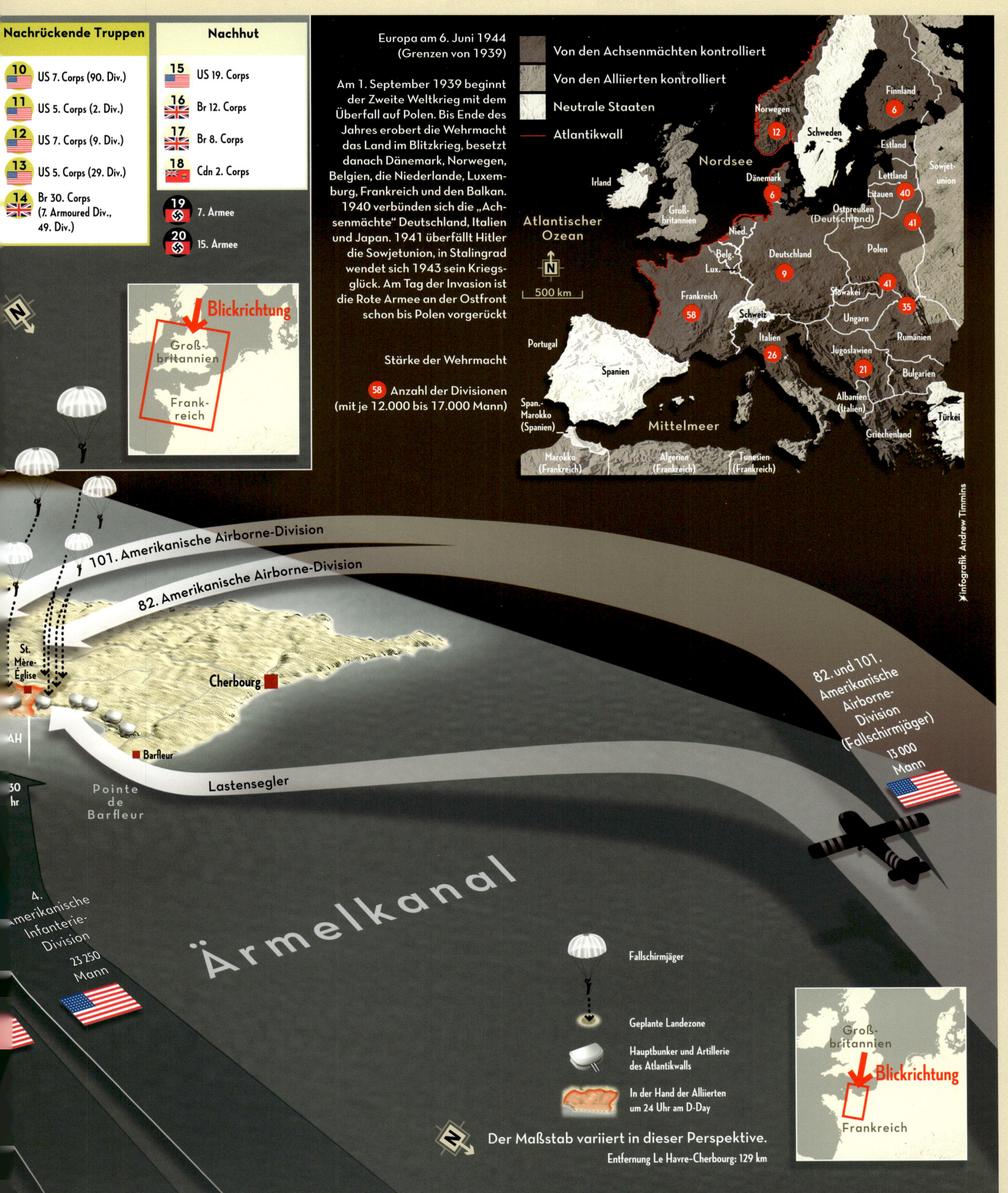

DIE BEFREIUNG

Nachrückende Truppen

- **10** US 7. Corps (90. Div.)
- **11** US 5. Corps (2. Div.)
- **12** US 7. Corps (9. Div.)
- **13** US 5. Corps (29. Div.)
- **14** Br 30. Corps (7. Armoured Div., 49. Div.)

Nachhut

- **15** US 19. Corps
- **16** Br 12. Corps
- **17** Br 8. Corps
- **18** Cdn 2. Corps
- **19** 7. Armee
- **20** 15. Armee

Blickrichtung

Großbritannien

Frankreich

Europa am 6. Juni 1944
(Grenzen von 1939)

Am 1. September 1939 beginnt der Zweite Weltkrieg mit dem Überfall auf Polen. Bis Ende des Jahres erobert die Wehrmacht das Land im Blitzkrieg, besetzt danach Dänemark, Norwegen, Belgien, die Niederlande, Luxemburg, Frankreich und den Balkan. 1940 verbünden sich die „Achsenmächte" Deutschland, Italien und Japan. 1941 überfällt Hitler die Sowjetunion, in Stalingrad wendet sich 1943 sein Kriegsglück. Am Tag der Invasion ist die Rote Armee an der Ostfront schon bis Polen vorgerückt

Stärke der Wehrmacht

58 Anzahl der Divisionen (mit je 12.000 bis 17.000 Mann)

Von den Achsenmächten kontrolliert
Von den Alliierten kontrolliert
Neutrale Staaten
Atlantikwall

Norwegen · Finnland · Schweden · Nordsee · Estland · Sowjetunion · Irland · Dänemark · Lettland · Litauen · Großbritannien · Ostpreußen (Deutschland) · Nied. · Belg. · Deutschland · Polen · Lux. · Atlantischer Ozean · 500 km · Frankreich · Schweiz · Slowakei · Ungarn · Rumänien · Portugal · Italien · Jugoslawien · Bulgarien · Spanien · Span.-Marokko (Spanien) · Mittelmeer · Albanien (Italien) · Türkei · Griechenland · Marokko (Frankreich) · Algerien (Frankreich) · Tunesien (Frankreich)

✦infografik Andrew Timmins

101. Amerikanische Airborne-Division

82. Amerikanische Airborne-Division

82. und 101. Amerikanische Airborne-Division (Fallschirmjäger)
13 000 Mann

St.-Mère-Église

Cherbourg

Barfleur

Lastensegler

Pointe de Barfleur

4. Amerikanische Infanterie-Division
23 250 Mann

Ärmelkanal

Fallschirmjäger

Geplante Landezone

Hauptbunker und Artillerie des Atlantikwalls

In der Hand der Alliierten um 24 Uhr am D-Day

Der Maßstab variiert in dieser Perspektive.
Entfernung Le Havre–Cherbourg: 129 km

Großbritannien

Blickrichtung

Frankreich

20. Juli 1944: Die letzte Chance

Ablauf und Scheitern des Stauffenberg-Komplotts gegen den Diktator

20. JULI 1944, 7.00 UHR Flugzeug startet vom Flugplatz Rangsdorf (bei Berlin) in Richtung Führerhauptquartier „Wolfsschanze" nahe Rastenburg in Ostpreußen. An Bord: Claus Schenk Graf von Stauffenberg mit Adjutanten Werner von Haeften und Generalmajor Hellmuth Stief.

10.15 UHR Einfahrt Stauffenbergs und Heaftens in den Wachbereich des Führerhauptquartiers.

11.30 UHR Stauffenberg meldet sich beim Oberkommandierenden der Wehrmacht, Generalfeldmarschall Wilhelm Keitel.

12.30 UHR Stauffenberg und Heaften gehen unter dem Vorwand, sich frisch zu machen, in das Schlafzimmer des Adjutanten Keitels (Major Ernst John von Freyend). Dort aktiviert Stauffenberg den Zeitzünder der Sprengladung. Sie werden von Oberfeldwebel Werner Vogel gestört, nur einer der zwei ein Kilo schweren Sprengsätze wird scharf gemacht. Stauffenberg trägt ihn in seiner Aktentasche zur Lagebesprechung.

12.37 UHR In der Lagebaracke stellt Keitel Stauffenberg Hitler vor, da der später über Sperrdivisionen berichten soll. Das Gedränge im Raum verhindert die Platzierung des Sprengstoffs in unmittelbarer Nähe Hitlers. Stauffenberg stellt seine Aktentasche rechts neben den rechten Tischsockel und verlässt unter dem Vorwand, telefonieren zu müssen, den Raum.

12.40 UHR Stauffenberg eilt zum Zimmer des Wehrmachtnachrichtenoffiziers Oberstleutnant L. G. Sander, wo Heaften auf ihn wartet und er den Mitverschwörer Erich Fellgiebel trifft. Sander beordert einen Wagen, der mit Erich Kretz als Fahrer bereitsteht.

12.42 UHR Explosion der Sprengladung. Fast alle Teilnehmer der „Mittagslage" werden leicht bis schwer verletzt. Vier sterben. Stauffenberg sieht die Detonation aus 200 Metern Entfernung.

12.44 UHR Stauffenberg verlässt Sperrbereich I.

12.45 UHR Auslösung des Alarms für die Sperrkreise.

KURZ VOR 13.00 UHR Stauffenberg und Heaften fahren zum Flugplatz, Heaften wirft die zweite Sprengladung aus dem Wagen.

13.00 UHR General Fellgiebel verhängt eine Nachrichtensperre über das Führerhauptquartier. Da dies nicht die Nachrichtenverbindungen der SS betrifft, scheitert die vollkommene Sperre, und Goebbels weiß kurz nach 13 Uhr, dass es ein Attentat gegeben hat.

13.15 UHR Start des Rückfluges nach Berlin mit einer He111. General Fellgiebel kontaktiert Generalleutnant Fritz Thiele, den Chef der Wehrmachtnachrichtenverbindung in Berlin und meldet bereits das Misslingen des Attentats. Hitler sei nur leicht verletzt.

13.45 UHR Reichsführer SS H. Himmler trifft in der Wolfsschanze ein.

KURZ VOR 14.00 UHR Himmler fordert Gestapo und Kriminalpolizei in Berlin zur Aufklärung des Attentats auf. Stauffenbergs rasches Verschwinden fällt auf. Himmler befiehlt, Stauffenberg am Flughafen Rangsdorf festzunehmen.

14.30 UHR Der Oberst im Pariser Generalstab Finckh erhält die Nachricht, dass das Attentat vollzogen wurde. Die Umsturzaktion kommt in Paris ins Rollen.

15.00 UHR Landung Stauffenbergs in Rangsdorf, keine Festnahme. Heaften ruft in der Bendlerstraße an, wo sich die Zentrale der Verschwörer im Bendlerblock befindet. Er meldet Hitlers Tod.

15.15 UHR Im Bendlerblock herrscht Ungewissheit über Hitlers Tod, da Generalleutnant Thiele von General Fellgiebel erfahren hat, dass Hitler überlebt habe. General Olbricht wartet deshalb mit der Auslösung des Walküre-Plans.

KURZ VOR 16.00 UHR Auslösung der ersten Maßnahmen des Walküre Plans durch Olbricht. Er meldet dem Chef der Heeresrüstung und Befehlshaber des Ersatzheeres, Fredrich Fromm, den Tod des Führers. Deshalb müsse man „Walküre" auslösen. Fromm ist skeptisch und ruft im Führerhauptquartier an. Er erfährt von Hitlers Überleben.

16.00 UHR Die Nachrichtensperre im Führerhauptquartier wird aufgehoben. Die Wehrkreiskommandos werden über das Scheitern des Attentats informiert. Erste Gegenbefehle gegen Olbrichts Walküre-Anweisungen.

16.20 UHR Fromm befiehlt, „Walküre" nicht einzuleiten. Generaloberst a. D. Beck trifft in der Bendlerstraße ein.

16.30 BIS 17.00 UHR Stauffenberg und Haeften treffen in der Bendlerstraße ein. Stauffenberg meldet sich bei Fromm und bekennt sich zum Attentat. Fromm verweigert Befehle und wird festgenommen. Operation Walküre wird fortgesetzt, als ob Hitler tot wäre.

GEGEN 17.00 UHR Führerhauptquartier: Himmler befiehlt dem Reichssicherheitshauptamt, Stauffenberg festzunehmen. Keitel versucht vergeblich, Olbricht oder Fromm zu kontaktieren.

NACH 17.00 UHR Führerhauptquartier: Meldungen im Rundfunk werden veranlasst, die vom Attentat und Hitlers Überleben berichten. SS-Oberführer Achamer-Pifrader, der Stauffenberg festnehmen soll, wird in der Bendlerstraße von den Verschwörern inhaftiert.

17.20 UHR Gespräch Hitler-Goebbels, Goebbels soll Rundfunkmeldung senden, die über das Attentat aufklärt.

18.00 UHR Heaften übergibt Leutnant Röhrig das Fernschreiben, das die zweite Stufe des Walküre-Plans auslösen soll (wird bis 23.00 Uhr abgesetzt). Hitler ernennt Himmler zum Nachfolger Fromms – zum Befehlshaber des Ersatzheeres und Chef der Heeresrüstung.

GEGEN 19.00 UHR Major Otto E. Remer meldet sich bei Goebbels und wird bei diesem direkt telefonisch mit Hitler verbunden. Hitler befiehlt Remer die Niederwerfung des Putsches. Remer wird dazu direkt Hitler unterstellt.

NACH 19.00 UHR Stelle des Oberkommandos des Heeres aus Rastenburg meldet das Missglücken des Attentats. Mehrere Anrufer aus stellvertretenden Generalkommandos im Reich wollen Gewissheit über die Situation. Stauffenberg erklärt, dass Hitler tot sei und das Heer die vollziehende Gewalt übernommen habe.

20.15 UHR General von Witzleben verlässt die Bendlerstraße, er hält den Umsturzversuch für misslungen.

20.20 BIS 21.02 UHR Weitere Fernschreiben der Verschwörer werden der Nachrichtenzentrale übergeben. Sie werden jedoch nicht mehr abgeschickt.

20.20 UHR Keitel schickt Fernschreiben an alle Wehrkreisbefehlshaber mit dem Befehl, nur noch den Anordnungen des Befehlshabers des Ersatzheeres, Reichsführer SS Heinrich Himmler, zu folgen.

21.00 UHR Teile des Bendlerblocks werden vom Berliner Wachbataillon besetzt.

21.15 UHR Rundfunkansage, dass Hitler bald zum Volk sprechen werde.

21.40 UHR Berthold Schenk Graf von Stauffenberg (Bruder des Attentäters) wird festgenommen.

NACH 22.00 UHR Stauffenberg unterrichtet Oberst i.G. v. Linstow in Paris, dass der Umsturzversuch in Berlin gescheitert sei.

22.30 UHR Olbricht befiehlt mehreren Offizieren, den Schutz des Gebäudes in der Bendlerstraße zu übernehmen.

NACH 22.30 UHR Unter Führung der Oberleutnante i. G. Karl Pridun, Bolko v. d. Heyde und Franz Herber sammelt sich eine Gruppe von Offizieren zum Gegenstoß gegen die Verschwörer.

22.50 UHR Der bewaffnete Gegenstoß im Bendlerblock endet mit der Befreiung Fromms. Dieser lässt die Verschwörer verhaften und verkündet sein standgerichtliches Urteil: Hoch- und Landesverrat gegen Olbricht, Graf Stauffenberg, Ritter Merz von Quirnheim und von Haeften.

GRAFIK / RECHERCHE: GOLDEN SECTION GRAPHICS

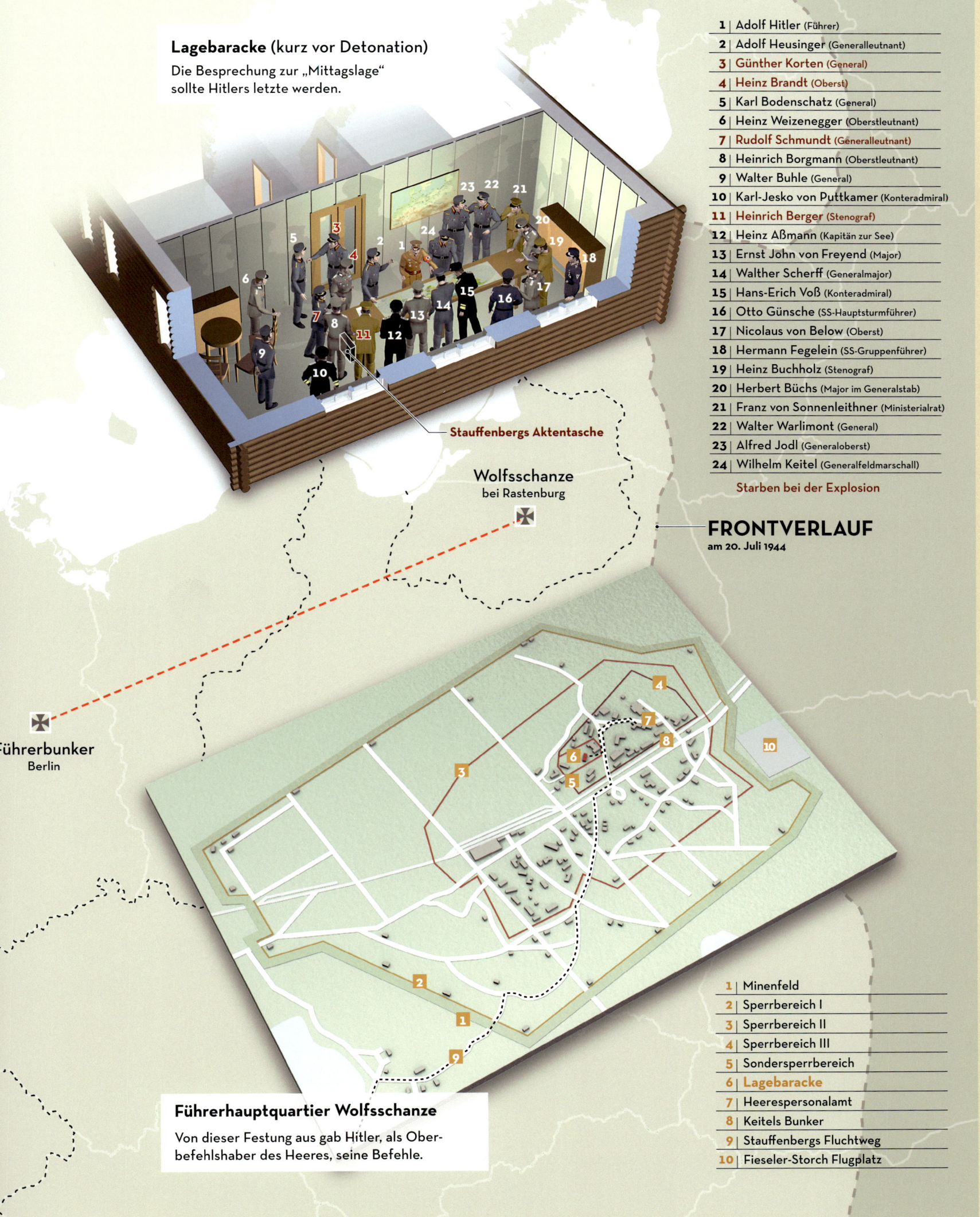

Lagebaracke (kurz vor Detonation)
Die Besprechung zur „Mittagslage"
sollte Hitlers letzte werden.

Stauffenbergs Aktentasche

Wolfsschanze
bei Rastenburg

Führerbunker
Berlin

FRONTVERLAUF
am 20. Juli 1944

Führerhauptquartier Wolfsschanze
Von dieser Festung aus gab Hitler, als Ober-
befehlshaber des Heeres, seine Befehle.

1	Adolf Hitler (Führer)
2	Adolf Heusinger (Generalleutnant)
3	Günther Korten (General)
4	Heinz Brandt (Oberst)
5	Karl Bodenschatz (General)
6	Heinz Weizenegger (Oberstleutnant)
7	Rudolf Schmundt (Generalleutnant)
8	Heinrich Borgmann (Oberstleutnant)
9	Walter Buhle (General)
10	Karl-Jesko von Puttkamer (Konteradmiral)
11	Heinrich Berger (Stenograf)
12	Heinz Aßmann (Kapitän zur See)
13	Ernst John von Freyend (Major)
14	Walther Scherff (Generalmajor)
15	Hans-Erich Voß (Konteradmiral)
16	Otto Günsche (SS-Hauptsturmführer)
17	Nicolaus von Below (Oberst)
18	Hermann Fegelein (SS-Gruppenführer)
19	Heinz Buchholz (Stenograf)
20	Herbert Büchs (Major im Generalstab)
21	Franz von Sonnenleithner (Ministerialrat)
22	Walter Warlimont (General)
23	Alfred Jodl (Generaloberst)
24	Wilhelm Keitel (Generalfeldmarschall)

Starben bei der Explosion

1	Minenfeld
2	Sperrbereich I
3	Sperrbereich II
4	Sperrbereich III
5	Sondersperrbereich
6	Lagebaracke
7	Heerespersonalamt
8	Keitels Bunker
9	Stauffenbergs Fluchtweg
10	Fieseler-Storch Flugplatz

DAS HITLER-ATTENTAT

Juli 1948–August 1949: Alles Gute kam von oben
Wie Berlin und die West-Alliierten der sowjetischen Blockade trotzen

Die Reaktion der Sowjets auf die Einführung der D-Mark durch die westlichen Alliierten auch in den Westsektoren Berlins kam prompt: Sie kappten alle Verkehrsverbindungen. Jetzt gab es nur die Wahl, die Stadt aufzugeben oder sie aus der Luft zu versorgen. Von der Heizkohle bis zur Unterhose, alles musste eingeflogen werden. Es war eine große Geste: Die ehemaligen Feinde setzten nun ihre Leben dafür ein, die Berliner zu retten. Es war die Zeit, als Ernst Reuter seine berühmte „Schaut-auf-diese-Stadt"-Rede hielt. Bald schon landeten die Maschinen im Drei-Minuten-Takt auf den Pisten oder auf dem Wannsee, denn auch Flugboote durchquerten die drei Luftkorridore. Bis zu 1.400 Maschinen täglich wurden in weniger als 30 Minuten entladen. Es war die größte Luftbrücke ihrer Art und ein organisatorischer Geniestreich. Dennoch starben Dutzende Amerikaner und Briten bei zahlreichen Unfällen. In Berlin hießen die Maschinen bald „Rosinenbomber", weil Piloten vor der Landung in Tempelhof aus dem Cockpit Süßigkeiten für Kinder abwarfen, befestigt an Fallschirmen aus Taschentüchern. Der Mythos der Luftbrücke ist noch heute lebendig.

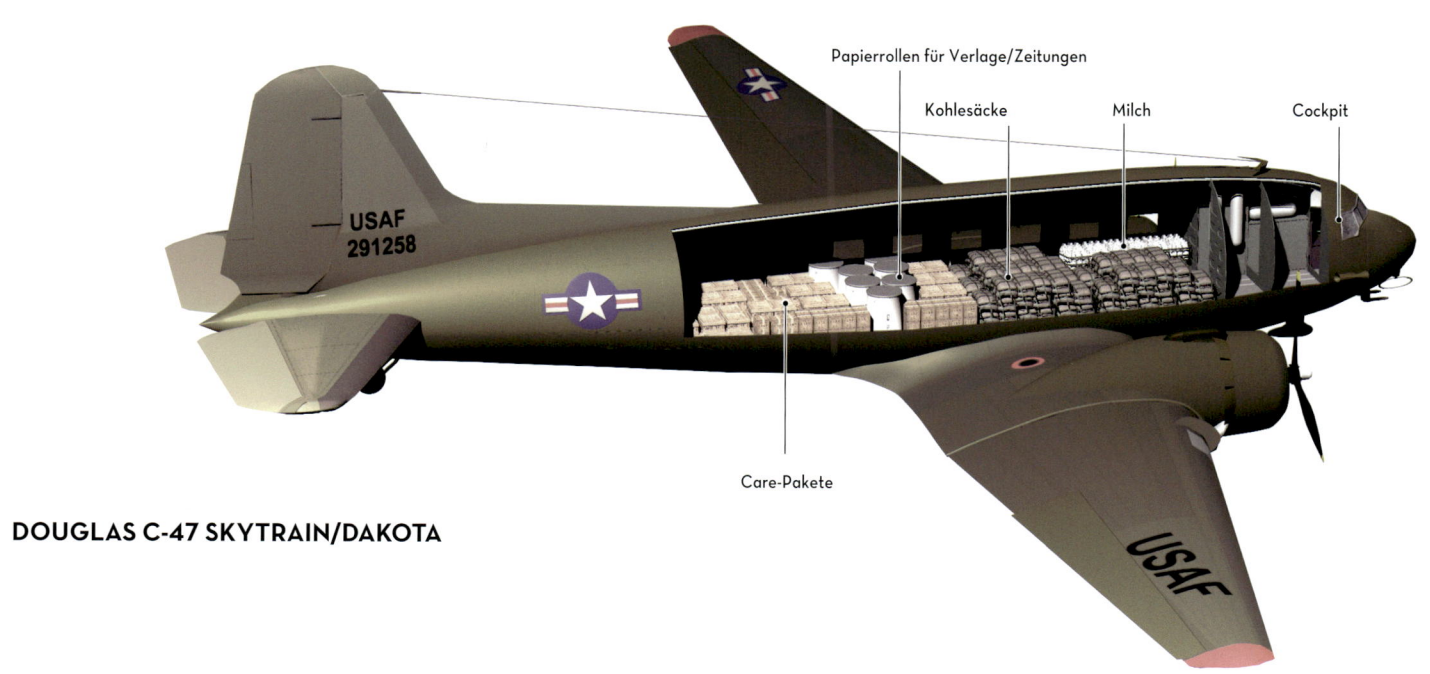

Papierrollen für Verlage/Zeitungen
Kohlesäcke
Milch
Cockpit
Care-Pakete

USAF 291258

DOUGLAS C-47 SKYTRAIN/DAKOTA

GRAFIK / RECHERCHE: GOLDEN SECTION GRAPHICS / ERSCHIENEN IN: BERLINER MORGENPOST, WELT AM SONNTAG

14 MONATE DURCHHALTEVERMÖGEN: WIE DIE ALIIERTEN UND IHRE FLIEGER BERLIN VERSORGTEN

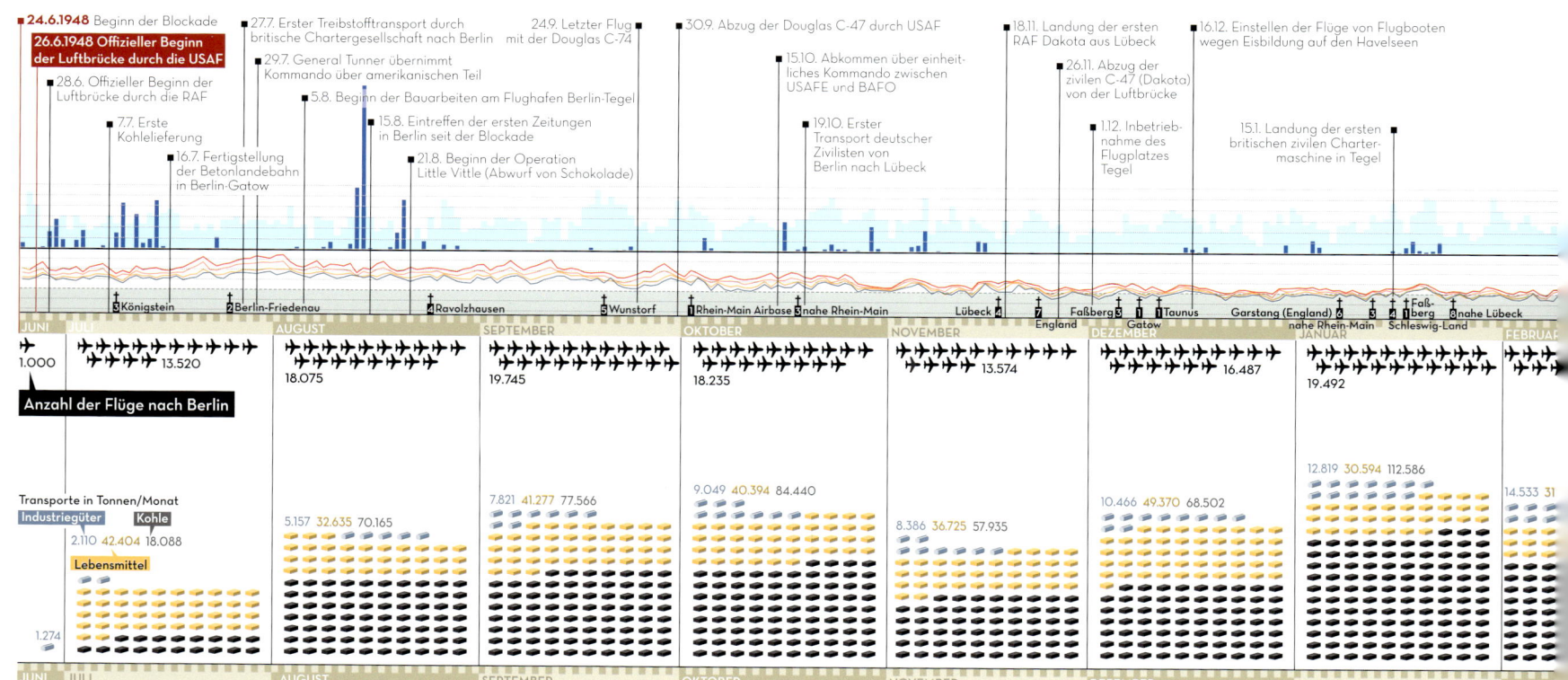

- 24.6.1948 Beginn der Blockade
- 26.6.1948 Offizieller Beginn der Luftbrücke durch die USAF
- 28.6. Offizieller Beginn der Luftbrücke durch die RAF
- 7.7. Erste Kohlelieferung
- 16.7. Fertigstellung der Betonlandebahn in Berlin-Gatow
- 27.7. Erster Treibstofftransport durch britische Chartergesellschaft nach Berlin
- 29.7. General Tunner übernimmt Kommando über amerikanischen Teil
- 5.8. Beginn der Bauarbeiten am Flughafen Berlin-Tegel
- 15.8. Eintreffen der ersten Zeitungen in Berlin seit der Blockade
- 21.8. Beginn der Operation Little Vittle (Abwurf von Schokolade)
- 24.9. Letzter Flug mit der Douglas C-74
- 30.9. Abzug der Douglas C-47 durch USAF
- 15.10. Abkommen über einheitliches Kommando zwischen USAFE und BAFO
- 19.10. Erster Transport deutscher Zivilisten von Berlin nach Lübeck
- 18.11. Landung der ersten RAF Dakota aus Lübeck
- 26.11. Abzug der zivilen C-47 (Dakota) von der Luftbrücke
- 1.12. Inbetriebnahme des Flugplatzes Tegel
- 16.12. Einstellen der Flüge von Flugbooten wegen Eisbildung auf den Havelseen
- 15.1. Landung der ersten britischen zivilen Chartermaschine in Tegel

Königstein · Berlin-Friedenau · Ravolzhausen · Wunstorf · Rhein-Main Airbase · nahe Rhein-Main · Lübeck · England · Faßberg · Gatow · Taunus · Garstang (England) · nahe Rhein-Main · Faßberg · Schleswig-Land · nahe Lübeck

JUNI JULI AUGUST SEPTEMBER OKTOBER NOVEMBER DEZEMBER JANUAR FEBRUAR

1.000
Anzahl der Flüge nach Berlin

JULI	AUGUST	SEPTEMBER	OKTOBER	NOVEMBER	DEZEMBER	JANUAR	FEBRUAR
13.520	18.075	19.745	18.235	13.574	16.487	19.492	

Transporte in Tonnen/Monat
Industriegüter · Kohle
Lebensmittel

JULI	AUGUST	SEPTEMBER	OKTOBER	NOVEMBER	DEZEMBER	JANUAR	FEBRUAR
2.110 / 42.404 / 18.088	5.157 / 32.635 / 70.165	7.821 / 41.277 / 77.566	9.049 / 40.394 / 84.440	8.386 / 36.725 / 57.935	10.466 / 49.370 / 68.502	12.819 / 30.594 / 112.586	14.533 / 31
1.274							

JUNI JULI AUGUST SEPTEMBER OKTOBER NOVEMBER DEZEMBER JANUAR FEBRUAR

DIE EINGESETZTEN FLUGZEUGTYPEN

Die Westmächte setzten insgesamt 18 verschiedene Flugzeugtypen während der Luftbrücke ein, die alle zusammen zu insgesamt 279.114 Einsätzen kamen. Darunter gab es auch eine Vielzahl an Flugzeugtypen ziviler Charter- und Fluggesellschaften, die ihre Flugzeuge in den Dienst der Luftbrücke stellten.

ARBEITSPFERDE
Die Anfangs verfügbaren C-47 wurden nach und nach durch die leistungsstärkere C-54 ersetzt. Mit ihnen wurde größtenteils die Kohle transportiert. Die Briten setzten darüber hinaus auch noch einige Avro Yorks und die fabrikneuen Hastings ein.

TANKFLUGZEUGE
Die Tanker flogen hauptsächlich von Schleswig nach Gatow. Es kamen unterschiedlichste Flugzeuge zum Einsatz. So waren viele der eingesetzten Tankflugzeuge umgebaute Bomber aus dem Zweiten Weltkrieg.

*Cirka-Angaben **Anzahl unbekannt
L/S/H: Länge/Spannweite/Höhe

Leergewicht in kg • Geschwindigkeit in km/h
Startgewicht in kg • Reichweite in km
Royal Air Force (Großbritannien) • US Air Force US Navy (USA) • Armée de l'Air (Frankreich)

Anzahl der eingesetzten Flugzeuge*

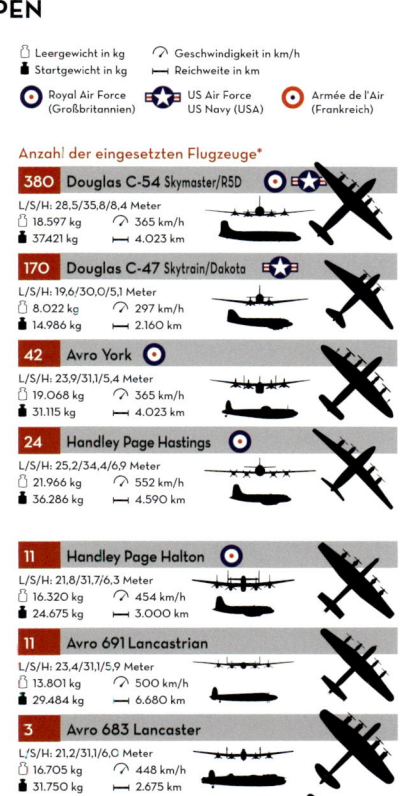

380	Douglas C-54 Skymaster/R5D
L/S/H: 28,5/35,8/8,4 Meter	
18.597 kg	365 km/h
37.421 kg	4.023 km

170	Douglas C-47 Skytrain/Dakota
L/S/H: 19,6/30,0/5,1 Meter	
8.022 kg	297 km/h
14.986 kg	2.160 km

42	Avro York
L/S/H: 23,9/31,1/5,4 Meter	
19.068 kg	365 km/h
31.115 kg	4.023 km

24	Handley Page Hastings
L/S/H: 25,2/34,4/6,9 Meter	
21.966 kg	552 km/h
36.286 kg	4.590 km

11	Handley Page Halton
L/S/H: 21,8/31,7/6,3 Meter	
16.320 kg	454 km/h
24.675 kg	3.000 km

11	Avro 691 Lancastrian
L/S/H: 23,4/31,1/5,9 Meter	
13.801 kg	500 km/h
29.484 kg	6.680 km

3	Avro 683 Lancaster
L/S/H: 21,2/31,1/6,0 Meter	
16.705 kg	448 km/h
31.750 kg	2.675 km

2	Avro 688 Tudor Freighter
L/S/H: 24,2/36,6/6,4 Meter	
21.754 kg	512 km/h
32.205 kg	5.840 km

3	Liberator B-24D Consolidated
L/S/H: 20,2/33,5/5,5 Meter	
14.470 kg	480 km/h
25.401 kg	3.360 km

FLUGBOOTE
In Hamburg-Finkenwerder auf der Elbe gestartet landeten die Flugboote wieder auf dem Wannsee in Berlin. Drei Monate lang wurde hauptsächlich Salz auf diesem Wege transportiert.

SPEZIALTRANSPORTER
Die C-82 hatte im Heck eine Klapptür und konnte so sehr gut Fahrzeuge und Baumaschinen transportieren. Die Globemaster und die Stratofreighter waren hauptsächlich zwischen Deutschland und den USA für den Nachschub im Einsatz. Sie transportierten meist komplette Ersatztriebwerke für die C-54-Flotte.

WEITERE FLUGZEUGTYPEN IM EINSATZ
Es kamen noch einige weitere zivile Frachtflugzeuge zum Einsatz. Die hier aufgelisteten sind bekannt, darunter auch Flieger der französischen Luftwaffe. Vier Junkers Ju 52 flogen jeweils drei mal von Wunstorf aus nach Berlin und zurück. Eine weitere C-47 der französischen Luftwaffe startete von Baden-Baden aus nach Berlin, allerdings nur, um die eigenen Truppen zu versorgen.

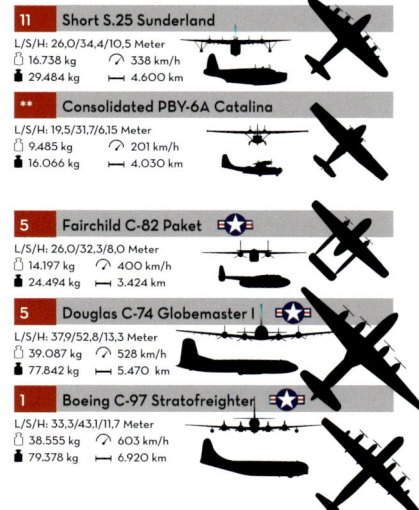

11	Short S.25 Sunderland
L/S/H: 26,0/34,4/10,5 Meter	
16.738 kg	338 km/h
29.484 kg	4.600 km

**	Consolidated PBY-6A Catalina
L/S/H: 19,5/31,7/6,15 Meter	
9.485 kg	201 km/h
16.066 kg	4.030 km

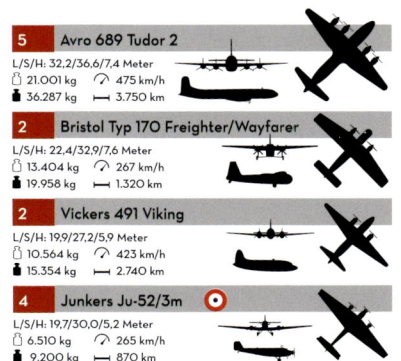

5	Fairchild C-82 Paket
L/S/H: 26,0/32,3/8,0 Meter	
14.197 kg	400 km/h
24.494 kg	3.424 km

5	Douglas C-74 Globemaster I
L/S/H: 37,9/52,8/13,3 Meter	
39.087 kg	528 km/h
77.842 kg	5.470 km

1	Boeing C-97 Stratofreighter
L/S/H: 33,3/43,1/11,7 Meter	
38.555 kg	603 km/h
79.378 kg	6.920 km

5	Avro 689 Tudor 2
L/S/H: 32,2/36,6/7,4 Meter	
21.001 kg	475 km/h
36.287 kg	3.750 km

2	Bristol Typ 170 Freighter/Wayfarer
L/S/H: 22,4/32,9/7,6 Meter	
13.404 kg	267 km/h
19.958 kg	1.320 km

2	Vickers 491 Viking
L/S/H: 19,9/27,2/5,9 Meter	
10.564 kg	423 km/h
15.354 kg	2.740 km

4	Junkers Ju-52/3m
L/S/H: 19,7/30,0/5,2 Meter	
6.510 kg	265 km/h
9.200 kg	870 km

15./16.4.49 Osterparade:
Am Rekordtag landet und startet innerhalb von 24 Stunden alle 31 Sekunden ein Transportflugzeug

■ USAF (US Air Force)
■ RAF (Royal Air Force)

Flughafen:	Anzahl der Flüge:	
Tempelhof	515	
Gatow	259	208
Tegel	298	64

Insgesamt 1.344 Flüge

Flughafen:	Ladung in Tonnen:	
Tempelhof	4.253	
Gatow	2.327	1.274
Tegel	2.739	454

Insgesamt 11.047 t

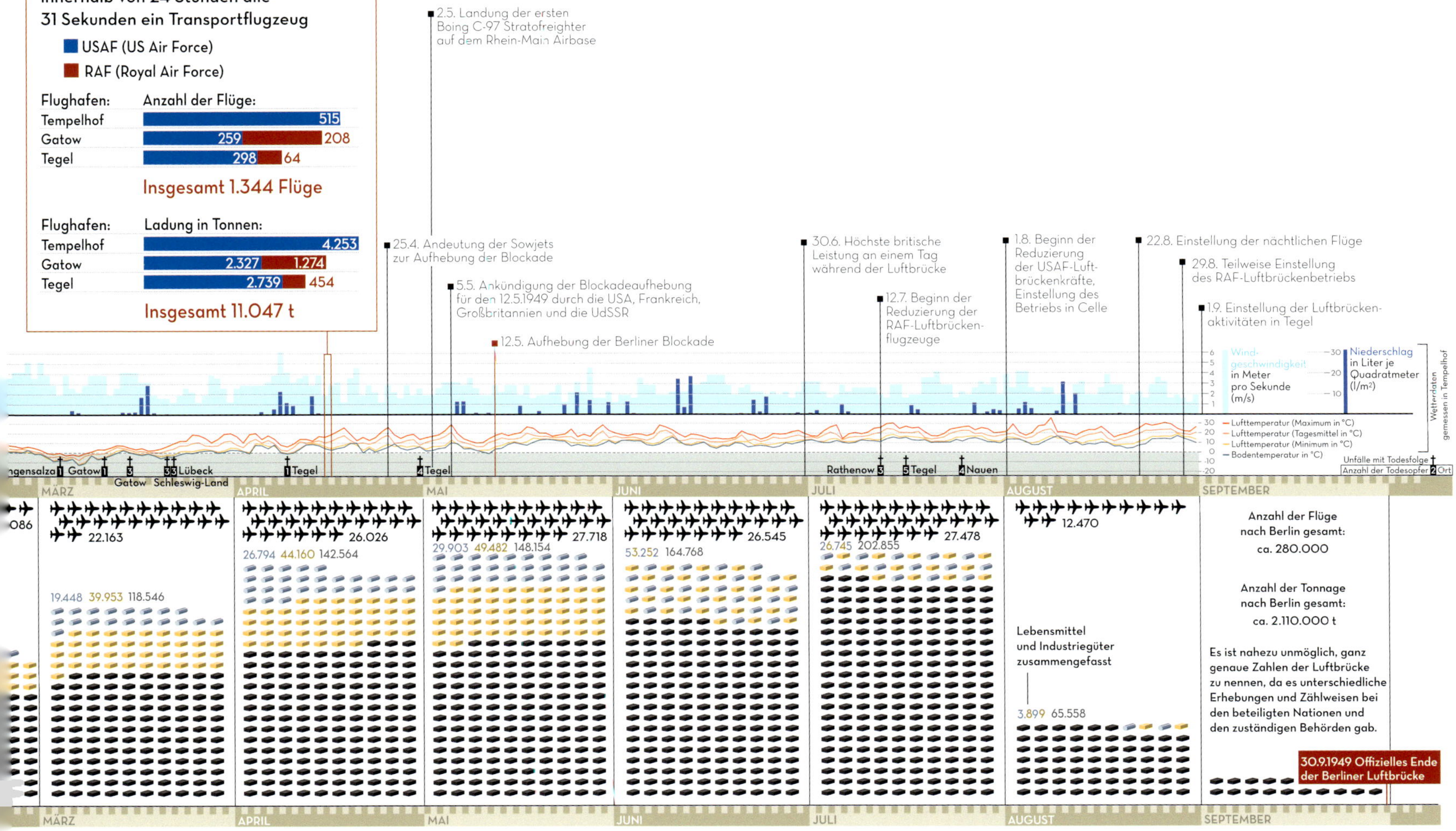

■ 2.5. Landung der ersten Boing C-97 Stratofreighter auf dem Rhein-Main Airbase

■ 25.4. Andeutung der Sowjets zur Aufhebung der Blockade

■ 5.5. Ankündigung der Blockadeaufhebung für den 12.5.1949 durch die USA, Frankreich, Großbritannien und die UdSSR

■ 12.5. Aufhebung der Berliner Blockade

■ 30.6. Höchste britische Leistung an einem Tag während der Luftbrücke

■ 12.7. Beginn der Reduzierung der RAF-Luftbrückenflugzeuge

■ 1.8. Beginn der Reduzierung der USAF-Luftbrückenkräfte, Einstellung des Betriebs in Celle

■ 22.8. Einstellung der nächtlichen Flüge

■ 29.8. Teilweise Einstellung des RAF-Luftbrückenbetriebs

■ 1.9. Einstellung der Luftbrückenaktivitäten in Tegel

Windgeschwindigkeit in Meter pro Sekunde (m/s)
Niederschlag in Liter je Quadratmeter (l/m²)
Wetterdaten gemessen in Tempelhof

— Lufttemperatur (Maximum in °C)
— Lufttemperatur (Tagesmittel in °C)
— Lufttemperatur (Minimum in °C)
— Bodentemperatur (in °C)

Unfälle mit Todesfolge | Anzahl der Todesopfer | Ort

MÄRZ | APRIL | MAI | JUNI | JULI | AUGUST | SEPTEMBER

Langensalza | Gatow | Gatow | Lübeck | Schleswig-Land | Tegel | Tegel | Rathenow | Tegel | Nauen

MÄRZ	APRIL	MAI	JUNI	JULI	AUGUST	SEPTEMBER
22.163	26.026	27.718	26.545	27.478	12.470	
19.448 39.953 118.546	26.794 44.160 142.564	29.903 49.482 148.154	53.252 164.768	26.745 202.855		

Anzahl der Flüge nach Berlin gesamt: ca. 280.000

Anzahl der Tonnage nach Berlin gesamt: ca. 2.110.000 t

Es ist nahezu unmöglich, ganz genaue Zahlen der Luftbrücke zu nennen, da es unterschiedliche Erhebungen und Zählweisen bei den beteiligten Nationen und den zuständigen Behörden gab.

Lebensmittel und Industriegüter zusammengefasst

3.899 65.558

30.9.1949 Offizielles Ende der Berliner Luftbrücke

Lager- und Umschlagplätze

Kohle-Abladerutsche an der Havel (Verschiffung) **1**
Westhafen (Kohlelager und Verschiffung) **2**
EFHA-Werke (Lagerhaus für Lebensmittel) **3**
Güterbahnhof Tempelhof (Lagerhaus) **4**
Maggi (Lagerhaus für Lebensmittel) **5**
WTAG (Lagerhaus) **6**
VAUBEKA (Kohlelager und Verschiffung) **7**
Sarotti (Lagerhaus für Lebensmittel) **8**
Hafen Tempelhof (Lagerhaus/Kohleverschiffung) **9**
Andrews Barracks (US Army) **10**
McNair Barracks/Depot (US Army) **11**

Mit Kohle belieferte Gaswerke 1948/49
GW Mariendorf **1**
GW Neukölln **2**

West-Berliner Kraftwerke 1948/49
KW Spandau **1**
KW Unterspree **2**
KW West (Wiederaufbau ab 6.4.49) **3**
KW Charlottenburg **4**
KW Moabit **5**
KW Wilmersdorf **6**
KW Schöneberg **7**
KW Steglitz **8**

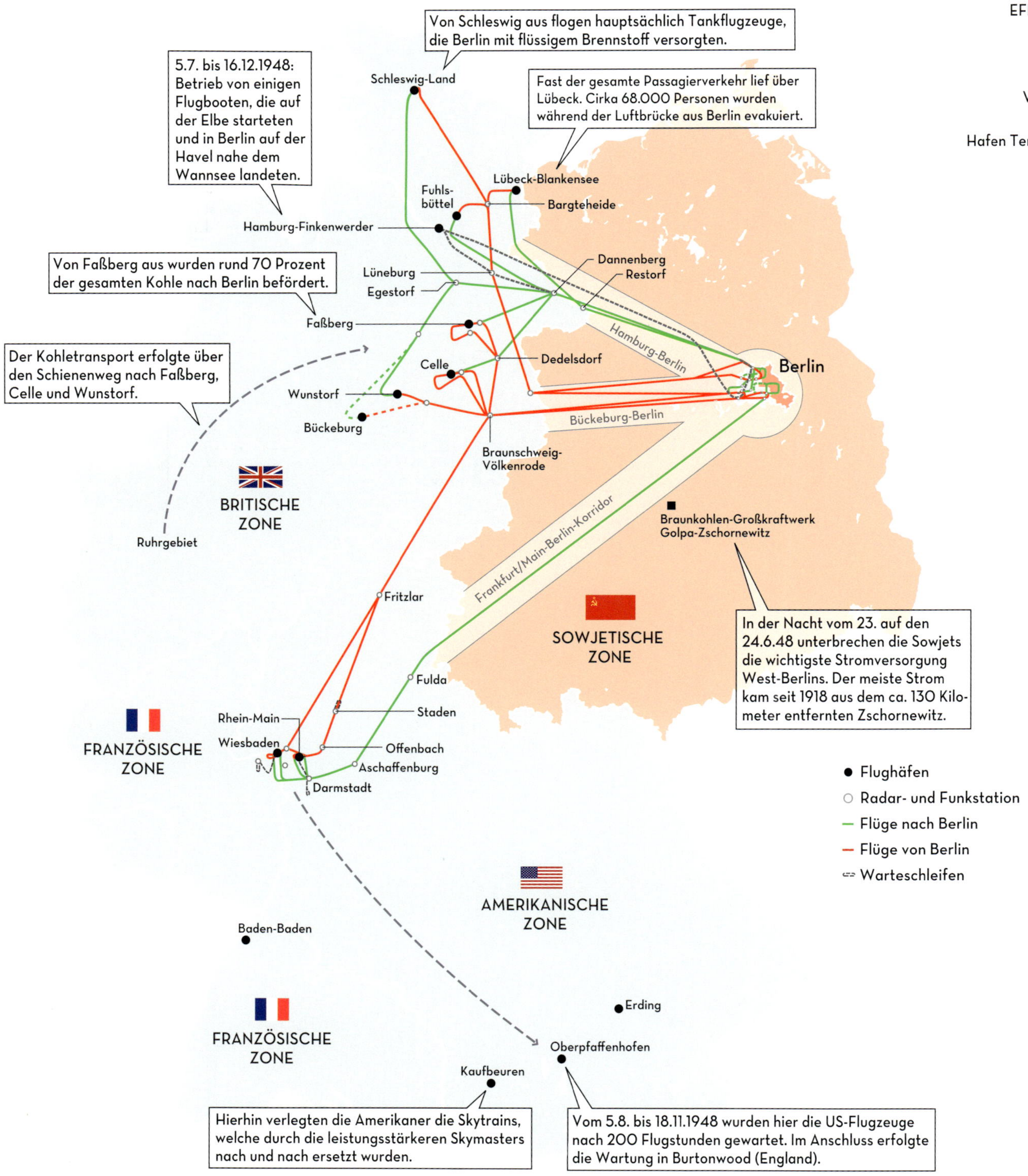

Von Schleswig aus flogen hauptsächlich Tankflugzeuge, die Berlin mit flüssigem Brennstoff versorgten.

5.7. bis 16.12.1948: Betrieb von einigen Flugbooten, die auf der Elbe starteten und in Berlin auf der Havel nahe dem Wannsee landeten.

Fast der gesamte Passagierverkehr lief über Lübeck. Cirka 68.000 Personen wurden während der Luftbrücke aus Berlin evakuiert.

Von Faßberg aus wurden rund 70 Prozent der gesamten Kohle nach Berlin befördert.

Der Kohletransport erfolgte über den Schienenweg nach Faßberg, Celle und Wunstorf.

In der Nacht vom 23. auf den 24.6.48 unterbrechen die Sowjets die wichtigste Stromversorgung West-Berlins. Der meiste Strom kam seit 1918 aus dem ca. 130 Kilometer entfernten Zschornewitz.

Schleswig-Land
Fuhls-büttel
Lübeck-Blankensee
Bargteheide
Hamburg-Finkenwerder
Dannenberg
Restorf
Lüneburg
Egestorf
Faßberg
Celle
Dedelsdorf
Berlin
Wunstorf
Bückeburg
Braunschweig-Völkenrode
Hamburg-Berlin
Bückeburg-Berlin
Frankfurt/Main-Berlin-Korridor

Ruhrgebiet

BRITISCHE ZONE

SOWJETISCHE ZONE

Braunkohlen-Großkraftwerk Golpa-Zschornewitz

Fritzlar
Fulda
Staden
Rhein-Main
Wiesbaden
Offenbach
Aschaffenburg
Darmstadt

FRANZÖSISCHE ZONE

AMERIKANISCHE ZONE

Baden-Baden

Erding
Oberpfaffenhofen
Kaufbeuren

FRANZÖSISCHE ZONE

Hierhin verlegten die Amerikaner die Skytrains, welche durch die leistungsstärkeren Skymasters nach und nach ersetzt wurden.

Vom 5.8. bis 18.11.1948 wurden hier die US-Flugzeuge nach 200 Flugstunden gewartet. Im Anschluss erfolgte die Wartung in Burtonwood (England).

● Flughäfen
○ Radar- und Funkstation
— Flüge nach Berlin
— Flüge von Berlin
〰 Warteschleifen

GRAFIK / RECHERCHE: GOLDEN SECTION GRAPHICS / ERSCHIENEN IN: BERLINER MORGENPOST, WELT AM SONNTAG

FLUGHAFEN TEMPELHOF

Die im Minutentakt landenden Flugzeuge reihten sich auf dem Vorfeld des Tempelhofer Flughafens ein. Innerhalb von 15 Minuten wurde die Fracht eines Fliegers von bereitstehenden Einsatzkräften auf Lkw verladen (1). Die Ladung wurde dem Hauptquartier (2) und der Zählstation (3) gemeldet, bevor es zu einer der zwei Rampen ging. Zur Kohlerampe (4) kamen die Kohlesäcke, dort wurden sie entleert und in Wagons verfrachtet. Eine Dampflok fuhr die Kohle zum 4,5 Kilometer entfernten VAUBEKA-Umschlagplatz am Teltow-Kanal. Für die Fahrt brauchte sie eine ganze Stunde. Die anderen Stückgüter und Lebensmittel kamen an die Magistratsrampe (5). Dort wurden sie sortiert und mit zivilen Lkw zu den zahlreichen Lager- und Umschlagplätzen gebracht (siehe Berlin-Karte rechts). Der Flughafen wurde am 30. Oktober 2008 für immer geschlossen.

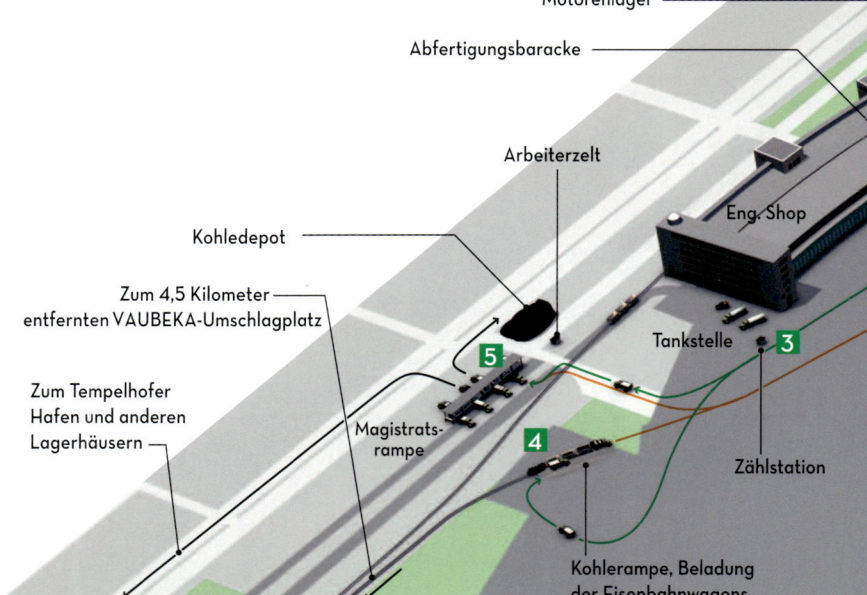

Export militärischer Beförderungsgüter

„Little White House" Hauptquartier (TCAHT)

Motorenlager

Abfertigungsbaracke

Arbeiterzelt

Eng. Shop

Kohledepot

Zum 4,5 Kilometer entfernten VAUBEKA-Umschlagplatz

Tankstelle

Zum Tempelhofer Hafen und anderen Lagerhäusern

Magistrats-rampe

Zählstation

Kohlerampe, Beladung der Eisenbahnwagons

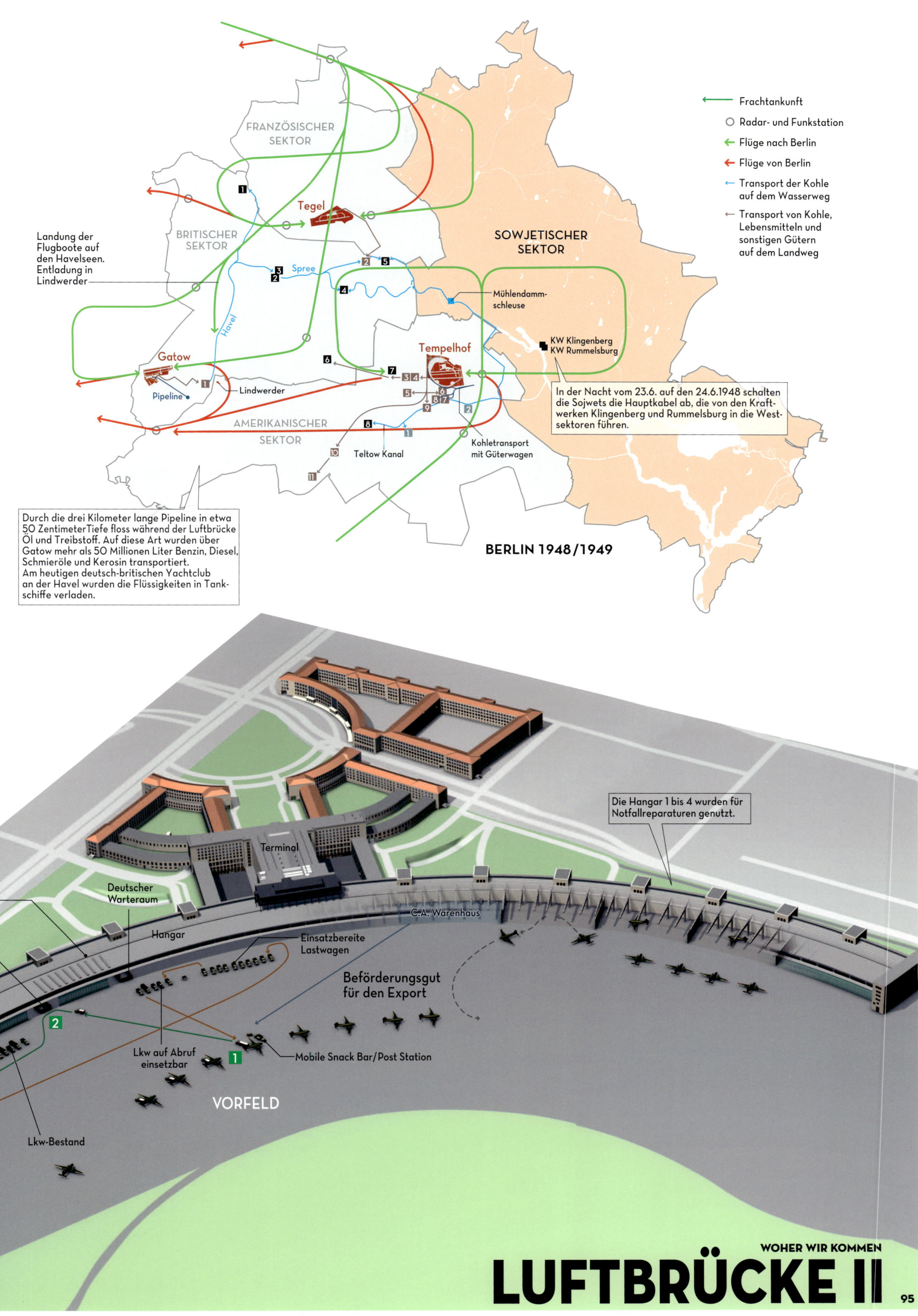

Legende

→ Frachtankunft
○ Radar- und Funkstation
← Flüge nach Berlin
← Flüge von Berlin
→ Transport der Kohle auf dem Wasserweg
→ Transport von Kohle, Lebensmitteln und sonstigen Gütern auf dem Landweg

FRANZÖSISCHER SEKTOR

BRITISCHER SEKTOR

SOWJETISCHER SEKTOR

AMERIKANISCHER SEKTOR

Tegel

Gatow

Pipeline

Lindwerder

Spree

Havel

Tempelhof

Mühlendamm-schleuse

KW Klingenberg
KW Rummelsburg

Kohletransport mit Güterwagen

Teltow Kanal

Landung der Flugboote auf den Havelseen. Entladung in Lindwerder

In der Nacht vom 23.6. auf den 24.6.1948 schalten die Sojwets die Hauptkabel ab, die von den Kraftwerken Klingenberg und Rummelsburg in die Westsektoren führen.

Durch die drei Kilometer lange Pipeline in etwa 50 Zentimeter Tiefe floss während der Luftbrücke Öl und Treibstoff. Auf diese Art wurden über Gatow mehr als 50 Millionen Liter Benzin, Diesel, Schmieröle und Kerosin transportiert. Am heutigen deutsch-britischen Yachtclub an der Havel wurden die Flüssigkeiten in Tankschiffe verladen.

BERLIN 1948/1949

Die Hangar 1 bis 4 wurden für Notfallreparaturen genutzt.

Terminal

Deutscher Warteraum

Hangar

Einsatzbereite Lastwagen

C.A. Warenhaus

Beförderungsgut für den Export

Lkw auf Abruf einsetzbar

Mobile Snack Bar/Post Station

Lkw-Bestand

VORFELD

LUFTBRÜCKE II

1961-1989: Schichtweise Abschottung

Die sogenannten Grenzanlagen der DDR wurden in den 28 Jahren ihres Bestehens vom ersten bis zum letzten Tag ständig erweitert und ausgebaut. Die wichtigsten Bestandteile und Veränderungen aus dieser Zeit – verdichtet in vier Stufen

AUGUST 1961　　　　　　　　　　　　　　　　　　　　**1961–1965**

GRENZE ZWISCHEN OST- UND WEST-BERLIN – BESIEDELTES GEBIET

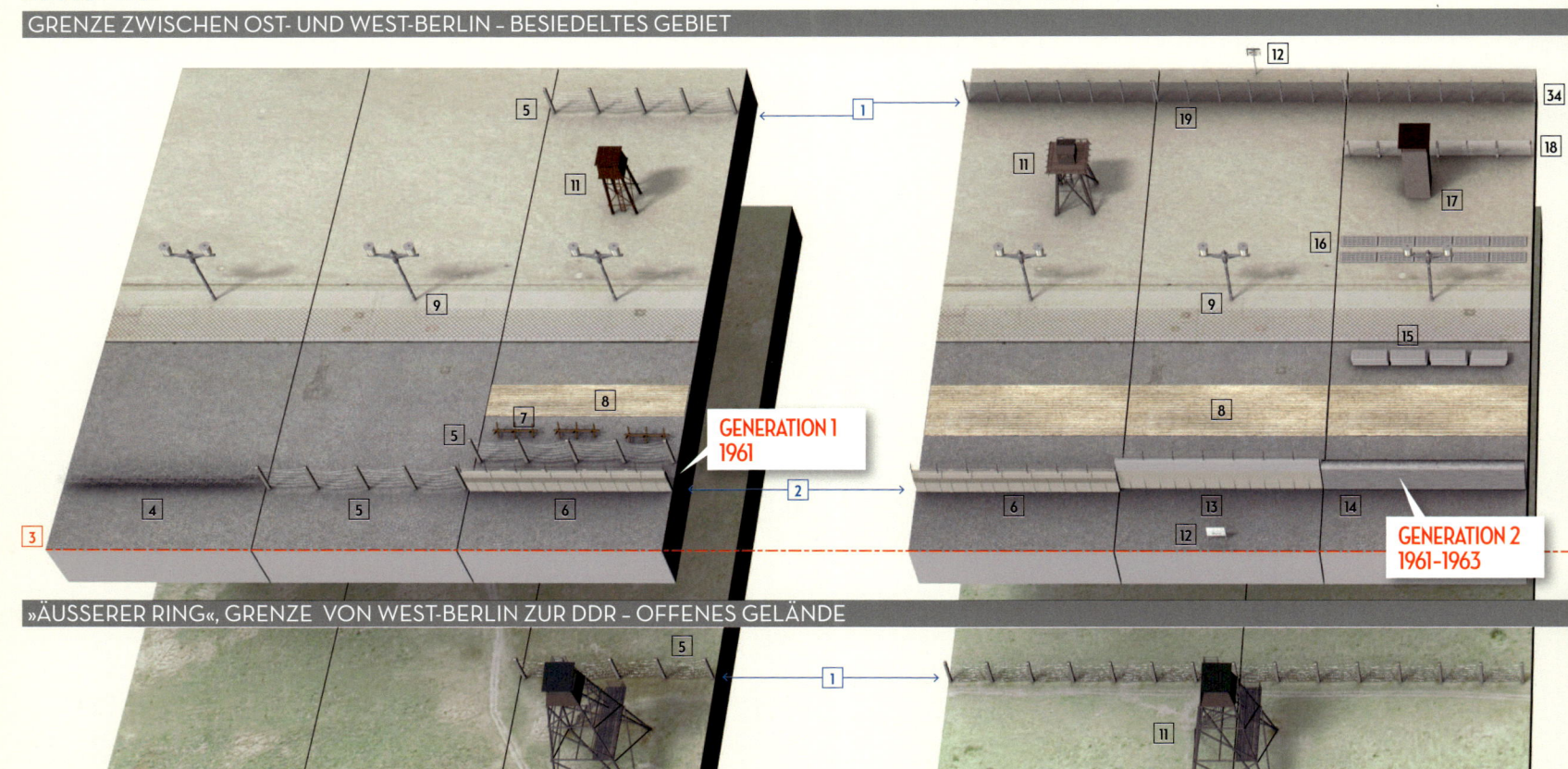

GENERATION 1
1961

GENERATION 2
1961–1963

»ÄUSSERER RING«, GRENZE VON WEST-BERLIN ZUR DDR – OFFENES GELÄNDE

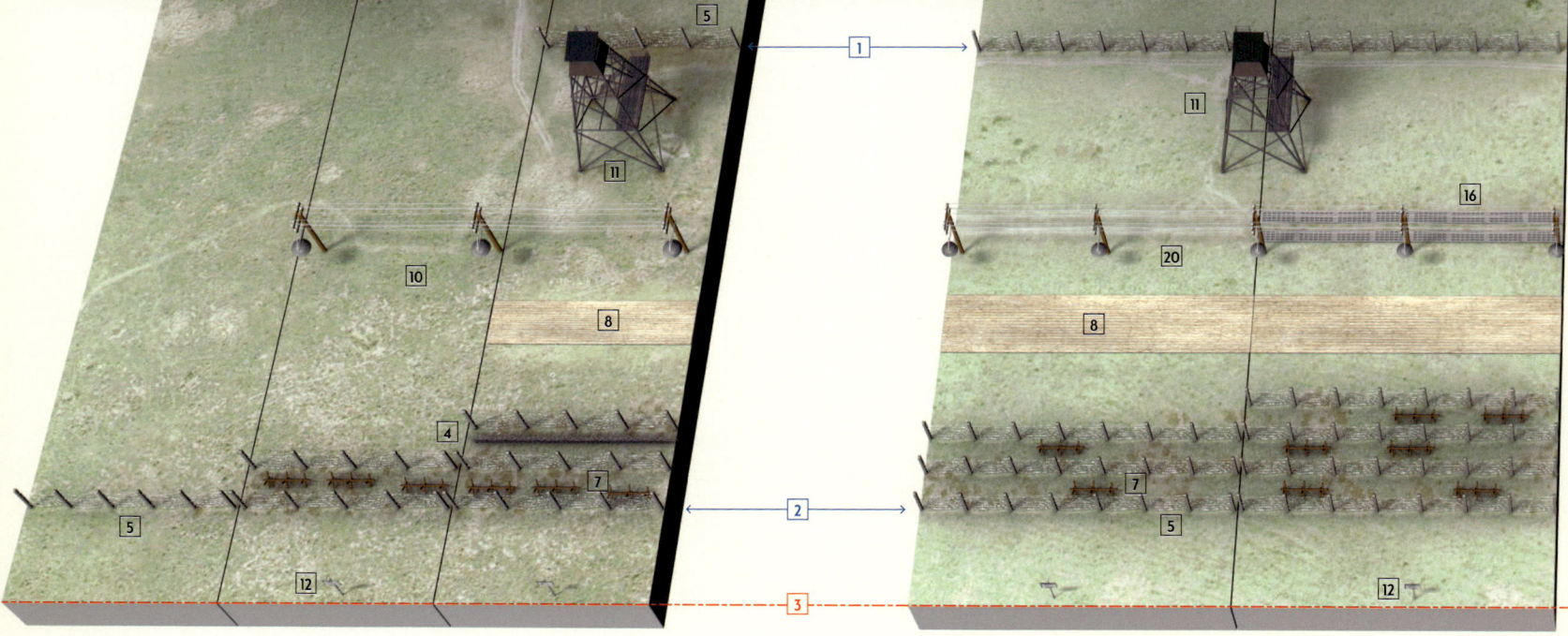

Die DDR fing zunächst an, die Sektorengrenzen mit einfachen Stacheldrahtrollen und Zäunen zu verbarrikadieren. Wenige Tage nach dem 13. August wurde die Mauer der ersten Generation errichtet.

In den Folgejahren wurde noch viel improvisiert. Die Mauer der ersten Generation wurde in der Innenstadt erhöht und verstärkt, je nachdem, was an Baumaterial vorhanden war (zweite Generation).

1 Hinterlandsperre	**6** Mauer der ersten Generation
2 Vorderes Sperrelement	**7** Höckersperren aus Holz
3 Sektoren- und Staatsgrenze	**8** Kontrollstreifen aus Sand
4 Stacheldraht	**9** Straßenlaternen
5 Stacheldrahtzäune mit Betonsäulen	**10** Improvisierte Beleuchtung
	11 Wachturm aus Holz

12 Warnschild	**17** Postenturm (gemauert)
13 Erhöhung der ersten Mauergeneration	**18** Elektrischer Alarmzaun
14 Zweite Mauergeneration aus Straßenbauplatten	**19** Einfacher Grenzzaun
15 Betonplatten als Kfz-Sperre	**20** Beleuchtung
16 Kolonnenweg aus Betonplatten (Lochbeton)	**21** Rot-weiß gestreifte Querstangen zur Markierung des Grenzgebietes

GRAFIK / RECHERCHE: GOLDEN SECTION GRAPHICS / ERSCHIENEN IN: IN GRAPHICS

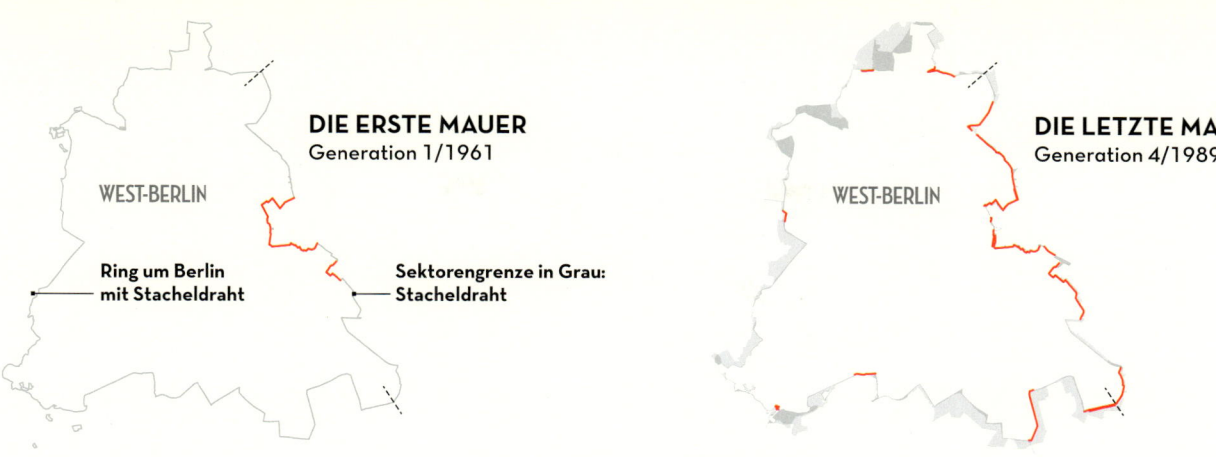

DIE ERSTE MAUER
Generation 1/1961

WEST-BERLIN

Ring um Berlin
mit Stacheldraht

Sektorengrenze in Grau:
Stacheldraht

DIE LETZTE MAUER
Generation 4/1989

WEST-BERLIN

1966–1975

1975–1989

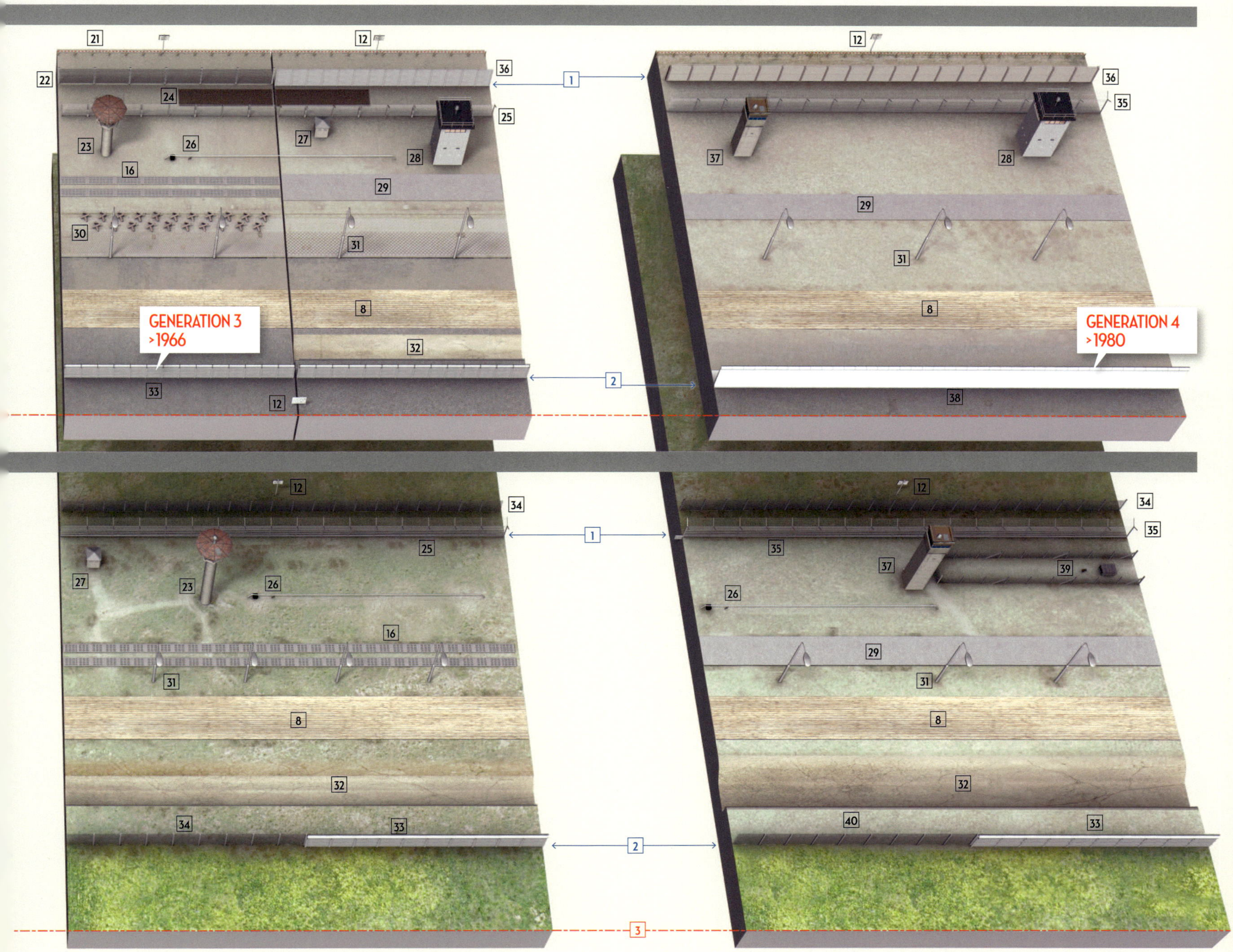

GENERATION 3
>1966

GENERATION 4
>1980

Ende der 1960er-Jahre wurden die Grenzanlagen dann planmäßig mithilfe von Betonfertigteilen ausgebaut. Die alten Holztürme wurden durch die neuen Rundblicktürme BT 6/9/11 ersetzt.

Anfang der 1980er-Jahre fand der letzte Ausbau statt. Die typische Mauer der vierten Generation und die neuen eckigen, stabileren Wachtürme sollten ein sauberes Bild der Grenze vermitteln.

22 Hinterlandsperrzaun	27 Erdbunker für zwei Mann	33 Mauer der dritten Generation aus Platten (Betonfertigteilen)	37 Beobachtungsturm BT 6/9 (eckig)
23 Beobachtungsturm BT 6/9/11	28 Führungsstelle (Füst)	34 Streckmetallgitterzaun	38 Grenzmauer 75 – Mauer der vierten Generation aus Betonfertigteilen
24 »Stalinrasen«, Flächensperren	29 Kolonnenweg aus Asphalt	35 Grenzsignalzaun 83 mit Unterkriechschutz	39 Hundelaufanlage 83
25 Grenzsignalzaun 74	30 »Spanische Reiter«, Kfz-Sperren	36 Hinterlandmauer (Platten)	40 Streckmetallgitterzaun, Grenzzaun I/83
26 Hundelaufanlagen	31 Lichttrasse		
	32 Kfz-Sperrgraben		

WOHER WIR KOMMEN

BAU DER MAUER

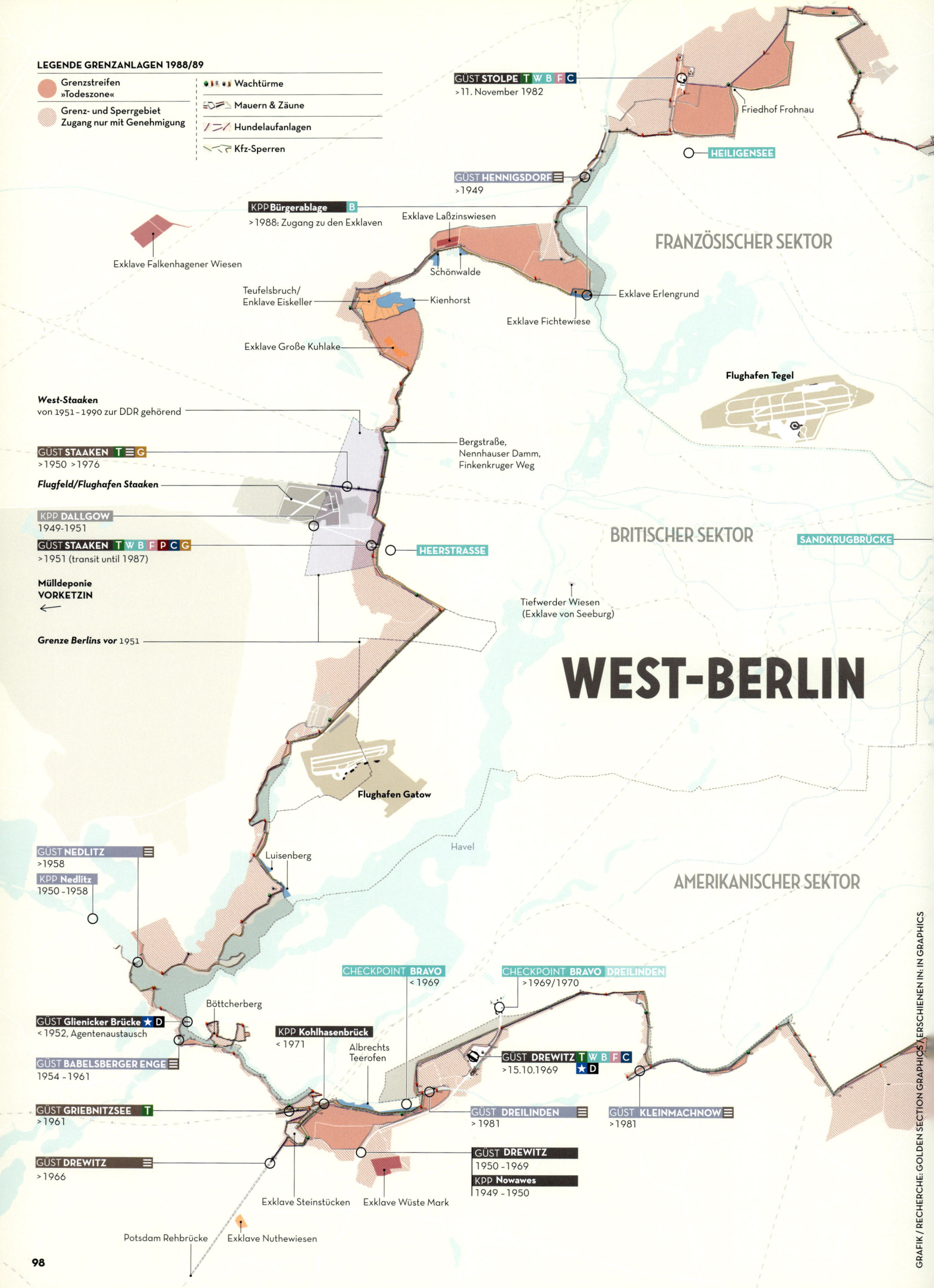

LEGENDE GRENZANLAGEN 1988/89

Grenzstreifen »Todeszone«

Grenz- und Sperrgebiet Zugang nur mit Genehmigung

Wachtürme

Mauern & Zäune

Hundelaufanlagen

Kfz-Sperren

GÜST STOLPE T W B F C
>11. November 1982

Friedhof Frohnau

HEILIGENSEE

GÜST HENNIGSDORF
>1949

FRANZÖSISCHER SEKTOR

KPP Bürgerablage B
>1988: Zugang zu den Exklaven

Exklave Laßzinswiesen

Exklave Falkenhagener Wiesen

Schönwalde

Teufelsbruch/ Enklave Eiskeller

Kienhorst

Exklave Erlengrund

Exklave Große Kuhlake

Exklave Fichtewiese

Flughafen Tegel

West-Staaken
von 1951–1990 zur DDR gehörend

Bergstraße, Nennhauser Damm, Finkenkruger Weg

GÜST STAAKEN T G
>1950 >1976

Flugfeld/Flughafen Staaken

KPP DALLGOW
1949-1951

BRITISCHER SEKTOR

SANDKRUGBRÜCKE

GÜST STAAKEN T W B F P C G
>1951 (transit until 1987)

HEERSTRASSE

Mülldeponie VORKETZIN

Tiefwerder Wiesen (Exklave von Seeburg)

Grenze Berlins vor 1951

WEST-BERLIN

Flughafen Gatow

GÜST NEDLITZ
>1958

KPP Nedlitz
1950 -1958

Luisenberg

Havel

AMERIKANISCHER SEKTOR

CHECKPOINT BRAVO
< 1969

CHECKPOINT BRAVO DREILINDEN
>1969/1970

Böttcherberg

GÜST Glienicker Brücke ★ D
< 1952, Agentenaustausch

KPP Kohlhasenbrück
< 1971

Albrechts Teerofen

GÜST DREWITZ T W B F C
>15.10.1969 ★ D

GÜST BABELSBERGER ENGE
1954 -1961

GÜST GRIEBNITZSEE T
>1961

GÜST DREILINDEN
>1981

GÜST KLEINMACHNOW
>1981

GÜST DREWITZ
>1966

GÜST DREWITZ
1950 -1969

KPP Nowawes
1949 -1950

Exklave Steinstücken

Exklave Wüste Mark

Potsdam Rehbrücke

Exklave Nuthewiesen

98

GRAFIK / RECHERCHE: GOLDEN SECTION GRAPHICS / ERSCHIENEN IN: IN GRAPHICS

1961–1989: Eine geteilte Stadt

Am 13. August 1961 riegelt die DDR die Grenzen zu West-Berlin ab. Das Provisorium wird bald zu einem weitverzweigten und scheinbar unüberwindbaren Bollwerk aus Mauern, Zäunen, Bunkern, Wachtürmen, Hundelaufanlagen, Kfz-Gräben und Barrieren. Allein an der Berliner Mauer starben mindestens 136 Menschen; sie wurden erschossen oder verunglückten. Doch so undurchlässig, wie sich die Anlagen den DDR-Flüchtlingen und -Bürgern präsentierten, war die Grenze nicht für Diplomaten, Ausländer, Alliierte und westdeutsche Besucher. Die Karte zeigt die offiziellen Übergangsstellen und von wem sie benutzt werden konnten

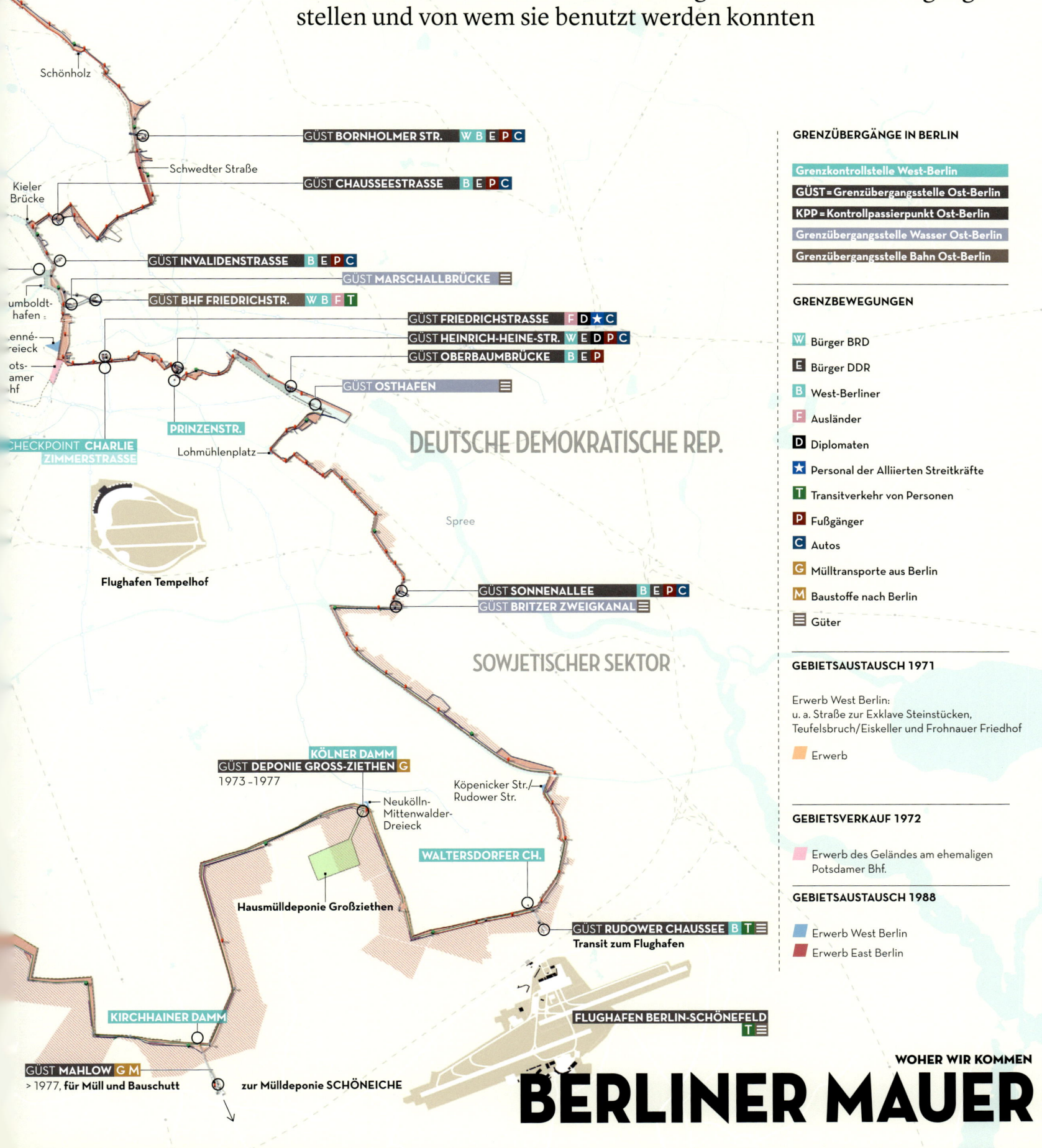

GRENZÜBERGÄNGE IN BERLIN

Grenzkontrollstelle West-Berlin
GÜST = Grenzübergangsstelle Ost-Berlin
KPP = Kontrollpassierpunkt Ost-Berlin
Grenzübergangsstelle Wasser Ost-Berlin
Grenzübergangsstelle Bahn Ost-Berlin

GRENZBEWEGUNGEN

W Bürger BRD
E Bürger DDR
B West-Berliner
F Ausländer
D Diplomaten
★ Personal der Alliierten Streitkräfte
T Transitverkehr von Personen
P Fußgänger
C Autos
G Mülltransporte aus Berlin
M Baustoffe nach Berlin
▤ Güter

GEBIETSAUSTAUSCH 1971

Erwerb West Berlin:
u. a. Straße zur Exklave Steinstücken,
Teufelsbruch/Eiskeller und Frohnauer Friedhof

Erwerb

GEBIETSVERKAUF 1972

Erwerb des Geländes am ehemaligen
Potsdamer Bhf.

GEBIETSAUSTAUSCH 1988

Erwerb West Berlin
Erwerb East Berlin

Mönch-
mühler
Str./
Lübars

Schönholz

GÜST **BORNHOLMER STR.** W B E P C

Kieler
Brücke

Schwedter Straße

GÜST **CHAUSSEESTRASSE** B E P C

GÜST **INVALIDENSTRASSE** B E P C

GÜST **MARSCHALLBRÜCKE** ▤

umboldt-
hafen

GÜST **BHF FRIEDRICHSTR.** W B F T

GÜST **FRIEDRICHSTRASSE** F D ★ C

enné-
reieck

GÜST **HEINRICH-HEINE-STR.** W E D P C

GÜST **OBERBAUMBRÜCKE** B E P

otsdamer
hf

GÜST **OSTHAFEN** ▤

PRINZENSTR.

DEUTSCHE DEMOKRATISCHE REP.

CHECKPOINT **CHARLIE**
ZIMMERSTRASSE

Lohmühlenplatz

Spree

Flughafen Tempelhof

GÜST **SONNENALLEE** B E P C
GÜST **BRITZER ZWEIGKANAL** ▤

SOWJETISCHER SEKTOR

KÖLNER DAMM
GÜST **DEPONIE GROSS-ZIETHEN** G
1973–1977

Köpenicker Str./
Rudower Str.

Neukölln-
Mittenwalder-
Dreieck

WALTERSDORFER CH.

Hausmülldeponie Großziethen

GÜST **RUDOWER CHAUSSEE** B T ▤
Transit zum Flughafen

KIRCHHAINER DAMM

FLUGHAFEN BERLIN-SCHÖNEFELD
T

GÜST **MAHLOW** G M
> 1977, für Müll und Bauschutt   zur Mülldeponie SCHÖNEICHE

WOHER WIR KOMMEN

BERLINER MAUER

09.00 Phase 1: Entwurf einer neuen Reiseregelung

Treffen einer Arbeitsgruppe der Ministerien des Innern und für Staatssicherheit

Auftrag: Ausarbeitung einer Vorlage zur Regelung der ständigen Ausreise aus der DDR

Treffpunkt: Ministerium des Innern der DDR, Mauerstraße

Ergebnis: Erweiterte Beschlussvorlage, die die ständige Ausreise und Privatreisen mit Visum erlaubt

Teilnehmer:
Gerhard Lauter (MdI)
Gotthard Hubrich
Hans-Joachim Krüger
Udo Lemme

ENTWURF

Weiterleitung des Entwurfs
Friedrich Dickel Innenminister der DDR

mehrfache Abstimmung
Rücksprache und Abstimmung des Entwurfs
Wolfgang Herger Leiter der Abteilung Sicherheit des ZK der SED

GENEHMIGT

Weiterleitung des Entwurfs

Weiterleitung und Einholen der Zustimmung bei den Spitzen des DDR-Apparates
Gerhard Neiber Stv. Minister für Staatssicherheit
Willi Stoph Vorsitzender des Ministerrates
Oskar Fischer Außenminister der DDR

12.00 Phase 2: Beschlussvorlage

MINISTERRAT

Harry Möbis Leiter des Sekretariats des Ministerrates

Weiterleitung des Ministerrates

Vorlagenabteilung des Ministerrates
Aus dem Entwurf wird eine Beschlussvorlage erstellt und vervielfältigt

Weiterleitung

TREFFEN DES POLITBÜROS DER SED

Egon Krenz Generalsekretär der SED

Krenz informiert etwa die Hälfte der Mitglieder des Politbüros in einer Raucherpause über den Inhalt der neuen Reiseregelungen

Diskussion und letztendlich Zustimmung im Politbüro

14.30 Phase 3: Dezentrale Abstimmung

MINISTERIEN

Beginn des Umlaufverfahrens im Ministerrat. Alle Ministerien haben bis 18 Uhr die Möglichkeit, Einspruch gegen die Beschlussvorlage zur Reiseregelung einzulegen. Widerspricht nur ein einziges Ministerium zu diesem Zeitpunkt, ist die Beschlussvorlage abgelehnt. Ansonsten gilt der Entwurf als verabschiedet und tritt in Kraft.

ZENTRALKOMITEE DER SED

Das Zentralkomitee erörtert den Entwurf in der Annahme, der Ministerrat hätte bereits zugestimmt. Nach kurzer Diskussion beschließen die Anwesenden das Papier. Die Wörter „zeitweilige Übergangsregelung" werden durch „Regelung" ersetzt.

Weiterleitung der Beschlussvorlage an alle Ministerien

BESCHLUSS-VORLAGE §

VERTEILUNG MINISTERIEN
28 der 44 Minister sind nicht in ihren Büros

Weiterleitung der Beschlussvorlage

Wolfgang Meyer Regierungssprecher

Zustimmung des Zentralkomitees

BESCHLUSS-VORLAGE § GENEHMIGT

Egon Krenz schlägt vor, dass der Regierungssprecher Meyer der Beschluss „sofort" veröffentlicht. Jedoch informiert er diesen nicht darüber.

Der 9. November 1989
Und plötzlich geht die Mauer auf!

Auf diesen Tag hatten Millionen Deutsche auf beiden Seiten der Mauer seit vielen Jahren gewartet. Viele hatten schon nicht mehr daran geglaubt, dass es jemals dazu kommen würde. Ganz bestimmt aber hatte niemand damit gerechnet, dass der Beginn vom Ende der deutschen Teilung so unspektakulär ablaufen würde. Es war während einer Pressekonferenz, als der Sekretär des Zentralkomitees der SED, Günter Schabowski, von einem Journalisten der italienischen Nachrichtenagentur ANSA gefragt wurde, wann denn die neuen Reisebestimmungen für DDR-Bürger in Kraft träten. Schabowski wirkt überascht, irritiert, stammelt etwas – und ringt sich dann ein „...unverzüglich" ab, das in Windeseile von den Medien verbreitet wird. Schon wenig später versammeln sich Zehntausende Ost-Berliner an den innerstädtischen Grenzübergängen, weil sie ausprobieren wollen, ob Schabowski die Wahrheit gesagt hat. Der Druck auf die überforderten DDR-Grenzer wächst, die ersten Schlagbäume gehen hoch, jubelnd ziehen Tausende Ostdeutsche in den Westteil der Stadt, die meisten zum ersten Mal in ihrem Leben. Auf den Straßen kommt es in der Nacht zu bewegenden Verbrüderungsszenen zwischen Ost- und Westdeutschen, beide Seiten können ihr Glück kaum fassen. Und alle ahnen: Dieser Tag wird in die Geschichte eingehen!

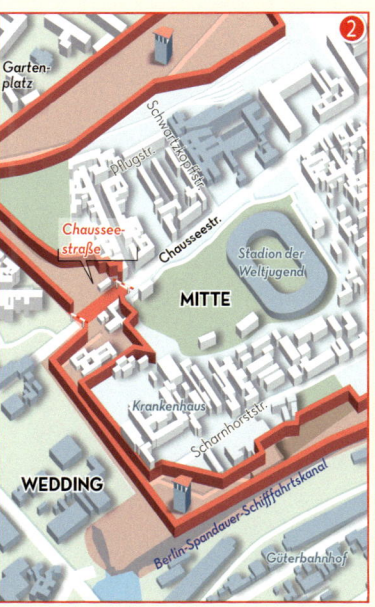

Der Übergang von Wedding nach Mitte gehörte zu den wenig beachteten Kontrollstellen. Benutzen durften ihn vor allem West-Berliner zu Privatbesuchen im Ostteil der Stadt. Am 9. November 1989 gingen hier gegen 23.40 Uhr die Schlagbäume auf. Wann genau die Grenzer die heimliche Ausbürgerung per Stempel einstellten, ist allerdings ungewiss.

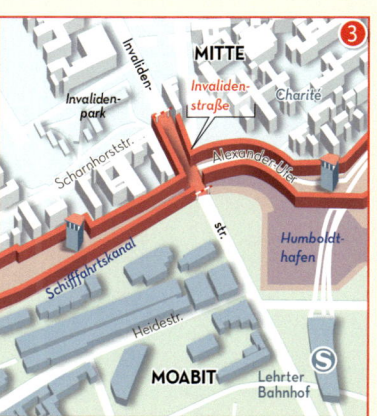

Der Übergang an der Charité stand immer wieder im Blickpunkt der Weltöffentlichkeit. Am 9. November 1989 hielten hier die Grenzer am längsten dem Druck stand und öffneten die Sperranlagen erst gegen Mitternacht. Weil hier Chaos auszubrechen drohte, schnappte sich Walter Momper ein Megafon und versuchte, die Lage zu beruhigen.

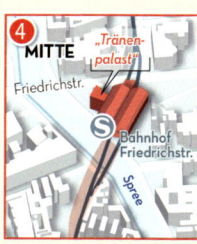

Die Kontrollstelle am Bahnhof Friedrichstraße ging erst in den frühen Morgenstunden des 10. November 1989 auf – wann genau, ist bis heute allerdings unklar.

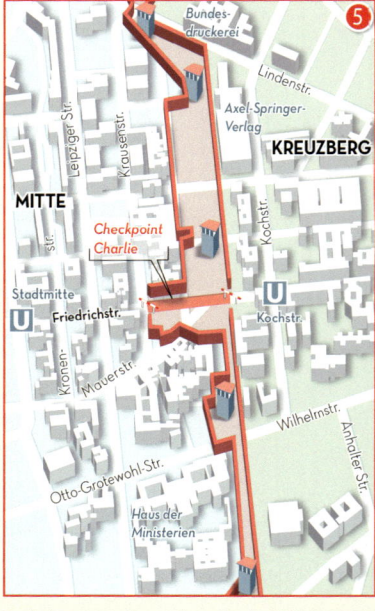

Der bekannteste Grenzübergang, im DDR-Deutsch „GÜSt Friedrichstraße" genannt, wurde am schärfsten kontrolliert. Denn ihn benutzten Diplomaten, deren Fahrzeuge nur in begründeten Ausnahmefällen kontrolliert werden durften. Viele Fluchthilfeaktionen liefen über diesen Übergang ab. Deshalb wurde hier zuerst ein Gerät zur radioaktiven Durchleuchtung von Autos installiert. Am 9. November 1989 gegen 20 Uhr versuchten Redakteure der „Tageszeitung", den Übergang von Westen her zu überschreiten, da wurden sie noch zurückgewiesen. Vier Stunden später stand auch dieser Übergang allen offen – und zwar in beiden Richtungen.

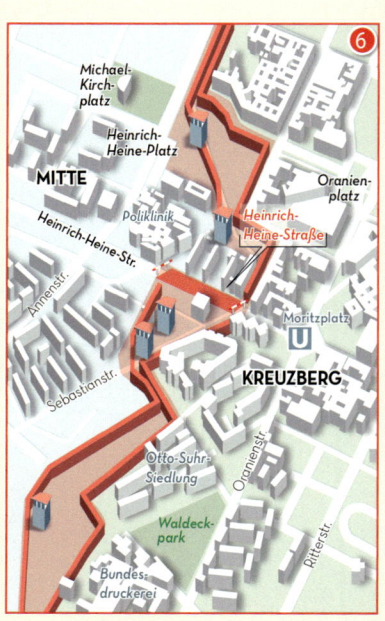

Die große Kontrollstelle diente Westdeutschen mit Autos als Übergang nach Ost-Berlin. Hier öffneten Grenztruppen und Stasi-Leute am 9. November 1989 gegen 23.35 Uhr die Schlagbäume – fünf Minuten nach der Bornholmer Straße.

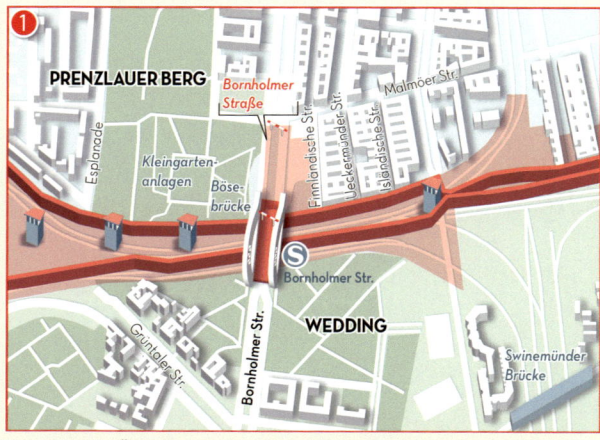

Stets stand der Übergang zwischen Prenzlauer Berg und Wedding im Schatten der Geschichte – bis zum 9. November 1989. Denn hier gaben die DDR-Grenzer zuerst auf, öffneten ziemlich genau um 23.30 Uhr die Schlagbäume und Tore. Hier brachten die Wachposten, teilweise Angehörige der Grenztruppen, teilweise der Staatssicherheit, den Vorgang auf die zynische Formel: „Wir fluten jetzt!"

GRAFIK: CHRISTIAN SCHLIPPES, JUTTA SETZER / RECHERCHE: SVEN FELIX KELLERHOFF / BERLINER MORGENPOST / BERLINER ILLUSTRIRTE ZEITUNG

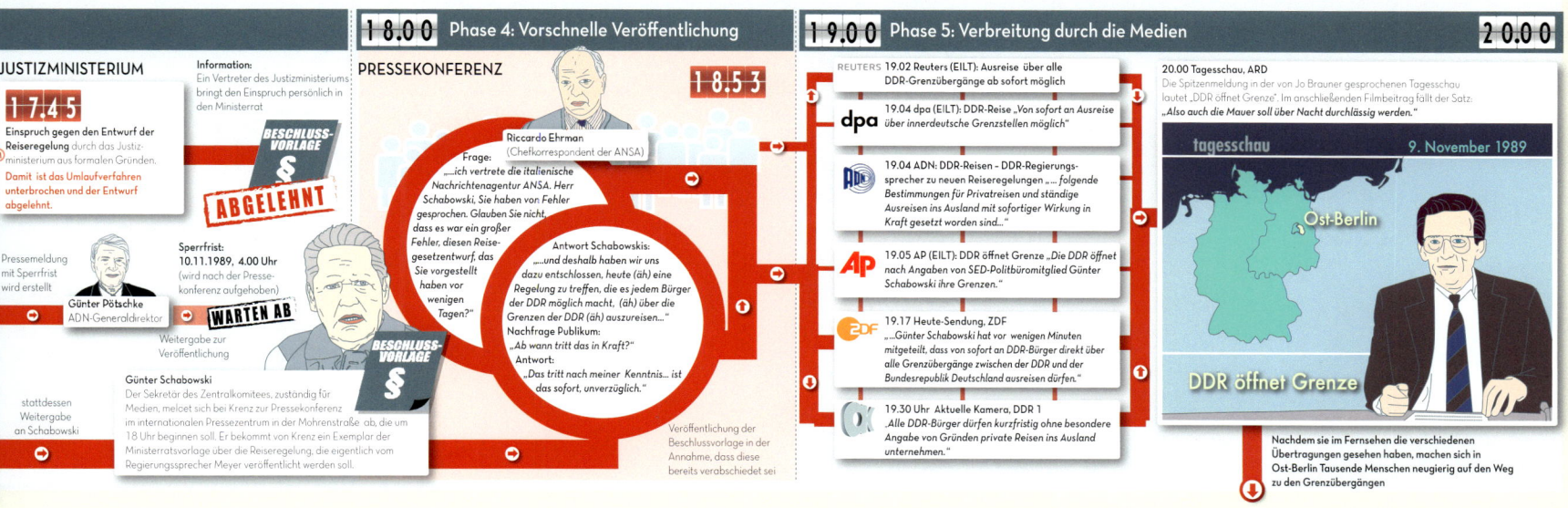

18.00 Phase 4: Vorschnelle Veröffentlichung   **19.00** Phase 5: Verbreitung durch die Medien   **20.00**

JUSTIZMINISTERIUM

17.45

Einspruch gegen den Entwurf der Reiseregelung durch das Justizministerium aus formalen Gründen.
Damit ist das Umlaufverfahren unterbrochen und der Entwurf abgelehnt.

Pressemeldung mit Sperrfrist wird erstellt

Günter Pötschke
ADN-Generaldirektor

Information:
Ein Vertreter des Justizministeriums bringt den Einspruch persönlich in den Ministerrat

Sperrfrist:
10.11.1989, 4.00 Uhr
(wird nach der Pressekonferenz aufgehoben)

WARTEN AB

Weitergabe zur Veröffentlichung

Günter Schabowski
Der Sekretär des Zentralkomitees, zuständig für Medien, meldet sich bei Krenz zur Pressekonferenz im internationalen Pressezentrum in der Mohrenstraße ab, um um 18 Uhr beginnen soll. Er bekommt von Krenz ein Exemplar der Ministerratsvorlage über die Reiseregelung, die eigentlich vom Regierungssprecher Meyer veröffentlicht werden soll.

stattdessen Weitergabe an Schabowski

BESCHLUSS-VORLAGE

ABGELEHNT

PRESSEKONFERENZ

18.53

Riccardo Ehrman
(Chefkorrespondent der ANSA)

Frage:
„...ich vertrete die italienische Nachrichtenagentur ANSA. Herr Schabowski, Sie haben von Fehler gesprochen. Glauben Sie nicht, dass es war ein großer Fehler, diesen Reisegesetzentwurf, das Sie vorgestellt haben vor wenigen Tagen?"

Antwort Schabowskis:
„...und deshalb haben wir uns dazu entschlossen, heute (äh) eine Regelung zu treffen, die es jedem Bürger der DDR möglich macht, (äh) über die Grenzen der DDR (äh) auszureisen..."
Nachfrage Publikum:
„Ab wann tritt das in Kraft?"
Antwort:
„Das tritt nach meiner Kenntnis... ist das sofort, unverzüglich."

BESCHLUSS-VORLAGE
§

Veröffentlichung der Beschlussvorlage in der Annahme, dass diese bereits verabschiedet sei

REUTERS 19.02 Reuters (EILT): Ausreise über alle DDR-Grenzübergänge ab sofort möglich

dpa 19.04 dpa (EILT): DDR-Reise „Von sofort an Ausreise über innerdeutsche Grenzstellen möglich"

ADN 19.04 ADN: DDR-Reisen – DDR-Regierungssprecher zu neuen Reiseregelungen „... folgende Bestimmungen für Privatreisen und ständige Ausreisen ins Ausland mit sofortiger Wirkung in Kraft gesetzt worden sind..."

AP 19.05 AP (EILT): DDR öffnet Grenze „Die DDR öffnet nach Angaben von SED-Politbüromitglied Günter Schabowski ihre Grenzen."

ZDF 19.17 Heute-Sendung, ZDF „...Günter Schabowski hat vor wenigen Minuten mitgeteilt, dass von sofort an DDR-Bürger direkt über alle Grenzübergänge zwischen der DDR und der Bundesrepublik Deutschland ausreisen dürfen."

19.30 Uhr Aktuelle Kamera, DDR 1 „Alle DDR-Bürger dürfen kurzfristig ohne besondere Angabe von Gründen private Reisen ins Ausland unternehmen."

20.00 Tagesschau, ARD
Die Spitzenmeldung in der von Jo Brauner gesprochenen Tagesschau lautet „DDR öffnet Grenze". Im anschließenden Filmbeitrag fällt der Satz: „Also auch die Mauer soll über Nacht durchlässig werden."

tagesschau   **9. November 1989**
Ost-Berlin
DDR öffnet Grenze

Nachdem sie im Fernsehen die verschiedenen Übertragungen gesehen haben, machen sich in Ost-Berlin Tausende Menschen neugierig auf den Weg zu den Grenzübergängen.

---

⑦

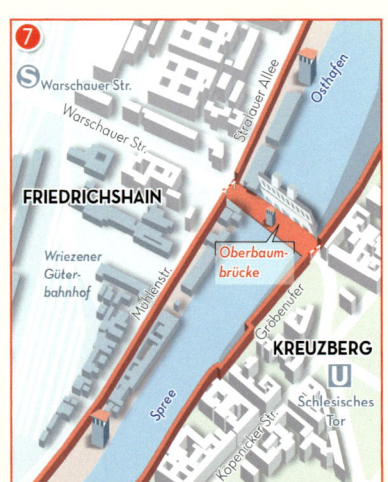

FRIEDRICHSHAIN
Warschauer Str.
Stralauer Allee
Osthafen
Warschauer Str.
Wriezener Güterbahnhof
Oberbaumbrücke
Mühlenstr.
Gröbenufer
Spree
Köpenicker Str.
KREUZBERG
Schlesisches Tor

Die Verbindung zwischen Friedrichshain und Kreuzberg war seit dem 13. August 1961 geschlossen. Erst 1963 konnten erstmals Fußgänger die Brücke wieder benutzen. Am 9. November 1989 gingen um 23.40 Uhr die Tore auf.

⑧

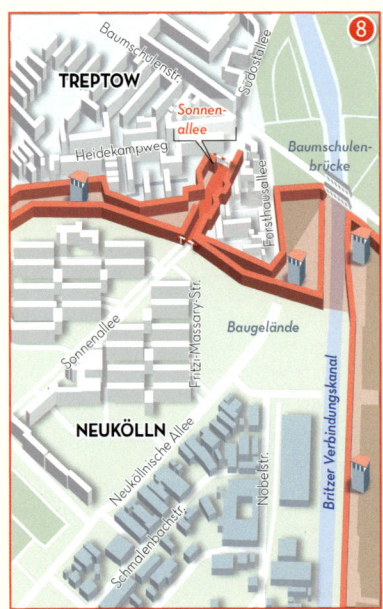

TREPTOW
Baumschulenstr.
Südostallee
Sonnenallee
Baumschulenbrücke
Heidekampweg
Harzer Str.
Fritz-Massary-Str.
Bouchéstr.
Baugelände
Sonnenallee
Neuköllnische Allee
Nixdorf
Schmalenbachstr.
Britzer Verbindungskanal
NEUKÖLLN

Die Kontrollstelle für West-Berliner wurde erst nach der deutschen Einheit durch den gleichnamigen Film von Leander Haussmann bekannt. Am 9. November 1989 erzwangen DDR-Bürger auch hier die Öffnung der Grenze – wahrscheinlich gleichzeitig mit den Vorgängen an der Bornholmer Straße. Der Kommandant der Kontrollstelle stand in Kontakt mit seinen Kollegen an der Bornholmer Straße. Doch weil an der Sonnenallee kein westliches Fernsehteam vor Ort war, wie Spiegel-TV an der Bornholmer Straße, gibt es darüber keine gesicherten Informationen.

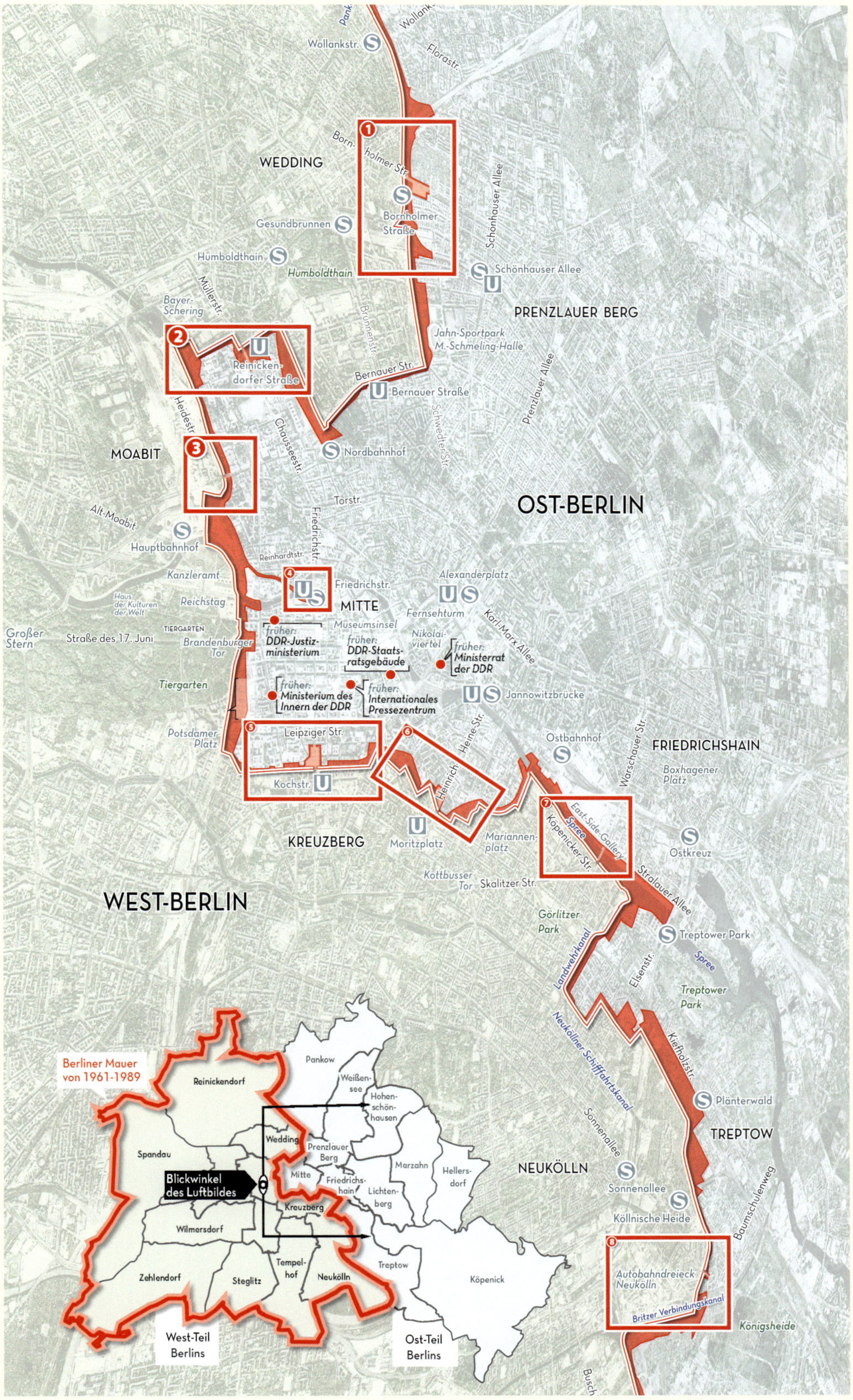

[Map of Berlin showing the Berlin Wall route with numbered locations]

Wollankstr.
Florastr.
Wollankstr.
① Bornholmer Str.
WEDDING
Schönhauser Allee
Gesundbrunnen
Bornholmer Straße
Schönhauser Allee
Humboldthain
Humboldthain
PRENZLAUER BERG
Bayer Schering
② Reinickendorfer Straße
Jahn-Sportpark M. Schmeling-Halle
Bernauer Str.
Müllerstr.
Bernauer Straße
Heidestr.
Chausseestr.
MOABIT
③
Nordbahnhof
Alt-Moabit
Torstr.
Reinhardtstr.
OST-BERLIN
Hauptbahnhof
Kanzleramt
Friedrichstr.
Alexanderplatz
Reichstag
④ Friedrichstr.
Haus der Kulturen der Welt
MITTE
Fernsehturm
Karl-Marx-Allee
Großer Stern
TIERGARTEN
Brandenburger Tor
Museumsinsel
früher: DDR-Justiz-ministerium
früher: DDR-Staatsrats-gebäude
Nikolaiviertel
früher: Ministerat der DDR
Straße des 17. Juni
Tiergarten
Ministerium des Innern der DDR
früher: Internationales Pressezentrum
Jannowitzbrücke
Potsdamer Platz
⑤ Leipziger Str.
Kochstr.
Ostbahnhof
Warschauer Str.
FRIEDRICHSHAIN
Boxhagener Platz
⑥ Heinrich-Heine-Str.
⑦ Ernst-Selm-Gasse, Köpenicker Str.
Stralauer Allee
Ostkreuz
WEST-BERLIN
KREUZBERG
Moritzplatz
Kottbusser Tor
Skalitzer Str.
Görlitzer Park
Spree
Treptower Park
Treptower Park
Landwehrkanal
Neuköllner Schifffahrtskanal
Eisenstr.
Treptower Park
Kiefholzstr.
Planterwald
TREPTOW
Berliner Mauer von 1961-1989
Pankow
Weißensee
Hohenschönhausen
Reinickendorf
Wedding
Prenzlauer Berg
Mitte
Marzahn
Hellersdorf
NEUKÖLLN
Sonnenallee
Spandau
Friedrichshain
Lichtenberg
Köllnische Heide
Blickwinkel des Luftbildes
Kreuzberg
Köpenick
⑧ Autobahndreieck Neukölln
Britzer Verbindungskanal
Wilmersdorf
Tempelhof
Neukölln
Treptow
West-Teil Berlins
Zehlendorf
Steglitz
Ost-Teil Berlins
Königsheide

WOHER WIR KOMMEN
MAUERFALL

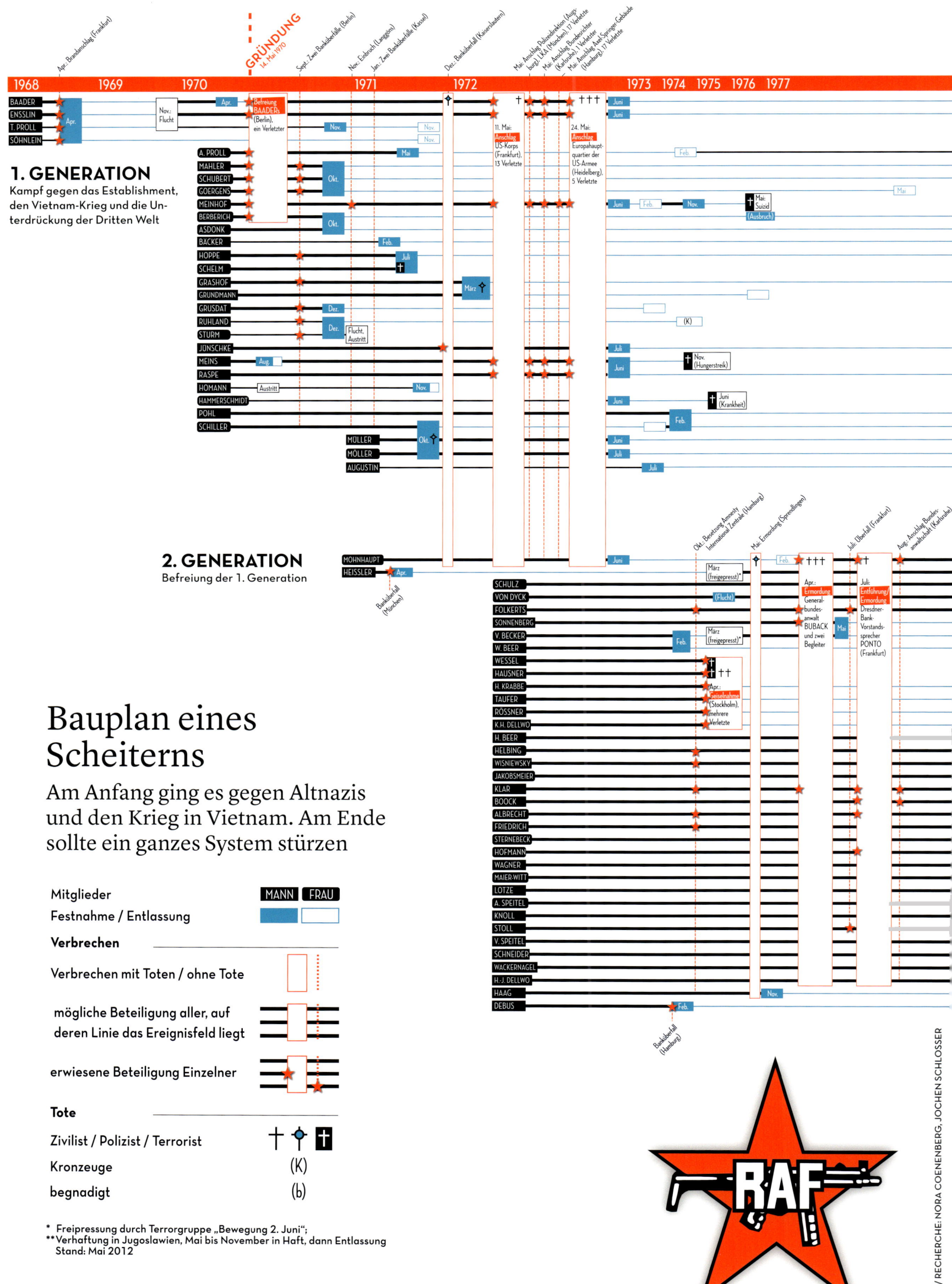

Bauplan eines Scheiterns

Am Anfang ging es gegen Altnazis und den Krieg in Vietnam. Am Ende sollte ein ganzes System stürzen

1. GENERATION
Kampf gegen das Establishment, den Vietnam-Krieg und die Unterdrückung der Dritten Welt

2. GENERATION
Befreiung der 1. Generation

Mitglieder — MANN / FRAU

Festnahme / Entlassung

Verbrechen

Verbrechen mit Toten / ohne Tote

mögliche Beteiligung aller, auf deren Linie das Ereignisfeld liegt

erwiesene Beteiligung Einzelner

Tote

Zivilist / Polizist / Terrorist † ◉ †

Kronzeuge (K)

begnadigt (b)

* Freipressung durch Terrorgruppe „Bewegung 2. Juni";
**Verhaftung in Jugoslawien, Mai bis November in Haft, dann Entlassung
Stand: Mai 2012

GRAFIK / RECHERCHE: NORA COENENBERG, JOCHEN SCHLOSSER

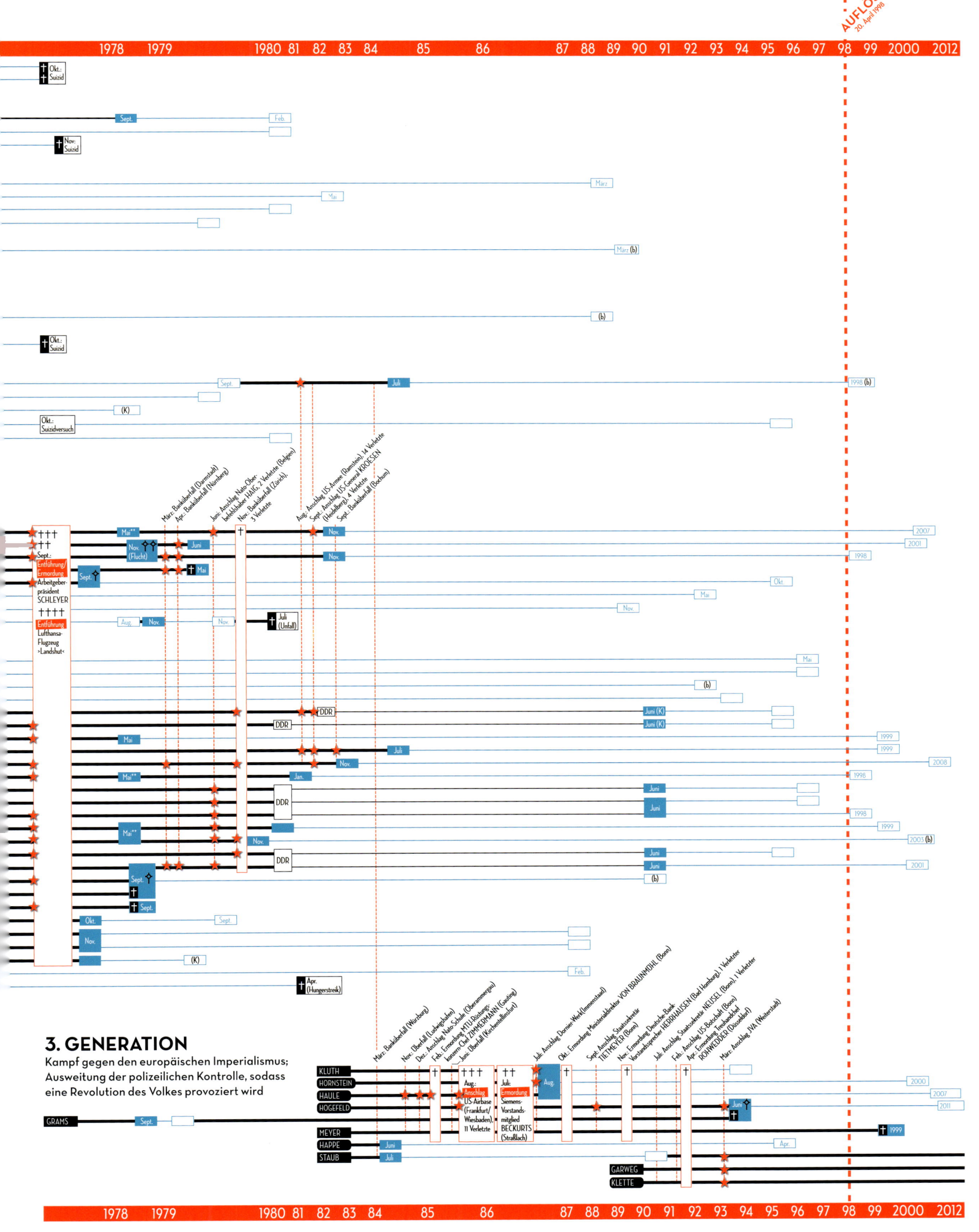

3. GENERATION

Kampf gegen den europäischen Imperialismus;
Ausweitung der polizeilichen Kontrolle, sodass
eine Revolution des Volkes provoziert wird

KLUTH
HORNSTEIN
HAULE
HOGEFELD
GRAMS
MEYER
HAPPE
STAUB
GARWEG
KLETTE

WOHER WIR KOMMEN

ROTE ARMEE FRAKTION

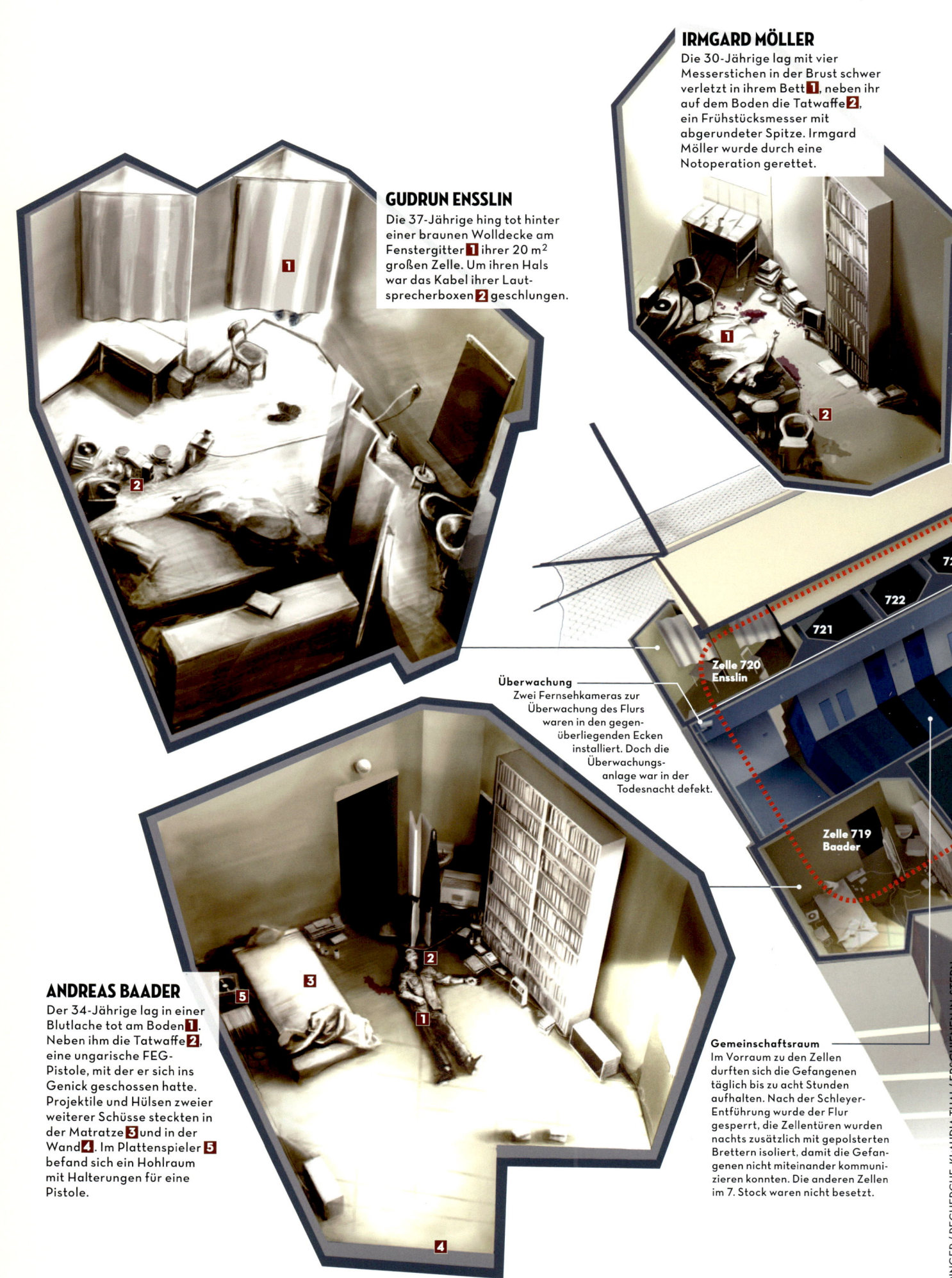

GUDRUN ENSSLIN

Die 37-Jährige hing tot hinter einer braunen Wolldecke am Fenstergitter **1** ihrer 20 m² großen Zelle. Um ihren Hals war das Kabel ihrer Lautsprecherboxen **2** geschlungen.

IRMGARD MÖLLER

Die 30-Jährige lag mit vier Messerstichen in der Brust schwer verletzt in ihrem Bett **1**, neben ihr auf dem Boden die Tatwaffe **2**, ein Frühstücksmesser mit abgerundeter Spitze. Irmgard Möller wurde durch eine Notoperation gerettet.

Überwachung
Zwei Fernsehkameras zur Überwachung des Flurs waren in den gegenüberliegenden Ecken installiert. Doch die Überwachungsanlage war in der Todesnacht defekt.

Zelle 720 Ensslin

721 **722** **723**

Zelle 719 Baader

ANDREAS BAADER

Der 34-Jährige lag in einer Blutlache tot am Boden **1**. Neben ihm die Tatwaffe **2**, eine ungarische FEG-Pistole, mit der er sich ins Genick geschossen hatte. Projektile und Hülsen zweier weiterer Schüsse steckten in der Matratze **3** und in der Wand **4**. Im Plattenspieler **5** befand sich ein Hohlraum mit Halterungen für eine Pistole.

Gemeinschaftsraum
Im Vorraum zu den Zellen durften sich die Gefangenen täglich bis zu acht Stunden aufhalten. Nach der Schleyer-Entführung wurde der Flur gesperrt, die Zellentüren wurden nachts zusätzlich mit gepolsterten Brettern isoliert, damit die Gefangenen nicht miteinander kommunizieren konnten. Die anderen Zellen im 7. Stock waren nicht besetzt.

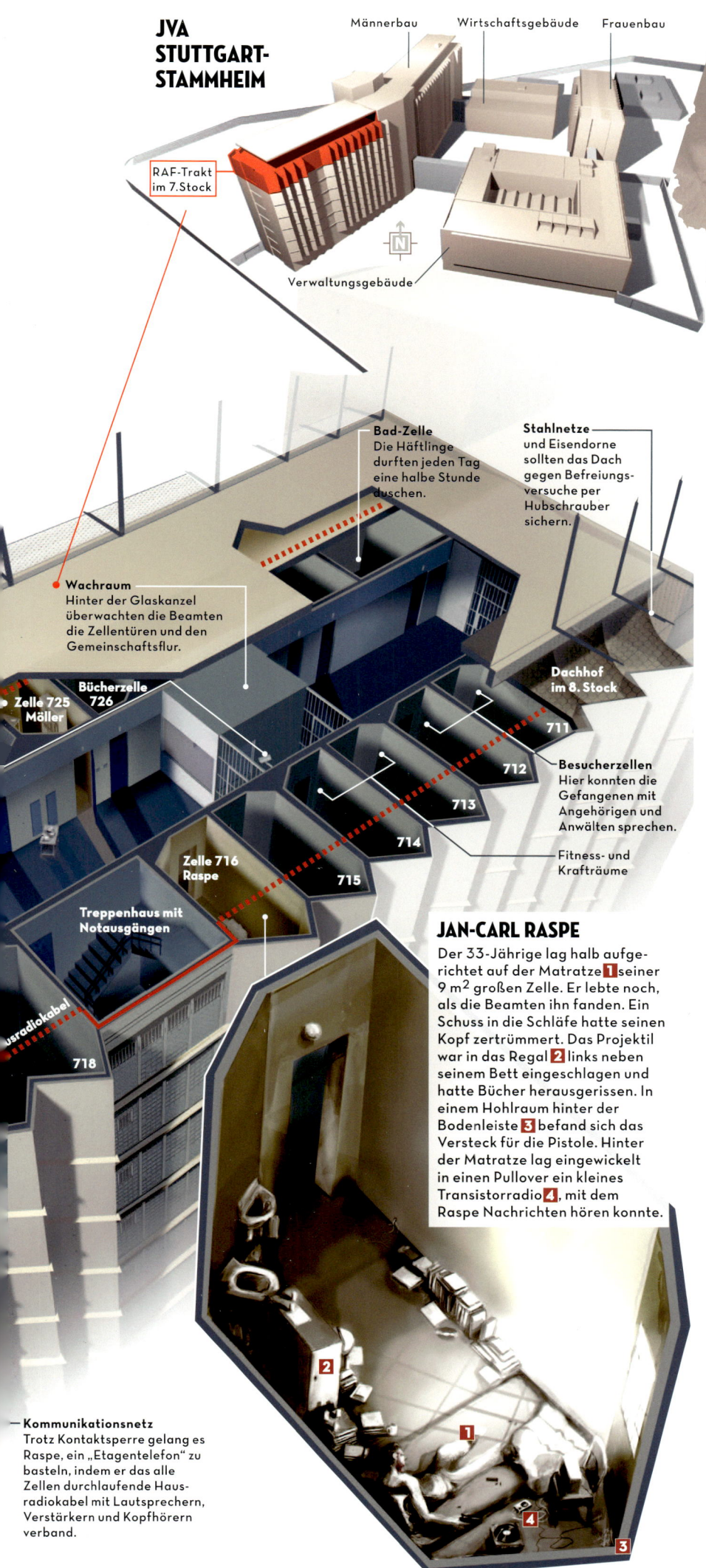

JVA STUTTGART-STAMMHEIM

Männerbau

Wirtschaftsgebäude

Frauenbau

DEUTSCHLAND

Berlin ★

Stuttgart-Stammheim

RAF-Trakt im 7.Stock

Verwaltungsgebäude

Bad-Zelle
Die Häftlinge durften jeden Tag eine halbe Stunde duschen.

Stahlnetze
und Eisendorne sollten das Dach gegen Befreiungsversuche per Hubschrauber sichern.

Wachraum
Hinter der Glaskanzel überwachten die Beamten die Zellentüren und den Gemeinschaftsflur.

Bücherzelle 726

Zelle 725 Möller

Dachhof im 8. Stock

711

712

Besucherzellen
Hier konnten die Gefangenen mit Angehörigen und Anwälten sprechen.

713

714

Fitness- und Krafträume

Zelle 716 Raspe

715

Treppenhaus mit Notausgängen

Hausradiokabel

718

JAN-CARL RASPE

Der 33-Jährige lag halb aufgerichtet auf der Matratze **1** seiner 9 m² großen Zelle. Er lebte noch, als die Beamten ihn fanden. Ein Schuss in die Schläfe hatte seinen Kopf zertrümmert. Das Projektil war in das Regal **2** links neben seinem Bett eingeschlagen und hatte Bücher herausgerissen. In einem Hohlraum hinter der Bodenleiste **3** befand sich das Versteck für die Pistole. Hinter der Matratze lag eingewickelt in einen Pullover ein kleines Transistorradio **4**, mit dem Raspe Nachrichten hören konnte.

Kommunikationsnetz
Trotz Kontaktsperre gelang es Raspe, ein „Etagentelefon" zu basteln, indem er das alle Zellen durchlaufende Hausradiokabel mit Lautsprechern, Verstärkern und Kopfhörern verband.

Was geschah im RAF-Trakt?

18. Oktober 1977: In den frühen Morgenstunden werden im Hochsicherheitsgefängnis Stuttgart-Stammheim die RAF-Terroristen Andreas Baader, Gudrun Ensslin, Jan-Carl Raspe und Irmgard Möller tot beziehungsweise schwer verletzt in ihren Zellen gefunden. Was genau in dieser Nacht passierte, ist bis heute nicht vollständig geklärt

Demografie und Wandel
Boomland Bayern: Deutsche Binnenmigration geht Richtung Süden

Wir werden weniger, leben länger, und die wenigen, die arbeiten, versorgen immer mehr Nichtarbeiter. Dieses Ungleichgewicht der Generationen – Junge schultern Alte – lässt sich am besten darstellen mit der Bevölkerungspyramide. Früher ähnelte sie einer gesunden Tanne, unten breit, oben schmal. Heute gleicht sie einer Krüppelkiefer: unregelmäßiger Wuchs, schmaler Stamm, breite Mitte, dünne Spitze. Die demografische Schwachstelle ließe sich bei genügend Wachstum noch durch Zuzug

von Ausländern schließen. Ein anderes Problem allerdings ist von seiner Behebung weit entfernt: die Ausdünnung Ostdeutschlands Richtung Westen. 2009 stellte das Berlin Institut der Politik ein Armutszeugnis aus. Alle bislang ergriffenen Maßnahmen, den Schwund im Osten aufzuhalten, seien wirkungslos. Vielleicht solle man sich darauf einstellen, so die Demografen, „dass die grundgesetzlich festgelegte ,Gleichwertigkeit der Lebensverhältnisse' nicht mehr gewährleistet werden kann." So schön die

Vorstellung leerer Landschaften für manche sein mag: Schrumpfende Städte, kommunaler Fraß setzen Abwärtsspiralen in Gang, die kaum zu stoppen sind. Je geringer die Bevölkerungsdichte, umso mehr rutschen öffentliche Dienstleistungen unter die Rentabilitätsgrenze. Schulen, Kitas, Kliniken, Ärzte, Apotheken, Behörden, Gerichte, Ordnungskräfte müssen ihre Radien vergrößern. Attraktivität und Vielfalt schwinden. Eine Situation, der sich auch die Westregionen NRW, Saarland und Bremen stellen müssen.

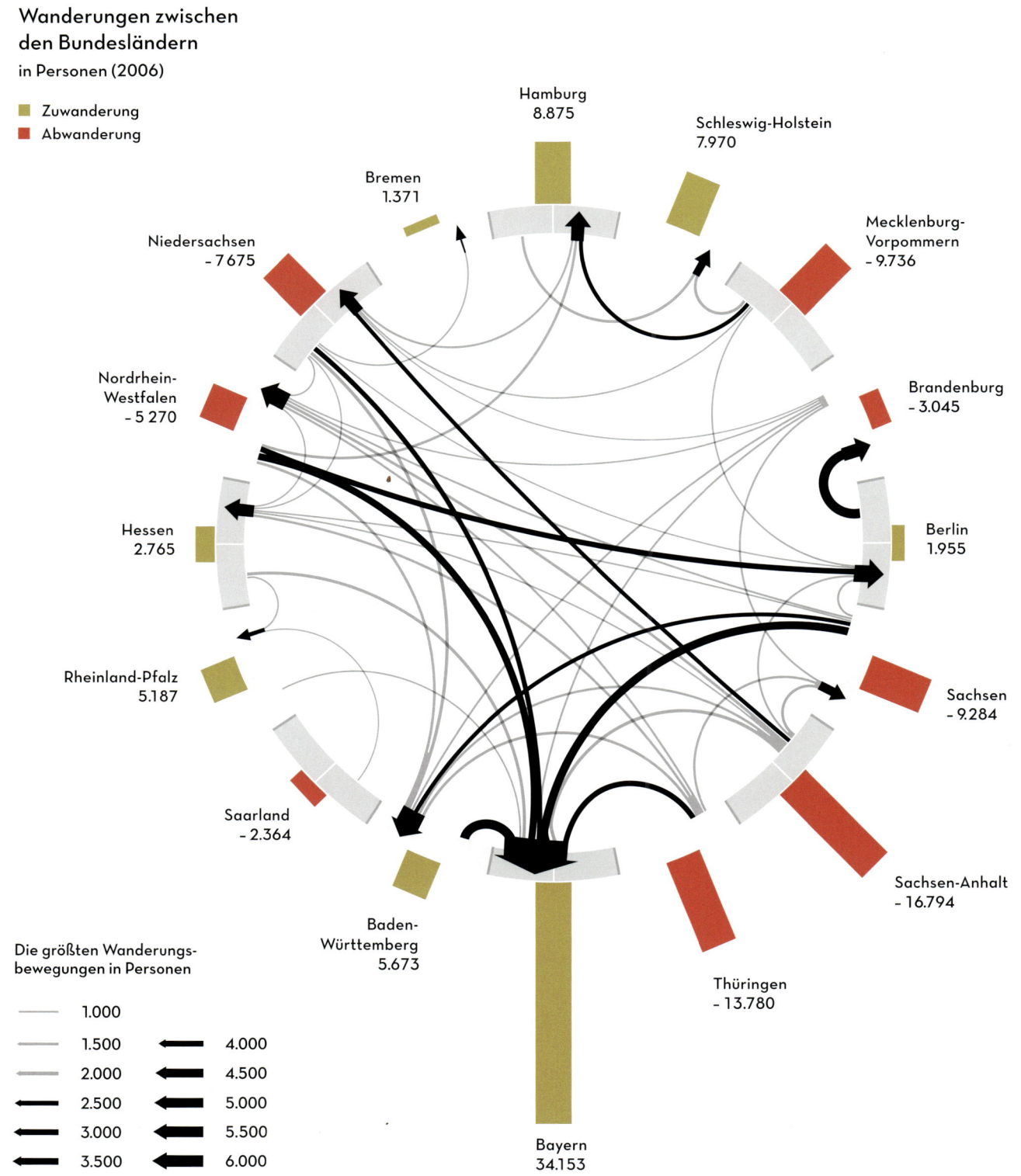

Wanderungen zwischen den Bundesländern
in Personen (2006)

- Zuwanderung
- Abwanderung

Hamburg 8.875
Schleswig-Holstein 7.970
Bremen 1.371
Mecklenburg-Vorpommern – 9.736
Niedersachsen – 7 675
Brandenburg – 3.045
Nordrhein-Westfalen – 5 270
Berlin 1.955
Hessen 2.765
Sachsen – 9.284
Rheinland-Pfalz 5.187
Sachsen-Anhalt – 16.794
Saarland – 2.364
Baden-Württemberg 5.673
Thüringen – 13.780
Bayern 34.153

Die größten Wanderungsbewegungen in Personen

1.000	
1.500	4.000
2.000	4.500
2.500	5.000
3.000	5.500
3.500	6.000

GRAFIK: KIRCHER BURKHARDT / RECHERCHE: HANDELSBLATT RESEARCH / ERSCHIENEN IN: HANDELSBLATT

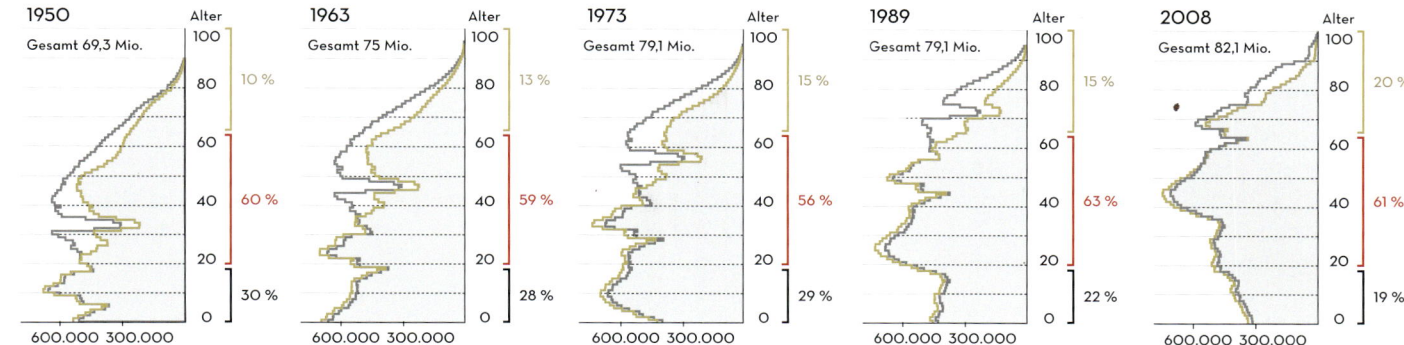

Bevölkerungsentwicklung
für Gesamtdeutschland
1950 bis 2008

Anteil ☐ Frauen ☐ Männer

Anteil an der Gesamt-
bevölkerung in Prozent
■ 0 - 19 Jahre
■ 20 - 64 Jahre
■ 65 Jahre und älter

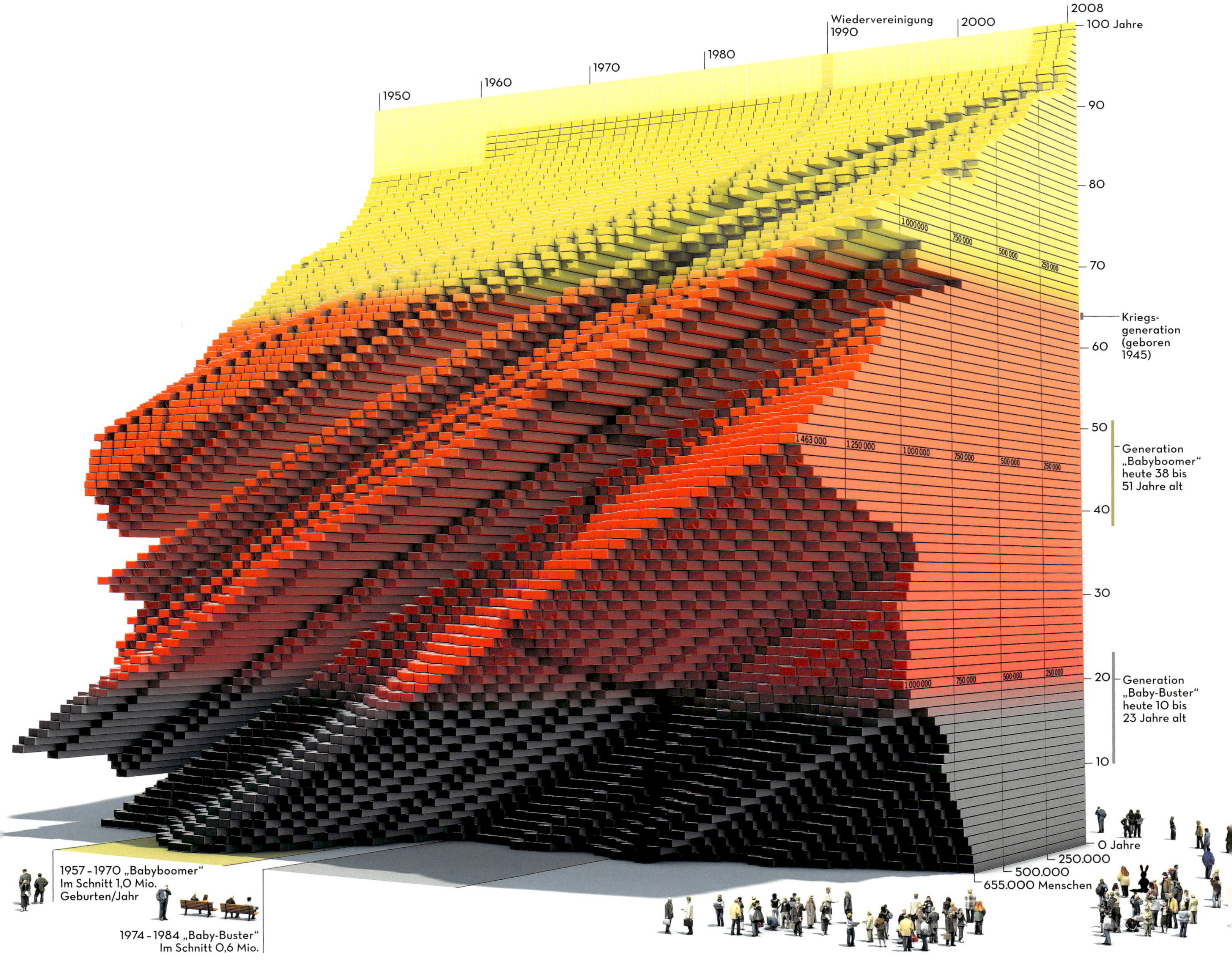

1950	1963	1973	1989	2008
Gesamt 69,3 Mio.	Gesamt 75 Mio.	Gesamt 79,1 Mio.	Gesamt 79,1 Mio.	Gesamt 82,1 Mio.
Alter 100	Alter 100	Alter 100	Alter 100	Alter 100
10 %	13 %	15 %	15 %	20 %
60 %	59 %	56 %	63 %	61 %
30 %	28 %	29 %	22 %	19 %

600.000 300.000

2008 — 100 Jahre
Wiedervereinigung 1990
2000
1980
1970
1960
1950

90

80

70

Kriegs-
generation
(geboren
1945)

50

Generation
„Babyboomer"
heute 38 bis
51 Jahre alt

40

1 463 000 1 250 000 1 000 000 750 000 500 000 250 000

30

20

Generation
„Baby-Buster"
heute 10 bis
23 Jahre alt

1 000 000 750 000 500 000 250 000

10

1 000 000 750 000 500 000 250 000

0 Jahre

1957 – 1970 „Babyboomer"
Im Schnitt 1,0 Mio.
Geburten/Jahr

1974 – 1984 „Baby-Buster"
Im Schnitt 0,6 Mio.

250.000
500.000
655.000 Menschen

WOHER WIR KOMMEN

BEVÖLKERUNG

Bevölkerungsdichte
pro km²

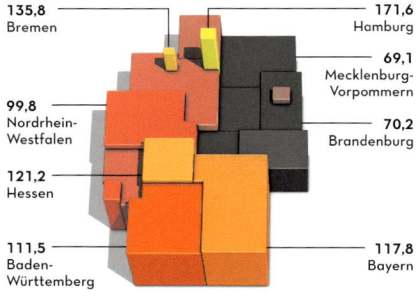

2.331 Hamburg	3.822 Berlin
1.640 Bremen	73 Mecklenburg-Vorpommern
528 Nordrhein-Westfalen	86 Brandenburg
405 Saarland	
301 Baden-Württemberg	177 Bayern

Bruttoinlandsprodukt pro Kopf
in Prozent (Deutschland = 100)

135,8 Bremen	171,6 Hamburg
99,8 Nordrhein-Westfalen	69,1 Mecklenburg-Vorpommern
121,2 Hessen	70,2 Brandenburg
111,5 Baden-Württemberg	117,8 Bayern

Gesamtwirtschaftliche Investitionsquote
in Prozent (Angaben von 2005)

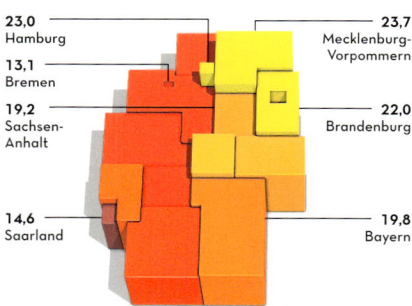

23,0 Hamburg	23,7 Mecklenburg-Vorpommern
13,1 Bremen	
19,2 Sachsen-Anhalt	22,0 Brandenburg
14,6 Saarland	19,8 Bayern

Ausgaben für Forschung und Entwicklung
in Prozent des BIP

1,1 Schleswig-Holstein	
2,2 Niedersachsen	3,8 Berlin
2,6 Hessen	2,3 Sachsen
1,0 Saarland	
4,2 Baden-Württemberg	2,9 Bayern

Patentanmeldungen
je 10.000 Einwohner

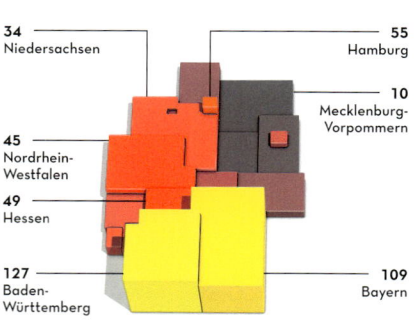

34 Niedersachsen	55 Hamburg
45 Nordrhein-Westfalen	10 Mecklenburg-Vorpommern
49 Hessen	
127 Baden-Württemberg	109 Bayern

Wirtschaft und Wachstum
Die Welt baut auf deutschen Maschinen

Ingenieure, Betriebswirte, Maschinenbauer, wenn wir sie nicht hätten, wäre es anders bestellt um Deutschland. Die USA ist das Herz, England die Bank. Deutschland aber gilt als Maschinist der Globalisierung. Seit dem westdeutschen Wirtschaftswunder gingen mehr und mehr komplexe Maschinen an europäische Nachbarn, danach in nahezu alle Schwellenländer dieser Erde. Innerdeutsch fallen die starken regionalen Unterschiede im Außenhandel auf, oft sind sie geografischen Lagen geschuldet wie zum Beispiel im Fall der Hafenstadt Hamburg. Die Erfolge der bayrischen, badischen und württembergischen Wirtschaft allerdings sind kein Zufall: Das extrem arme Bayern setzte in den Fünfzigern auf Bildung und Kleinunternehmertum und investierte nach dem Krieg Milliarden in petrochemische Anlagen, Infrastruktur und Straßen, um sich von seiner ertragsarmen Landwirtschaft zu lösen. Erst zwanzig, dreißig Jahre nach diesen weitsichtigen Weichenstellungen machten sich die Früchte bemerkbar. Kein Wunder also, dass die neuen Bundesländer (und Berlin) noch fleißig dabei sind, ihre eigenen Erfolgsgeschichten zu schreiben.

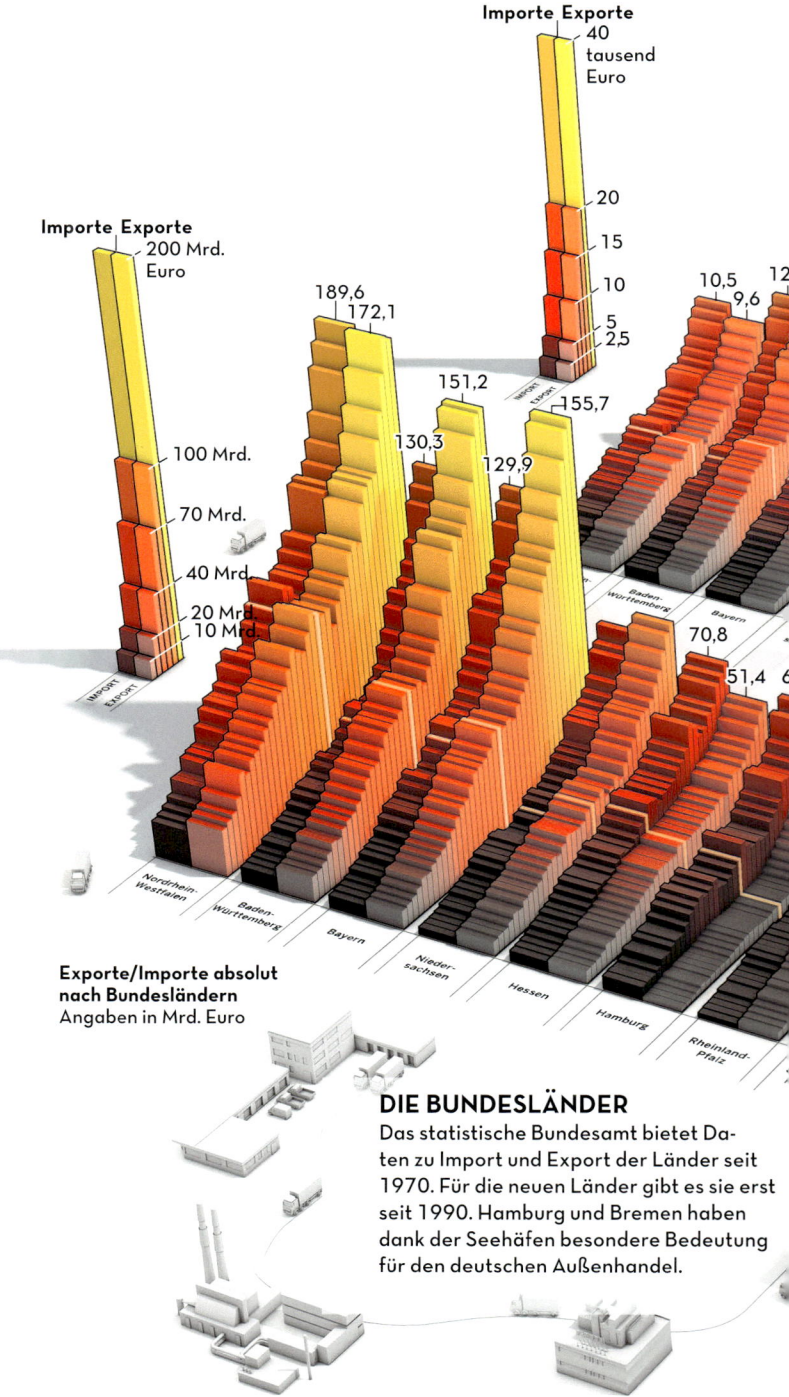

Exporte/Importe absolut nach Bundesländern
Angaben in Mrd. Euro

DIE BUNDESLÄNDER
Das statistische Bundesamt bietet Daten zu Import und Export der Länder seit 1970. Für die neuen Länder gibt es sie erst seit 1990. Hamburg und Bremen haben dank der Seehäfen besondere Bedeutung für den deutschen Außenhandel.

1951

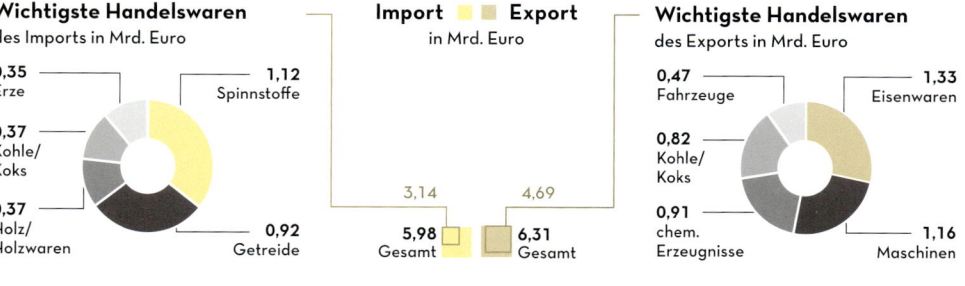

Wichtigste Handelswaren
des Imports in Mrd. Euro

0,35 Erze	1,12 Spinnstoffe
0,37 Kohle/Koks	
0,37 Holz/Holzwaren	0,92 Getreide

Import — Export
in Mrd. Euro

3,14 — 4,69
5,98 Gesamt — 6,31 Gesamt

Wichtigste Handelswaren
des Exports in Mrd. Euro

0,47 Fahrzeuge	1,33 Eisenwaren
0,82 Kohle/Koks	
0,91 chem. Erzeugnisse	1,16 Maschinen

1980

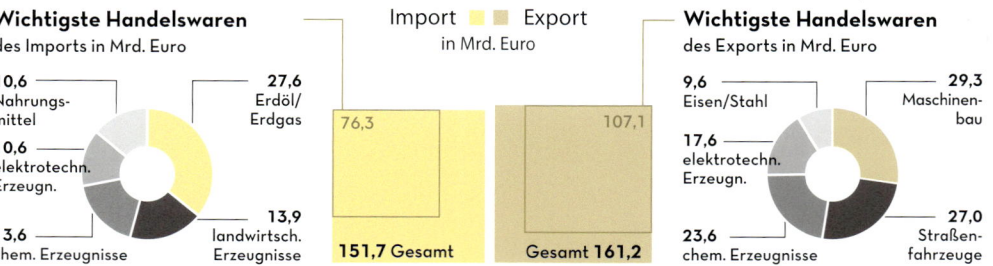

Wichtigste Handelswaren
des Imports in Mrd. Euro

10,6 Nahrungsmittel	27,6 Erdöl/Erdgas
10,6 elektrotechn. Erzeugn.	
13,6 chem. Erzeugnisse	13,9 landwirtsch. Erzeugnisse

Import — Export
in Mrd. Euro

76,3 — 107,1
151,7 Gesamt — Gesamt 161,2

Wichtigste Handelswaren
des Exports in Mrd. Euro

9,6 Eisen/Stahl	29,3 Maschinenbau
17,6 elektrotechn. Erzeugn.	
23,6 chem. Erzeugnisse	27,0 Straßenfahrzeuge

GRAFIK: KIRCHERBURKHARDT / RECHERCHE: HANDELSBLATT RESEARCH / ERSCHIENEN IN: HANDELSBLATT

Exporte/Importe pro Kopf nach Bundesländern
Angaben in tausend Euro pro Kopf

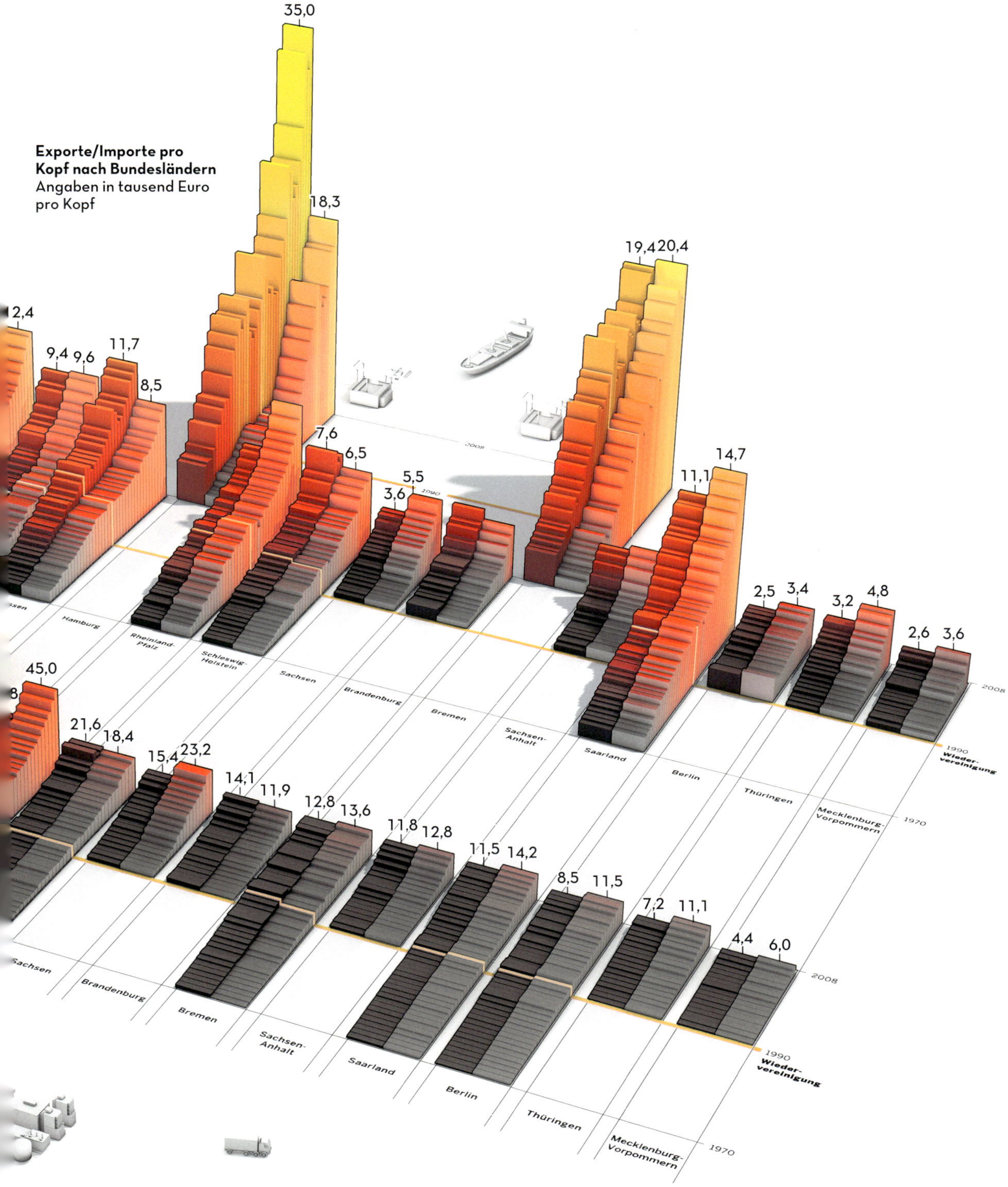

35,0 **18,3** **19,4 20,4**

2,4 **9,4 9,6** **11,7** **8,5** **7,6 6,5** **5,5** **3,6** **11,1** **14,7** **2,5 3,4** **3,2 4,8** **2,6 3,6**

Hessen · Hamburg · Rheinland-Pfalz · Schleswig-Holstein · Sachsen · Brandenburg · Bremen · Sachsen-Anhalt · Saarland · Berlin · Thüringen · Mecklenburg-Vorpommern

2008 · 1990 Wiedervereinigung · 1970

45,0 **8** **21,6** **18,4** **15,4 23,2** **14,1** **11,9** **12,8 13,6** **11,8 12,8** **11,5 14,2** **8,5 11,5** **7,2 11,1** **4,4 6,0**

Sachsen · Brandenburg · Bremen · Sachsen-Anhalt · Saarland · Berlin · Thüringen · Mecklenburg-Vorpommern

2008 · 1990 Wiedervereinigung · 1970

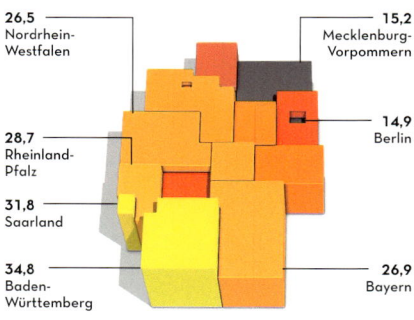

Wertschöpfung des produzierenden Gewerbes
in Prozent der gesamten Wertschöpfung

26,5 Nordrhein-Westfalen	15,2 Mecklenburg-Vorpommern
28,7 Rheinland-Pfalz	14,9 Berlin
31,8 Saarland	
34,8 Baden-Württemberg	26,9 Bayern

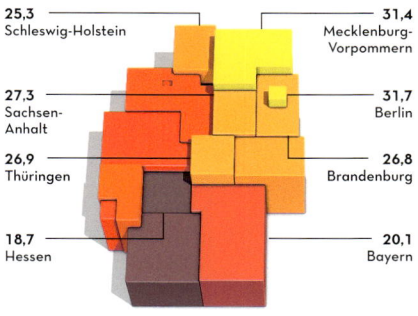

Wertschöpfung durch Dienstleistungen
in Prozent der gesamten Wertschöpfung

25,3 Schleswig-Holstein	31,4 Mecklenburg-Vorpommern
27,3 Sachsen-Anhalt	31,7 Berlin
26,9 Thüringen	26,8 Brandenburg
18,7 Hessen	20,1 Bayern

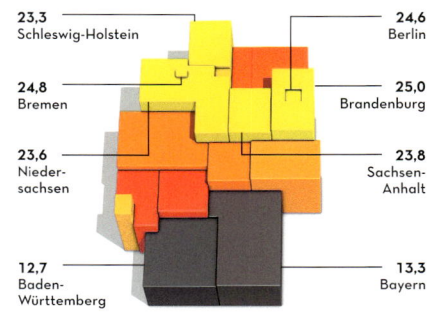

Eröffnete Insolvenzverfahren
pro 1.000 Einwohner

23,3 Schleswig-Holstein	24,6 Berlin
24,8 Bremen	25,0 Brandenburg
23,6 Niedersachsen	23,8 Sachsen-Anhalt
12,7 Baden-Württemberg	13,3 Bayern

Import ▉ Export
in Mrd. Euro

2008
Wichtigste Handelswaren
des Imports in Mrd. Euro

- 63,4 Metallwaren
- 74,0 Kraftwagen/-teile
- 82,6 Erdöl/-gas
- 102,5 elektrotechn. Erzeugnisse
- 94,8 chem. Erzeugnisse

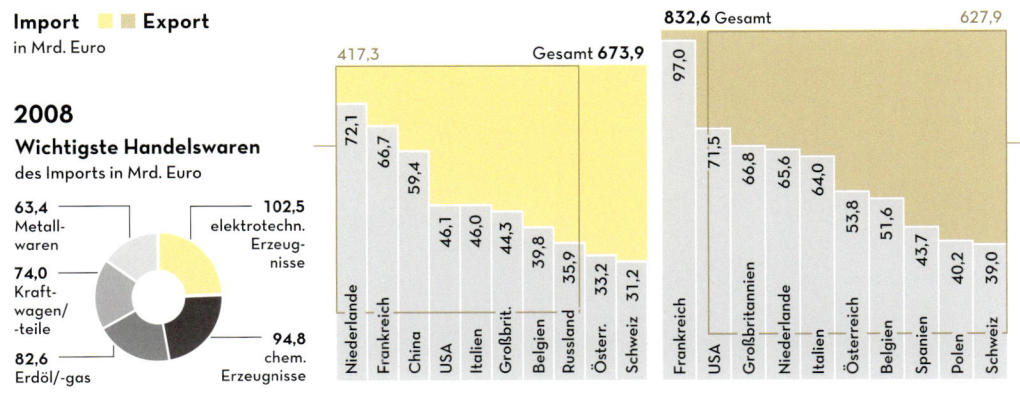

417,3 · Gesamt **673,9**

Niederlande	Frankreich	China	USA	Italien	Großbrit.	Belgien	Russland	Österr.	Schweiz
72,1	66,7	59,4	46,1	46,0	44,3	39,8	35,9	33,2	31,2

832,6 Gesamt · 627,9

Frankreich	USA	Großbritannien	Niederlande	Italien	Österreich	Belgien	Spanien	Polen	Schweiz
97,0	71,5	66,8	65,6	64,0	53,8	51,6	43,7	40,2	39,0

Wichtigste Handelswaren
des Exports in Mrd. Euro

- 62,7 Metallwaren
- 106,2 elektrotechn. Erzeugn.
- 138,0 chem. Erzeugnisse
- 174,1 Kraftwagen/-teile
- 147,0 Maschinen

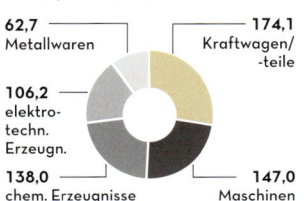

KAPITEL 4

WAS WIR GUT KÖNNEN

Basteln, bauen, optimieren, komprimieren, konstruieren. Von den raubtierhaften Produkten deutscher Autobauer [S. 112], über wohnhausgroße Bohrköpfe, Kraftwerke und Turbinen, winzige, feinmechanische Regelschalter, bis hin zu den diskret gehandelten Hightech-Exporthits der Rüstungsindustrie [S. 130]: Wir Deutschen haben ein Talent für die Entwicklung und den Betrieb lebloser Dinge, die man gemeinhin unter dem Sammelbegriff „Maschine" zusammenfasst.

Selbst, wenn etwas kein Ding ist, an dem wir fummeln und feilen können, stürzen wir uns mit derselben Begeisterung in die Aufgabe – und entwickeln ein System. Der Ingenieur fragt: „Was geht vorne rein? Was soll hinten rauskommen? Wo hätten Sie gerne die Regler?" Das ist im Bundestag (an guten Tagen) nicht anders. Deutschland wimmelt von Regelwerken und Einrichtungen, deren gemeinsamer Nenner ist, dass sie in der Großmaschine Gesellschaft gelegentlich mal ein bisschen was bewirken und sogar funktionieren. Sozialversicherung, Rentenkassen, Gesundheitssystem [S. 186], Abwrackprämie, Kurzarbeit [S. 116], Mülltrennung [S. 124]. Auch um diese Artikel beneidet uns die Welt. Nicht, dass wir besonders sparsam wären. Elbphilharmonie, Lkw-Maut, Stuttgart 21, Berliner Flughafen: Wenn Deutschland baut, regiert der Basar. Am Ende trifft man sich an dem Punkt, der allen Beteiligten zeitlich und finanziell gleich starke Schmerzen bereitet [S. 122].

Aufgaben vergrößern wir auf Maximalniveau und fragen: „Geht es auch ganzheitlich?" Von Smart Grids, diesen eierlegenden Wollmilchsäuen der Energiebranche [S. 134], bis zur Reformschule Bauhaus [S. 126], unter einem gesellschaftlichen Neuanfang geht es nicht. Das Design nahezu jeder großen Marke geht auf die einstige Radikalkur der Künstler, Grafiker und Architekten in Weimar zurück. Und selbst wenn heute der Wiederaufbau floriert und Stadtschlösser [S. 214], Residenzen und Kirchen barocke Blüten treiben – im Kern all unseres Schaffens steckt ein und dieselbe Liebe: die zu den Dingen.

Pro-Kopf-Umsatz in einem italienischen Baumarkt im Jahr 2009 in Euro: **50**—*Pro-Kopf-Umsatz in einem deutschen Baumarkt im Jahr 2010 in Euro:* **225**—*Zahl der Dübel, die von der Firma Fischer täglich produziert werden, in Millionen:* **10**—*Zahl der Sandsäcke, die THW, Bundesgrenzschutz, Feuerwehr und zivile Hilfsorganisationen beim Oderhochwasser, der größten bekannten Oderflut transportierten, in Millionen:* **8**—*Durchschnittsgewicht eines Sandsacks in Kilogramm:* **22**—*Derart von Hand bewegte Menge an Sand und Kies in Tonnen:* **177.000**—*Umsatz der deutschen Autoindustrie im Jahr 2011, in Milliarden Euro:* **351**—*Jährlicher Umsatz von Volkswagen in Milliarden Euro:* **168**—*Weltweite Mitarbeiterzahl von Volkswagen:* **454.000**—*Beschäftigtenzahl in der deutschen Auto-mobilindustrie im Jahr 2011:* **712.500**—*Zahl der im Juli 2011 in Deutschland produzierten Automobile:* **462.500**—*Neuzulassungen von Kraftfahrzeugen im Jahr 2011 für deutsche Straßen, in Millionen:* **3,1**—*Davon entfielen allein auf die Marken des Volkswagen-Konzerns:* **687.000**—*Ursprüngliche Fördersumme, die der deutsche Staat 2009 als Abwrackprämie zur Verfügung gestellt hat, in Milliarden Euro:* **1,5**—*Tatsächliche Fördersumme, die ausge-schüttet wurde, in Milliarden Euro:* **5**—*Anteil der Berufstätigen, die das Internet während der Arbeitszeit privat nutzen, in Prozent:* **40**—*Anteil der Berufstätigen in Deutschland, die nach Feierabend für Chef, Kunden und Kollegen erreichbar sind, in Prozent:* **66**—*Zahl der Deutschen, die nach eigenen Angaben Papier getrennt entsorgen, in Prozent:* **96**—*Zahl der Deutschen, die nach eigenen Angaben niemals Müll trennen, in Prozent:* **2**—*Anteil der erneuerbaren Energien an der deutschen Stromversorgung in Prozent:* **20**—*Anteil der erneuerbaren Energien in Deutschland, der 2009 aus Windenergie kam, in Prozent:* **40**—*Anteil vom Umsatz, den die deutsche Windenergie mit dem Export von Energie verdient, in Prozent:* **70**—*Anteil der Ökostrom-Kunden in Hamburg in Prozent:* **15,7**—*Anteil der Ökostrom-Kunden im Saarland in Prozent:* **1,7**—*Zahl der deutschen Exporte in die EU, die auf der Straße transportiert werden, in Prozent:* **57**—*Zahl der Länder weltweit, die eine höhere Straßennetzdichte als Deutschland haben:* **1**—*Zahl der Unterschriften, die Berliner Bürger im Jahr 1872 gegen den Bau einer Kanalisation sammelten:* **250**—*1998 prognostizierte Kosten für das Verkehrs- und Städtebauprojekt „Stuttgart 21" in Milliarden Euro:* **2,6**—*2009 aktualisierte Kostenschätzung für das Verkehrs- und Städtebauprojekt „Stuttgart 21" in Milliarden Euro:* **4,09**

Das globale Werk
Deutsche Autobauer und ihre weltweiten Kooperationen

Die Konzernzentralen in Stuttgart, Köln, München, Ingolstadt und Wolfsburg mögen strikt voneinander abgeschirmt sein. Über Zulieferer, Partnergesellschaften und Kooperationen jedoch sind die deutschen Autohersteller seit Jahren miteinander verflochten. Anders wäre die weltweite Nachfrage nach dem Statussymbol No 1 auch längst nicht zu bedienen.

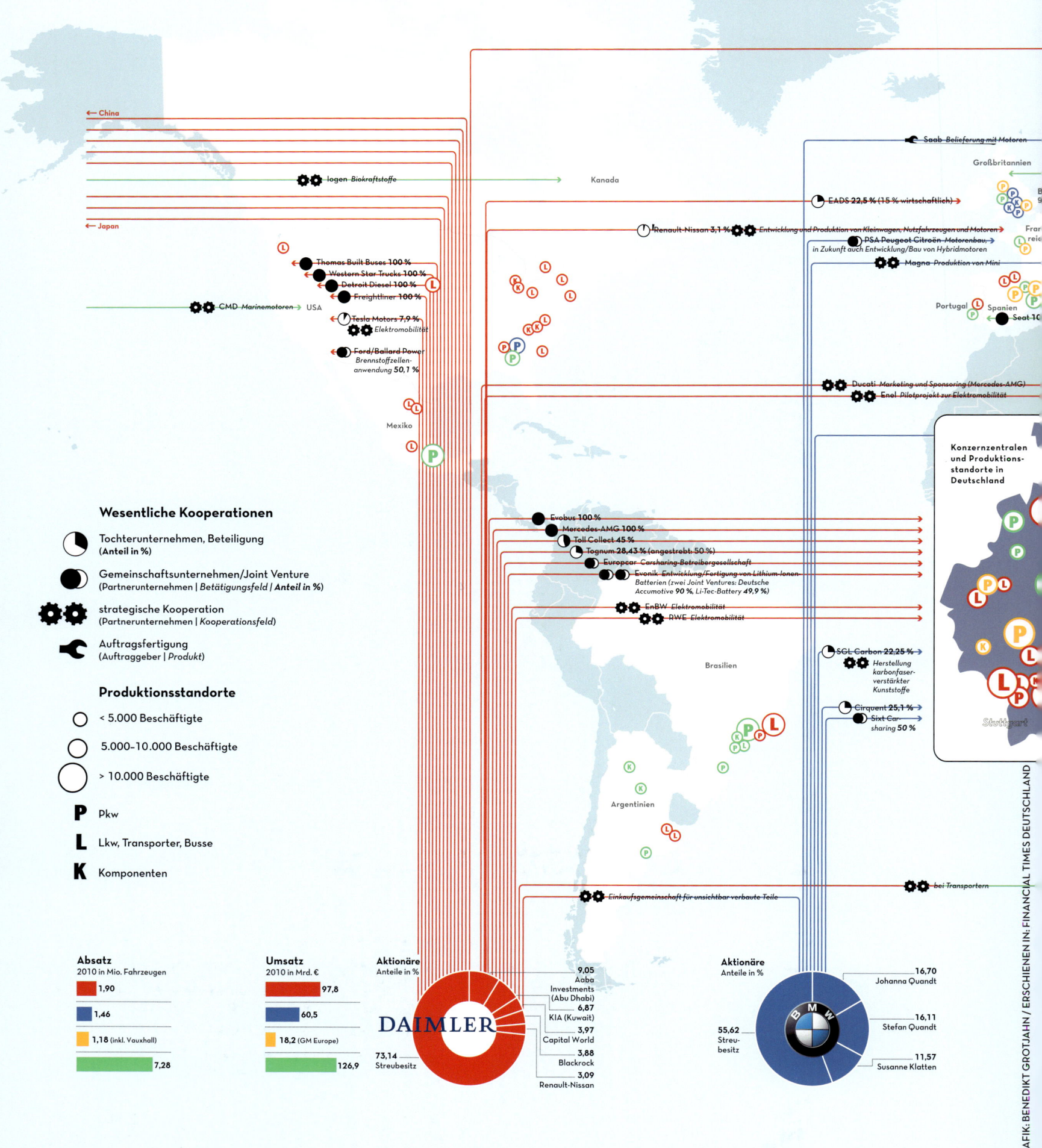

← China

← Japan

Iogen *Biokraftstoffe*

Kanada

EADS 22,5 % (15 % wirtschaftlich) →

Saab *Belieferung mit Motoren*

Großbritannien

Renault-Nissan 3,1 % *Entwicklung und Produktion von Kleinwagen, Nutzfahrzeugen und Motoren*

PSA Peugeot Citroën *Motorenbau, in Zukunft auch Entwicklung/Bau von Hybridmotoren*

Frankreich

Magna *Produktion von Mini*

Thomas Built Buses 100 %
Western Star Trucks 100 %
Detroit Diesel 100 %
Freightliner 100 %

CMD *Marinemotoren* USA

Tesla Motors 7,9 % *Elektromobilität*

Ford/Ballard Power *Brennstoffzellen-anwendung 50,1 %*

Portugal Spanien

Seat 100 %

Ducati *Marketing und Sponsoring (Mercedes-AMG)*
Enel *Pilotprojekt zur Elektromobilität*

Mexico

Evobus 100 %
Mercedes-AMG 100 %
Toll Collect 45 %
Tognum 28,43 % (angestrebt: 50 %)
Europcar *Carsharing-Betreibergesellschaft*
Evonik *Entwicklung/Fertigung von Lithium-Ionen-Batterien (zwei Joint Ventures: Deutsche Accumotive 90 %, Li-Tec-Battery 49,9 %)*
EnBW *Elektromobilität*
RWE *Elektromobilität*

Brasilien

Konzernzentralen und Produktionsstandorte in Deutschland

SGL Carbon 22,25 % *Herstellung karbonfaser-verstärkter Kunststoffe*

Cirquent 25,1 %
Sixt *Carsharing 50 %*

Stuttgart

Wesentliche Kooperationen

Tochterunternehmen, Beteiligung
(Anteil in %)

Gemeinschaftsunternehmen/Joint Venture
(Partnerunternehmen | Betätigungsfeld | **Anteil in %**)

strategische Kooperation
(Partnerunternehmen | Kooperationsfeld)

Auftragsfertigung
(Auftraggeber | *Produkt*)

Produktionsstandorte

○ < 5.000 Beschäftigte

○ 5.000–10.000 Beschäftigte

○ > 10.000 Beschäftigte

P Pkw

L Lkw, Transporter, Busse

K Komponenten

Argentinien

Einkaufsgemeinschaft für unsichtbar verbaute Teile

bei Transportern

Absatz 2010 in Mio. Fahrzeuge	
■	1,90
■	1,46
■	1,18 (inkl. Vauxhall)
■	7,28

Umsatz 2010 in Mrd. €	
■	97,8
■	60,5
■	18,2 (GM Europe)
■	126,9

Aktionäre Anteile in %

DAIMLER

9,05 Aabar Investments (Abu Dhabi)
6,87 KIA (Kuwait)
3,97 Capital World
3,88 Blackrock
3,09 Renault-Nissan
73,14 Streubesitz

Aktionäre Anteile in %

BMW

16,70 Johanna Quandt
16,11 Stefan Quandt
11,57 Susanne Klatten
55,62 Streubesitz

GRAFIK: BENEDIKT GROTJAHN / ERSCHIENEN IN: FINANCIAL TIMES DEUTSCHLAND

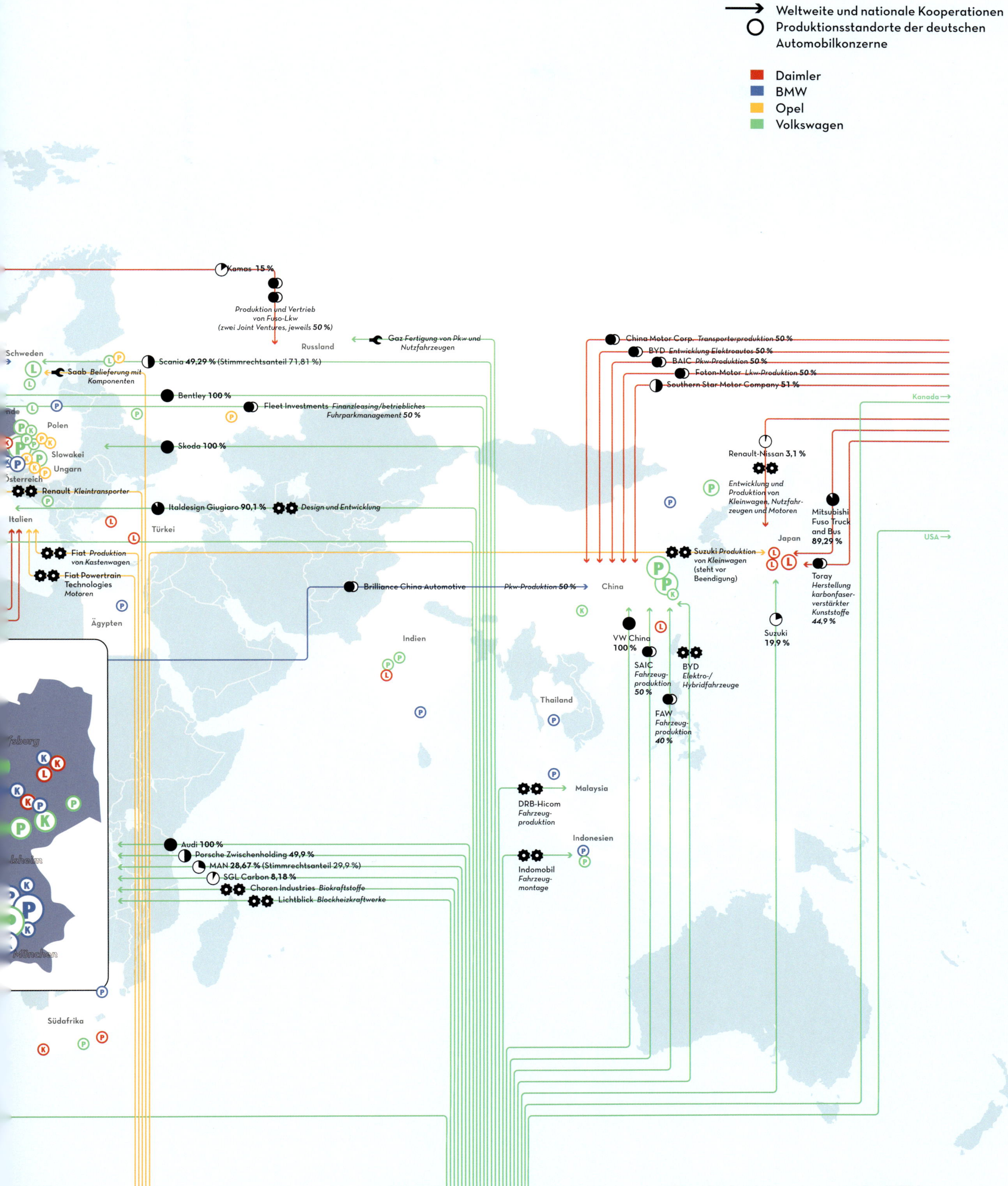

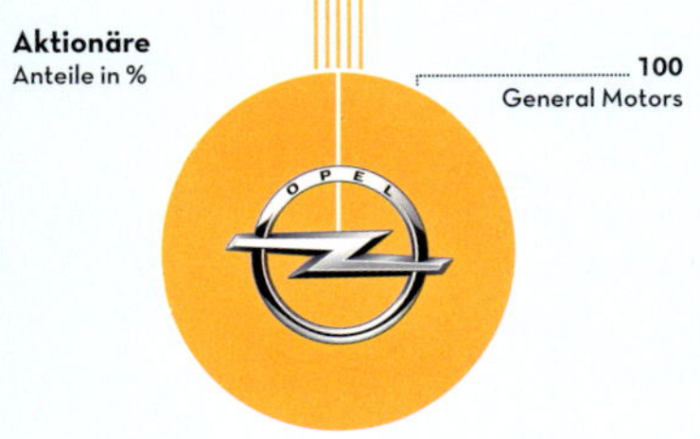

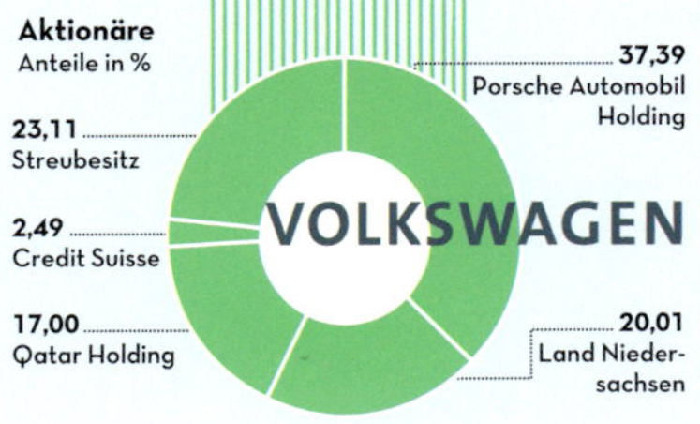

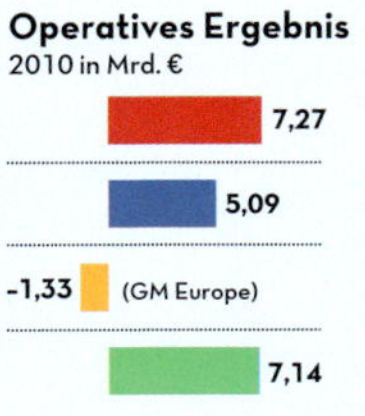

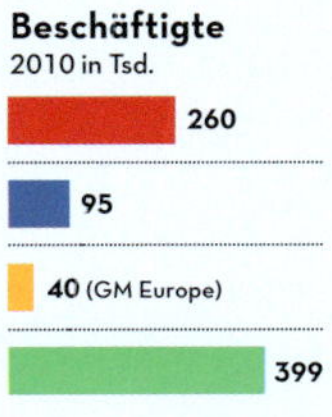

Komas 15 %

Produktion und Vertrieb
von Fuso-Lkw
(zwei Joint Ventures, jeweils 50 %)

Gaz Fertigung von Pkw und
Nutzfahrzeugen

Russland

China Motor Corp. Transporterproduktion 50 %
BYD Entwicklung Elektroautos 50 %
BAIC Pkw-Produktion 50 %
Foton-Motor Lkw-Produktion 50 %
Southern Star Motor Company 51 %

Schweden

Saab Belieferung mit
Komponenten

Scania 49,29 % (Stimmrechtsanteil 71,81 %)

Kanada →

Bentley 100 %

Fleet Investments Finanzleasing/betriebliches
Fuhrparkmanagement 50 %

Polen

Slowakei

Skoda 100 %

Renault-Nissan 3,1 %

Ungarn

Österreich

Renault Kleintransporter

Italien

Italdesign Giugiaro 90,1 % Design und Entwicklung

Entwicklung und
Produktion von
Kleinwagen, Nutzfahr-
zeugen und Motoren

Mitsubishi
Fuso Truck
and Bus
89,29 %

USA →

Türkei

Fiat Produktion
von Kastenwagen

Japan

Fiat Powertrain
Technologies
Motoren

Suzuki Produktion
von Kleinwagen
(steht vor
Beendigung)

Toray
Herstellung
karbonfaser-
verstärkter
Kunststoffe
44,9 %

Ägypten

Brilliance China Automotive   Pkw-Produktion 50 %

China

Indien

Suzuki
19,9 %

VW China
100 %

SAIC
Fahrzeug-
produktion
50 %

BYD
Elektro-/
Hybridfahrzeuge

Thailand

FAW
Fahrzeug-
produktion
40 %

DRB-Hicom
Fahrzeug-
produktion

Malaysia

Indonesien

Indomobil
Fahrzeug-
montage

Audi 100 %
Porsche Zwischenholding 49,9 %
MAN 28,67 % (Stimmrechtsanteil 29,9 %)
SGL Carbon 8,18 %
Choren Industries Biokraftstoffe
Lichtblick Blockheizkraftwerke

Felberg

Isheim

München

Südafrika

WAS WIR GUT KÖNNEN

AUTOS BAUEN

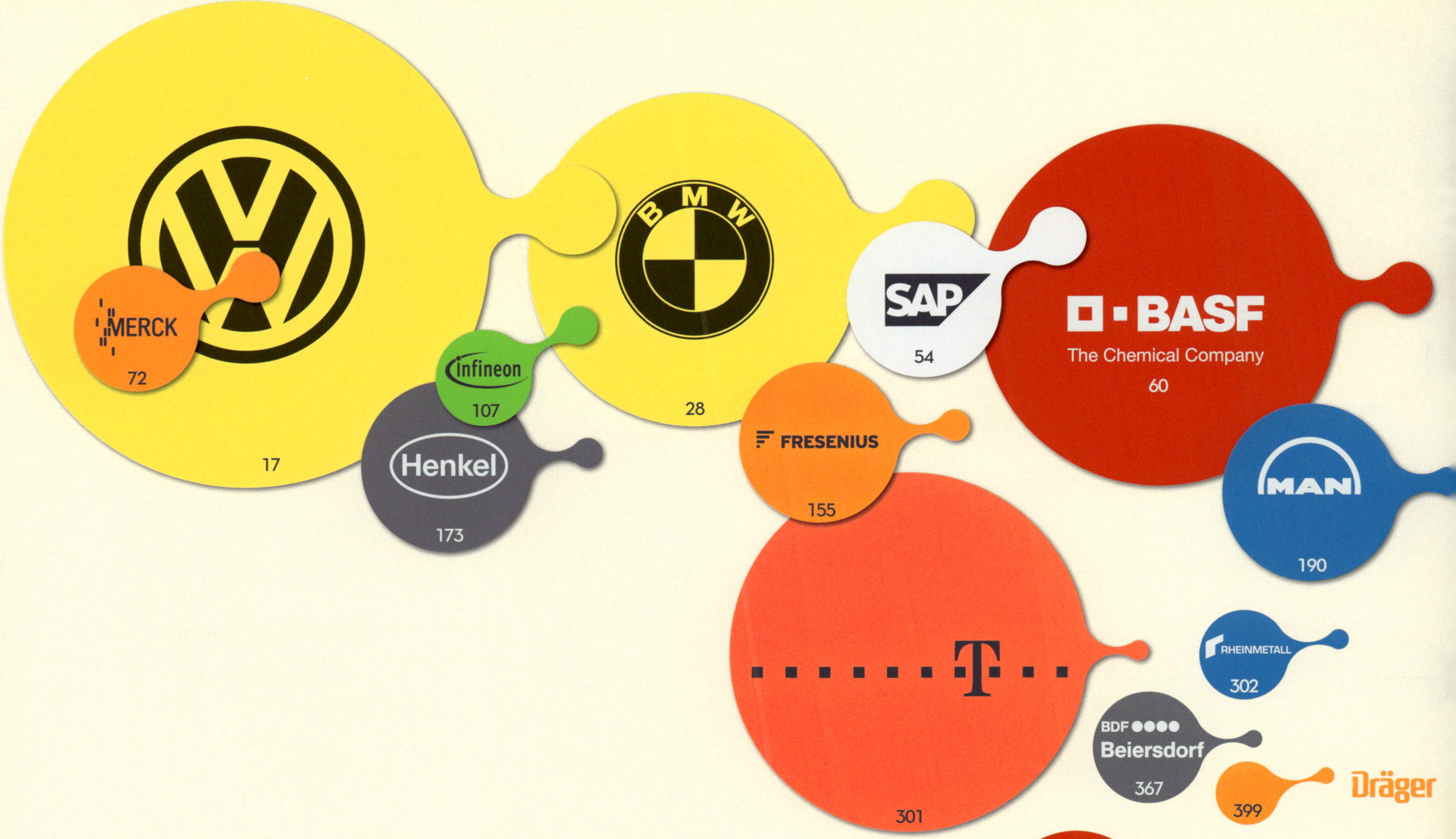

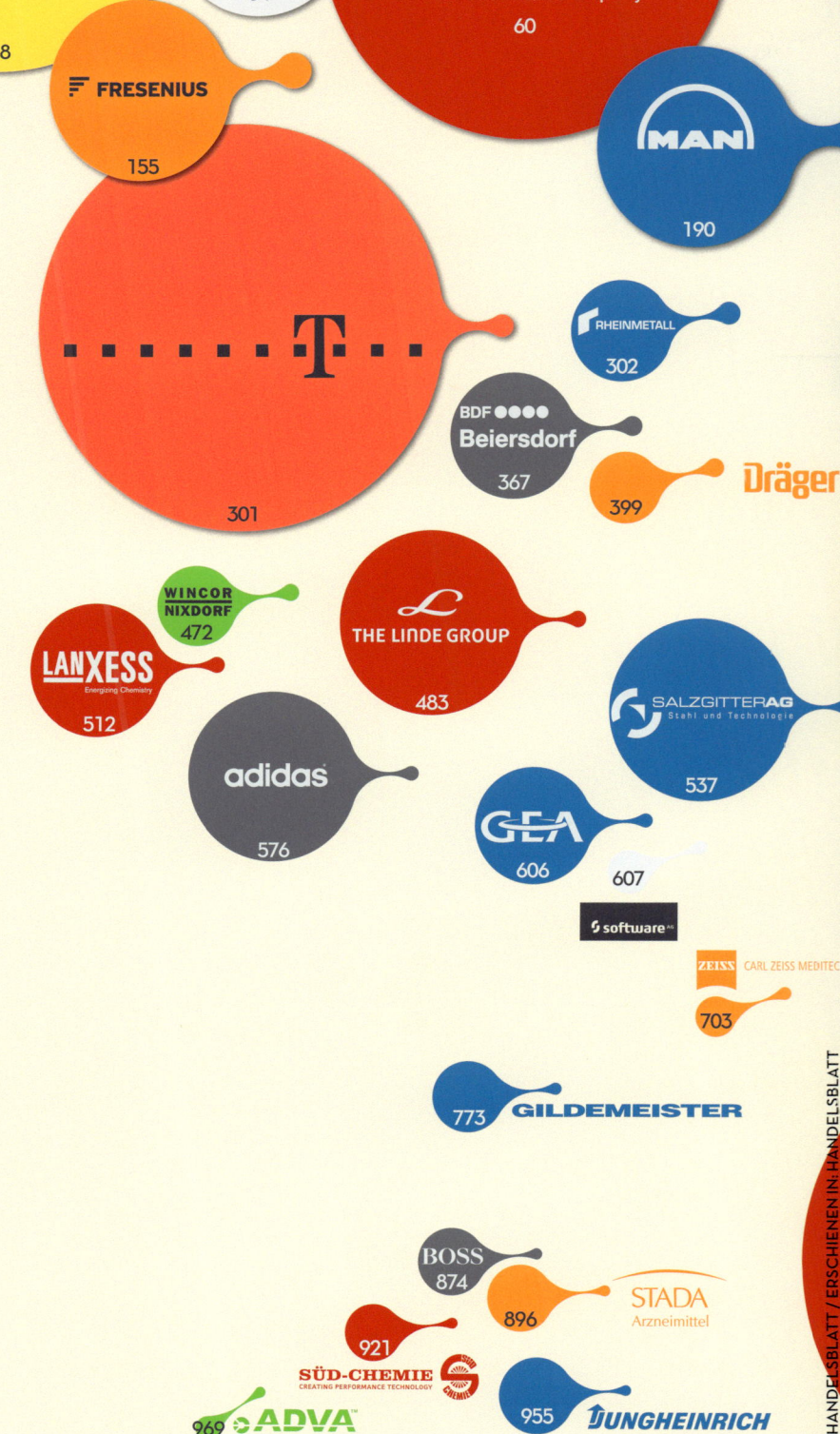

Deutschlands innovativste Unternehmen

Die andere Bubble Economy

An Börsen wird Hoffnung gehandelt. Ist dort zu viel des guten Stoffs im Umlauf, entstehen Blasen – gefüllt mit einem entzündlichen Gemisch aus Versprechen, Hysterie, Lügen. Als einer der verlässlichsten Indikatoren für Wahrhaftigkeit und Konsequenz gelten in der Welt der Wirtschaft daher Forschungsausgaben im Vergleich zum Umsatz. Die Darstellung auf dieser Seite zeigt, wie viel Prozent des Umsatzes (große Blase) deutsche Unternehmen in ihre Innovationen stecken (kleine Blase) – und wie sie im internationalen Ranking abschneiden (von oben nach unten, je nach Innovationstätigkeit). Ab dem Mittelfeld wird Nachholbedarf sichtbar, wie zum Beispiel bei der Telekom. Im unteren Bereich sammeln sich von Trägheit geprägte Geschäftsmodelle (Eon, RWE). Dazwischen: Innovationsballone wie zum Beispiel das Pharma-Start-up Evotec, die nahezu nur aus Forschung zu bestehen scheinen. Zahlen für 2009.

GRAFIK: GOLDEN SECTION GRAPHICS / RECHERCHE: HANDELSBLATT / ERSCHIENEN IN: HANDELSBLATT

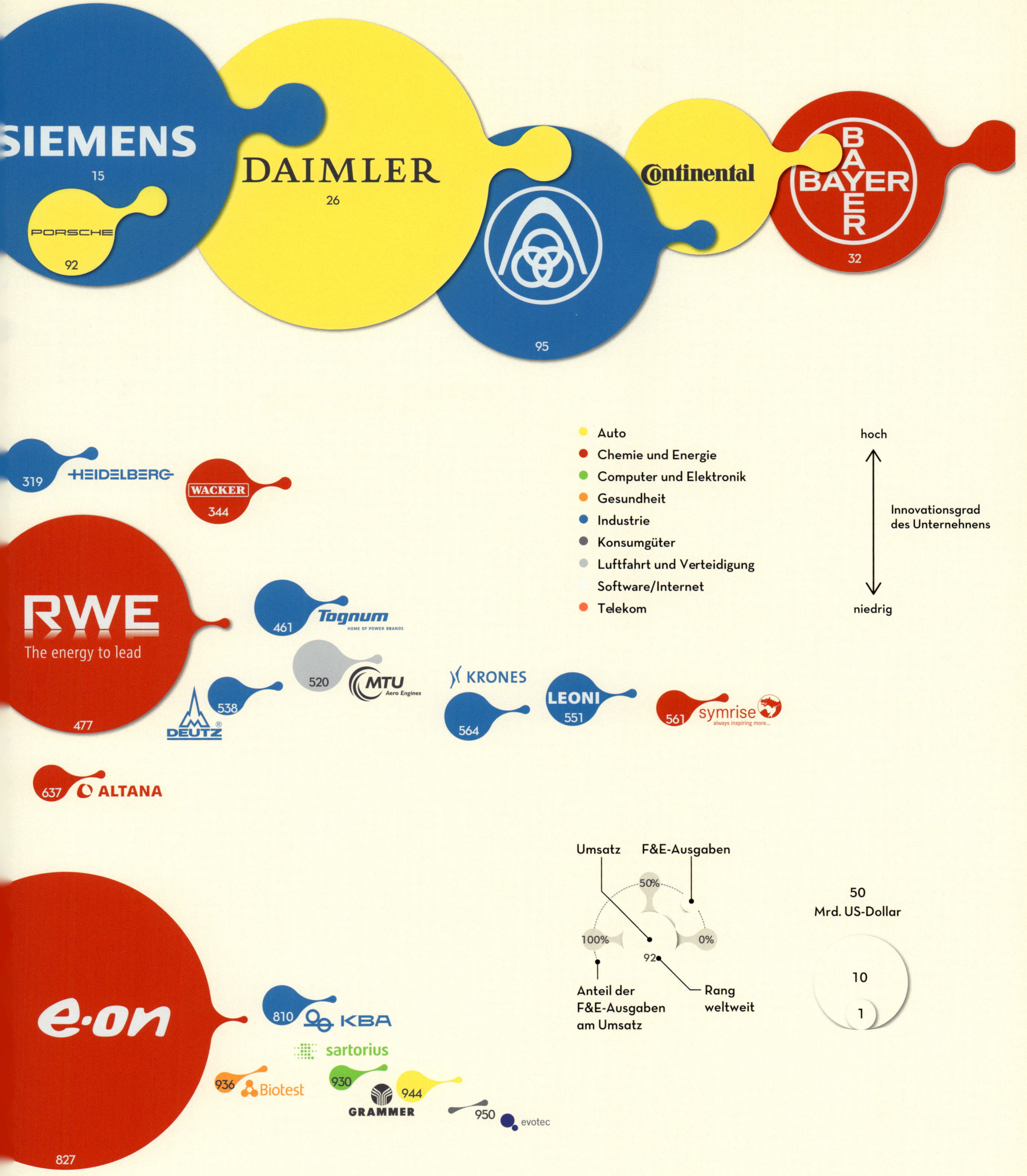

SIEMENS
15

PORSCHE
92

DAIMLER
26

Continental
95

BAYER
32

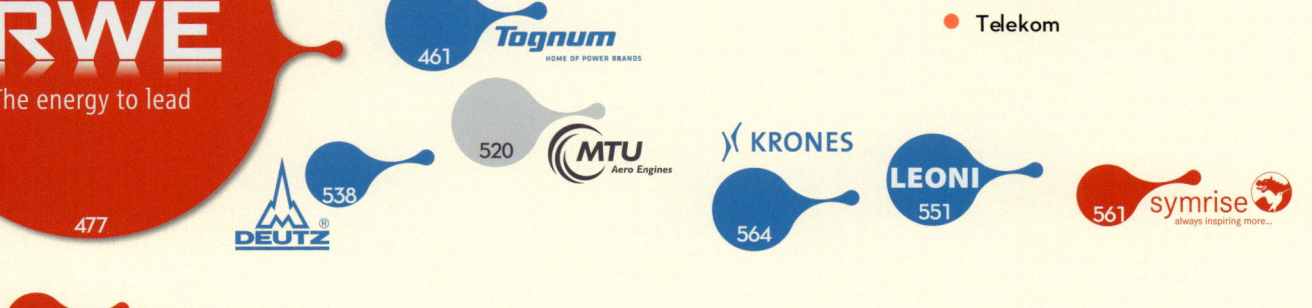

319 HEIDELBERG

WACKER
344

RWE
The energy to lead
477

461 Tognum
HOME OF POWER BRANDS

520 MTU Aero Engines

538 DEUTZ®

KRONES
564

LEONI
551

561 symrise
always inspiring more...

637 ALTANA

Legend:

- Auto
- Chemie und Energie
- Computer und Elektronik
- Gesundheit
- Industrie
- Konsumgüter
- Luftfahrt und Verteidigung
- Software/Internet
- Telekom

hoch

Innovationsgrad
des Unternehnens

niedrig

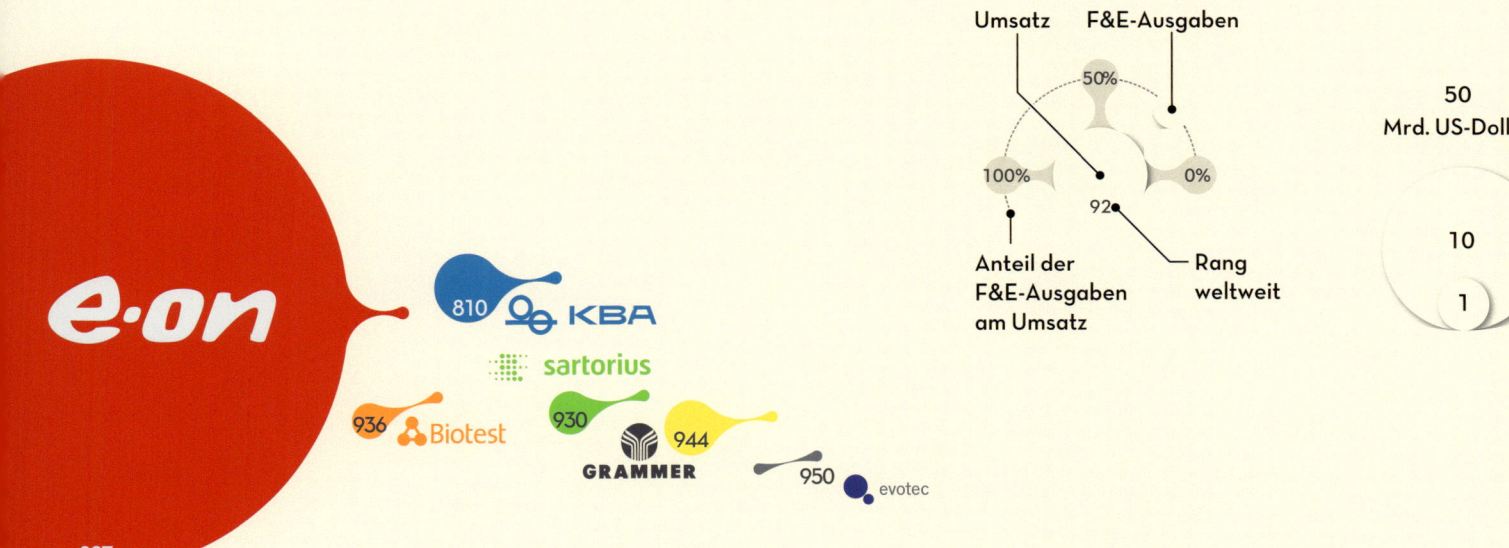

e·on
827

810 KBA

sartorius

936 Biotest

930

GRAMMER
944

950 evotec

Umsatz   F&E-Ausgaben

50%

100%   0%

92

Anteil der
F&E-Ausgaben
am Umsatz

Rang
weltweit

50
Mrd. US-Dollar

10

1

FORSCHEN UND ENTWICKELN

Kurzarbeit – eine deutsche Erfindung

Sie bietet Stabiliät, wenn die Wirtschaft durchhängt

Wenn Ihre Kollegen über die deutsche Unflexibilität jammern, halten Sie mal dagegen:
Während der Wirtschaftskrise beneidete uns die Welt um das Modell der Kurzarbeit.
Nahezu alle Arbeitgeber und Arbeitnehmer machten davon Gebrauch. Die Idee ist
simpel: Bricht der Umsatz ein, darf weniger bis gar nicht gearbeitet werden, der Staat
springt ein. Das ist billiger und vor allem menschlicher, als ganze Firmen, Existenzen
und Wissen zu gefährden.

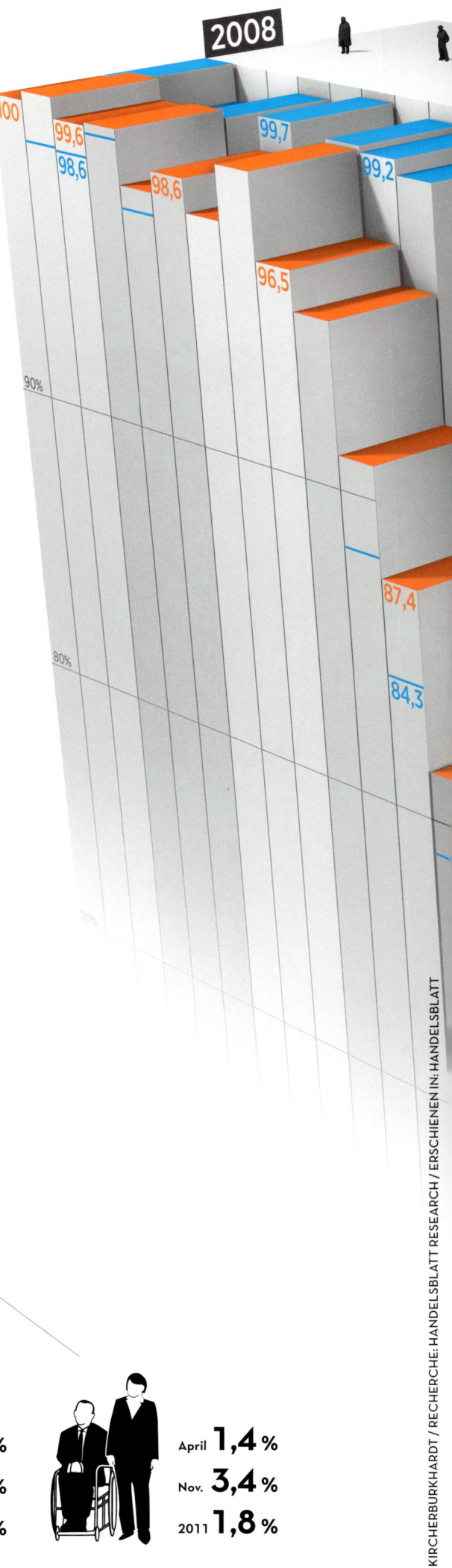

ARBEITSLOSENQUOTE
in Prozent

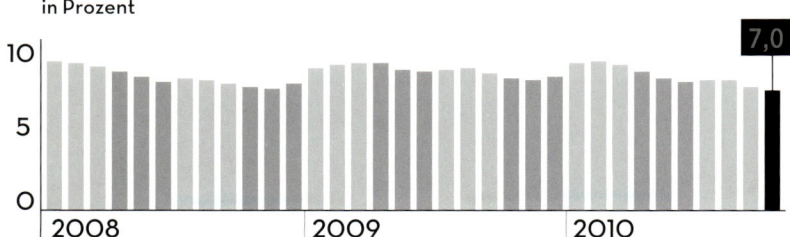

BIP, VERÄNDERUNG ZUM VORJAHRESQUARTAL
in Prozent

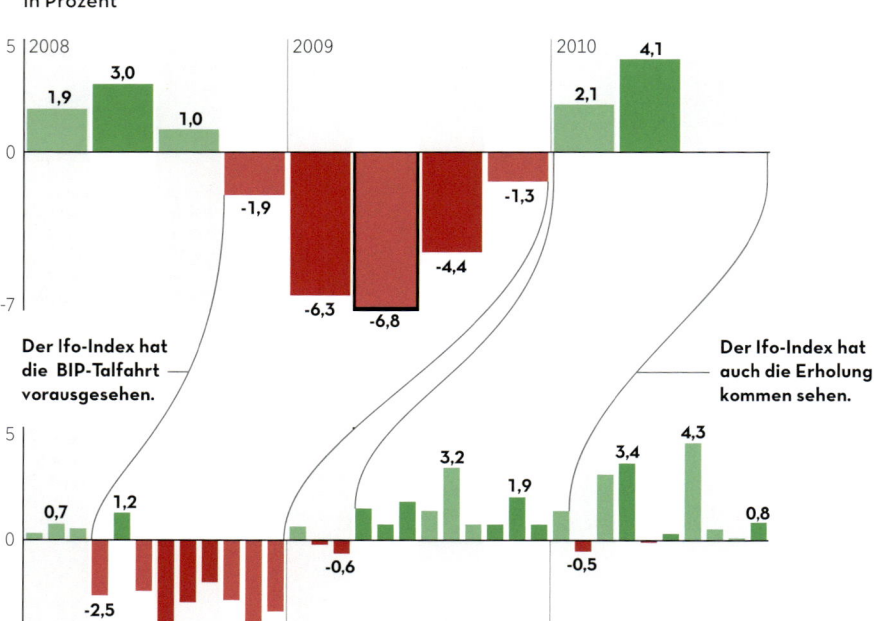

Der Ifo-Index hat
die BIP-Talfahrt
vorausgesehen.

Der Ifo-Index hat
auch die Erholung
kommen sehen.

**IFO-INDEX
VERÄNDERUNG ZUM VORMONAT**
Indexpunkte

Prognosezeitraum

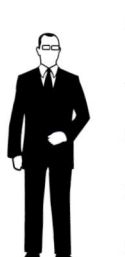

März	**1,2 %**		
Juni	**2,1 %**		
Sept.	**3,4 %**		
Dez.	**3,7 %**		
2011	**2,3 %**		

Institut für Weltwirtschaft, Kiel

März	**1,4 %**
Juni	**1,9 %**
Sept.	**3,4 %**
2011	**2,2 %**

RWI, Essen

April	**1,5 %**
Nov.	**3,5 %**
2011	**2,3 %**

Forschungsinstitute

April	**1,4 %**
Nov.	**3,4 %**
2011	**1,8 %**

Bundesregierung

GRAFIK: KIRCHERBURKHARDT / RECHERCHE: HANDELSBLATT RESEARCH / ERSCHIENEN IN: HANDELSBLATT

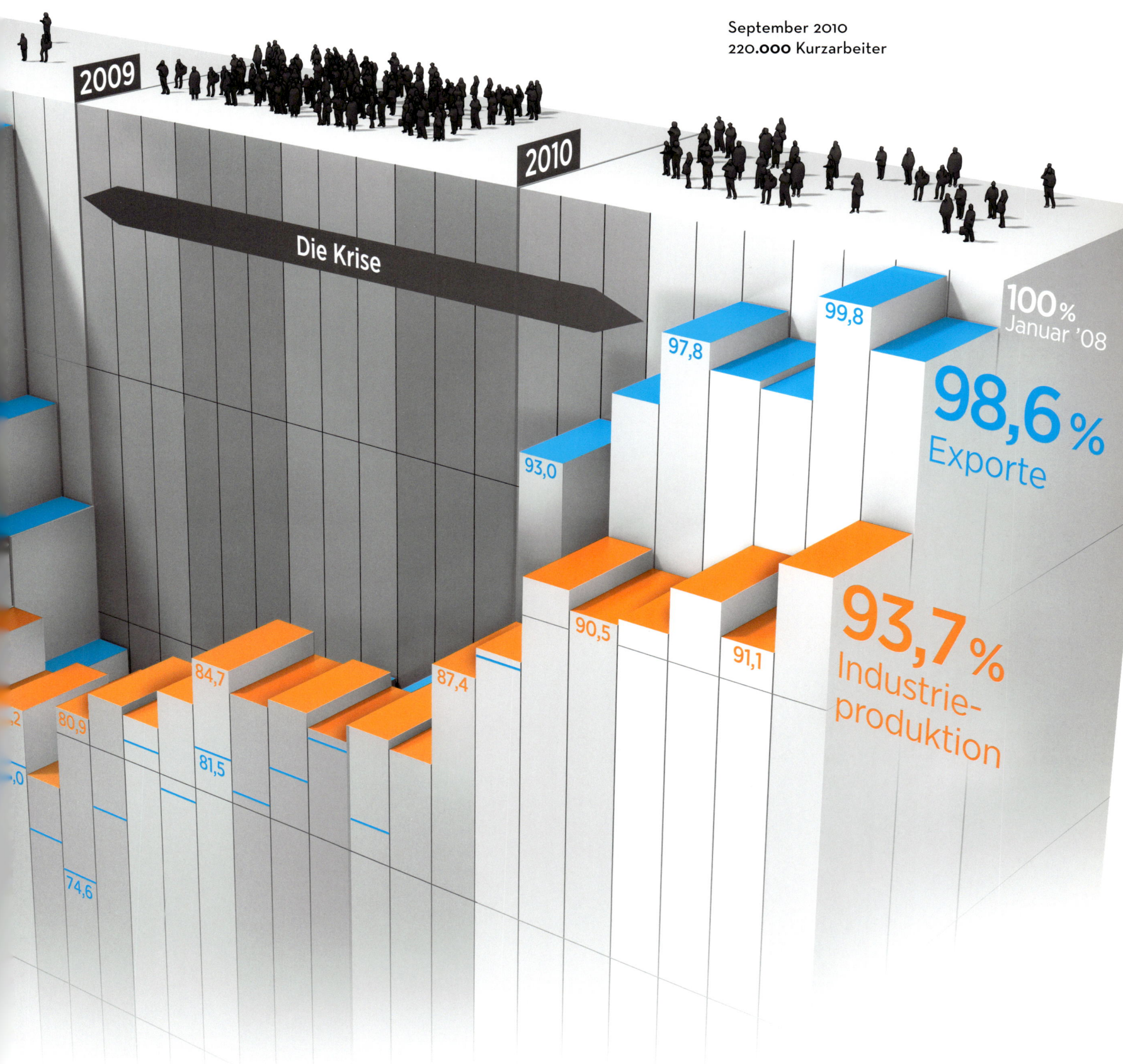

Mai 2009
1,4 Millionen Kurzarbeiter

September 2010
220.000 Kurzarbeiter

2009

2010

Die Krise

100% Januar '08

99,8

97,8

98,6 %
Exporte

93,0

90,5

91,1

93,7 %
Industrie-
produktion

87,4

84,7

81,5

80,9

74,6

Deutschlands längste: die Rügenbrücke

Seit 2007 ist sie befahrbar – und erfreut sich großer Beliebtheit. Einem anderen Großprojekt, der Fehmarnbrücke, geht es weniger gut. Sie sollte Deutschland und Dänemark verbinden. Aus Kostengründen wird die 19 Kilometer lange Überführung wohl als Tunnel umgesetzt. Auch schön: So bleibt ein Superlativ in Vorpommern

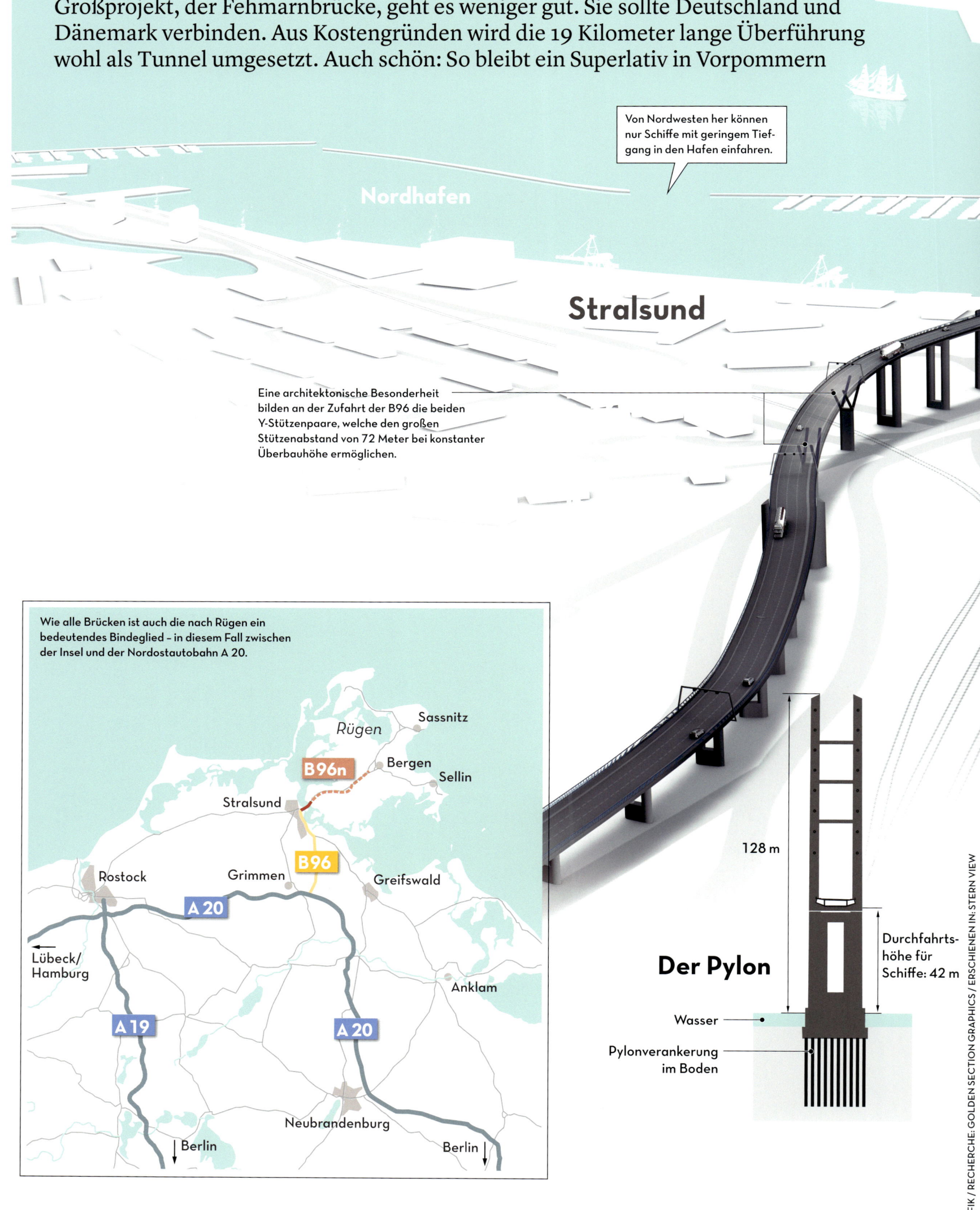

Von Nordwesten her können nur Schiffe mit geringem Tiefgang in den Hafen einfahren.

Nordhafen

Stralsund

Eine architektonische Besonderheit bilden an der Zufahrt der B96 die beiden Y-Stützenpaare, welche den großen Stützenabstand von 72 Meter bei konstanter Überbauhöhe ermöglichen.

Wie alle Brücken ist auch die nach Rügen ein bedeutendes Bindeglied – in diesem Fall zwischen der Insel und der Nordostautobahn A 20.

Sassnitz

Rügen

B96n

Bergen

Sellin

Stralsund

B96

Rostock

Grimmen

Greifswald

A 20

Lübeck/
Hamburg

Anklam

A 19

A 20

Neubrandenburg

Berlin

Berlin

128 m

Durchfahrtshöhe für Schiffe: 42 m

Der Pylon

Wasser

Pylonverankerung im Boden

GRAFIK / RECHERCHE: GOLDEN SECTION GRAPHICS / ERSCHIENEN IN: STERN VIEW

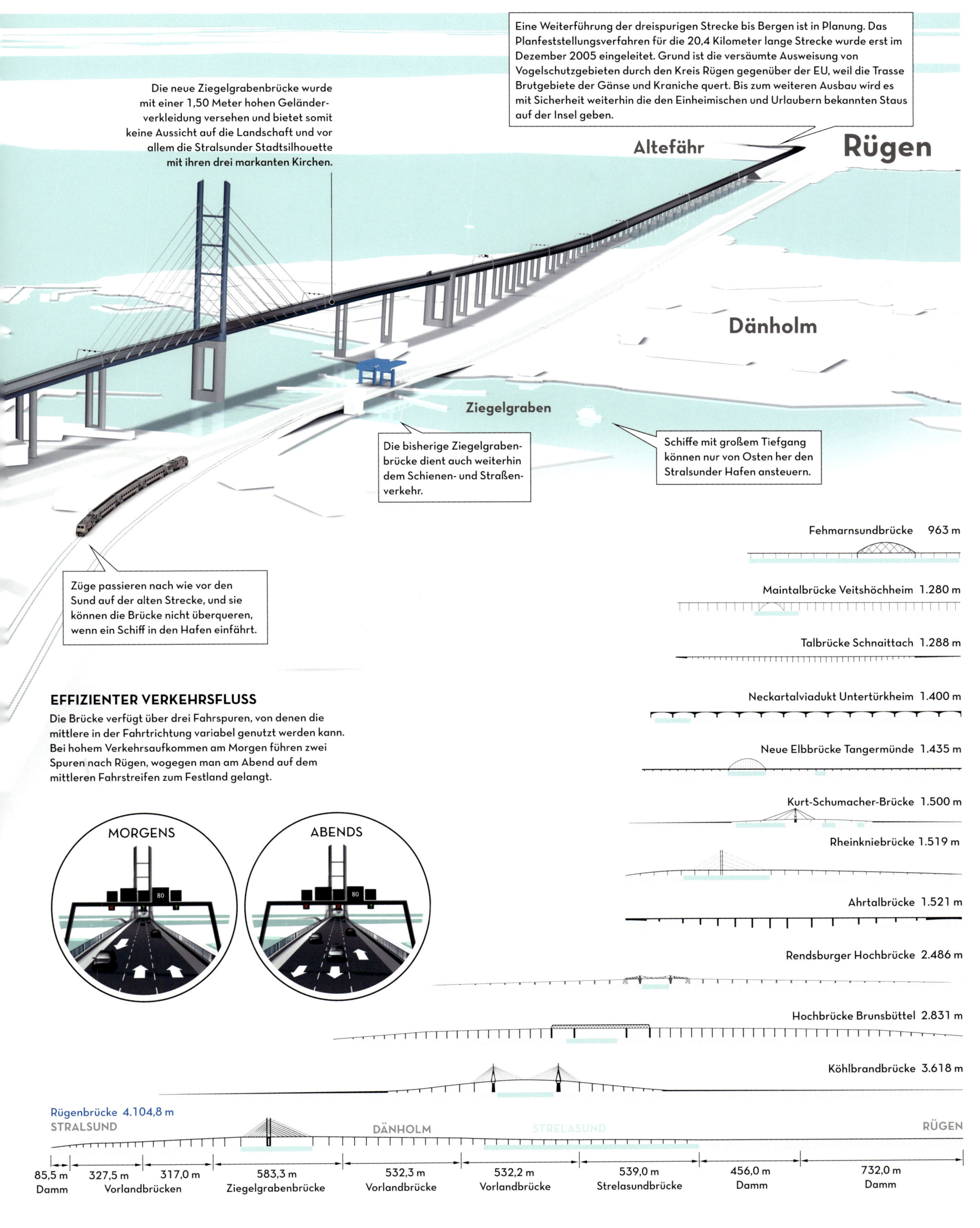

Die neue Ziegelgrabenbrücke wurde mit einer 1,50 Meter hohen Geländerverkleidung versehen und bietet somit keine Aussicht auf die Landschaft und vor allem die Stralsunder Stadtsilhouette mit ihren drei markanten Kirchen.

Eine Weiterführung der dreispurigen Strecke bis Bergen ist in Planung. Das Planfeststellungsverfahren für die 20,4 Kilometer lange Strecke wurde erst im Dezember 2005 eingeleitet. Grund ist die versäumte Ausweisung von Vogelschutzgebieten durch den Kreis Rügen gegenüber der EU, weil die Trasse Brutgebiete der Gänse und Kraniche quert. Bis zum weiteren Ausbau wird es mit Sicherheit weiterhin die den Einheimischen und Urlaubern bekannten Staus auf der Insel geben.

Altefähr

Rügen

Dänholm

Ziegelgraben

Die bisherige Ziegelgrabenbrücke dient auch weiterhin dem Schienen- und Straßenverkehr.

Schiffe mit großem Tiefgang können nur von Osten her den Stralsunder Hafen ansteuern.

Züge passieren nach wie vor den Sund auf der alten Strecke, und sie können die Brücke nicht überqueren, wenn ein Schiff in den Hafen einfährt.

EFFIZIENTER VERKEHRSFLUSS

Die Brücke verfügt über drei Fahrspuren, von denen die mittlere in der Fahrtrichtung variabel genutzt werden kann. Bei hohem Verkehrsaufkommen am Morgen führen zwei Spuren nach Rügen, wogegen man am Abend auf dem mittleren Fahrstreifen zum Festland gelangt.

MORGENS

ABENDS

Fehmarnsundbrücke	963 m
Maintalbrücke Veitshöchheim	1.280 m
Talbrücke Schnaittach	1.288 m
Neckartalviadukt Untertürkheim	1.400 m
Neue Elbbrücke Tangermünde	1.435 m
Kurt-Schumacher-Brücke	1.500 m
Rheinkniebrücke	1.519 m
Ahrtalbrücke	1.521 m
Rendsburger Hochbrücke	2.486 m
Hochbrücke Brunsbüttel	2.831 m
Köhlbrandbrücke	3.618 m

Rügenbrücke 4.104,8 m

STRALSUND   DÄNHOLM   STRELASUND   RÜGEN

85,5 m Damm	327,5 m Vorlandbrücken	317,0 m	583,3 m Ziegelgrabenbrücke	532,3 m Vorlandbrücke	532,2 m Vorlandbrücke	539,0 m Strelasundbrücke	456,0 m Damm	732,0 m Damm

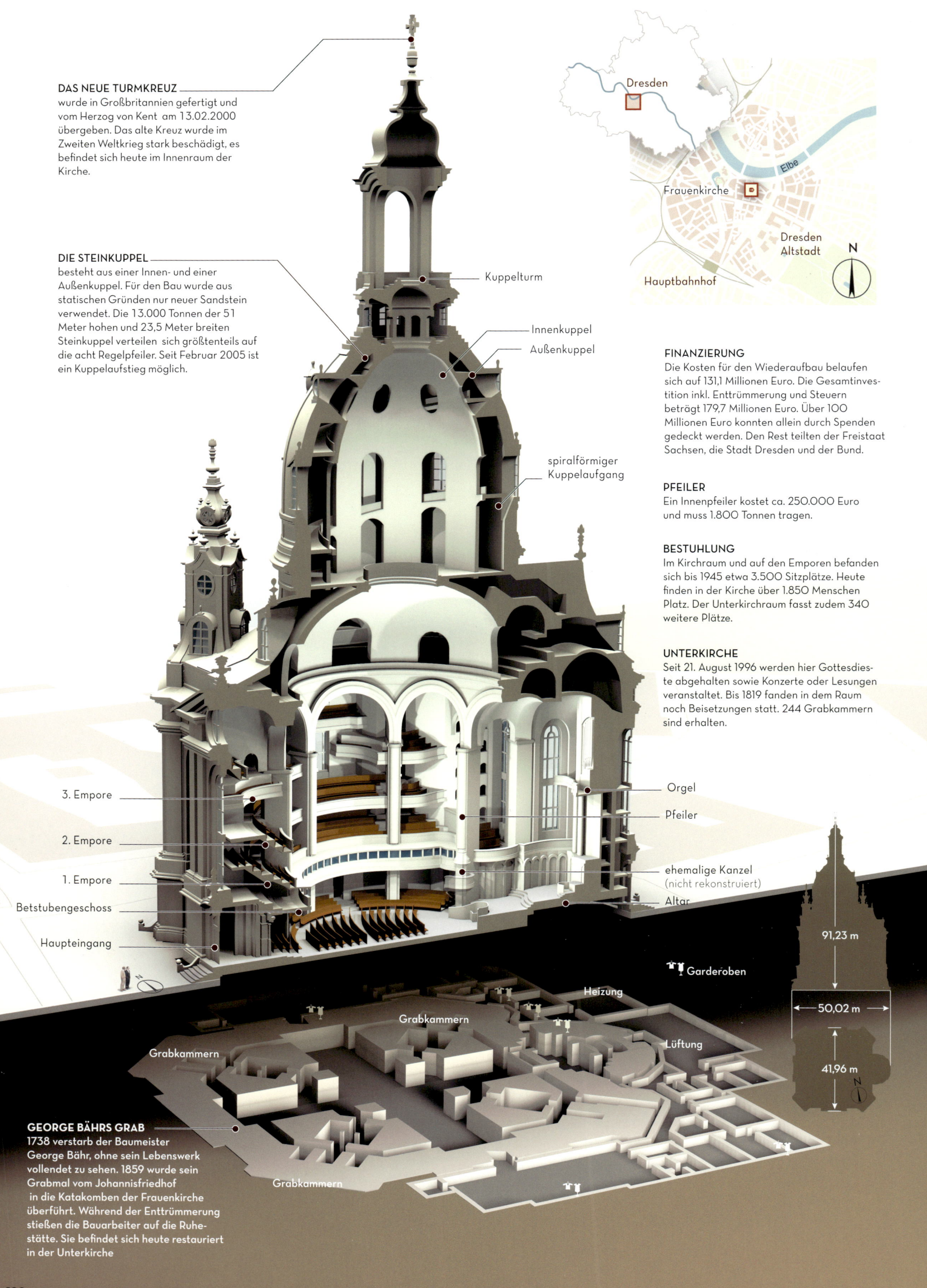

DAS NEUE TURMKREUZ
wurde in Großbritannien gefertigt und vom Herzog von Kent am 13.02.2000 übergeben. Das alte Kreuz wurde im Zweiten Weltkrieg stark beschädigt, es befindet sich heute im Innenraum der Kirche.

DIE STEINKUPPEL
besteht aus einer Innen- und einer Außenkuppel. Für den Bau wurde aus statischen Gründen nur neuer Sandstein verwendet. Die 13.000 Tonnen der 51 Meter hohen und 23,5 Meter breiten Steinkuppel verteilen sich größtenteils auf die acht Regelpfeiler. Seit Februar 2005 ist ein Kuppelaufstieg möglich.

Dresden

Elbe

Frauenkirche

Dresden Altstadt

Hauptbahnhof

Kuppelturm

Innenkuppel

Außenkuppel

spiralförmiger Kuppelaufgang

FINANZIERUNG
Die Kosten für den Wiederaufbau belaufen sich auf 131,1 Millionen Euro. Die Gesamtinvestition inkl. Enttrümmerung und Steuern beträgt 179,7 Millionen Euro. Über 100 Millionen Euro konnten allein durch Spenden gedeckt werden. Den Rest teilten der Freistaat Sachsen, die Stadt Dresden und der Bund.

PFEILER
Ein Innenpfeiler kostet ca. 250.000 Euro und muss 1.800 Tonnen tragen.

BESTUHLUNG
Im Kirchraum und auf den Emporen befanden sich bis 1945 etwa 3.500 Sitzplätze. Heute finden in der Kirche über 1.850 Menschen Platz. Der Unterkirchraum fasst zudem 340 weitere Plätze.

UNTERKIRCHE
Seit 21. August 1996 werden hier Gottesdieste abgehalten sowie Konzerte oder Lesungen veranstaltet. Bis 1819 fanden in dem Raum noch Beisetzungen statt. 244 Grabkammern sind erhalten.

3. Empore

2. Empore

1. Empore

Betstubengeschoss

Haupteingang

Orgel

Pfeiler

ehemalige Kanzel (nicht rekonstruiert)

Altar

Garderoben

Heizung

Lüftung

Grabkammern

Grabkammern

Grabkammern

91,23 m

50,02 m

41,96 m

GEORGE BÄHRS GRAB
1738 verstarb der Baumeister George Bähr, ohne sein Lebenswerk vollendet zu sehen. 1859 wurde sein Grabmal vom Johannisfriedhof in die Katakomben der Frauenkirche überführt. Während der Enttrümmerung stießen die Bauarbeiter auf die Ruhestätte. Sie befindet sich heute restauriert in der Unterkirche

GRAFIK / RECHERCHE: KIRCHERBURKHARDT / ERSCHIENEN IN: STERN

Mit Steinen heilen
Die Frauenkirche in Dresden

Ihre Schwächen waren von Beginn an die riesige Kuppel und das verbaute Material: Sandstein. Schon 1735, ein Jahr nach der Weihe, mussten Pfeiler gegen die Last der enormen Kuppel verstärkt werden. Friedrich der Große ließ seine Geschütze auf sie zielen, als er im Siebenjährigen Krieg vor den Toren Dresdens stand. Und als die Bomben der britischen und amerikanischen Luftwaffe im Februar 1945 in Dresden einen Feuersturm entfachten, schmolzen Orgel und Fenster in 1.200 Grad Hitze, Bänke und Sandsteine explodierten. Die DDR-Führung ließ die Trümmer stehen, zwei graue Zähne, mitten in der Dresdner Innenstadt, als Mahnmal gegen den Krieg. Hier trafen sich in den 1980ern die Anhänger der Friedens- und Bürgerbewegung. 180 Millionen Euro kostete der Wiederaufbau, größtenteils finanziert aus privaten Spenden. Als Symbol des neuen Geistes der Versöhnung gilt das Turmkreuz. Geschaffen hat es der Londoner Kunstschmied Alan Smith, dessen Vater als Pilot an der Bombardierung beteiligt war. Wert des Kreuzes: 500.000 Euro, es ist ein Geschenk des Herzoges von Kent. 2004 wurde es übergeben und eingeweiht – im Beisein von 60.000 jungen und alten Dresdenern.

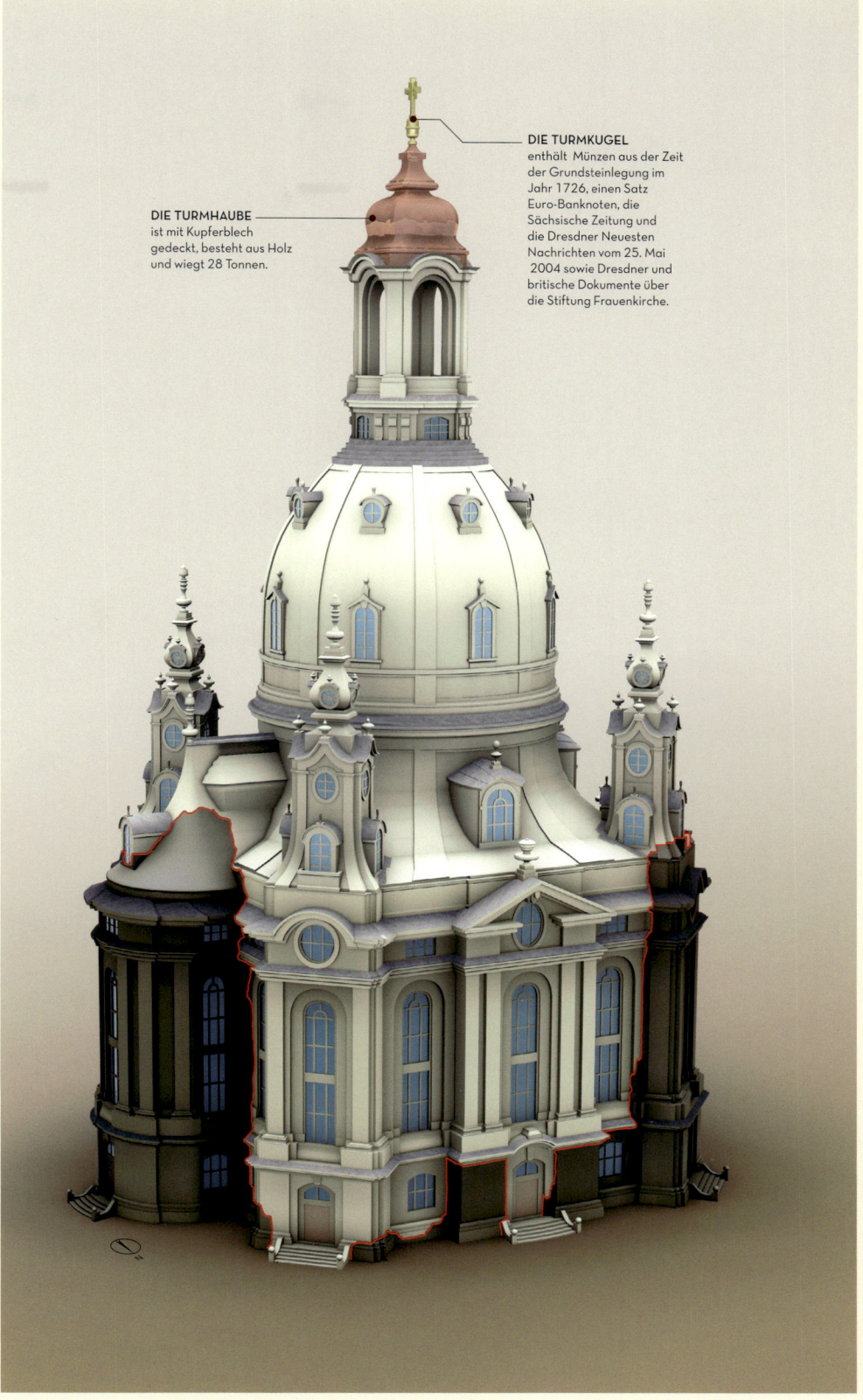

DIE TURMHAUBE ist mit Kupferblech gedeckt, besteht aus Holz und wiegt 28 Tonnen.

DIE TURMKUGEL enthält Münzen aus der Zeit der Grundsteinlegung im Jahr 1726, einen Satz Euro-Banknoten, die Sächsische Zeitung und die Dresdner Neuesten Nachrichten vom 25. Mai 2004 sowie Dresdner und britische Dokumente über die Stiftung Frauenkirche.

AUFERSTANDEN AUS RUINEN
Es wurden ca. 20.000 Tonnen Sandstein verarbeitet, ein Drittel davon wurde aus Trümmern geborgen. Diese Steine wurden gescannt, archiviert und später an ihren historisch originalen Stellen wieder eingesetzt. Der neue Sandstein stammt unter anderem aus dem Steinbruch Lohmen in der Sächsischen Schweiz. Die Steine wiegen zwischen 0,6 und fünf Tonnen, zeitweise wurden täglich bis zu 15 Tonnen Gestein verarbeitet. Die rote Linie markiert den Umriss der alten Ruine und Gedenkstelle. Dieses Mauerwerk wurde fast vollständig in die rekonstruierte Kirche eingearbeitet.

WAS WIR GUT KÖNNEN
WIEDERAUFBAUEN

Schatz, wir haben die Tiefgarage vergessen!

Die einzige Gewissheit beim Bauen: Es wird stets teurer als geplant. Und zwar deutlich. Ein Überblick zu „Stuttgart 21", Elbphilharmonie und anderen

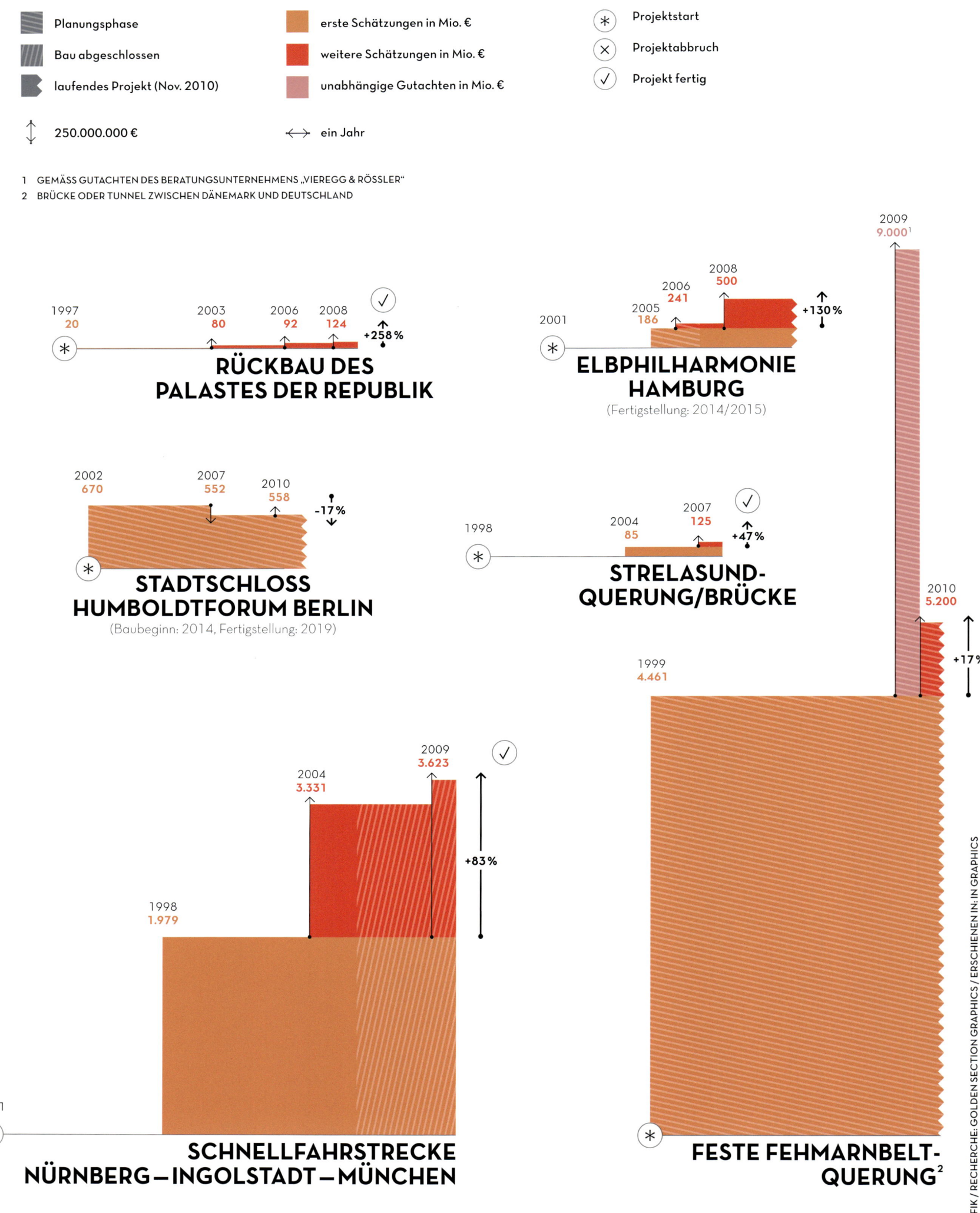

Planungsphase

Bau abgeschlossen

laufendes Projekt (Nov. 2010)

250.000.000 €

erste Schätzungen in Mio. €

weitere Schätzungen in Mio. €

unabhängige Gutachten in Mio. €

ein Jahr

Projektstart

Projektabbruch

Projekt fertig

1 GEMÄSS GUTACHTEN DES BERATUNGSUNTERNEHMENS „VIEREGG & RÖSSLER"
2 BRÜCKE ODER TUNNEL ZWISCHEN DÄNEMARK UND DEUTSCHLAND

RÜCKBAU DES PALASTES DER REPUBLIK

1997 · 20
2003 · 80
2006 · 92
2008 · 124
+258%

ELBPHILHARMONIE HAMBURG
(Fertigstellung: 2014/2015)

2001
2005 · 186
2006 · 241
2008 · 500
+130%

STADTSCHLOSS HUMBOLDTFORUM BERLIN
(Baubeginn: 2014, Fertigstellung: 2019)

2002 · 670
2007 · 552
2010 · 558
−17%

STRELASUND-QUERUNG/BRÜCKE

1998
2004 · 85
2007 · 125
+47%

SCHNELLFAHRSTRECKE NÜRNBERG — INGOLSTADT — MÜNCHEN

1991
1998 · 1.979
2004 · 3.331
2009 · 3.623
+83%

FESTE FEHMARNBELT-QUERUNG[2]

1999 · 4.461
2009 · 9.000[1]
2010 · 5.200
+17%

GRAFIK / RECHERCHE: GOLDEN SECTION GRAPHICS / ERSCHIENEN IN: IN GRAPHICS

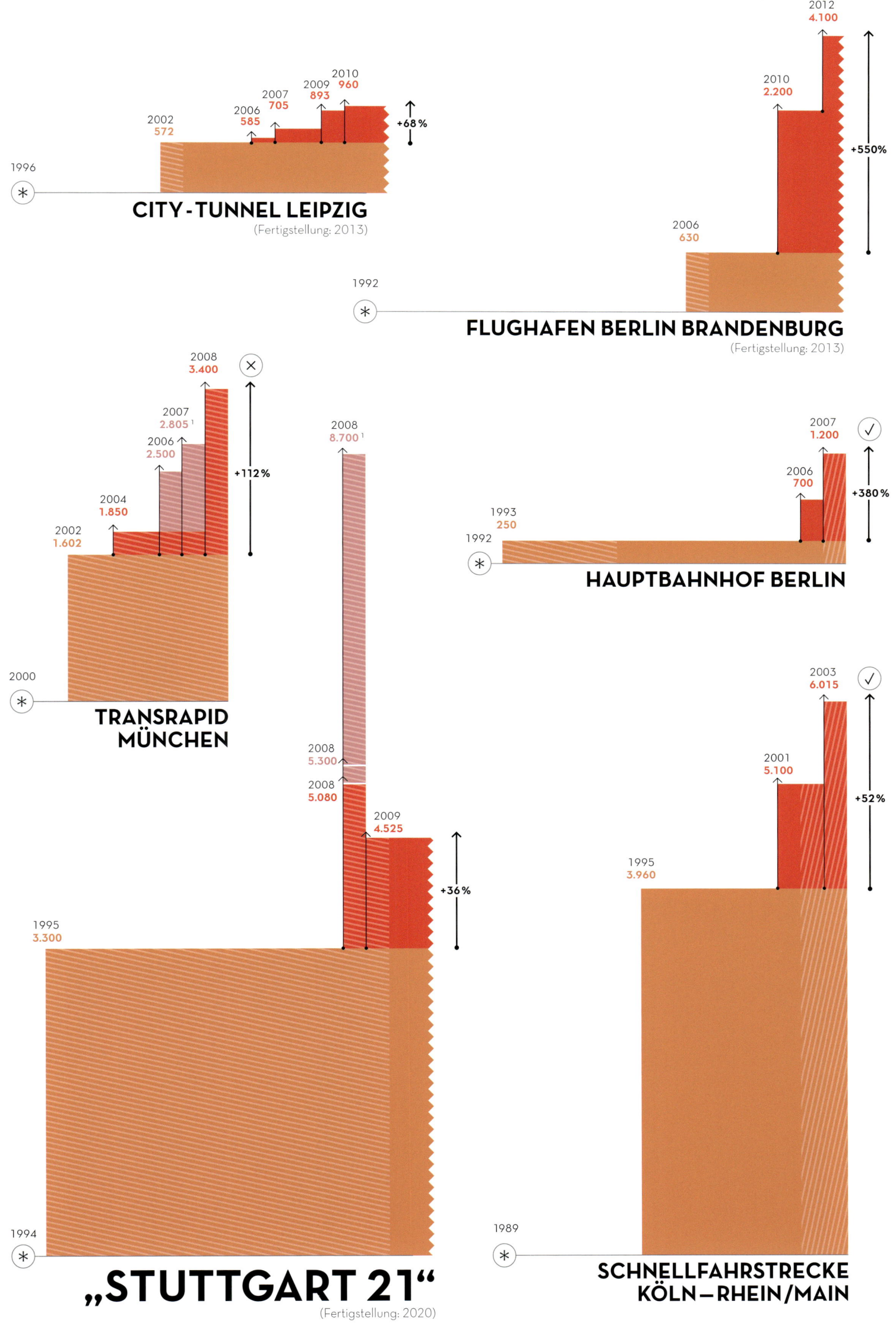

CITY-TUNNEL LEIPZIG
(Fertigstellung: 2013)

1996
2002 572
2006 585
2007 705
2009 893
2010 960
+68%

FLUGHAFEN BERLIN BRANDENBURG
(Fertigstellung: 2013)

1992
2006 630
2010 2.200
2012 4.100
+550%

2000
2002 1.602
2004 1.850
2006 2.500
2007 2.805[1]
2008 3.400
+112%

TRANSRAPID MÜNCHEN

HAUPTBAHNHOF BERLIN

1992
1993 250
2006 700
2007 1.200
+380%

1994
1995 3.300
2008 5.080
2008 5.300
2008 8.700[1]
2009 4.525
+36%

„STUTTGART 21"
(Fertigstellung: 2020)

1989
1995 3.960
2001 5.100
2003 6.015
+52%

SCHNELLFAHRSTRECKE KÖLN–RHEIN/MAIN

Die Sortierer der Erde

Wir haben das Trennen erfunden.
Heißt nicht, dass wir es beherrschen

Genial: Aus einem Problem (Müll) schufen wir eine Industrie (Verwertung). Um den Grünen Punkt beneidet uns die Welt. Die Abgabe im Mikrocentbereich schafft Arbeitsplätze (ca. 17.000) und ein selbstregelndes System. Nur was wir in die Tonnen werfen, ist oft heikel. 40 Prozent des Gelbe-Tonne-Inhalts bestehen aus Restmüll, bis zu 50 Prozent des Grünen-Punkt-Mülls landet im Hausmüll. Recycling? Auch schwierig. Nur drei Prozent des Gelbe-Tonne-Inhalts besteht aus Plastik. Die Hälfte davon landet in Hochöfen. Die andere Hälfte dieser drei Prozent wird tatsächlich recycelt. Gesamtbeitrag des hiesigen Müllaufkommens an der deutschen Ökobilanz: 0,1 Prozent. Aber egal, dafür macht es Spaß.

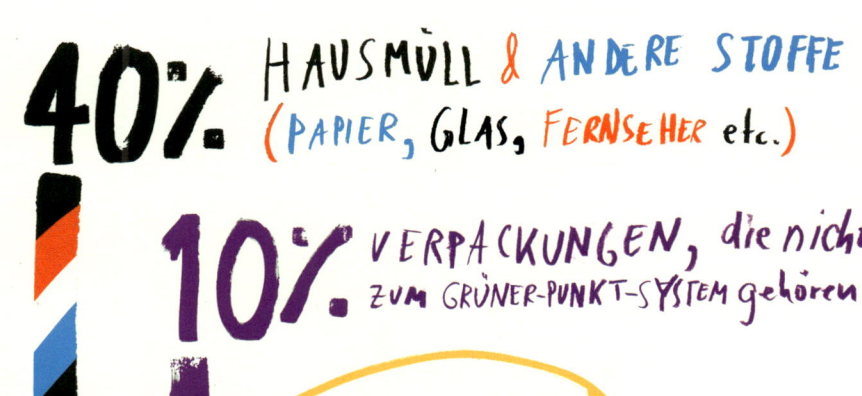

40% HAUSMÜLL & ANDERE STOFFE (PAPIER, GLAS, FERNSEHER etc.)

10% VERPACKUNGEN, die nicht zum GRÜNER-PUNKT-SYSTEM gehören

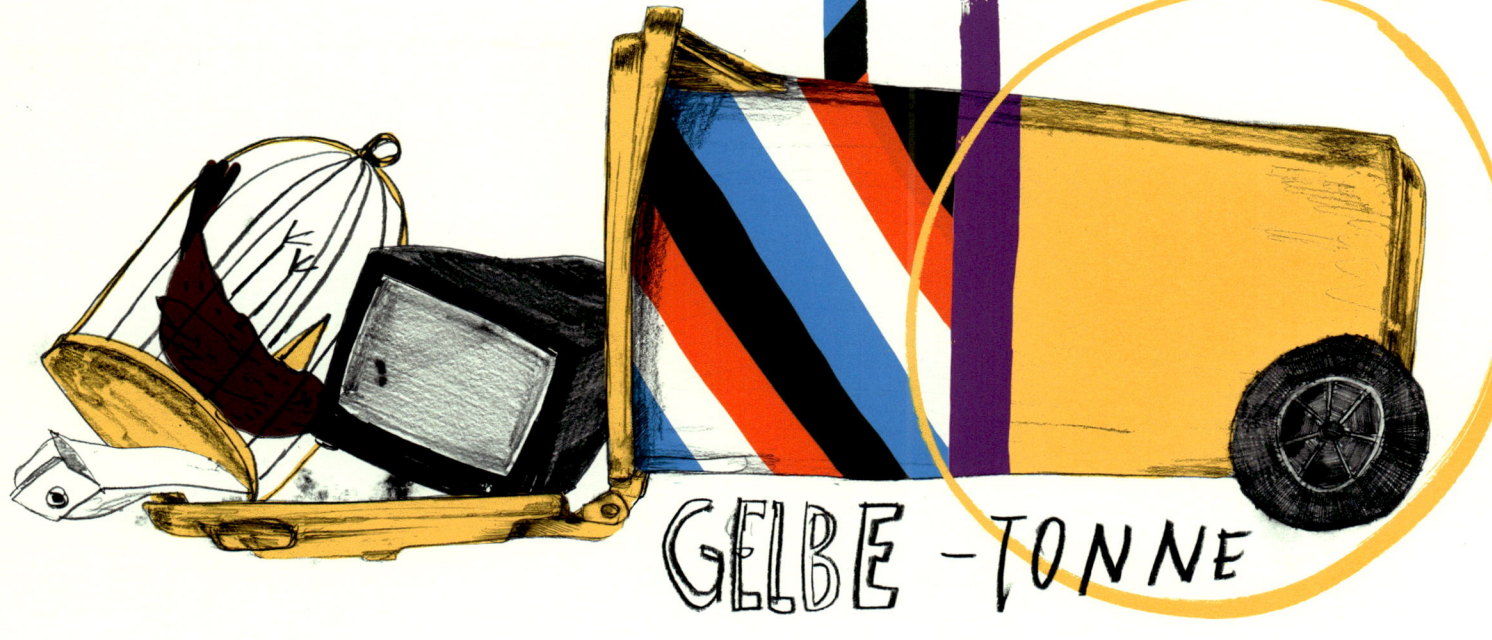

GELBE-TONNE

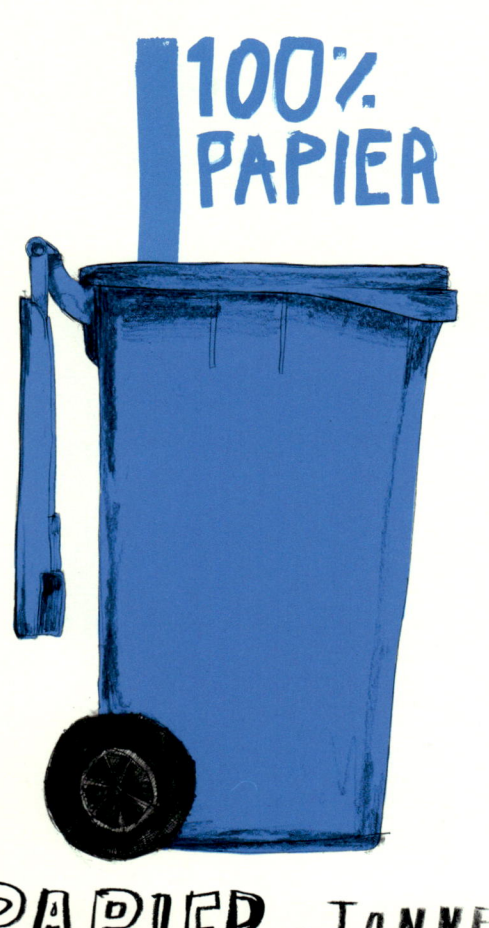

100% PAPIER

PAPIER-TONNE

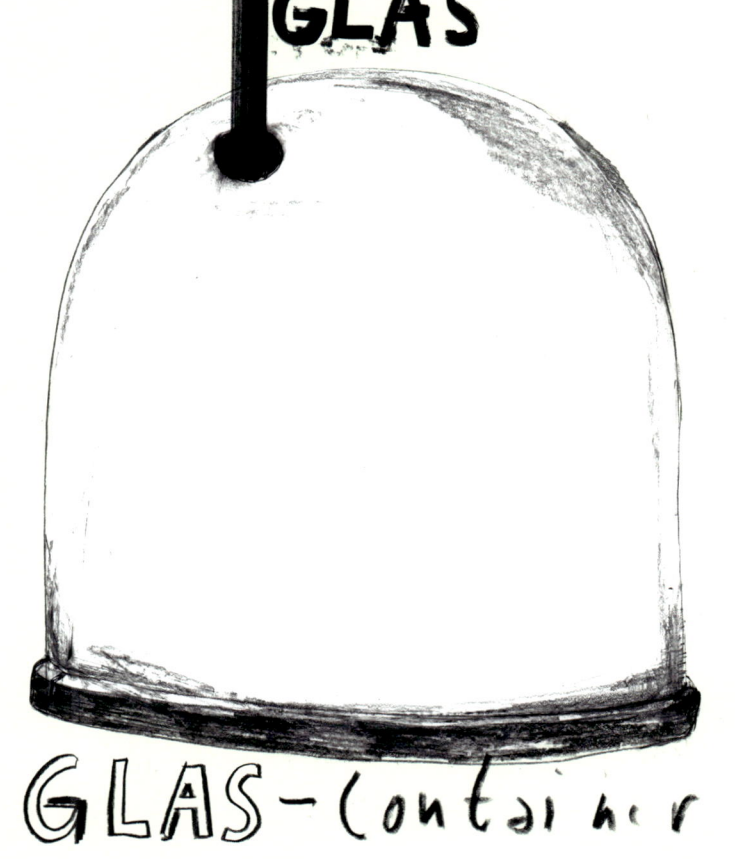

100% GLAS

GLAS-Container

GRAFIK: FRANK HÖHNE / RECHERCHE: KAI SCHÄCHTELE

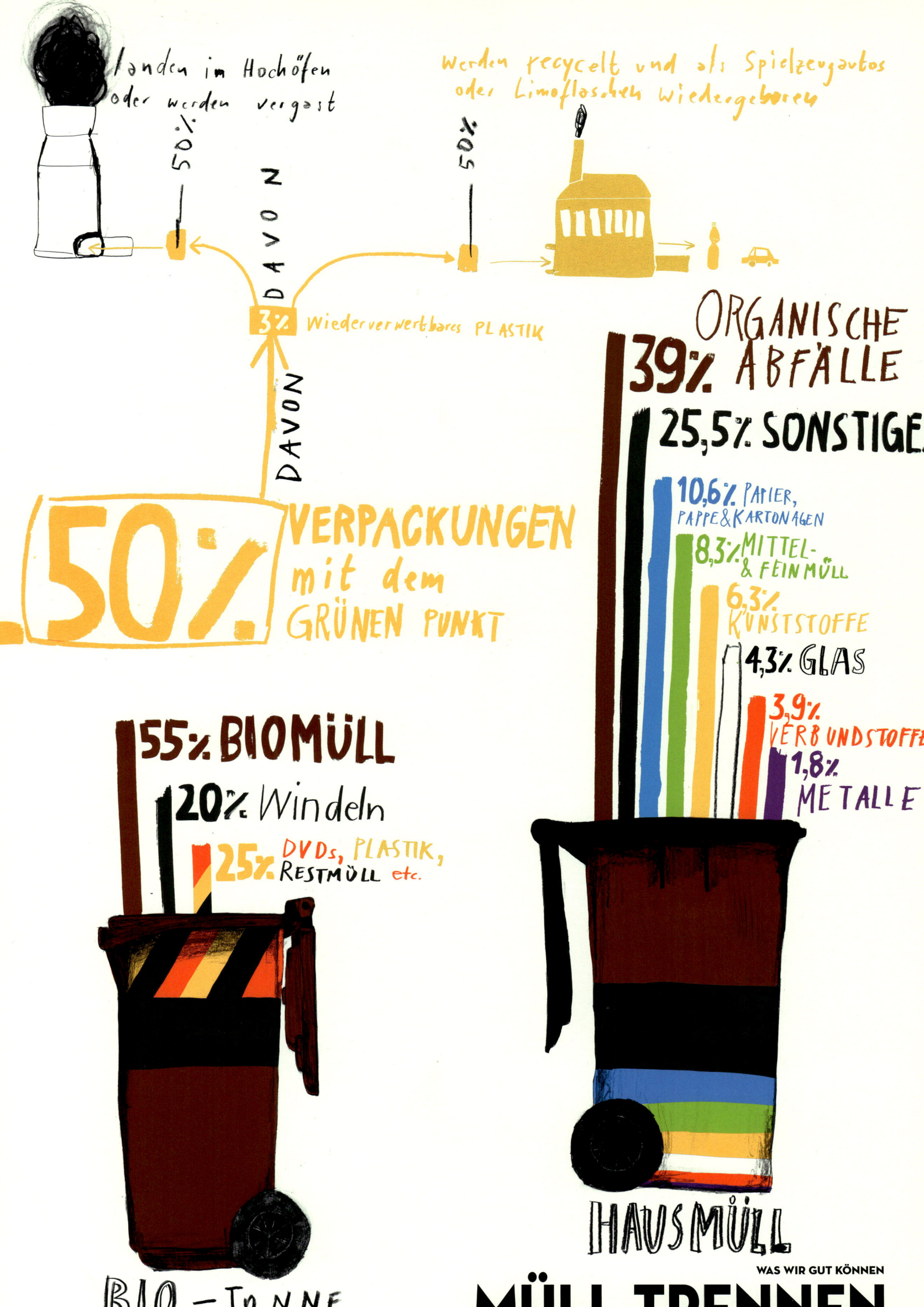

landen im Hochöfen oder werden vergast

50%

DAVON

Werden recycelt und als Spielzeugautos oder Limoflaschen wiedergeboren

50%

3% Wiederverwertbares PLASTIK

DAVON

50% VERPACKUNGEN mit dem GRÜNEN PUNKT

ORGANISCHE
39% ABFÄLLE
25,5% SONSTIGES
10,6% PAPIER, PAPPE & KARTONAGEN
8,3% MITTEL- & FEINMÜLL
6,3% KUNSTSTOFFE
4,3% GLAS
3,9% VERBUNDSTOFFE
1,8% METALLE

55% BIOMÜLL
20% Windeln
25% DVDs, PLASTIK, RESTMÜLL etc.

BIO-TONNE

HAUSMÜLL

WAS WIR GUT KÖNNEN
MÜLL TRENNEN

125

Die deutsche Moderne in Architektur und Design

Von Bauhaus bis Apple: Lebenslinien Made in Germany

Die Wiegen des modernen Designs stehen in Wien und in Darmstadt. Ende des 19. Jahrhunderts befreien sich ein paar junge, mutige Gestalter von der Herrschaft des Ornaments. Sie lassen weg, was nicht gebraucht wird, übrig bleiben: Form und Funktion. Ihre Ideen sind ansteckend, sie breiten sich aus, von Deutschland in die USA, wieder zurück.

Kreuz und quer über den Globus fegt eine neue Generation von Architekten, Künstlern, Grafikern, Designern und Typografen durch die Welt der Dinge. Das UN-Gebäude, die Berliner Neue Nationalgalerie, der Braun-Rasierer: Sie alle teilen gemeinsame Vorfahren. Unsere Städte, Moden, Medien, Autos, Kugelschreiber, Toaster und das Internet;

unser gesamtes Leben wäre ein anderes, ohne die radikal-schönen Vereinfachungen der Moderne. Vor allem wäre es wohl komplizierter. Denn mit der Komplexität aller Technologien steigt der Bedarf nach Klarheit an der Oberfläche. Kein Wunder also, dass Apple-Gründer Steve Jobs Deutschlands Designpapst Dieter Rams verehrte.

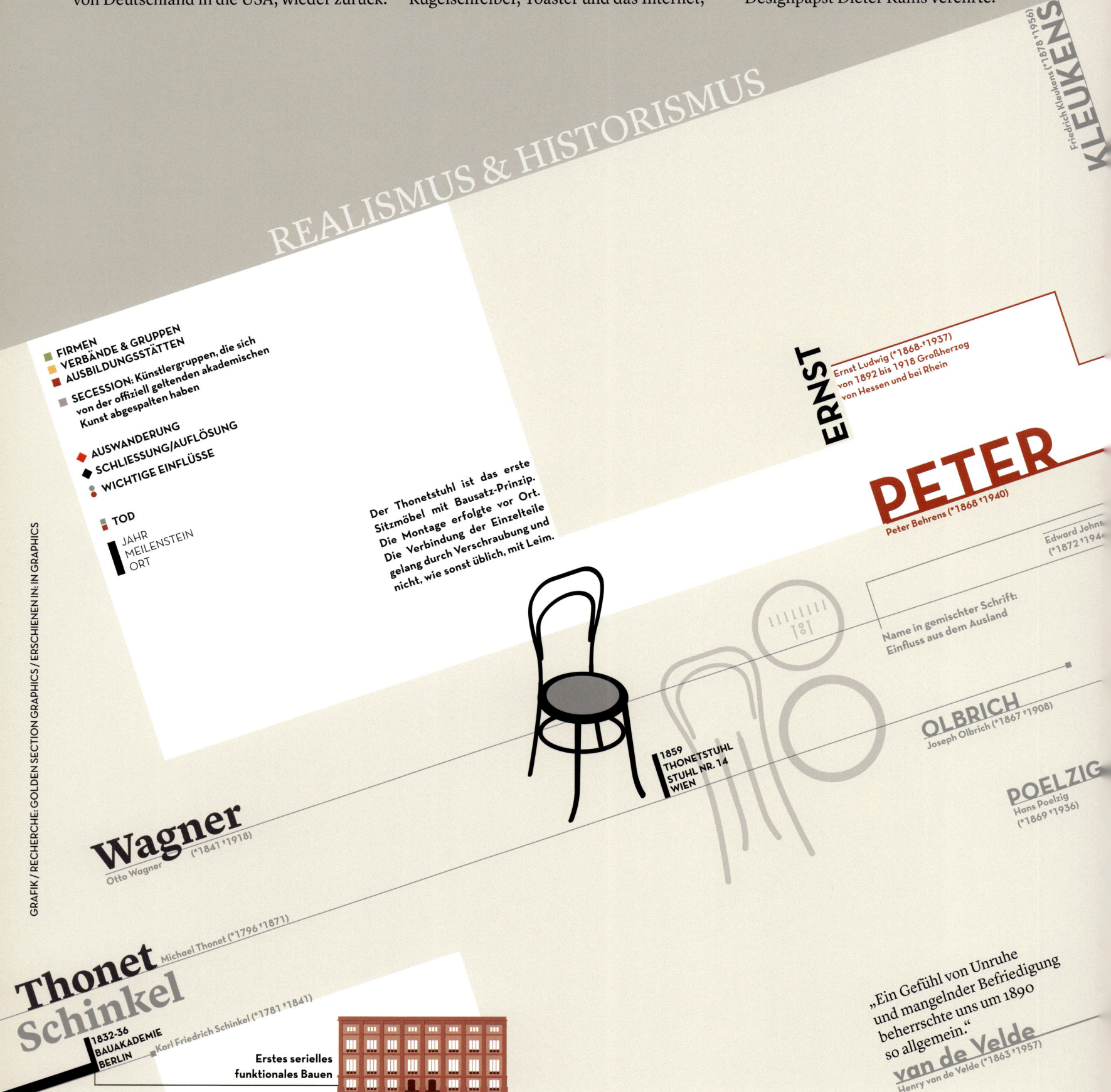

GRAFIK / RECHERCHE: GOLDEN SECTION GRAPHICS / ERSCHIENEN IN: IN GRAPHICS

FIRMEN
VERBÄNDE & GRUPPEN
AUSBILDUNGSSTÄTTEN
SECESSION: Künstlergruppen, die sich von der offiziell geltenden akademischen Kunst abgespalten haben

AUSWANDERUNG
SCHLIESSUNG/AUFLÖSUNG
WICHTIGE EINFLÜSSE

TOD
JAHR
MEILENSTEIN
ORT

Der Thonetstuhl ist das erste Sitzmöbel mit Bausatz-Prinzip. Die Montage erfolgte vor Ort. Die Verbindung der Einzelteile gelang durch Verschraubung und nicht, wie sonst üblich, mit Leim.

REALISMUS & HISTORISMUS

Friedrich Kleukens (*1878 †1956)
KLEUKENS

ERNST
Ernst Ludwig (*1868 †1937) von 1892 bis 1918 Großherzog von Hessen und bei Rhein

PETER
Peter Behrens (*1868 †1940)

Edward Johns (*1872 †194

Name in gemischter Schrift: Einfluss aus dem Ausland

OLBRICH
Joseph Olbrich (*1867 †1908)

POELZIG
Hans Poelzig (*1869 †1936)

1859
THONETSTUHL
STUHL NR. 14
WIEN

Wagner
Otto Wagner (*1841 †1918)

Thonet
Michael Thonet (*1796 †1871)

Schinkel
1832-36
BAUAKADEMIE
BERLIN
Karl Friedrich Schinkel (*1781 †1841)

Erstes serielles funktionales Bauen

„Ein Gefühl von Unruhe und mangelnder Befriedigung beherrschte uns um 1890 so allgemein."

van de Velde
Henry van de Velde (*1863 †1957)

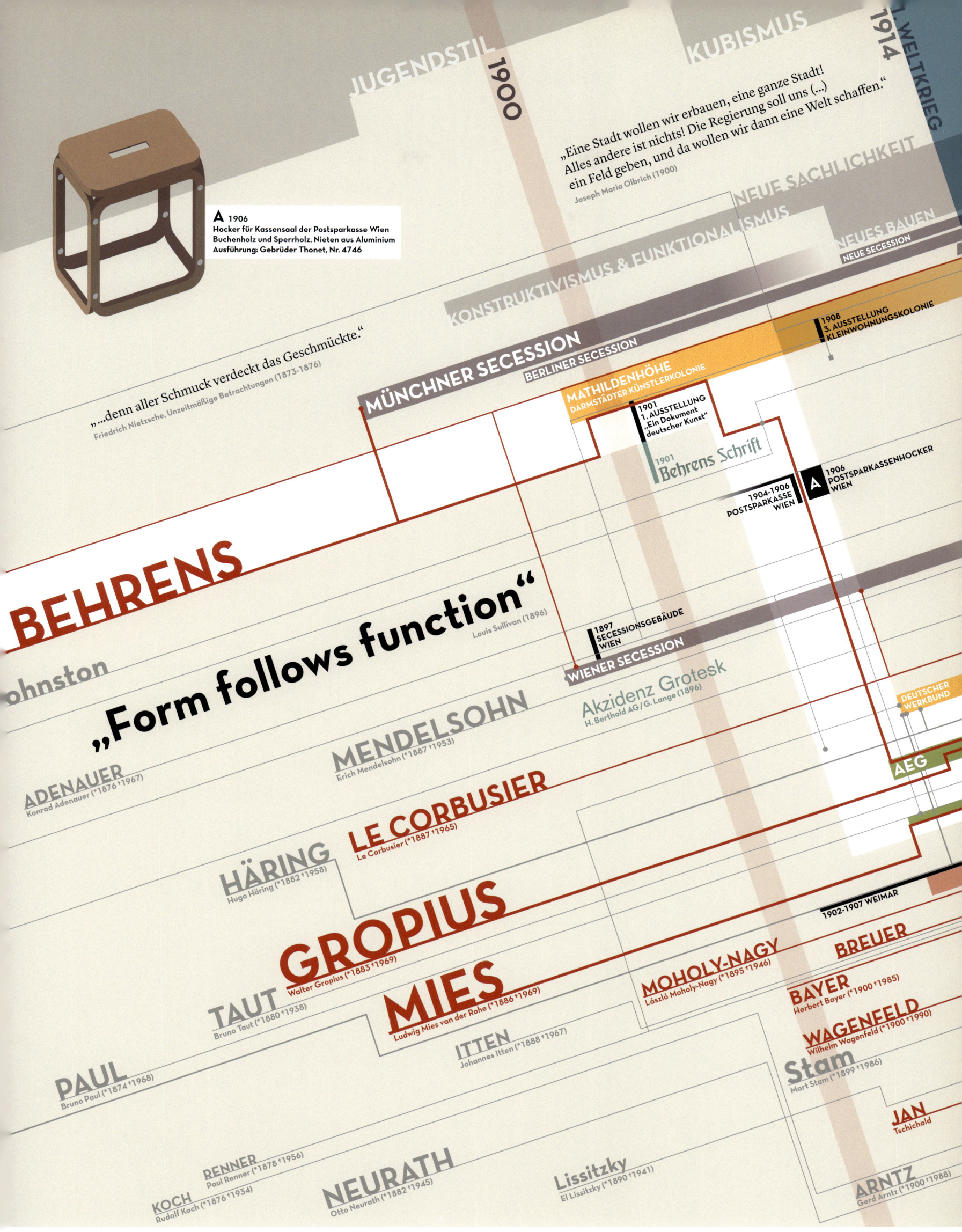

JUGENDSTIL

1900

KUBISMUS

1914

1. WELTKRIEG

NEUE SACHLICHKEIT

NEUES BAUEN

NEUE SECESSION

„Eine Stadt wollen wir erbauen, eine ganze Stadt! Alles andere ist nichts! Die Regierung soll uns (...) ein Feld geben, und da wollen wir dann eine Welt schaffen."
Joseph Maria Olbrich (1900)

KONSTRUKTIVISMUS & FUNKTIONALISMUS

A 1906
Hocker für Kassensaal der Postsparkasse Wien
Buchenholz und Sperrholz, Nieten aus Aluminium
Ausführung: Gebrüder Thonet, Nr. 4746

1908
3. AUSSTELLUNG
KLEINWOHNUNGSKOLONIE

„...denn aller Schmuck verdeckt das Geschmückte."
Friedrich Nietzsche, Unzeitmäßige Betrachtungen (1873-1876)

MÜNCHNER SECESSION

BERLINER SECESSION

MATHILDENHÖHE
DARMSTÄDTER KÜNSTLERKOLONIE

1901
1. AUSSTELLUNG
„Ein Dokument
deutscher Kunst"

1901
Behrens Schrift

1906
POSTSPARKASSENHOCKER
WIEN

1904-1906
POSTSPARKASSE
WIEN

A

BEHRENS

ohnston

1897
SECESSIONSGEBÄUDE
WIEN

WIENER SECESSION

Louis Sullivan (1896)

„Form follows function"

Akzidenz Grotesk
H. Berthold AG/G. Lange (1896)

DEUTSCHER
WERKBUND

MENDELSOHN
Erich Mendelsohn (*1887 †1953)

ADENAUER
Konrad Adenauer (*1876 †1967)

AEG

LE CORBUSIER
Le Corbusier (*1887 †1965)

HÄRING
Hugo Häring (*1882 †1958)

1902-1907 WEIMAR

GROPIUS
Walter Gropius (*1883 †1969)

TAUT
Bruno Taut (*1880 †1938)

MOHOLY-NAGY
László Moholy-Nagy (*1895 †1946)

BREUER

BAYER
Herbert Bayer (*1900 †1985)

MIES
Ludwig Mies van der Rohe (*1886 †1969)

WAGENFELD
Wilhelm Wagenfeld (*1900 †1990)

ITTEN
Johannes Itten (*1888 †1967)

PAUL
Bruno Paul (*1874 †1968)

Stam
Mart Stam (*1899 †1986)

JAN
Tschichold

RENNER
Paul Renner (*1878 †1956)

NEURATH
Otto Neurath (*1882 †1945)

Lissitzky
El Lissitzky (*1890 †1941)

KOCH
Rudolf Koch (*1876 †1934)

ARNTZ
Gerd Arntz (*1900 †1988)

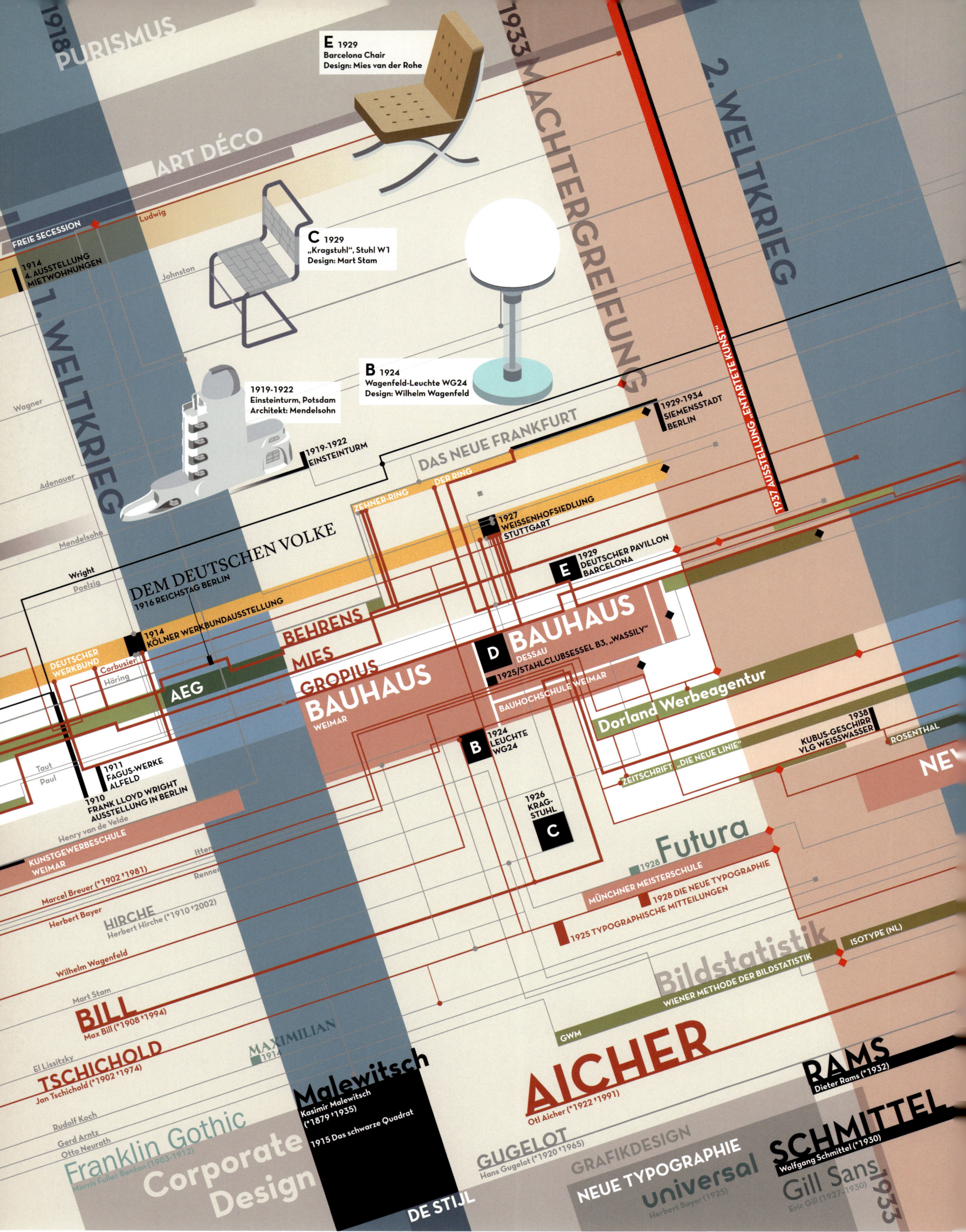

E 1929
Barcelona Chair
Design: Mies van der Rohe

C 1929
„Kragstuhl", Stuhl W1
Design: Mart Stam

B 1924
Wagenfeld-Leuchte WG24
Design: Wilhelm Wagenfeld

1919-1922
Einsteinturm, Potsdam
Architekt: Mendelsohn

1919-1922
EINSTEINTURM

1918

PURISMUS

ART DÉCO

1933 MACHTERGREIFUNG

2. WELTKRIEG

FREIE SECESSION

Ludwig

Johnston

1914
4. AUSSTELLUNG
MIETWOHNUNGEN

1. WELTKRIEG

Wagner

Adenauer

Mendelsohn

Wright
Poelzig

DEM DEUTSCHEN VOLKE
1916 REICHSTAG BERLIN

1929-1934
SIEMENSSTADT
BERLIN

DAS NEUE FRANKFURT

ZEHNER-RING
DER RING

1927
WEISSENHOFSIEDLUNG
STUTTGART

1937 AUSSTELLUNG „ENTARTETE KUNST"

1929
DEUTSCHER PAVILLON
BARCELONA

E

1914
KÖLNER WERKBUNDAUSSTELLUNG

BEHRENS

MIES

DEUTSCHER
WERKBUND

Corbusier
Häring

AEG

GROPIUS

BAUHAUS
WEIMAR

D BAUHAUS
DESSAU
1925/STAHLCLUBSESSEL B3, „WASSILY"

BAUHOCHSCHULE WEIMAR

Dorland Werbeagentur

1938
KUBUS-GESCHIRR
VLG WEISSWASSER

ROSENTHAL

Taut
Paul

1911
FAGUS-WERKE
ALFELD

1910
FRANK LLOYD WRIGHT
AUSSTELLUNG IN BERLIN

B 1924
LEUCHTE
WG24

ZEITSCHRIFT „DIE NEUE LINIE"

NE

Henry van de Velde

1926
KRAG-
STUHL

C

Futura

KUNSTGEWERBESCHULE
WEIMAR

Itten

Renner

1928

MÜNCHNER MEISTERSCHULE

1928 DIE NEUE TYPOGRAPHIE

Marcel Breuer (*1902 †1981)

Herbert Bayer

HIRCHE
Herbert Hirche (*1910 †2002)

1925 TYPOGRAPHISCHE MITTEILUNGEN

Wilhelm Wagenfeld

ISOTYPE (NL)

Bildstatistik
WIENER METHODE DER BILDSTATISTIK

Mart Stam

BILL
Max Bill (*1908 †1994)

GWM

El Lissitzky

MAXIMILIAN
1914

AICHER
Otl Aicher (*1922 †1991)

RAMS
Dieter Rams (*1932)

TSCHICHOLD
Jan Tschichold (*1902 †1974)

Malewitsch
Kasimir Malewitsch
(*1879 †1935)

Rudolf Koch

1915 Das schwarze Quadrat

SCHMITTEL
Wolfgang Schmittel (*1930)

Gerd Arntz

Otto Neurath

Franklin Gothic
Morris Fuller Benton (1903-1912)

Corporate
Design

DE STIJL

GUGELOT
Hans Gugelot (*1920 †1965)

GRAFIKDESIGN

NEUE TYPOGRAPHIE

universal
Herbert Bayer (1925)

Gill Sans
Eric Gill (1927-1930)

1933

128

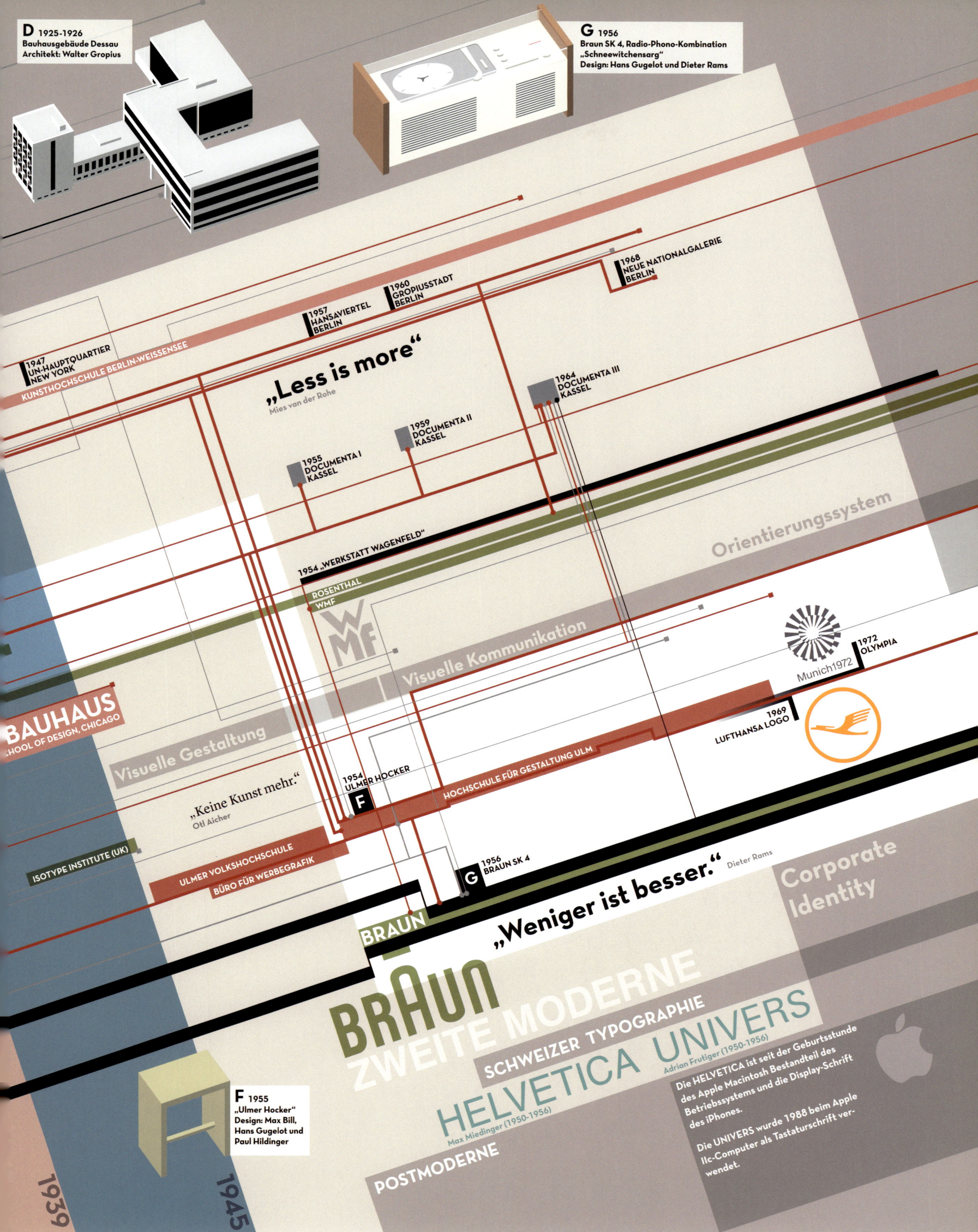

D 1925–1926
Bauhausgebäude Dessau
Architekt: Walter Gropius

G 1956
Braun SK 4, Radio-Phono-Kombination
„Schneewitchensarg"
Design: Hans Gugelot und Dieter Rams

1968
NEUE NATIONALGALERIE
BERLIN

1960
GROPIUSSTADT
BERLIN

1957
HANSAVIERTEL
BERLIN

1947
UN-HAUPTQUARTIER
NEW YORK

KUNSTHOCHSCHULE BERLIN-WEISSENSEE

„Less is more"
Mies van der Rohe

1964
DOCUMENTA III
KASSEL

1959
DOCUMENTA II
KASSEL

1955
DOCUMENTA I
KASSEL

1954 „WERKSTATT WAGENFELD"

ROSENTHAL
WMF

Orientierungssystem

Visuelle Kommunikation

1972
OLYMPIA

Munich1972

1969
LUFTHANSA LOGO

BAUHAUS
SCHOOL OF DESIGN, CHICAGO

Visuelle Gestaltung

1954
ULMER HOCKER
F

HOCHSCHULE FÜR GESTALTUNG ULM

„Keine Kunst mehr."
Otl Aicher

ISOTYPE INSTITUTE (UK)

ULMER VOLKSHOCHSCHULE
BÜRO FÜR WERBEGRAFIK

1956 BRAUN SK 4
G

„Weniger ist besser." Dieter Rams

Corporate
Identity

BRAUN

BRAUN
ZWEITE MODERNE
SCHWEIZER TYPOGRAPHIE
HELVETICA UNIVERS
Adrian Frutiger (1950–1956)

Max Miedinger (1950–1956)

Die HELVETICA ist seit der Geburtsstunde
des Apple Macintosh Bestandteil des
Betriebssystems und die Display-Schrift
des iPhones.

Die UNIVERS wurde 1988 beim Apple
IIc-Computer als Tastaturschrift verwendet.

POSTMODERNE

F 1955
„Ulmer Hocker"
Design: Max Bill,
Hans Gugelot und
Paul Hildinger

1939

1945

Leopard II: die Exportkanone
Deutsche Rüstungsgüter sind gefragt wie nie

Deutschland ist hinter den USA und Russland weltweit die Nummer drei im Waffengeschäft. Die Exportschlager heißen „MP5" (Maschinenpistolen), „Typ 214" (U-Boote), „Eurofighter" (Flugzeuge) und „Leopard" (Panzer). Laut Leo-Hersteller Krauss Maffei Wegmann befinden sich von den 3.500 der seit Einführung produzierten Panzer mehr als 90 Prozent im Besitz ausländischer Armeen. 300 Millionen Euro hat es gekostet, bis der deutsche Spitzenpanzer zur Serienreife entwickelt war. Ein Exemplar kostet heute – je nach Ausstattung und Bestellmenge – zwischen drei und zwölf Millionen Euro. Optional lieferbar: Ersatzteile, sicherheitstechnisches Zubehör sowie Unterstützung bei der Schulung des Personals. Kriegsgerät im Wert von 2,1 Milliarden Euro exportierten deutsche Hersteller im Jahr 2010 laut Rüstungsexportbericht der Bundesregierung. Steigerung gegenüber dem Vorjahr: 60 Prozent. Deutschland verdient mit Waffenverkäufen ins Ausland mehr als je zuvor. Immerhin, die Waffenumsätze kommen lange nicht an die der Autobranche heran, die allein hierzulande mehr als 100 Milliarden Euro erwirtschaftet. Aber lukrativer als MP3s (1,6 Milliarden Euro Umsatz macht die Musikbranche) sind Panzer, Faustwaffen und Boote allemal. Gegen 17 Länder bestehen zur Zeit noch Embargos. Dazu gehören neben China und Nordkorea auch der Irak, an den über Umwege dennoch Waffen geliefert werden. 80.000 Menschen arbeiten in Deutschland im Rüstungsgeschäft. Mit jedem weiteren Wachstumsjahr wächst der Druck auf die Politik, diese Arbeitsplätze nicht durch ihre Bedenken zu gefährden.

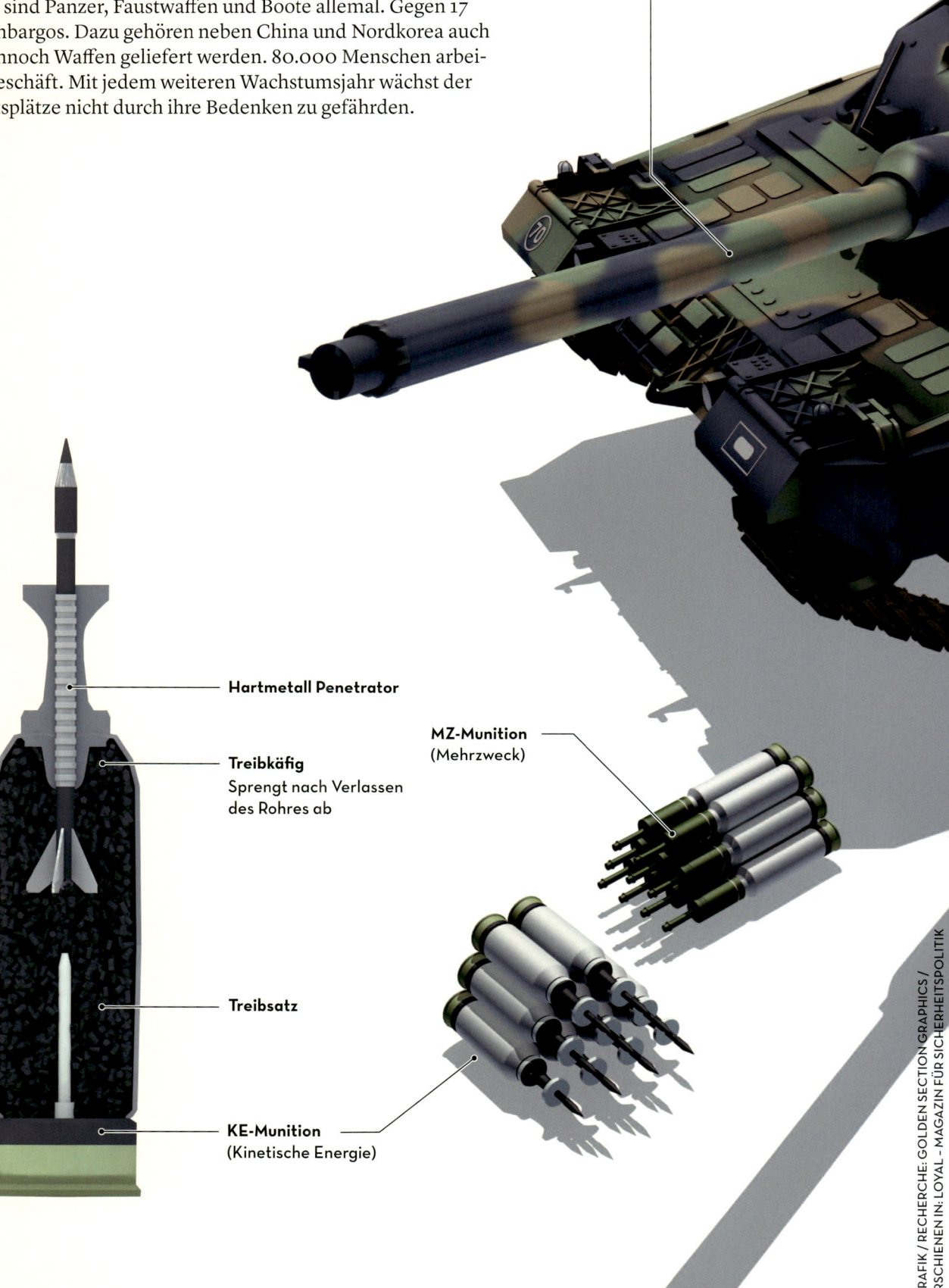

120-mm-Glattrohrkanone

Kaliber:	120 mm
Rohrlänge:	5.280 mm
Masse:	1.190 kg

Hartmetall Penetrator

Treibkäfig
Sprengt nach Verlassen des Rohres ab

Treibsatz

KE-Munition
(Kinetische Energie)

MZ-Munition
(Mehrzweck)

GRAFIK / RECHERCHE: GOLDEN SECTION GRAPHICS / ERSCHIENEN IN: LOYAL – MAGAZIN FÜR SICHERHEITSPOLITIK

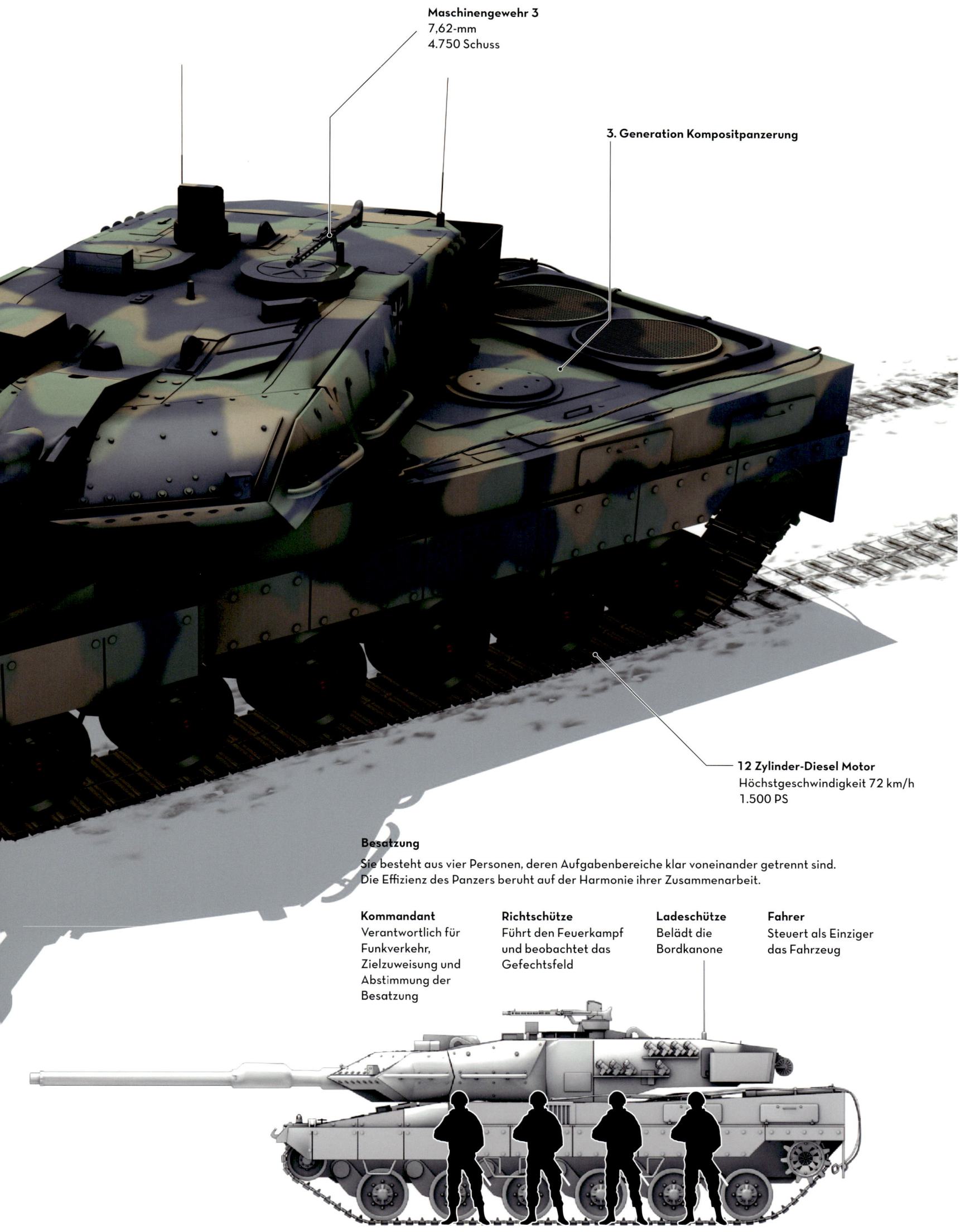

Maschinengewehr 3
7,62-mm
4.750 Schuss

3. Generation Kompositpanzerung

12 Zylinder-Diesel Motor
Höchstgeschwindigkeit 72 km/h
1.500 PS

Besatzung

Sie besteht aus vier Personen, deren Aufgabenbereiche klar voneinander getrennt sind.
Die Effizienz des Panzers beruht auf der Harmonie ihrer Zusammenarbeit.

Kommandant
Verantwortlich für
Funkverkehr,
Zielzuweisung und
Abstimmung der
Besatzung

Richtschütze
Führt den Feuerkampf
und beobachtet das
Gefechtsfeld

Ladeschütze
Belädt die
Bordkanone

Fahrer
Steuert als Einziger
das Fahrzeug

WAS WIR GUT KÖNNEN

PANZER BAUEN

Der Überflieger

Verteidigen helfen – ohne Feindkontakt

AWACS steht für Airborne Warning and Control System, zu Deutsch: in der Luft befindliches Frühwarn- und Kontrollsystem. Das fliegende Radarsystem ermöglicht komplette Luftraumaufklärung, im Vergleich zu bodengestützten Systemen werden auch tief fliegende Objekte erfasst. Die Flugzeuge mit dem markanten Radarschirm auf dem Rücken wurden 1944 von der U.S. Army entwickelt, weil die als Radarvorposten dienenden Schiffe zu starke Verluste hinnehmen mussten. AWACS-Flugzeuge sind heute im Besitz aller Großmächte und werden auch als Einsatzzentralen zur Koordination von Bodenverbänden genutzt. Für Nato-Partner Deutschland sind sie die beste Möglichkeit, sich an politisch heiklen Einsätzen zu beteiligen.

DIE TECHNISCHEN DATEN

Kosten eines einsatzbereiten Flugzeugs: 70 Mio. US-Dollar

Maximales Startgewicht:	147.429 kg
Geschwindigkeit:	800 km/h
Einsatzhöhe:	über 9.150 Meter
Kraftstoff-Fassungsvermögen:	89.610 Liter
Flugdauer:	mehr als 10 Stunden (ohne Luftbetankung)

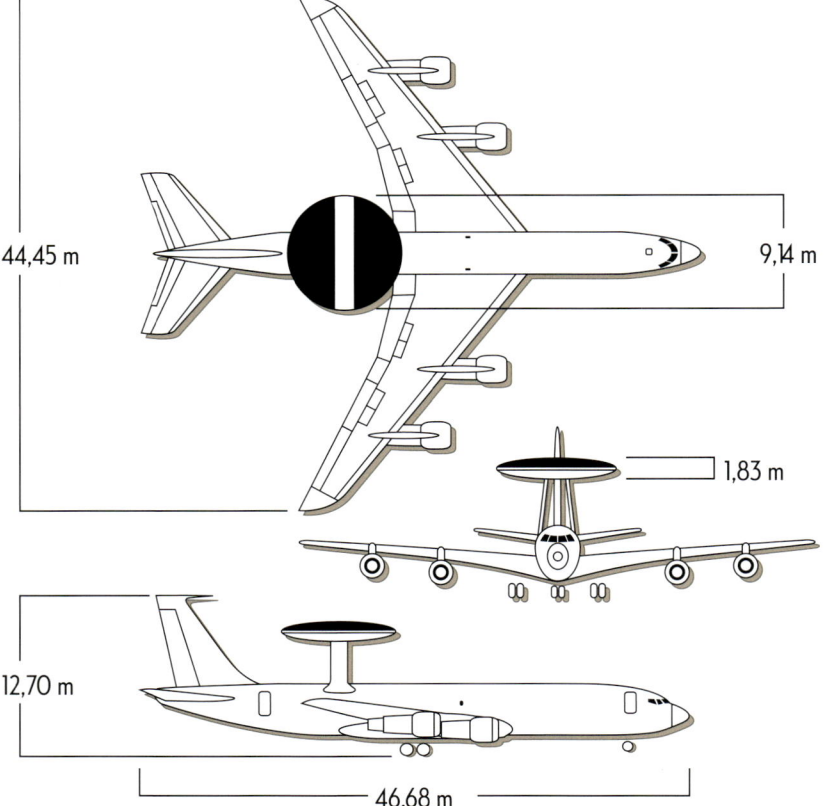

44,45 m
9,14 m
1,83 m
12,70 m
46,68 m

DIE BESATZUNG

Eine AWACS-Crew hat 17 Mitglieder (Männer und Frauen). Das Kommando ist zwischen dem Piloten und dem taktischen Einsatzleiter geteilt.

FLUGCREW
2 Piloten, 1 Navigator, 1 Bordmechaniker

TAKTISCHE CREW
1 Taktischer Einsatzleiter – zuständig für alle taktischen Entscheidungen
1 Chef-Jägerleitoffizier und 2 Jägerleitoffiziere – koordinieren den Einsatz von Kampfjets und organisieren die Luftbetankung
1 Luftlageoffizier überwacht und protokolliert die Bewegungen im Luftraum
1 ESM-Offizier – ESM steht für Electronic Support Measures – überwacht die Antennen, die passive Radarstrahlung von Flugkörpern aufnehmen
3 Radarflugmelder müssen jeden Flugkörper auf den Schirmen innerhalb von zwei Minuten identifizieren
1 Funker – für die Kommunikation
1 Funkmechaniker, 1 Computermechaniker und 1 Radartechniker – die Techniker sorgen dafür, dass alles läuft

Zentralcomputer
Hier werden die Daten ausgewertet und gespeichert. Jedes Bild kann zeitgleich per Satellit auf Bildschirme am Boden übertragen werden. Theoretisch könnte die Crew auch im Internet surfen. Auf jedem Arbeitsschirm werden die Konturen des Einsatzgebiets gezeigt.

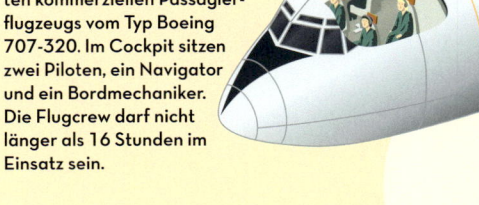

Cockpit
Die Nato-E-3A-Maschinen sind Militärversionen des bewährten kommerziellen Passagierflugzeugs vom Typ Boeing 707-320. Im Cockpit sitzen zwei Piloten, ein Navigator und ein Bordmechaniker. Die Flugcrew darf nicht länger als 16 Stunden im Einsatz sein.

Die Radarbetriebsarten der E-3A

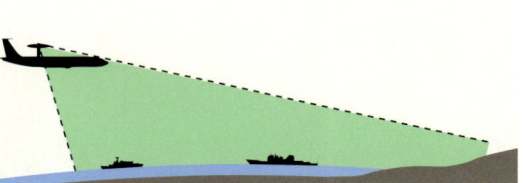

PDNES Impuls-Doppler (ohne Höhenabtastung)

Flugzeuge können bis zum Boden hin überwacht werden. Zum Einsatz kommt ein Impuls-Dopplerradar mit Dopplerfilter und einem stark gebündelten Richtstrahl.

MARITIME Seeabtastung

Zur Erfassung von Schiffen wird ein sehr kurzer Impuls eingesetzt. Ein adaptiver digitaler Prozessor reagiert auf Veränderungen im Seegangsecho und unterdrückt Bodenechos auf der Grundlage von gespeicherten Landkarten.

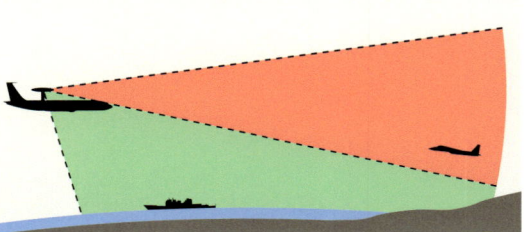

INTERLEAVED PDNES/MARITIME

Hier werden beide Betriebsarten in einem Abschnitt gekoppelt.

GRAFIK / TEXT / RECHERCHE: GOLDEN SECTION GRAPHICS / ERSCHIENEN IN: MAX

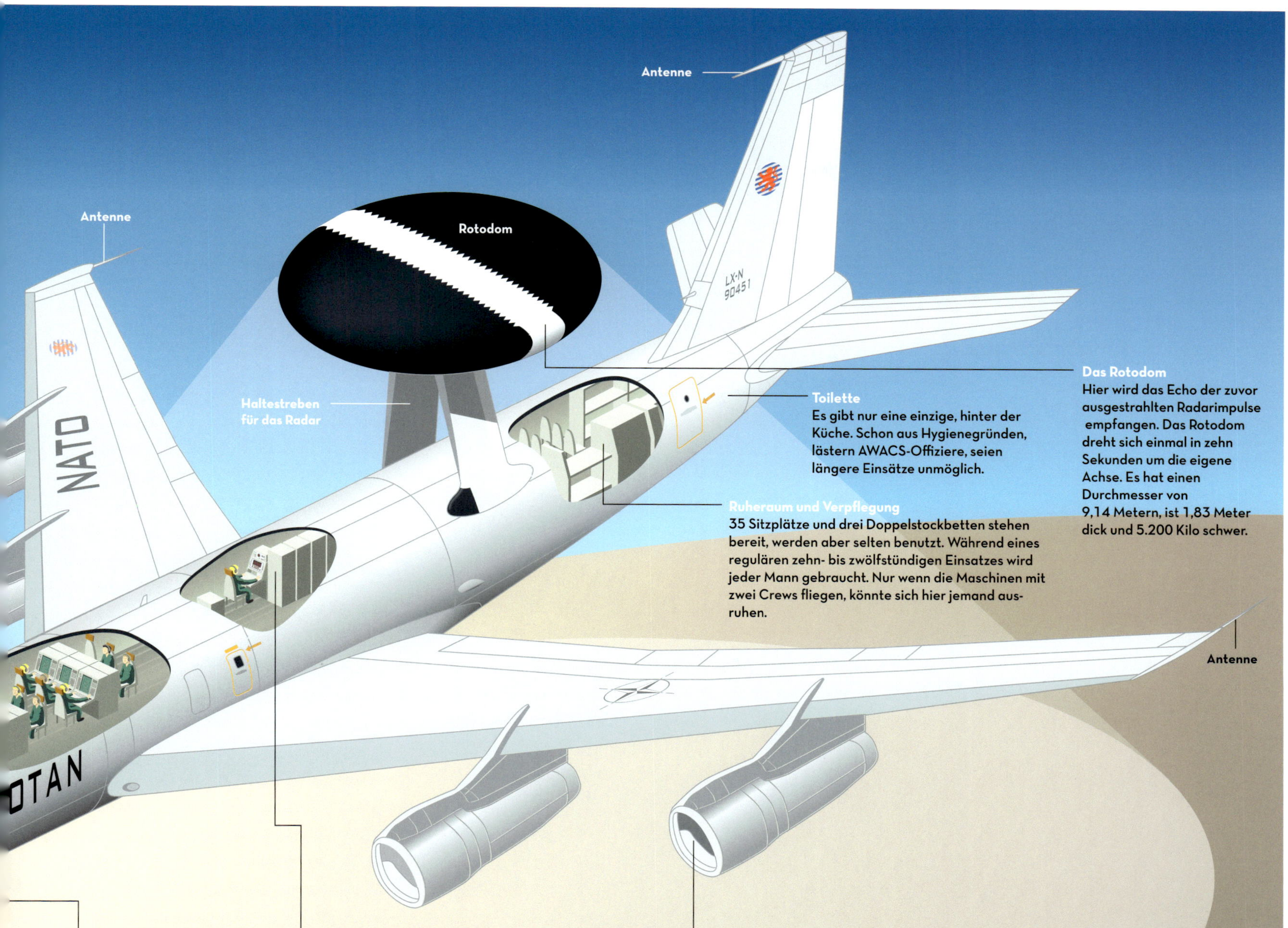

Antenne

Rotodom

Antenne

LX-N
90451

NATO

OTAN

Haltestreben
für das Radar

Antenne

Toilette
Es gibt nur eine einzige, hinter der
Küche. Schon aus Hygienegründen,
lästern AWACS-Offiziere, seien
längere Einsätze unmöglich.

Ruheraum und Verpflegung
35 Sitzplätze und drei Doppelstockbetten stehen
bereit, werden aber selten benutzt. Während eines
regulären zehn- bis zwölfstündigen Einsatzes wird
jeder Mann gebraucht. Nur wenn die Maschinen mit
zwei Crews fliegen, könnte sich hier jemand aus-
ruhen.

Das Rotodom
Hier wird das Echo der zuvor
ausgestrahlten Radarimpulse
empfangen. Das Rotodom
dreht sich einmal in zehn
Sekunden um die eigene
Achse. Es hat einen
Durchmesser von
9,14 Metern, ist 1,83 Meter
dick und 5.200 Kilo schwer.

Operationszentrum
An Bildschirmen überwacht die
taktische Crew den Luftraum
und erstellt in einer sogenannten Luftlage, welche Objekte
sich wann und wo im Luftraum
bewegen. Drei Jägerleitoffiziere können von hier aus den
Einsatz von Kampfflugzeugen
koordinieren.

Signalaufbereitungsanlage
Hier laufen die Daten des Radars ein.
Jedes Flugobjekt sendet individuelle
Radarstrahlen aus und kann so von
den drei Radarflugmeldern der Crew
identifiziert werden. Auch wenn ein
Flugabwehrgeschütz am Boden den
Himmel mit Radarstrahlen abtastet,
kann dies an Bord der AWACS erkannt
und das Geschütz geortet werden.

Triebwerke
Jedes Flugzeug ist mit vier Mantel-
stromtriebwerken TF-33 Pratt & Whitney
100A ausgerüstet. Sie haben eine
Schubkraft von 9.523,5 Kilopond.

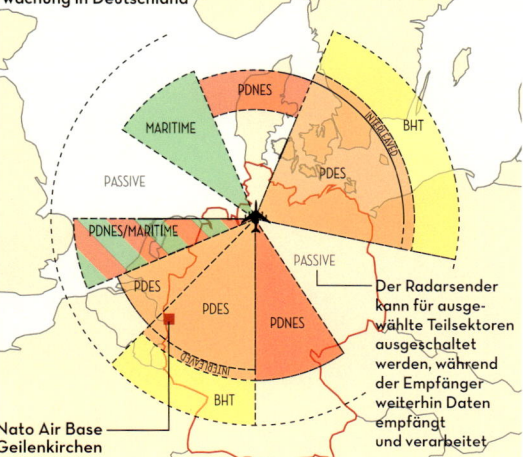

Die 360-Grad-Abtastung lässt sich in 32 Teilsektoren aufteilen.
Der äußerst präzise Radarstrahl verläuft bei der Höhenabtastung
vertikal und auch horizontal. Das Beispiel zeigt die Luftraumüber-
wachung in Deutschland

PDNES
MARITIME
PASSIVE
BHT
PDES
PDNES/MARITIME
PDES
PDES
PASSIVE
PDNES
BHT

Nato Air Base
Geilenkirchen

Der Radarsender
kann für ausge-
wählte Teilsektoren
ausgeschaltet
werden, während
der Empfänger
weiterhin Daten
empfängt
und verarbeitet

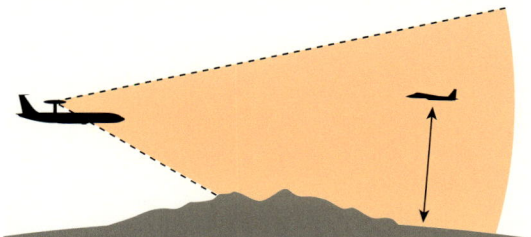

PDES Impuls-Doppler-Höhenabtastung

Ähnlich wie PDNES: Durch elektronische vertikale Ab-
tastung wird jedoch die Höhe ermittelt.

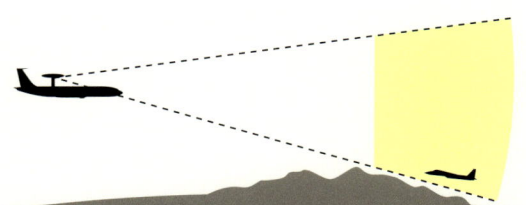

BHT Überhorizont-Abtastung

Ein Impuls-Radar ohne Doppler wird zur Vergrößerung
der Reichweiteeingesetzt, wenn im Horizontschatten
Bodenechos auftreten.

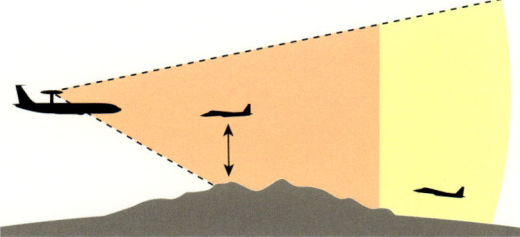

INTERLEAVED PDES /BHT

Hier werden beide Betriebsarten in einem Abschnitt
gekoppelt.

WAS WIR GUT KÖNNEN
ÜBERWACHEN

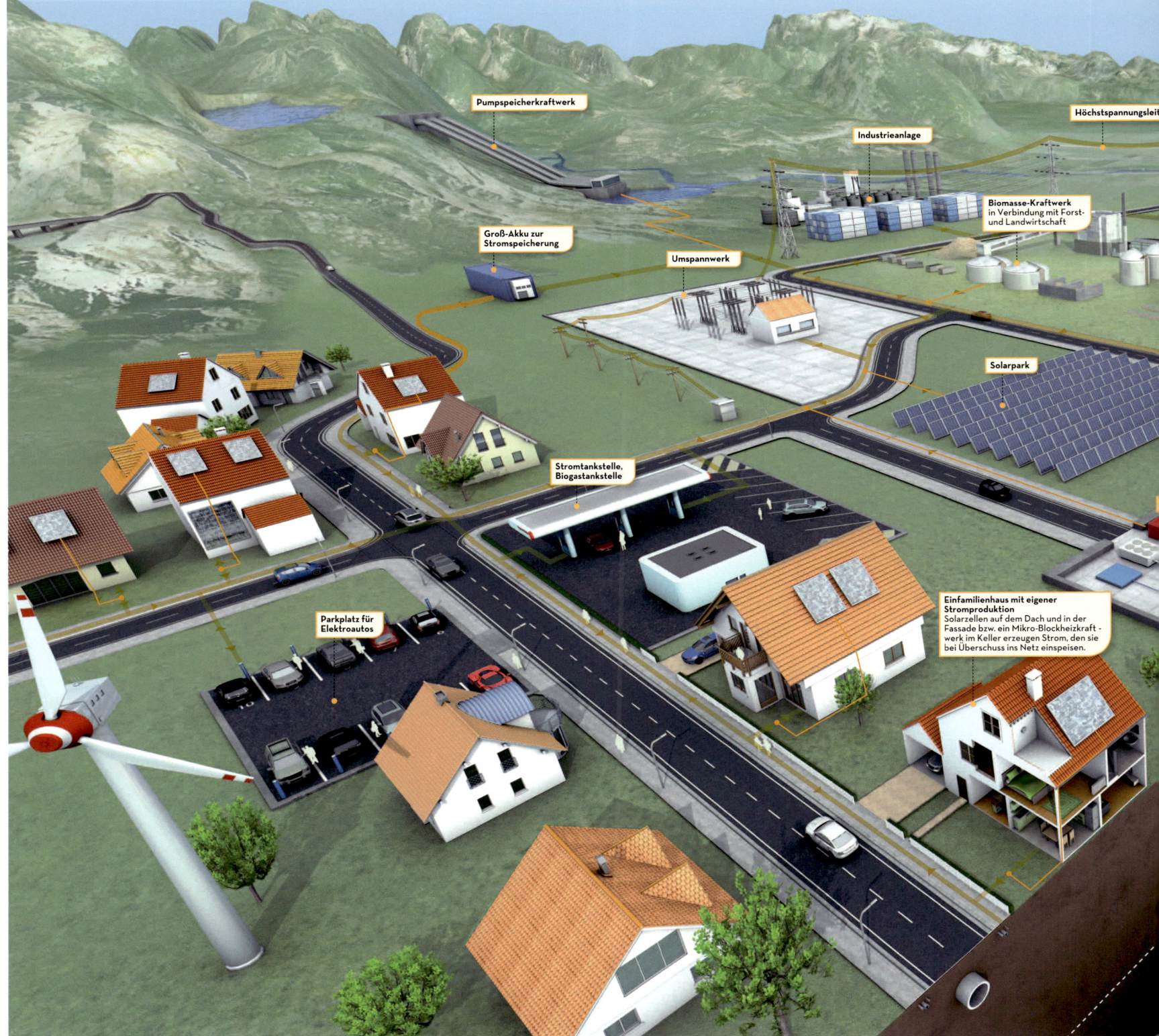

Pumpspeicherkraftwerk

Industrieanlage

Höchstspannungsleit

Biomasse-Kraftwerk
in Verbindung mit Forst-
und Landwirtschaft

Groß-Akku zur
Stromspeicherung

Umspannwerk

Solarpark

Stromtankstelle,
Biogastankstelle

Parkplatz für
Elektroautos

Einfamilienhaus mit eigener
Stromproduktion
Solarzellen auf dem Dach und in der
Fassade bzw. ein Mikro-Blockheizkraft-
werk im Keller erzeugen Strom, den sie
bei Überschuss ins Netz einspeisen.

Alles könnte fließen

Smart Grids: die Energieversorgung der Zukunft

Bald könnte unsere Strom-, Wasser- und Wärmeversorgung einer Landschaft gleichen, in der vormals getrennte Systeme im fortlaufenden Austausch miteinander stehen. Windparks erzeugen Strom, so wie Solarparks und Photovoltaikanlagen auf Hausdächern und an Fassaden. Effiziente Kleinkraftwerke werden mit Holz, Biogas oder fossilen Energieträgern befeuert. Die alte Trennung zwischen Versorgern und Abnehmern ist aufgehoben; intelligente Netze („Smart Grids") verbinden Haushalte, Gewerbe- und Industrieanlagen mit Stromproduzenten und Stromspeichern. Sie sorgen dafür, dass Angebot und Nachfrage stets im Gleichgewicht sind. Seit dem deutschen Energieeinspeisegesetz, das jeden Solaranlagenbesitzer zum Produzenten macht, ist Deutschland der Vision näher. Wenn die Batterien der ersten Elektroautos als gesellschaftlicher Massenspeicher zur Verfügung stünden, wären wir wieder weiter. Nur eine Gruppe hat kein Interesse, dass diese Idee je Wirklichkeit wird: die großen Energiekonzerne.

GRAFIK: GOLDEN SECTION GRAPHICS / RECHERCHE: JÜRGEN PETERMANN, BEHNKEN & PRINZ / ERSCHIENEN IN: JUBILÄUMSBUCH DER DEUTSCHEN ENERGIE-AGENTUR

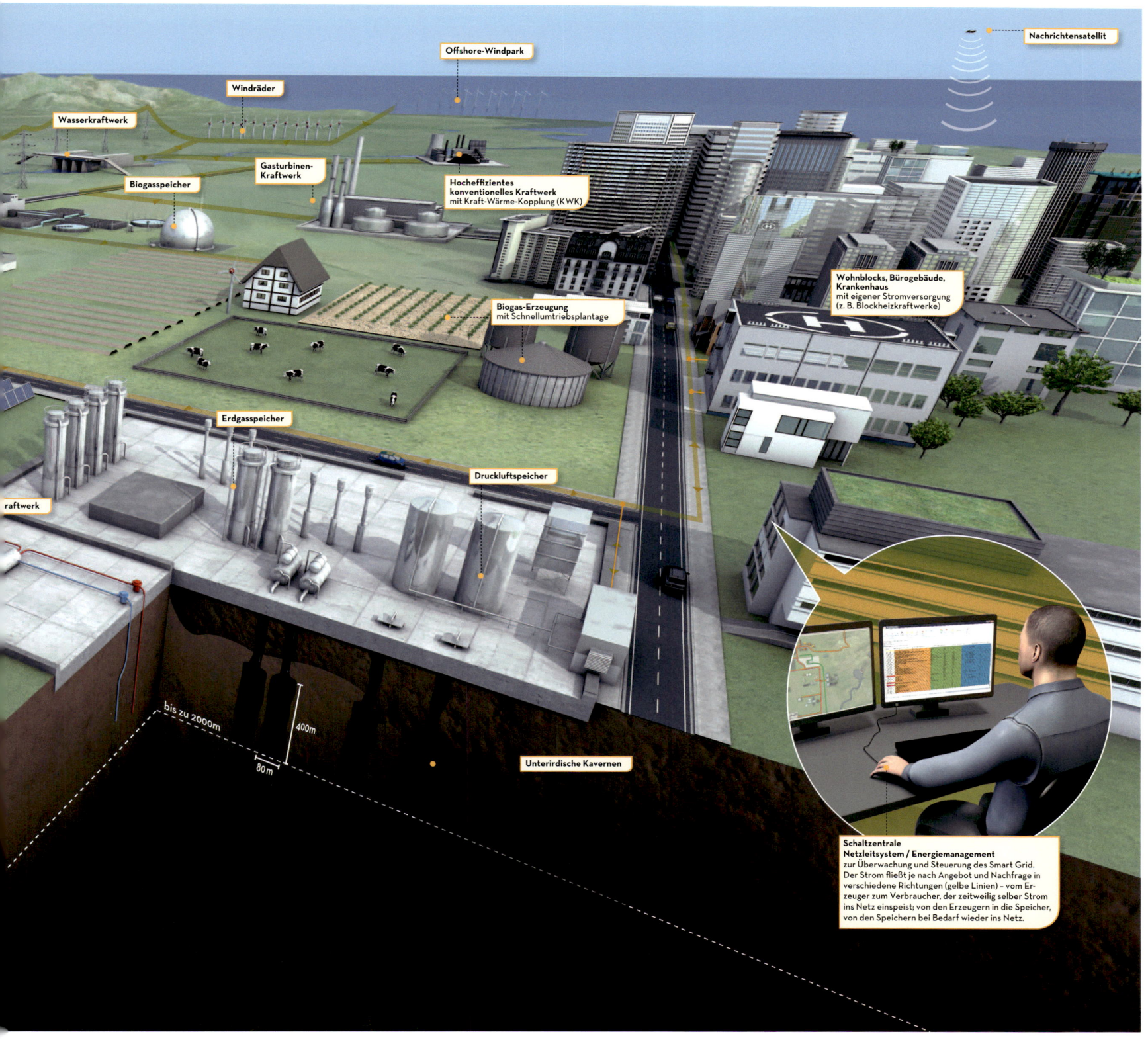

Nachrichtensatellit

Offshore-Windpark

Windräder

Wasserkraftwerk

Gasturbinen-Kraftwerk

Biogasspeicher

Hocheffizientes
konventionelles Kraftwerk
mit Kraft-Wärme-Kopplung (KWK)

Biogas-Erzeugung
mit Schnellumtriebsplantage

Wohnblocks, Bürogebäude,
Krankenhaus
mit eigener Stromversorgung
(z. B. Blockheizkraftwerke)

Erdgasspeicher

Druckluftspeicher

raftwerk

bis zu 2000m

400m

80 m

Unterirdische Kavernen

Schaltzentrale
Netzleitsystem / Energiemanagement
zur Überwachung und Steuerung des Smart Grid.
Der Strom fließt je nach Angebot und Nachfrage in
verschiedene Richtungen (gelbe Linien) – vom Er-
zeuger zum Verbraucher, der zeitweilig selber Strom
ins Netz einspeist; von den Erzeugern in die Speicher,
von den Speichern bei Bedarf wieder ins Netz.

Leistung des größten deutschen Pumpspeicherkraftwerks im thüringischen Goldisthal in Megawatt: **1.060** Gesamtleistung aller in Deutschland aufgestellten Windkraftanlagen (2011) in Megawatt: **29.075** Gesamtleistung aller in Deutschland installierten Photovoltaik-Anlagen (2011) in Megawatt: **24.800** Gesamtleistung aller in Deutschland laufenden Kernkraftwerke (2011) in Megawatt: **12.068** Gesamtleistung aller in Deutschland laufenden Kohlekraftwerke (2011) in Megawatt: **44.257** Anteil des in Kraft-Wärme-Kopplungs-Anlagen erzeugten Stroms an der Gesamtmenge in Prozent: **13,5** Wirkungsgrad moderner Solarzellen, der sich aus dem Verhältnis von zugeführter und abgegebener Leistung ergibt, in Prozent: **40** Bislang längste in einem Elektroauto ohne Zwischenstopp zurückgelegte Strecke in Kilometern (April 2012, von Berlin nach Paris): **1.094** Anteil der von Gas in Strom umgesetzten Energiemenge im modernsten deutschen Gaskraftwerk in Irsching bei Ingolstadt in Prozent: **60**

Windfänger

Wie Deutschland seinen Strombedarf durch Windenergie nahezu decken könnte

Gut 21.000 Windräder erzeugen sechs Prozent unserer Elektrizität. In Nord- und Ostdeutschland decken sie knapp die Hälfte des Bedarfs. 2010 wurden nur 754 neue Räder aufgestellt, der niedrigste Wert seit 1994. Der Grund: Im Norden werden Standorte knapp, Bayern und Baden-Württemberg haben Investoren vergrault. Nur ein Prozent

ihres Stromverbrauchs decken sie durch Windenergie. Das Potenzial ist gewaltig. Auf 125 Terawattstunden pro Jahr (20 Prozent des Bedarfs) schätzt eine Studie den möglichen Beitrag der beiden süddeutschen Länder zum Strommix. 22 Prozent der Fläche Deutschlands wären für die Errichtung von Windparks geeignet. Zieht man Wälder (zehn Pro-

zent) und alle Schutzgebiete (vier Prozent) ab, blieben acht Prozent der Landfläche. Würde nur ein Viertel davon für Windparks genutzt, ließen sich damit zwei Drittel unseres Stroms erzeugen – insbesonere dann, wenn man auf höhere Windräder setzt, denn in der Höhe weht der Wind stärker: Jeder zusätzliche Meter bringt ein Prozent mehr Ausbeute.

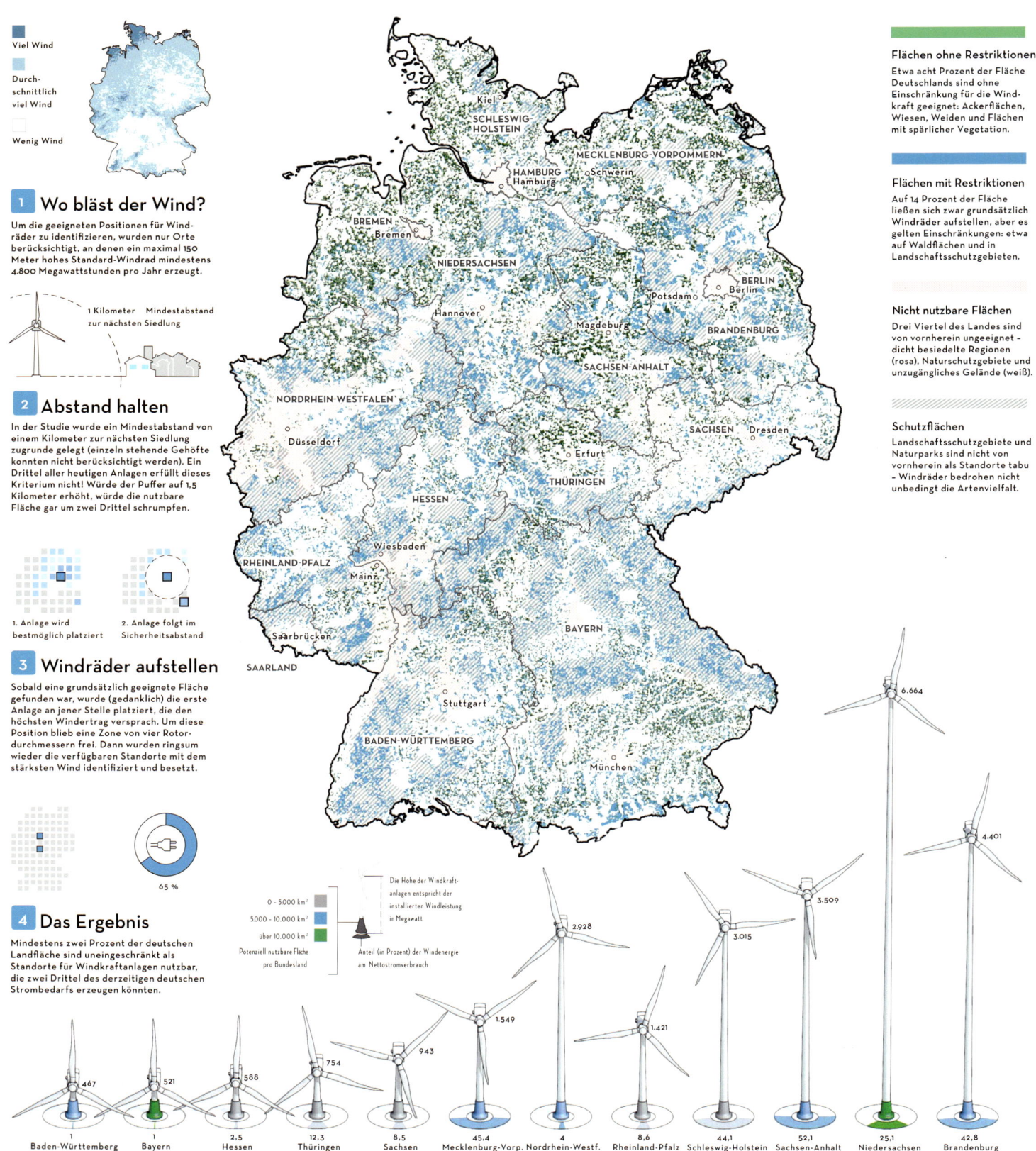

Viel Wind

Durchschnittlich viel Wind

Wenig Wind

1 Wo bläst der Wind?

Um die geeigneten Positionen für Windräder zu identifizieren, wurden nur Orte berücksichtigt, an denen ein maximal 150 Meter hohes Standard-Windrad mindestens 4.800 Megawattstunden pro Jahr erzeugt.

1 Kilometer Mindestabstand zur nächsten Siedlung

2 Abstand halten

In der Studie wurde ein Mindestabstand von einem Kilometer zur nächsten Siedlung zugrunde gelegt (einzeln stehende Gehöfte konnten nicht berücksichtigt werden). Ein Drittel aller heutigen Anlagen erfüllt dieses Kriterium nicht! Würde der Puffer auf 1,5 Kilometer erhöht, würde die nutzbare Fläche gar um zwei Drittel schrumpfen.

1. Anlage wird bestmöglich platziert

2. Anlage folgt im Sicherheitsabstand

3 Windräder aufstellen

Sobald eine grundsätzlich geeignete Fläche gefunden war, wurde (gedanklich) die erste Anlage an jener Stelle platziert, die den höchsten Windertrag versprach. Um diese Position blieb eine Zone von vier Rotordurchmessern frei. Dann wurden ringsum wieder die verfügbaren Standorte mit dem stärksten Wind identifiziert und besetzt.

65 %

4 Das Ergebnis

Mindestens zwei Prozent der deutschen Landfläche sind uneingeschränkt als Standorte für Windkraftanlagen nutzbar, die zwei Drittel des derzeitigen deutschen Strombedarfs erzeugen könnten.

Flächen ohne Restriktionen

Etwa acht Prozent der Fläche Deutschlands sind ohne Einschränkung für die Windkraft geeignet: Ackerflächen, Wiesen, Weiden und Flächen mit spärlicher Vegetation.

Flächen mit Restriktionen

Auf 14 Prozent der Fläche ließen sich zwar grundsätzlich Windräder aufstellen, aber es gelten Einschränkungen: etwa auf Waldflächen und in Landschaftsschutzgebieten.

Nicht nutzbare Flächen

Drei Viertel des Landes sind von vornherein ungeeignet – dicht besiedelte Regionen (rosa), Naturschutzgebiete und unzugängliches Gelände (weiß).

Schutzflächen

Landschaftsschutzgebiete und Naturparks sind nicht von vornherein als Standorte tabu – Windräder bedrohen nicht unbedingt die Artenvielfalt.

Die Höhe der Windkraftanlagen entspricht der installierten Windleistung in Megawatt

0 - 5000 km²
5000 - 10.000 km²
über 10.000 km²

Potenziell nutzbare Fläche pro Bundesland

Anteil (in Prozent) der Windenergie am Nettostromverbrauch

467	521	588	754	943	1.549	1.421	2.928	3.015	3.509	6.664	4.401
1		2,5	12,3	8,5	45,4	8,6				25,1	42,8
Baden-Württemberg	Bayern	Hessen	Thüringen	Sachsen	Mecklenburg-Vorp.	Rheinland-Pfalz	Nordrhein-Westf.	44,1 Schleswig-Holstein	52,1 Sachsen-Anhalt	Niedersachsen	Brandenburg

GRAFIK: STEFAN FICHTEL / RECHERCHE: DIRK ASENDORPF / ERSCHIENEN IN: DIE ZEIT

Das neutrale Häusle

Elemente energetischer Sanierung für ein typisches Einfamilienhaus

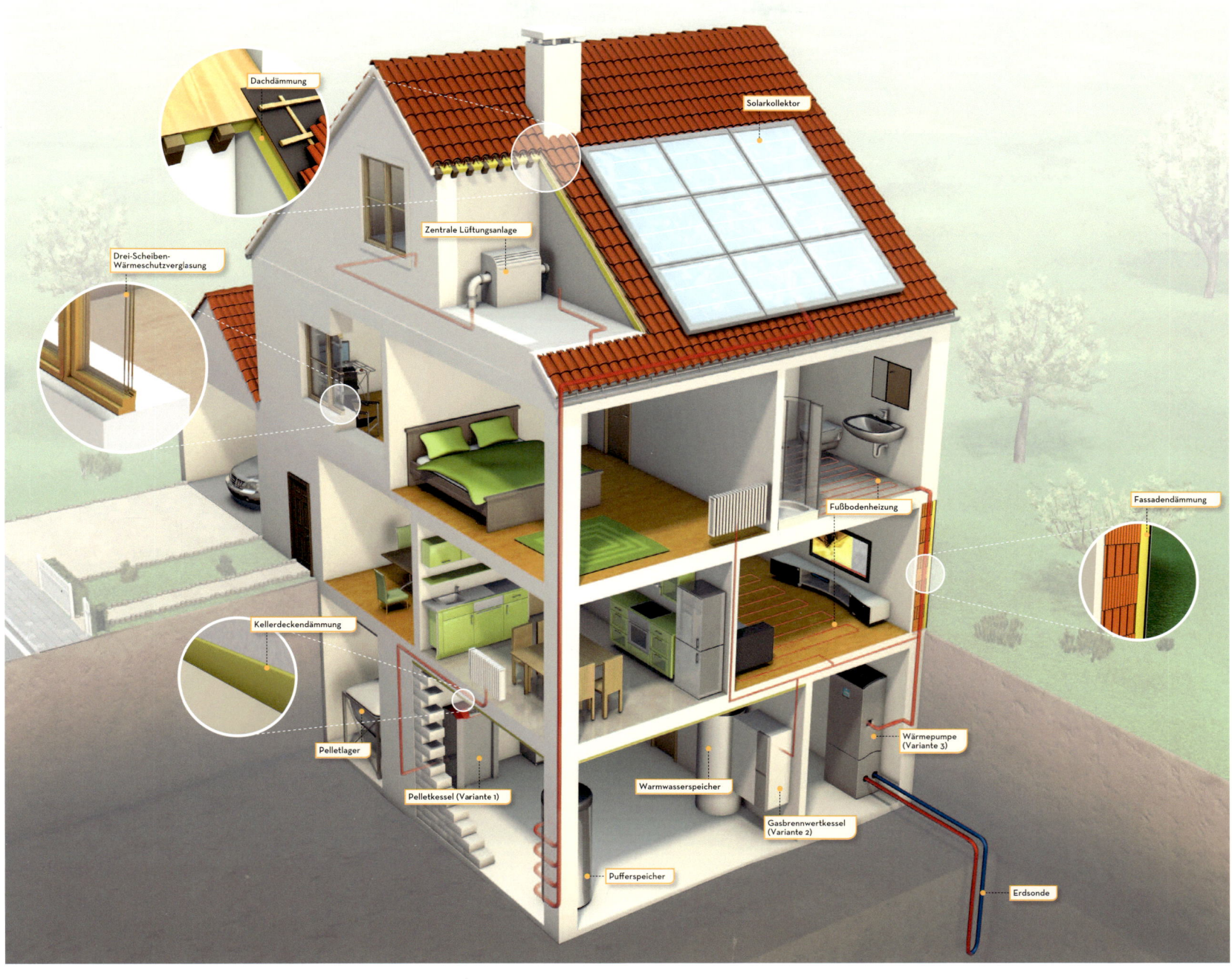

Dachdämmung

Solarkollektor

Drei-Scheiben-Wärmeschutzverglasung

Zentrale Lüftungsanlage

Fassadendämmung

Fußbodenheizung

Kellerdeckendämmung

Wärmepumpe (Variante 3)

Pelletlager

Pelletkessel (Variante 1)

Warmwasserspeicher

Gasbrennwertkessel (Variante 2)

Pufferspeicher

Erdsonde

Das wirtschaftlich realisierbare Einsparpotenzial für Strom, Heizung und deren Transportkosten wird auf 40 Prozent des derzeitigen Verbrauchs geschätzt; dies würde allein erreicht durch Effizienzsteigerungen in Haushalten, Produktionsstätten und Bürogebäuden. Im Gebäude- und Wärmebereich kann so viel Energie eingespart werden, wie alle deutschen Atomkraftwerke liefern. Immer mehr Deutsche entdecken daher das eigene Haus als Beitrag, die Klimabilanz zu verbessern und dabei Geld zu sparen. Ein solches Projekt beginnt beim Wärmeschutz, der den Energiebedarf und die Heizkosten

eines Hauses entscheidend senkt. Er beinhaltet Dämmung des Daches, der Kellerdecke, Außenwände, Fenster sowie das Abdichten von Fugen an Türen und Anschlüssen. Eine zentrale Lüftungsanlage sorgt anschließend dafür, dass warme Abluft zum Beispiel aus Küche und Bad genutzt wird oder (über Erdwärmetauscher) vorgewärmte Außenluft zum Wohnklima beiträgt. Brennwertkessel (für Gas oder Öl) erreichen Nutzungsgrade bis zu 98 Prozent: Der im Abgas enthaltene Wasserdampf kondensiert, die frei werdende Wärme wird (so wie die im Abgas enthaltene Restwärme) in den Heizkreislauf zurückge-

führt. Auch gut: Holzpelletkessel, die bei der Verbrennung nur so viel Kohlendioxid freisetzen, wie ein Baum zuvor der Atmosphäre entnommen hat. Wärmepumpen nutzen im Erdreich, im Grundwasser oder in der Luft gespeicherte Sonnenwärme, um daraus Heizwärme zu gewinnen. Moderne Wärmepumpen sind so effizient, dass sie ganzjährig zum Heizen und zur Warmwasserbereitung eingesetzt werden können. Solarkollektoren fangen die Wärmeenergie der Sonne ein, die zu einem Speicher transportiert wird, der auch zur Unterstützung der Heizung genutzt werden kann.

GRAFIK: GOLDEN SECTION GRAPHICS / RECHERCHE: JÜRGEN PELLERMANN, BEHNKEN & PRINZ / ERSCHIENEN IN: JUBILÄUMSBUCH DER DEUTSCHEN ENERGIE-AGENTUR

Abonniert auf Gold
Der Achter ist unser erfolgreichstes Olympia-Team

Vor fünfzig Jahren ruderte der westdeutsche Achter zu seinem ersten Olympia-sieg – und begründete so den Mythos „Deutschland-Achter". Noch heute streben die meisten jungen Ruderer in dieses Paradeboot. Olympia- und WM-Rennen gehen meist über 2.000 Meter, das macht etwa 220 Schläge, die möglichst gleich-mäßig ausgeführt werden müssen. Dabei gleitet das Boot aber nicht ruhig übers Wasser. Im Gegenteil, es pendelt: Antrieb und Pause wechseln. Jede Gewichts-verschiebung im Boot, wenn die Ruderer Richtung Heck rollen, erzeugt nervöse Wellen. 800 Kilogramm vor, 800 zurück. Bug und Heck schaukeln sich auf, was eine enorme Schwankung der Ruderbefestigungen (Dollen) zur Folge hat, bis zu zehn Zentimeter bei einer Folge. Diese Schwankungen fallen je nach Sitzplatz un-terschiedlich aus. Jeder Ruderer hat daher seinen eingespielten Patz; nicht einmal zwischen Steuerbord und Backbord kann heute noch gewechselt werden – dafür sind die Muskeln der Athleten zu einseitig ausgebildet.

Schmaler Rumpf

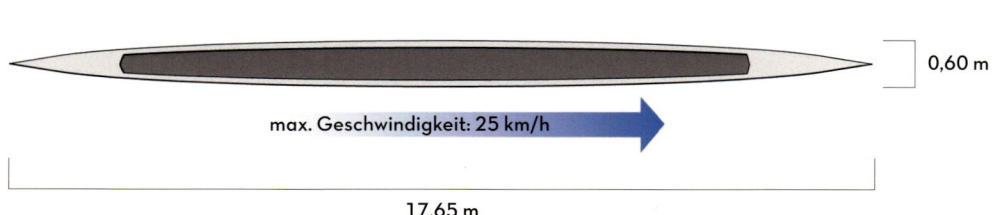

0,60 m

max. Geschwindigkeit: 25 km/h

17,65 m

DAS BOOT IM QUERDURCHSCHNITT

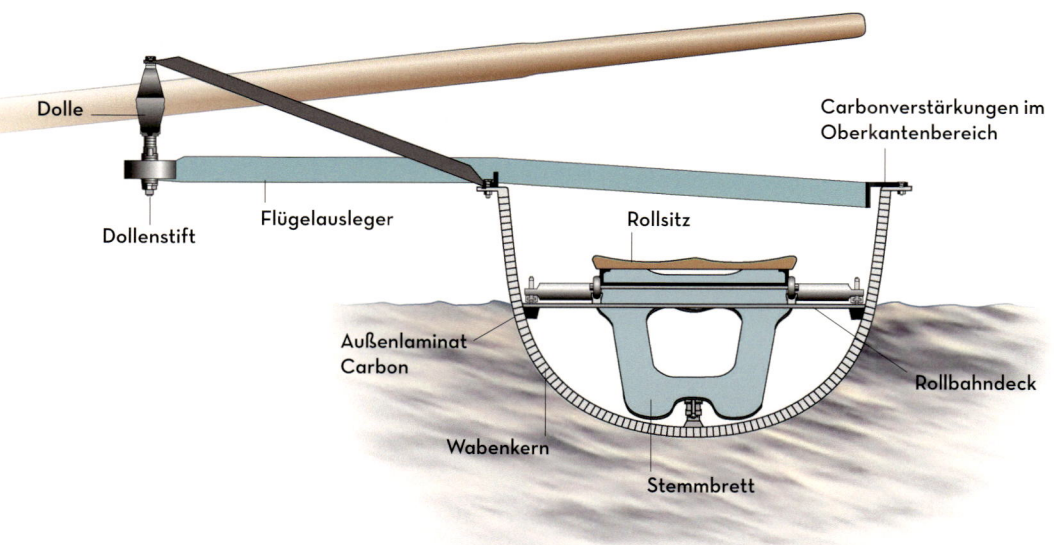

Dolle

Dollenstift

Flügelausleger

Rollsitz

Außenlaminat Carbon

Wabenkern

Stemmbrett

Carbonverstärkungen im Oberkantenbereich

Rollbahndeck

WELTMEISTER-TEAM 2010

POSITION 1
Gregor Hauffe, 190 cm, 90 kg

Der Platz im Bug ist der schmalste und unruhigste. Sauber zu rudern ist schwierig, weil das Boot sich hier stark auf und ab bewegt. Außerdem ist die »1« am weitesten vom Schlagmann entfernt, der am Heck den Takt vorgibt.

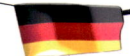

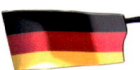

POSITION 3:
Kristof Wilke, 190 cm, 88 kg

An den Bewegungen des Dritten orientiert sich der Ruderer auf der Position 1. Hier im Mittelschiff (Positionen 3 bis 6) sitzen die besonders kräftigen Athleten; sie bilden den »Maschinenraum«.

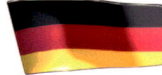

POSITION 6:
Lukas Müller, 208 cm, 100 kg

Er überträgt den Rhythmus des Schlagmanns (Position 8) auf der Backbordseite ins Mittelschiff – wo die schwersten und leistungsstärksten Ruderer sitzen.

POSITION 8:
Sebastian Schmidt, 189 cm, 89 kg

Der Schlagmann gibt den Takt vor. Er muss nerven- und willensstark sein. Schließlich führt er Regie, setzt die vorgegebene Taktik um.

Die Zugkraft pro Schlag und Person beträgt 80 bis 100 Kilogramm, das entspricht 500 bis 550 Watt Leistung.

GRAFIK: HELEN GRUBER / RECHERCHE: JÜRGEN BRÖKER / ERSCHIENEN IN: DIE ZEIT

DIE GRÖSSTEN SIEGE

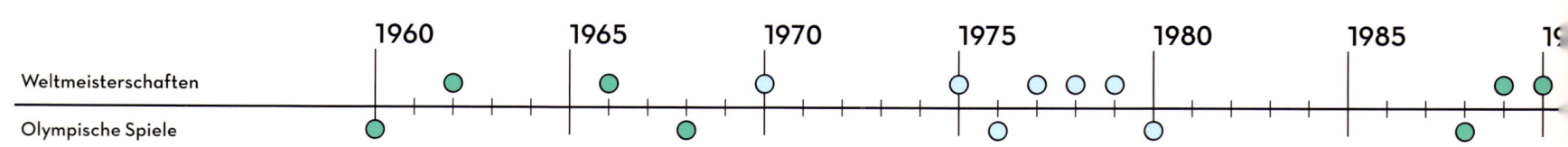

	1960	1965	1970	1975	1980	1985	19
Weltmeisterschaften							
Olympische Spiele							

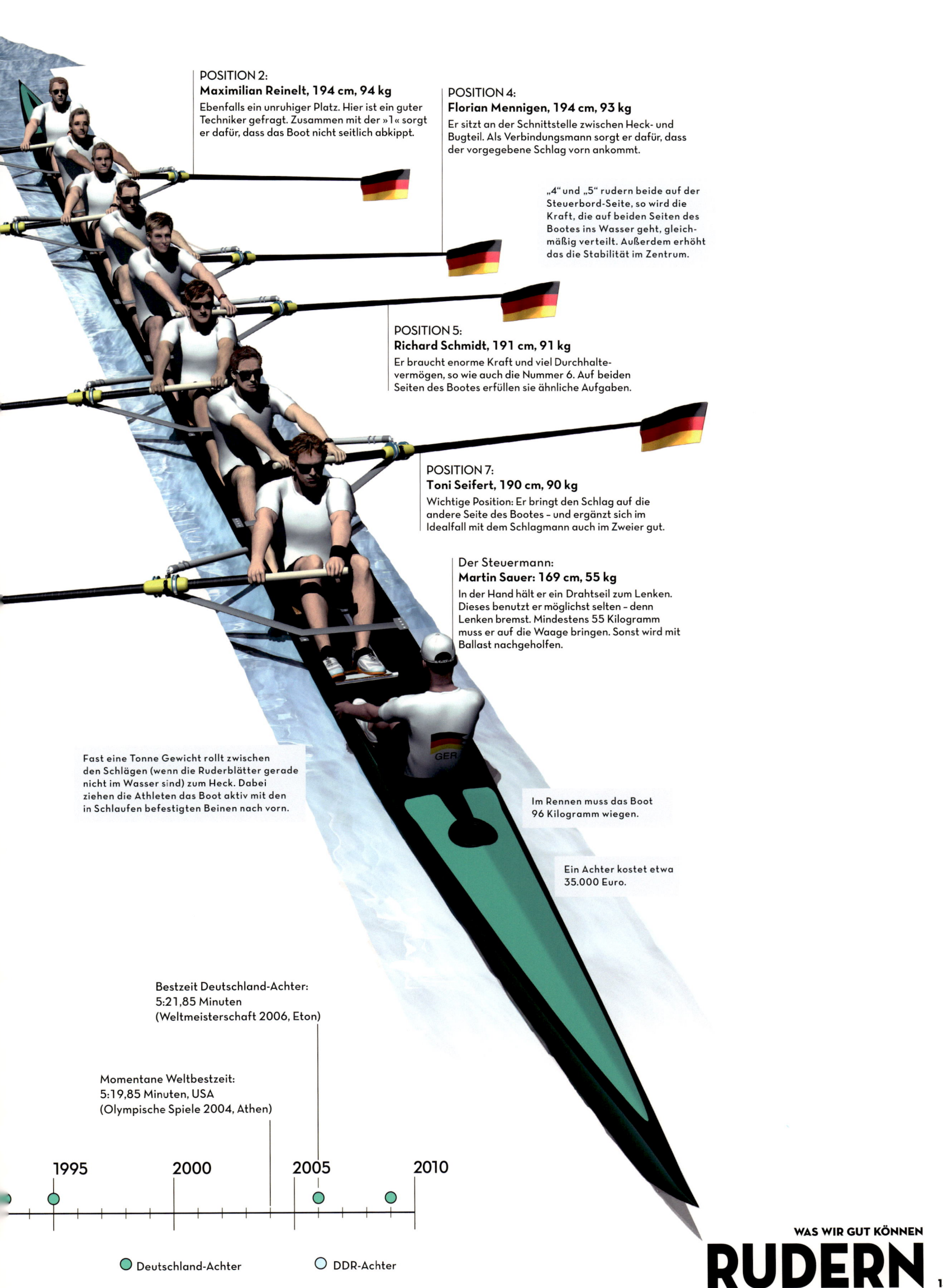

POSITION 2:
Maximilian Reinelt, 194 cm, 94 kg
Ebenfalls ein unruhiger Platz. Hier ist ein guter Techniker gefragt. Zusammen mit der »1« sorgt er dafür, dass das Boot nicht seitlich abkippt.

POSITION 4:
Florian Mennigen, 194 cm, 93 kg
Er sitzt an der Schnittstelle zwischen Heck- und Bugteil. Als Verbindungsmann sorgt er dafür, dass der vorgegebene Schlag vorn ankommt.

„4" und „5" rudern beide auf der Steuerbord-Seite, so wird die Kraft, die auf beiden Seiten des Bootes ins Wasser geht, gleichmäßig verteilt. Außerdem erhöht das die Stabilität im Zentrum.

POSITION 5:
Richard Schmidt, 191 cm, 91 kg
Er braucht enorme Kraft und viel Durchhaltevermögen, so wie auch die Nummer 6. Auf beiden Seiten des Bootes erfüllen sie ähnliche Aufgaben.

POSITION 7:
Toni Seifert, 190 cm, 90 kg
Wichtige Position: Er bringt den Schlag auf die andere Seite des Bootes – und ergänzt sich im Idealfall mit dem Schlagmann auch im Zweier gut.

Der Steuermann:
Martin Sauer: 169 cm, 55 kg
In der Hand hält er ein Drahtseil zum Lenken. Dieses benutzt er möglichst selten – denn Lenken bremst. Mindestens 55 Kilogramm muss er auf die Waage bringen. Sonst wird mit Ballast nachgeholfen.

Fast eine Tonne Gewicht rollt zwischen den Schlägen (wenn die Ruderblätter gerade nicht im Wasser sind) zum Heck. Dabei ziehen die Athleten das Boot aktiv mit den in Schlaufen befestigten Beinen nach vorn.

Im Rennen muss das Boot 96 Kilogramm wiegen.

Ein Achter kostet etwa 35.000 Euro.

Bestzeit Deutschland-Achter:
5:21,85 Minuten
(Weltmeisterschaft 2006, Eton)

Momentane Weltbestzeit:
5:19,85 Minuten, USA
(Olympische Spiele 2004, Athen)

1995   2000   2005   2010

⬤ Deutschland-Achter   ◯ DDR-Achter

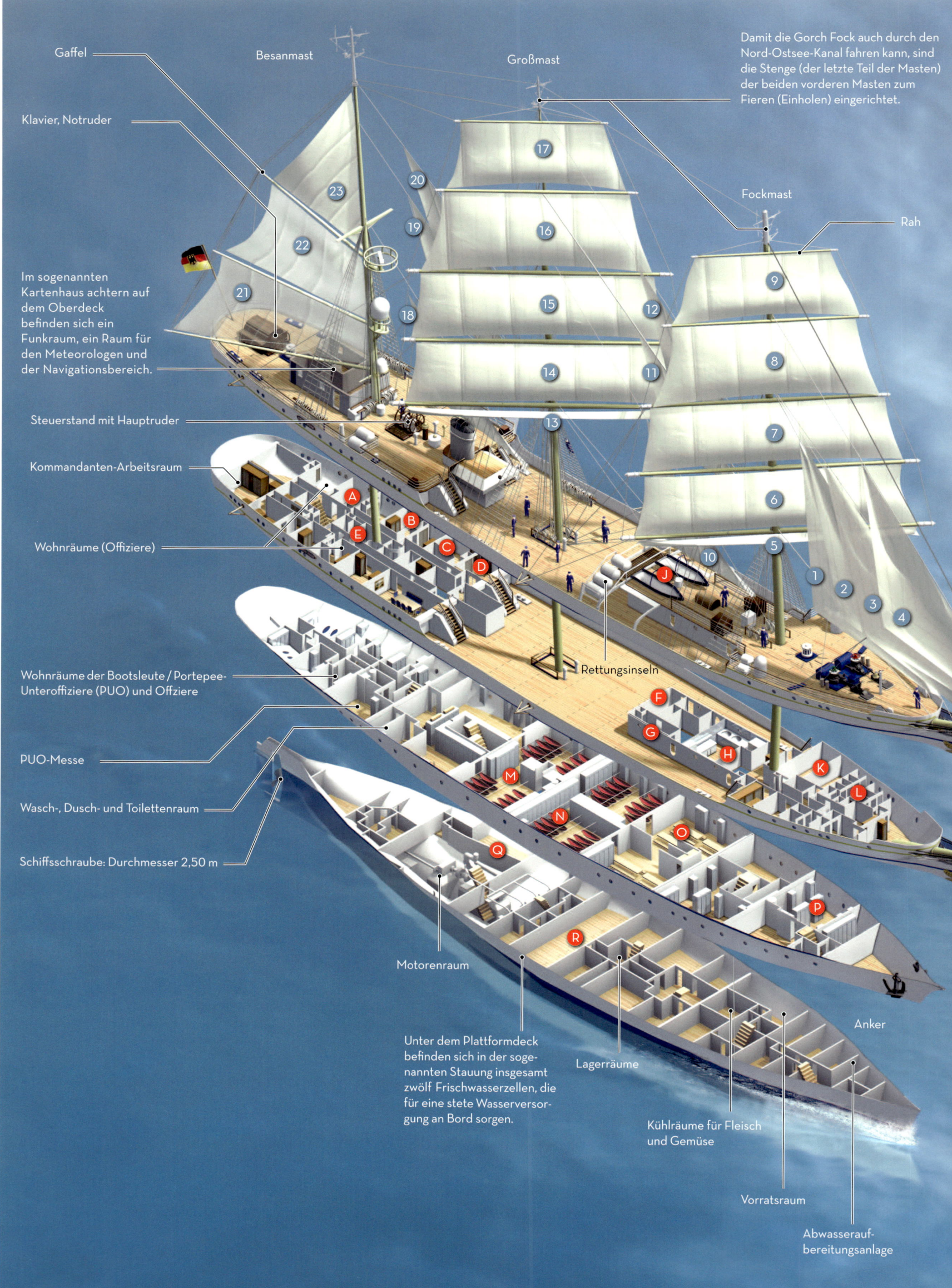

Gaffel

Besanmast

Großmast

Damit die Gorch Fock auch durch den Nord-Ostsee-Kanal fahren kann, sind die Stenge (der letzte Teil der Masten) der beiden vorderen Masten zum Fieren (Einholen) eingerichtet.

Klavier, Notruder

Fockmast

Rah

Im sogenannten Kartenhaus achtern auf dem Oberdeck befinden sich ein Funkraum, ein Raum für den Meteorologen und der Navigationsbereich.

Steuerstand mit Hauptruder

Kommandanten-Arbeitsraum

Wohnräume (Offiziere)

Wohnräume der Bootsleute / Portepee-Unteroffiziere (PUO) und Offiziere

PUO-Messe

Wasch-, Dusch- und Toilettenraum

Schiffsschraube: Durchmesser 2,50 m

Rettungsinseln

Motorenraum

Unter dem Plattformdeck befinden sich in der soge-nannten Stauung insgesamt zwölf Frischwasserzellen, die für eine stete Wasserversor-gung an Bord sorgen.

Lagerräume

Kühlräume für Fleisch und Gemüse

Vorratsraum

Anker

Abwasserauf-bereitungsanlage

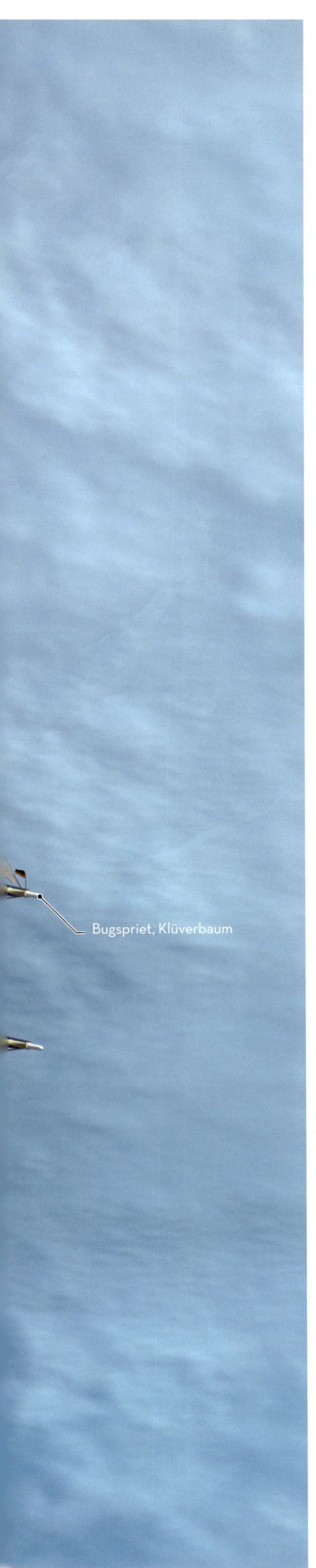

Bugspriet, Klüverbaum

Das schwimmende Klassenzimmer

Sie ist die wohl berühmteste Schule der Nation: Jeder angehende Offizier der Deutschen Marine muss auf der Gorch Fock seinen Dienst tun. Junge Männer und Frauen lernen hier, wie sie im Team große Dinge bewegen können

SEGEL DER GORCH FOCK

1	Vorstengestagsegel	13	Großsegel
2	Innenklüver	14	Großuntermarssegel
3	Außenklüver	15	Großobermarssegel
4	Jager	16	Großbramsegel
5	Fock	17	Großroyalsegel
6	Voruntermarssegel	18	Besanstagsegel
7	Vorobermarssegel	19	Besanstengestagsegel
8	Vorbarmsegel	20	Besanbramstangsegel
9	Vorroyalsegel	21	Unterer Besan
10	Großstengestagsegel	22	Oberer Besan
11	Großbramstagsegel	23	Besantoppsegel
12	Großroyalstagsegel		

BESONDERHEITEN

A	Schreibstube	K	Waschräume
B	Schiffsarzt	L	Toiletten
C	Lazarett	M	Kadettenwohnräume
D	Behandlungsraum	N	Hängematten
E	Bäder/WC (Offz)	O	Aufenthalts- und Ausbildungsraum
F	Notstromaggregat	P	Wohnräume der Unteroffiziere und
G	Wäscherei		Stammmannschaft
H	Küche	Q	Werkstatt
J	2 Speedboote	R	Segellast

ALLGEMEINE DATEN

Kiellegung	24.02.1958
Stapellauf	23.08.1958
Indienststellung	17.12.1958
Bauwerft	Blohm + Voss, Hamburg
Baukosten 1958	8.5 Mio. DM
Zeitwert 2007	ca. 50 Mio. €

TECHNISCHE DATEN

Länge/Breite	89,32 m/12 m
Tiefgang	5,5 m
Großmast (Höhe)	45,3 m
Größte Rahlänge	24,0 m
Verdrängung (Einsatz)	1.860 t (2.002 t)
Segelfläche	2.037 m^2
Zurückgelegte Seemeilen (Stand 31.12.2009)	741.106 sm
Max. Geschwindigkeit unter Segeln	17 Knoten (32 km/h)

SEGEL UND TAKELAGE

Die Gorch Fock ist eine dreimastige Bark: Die beiden Masten vorne sind rahgetakelt, der achtere Mast ist gaffelgetakelt. Segel, Rahen und das Stehende Gut (fixes Tauwerk) sind aus Stahl. Die Segel und das Laufende Gut (bewegliches Tauwerk) sind aus Kunstfasermaterialien gefertigt.

OBERDECK

Auf der ersten Reise befanden sich auf dem Oberdeck noch fünf Beiboote (drei Kutter, eine Gig, eine Motorpinasse). Heute gibt es dort nur noch zwei Bereitschaftsboote (Speedboote) und viele Rettungsinseln, die bei einem Notfall zu Wasser gelassen werden.

ZWISCHENDECK

Im Zwischendeck hat die Mehrzahl der Besatzung ihre Wohnräume. Die Kadetten schlafen nach wie vor in Hängematten.

PLATTFORMDECK UND STAUUNG

Die Maschinenanlage ist in drei Räumen untergebracht. Im hinteren Raum befinden sich die Verstellpropelleranlage und die Wellenanlage. Im mittleren Raum findet man den Antriebsdieselmotor, das Untersetzungsgetriebe, den Frischwassererzeuger sowie die Warmwasser- und Heizungsanlage. Im vorderen Raum sind die Dieselgeneratoren und die Klimaanlage untergebracht.

GALLIONSFIGUR

Ein Albatros ziert den Bug der Gorch Fock. Die Figur wurde 1958 von dem Maler und U-Boot-Kommandanten Dr. Heinrich Andreas Schroeteler aus Teakholz mit Blattgoldüberzug geschaffen. Heute gibt es an dieser Stelle eine Nachbildung aus Kohlefaser. Schon einige Male ging der Albatros auf See verloren.

MOTOR

6-Zylinder-Diesel Typ Deutz MWM 6281249 kW (1662 PS) mit doppelter Turboaufladung. Geschwindigkeit mit Motor: 13 Knoten (24 km/h).

BESATZUNG

Offiziere	12
Portepee-Unteroffiziere	14
Unteroffiziere	33
Mannschaft	24
Lehrgangsteilnehmer	115 (max.138)
Mannschaft gesamt	max. 221

GRAFIK / RECHERCHE: GOLDEN SECTION GRAPHICS / ERSCHIENEN IN: IN GRAPHICS

WAS WIR GUT KÖNNEN

AUSBILDEN

KAPITEL 5

WIR UND DIE MACHT

Am sechsten Tag schuf Gott den Menschen. Am siebten gab es Ärger. Also schufen wir Parlamente, Gerichte und Behörden, erfanden Bild-Zeitung, Frankfurter Allgemeine, Günther Jauch und Marcel Reich-Ranicki, montierten die Kreuze der Kirchen aus Schulen und Rathäusern ab, schickten sie den Bayern, und seit Gott, der Kuchen, sich komplett aus allen weltlichen Belangen verabschiedete, sind wir, die Krümel, dran. Seitdem ist es laut.

Wir lieben es zu streiten. Doch nichts hassen wir mehr als zankende Politiker. Dabei ist die öffentliche Debatte – das Hadern, Hakeln, Zaudern, Kämpfen – ein Zeichen bester Gesundheit. Säkularisierung und Gewaltenteilung, diese einst von Engländern und Franzosen erfundenen Errungenschaften, haben auch Deutschland zu einem Biotop aus Meinungen, Mächten und Interessen werden lassen, zu einem Tummelbecken kleiner und großer Klüngel. Um das organisierte Hin-her dieser Interessen dreht sich dieses Kapitel.

Es gibt Intrigen, Seilschaften ^{S. 160}, geheime Absprachen in Hinterzimmern ^{S. 164} und die abgehobenen Sphären mächtiger Industriebosse ^{S. 154}. Es gibt Verbände ^{S. 152} wie den BDI, oder das Deutsche Atomforum, die es immer wieder schaffen, gehetzten Politikern nahezu beschlussfertige Gesetzesvorlagen unterzujubeln. Es gibt auch Sponsorings auf Parteitagen ^{S. 156} und Provinzsausen in Hannover.

Aber für jede Lüge gibt es ein Gegengift. Jeder Lobbyist hat seinen Thilo Bode. Um die Zentren der Macht, um Rathaus, Reichstag und Kanzleramt ^{Einblicke ab S. 168} wimmelt ein Schwarm von medialen Putzerfischen, die sich von Enthüllungen ernähren – und so für moralische Hygiene sorgen. Und alle paar Jahre, wenn die Zeit reif ist, bilden sich aus den Verklumpungen neuer Gegenöffentlichkeiten neue Parteien, stellen sich zur Wahl ^{S. 144}. Dort, wo früher Strickpulli-Grüne in den Landesparlamenten Empörung ernteten, sitzen heute Piraten mit Smartphones – twittern ist das neue Häkeln. Perfekt ist sie nicht, diese Demokratie. Aber quicklebendig.

Entfernung zwischen der Parteizentrale der FDP und dem Sitz des Deutschen Hotel- und Gaststättenverbands in Metern: **450**—*Entfernung zwischen der Parteizentrale der FDP und dem Sitz des Bundesverbandes der Freien Berufe in Metern:* **350**—*Entfernung zwischen der Parteizentrale der FDP und dem Sitz des Bundesverbandes Erneuerbare Energien in Metern:* **76**—*Entfernung zwischen der Parteizentrale Bündnis 90/Die Grünen und dem Sitz des Bundesverbandes Erneuerbare Energien in Metern:* **1.100**—*Entfernung zwischen der Parteizentrale der SPD und Ver.di in Kilometern:* **5,1**—*Entfernung zwischen der Parteizentrale der SPD und dem DGB in Kilometern:* **4,2**—*Entfernung zwischen der Parteizentrale Die Linke und Ver.di in Kilometern:* **3,0**—*Entfernung zwischen der Parteizentrale Die Linke und dem DGB in Kilometern:* **1,5**—*Entfernung zwischen der Parteizentrale der CDU und dem Bundesverband der Deutschen Industrie (BDI) in Kilometern:* **4,3**—*Entfernung zwischen der Parteizentrale der Piratenpartei und dem Sitz des Chaos Computer Clubs per Internet in Minuten:* **0,02**—*Zahl der Deutschen über 16 Jahre, die 2007 Mitglied in einem Verein oder einer ähnlichen Organisation waren, in Prozent:* **34,2**—*Anzahl der Verbände in Deutschland, Stand 2011:* **15.000**—*Anteil der Frauen (inkl. der Arbeitnehmervertreter) 2011 in den Aufsichtsräten der DAX-30-Konzerne in Prozent:* **9,1**—*Anteil der Frauen in den Vorständen der DAX-30-Konzerne (2011) in Prozent:* **2**—*Zahl der Frauen im Deutschen Bundestag:* **204**—*Zahl der Männer im Deutschen Bundestag:* **416**—*Zahl der Bundestagsabgeordneten, die vor 1936 geboren sind:* **1**—*Zahl der Bundestagsabgeordneten, die nach 1985 geboren sind:* **1**—*Anteil der Deutschen die finden, dass alle Parteien bei internen Entscheidungen über das Internet abstimmen sollten, so wie es die Piraten praktizieren, in Prozent:* **60**—*Zahl der Deutschen, die finden, dass durch mehr direkte Beteiligung von Wählern an politischen Entscheidungen das Interesse der Menschen an Demokratie und Politik gefördert werden kann, in Prozent:* **83**—*Zahl der Richter in Deutschland, Stand Ende 2010:* **20.410**—*Zahl der Menschen, die 2011 an deutschen Gerichten zu einer Strafe verurteilt wurden:* **813.411**—*Zahl der Haushalte, die in Deutschland einen Fernseher besitzen, in Prozent:* **95**—*Zahl der empfangbaren Fernsehsender in Deutschland:* **420**—*Zeit, die Deutsche im Schnitt täglich fernsehen, in Minuten:* **233**—*Zeit, die Deutsche im Schnitt täglich im Internet surfen, in Minuten:* **100**—*Anzahl der Festnetz-Telefonanschlüsse 2009 in Deutschland in Millionen:* **38,9**—*Zahl der Mobilfunkverträge in Deutschland 2009 in Millionen:* **108,3**

Eine ganz normale Bundestagswahl, von 8 bis 18 Uhr

Politikverdrossenheit hin oder her: Jede freie Wahl ist eine
zivilisatorische Errungenschaft – und natürlich auch ein kleines Kunstwerk

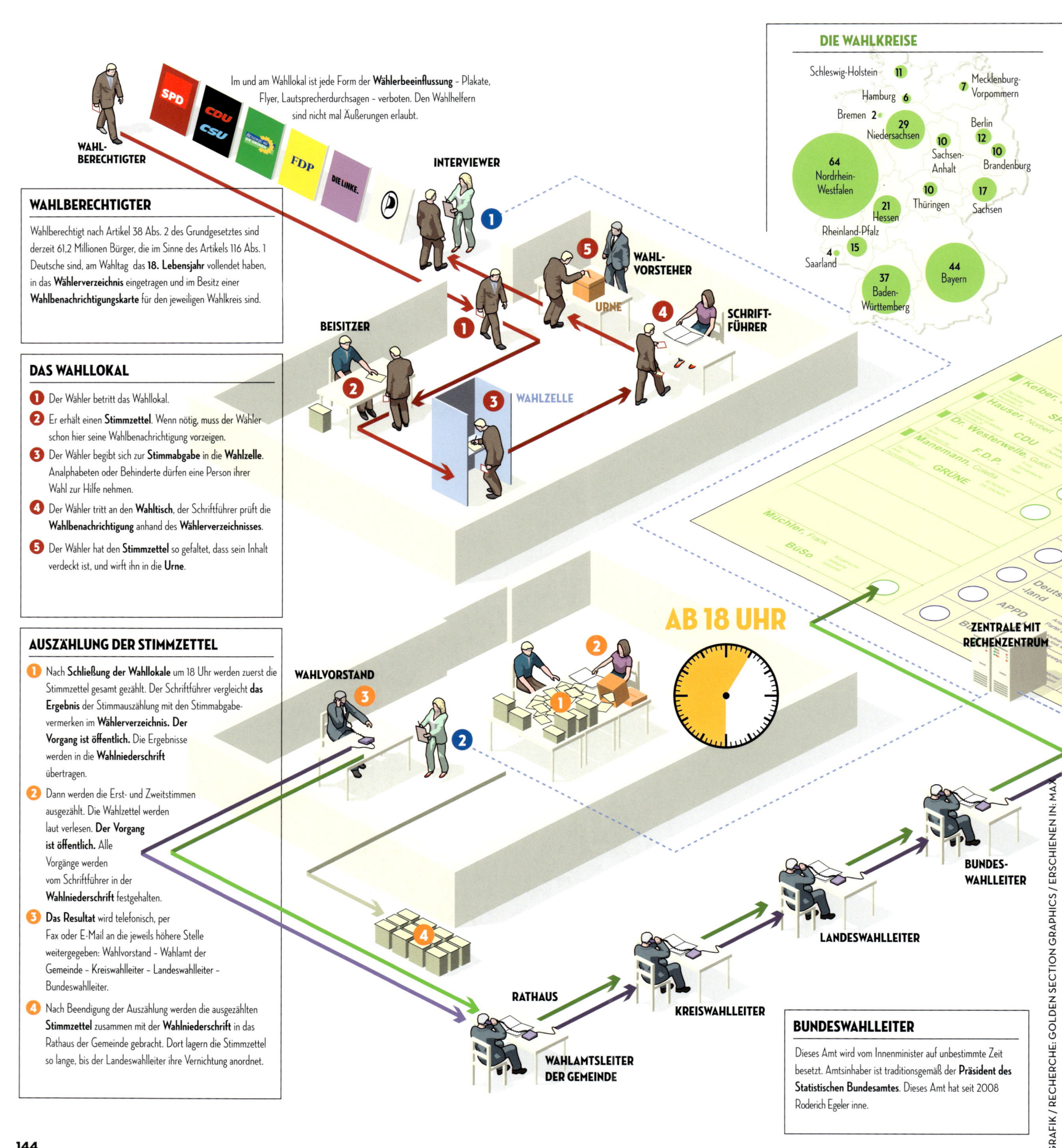

DIE WAHLKREISE

Schleswig-Holstein **11**
Hamburg **6**
Mecklenburg-Vorpommern **7**
Bremen **2**
Niedersachsen **29**
Berlin **12**
64 Nordrhein-Westfalen
Sachsen-Anhalt **10**
Brandenburg **10**
21 Hessen
Thüringen **10**
Sachsen **17**
Rheinland-Pfalz **15**
Saarland **4**
37 Baden-Württemberg
44 Bayern

Im und am Wahllokal ist jede Form der **Wählerbeeinflussung** – Plakate,
Flyer, Lautsprecherdurchsagen – verboten. Den Wahlhelfern
sind nicht mal Äußerungen erlaubt.

WAHL-BERECHTIGTER

SPD · CDU · CSU · FDP · DIE LINKE.

INTERVIEWER

BEISITZER

WAHLZELLE

WAHL-VORSTEHER

URNE

SCHRIFT-FÜHRER

WAHLBERECHTIGTER

Wahlberechtigt nach Artikel 38 Abs. 2 des Grundgesetztes sind
derzeit 61,2 Millionen Bürger, die im Sinne des Artikels 116 Abs. 1
Deutsche sind, am Wahltag das **18.** Lebensjahr vollendet haben,
in das **Wählerverzeichnis** eingetragen und im Besitz einer
Wahlbenachrichtigungskarte für den jeweiligen Wahlkreis sind.

DAS WAHLLOKAL

1. Der Wähler betritt das Wahllokal.
2. Er erhält einen **Stimmzettel**. Wenn nötig, muss der Wähler
   schon hier seine Wahlbenachrichtigung vorzeigen.
3. Der Wähler begibt sich zur Stimmabgabe in die **Wahlzelle**.
   Analphabeten oder Behinderte dürfen eine Person ihrer
   Wahl zur Hilfe nehmen.
4. Der Wähler tritt an den **Wahltisch**, der Schriftführer prüft die
   Wahlbenachrichtigung anhand des **Wählerverzeichnisses**.
5. Der Wähler hat den **Stimmzettel** so gefaltet, dass sein Inhalt
   verdeckt ist, und wirft ihn in die **Urne**.

AUSZÄHLUNG DER STIMMZETTEL

1. Nach **Schließung der Wahllokale** um 18 Uhr werden zuerst die
   Stimmzettel gesamt gezählt. Der Schriftführer vergleicht **das
   Ergebnis** der Stimmauszählung mit den Stimmabgabe-
   vermerken im **Wählerverzeichnis. Der
   Vorgang ist öffentlich.** Die Ergebnisse
   werden in die **Wahlniederschrift**
   übertragen.
2. Dann werden die Erst- und Zweitstimmen
   ausgezählt. Die Wahlzettel werden
   laut verlesen. **Der Vorgang
   ist öffentlich.** Alle
   Vorgänge werden
   vom Schriftführer in der
   Wahlniederschrift festgehalten.
3. **Das Resultat** wird telefonisch, per
   Fax oder E-Mail an die jeweils höhere Stelle
   weitergegeben: Wahlvorstand - Wahlamt der
   Gemeinde - Kreiswahlleiter - Landeswahlleiter -
   Bundeswahlleiter.
4. Nach Beendigung der Auszählung werden die ausgezählten
   Stimmzettel zusammen mit der **Wahlniederschrift** in das
   Rathaus der Gemeinde gebracht. Dort lagern die Stimmzettel
   so lange, bis der Landeswahlleiter ihre Vernichtung anordnet.

WAHLVORSTAND

AB 18 UHR

ZENTRALE MIT RECHENZENTRUM

RATHAUS

WAHLAMTSLEITER DER GEMEINDE

KREISWAHLLEITER

LANDESWAHLLEITER

BUNDES-WAHLLEITER

BUNDESWAHLLEITER

Dieses Amt wird vom Innenminister auf unbestimmte Zeit
besetzt. Amtsinhaber ist traditionsgemäß der **Präsident des
Statistischen Bundesamtes.** Dieses Amt hat seit 2008
Roderich Egeler inne.

GRAFIK / RECHERCHE: GOLDEN SECTION GRAPHICS / ERSCHIENEN IN: MAX

DIE ERSTE STIMME

Die Erststimme macht den **personalisierten Teil des Wahlsystems** aus, weil der Wähler damit eine ganze bestimmte Person seines Wahlkreises in den Bundestag wählt. Es gibt 299 Wahlkreise, in denen je ein Abgeordneter mit der Erststimme durch **Direktwahl** in den Bundestag gewählt wird. Das entspricht der Hälfte der zu vergebenen Sitze im Bundestag.
Hat eine Partei durch die Direktwahl mehr Mandate, als ihr nach dem Zweitstimmenergebnis zustehen, nennt man diese **Überhangmandate**. Um diese Mandate wird die Anzahl der Sitze im Bundestag erhöht.

DER DEUTSCHE BUNDESTAG

Der Deutsche Bundestag ist die aus den Wahlen hervorgehende **Vertretung des deutschen Volkes**. Er ist in Berlin im Reichstag untergebracht. **Die Abgeordneten** werden auf vier Jahre gewählt. Die Hälfte von ihnen wird durch Direktwahl in den Wahlkreisen bestimmt (siehe Erststimme), die anderen über die Listenplätze der Parteien (siehe Zweitstimme). Ab 2002 umfasst der Bundestag nur noch **598** anstatt 656 Abgeordnete. Die Zahl der Wahlkreise wurde von 328 auf 299 reduziert.

Bundesregierung · Sitzungsdienst · Bundesrat · Vorstand · Redner · Stenografen

Stimmzettel
für die Wahl zum Deutschen Bundestag im Wahlkreis 63 Bonn
am 22. September 2002

Sie haben 2 Stimmen

hier 1 Stimme
für die Wahl
eines Wahlkreis-abgeordneten
Erststimme

hier 1 Stimme
für die Wahl
einer Landesliste (Partei)
maßgebende Stimme für die Verteilung der
Sitze insgesamt auf die einzelnen Parteien
Zweitstimme

SPD
CDU
F.D.P.

DIE ZWEITE STIMME

Die Zweitstimme ist **wichtiger** als die Erststimme, denn durch sie wird die **Verteilung aller 598 Sitze** auf die Parteien im Bundestag ermittelt. Die Hälfte dieser Sitze wird mit den Direktmandaten besetzt (siehe Erststimme), der andere Teil wird durch die Parteien und ihre Landeslisten aufgefüllt.

DAS WAHL-TV-STUDIO

1 **Mehrere hundert Interviewer** der **Umfrageinstitute** befragen während des Wahltages in ausgesuchten Wahllokalen etwa 20.000 Wähler, die gerade die Wahllokale verlassen haben. Die Ergebnisse liefern die Daten für die **Prognose**, die um 18 Uhr, nach Schließung der Wahllokale, in den Wahlstudios der Sender bekannt gegeben wird. Schon bei der Bundestagswahl 1998 lag die zusammengezählte Abweichung aller Parteien vom Endergebnis im Bereich von einem Prozentpunkt.

2 Dieselben **Interviewer** sind auch während der öffentlichen Auszählung der Stimmen nach 18 Uhr in den Wahllokalen anwesend und melden **das Ergebnis** ihrer Zentrale. Da die kleineren Wahlbezirke die Stimmen schnell gezählt haben, kommt es schon gegen **18.15 Uhr** zu einer **ersten Hochrechnung**. Im Verlauf des Abends werden die dann folgenden Hochrechnungen immer genauer, je mehr Ergebnisse der Wahllokale vorliegen.

3 Die im Laufe des Abends immer präziser werdenden Hochrechnungen kommentieren und diskutieren die **Politiker** in den **Wahlstudios der TV-Sender**.

UMFRAGEINSTITUT

WAHL

TV-STUDIO

NIEDERLAGE ODER SIEG

Die Politiker werden schon während des Wahltages von den Umfrageinstituten über **die neuesten Trends** informiert. So können sich die Parteien noch rechtzeitig vorbereiten, auf eine „schmerzliche Niederlage" oder einen „sensationellen Sieg".

DAS AMTLICHE ENDERGEBNIS

Das **vorläufige Endergebnis** verkündet der **Bundeswahlleiter** bereits in der Wahlnacht gegen 1 Uhr. Der Termin für das amtliche Endergebnis ist erst am **9. Oktober um 11 Uhr**. Das Resultat ist bis dahin so oft durchgerechnet worden, dass es **unanfechtbar** ist.

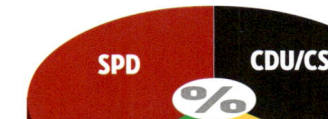
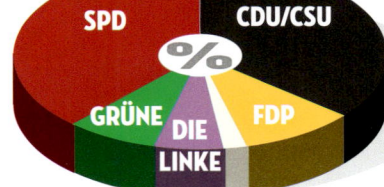

SPD · CDU/CSU · GRÜNE · DIE LINKE · FDP · %

BERECHNUNG DER SITZVERTEILUNG

Bei der nach dem Mathematiker **Horst Niemeyer** benannten Berechnungsmethode wird für jede Partei die Anzahl der Sitze im Bundestag berechnet. Hierfür werden die Stimmen für die Parteien mit der Zahl der Sitze im Parlament multipliziert und das Ergebnis durch die Zahl der abgegebenen Stimmen geteilt.

WIR UND DIE MACHT

WAHLEN

145

Bunte Republik Deutschland

Von den Nachkriegswirren über das Bonner Drei-Parteien-System bis zur neuen, lebendigen Farbigkeit nach der Vereinigung: 60 Jahre Regieren und Opponieren

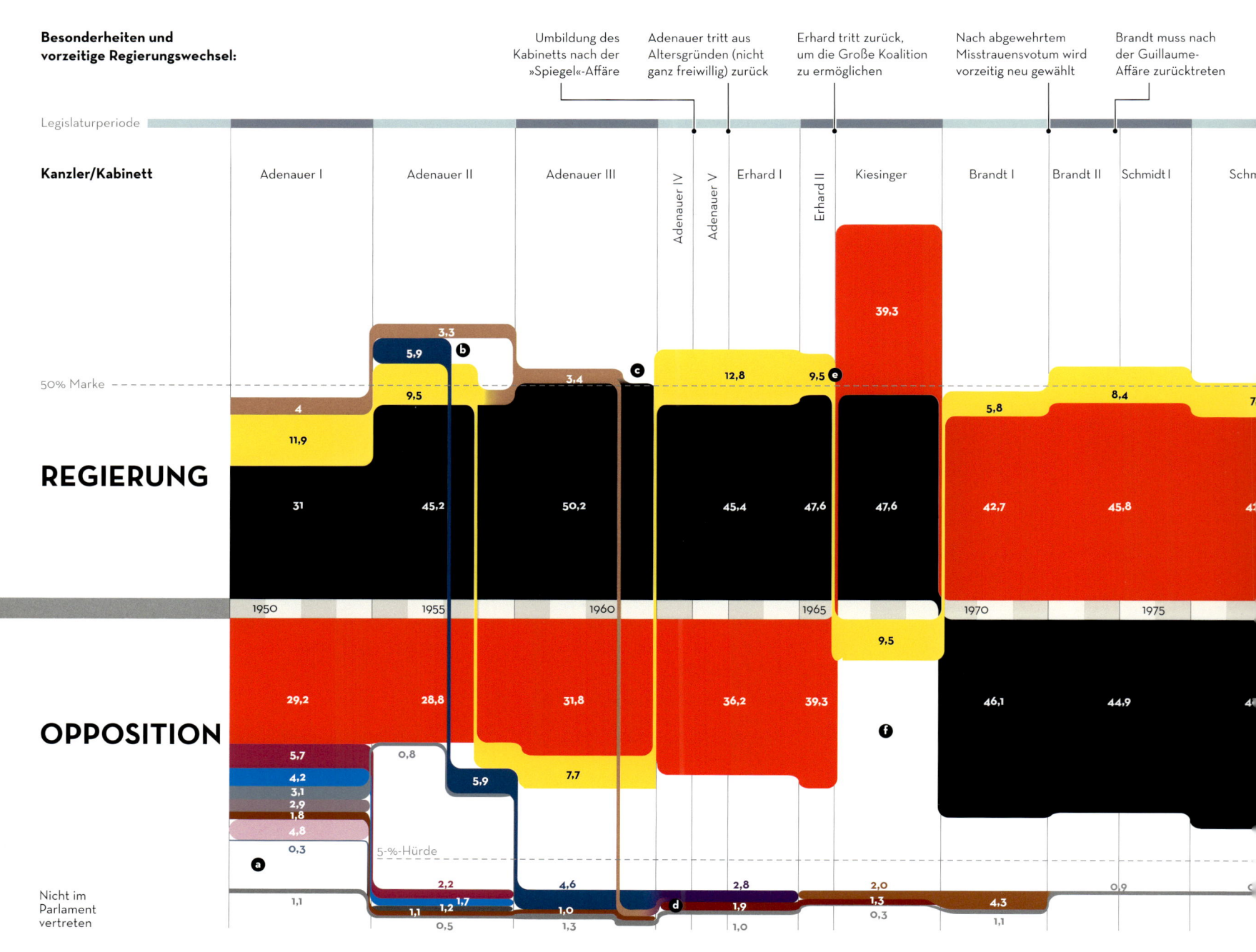

Besonderheiten und vorzeitige Regierungswechsel:

Umbildung des Kabinetts nach der »Spiegel«-Affäre

Adenauer tritt aus Altersgründen (nicht ganz freiwillig) zurück

Erhard tritt zurück, um die Große Koalition zu ermöglichen

Nach abgewehrtem Misstrauensvotum wird vorzeitig neu gewählt

Brandt muss nach der Guillaume-Affäre zurücktreten

Legislaturperiode

Kanzler/Kabinett

| Adenauer I | Adenauer II | Adenauer III | Adenauer IV | Adenauer V | Erhard I | Erhard II | Kiesinger | Brandt I | Brandt II | Schmidt I | Schm |

REGIERUNG

3,3
5,9 ⓑ
4 / 9,5
11,9
31 / 45,2 / 50,2 / 3,4 ⓒ / 45,4 / 47,6 / 12,8 / 9,5 ⓔ / 47,6 / 39,3 / 5,8 / 42,7 / 8,4 / 45,8 / 7

1950   1955   1960   1965   1970   1975

OPPOSITION

9,5

29,2 / 28,8 / 31,8 / 36,2 / 39,3 / 46,1 / 44,9
5,9 / 7,7
5,7
4,2
3,1
2,9
1,8
4,8
0,3
ⓐ

5-%-Hürde

ⓕ

Nicht im Parlament vertreten

1,1 / 0,8 / 2,2 / 4,6 / 2,8 / 2,0 / 0,9
1,2 / 1,7 / ⓓ / 1,9 / 1,3 / 4,3
0,5 / 1,1 / 1,0 / 1,0 / 0,3 / 1,1
1,3

ⓐ
Die **Fünfprozenthürde** gilt anfangs noch nicht, sodass auch **Regionalparteien** mit wenigen Stimmen ins Parlament einziehen, etwa der Südschleswigsche Wählerverband (SSW) mit nur 0,3 Prozent Stimmenanteil.

ⓑ
Adenauer stellt zunächst eine **breite Koalition** auf, um die für verfassungsändernde Gesetze notwendigen Zwei-drittelmehrheiten zu erreichen. 1955 kündigt der GB/BHE die Koalition auf. 1956 folgt die FDP diesem Beispiel, nachdem sich ein Teil der Fraktion abgespalten und die FVP gegründet hat. Letztere bleibt in der Regierung, fusioniert 1957 mit der DP und ist die einzige Partei in der Geschichte der Bundesrepublik, die Minister stellte, ohne je zur Wahl gestanden zu haben.

ⓒ
Die **Unionsfraktion** erreicht eine **absolute Mehrheit** Trotzdem bildet sie eine Koalition mit der ihr nahe-stehenden DP. Als diese sich spalten und ein Teil der Abgeordneten der CDU/CSU beitreten, verliert die DP den Fraktionsstatus.

ⓓ
Nachdem die **KPD** 1956 **verboten** wurde, stellt sich 1960 die DFU als ihre Nachfolgepartei zur Wahl. Sie wird jährlich mit mehr als drei Millionen D-Mark von der **DDR** unterstützt.

ⓔ
Die Koalition der CDU/CSU mit der FDP wird nach der Wahl 1965 fortgesetzt, zerbricht aber bald: Die **FDP** kündigt die **Koalition** auf, sie strebt ein Bündnis mit der SPD an. Stattdessen bilden aber SPD und Union eine Große Koalition unter dem neuen Kanzler Kiesinger; die FDP landet ungewollt in der **Opposition**.

ⓕ
Das Fehlen einer nennens-werten parlamentarischen Opposition und die geplanten **Notstandsgesetze** rufen die studentische **APO** (Außer-parlamentarische Opposition) auf den Plan. Viele ihrer Aktivisten gehören später zu den Gründern der **Grünen**.

GRAFIK / RECHERCHE: GOLDEN SECTION GRAPHICS / ERSCHIENEN IN: DIE ZEIT

BP: Bayernpartei. **CDU/CSU**: Christlich-Demokratische/Christlich-Soziale Union Deutschlands.
DFU: Deutsche Friedensunion. **DKP-DRP**: Deutsche Konservative Partei – Deutsche Rechtspartei.
DP: Deutsche Partei. **DVU**: Deutsche Volksunion. **FDP**: Freie Demokratische Partei.
FVP: Freie Volkspartei. **GB/BHE**: Gesamtdeutscher Block/Bund der Heimatvertriebenen und Entrechteten.
GDP: Gesamtdeutsche Partei. **GVP**: Gesamtdeutsche Volkspartei. **KPD**: Kommunistische Partei Deutschlands.
NPD: Nationaldemokratische Partei Deutschlands. **PDS**: Partei des Demokratischen Sozialismus.
REP: Die Republikaner. **SPD**: Sozialdemokratische ParteiDeutschlands
SSW: Südschleswigscher Wählerverband. **WAV**: Wirtschaftliche Aufbau-Vereinigung.

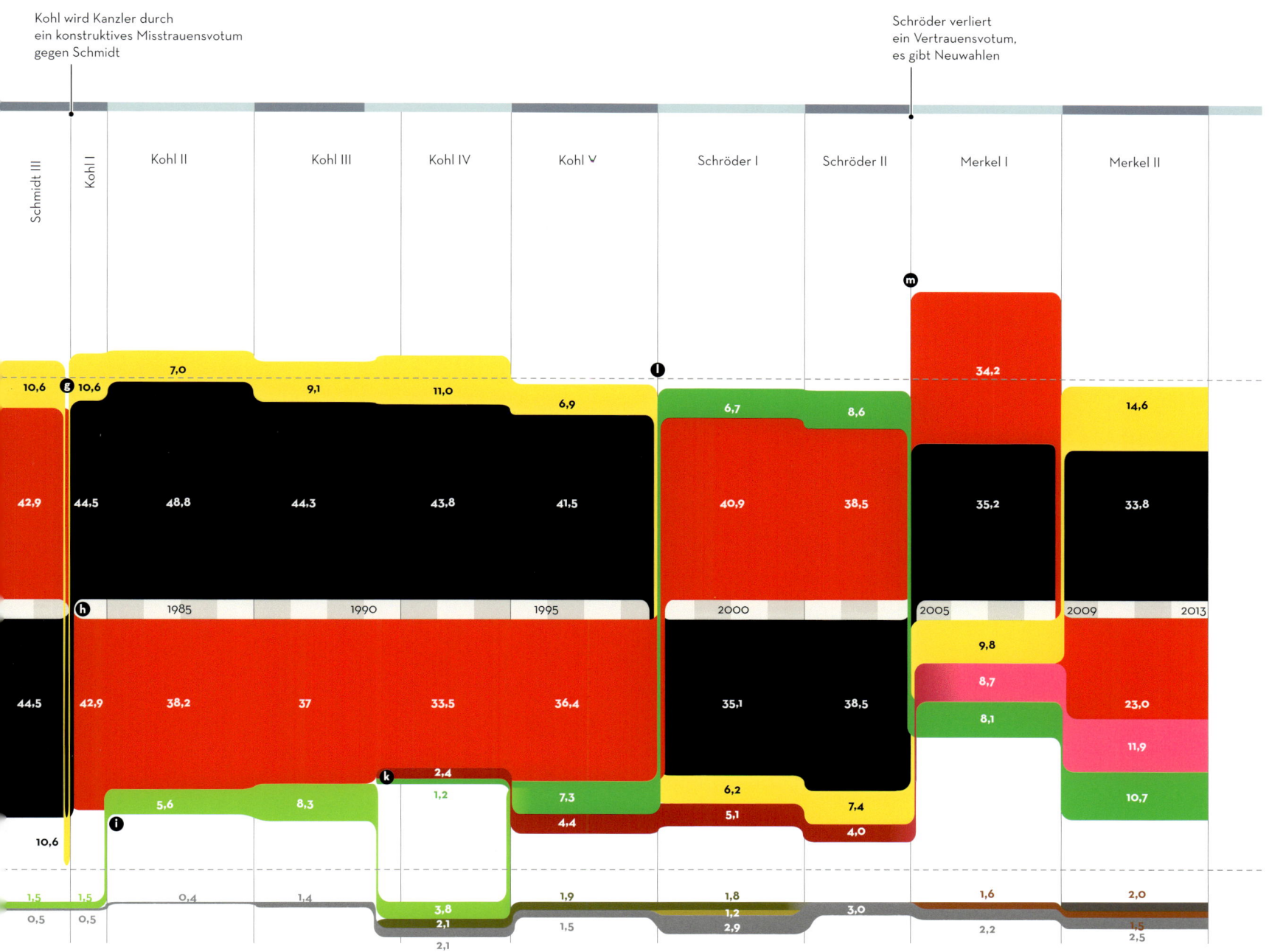

Kohl wird Kanzler durch
ein konstruktives Misstrauensvotum
gegen Schmidt

Schröder verliert
ein Vertrauensvotum,
es gibt Neuwahlen

Schmidt III · Kohl I · Kohl II · Kohl III · Kohl IV · Kohl V · Schröder I · Schröder II · Merkel I · Merkel II

1985 · 1990 · 1995 · 2000 · 2005 · 2009 · 2013

g
Nach Differenzen in der
Koalition treten die FDP-
Minister zurück, die SPD
bildet eine **Minderheitsre-
gierung**. Durch die Stimmen
der Union und der FDP wird
Schmidt in einem konstrukti-
ven **Misstrauensvotum** des
Amtes enthoben und Kohl
zum Bundeskanzler gewählt.

h
1982 beginnt, was später als
Ära Kohl bezeichnet wird. Im
Jahr darauf gewinnt seine
unionsgeführte Regierung
auch die vorgezogenen
Bundestagswahlen.
Insgesamt bleibt das Land
16 Jahre unter der christlich-
liberalen Führung. Bis heute
war kein Bundeskanzler
länger im Amt.

i
Die Grünen ziehen 1983 zum
ersten Mal in den Bundestag
ein. Zu Anfangs sind sie noch
stark von ihrer außerparla-
mentarischen **Protestkultur**
geprägt, Turnschuhe,
Häkelnadeln und Wollpullis
werden Symbole der neuen
Politkergeneration. Das gibt
sich – spätestens mit der
Regierungsbeteiligung ab dem
Jahr 2000.

k
Bei den ersten Wahlen nach
der **Wiedervereinigung**
im Jahr 1990 gilt eine **Sonder-
regelung**, nach der es genügt,
fünf Prozent entweder im
Osten- oder im Westen zu
erreichen. So schaffen es
PDS (die Nachfolgepartei
der SED) mit 2,4 Prozent und
Bündnis 90/Die Grünen (Ost)
mit 1,2 Prozent der gesamt-
deutschen Stimmen in den
Bundestag. Die West-Grünen
hingegen bleiben draußen.

l
Zum ersten Mal seit 29
Jahren ist die **FDP nicht
mehr Regierungspartei**. Die
SPD bekommt zum zweiten
Mal in der Geschichte des
Bundestags (nach 1972) mehr
Stimmen als die Unions-
parteien CDU/CSU.

m
Nach der verlorenen Land-
tagswahl in NRW verliert
Kanzler Schröder absichtlich
eine Abstimmung zur
Vertrauensfrage. Der
Bundespräsident löst das
Parlament auf, es gibt
Neuwahlen. Dem unklaren
Wahlergebnis folgen
Koalitionsverhandlungen
in nahezu alle Richtungen.
Letztlich scheidet Schröder
aus, es kommt zur Großen
Koalition unter **Angela Merkel.**

WIR UND DIE MACHT

PARLAMENT

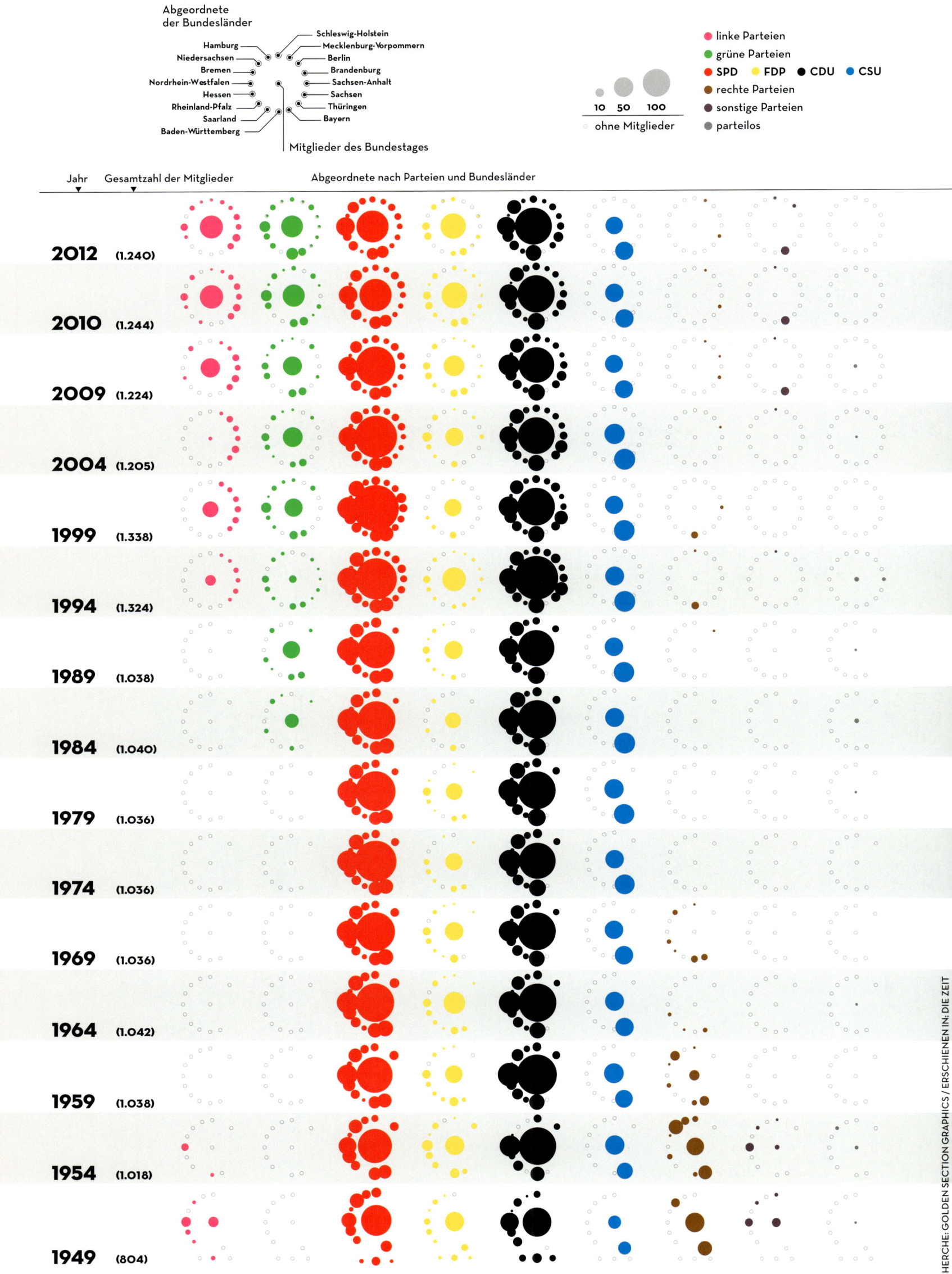

Abgeordnete
der Bundesländer

Hamburg — Schleswig-Holstein
Niedersachsen — Mecklenburg-Vorpommern
Bremen — Berlin
Nordrhein-Westfalen — Brandenburg
Hessen — Sachsen-Anhalt
Rheinland-Pfalz — Sachsen
Saarland — Thüringen
Baden-Württemberg — Bayern

Mitglieder des Bundestages

linke Parteien
grüne Parteien
SPD   FDP   CDU   CSU
rechte Parteien
sonstige Parteien
parteilos

10   50   100
ohne Mitglieder

Jahr   Gesamtzahl der Mitglieder   Abgeordnete nach Parteien und Bundesländer

2012 (1.240)

2010 (1.244)

2009 (1.224)

2004 (1.205)

1999 (1.338)

1994 (1.324)

1989 (1.038)

1984 (1.040)

1979 (1.036)

1974 (1.036)

1969 (1.036)

1964 (1.042)

1959 (1.038)

1954 (1.018)

1949 (804)

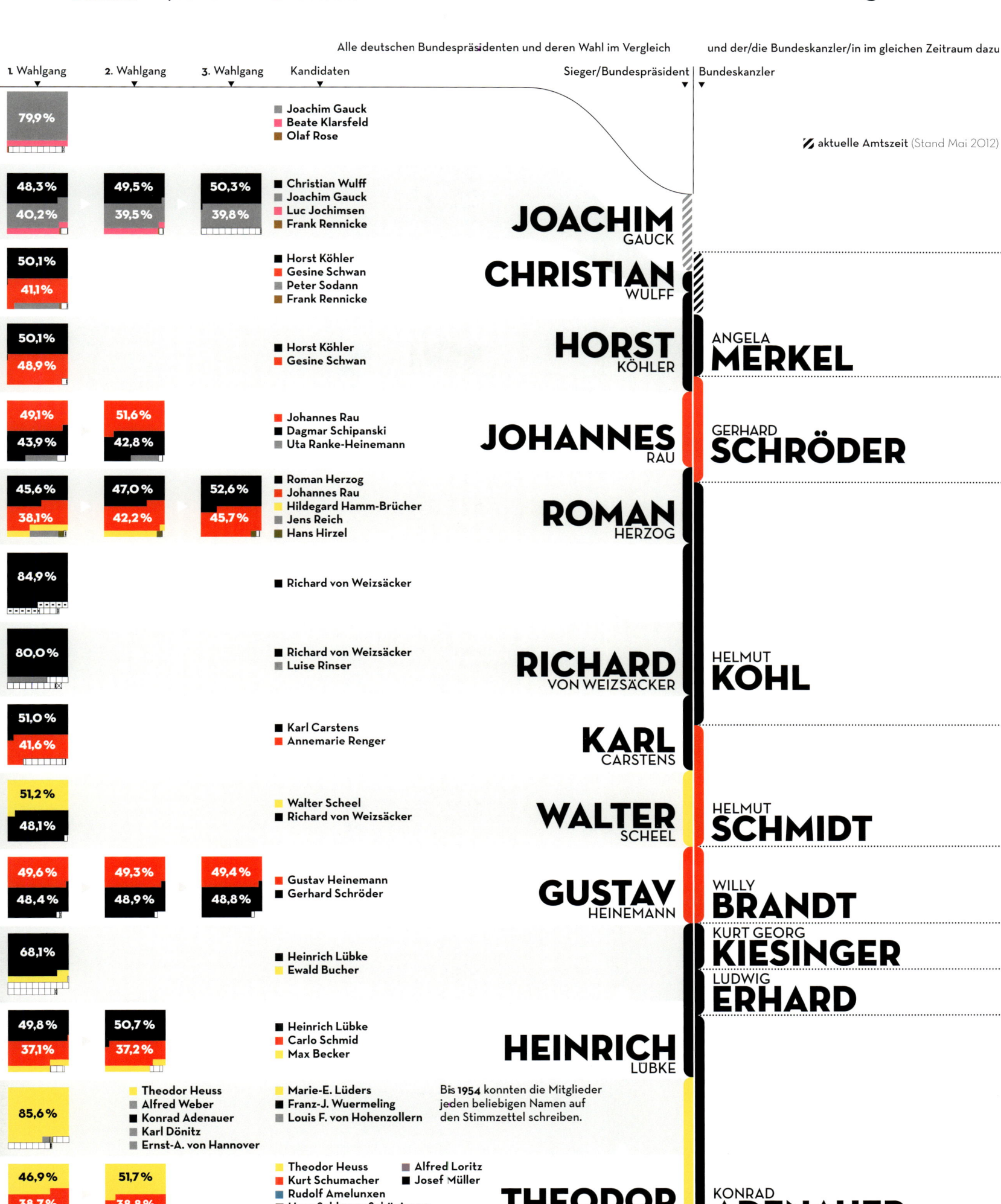

Der Symbol-Regent

Er soll sein: überparteilich. Souverän. Strahlend.
Seine Wahl war daher schon immer eine Qual

Legende:
- CDU/CSU
- NPD
- SPD
- REP
- FDP
- Zentrum
- Die Linke
- parteilos
- Enthaltungen
- ungültig
- Nein-Stimmen

Alle deutschen Bundespräsidenten und deren Wahl im Vergleich   und der/die Bundeskanzler/in im gleichen Zeitraum dazu

1. Wahlgang   2. Wahlgang   3. Wahlgang   Kandidaten   Sieger/Bundespräsident | Bundeskanzler

aktuelle Amtszeit (Stand Mai 2012)

79,9% — Joachim Gauck, Beate Klarsfeld, Olaf Rose

48,3% / **49,5%** / **50,3%** — Christian Wulff, Joachim Gauck, Luc Jochimsen, Frank Rennicke
40,2% / **39,5%** / **39,8%**

JOACHIM GAUCK

50,1% / **41,1%** — Horst Köhler, Gesine Schwan, Peter Sodann, Frank Rennicke

CHRISTIAN WULFF

50,1% / **48,9%** — Horst Köhler, Gesine Schwan

HORST KÖHLER

ANGELA MERKEL

49,1% / **51,6%** — Johannes Rau, Dagmar Schipanski, Uta Ranke-Heinemann
43,9% / **42,8%**

JOHANNES RAU

GERHARD SCHRÖDER

45,6% / **47,0%** / **52,6%** — Roman Herzog, Johannes Rau, Hildegard Hamm-Brücher, Jens Reich, Hans Hirzel
38,1% / **42,2%** / **45,7%**

ROMAN HERZOG

84,9% — Richard von Weizsäcker

80,0% — Richard von Weizsäcker, Luise Rinser

RICHARD VON WEIZSÄCKER

HELMUT KOHL

51,0% / **41,6%** — Karl Carstens, Annemarie Renger

KARL CARSTENS

51,2% / **48,1%** — Walter Scheel, Richard von Weizsäcker

WALTER SCHEEL

HELMUT SCHMIDT

49,6% / **49,3%** / **49,4%** — Gustav Heinemann, Gerhard Schröder
48,4% / **48,9%** / **48,8%**

GUSTAV HEINEMANN

WILLY BRANDT

KURT GEORG KIESINGER

LUDWIG ERHARD

68,1% — Heinrich Lübke, Ewald Bucher

49,8% / **50,7%** — Heinrich Lübke, Carlo Schmid, Max Becker
37,1% / **37,2%**

HEINRICH LÜBKE

85,6% — Theodor Heuss, Alfred Weber, Konrad Adenauer, Karl Dönitz, Ernst-A. von Hannover, Marie-E. Lüders, Franz-J. Wuermeling, Louis F. von Hohenzollern

Bis 1954 konnten die Mitglieder jeden beliebigen Namen auf den Stimmzettel schreiben.

46,9% / **51,7%** — Theodor Heuss, Kurt Schumacher, Rudolf Amelunxen, Hans Schlange-Schöningen, Karl Arnold, Alfred Loritz, Josef Müller
38,7% / **38,8%**

THEODOR HEUSS

KONRAD ADENAUER

WIR UND DIE MACHT

BUNDESPRÄSIDENTEN

Industrie der Meinungsmacher

Vor 40 Jahren gab es drei TV-Programme, ein bisschen Radio, ein
paar Zeitungen und Zeitschriften. Und heute? Wetteifern allein
420 empfangbare TV-Sender um Aufmerksamkeit – und unser Geld.
Aber früher, da gab es auch nur drei, vier Sorten Schokolade

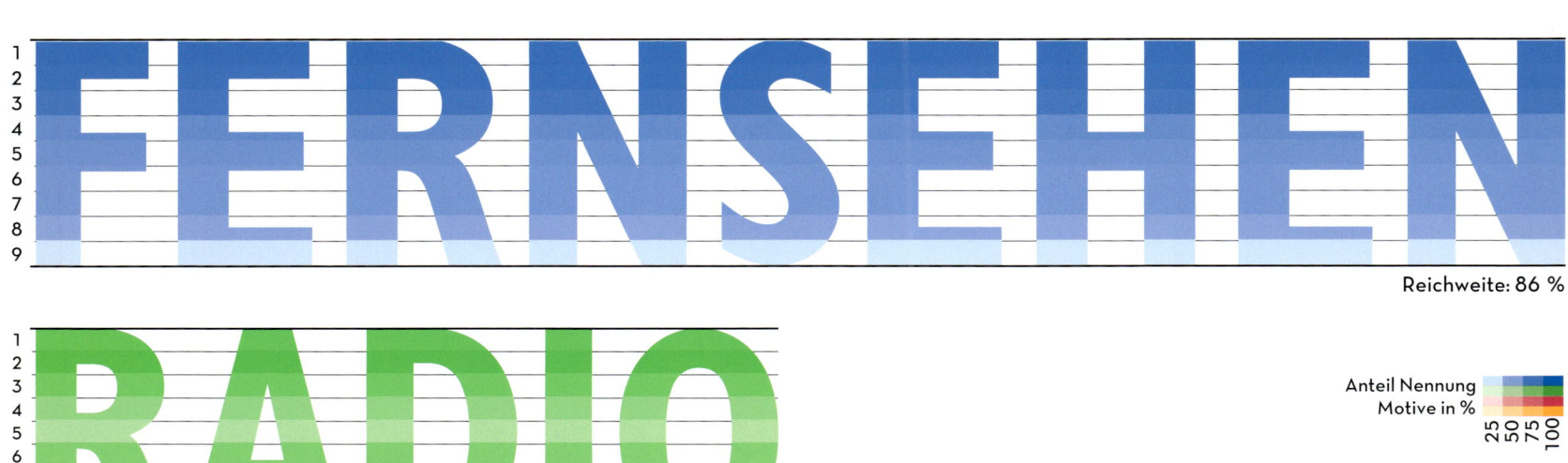

Reichweite: 86 %

Reichweite: 79 %

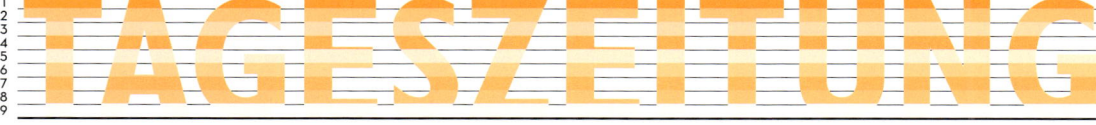

Reichweite: 44 %

Reichweite: 43 %

Anteil Nennung
Motive in %

25 50 75 100

WOFÜR WIR TV, INTERNET & CO BENUTZEN – UND WIE OFT

Je höher der Schriftblock, umso größer war die Reichweite des Mediums im Jahr 2010. Die Schattierungen
der Zeilen geben die Gewichtung der Gründe wieder,
die zum jeweiligen Medium führen. Jedes hat eigene
Stärken: Fernsehen unterhält, Radio berieselt, Tageszeitung informiert, Internet bringt praktischen Nutzen.

GRÜNDE FÜR MEDIENNUTZUNG

1 Information
2 Spaß
3 Entspannung
4 Nützliches für den Alltag
   erfahren
5 Ablenkung
6 Gewohnheit
7 Um mitreden zu können
8 Inspiration
9 Sich nicht alleine fühlen

IMMER MEHR SPRECHENDE MITBEWOHNER

Im Jahr 1970 hatten die meisten Haushalte zwei Arten elektronischer
Geräte: Radio und Fernseher. Im Lauf der Jahre kamen immer mehr
Apparate hinzu. Die zwölf Torten stehen für jeweils eine Gerätesorte.
Die Charts markieren das sukzessive Auftauchen; die meisten blieben,
verteilten sich auf Generationen und Räume. Nur ein paar wenige, wie zum
Beispiel Kassettenrekorder und Minidisk-Player, verschwanden wieder.

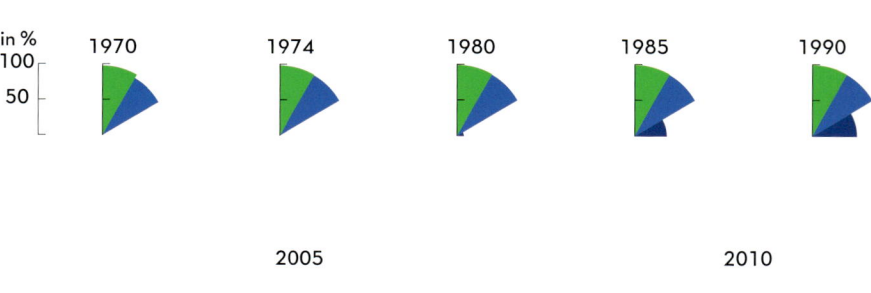

in %
100
50

1970   1974   1980   1985   1990

- ■ Hörfunkgerät
- ■ Fernsehgerät
- ■ Kassettenrekorder
- ■ CD-Player
- ■ PC
- ■ MiniDisc-Rekorder
- ■ DVD-Player
- ■ MP3-Player
- ■ Videorekorder
- ■ Laptop
- ■ Spielekonsole
- ■ Smartphone

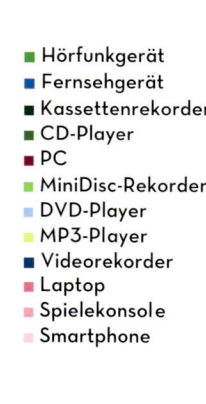

1995   2000   2005   2010

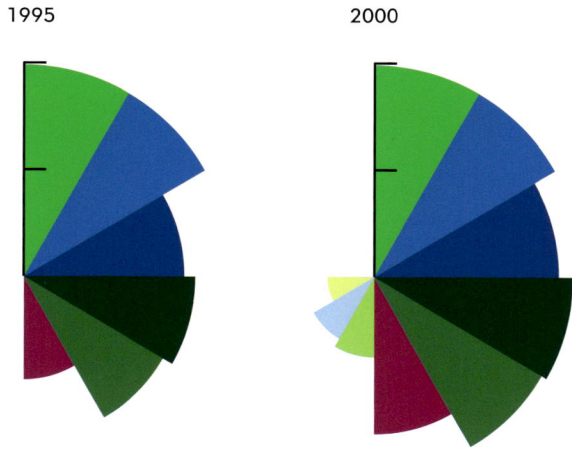

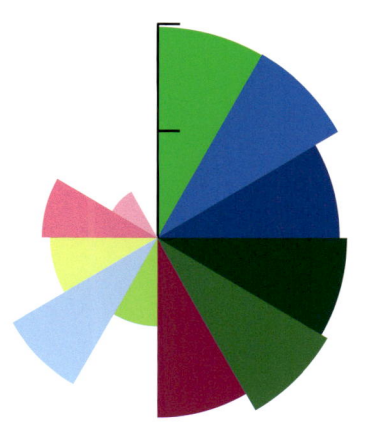

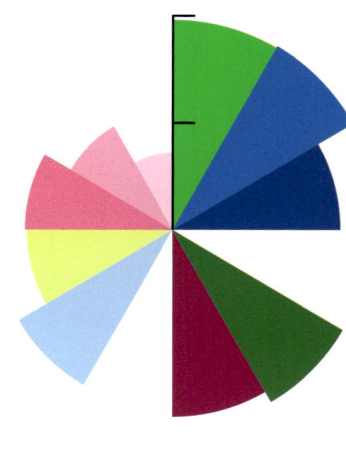

GRAFIK: BARBARA HAHN, CHRISTINE ZIMMERMANN / RECHERCHE: MATHIAS BRANDT / ERSCHIENEN IN: DIE ZEIT

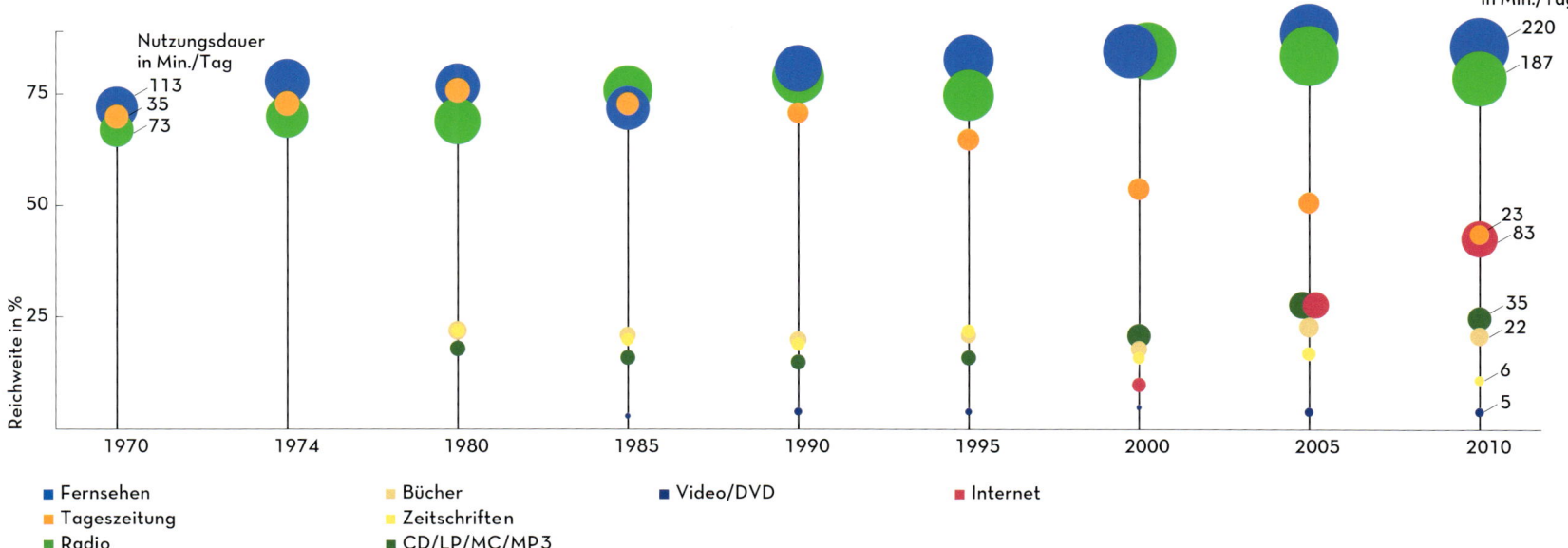

Nutzungsdauer
in Min./Tag

113
35
73

Nutzungsdauer
in Min./Tag

220
187

23
83

35
22

6

5

Reichweite in %

75

50

25

1970 1974 1980 1985 1990 1995 2000 2005 2010

- ■ Fernsehen
- ■ Tageszeitung
- ■ Radio
- ■ Bücher
- ■ Zeitschriften
- ■ CD/LP/MC/MP3
- ■ Video/DVD
- ■ Internet

UNSCHLAGBAR UND BELIEBT: TV UND RADIO
Die Grafik zeigt auf der senkrechten Achse die Reichweite der unterschiedlichen Medien, die Größe des Kreises veranschaulicht die tägliche Nutzungsdauer. Beispiel: Zeitungen (orangefarbener Kreis) werden heute nicht mehr so lange gelesen wie früher, und sie erreichen nur noch 44 Prozent der Menschen (gegenüber 76 Prozent im Jahr 1980). Und trotz Internet wird nicht weniger ferngesehen.

DAS INTERNET WIRD LEITMEDIUM
Fernsehen, Radio, Tageszeitung und Internet werden klassischerweise unterschiedlich bewertet. Interessant ist, wie das Urteil der 14- bis 29-Jährigen (schwarze Linie) vom Durchschnitt abweicht: Die Jungen halten Tageszeitungen für anspruchsvoll, aber völlig unmodern; ihre Sympathie gilt dem Internet, durch das sie sich aktuell und unabhängig informiert fühlen.

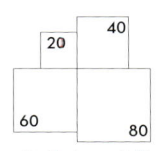

20 40
60 80

Medienimage in %

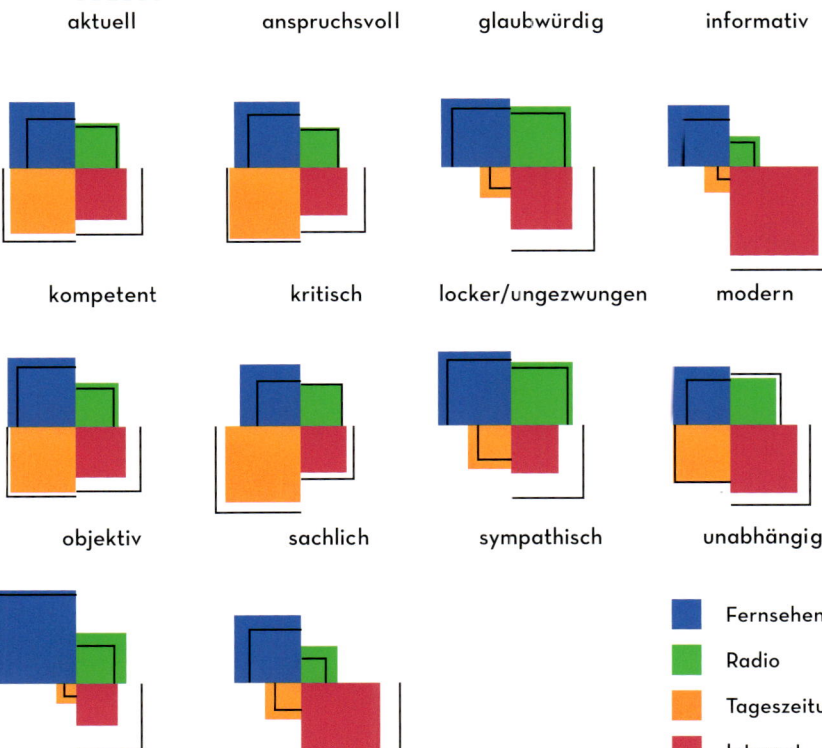

aktuell anspruchsvoll glaubwürdig informativ

kompetent kritisch locker/ungezwungen modern

objektiv sachlich sympathisch unabhängig

unterhaltsam vielseitig

- ■ Fernsehen
- ■ Radio
- ■ Tageszeitung
- ■ Internet

DIGITAL FÜHRT, PRINT WIRD IMMER TEURER
In deutschen Haushalten stehen heute mehr elektronische Geräte als früher, dafür sind Fernseher oder Computer deutlich billiger geworden. Zeitungen belasten das Portemonnaie dagegen doppelt so stark wie früher. Gezeigt werden die inflationsbereinigten Preise verschiedener Medien, Produkte und Dienste für die Jahre 1970, 1990 und 2010 (ausgehend von 1970 = 100).

- ■ 1970
- ■ 1990
- ■ 2010

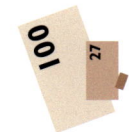

100 27 2

Computer

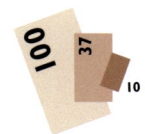

100 37 10

Bild-/Tonaufnahme und -wiedergabe

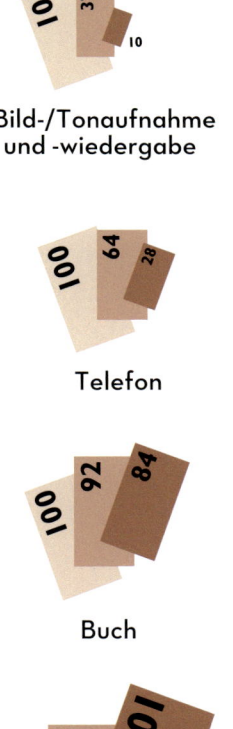

100 64 28

Telefon

100 92 84

Buch

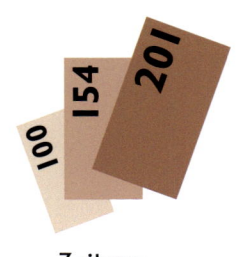

100 154 201

Zeitung

WIR UND DIE MACHT
MEDIEN

Brot, Spiele, Autofahren

Und danach kommt: Arbeit. Die wichtigsten Verbände, sortiert nach Mitgliederzahlen

DEUTSCHER OLYMPISCHER SPORTBUND (DOSB)
27,7 Mi o.

Mitgliederverbände (Auswahl):

DEUTSCHER FUSSBALL-BUND (DFB)
6,8 Mio.

DEUTSCHER TURNER-BUND (DTB)
5 Mio.

DEUTSCHER TENNIS BUND (DTB)
1,5 Mio.

DEUTSCHER SCHÜTZEN-BUND (DSB)
1,4 Mio.

DEUTSCHER ALPENVEREIN (DAV)
0,9 Mio.

DEUTSCHER LEICHTATHLETIK-VERBAND (DLV)
0,9 Mio.

DEUTSCHER HANDBALL-BUND (DHB)
0,8 Mio.

DEUTSCHE REITERLICHE VEREINIGUNG
0,7 Mio.

VERBAND DEUTSCHER SPORTFISCHER (VDSF)
0,6 Mio.

DEUTSCHER GOLF-VERBAND (DGV)
0,6 Mio.

VERBRAUCHERZENTRALE BUNDESVERBAND (VZBV)
20 Mio.

GRAFIK: BENJAMIN ERPURTH / RECHERCHE: KAI SCHÄCHTELE

ALLGEMEINER DEUTSCHER AUTOMOBIL-CLUB (ADAC)

18 Mio.

BUNDESVERBAND DER DEUTSCHEN INDUSTRIE (BDI)

8 Mio.

Zahl der Mitarbeiter der mehr als 100.000 Mitgliedsunternehmen

DEUTSCHER GEWERKSCHAFTSBUND (DGB)

6,2 Mio.

in acht Mitgliedergewerkschaften

DEUTSCHES ROTES KREUZ (DRK)

4 Mio.

Mitglieder und hauptamtliche Mitarbeiter

VEREINIGTE DIENSTLEISTUNGS-GEWERKSCHAFT (VER.DI)

2,1 Mio.

SOZIALVERBAND VDK

1,6 Mio.

IG METALL

2,2 Mio.

DEUTSCHER MIETERBUND (DMB)

1,2 Mio.

VERBAND DER AUTO-MOBILINDUSTRIE (VDA)

730.000

GREEN-PEACE

566.000

BUND FÜR UMWELT UND NATURSCHUTZ (BUND)

461.000

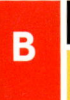
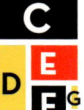

A Allgemeiner Deutscher Fahrrad-Club (ADFC): 130.000

B Amnesty International Deutschland: 120.000

C Bund der Versicherten (BdV): 52.000

D Gewerkschaft der Lokführer (GdL): 34.000

E Attac: 25.100

F Foodwatch: 20.000

G Gewerkschaft der Flugsi-cherung (GdF): 3.200

H Transparacy International Deutschland: 1.041

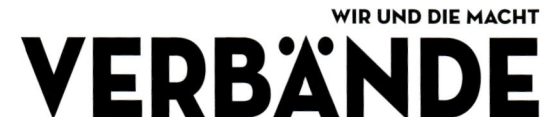

Gipfeltreffen

Verflechtungen der DAX-30-Konzerne

Der Vernetzungsgrad der deutchen Wirtschaft ist legendär. Die Kreuz-und-Querverbindungen zwischen den Konzernen über die Besetzungen ihrer Aufsichtsräte war lange Zeit auch als Deutschland AG bekannt; und als Oberaufsichtsrat aller galt der jeweilige Chef der Deutschen Bank. Mit der Globalisierung der Konzerne und der Notwendigkeit, internationale Anteilseigener in die Gremien zu integrieren, lockerten sich die nationalen Bande ein wenig – doch nicht zu sehr. Ein paar wenige ältere Herren halten noch immer so viele Mandate, dass allein durch ein Treffen der fünf wichtigsten Männer nahezu die Hälfte des Dax-30 abgedeckt ist. Manfred Schneider (ex-Deutsche-Bank-Vorstand), Gerhard Cromme (ex-ThyssenKrupp), Ferdinand Piech (Volkswagen), Ulrich Lehner (ex-Henkel-Chef)und Clemens Börsig (Aufsichtsratsvorsitzender Deutsche Bank) kommen auf 17 Unternehmen deren Richtungen sie mit bestimmen. Ach ja, Frauen sind in den Führungskreisen nach wie vor eine äußerst seltene Spezies.

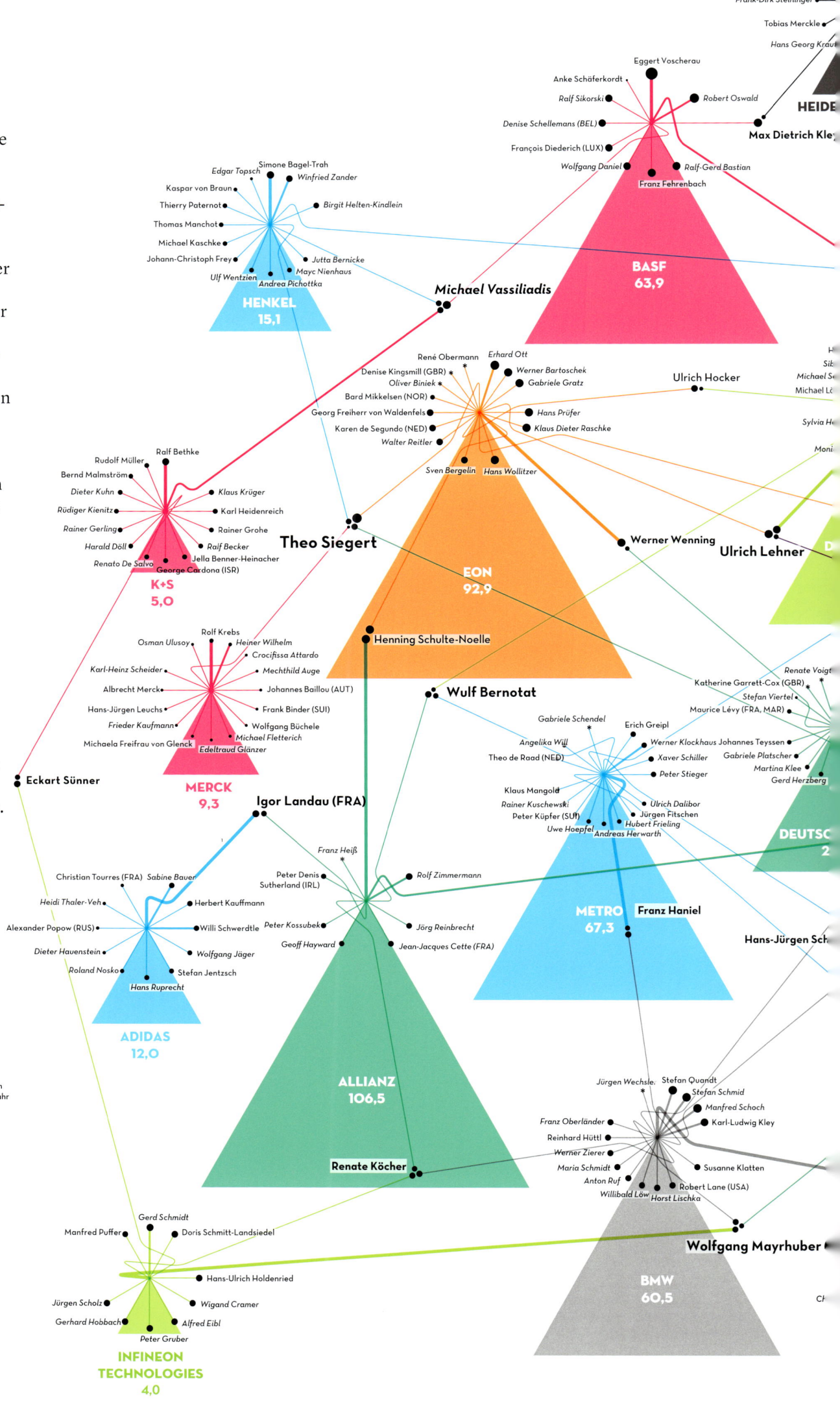

AUFSICHTSRÄTE DER 30 DAX-UNTERNEHMEN

für die **Anteilseigner im Aufsichtsrat**

Name gerade

Name kursiv

für die **Arbeitnehmer**

Punktfläche proportional zur **Aufsichtsratsvergütung 2010**, im Uhrzeigersinn ab 12 Uhr absteigend sortiert

max. 592.800 €
⌀ 116.400 €
min. 7.250 €

keine Angabe, da im aktuellen Berichtsjahr noch nicht im Aufsichtsrat vertreten

Vorsitz
stellvertretender Vorsitz
einfaches Mitglied

Branchenzugehörigkeit
Dreiecksfläche proportional zum Umsatz 2010 in Mrd. €

▲ Anlagenbau, Maschinenbau, Stahl
▲ Automobile
▲ Banken, Versicherungen, Finanzdienstleistungen
▲ Baustoffe
▲ Chemie, Pharma, Medizintechnik
▲ Energie
▲ Konsumgüter, Einzelhandel
▲ Telekommunikation, Informationstechnologie
▲ Transport, Logistik

1) Infineon, Siemens, ThyssenKrupp: 1.10.2010 - 30.9.2011
2) unabhängiges Mitglied gem. § 100 Abs. 5 AktG
3) Erträge nach Risikovorsorge
4) Bruttobeitragseinnahmen

GRAFIK: KLAAS NEUMANN / ERSCHIENEN IN: FINANCIAL TIMES DEUTSCHLAND

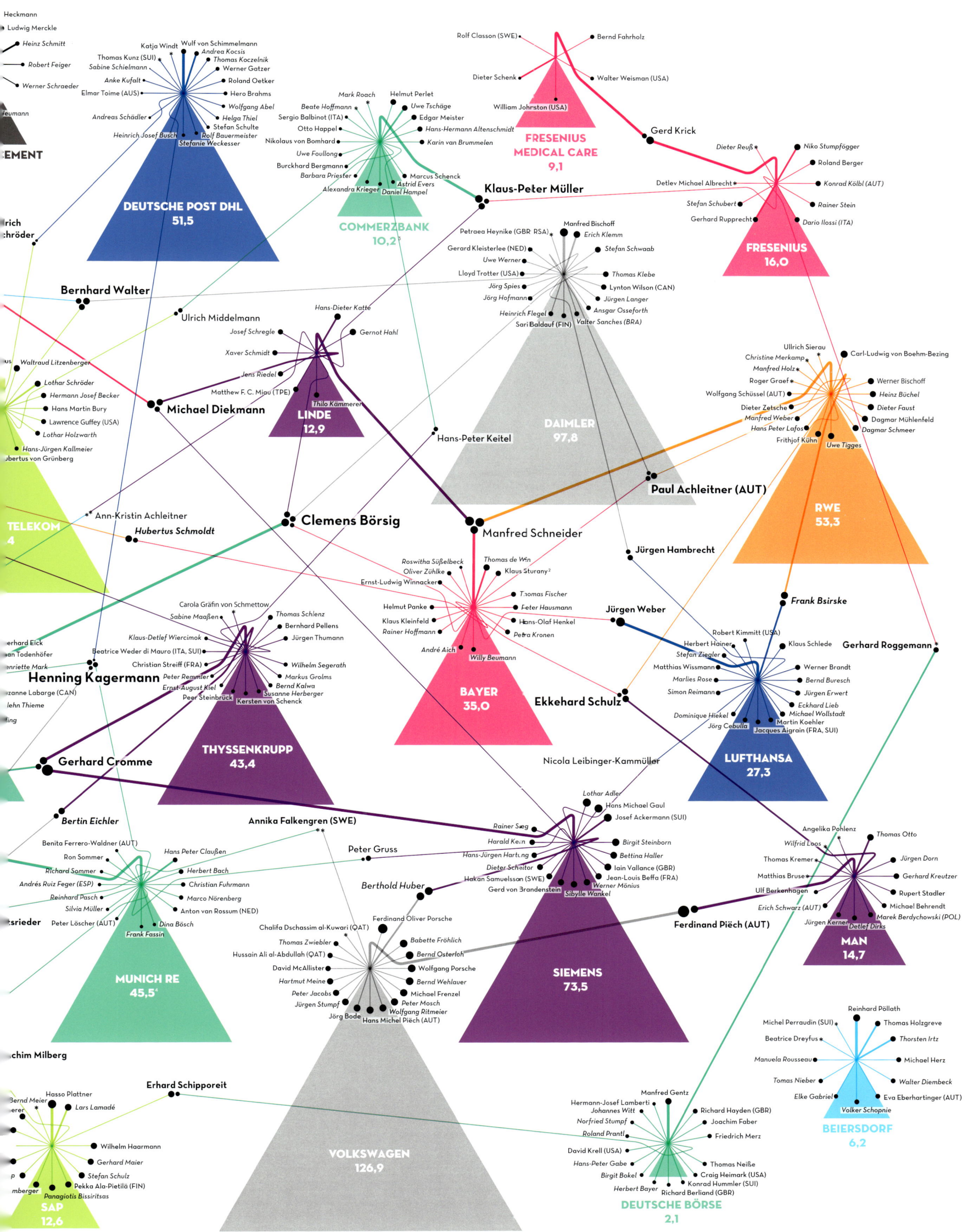

Das Geheimnis guter Politik

Was so auf Parteitagen läuft, ahnt man ja: Vorsitzende halten Reden, Delegierte stimmen ab, die Höhepunkte kommen abends in den Nachrichten. Was niemals gezeigt wird: Am Rande des Geschehens präsentieren sich Autofirmen, Wirtschaftsverbände, Versicherungen und Telefonanbieter. Die Auswahl verrät einiges über die Parteien und ihre Agenden

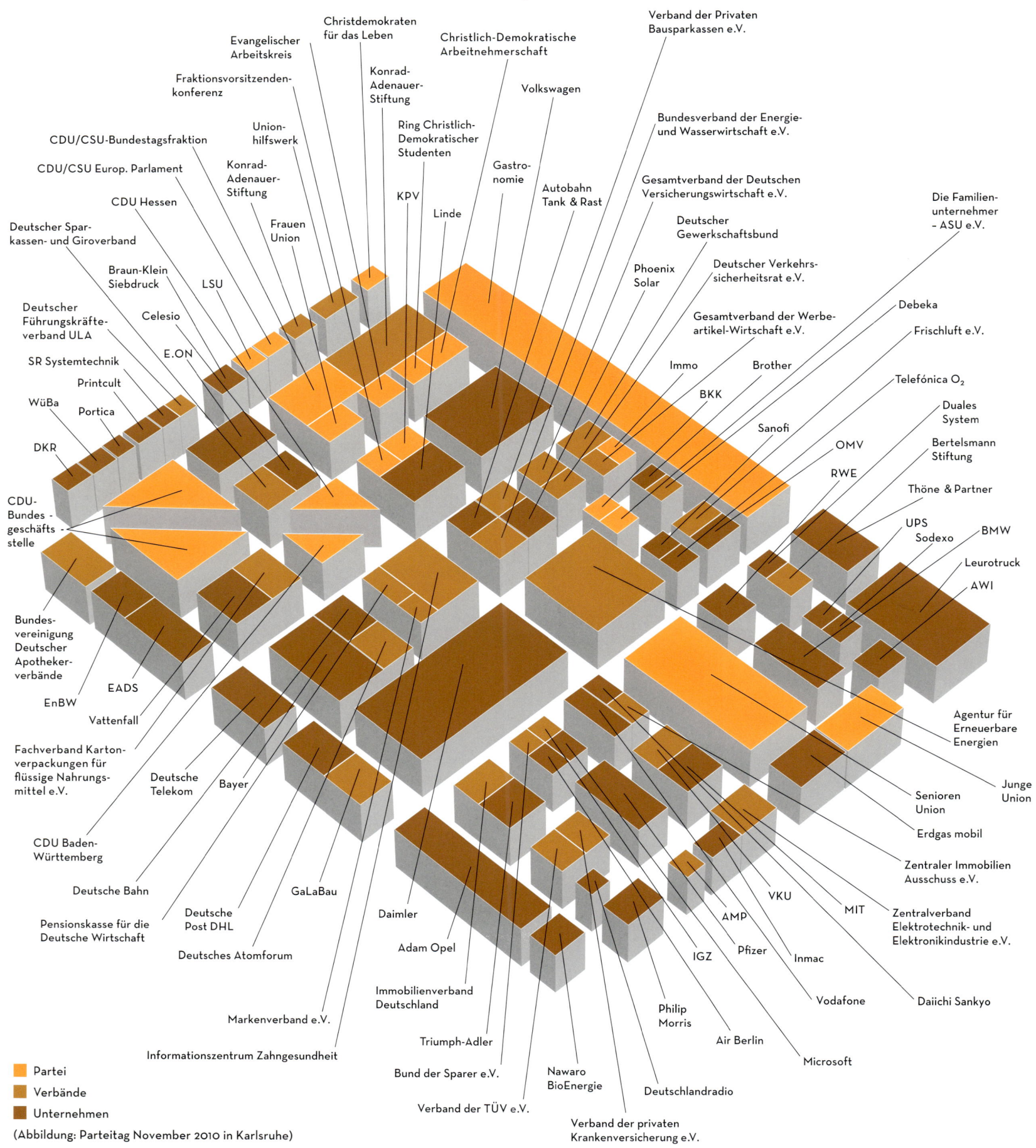

- **Partei**
- **Verbände**
- **Unternehmen**

(Abbildung: Parteitag November 2010 in Karlsruhe)

CDU

Massenauflauf: Bei der CDU treffen sich jedes Mal 1.001 Delegierte (der 1.001. vertritt Brüssel), dazu noch mal rund 1.000 Gäste und 1.000 Journalisten, auch beim Parteitag 2010 in Leipzig. In der CDU-Welt (aus Platzgründen lassen wir die CSU weg) fühlt sich jeder am richtigen Fleck: Von der Post bis zum TÜV, von VW bis E.ON, hier werben die großen Unternehmen gern – aber auch der Frischluft e.V.

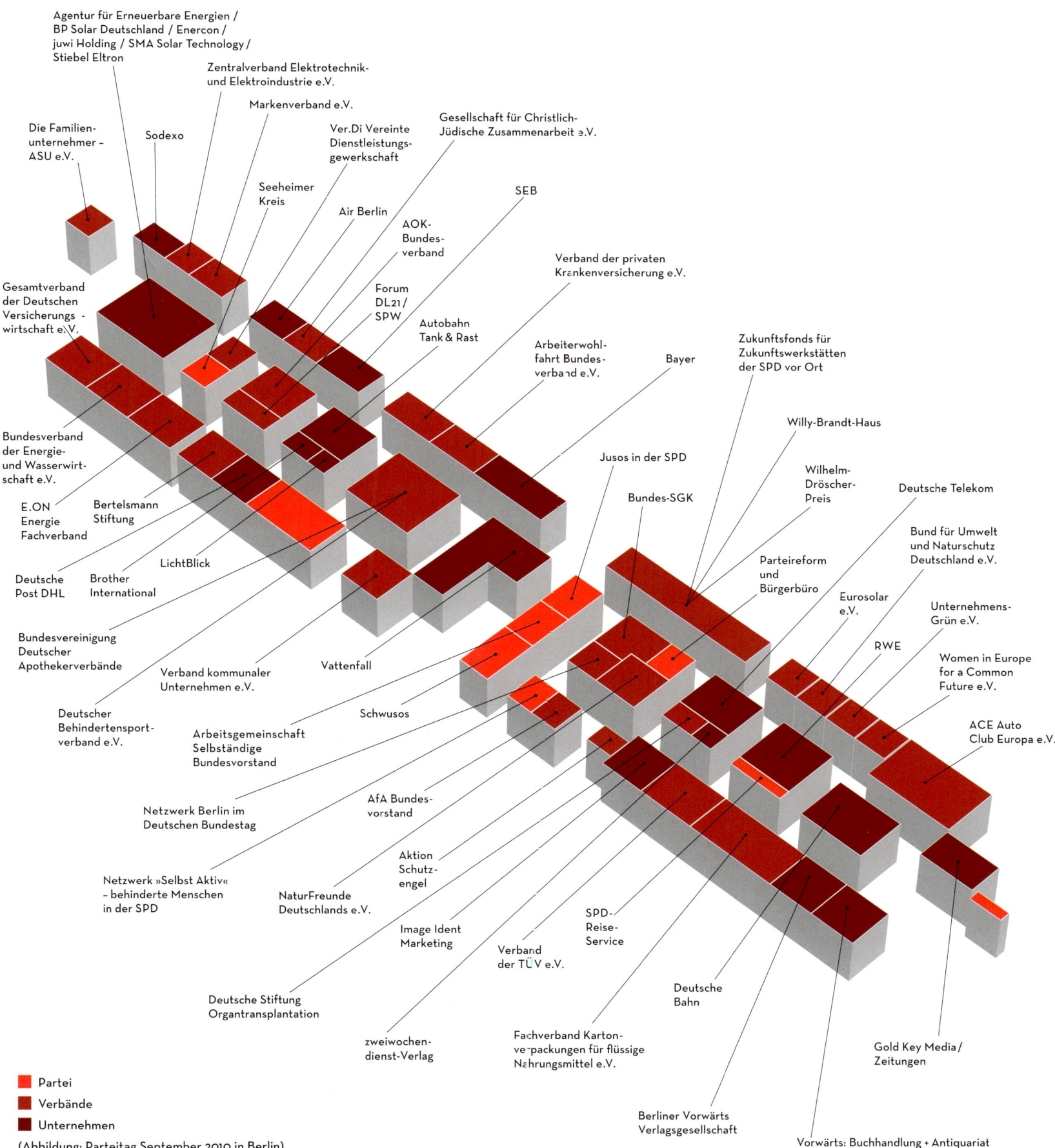

Agentur für Erneuerbare Energien /
BP Solar Deutschland / Enercon /
juwi Holding / SMA Solar Technology /
Stiebel Eltron

Zentralverband Elektrotechnik-
und Elektroindustrie e.V.

Markenverband e.V.

Die Familien-
unternehmer –
ASU e.V.

Sodexo

Ver.Di Vereinte
Dienstleistungs-
gewerkschaft

Gesellschaft für Christlich-
Jüdische Zusammenarbeit e.V.

Seeheimer
Kreis

Air Berlin

SEB

AOK-
Bundes-
verband

Verband der privaten
Krankenversicherung e.V.

Forum
DL21/
SPW

Autobahn
Tank & Rast

Gesamtverband
der Deutschen
Versicherungs -
wirtschaft e.V.

Arbeiterwohl-
fahrt Bundes-
verband e.V.

Bayer

Zukunftsfonds für
Zukunftswerkstätten
der SPD vor Ort

Willy-Brandt-Haus

Bundesverband
der Energie-
und Wasserwirt-
schaft e.V.

Jusos in der SPD

Bundes-SGK

Wilhelm-
Dröscher-
Preis

Deutsche Telekom

E.ON
Energie
Fachverband

Bertelsmann
Stiftung

Parteireform
und
Bürgerbüro

Bund für Umwelt
und Naturschutz
Deutschland e.V.

Eurosolar
e.V.

Unternehmens-
Grün e.V.

LichtBlick

RWE

Deutsche
Post DHL

Brother
International

Women in Europe
for a Common
Future e.V.

Bundesvereinigung
Deutscher
Apothekerverbände

Verband kommunaler
Unternehmen e.V.

Vattenfall

ACE Auto
Club Europa e.V.

Deutscher
Behindertensport-
verband e.V.

Arbeitsgemeinschaft
Selbständige
Bundesvorstand

Schwusos

Netzwerk Berlin im
Deutschen Bundestag

AfA Bundes-
vorstand

Netzwerk »Selbst Aktiv«
– behinderte Menschen
in der SPD

NaturFreunde
Deutschlands e.V.

Aktion
Schutz-
engel

SPD-
Reise-
Service

Image Ident
Marketing

Deutsche
Bahn

Deutsche Stiftung
Organtransplantation

Verband
der TÜV e.V.

zweiwochen-
dienst-Verlag

Fachverband Karton-
verpackungen für flüssige
Nahrungsmittel e.V.

Gold Key Media /
Zeitungen

Berliner Vorwärts
Verlagsgesellschaft

Vorwärts: Buchhandlung + Antiquariat

■ Partei
■ Verbände
■ Unternehmen

(Abbildung: Parteitag September 2010 in Berlin)

SPD

Gewinner in der Kategorie Besucherzahl: im Schnitt 5.000 – bei nur 524 Delegierten. Die SPD hatte seit 1946 ganze 64 Parteitage. Große Momente wie Lafontaines Rede auf dem Parteitag 1995 (als er mit ein paar gezielten Sätzen den Vorsitzenden Rudolf Scharping absägte) gab es länger nicht mehr, dafür präsentieren sich bei der SPD gern die Apothekerverbände immerhin.

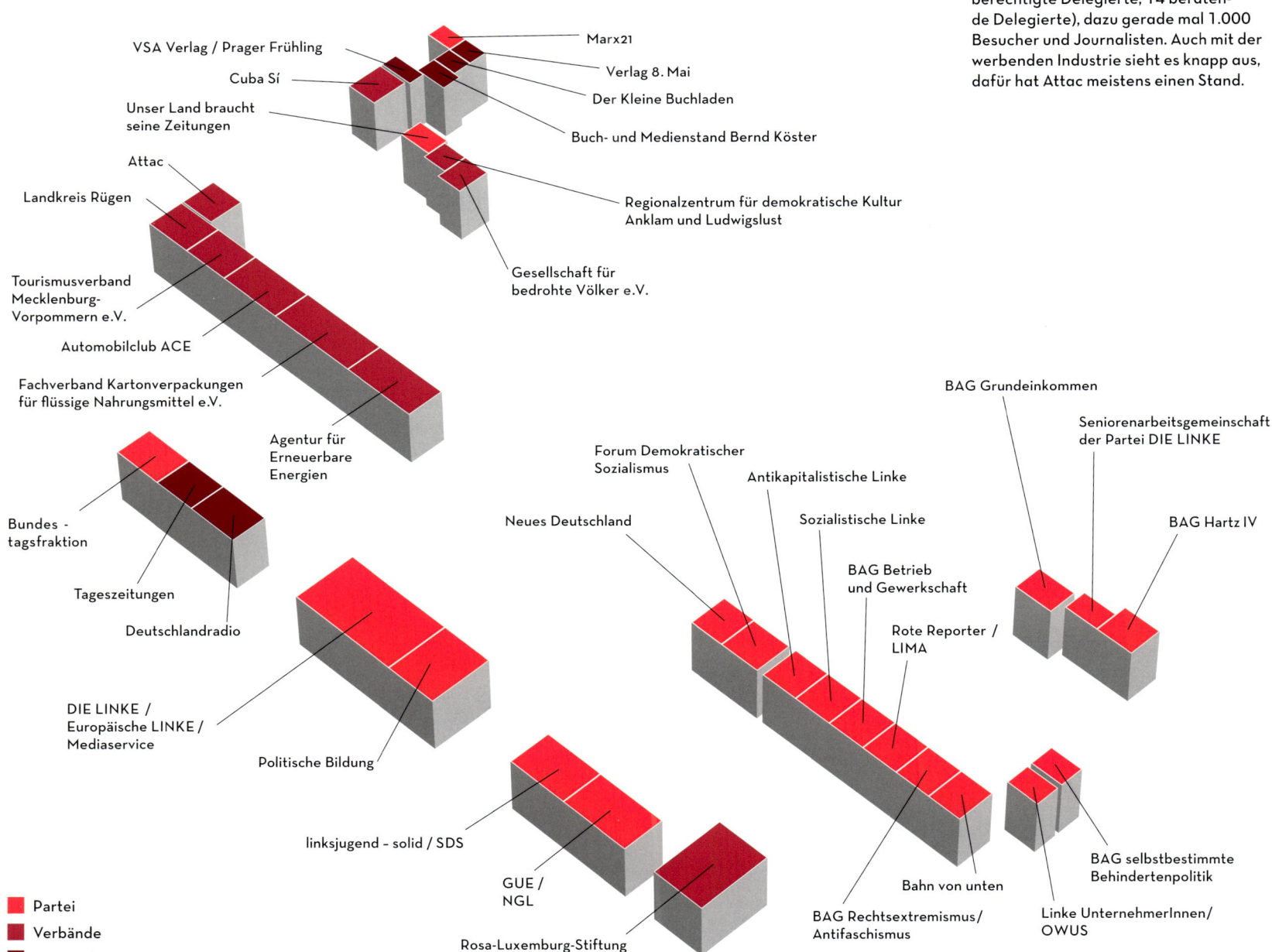

GRAFIK: BARBARA HAHN, CHRISTINE ZIMMERMANN / RECHERCHE: MAX FELLMANN / ERSCHIENEN IN: SÜDDEUTSCHE ZEITUNG MAGAZIN

DIE LINKE

Bei der Linken ist deutlich weniger los als bei den anderen: Hier treffen sich in der Regel höchstens 600 Leute (570 stimmberechtigte Delegierte, 14 beratende Delegierte), dazu gerade mal 1.000 Besucher und Journalisten. Auch mit der werbenden Industrie sieht es knapp aus, dafür hat Attac meistens einen Stand.

VSA Verlag / Prager Frühling

Cuba Sí

Unser Land braucht seine Zeitungen

Attac

Landkreis Rügen

Tourismusverband Mecklenburg-Vorpommern e.V.

Automobilclub ACE

Fachverband Kartonverpackungen für flüssige Nahrungsmittel e.V.

Agentur für Erneuerbare Energien

Bundestagsfraktion

Tageszeitungen

Deutschlandradio

DIE LINKE / Europäische LINKE / Mediaservice

Politische Bildung

linksjugend – solid / SDS

GUE / NGL

Rosa-Luxemburg-Stiftung

Marx21

Verlag 8. Mai

Der Kleine Buchladen

Buch- und Medienstand Bernd Köster

Regionalzentrum für demokratische Kultur Anklam und Ludwigslust

Gesellschaft für bedrohte Völker e.V.

Forum Demokratischer Sozialismus

Antikapitalistische Linke

Neues Deutschland

Sozialistische Linke

BAG Betrieb und Gewerkschaft

Rote Reporter / LIMA

Bahn von unten

BAG Rechtsextremismus / Antifaschismus

BAG Grundeinkommen

Seniorenarbeitsgemeinschaft der Partei DIE LINKE

BAG Hartz IV

BAG selbstbestimmte Behindertenpolitik

Linke UnternehmerInnen / OWUS

■ Partei
■ Verbände
■ Unternehmen

(Abbildung: Parteitag Mai 2010 in Rostock)

Kein Wunder, dass die Wirtschaft Parteitage als ideales Werbeumfeld sieht: Wo sonst hat man so viele gelangweilte Menschen vor sich, die dankbar sind für jede Abwechslung? Also kommen sie alle: die Autofirmen, die Krankenkassen und Energieversorger, die Versicherer. Verteilen Broschüren, Kugelschreiber, Freigetränke, Snacks. Abstimmungen im großen Saal hin oder her, die meiste Zeit verbringen die Delegierten im Foyer und hoffen, dass Red Bull bald wieder frisch gekühlte Dosen ausgibt. Die Firmen zahlen gutes Geld dafür, dass sie ihr Zeug verteilen dürfen. Die Standmieten liegen um das Drei- bis Vierfache über dem Quadratmeterpreis gewöhnlicher Branchenmessen. Die Parteien brauchen das Geld dringend, um sich die teuren Jahrestreffen überhaupt leisten zu können. Fairer Deal, eigentlich. Wird aber trotzdem kritisch gesehen. Michael Koß, Politologe von der Universität Potsdam, beschäftigt sich seit Jahren mit dem Thema Parteienfinanzierung. Er sagt: „Den Parteien bleibt natürlich nichts anderes übrig, als nach Geldquellen zu suchen. Schließlich regt sich jeder auf, wenn sie alles mit staatlichem Geld zahlen. Aber es wird heikel, wenn eine Gegenleistung erkennbar ist, und das ist bei den Parteitagen der Fall: Die Firmen dürfen ihre Produkte bewerben. Wenn Gegenleistungen bei Parteispenden verboten sind, warum sollten sie beim Sponsoring erlaubt sein?" Aber was hilft's, ohne Sponsoring geht es nicht, da unterscheiden sich Parteitage nicht von Sport-Events und Kulturfestivals, von Sechstagerennen und dem Oktoberfest. Die Frage ist: Was bringt es den Firmen überhaupt? Sind ein paar müde Delegierte wirklich so eine spannende Zielgruppe? Der Gedanke, dass die Konzerne und Verbände da politischen Einfluss nehmen könnten, muss einen übrigens nicht allzu sehr beunruhigen. Der Parteienforscher Koß sagt: „Angela Merkel setzt sich ja nicht an den Tchibo-Stand, um sich die Welt erklären zu lassen." Und nur weil Audi Schlüsselanhänger verteilt, stimmt kein Delegierter für mehr Autobahnen. Oder vielleicht doch?

Standortfaktor Geheimdienste

Sie bestimmen nicht, sie streiten nur. Die schlechte Organsiation der Sicherheitsdienste ist ein Grund, warum Mafia, Neonazis und Al Quaida so gern von Deutschland aus planen

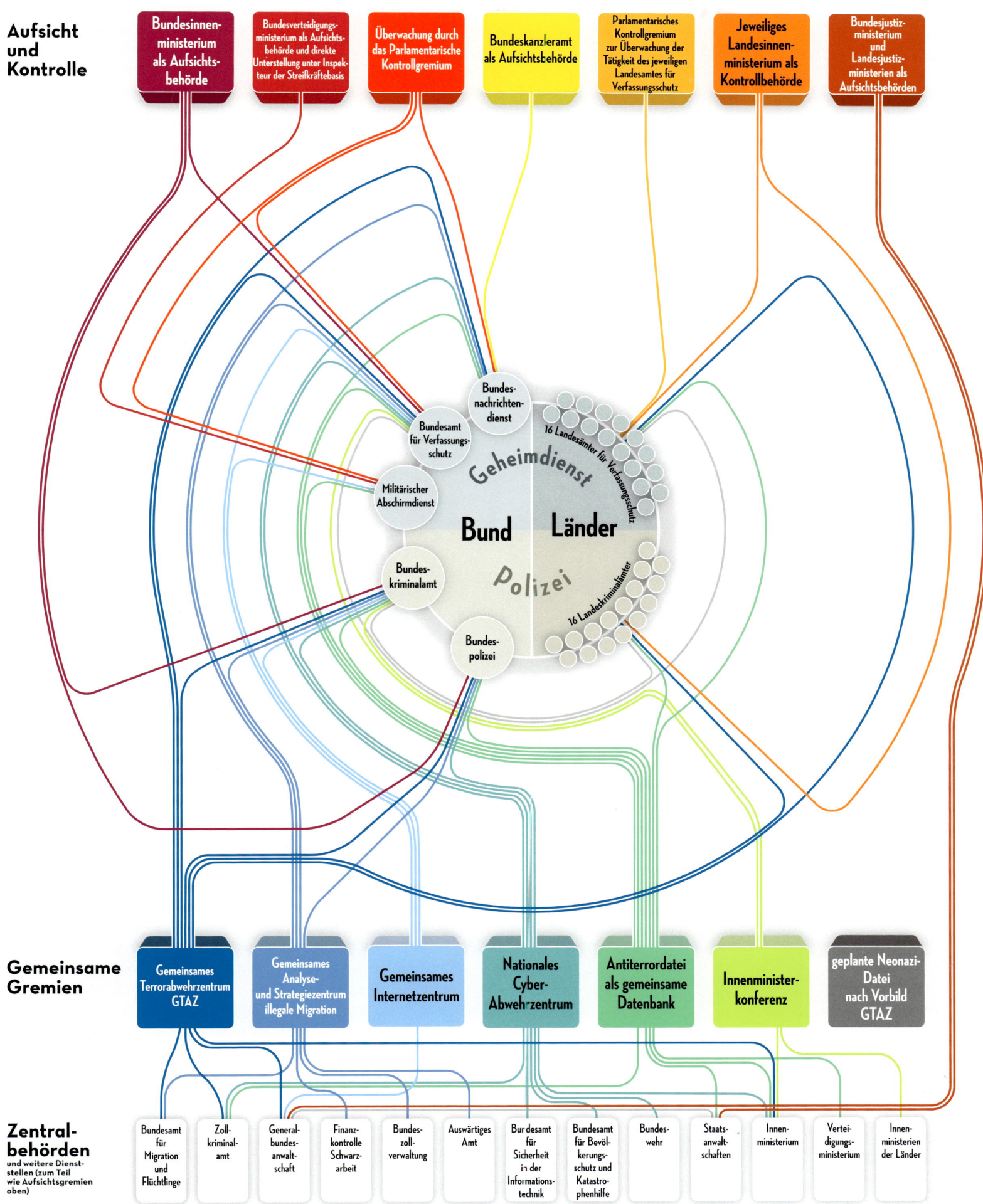

Aufsicht und Kontrolle

- Bundesinnenministerium als Aufsichtsbehörde
- Bundesverteidigungsministerium als Aufsichtsbehörde und direkte Unterstellung unter Inspekteur der Streifkräftebasis
- Überwachung durch das Parlamentarische Kontrollgremium
- Bundeskanzleramt als Aufsichtsbehörde
- Parlamentarisches Kontrollgremium zur Überwachung der Tätigkeit des jeweiligen Landesamtes für Verfassungsschutz
- Jeweiliges Landesinnenministerium als Kontrollbehörde
- Bundesjustizministerium und Landesjustizministerien als Aufsichtsbehörden

Bundesnachrichtendienst

Bundesamt für Verfassungsschutz

16 Landesämter für Verfassungsschutz

Militärischer Abschirmdienst

Geheimdienst

Bund — **Länder**

Polizei

Bundeskriminalamt

Bundespolizei

16 Landeskriminalämter

Gemeinsame Gremien

- Gemeinsames Terrorabwehrzentrum GTAZ
- Gemeinsames Analyse- und Strategiezentrum illegale Migration
- Gemeinsames Internetzentrum
- Nationales Cyber-Abwehrzentrum
- Antiterrordatei als gemeinsame Datenbank
- Innenministerkonferenz
- geplante Neonazi-Datei nach Vorbild GTAZ

Zentralbehörden
und weitere Dienststellen (zum Teil wie Aufsichtsgremien oben)

- Bundesamt für Migration und Flüchtlinge
- Zollkriminalamt
- Generalbundesanwaltschaft
- Finanzkontrolle Schwarzarbeit
- Bundeszollverwaltung
- Auswärtiges Amt
- Bundesamt für Sicherheit in der Informationstechnik
- Bundesamt für Bevölkerungsschutz und Katastrophenhilfe
- Bundeswehr
- Staatsanwaltschaften
- Innenministerium
- Verteidigungsministerium
- Innenministerien der Länder

GRAFIK: DANIEL BRAUN / RECHERCHE: SÜDDEUTSCHE ZEITUNG / ERSCHIENEN IN: SÜDDEUTSCHE ZEITUNG

WIR UND DIE MACHT

SICHERHEITSBEHÖRDEN

Das Prinzip Hannover

Alle helfen allen: Wie es sich mit Freundschaften schöner regiert

Wenn es um Macht geht, kennen echte Niedersachsen keine Parteien mehr, sondern nur Freunde: Davon profitierten Kanzler Gerhard Schröder (SPD) und zuletzt der kurz amtierende Bundespräsident Christian Wulff (CDU). Der übertrieb es aber ein wenig und musste gehen. Ob Politik, Pop oder Rotlicht: Hier kennt jeder jeden und alle irgendwie Carsten Maschmeyer.

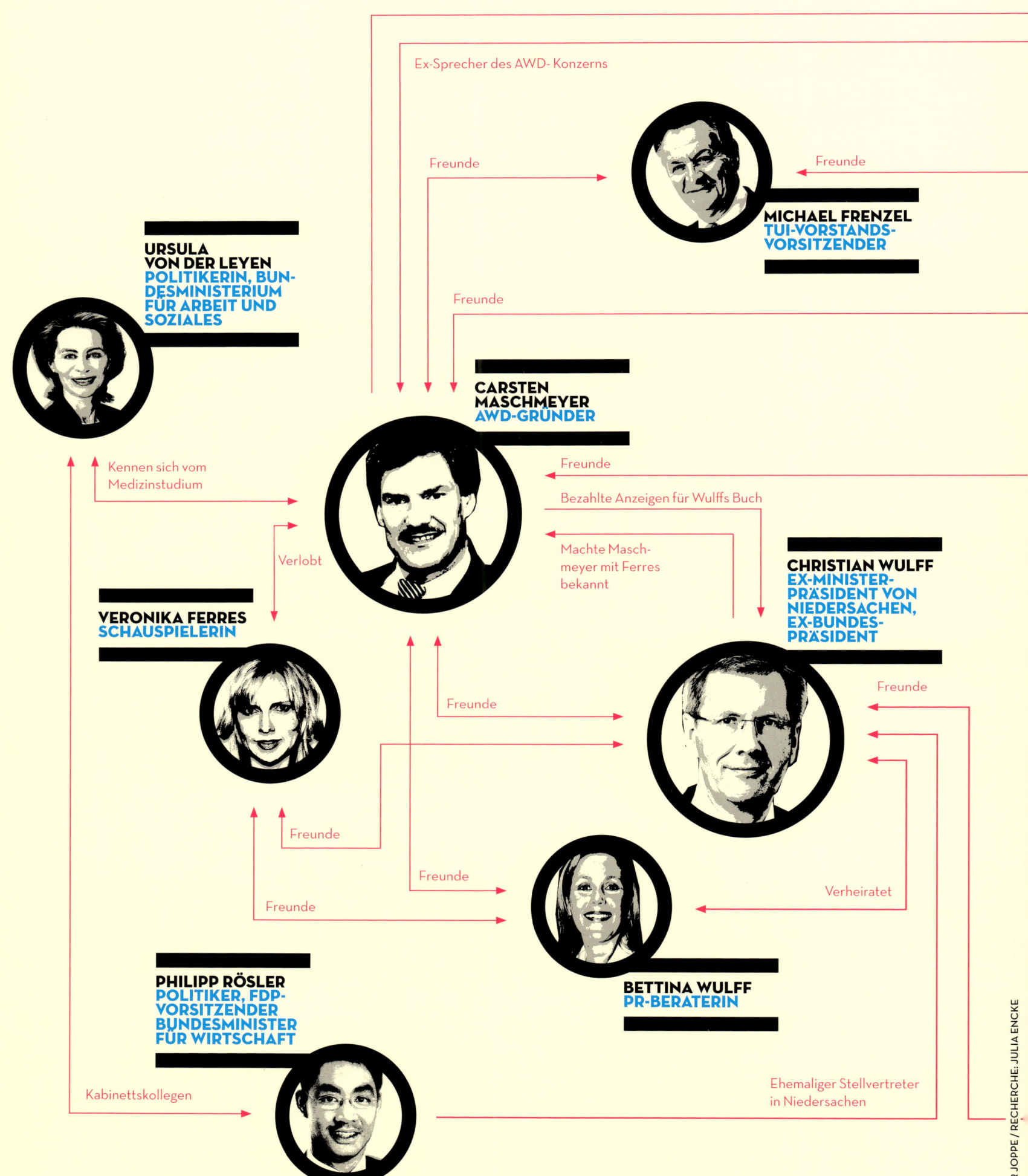

Ex-Sprecher des AWD- Konzerns

Freunde

MICHAEL FRENZEL
TUI-VORSTANDS-VORSITZENDER

Freunde

URSULA VON DER LEYEN
POLITIKERIN, BUNDESMINISTERIUM FÜR ARBEIT UND SOZIALES

Freunde

CARSTEN MASCHMEYER
AWD-GRÜNDER

Kennen sich vom Medizinstudium

Freunde

Bezahlte Anzeigen für Wulffs Buch

Machte Maschmeyer mit Ferres bekannt

Verlobt

CHRISTIAN WULFF
EX-MINISTERPRÄSIDENT VON NIEDERSACHEN, EX-BUNDESPRÄSIDENT

VERONIKA FERRES
SCHAUSPIELERIN

Freunde

Freunde

Freunde

Freunde

Freunde

Verheiratet

BETTINA WULFF
PR-BERATERIN

PHILIPP RÖSLER
POLITIKER, FDP-VORSITZENDER BUNDESMINISTER FÜR WIRTSCHAFT

Kabinettskollegen

Ehemaliger Stellvertreter in Niedersachen

GRAFIK: RÜDIGER JOPPE / RECHERCHE: JULIA ENCKE

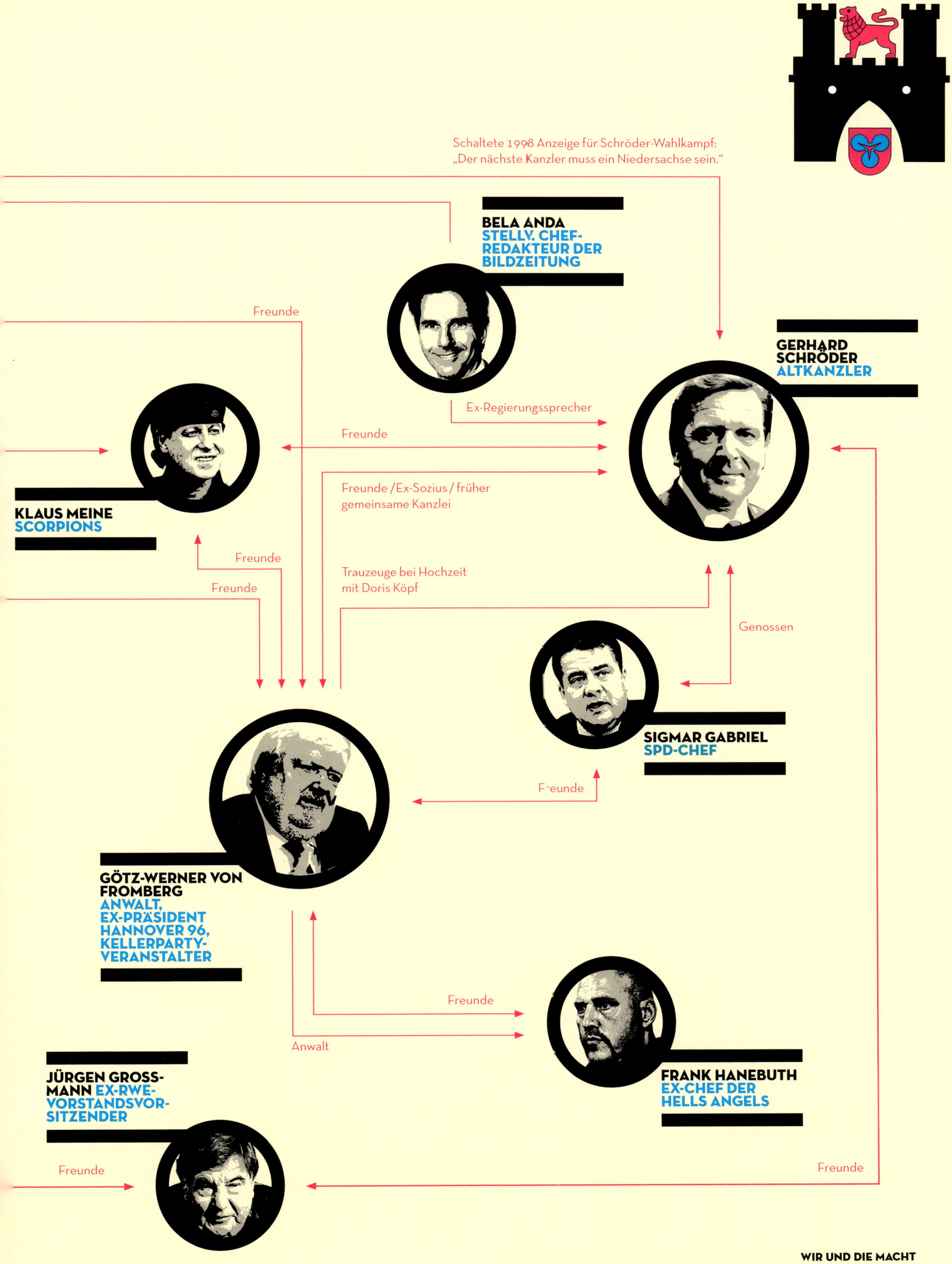

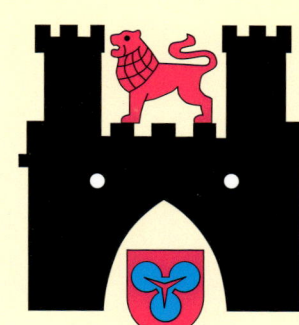

Schaltete 1998 Anzeige für Schröder-Wahlkampf:
„Der nächste Kanzler muss ein Niedersachse sein."

BELA ANDA
STELLV. CHEF-
REDAKTEUR DER
BILDZEITUNG

GERHARD
SCHRÖDER
ALTKANZLER

Freunde

Ex-Regierungssprecher

Freunde

KLAUS MEINE
SCORPIONS

Freunde /Ex-Sozius / früher
gemeinsame Kanzlei

Freunde

Trauzeuge bei Hochzeit
mit Doris Köpf

Freunde

Genossen

SIGMAR GABRIEL
SPD-CHEF

F-eunde

GÖTZ-WERNER VON
FROMBERG
ANWALT,
EX-PRÄSIDENT
HANNOVER 96,
KELLERPARTY-
VERANSTALTER

Freunde

Anwalt

FRANK HANEBUTH
EX-CHEF DER
HELLS ANGELS

JÜRGEN GROSS-
MANN **EX-RWE-**
VORSTANDSVOR-
SITZENDER

Freunde

Freunde

PLAGIATOREN AUF DER SPUR

Prominente am Pranger: Ein schwarzer Strich steht für eine Seite in der Doktorarbeit, die mindestens ein belegbares Plagiat enthält.

Matthias Pröfrock (CDU): »Energieversorgungssicherheit im Recht der Europäischen Union/Europäischen Gemeinschaften«

Silvana Koch-Mehrin (FDP): »Historische Währungsunion zwischen Wirtschaft und Politik«

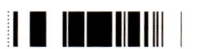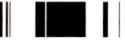

Veronica Saß: »Regulierung im Mobilfunk«

Georgios Chatzimarkakis (FDP): »Informationeller Globalismus. Kooperationsmodell globaler Ordnungspolitik am Beispiel des Elektronischen Geschäftsverkehrs«

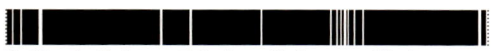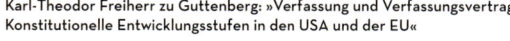

Karl-Theodor Freiherr zu Guttenberg: »Verfassung und Verfassungsvertrag. Konstitutionelle Entwicklungsstufen in den USA und der EU«

DER CHEF VERDIENT MIT DOKTOR MEHR …

Zusätzliches Jahreseinkommen von Spitzenkräften mit Doktorgrad in Deutschland gegenüber Nichtpromovierten

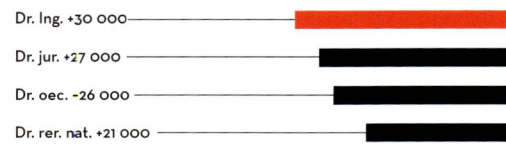

Dr. Ing. +30 000
Dr. jur. +27 000
Dr. oec. -26 000
Dr. rer. nat. +21 000

… IM DURCHSCHNITT BRINGT ER WENIG

Durchschnittseinkommen sechs bis zehn Jahre nach dem Abschluss mit und ohne Promotion

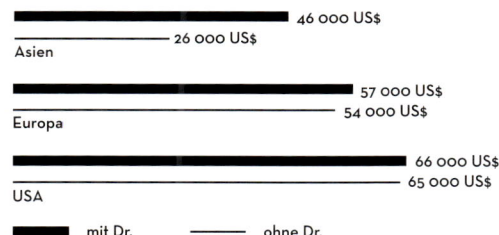

46 000 US$
26 000 US$
Asien

57 000 US$
54 000 US$
Europa

66 000 US$
65 000 US$
USA

■ mit Dr.   — ohne Dr.

DIE WENIGSTEN DOKTOREN FORSCHEN

Zehn Jahre nach der akademischen Prüfung arbeitet nur ein Bruchteil der Absolventen an der Hochschule

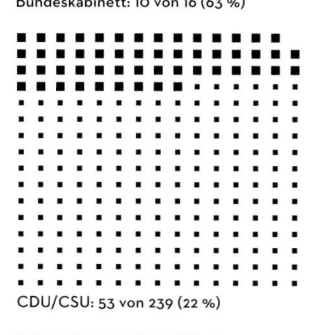

60 % gehen anderen Tätigkeiten nach

12 % in Forschung und Entwicklung außerhalb der öffentlich geförderten Institute

9 % an einer außeruniversitären Einrichtung

19 % in Forschung und Lehre an einer Hochschule tätig

PROMOVIERTE POLITIKER

Im Bundestag tummeln sich überdurchschnittlich viele Doktoren. Der Doktoranteil, aufgeschlüsselt nach Fraktionen

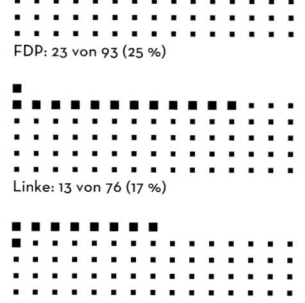

Bundeskabinett: 10 von 16 (63 %)

CDU/CSU: 53 von 239 (22 %)

SPD: 21 von 146 (14 %)

FDP: 23 von 93 (25 %)

Linke: 13 von 76 (17 %)

Grüne: 9 von 68 (13 %)

Dr. Wichtig

Alle Affären und Plagiate belegen letzten Endes seine Bedeutung: Der Doktortitel ist gut für Karriere, Status und Einkommen. Zahlen und Fakten zum akademischen Grad

MEDIZINER AN DER SPITZE

Zahl der Doktorgrade, die 2009 in Deutschland vergeben wurden, aufgeschlüsselt nach Fächern

Humanmedizin 6.604
Biologie 2.466
Ingenieurwissenschaften 2.340
Chemie 1.751
Rechtswissenschaften 1.583
Wirtschaftswissenschaften 1.242
Physik und Astronomie 1.210
Zahnmedizin 1.067
Sprachwissenschaften 794
Informatik 719

DOKTORSCHMIEDE MÜNCHEN

Die deutschen Universitäten, die 2009 die meisten Akademiker promoviert haben

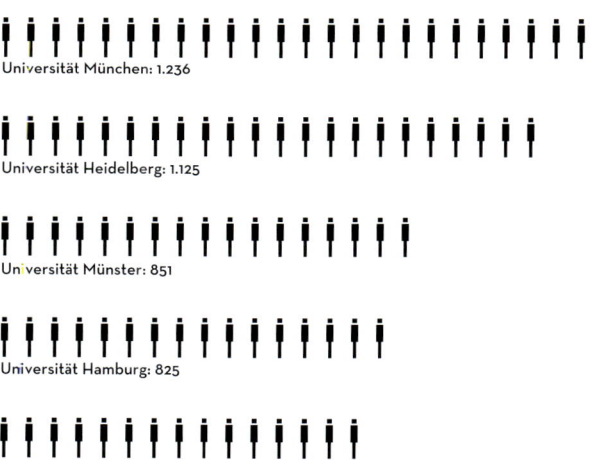

Universität München: 1.236

Universität Heidelberg: 1.125

Universität Münster: 851

Universität Hamburg: 825

Universität Köln: 785

SCHMEICHELHAFTE NOTEN

»Cum laude« klingt gut – aber 95 Prozent der Doktoren konnten sich 2009 mit dieser oder einer besseren Bewertung schmücken.

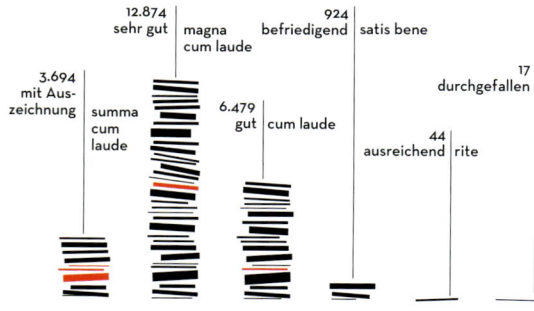

3.694 mit Auszeichnung
summa cum laude

12.874 sehr gut
magna cum laude

6.479 gut
cum laude

924 befriedigend
satis bene

44 ausreichend rite

17 durchgefallen

DOKTORBOOM IN CHINA

In Deutschland werden jedes Jahr 25.000 Akademiker promoviert, in China 50.000 – mit stark steigender Tendenz. Die Statistik zeigt die durchschnittliche Zunahme der jährlichen Promotionen in den Jahren 1998 bis 2006 in ausgewählten Ländern.

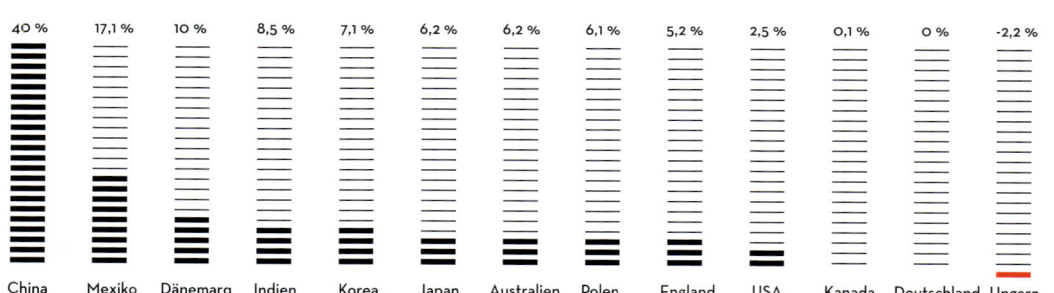

China	Mexiko	Dänemark	Indien	Korea	Japan	Australien	Polen	England	USA	Kanada	Deutschland	Ungarn
40 %	17,1 %	10 %	8,5 %	7,1 %	6,2 %	6,2 %	6,1 %	5,2 %	2,5 %	0,1 %	0 %	-2,2 %

GRAFIK: JULIKA ALTMANN / RECHERCHE: HELGA RIETZ, CHRISTOPH DRÖSSER / ERSCHIENEN IN: DIE ZEIT

Plagiate in der Doktorarbeit
von Karl-Theodor Freiherr zu Guttenberg

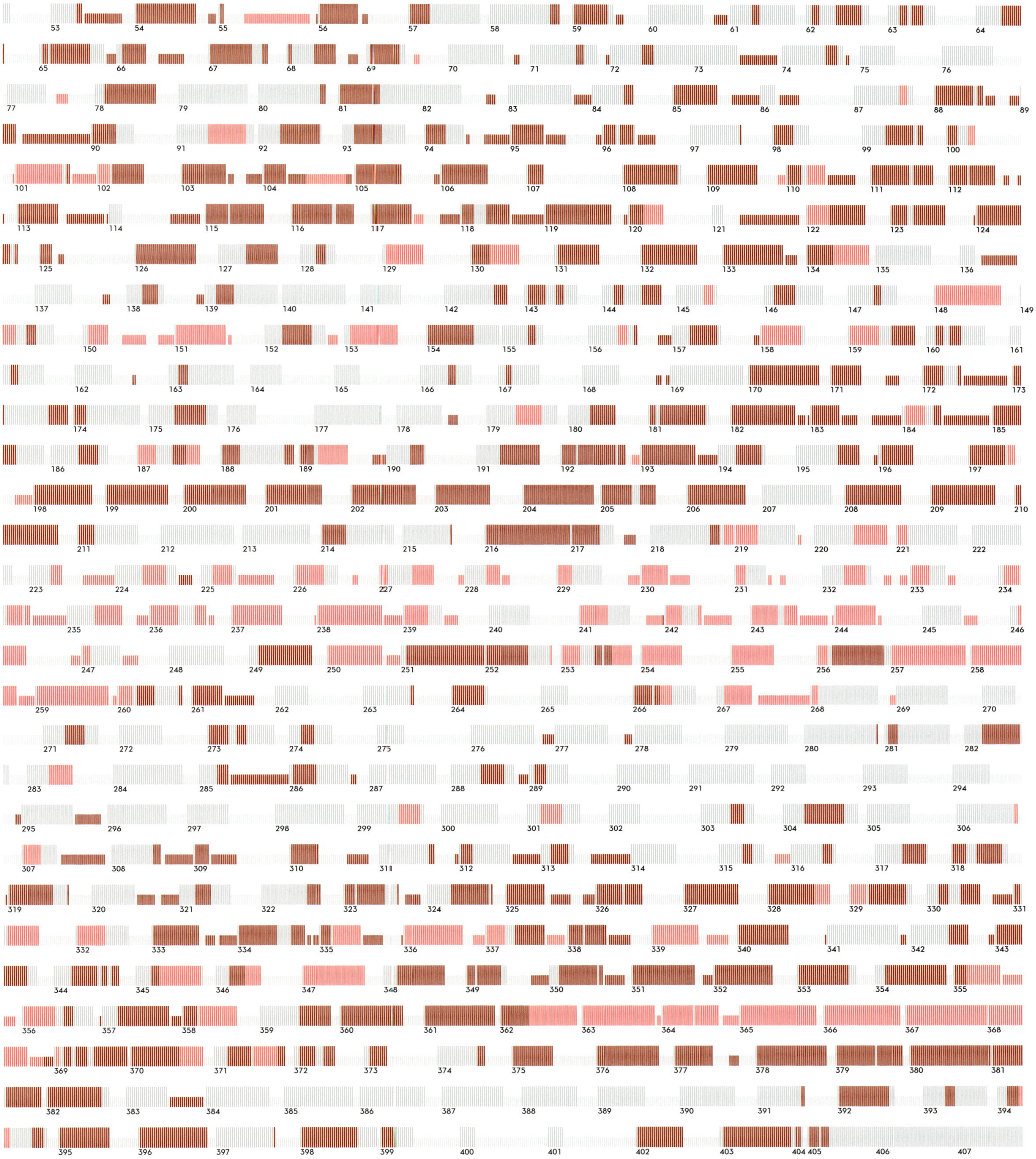

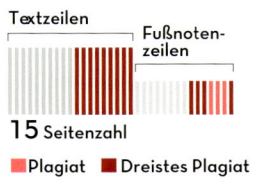

Textzeilen **Fußnoten-zeilen**

15 Seitenzahl

■ Plagiat ■ Dreistes Plagiat

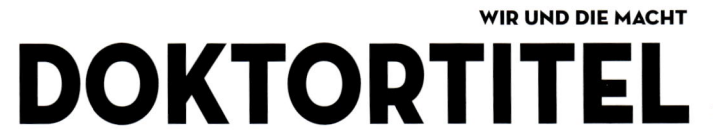

WIR UND DIE MACHT
DOKTORTITEL 163

Man sieht sich

An diesen Orten der Hauptstadt wird Politik gemacht

Bonn war ein Kontinent dagegen: Parteizentralen, Redaktionen, Restaurants, Verbände, Ministerien liegen in Berlin nah beieinander. Beim Frühstück lassen sich Gesetzestexte von Lobbyisten entgegennehmen, mittags kopieren, nachmittags der Presse vorstellen, sodass abends Zeit bleibt, die Sache im kleinen Kreis zu dementierten und der FDP die Schuld zu geben. Eine Karte der Macht.

RESTAURANTS

1 Lorenz Esszimmer und Gabriele, beide im Hotel Adlon, Unter den Linden 77
Hier laden vor allem die Redakteure von „Der Spiegel" Minister und Staatssekretäre auf eine schnelle Pasta. Und fühlen sich dabei – unterstützt durch das mondäne Ambiente – weltbewegend wie ihre Gegenüber.

2 Tim Raue, Rudi-Dutschke-Straße 26
Seit der Fernsehkoch gegenüber der taz-Redaktion einzog, stehen die schwarzen Limousinen der noch- und ex-Regenten (Klaus Wowereit, Otto Schily, Gerd Schröder) hier vor der Tür. Im Sale et Tabacci jedoch machen sie seitdem lange Gesichter.

3 Einstein, Unter den Linden 42
Dank der günstigen Öffnungszeiten (ab 8.00 Uhr morgens) stecken hier gern Politiker und Lobbyisten die Köpfe zusammen, um vor dem Gang ins Büro noch schnell die Morgenlage zu besprechen. Wer hier sitzt, will gemeinsam gesehen werden.

4 Facil, Potsdamer Straße 3
Größtes Etepetete herrscht im fünften Stock des Mandala-Hotels. Auf gefühltem Himmelsniveau (oder darüber) sind Vorstände, Minister und Chefredakteure nahezu unter sich. Powerlunchern werden Bänkchen an die Tische gebracht, um Aktenkoffer in Griffbereitschaft zu halten.

5 Il Punto, Neustädische Kirchstraße 6
Perfekte Mischung aus behaglich und modern, verschwörerisch und öffentlich. Lieblingsrestaurant der Berliner Grünen, des Sigmar-Gabriel-SPD-Flügels und anderen Vertretern der kaviar gauche.

6 Bocca di Bacco, Friedrichstraße 167/168
Größtes Restaurant-Schaufenster und somit Schaufenster der Berliner Republik. Hier lunchen, bedeutet Farbe bekennen.

7 Dressler, Unter den Linden 39
Das Hinterzimmerrestaurant Berlins schlechthin. Die Katakomben sind zwar extrem schlecht belüftet, dafür sind die Räumchen so gut vor Augen und Ohren der Außenwelt abgeschirmt, dass auch die Mitarbeiter der US-Botschaft sich hier bevorzugt mit ihren Informanten treffen.

8 Borchardt, Französische Straße 47
Hier diniert die Politik, wenn Volksnähe demonstriert werden soll. Vertrauliche Gespräche gehen nicht, dafür stehen die Tische zu nah beisammen. Nach dem Lunch gehen Merkel und Co gern einmal quer über die Straße, um in der Lebensmittelabteilung der Galeries Lafayette zu shoppen.

9 Vau, Jägerstraße 54/55
Das Interiordesign von TV-Koch Kolja Kleeberg Etablissement ähnelt dem eines ICE-Restaurants (Entwurf: Hauptbahnhofsarchitekt Meinhard von Gerkan). Doch die Atmosphäre ist rheinisch, entspannt und dabei doch zutiefst vertraulich.

DIE HINTERGRUNDZIRKEL

Wirklich vertrauliche Gespräche finden an geheimen Orten statt. Und teilnehmen kann hier nur, wer eine Einladung besitzt

POLITIKER LADEN EIN

Hintergrundgespräch
Der Klassiker. Top-Politiker laden 16 und mehr Journalisten ins Restaurant. Zitiert werden darf nicht, dafür wird umso herzhafter gelästert.

12er-Runde
Unregelmäßig stattfindende Gespräche zwischen Angela Merkel und einem Dutzend Top-Journalisten. Mehr Presseheinis auf einen Haufen mag die Kanzlerin nicht.

Hinterhintergrundgespräche
Informelle Runden, die auf Alt-Bundeskanzler Helmut Schmidt zurückgehen. Sie sind die schwarze American Express unter den Zirkeln: schwer begehrt, niemand weiß, wer dabei ist.

JOURNALISTEN LADEN EIN

Vino Rosso
Politisch bunter Haufen, in dem auch Deutschlandkorrespondenten aus dem Ausland mitmischen.

Gelbe Karte
Der Name täuscht. Vorwiegend SPD-nahe Schreiber laden Politiker aller Couleur zur feuchtfröhlichen Runde.

Wohnzimmer-Kreis
Hervorgegangen aus der Hauptstadtredaktion der FAZ laden hier eher Konservative Journalisten zum Gespräch.

Rotes Tuch
Elitäre Frauenrunde, über deren Zusammensetzung Berliner-Zeitung-Chefredakteurin Brigitte Fehrle streng wacht.

FARBLEGENDE

- ⬛ **Regierungsgebäude**
- ⬛ **Ministerien**
- 🟥 **Medien**
- 🟨 **Parteien**
- 🟩 **Verbände und Institutionen**
- ⬜ **Ausgewählte Botschaften**
- 🟦 **Restaurants**

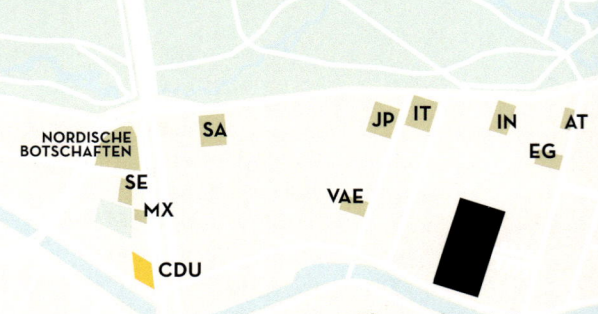

Hans-Peter Friedrich
Bundesministerium des Innern

SCHLOSS BELLEVUE

Joachim Gauck
Bundespräsident

NORDISCHE BOTSCHAFTEN

SA   JP IT   IN   AT
SE   EG
MX   VAE
CDU

Thomas de Maizière
Verteidigung

Günther Jauch
Gasometer/ARD

Piratenpartei
Pflugstraße 9a

Peter Ramsauer
Verkehr, Bau und Stadtentwicklung

Philipp Rösler
Wirtschaft und
Technologie

**Cem Özdemir,
Claudia Roth**
Die Grünen

Anette Schavan
Bildung und Forschung

**Sahra Wagenknecht,
Gregor Gysi**
Die Linke

**Bundesverband
Erneuerbare Energien**

Daniel Bahr
Gesundheit

**Bundesverband
der Freien Berufe**

FDP

Marburger Bund

DGB

Peter Altmaier
Umwelt, Naturschutz und
Reaktorsicherheit

Ulrich Deppendorf
Leitung ARD
Hauptstadtstudio

**Chaos
Computer
Club**

**Deutscher Hotel-
und Gaststättenverband**

Hans-Ulrich Jörges
Mitglied der Chefredaktion
„Der Stern"

CH

**Angela
Merkel**
Bundes-
kanzler-
amt

BUNDESTAG

Steffen Seibert
Bundespresseamt

Jakob Augstein
Verleger „Der Freitag"

5

Bettina Schausten
Leitung ZDF-Hauptstadtstudio

Klaus Wowereit
Berliner Rathaus

FR

3

Maybrit Illner
ZDF Politik-Talk

Konstantin von Hammerstein
Leiter Hauptstadtbüro
„Der Spiegel"

7

1

RU

UK

Nico Fried
Leiter Hauptstadtbüro
„Süddeutsche Zeitung"

NL

USA

6

8

9

Guido Westerwelle
Auswärtiges Amt

**Bundesverband
der Deutschen Industrie**

CH

Ilse Aigner
Ernährung, Landwirtschaft
und Verbraucherschutz

Kristina Schröder
Familie, Senioren,
Frauen und Jugend

TR

Ursula von der Leyen
Arbeit und Soziales

**Sabine Leutheusser-
Schnarrenberger**
Justiz

CA

BUNDESRAT

Wolfgang Schäuble
Finanzen

4

Nikolaus Blome
stellvertredender
Chefredakteur
„Bild-Zeitung"

2

Ines Pohl
Chefredakteurin „taz"

Dirk Niebel
Wirtschaftliche
Zusammenarbeit
und Entwicklung

**Sigmar Gabriel,
Frank-Walter Steinmeier,
Peer Steinbrück**
SPD

BERLINER REPUBLIK

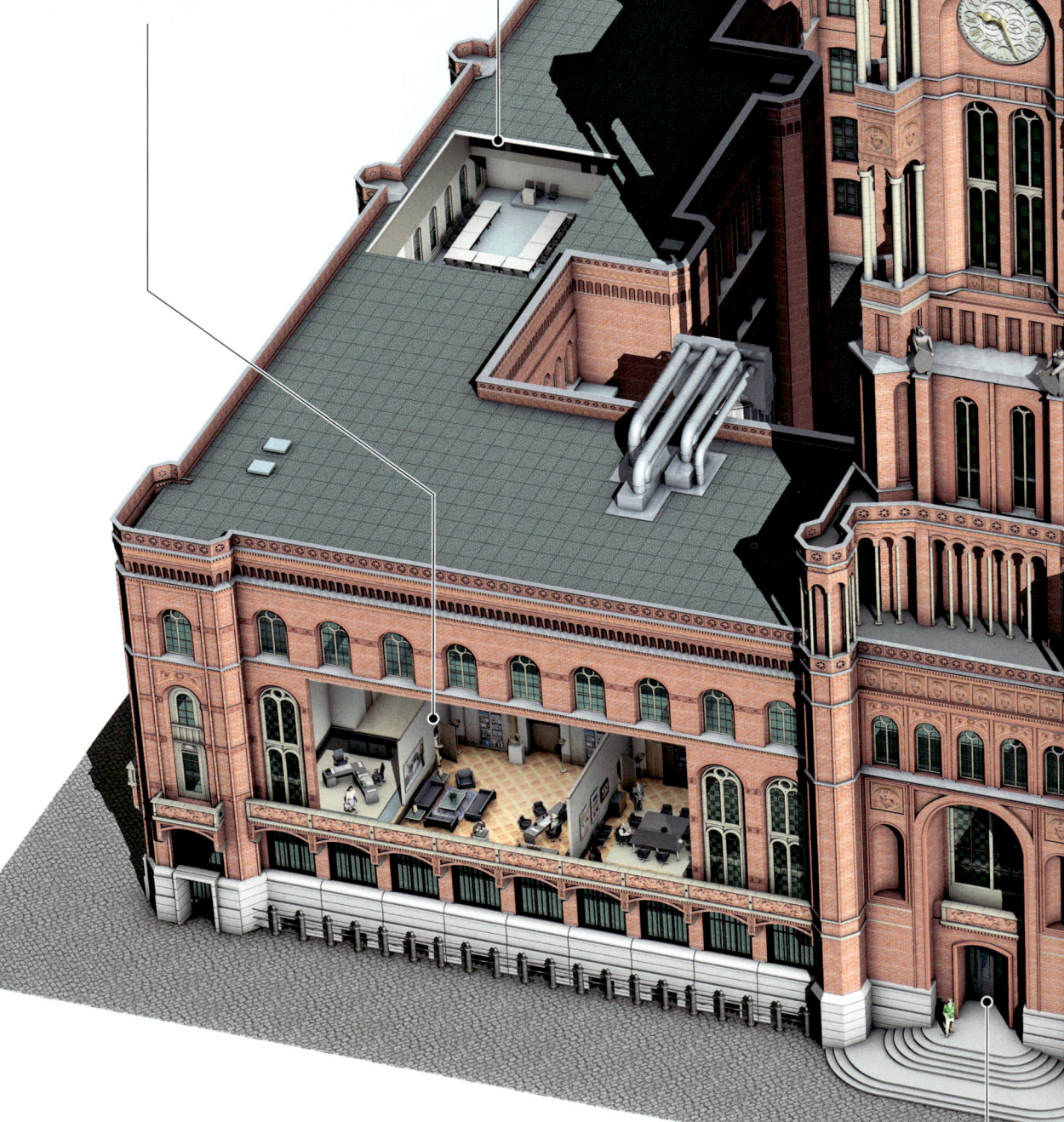

SENATSSITZUNGSSAAL
Hier tagen jeden Dienstag (10 Uhr) der Regierende, die Chefin der Senatskanzlei und Berlin-Bevollmächtigte beim Bund, die acht Senatoren, der Kulturstaatssekretär, Senatssprecher und je ein Vertreter der Regierungsfraktionen. Die Beratung dauert zwei bis drei Stunden und ist vertraulich. Im Anschluss tritt ein Senatsvertreter vor Journalisten in einem anderen Sitzungsraum im dritten Stock.

AMTSZIMMER
Vor Raum 105 in der Beletage liegt roter Teppich auf Granit. Wer Berlins Regierenden am Schreibtisch besuchen will, muss an drei loyalen Sekretärinnen in Zimmer 106 vorbei. Im Büro des Regierenden: schwere Möbel und moderne Kunst. In den Vitrinen stehen die Geschenke der Staatsgäste (auch ein Foto der Queen). Gäste haben die Wahl: Ledersofas oder acht harte Stühle im benachbarten Besprechungszimmer.

Allein auf weiter Flur

Abseits des großen Alexanderplatzes ist es eines der wenigen historischen Rathäuser, die ohne Marktplatz auskommen müssen. Dafür herrscht im Inneren umso konzentriertere Stimmung

FOYER
Am Hauptportal empfängt der Regierende Gäste. Gemeinsam gehen sie dann die 39 Stufen hoch auf die Beletage. Am Ende der Treppe liegt unter Glas das Goldene Buch der Stadt (8. Auflage seit 1945). Gegenüber das Gästebuch, aufgeklappt für alle.

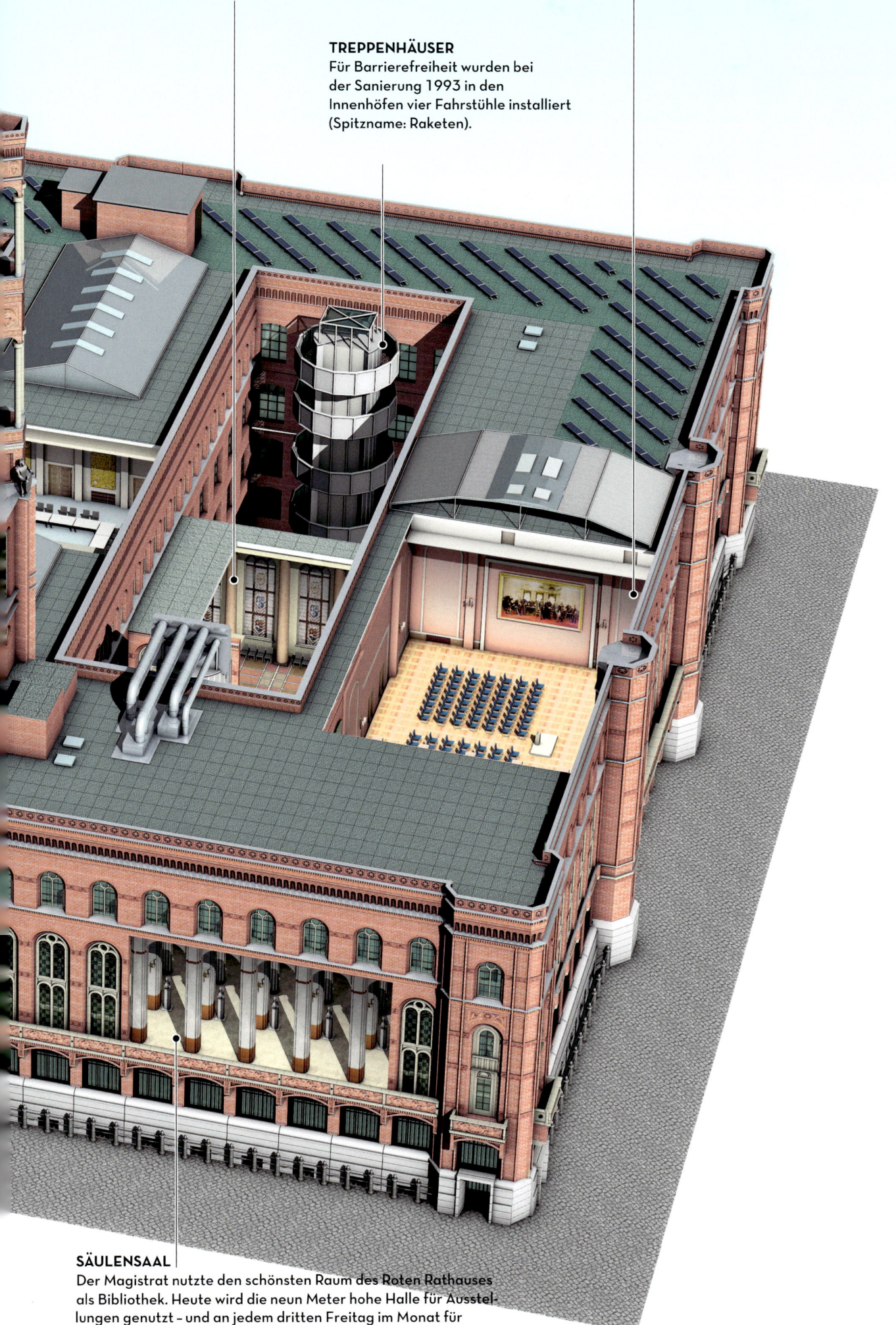

WAPPENSAAL
Hier tagte mal die Stadtverordnetenversammlung (heute das Parlament). In den Fenstern (Danziger Gewitterglas) sind die 23 Bezirks- und das Berliner Wappen eingearbeitet. Die 282 Quadratmeter sind mit Thüringer Marmorboden ausgelegt. In der Halle tragen sich Staatsgäste und Berlinalestars in das Goldene Buch ein.

FESTSAAL
Größter Raum, 540 Quadratmeter, rund 650 Menschen haben hier Platz. Die großen Bogenfenster sind 6,90 Meter hoch. Die kleinen sind verborgen, da die Decke beim Wiederaufbau (1951 bis 1955) tiefer gehängt wurde, um Lichttechnik und Lüftung unterzubringen.

TREPPENHÄUSER
Für Barrierefreiheit wurden bei der Sanierung 1993 in den Innenhöfen vier Fahrstühle installiert (Spitzname: Raketen).

SÄULENSAAL
Der Magistrat nutzte den schönsten Raum des Roten Rathauses als Bibliothek. Heute wird die neun Meter hohe Halle für Ausstellungen genutzt – und an jedem dritten Freitag im Monat für Hochzeiten.

WIR UND DIE MACHT
ROTES RATHAUS

Das gläserne Parlament

Das Gebäude ist steingewordene deutsche Geschichte

Seine Mauern haben jedes Kapitel erlebt, die Wirren der Gründung, den Terror des dritten Reichs, den Schönheitsschlaf am Rande Ostberlins, die traumartigen Wochen des Mauerfalls bis hin zum feierlichen Einzug der Abgeordneten des wiedervereinigten Deutschlands. Bei seiner Eröffnung 1894 lag der Parlamentssitz noch außerhalb der Stadt, vor dem Brandenburger Tor. Das entsprach dem Ansinnen des Kaisers, der den Reichstag als Symbol der jungen deutschen Demokratie nur widerwillig akzeptierte. 1918 trat hier der SPD-Politiker Philipp Scheidemann ans Fenster und rief die Republik aus. Keine fünfzehn Jahre später brannte das Gebäude und wurde nach der Machtergreifung durch die Nazis als Symbol missbraucht. Kalter Krieg und die Teilung drängten den Reichstag an den Rand des Geschehens, er stand leer, direkt an der Mauer. Nach der Wiedervereinigung wurde er Zentrum einer modernen Demokratie eingerahmt von Fraktions- und Ausschussgebäuden – und natürlich dem Kanzleramt.

GRAFIK: KIRCHERBURKHARDT / RECHERCHE: KIRCHERBURKHARDT / ERSCHIENEN IN: PRESSE- UND ÖFFENTLICHKEITSARBEIT DES DEUTSCHEN BUNDESTAGS

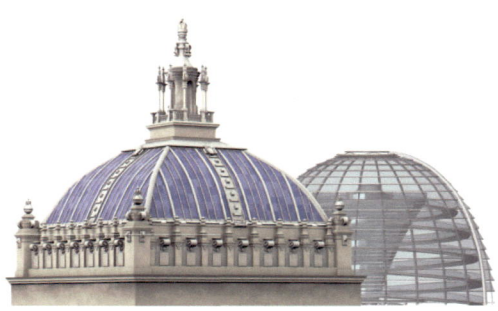

Die alte Kuppel würde ihre Nachfolgerin um ca. 20 Meter überragen.

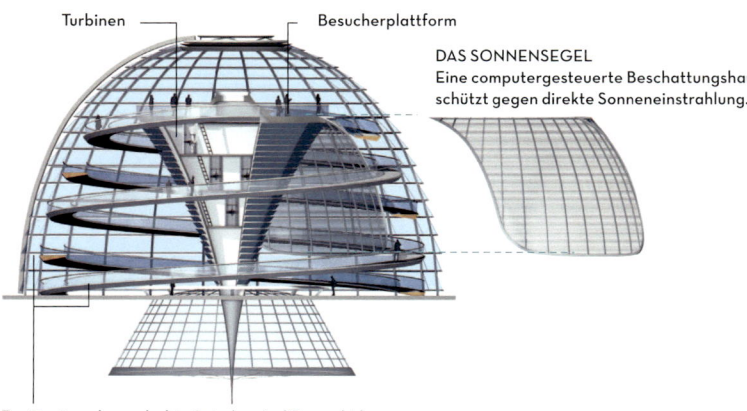

Turbinen

Besucherplattform

DAS SONNENSEGEL
Eine computergesteuerte Beschattungshaube schützt gegen direkte Sonneneinstrahlung.

Zwei ineinander gedrehte Spiralen sind Zu- und Abgang zur Besucherplattform.

EINBLICKE IN POLITIK: DIE TRANSPARENTE KUPPEL

Das von Norman Foster entworfene 23 Meter hohe Dach ist eine Neuinterpretation des klassischen Gewölbes. Es sorgt für natürliche Belichtung und Entlüftung. Der verspiegelte Trichter innerhalb der Kuppel leitet Sonnenlicht ins Gebäude; nur so viel, wie die computergesteuerte Beschattungshaube zulässt (oben). Die Attraktion aber ist die Galerie: Eine begehbare Doppelhelix führt Besucher direkt unters Kuppeldach, begleitet sie mit einer bewegenden Foto-Ausstellung über die Historie des Reichtages und der Deutschen. Immer wieder schauen die Gäste entlang der Spiegel nach unten und blicken dabei in ein Prisma der Gegenwart – den komplexen Alltag ihrer Volksvertreter.

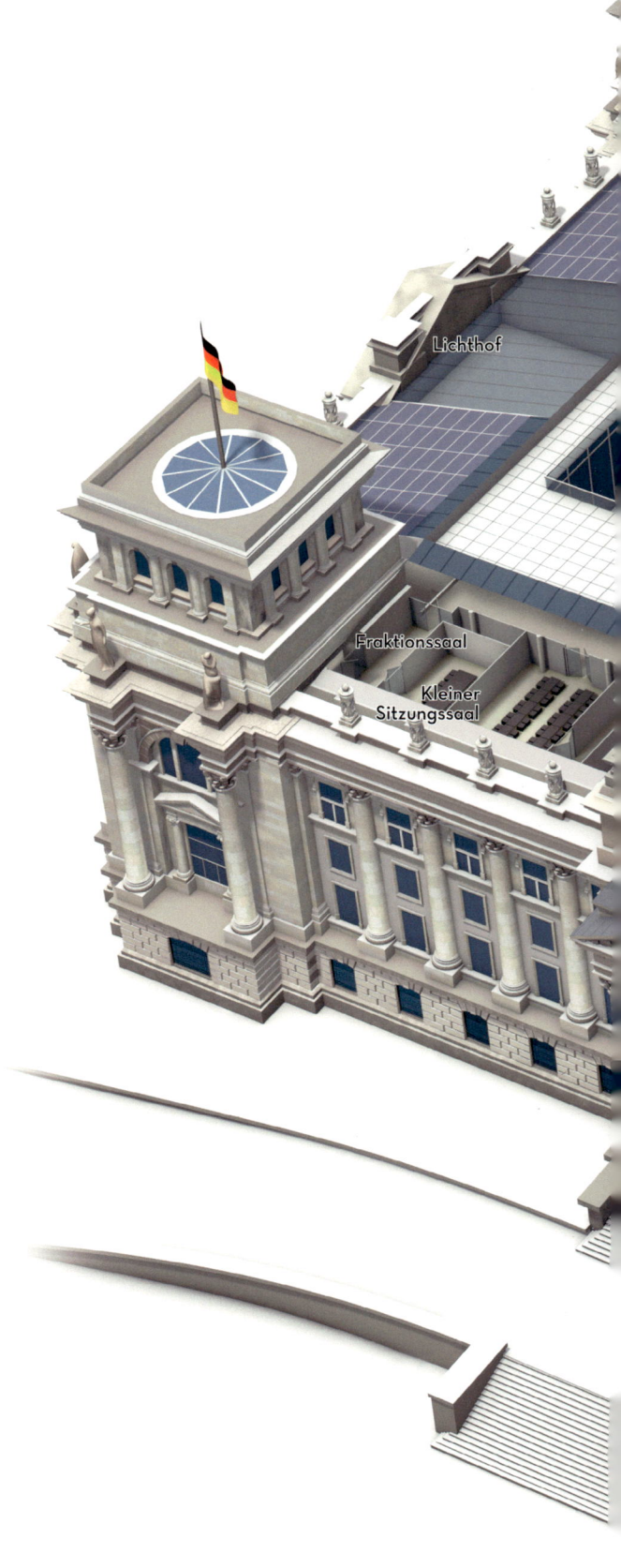

Lichthof

Fraktionssaal

Kleiner Sitzungssaal

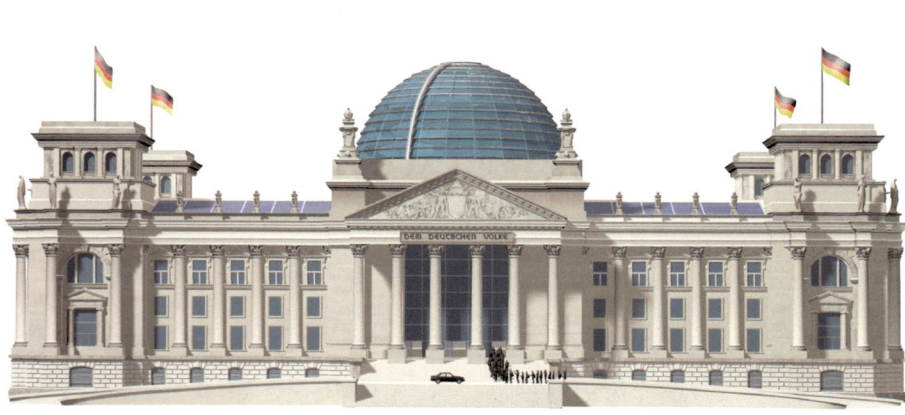

DIE ZWEI BUNDESTAGSADLER

Der Plenaradler gleicht dem Enturf des Bildhauers Ludwig Gies von 1953. Vier Schichten Aluminium, 2,5 Tonnen schwer und ca. 58 Meter hoch ist er ein Drittel größer als sein Bonner Vorbild. Norman Foster wollte einen neuen Adler, doch die Abgeordneten zogen die „Fette Henne" vor. Fosters Adler hängt nun auf der Rückseite, denn in Berlin hängt das Wappentier erstmals vor einer Glaswand.

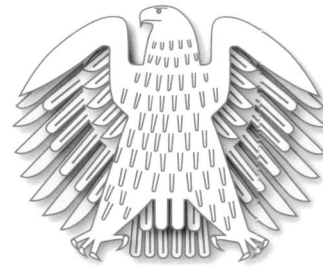

Vorderseite

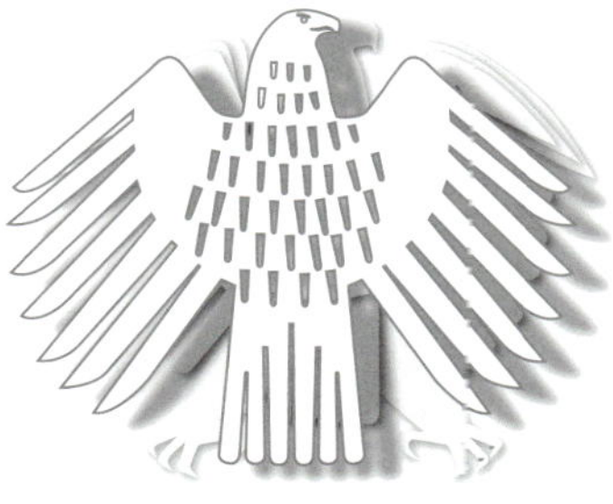

Rückseite

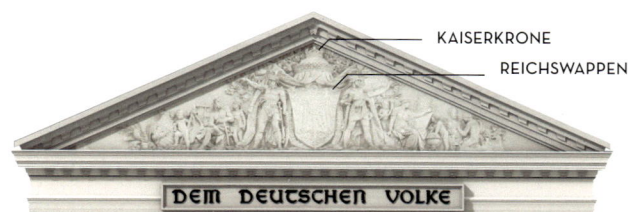

KAISERKRONE

REICHSWAPPEN

DEM DEUTSCHEN VOLKE

DEM DEUTSCHEN VOLKE

Blaugrauer Granit aus dem Fichtelgebirge und hellgrauer Sandstein aus Schlesien bilden die Fassade, ihre historische Form ist weitgehend erhalten. Auf dem Giebel: Kaiserkrone, Wappen des Reichs und der Gründerstaaten sowie Rhein und Weichsel verkörpert in weiblicher Gestalt. Der Schriftzug besteht aus dem eingeschmolzenen Stahl zweier im Befreiungskrieg erbeuteter Kanonen.

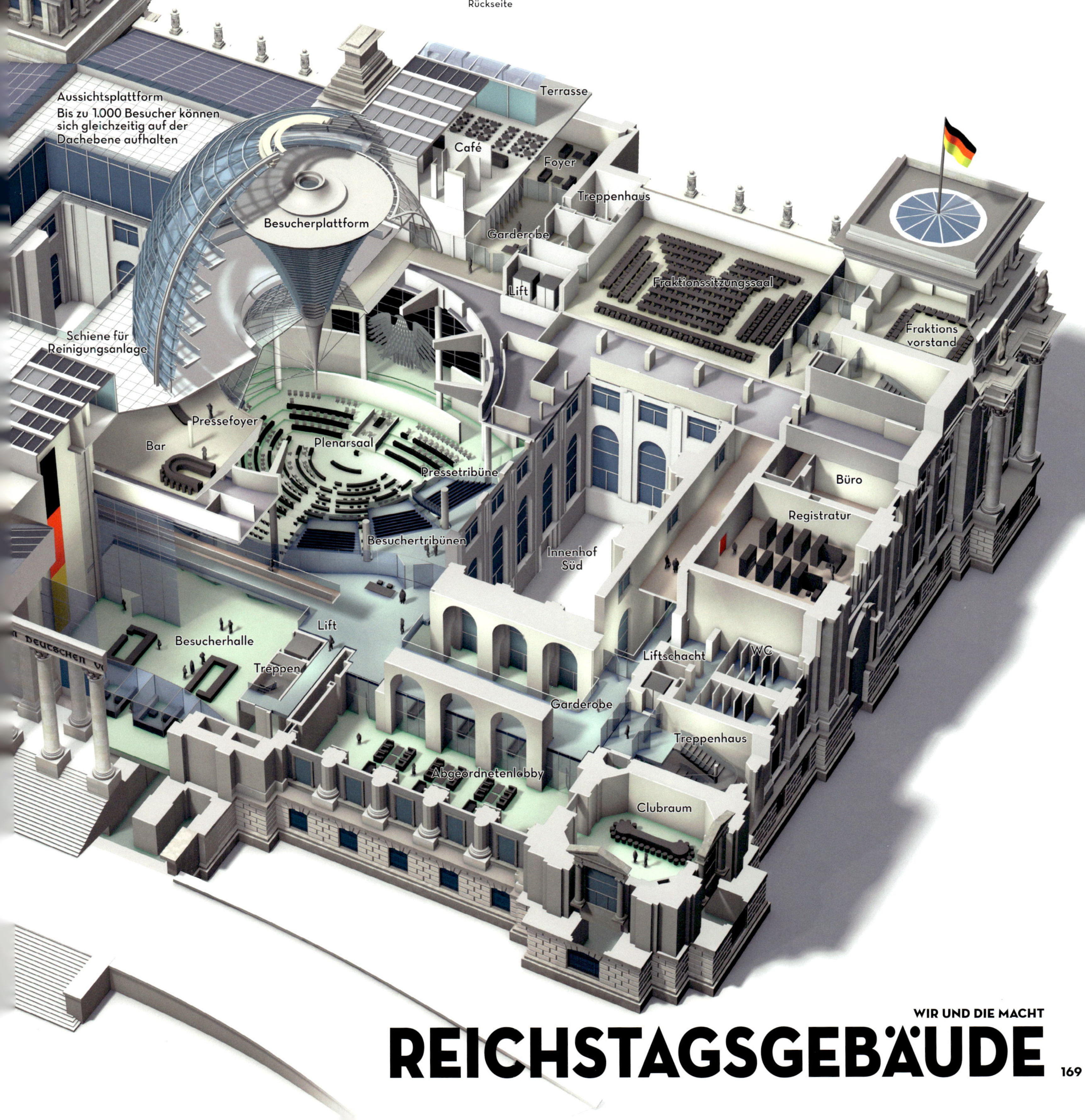

Aussichtsplattform
Bis zu 1.000 Besucher können sich gleichzeitig auf der Dachebene aufhalten

Terrasse

Café

Foyer

Treppenhaus

Besucherplattform

Garderobe

Lift

Fraktionssitzungssaal

Fraktions vorstand

Schiene für Reinigungsanlage

Pressefoyer

Bar

Plenarsaal

Pressetribüne

Büro

Registratur

Besuchertribünen

Innenhof Süd

Lift

Liftschacht

WC

Besucherhalle

Treppen

Garderobe

Treppenhaus

Abgeordnetenlobby

Clubraum

WIR UND DIE MACHT

REICHSTAGSGEBÄUDE

169

Das Kohlosseum

Einblicke in das Machtzentrum an der Spree

Es ist achtmal größer als das Weiße Haus in Washington. Seine verschwenderische Geometrie ist Teil der luftigen, ebenso verschwenderischen Hauptstadtgestaltung, die das Paul-Löbe-Haus, das Bundespresseamt und einige andere einschließt. Zahlen: 12. 000 Quadratmeter Gesamtfläche, 36 Meter hoch, acht Stockwerke, ein Hubschrauberlandeplatz. Aus Kreisen, Dreiecken, Rechtecken , Diagonalen und Ellipsen schufen die Architekten Axel Schultes und Charlotte Frank ein einzigartiges Raumgefüge. Darin sind unter anderem Konferenz- und Besprechungsräume, eine Bibliothek und die 200 Quadratmeter große Kanzlerwohnung sowie Herbergen für Sicherheitsleute und Gäste untergebracht. In Erinnerung an den massigen Kanzler, der das Gebäude einst in Auftrag gab, es aber nie beziehen sollte, gaben die Berliner dem Kanzleramt einen besonders charmanten Namen: Kohlosseum.

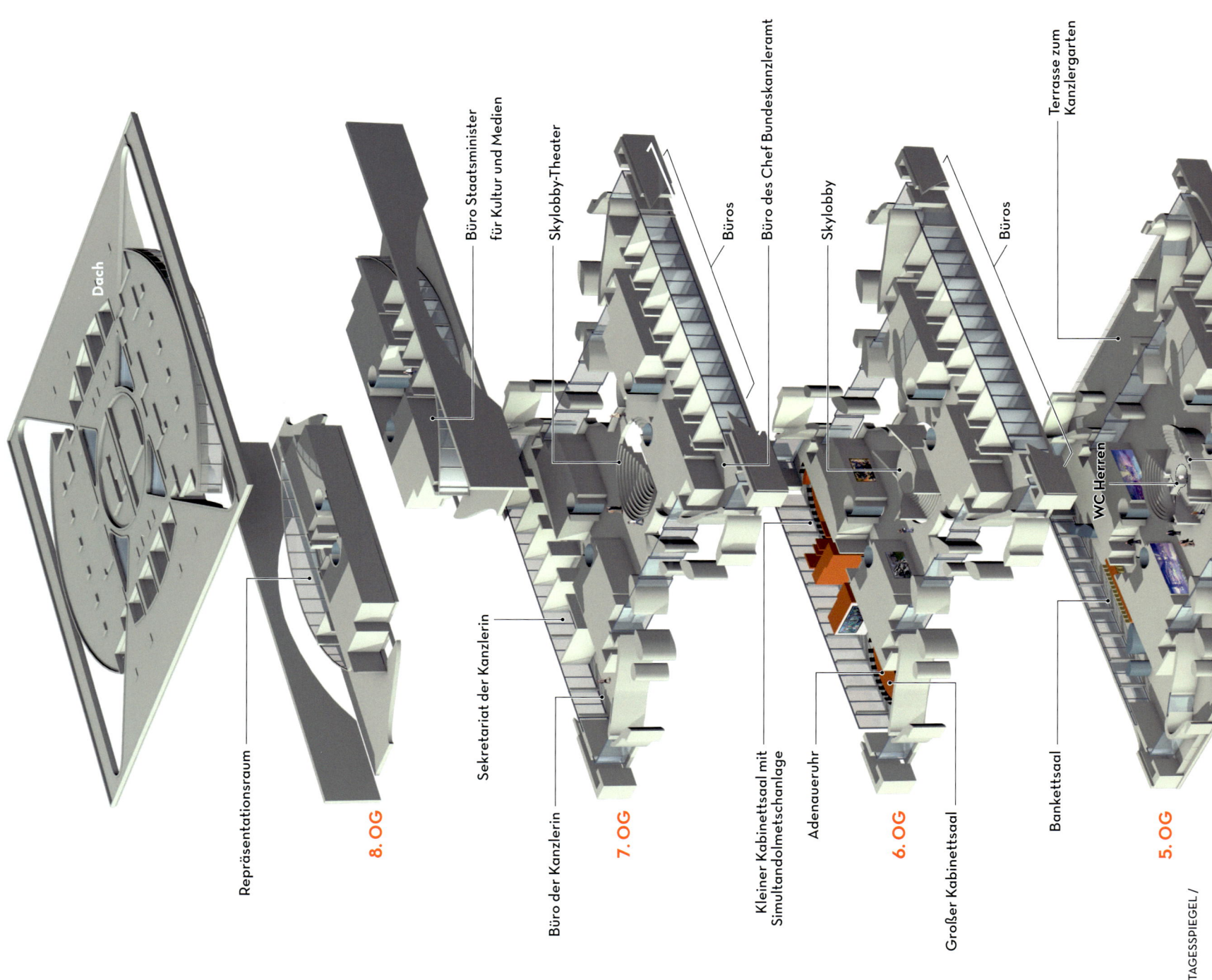

Dach

Büro Staatsminister für Kultur und Medien

Skylobby-Theater

Büros

Büro des Chef Bundeskanzleramt

Skylobby

Terrasse zum Kanzlergarten

Büros

WC Herren

Repräsentationsraum

Sekretariat der Kanzlerin

8. OG

Büro der Kanzlerin

7. OG

Kleiner Kabinettsaal mit Simultandolmetschanlage

Adenaueruhr

6. OG

Großer Kabinettsaal

Bankettsaal

5. OG

GRAFIK: GOLDEN SECTION GRAPHICS /
RECHERCHE: GOLDEN SECTION GRAPHICS, TAGESSPIEGEL /
ERSCHIENEN IN: DER TAGESSPIEGEL

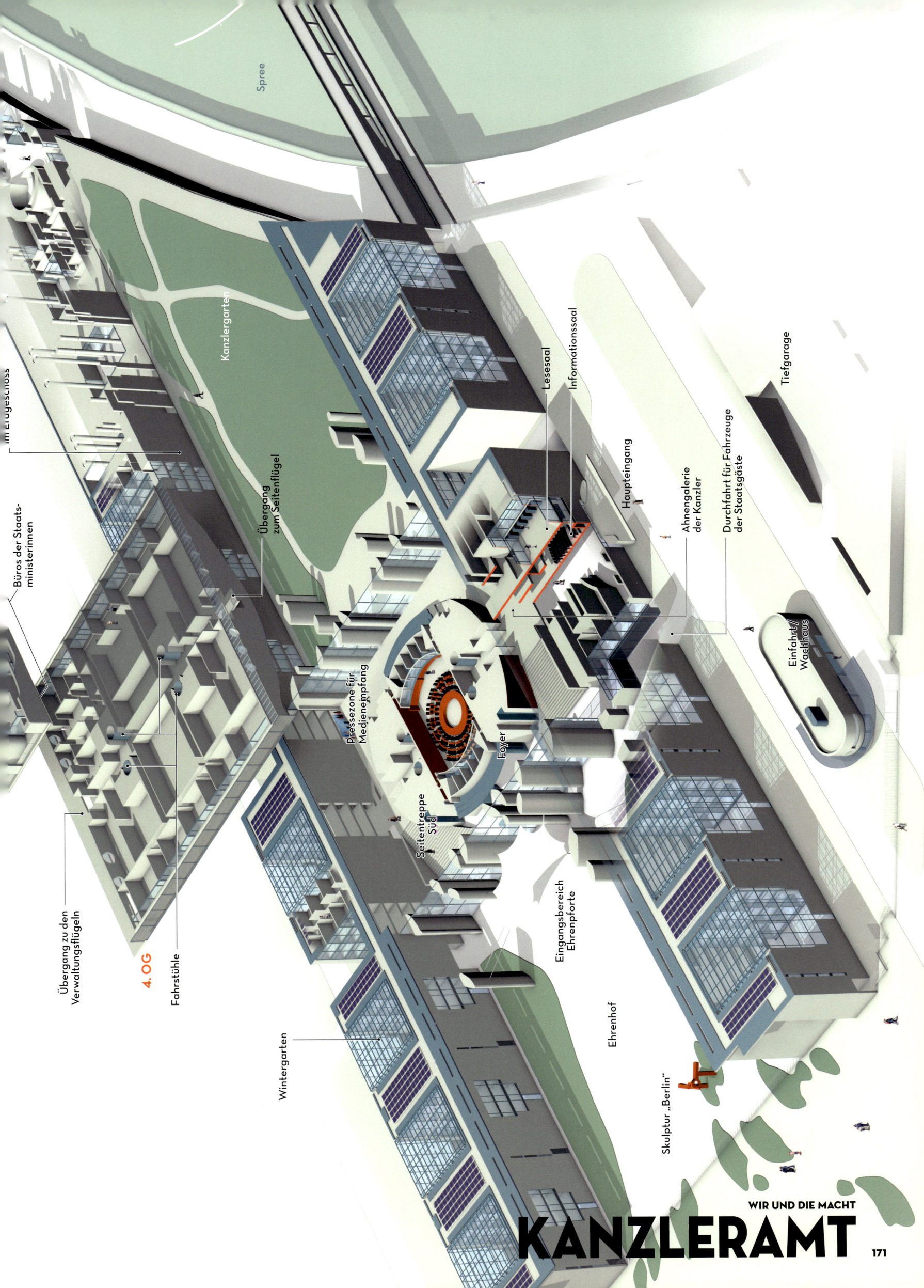

Spree

Kanzlergarten

im Erdgeschoss

Büros der Staats-
ministerinnen

Übergang zu den
Verwaltungsflügeln

4. OG

Fahrstühle

Übergang
zum Seitenflügel

Lesesaal

Informationssaal

Haupteingang

Ahnengalerie
der Kanzler

Durchfahrt für Fahrzeuge
der Staatsgäste

Tiefgarage

Einfahrt/
Wachhaus

Pressezone für
Medienempfang

Foyer

Seitentreppe
Süd

Eingangsbereich
Ehrenpforte

Ehrenhof

Wintergarten

Skulptur „Berlin"

KAPITEL 6

WIR UND DAS GELD

Gefühlt sind wir die Sparfüchse Europas, alle beneiden uns um unsere soliden Haushalte. Die Realität weicht von dieser Selbsteinschätzung dann doch etwas ab. Deutsche Privatkonten mögen prall gefüllt sein. Die der öffentlichen Hand sind es nicht. Auf den ersten Blick sieht unser Bruttoinlandsprodukt nach Wohlstand und Wachstum aus [S. 174]. Auf den zweiten zeigt sich die Lücke: Weil wir Deutschen immer älter und nicht mehr werden, muss das Geld länger reichen – es wird mit Schulden gestreckt. Immer weniger Menschen müssen mit ihrer Arbeit immer mehr Menschen finanzieren [S. 181].

Die öffentlichen Systeme fahren auf Sichtweite. Bundeshaushalte funktionieren nach dem Rein-raus-Prinzip [S. 176]. Landesweit herrscht Ungleichheit [S. 178]. Entlang des Rheins florieren Marken, Unternehmen und Gewerbesteuern, Hamburg und München boomen, der Rest der Republik guckt in die Röhre. Dieser Rest muss aber wie alle anderen auch Schulen, Bibliotheken und Recyclinghöfe betreiben, und zwar in so hoher Zahl, dass die öffentliche Hand der größte Lohnauszahler Deutschlands ist. Kein Wunder, dass die klammen Städte sich mit Leasingberatern deutscher und internationaler Pensionskassen treffen [S. 182]. Die kaufen den kommunalen Hausrat gern auf und vermieten ihn zurück, zu guten Konditionen, für eine sehr lange Zeit. Wer weiß, vielleicht ist Ihre Riesterrente bereits in den Essener Kläranlagen langfristig angelegt?

Ab Seite 186 haben Sie Gelegenheit, das deutsche Gesundheitssystem zu studieren, eines der komplexesten überhaupt. 4,7 Millionen Arbeitsplätze, zehn Prozent der deutschen Bevölkerung arbeitet in Krankenhäusern, Heimen, Praxen, Apotheken und Pharmakonzernen. In der Mitte dieses Systems steht ein Topf, der Gesundheitsfonds, da sind 174,5 Milliarden Euro drin. Entdecken Sie auf sechs Seiten, wie das Geld reinkommt, wohin es fließt, und wie viel am Ende übrig bleibt. Die große Ausnahme: Dieses System erwirtschaftet Überschüsse.

Zahl der Menschen in Deutschland, die täglich ihren Körper für Sex gegen Geld anbieten: **400.000**—*Zahl der Menschen in Deutschland, die täglich bezahlten Sex in Anspruch nehmen, in Millionen:* **1,2**—*Geld, das in Deutschland 2009 in Spielautomaten geworfen wurde, in Milliarden Euro:* **8,3**—*Anteil der Automatenspieler, unter den in Behandlung befindlichen Spielsüchtigen, in Prozent:* **80**—*Anteil der Einsätze, die beim Roulette in deutschen Casinos als Gewinn ausgeschüttet werden, in Prozent:* **97,3**—*Anteil der Einsätze, die im deutschen Lotto als Gewinn ausgeschüttet werden, in Prozent:* **50**—*D-Mark-Summe, die Ende 2010 noch nicht umgetauscht worden war, in Milliarden:* **13**—*Aufklärungsquote von Geldfälschungen in Deutschland in Prozent:* **100**—*Zahl der Länderlizenzen für das Kapitalismus-Brettspiel Monopoly:* **102**—*Zahl der Banküberfälle im Jahr 2003:* **767**—*Zahl der Banküberfälle im Jahr 2010:* **327**—*Zahl der Banküberfälle, bei denen die Täter gestellt wurden, in Prozent:* **82**—*Zahl der Börsengänge in Deutschland im Jahr 1999:* **175**—*Zahl der Börsengänge in Deutschland im Jahr 2003:* **0**—*Zahl der Börsengänge in Deutschland im Jahr 2006:* **35**—*Zahl der Börsengänge in Deutschland im Jahr 2011:* **12**—*Anteil, den Nahrungsmittel an den Konsumausgaben im Jahr 1900 hatten, in Prozent:* **57**—*Anteil, den Nahrungsmittel an den Konsumausgaben im Jahr 1975 hatten, in Prozent:* **23**—*Anteil, den Nahrungsmittel an den Konsumausgaben im Jahr 2010 hatten, in Prozent:* **14**—*Anteil der Jugendlichen, die Menschen in großen Autos sympathisch finden, in Prozent:* **45**—*Vom Jugendamt empfohlenes, monatliches Taschengeld für Jugendliche zwischen 16 und 17 in Euro:* **45**—*Vom Jugendamt vorgeschriebene, maximale Gesamtdauer jährlicher Ferienjobs Jugendlicher ab 15 Jahren in Wochen:* **4**—*Zahlungsunfähige junge Deutsche zwischen 20 und 29 Jahren in Millionen:* **1,39**—*Zahl der Euro-Millionäre in Deutschland im Jahr 2010:* **830.000**—*Pro-Kopf-Verschuldung von Bayern in Euro:* **3.411**—*Pro-Kopf-Verschuldung von Bremen in Euro:* **27.095**—*Zahl der Steuerfahnder, die in Hamburg auf eine Million Einwohner kommen:* **52**—*Zahl der Steuerfahnder, die in Bayern auf eine Million Einwohner kommen:* **27**—*Zahl der deutschen Männer, die glauben, Frauen mit Geld beeindrucken zu können, in Prozent:* **32,2**—*Zahl der deutschen Männer, die glauben, Frauen mit Humor beeindrucken zu können, in Prozent:* **64,9**—*Summe der für 2012 prognostizierten Steuereinnahmen in Milliarden Euro:* **596,5**

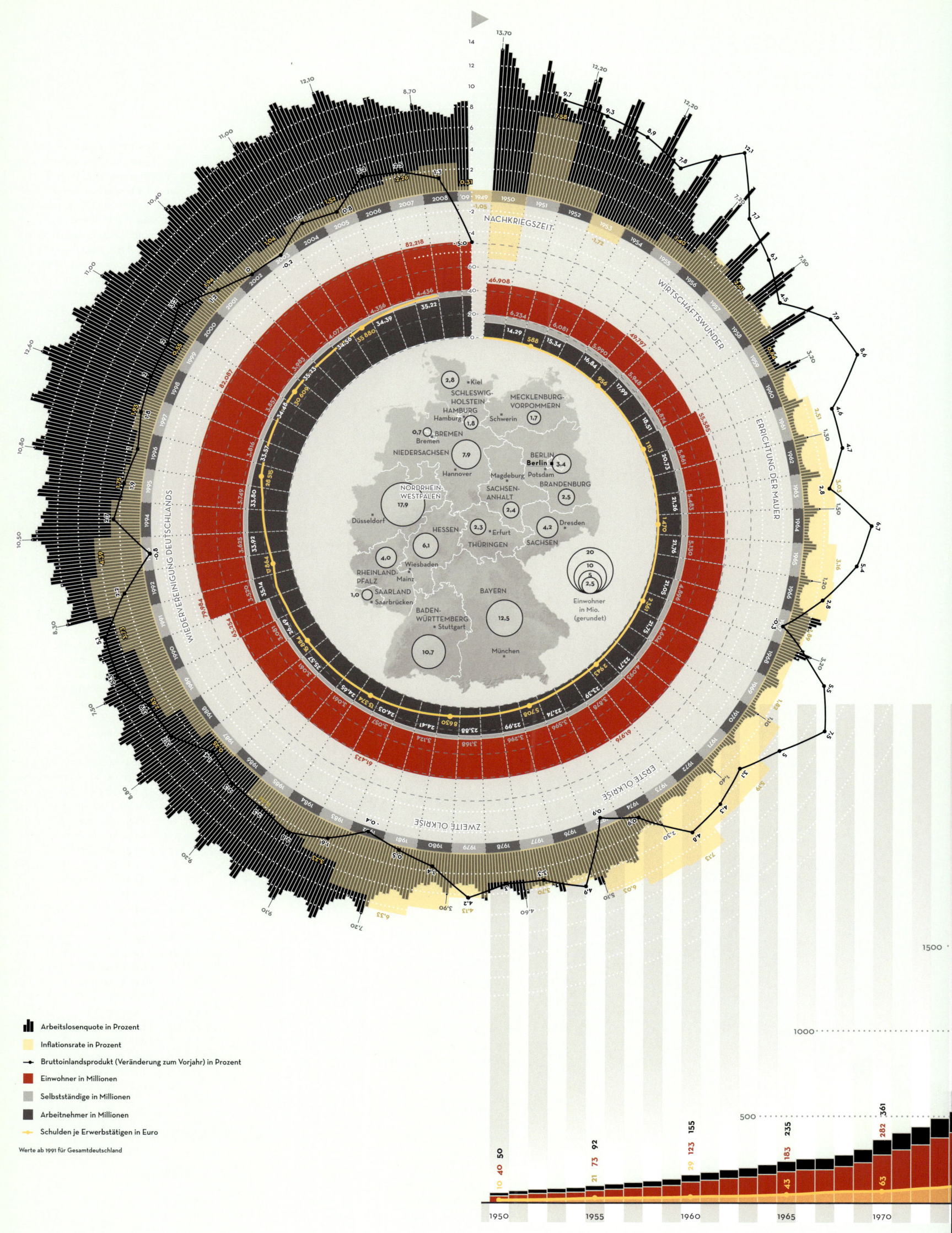

Arbeit, Menschen, Preise und Schulden

Auf den ersten Blick sehen die klassischen Kerndaten ab 1949 noch halbwegs dynamisch, ja harmonisch aus. Auf den zweiten Blick zeigt sich: Wichtige Entwicklungen gehen auseinander. Seit der Jahrtausendwende ziehen die Verbraucherpreise an. Seit Jahren nimmt die Bevölkerung ab. Damit sinkt auch, trotz Wachstum, die Anzahl der Erwerbstätigen. Somit bleibt eine Konstante: Rund die Hälfte der Deutschen erwirtschaftet unser Bruttoinlandsprodukt.

GRAFIK / RECHERCHE: GOLDEN SECTION GRAPHICS / ERSCHIENEN IN: IN GRAPHICS

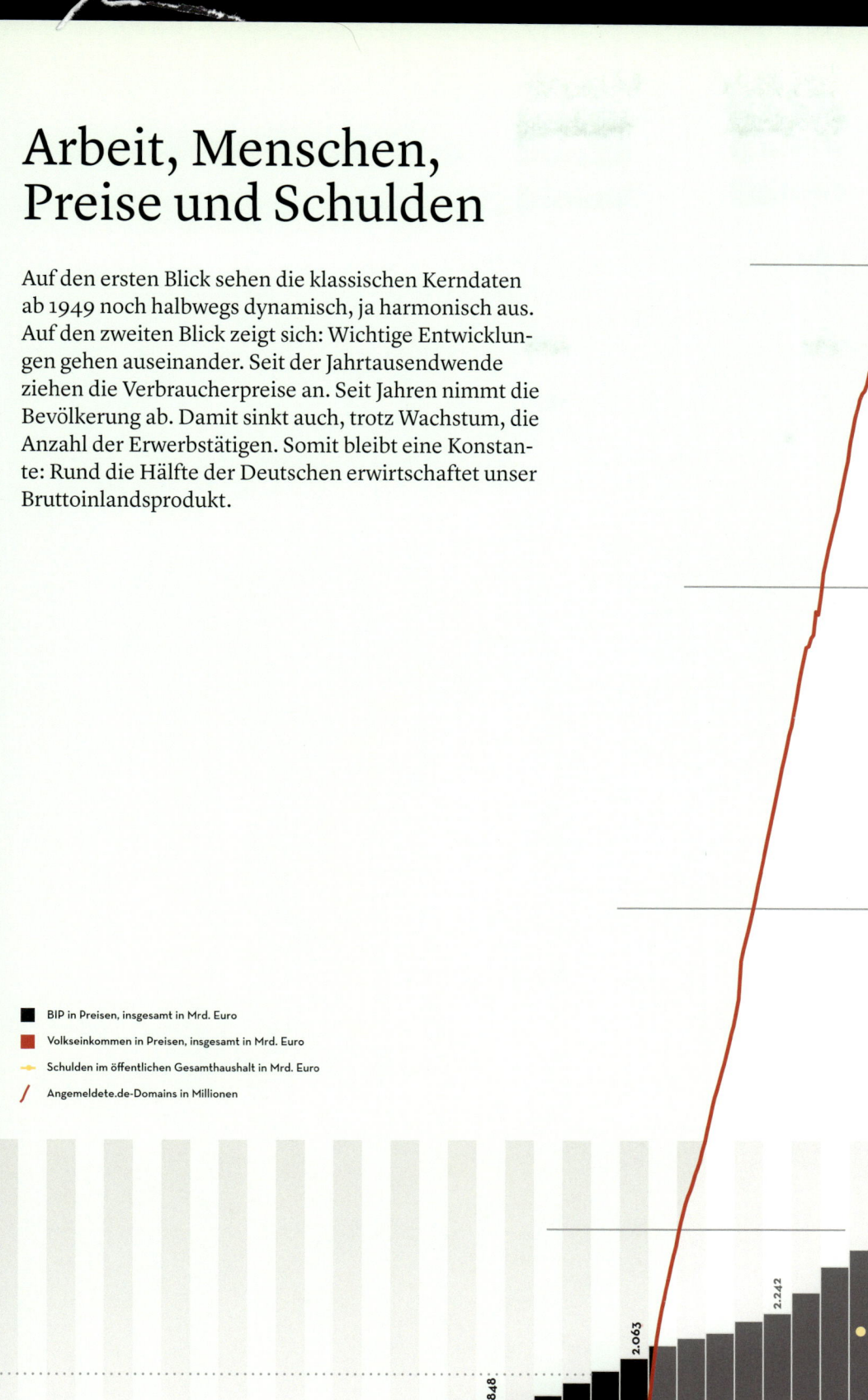

■ BIP in Preisen, insgesamt in Mrd. Euro
■ Volkseinkommen in Preisen, insgesamt in Mrd. Euro
— Schulden im öffentlichen Gesamthaushalt in Mrd. Euro
/ Angemeldete .de-Domains in Millionen

Anteil der Deutschen, deren Vorsätze für das Jahr 2011 beinhalteten, keine Schulden zu machen, in Prozent: **70** Anteil der Deutschen, deren Vorsätze für das Jahr 2011 beinhalteten, mehr für die private Altersvorsorge zu tun, in Prozent: **20** Zahl der Privatinsolvenzen in Deutschland im Jahr 2010 **139.110** Sparvermögen in Deutschland in Milliarden Euro: **4.880** Höhe der Konsumentenkredite im Jahr 2009 in Milliarden Euro: **227,4** Höhe der Wirtschaftskredite im Jahr 1999, in Milliarden Euro: **628,2** Pro-Kopf-Sparvermögen in Deutschland in Euro: **60.000** Anteil des Privatvermögens, das sich in Deutschland im Besitz des reichsten Zehntels der Bevölkerung befindet, in Prozent: **66** Zahl der Deutschen, die über ein freies Vermögen von mehr als einer Million Euro verfügen: **430.000** Anteil der deutschen Bevölkerung, die keine Ersparnisse besitzen, in Prozent: **27** Höhe der Verlustvorträge, die 20 deutsche DAX-Konzerne zwischen 1999 und 2002 geltend machten, um ihre Steuerbelastung zu reduzieren in Milliarden Euro: **70** Höhe der Gewinne, die sie im selben Zeitraum gegenüber ihren Aktionären meldeten, in Milliarden Euro: **90** Werte, die jährlich in Deutschland vererbt werden, in Milliarden Euro: **200** Steuern, die jährlich durch Erbschaften bezahlt werden, in Milliarden Euro: **4** Werte, die seit 2000 in Deutschland vererbt wurden, in Billionen Euro: **2,5** Geschätztes, weltweites Erbschaftsvolumen im Zeitraum 2011 bis 2020 in Milliarden Euro: **2.584** Zahl der weltweiten Dollar-Millionäre vor der Wirtschaftskrise 2008 in Millionen: **9,5** Zahl der Dollar-Millionäre 2010 weltweit in Millionen: **10,9** Steuern, die 2010 in Deutschland gezahlt wurden, in Milliarden Euro: **530,6** Vermögen, das deutsche Bürger in Steuerparadiesen wie der Schweiz oder Liechtenstein gelagert haben, in Milliarden Euro: **350** Steuereinnahmen, die der Bundesrepublik dadurch jährlich entgehen, in Milliarden Euro: **15** Geld, das dem deutschen Fiskus nach Schätzungen der Steuergewerkschaft jährlich entgeht, in Milliarden Euro: **30** Geld, das deutsche Steuerfahnder 2009 aus dem Ausland zurückholten, in Milliarden Euro: **1,6** Geldstrafen, die 2009 aufgrund von Steuerbetrug verhängt wurden, in Millionen Euro: **30** Mindestlohn in den Niederlanden pro Stunde in Euro: **8,74** Stundenlohn für Berufsanfänger im Friseurgewerbe in Sachsen in Euro: **3,82**

Einnahmen bestimmen die Regel
Schön einfach: Politik schafft ihre Haushalte selbst

Politiker wollen gestalten, das ist ihre Aufgabe. Das machen sie, indem sie Gesetze schreiben, Regeln ändern, Beschränkungen einführen. Oder sie schaffen Anreize; in Form von Steuererleichterungen und Subventionen. Das Problematische an Subventionen: Einmal eingeführt, gewöhnen sich ihre Empfänger so schnell an die Transferleistungen, dass sie unempfindlich gegen wichtige Impulse werden. Statt auf den Markt richten sie ihr Geschäft auf die Zuschüsse aus. Fallen die weg, platzt die Blase. Dieses Spiel wird so lange weitergehen, wie es Politik gibt und Systeme (Wahlen), die sicherstellen, dass immer wieder neue Macher (Parteien) den Gestaltungsapparat für kurze Zeit übernehmen. Die Politik bleibt also auf Dauer die einzige gesellschaftliche Instanz, die ihre Einnahmesituation dauernd selbst bestimmen kann. Allerdings: Der Spielraum wird enger. Globalisierung, Schuldenbremse und demografischer Wandel minimieren die Freiflächen aller Staatshaushalte, auch die des deutschen.

95,9 Mrd.
Umsatzsteuer

54,8 Mrd.
Lohnsteuer

13,3 Mrd.
Veranlagte
Einkommens-
steuer

6,5 Mrd.
nicht veranlagte
Steuer vom Ertrag

6,0 Mrd.
Körperschaftssteuer

3,8 Mrd.
Abgeltungssteuer auf Zins-
und Veräußerungserträge

1,3 Mrd.
Gewerbesteuerumlage

39,8 Mrd.
Energiesteuer

13,5 Mrd.
Tabaksteuer

11,7 Mrd.
Solidaritäts-
zuschlag

10,3 Mrd.
Versicherungs-
steuer

8,5 Mrd.
Kraftfahr-
zeugsteuer

6,2 Mrd.
Stromsteuer

4,4 Mrd.
Darlehens-
rückflüsse,
Beteiligungen,
Privatisierungs-
erlöse

4,4 Mrd.
Einnahmen
aus wirt-
schaftlicher
Tätigkeit

2,0 Mrd.
Branntwein-
abgaben

1,0 Mrd.
Kaffeesteuer

0,4 Mrd.
Zinsein-
nahmen

24,0 Mrd.
Sonstige
Einnahmen

44,0 Mrd.
Kreditaufnahme

303 Mrd.
Einnahmen
insgesamt

*Bundesanteile an
Gemeinschaftssteuern*

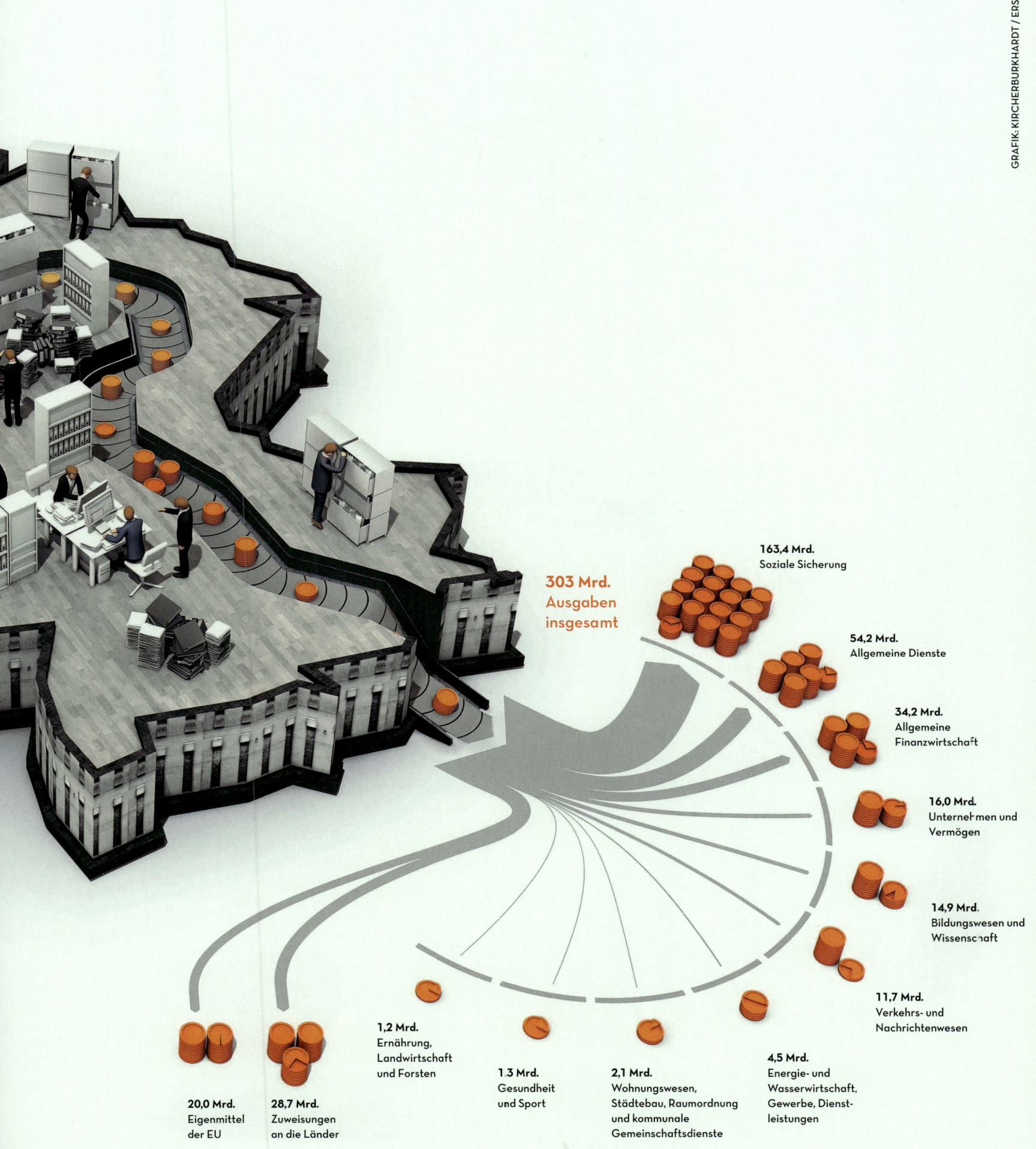

GRAFIK: KIRCHERBURKHARDT / ERSCHIENEN IN: HANDELSBLATT

303 Mrd.
Ausgaben
insgesamt

163,4 Mrd.
Soziale Sicherung

54,2 Mrd.
Allgemeine Dienste

34,2 Mrd.
Allgemeine
Finanzwirtschaft

16,0 Mrd.
Unternehmen und
Vermögen

14,9 Mrd.
Bildungswesen und
Wissenschaft

11,7 Mrd.
Verkehrs- und
Nachrichtenwesen

20,0 Mrd.
Eigenmittel
der EU

28,7 Mrd.
Zuweisungen
an die Länder

1,2 Mrd.
Ernährung,
Landwirtschaft
und Forsten

1.3 Mrd.
Gesundheit
und Sport

2,1 Mrd.
Wohnungswesen,
Städtebau, Raumordnung
und kommunale
Gemeinschaftsdienste

4,5 Mrd.
Energie- und
Wasserwirtschaft,
Gewerbe, Dienst-
leistungen

WIR UND DAS GELD

STEUERN: DER BUND

OST-WEST-GEFÄLLE BEI DER GEWERBESTEUER

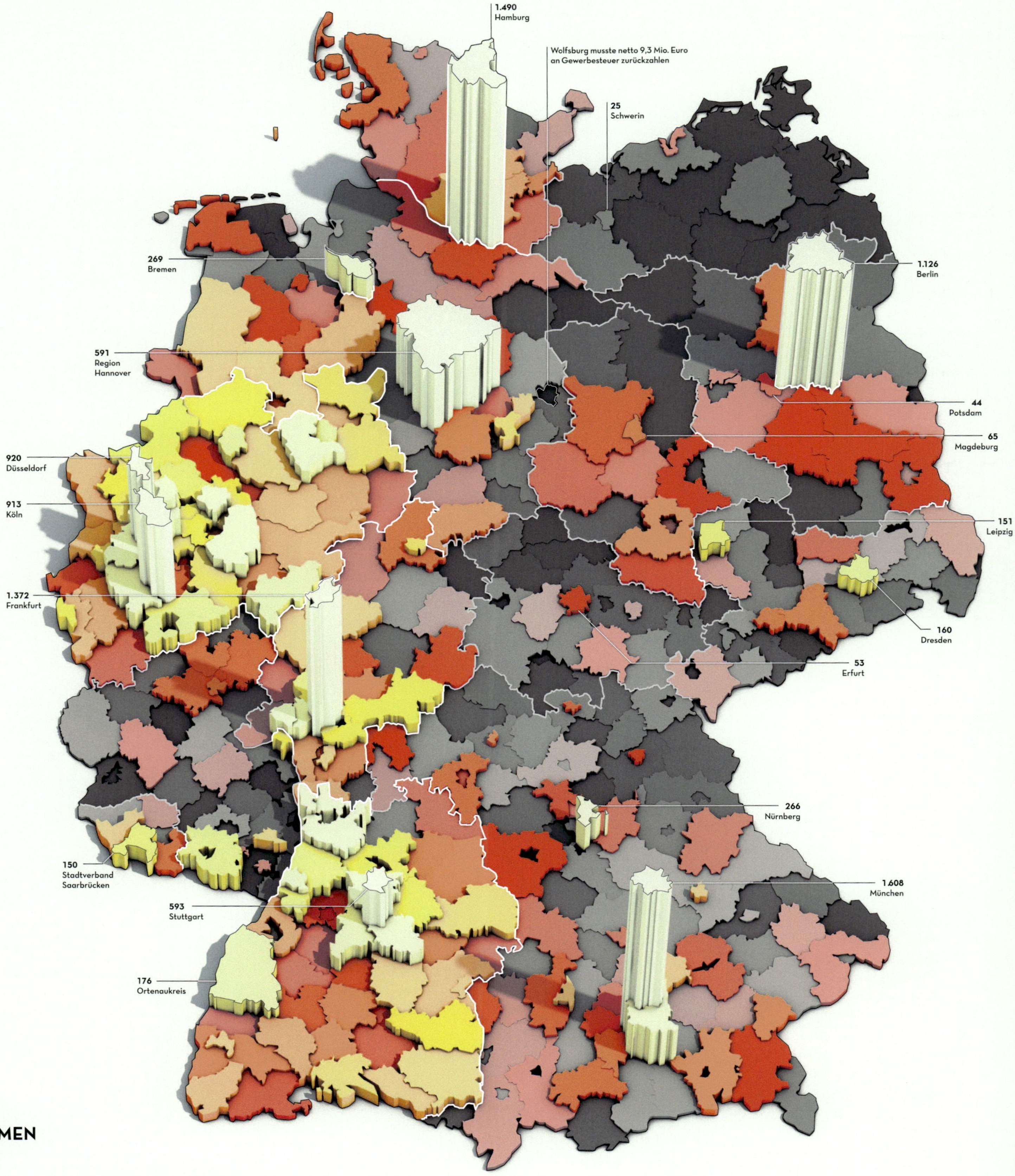

1.490
Hamburg

Wolfsburg musste netto 9,3 Mio. Euro
an Gewerbesteuer zurückzahlen

25
Schwerin

1.126
Berlin

269
Bremen

591
Region
Hannover

44
Potsdam

65
Magdeburg

920
Düsseldorf

913
Köln

151
Leipzig

1.372
Frankfurt

160
Dresden

53
Erfurt

150
Stadtverband
Saarbrücken

266
Nürnberg

593
Stuttgart

1.608
München

176
Ortenaukreis

STANDORTE DER
30 DAXUNTERNEHMEN
Rot: Staatsunternehmen

Nordrhein-Westfalen
Bayer
Deutsche Telekom
E.ON
Metro
Henkel
ThyssenKrupp
RWE
Deutsche Postbank
Deutsche Lufthansa

Rheinland-Pfalz
BASF

Hessen
Deutsche Börse
Fresenius Medical Care
Fresenius
K+S
Merck
Commerzbank
Deutsche Bank

Hamburg
Beiersdorf

Niedersachsen
Salzgitter
Volkswagen
Hannover Rück

Bayern
Adidas
BMW
Linde
MAN
Siemens
Allianz
Münchner Rück

Baden-Württemberg
Daimler
SAP

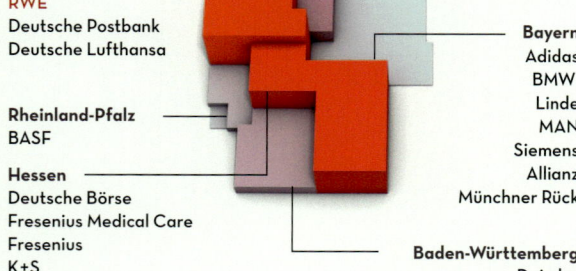

GEWERBESTEUEREINNAHMEN NACH LANDKREISEN
Zuzüglich kreisfreie Städte, Stadtverbände, Stadtstaaten u.Ä.

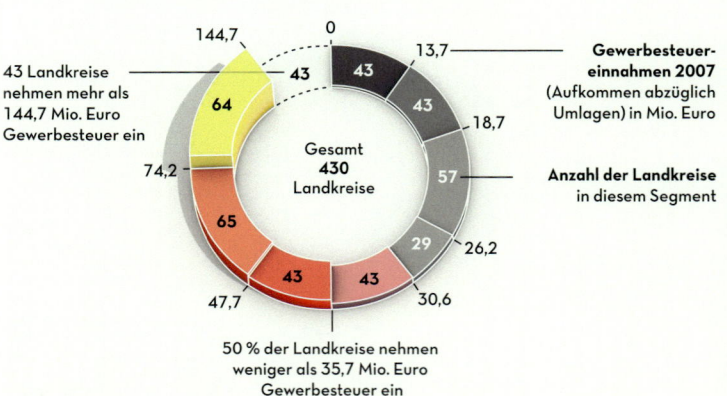

144,7

0

13,7

43

43

64

43

18,7

Gesamt
430
Landkreise

57

74,2

65

29

26,2

43

43

47,7

30,6

43 Landkreise
nehmen mehr als
144,7 Mio. Euro
Gewerbesteuer ein

Gewerbesteuer-
einnahmen 2007
(Aufkommen abzüglich
Umlagen) in Mio. Euro

Anzahl der Landkreise
in diesem Segment

50 % der Landkreise nehmen
weniger als 35,7 Mio. Euro
Gewerbesteuer ein

GRAFIK: KIRCHERBURKHARDT / ERSCHIENEN IN: HANDELSBLATT

DIE GRÖSSTEN 20 STAATSUNTERNEHMEN

- ■ Länderbeteiligung in Prozent
- ■ Stammkapital in Mio. Euro
- ■ Umsatz in Mio. Euro

	100 50 0	20.000 40.000 60.000 80.000 100.000	
Deutsche Telekom	31,7		1.024	113.808
KfW	100		2.001	86.753
Bayern LB Holding	100		11.165	61.666
Deutsche Bahn	100		1.440	47.500
E.ON	1,5		2.150	33.452
RWE	16,8		162	12.499
LB Baden-Württemberg	100		1.420	2.116
Norddeutsche LB	100		916	2.102
Volkswagen	14,7		3.082	2.003
Fraport	51,7		1.085	1.284
LB Hessen-Thüringen	100		477	1.197
Flughafen München	100		307	1.000
Messe München	100		153	904
Messe Frankfurt	100		180	424
Salzgitter	26,5		249	299
DFS Dt. Flugsicherung	100		77	287
Deutsche Messe	100		50	252
Leipziger Messe	100		51	77
Flughafen Stuttgart	100		3.300	-337
Flughafen Frankfurt-Hahn	100		50	**

* Anteile von Bund, Ländern und Gemeinden sowie staatlichen Institutionen   ** Kein Geschäftsbericht

STAATSBETEILIGUNGEN

- ■ Staatsbeteiligungen an Unternehmen*
- ■ unmittelbare Beteiligungen (ohne Sondervermögen)
- ···· Werte nicht vorhanden

(Diagramm: Werte von 1970 bis 2007)
Achse: 1.000 / 800 / 600 / 400 / 200 / 0
Jahre: 70 75 80 85 90 95 00 05 07
Endwerte: 454 und 90

* mittelbare und unmittelbare Beteil., inkl. Sondervermögen (Anteil ab 25 %)

Public Player
Bund und Länder als Wirtschaftsmächte

Die öffentliche Hand war schon immer wirtschaftlicher Akteur – etwa um Wasser, Energie, gesundheitliche Dienste oder die Zustellung der Post an Orten zu sichern, die geografisch abseits der Rentabilitätsgrenze liegen. Über teilweise Hunderte von Jahren entstanden kommunale und regionale Riesen. Viele wurden in den Achtzigern zerschlagen und in die Privatwirtschaft entlassen. Mit Erfolg, wie im Fall der Post. Mit mittlerem Erfolg, wie im Fall der Telekom. Mit wenig Erfolg, wie im Fall der Berliner Wasserwerke. Noch immer halten Bund, Länder und Gemeinden große, strategische Beteiligungen (Volkswagen, Telekom, RWE) – die jedoch aus EU-Marktordnungsperspektive immer fragwürdiger sind. Dennoch wird der Börsengang der Deutschen Bahn stets herausgeschoben. Der Grund: Schwierige Marktbedingungen einerseits, andererseits bessern die Dividenden die Staatshaushalte auf. Der Ausreißer bei den Beteiligungen, die vom Ministerium für Ernährung, Landwirtschaft und Verbraucherschutz verwaltet werden, gehen auf Agrarsubventionen zurück, die von dort aus verteilt und verwaltet werden.

BETEILIGUNGEN DES BUNDES NACH RESSORTS
Zahl der Beteiligungen/ Nennkapital in Mio. Euro:

- □ > 1
- ■ 1 – 100
- ■ 100 – 5.000
- ■ 5.000 – 15.000

Nennkapital: 15.595,3 / 15.000 / 10.000 / 5.000 / 2.751,1 / 2.000 / 35 / 0

Anzahl Beteiligungen: 1 / 5 / 10 / 15 / 20 / 25 / 0

3.750,0
272,6

Ressorts:
- Verkehr, Bau, Stadtentwicklung
- Justiz
- Gesundheit
- Verteidigung
- Auswärtiges Amt
- Kultur und Medien
- Bildung und Forschung
- Wirtschaft und Technologie
- Wirtschaftliche Zusammenarbeit
- Familie, Senioren, Frauen und Jugend
- Umwelt, Naturschutz und Reaktorsicherheit
- Finanzen
- Ernährung, Landwirtschaft und Verbraucherschutz
- ERP
- Bundeseisenbahnvermögen

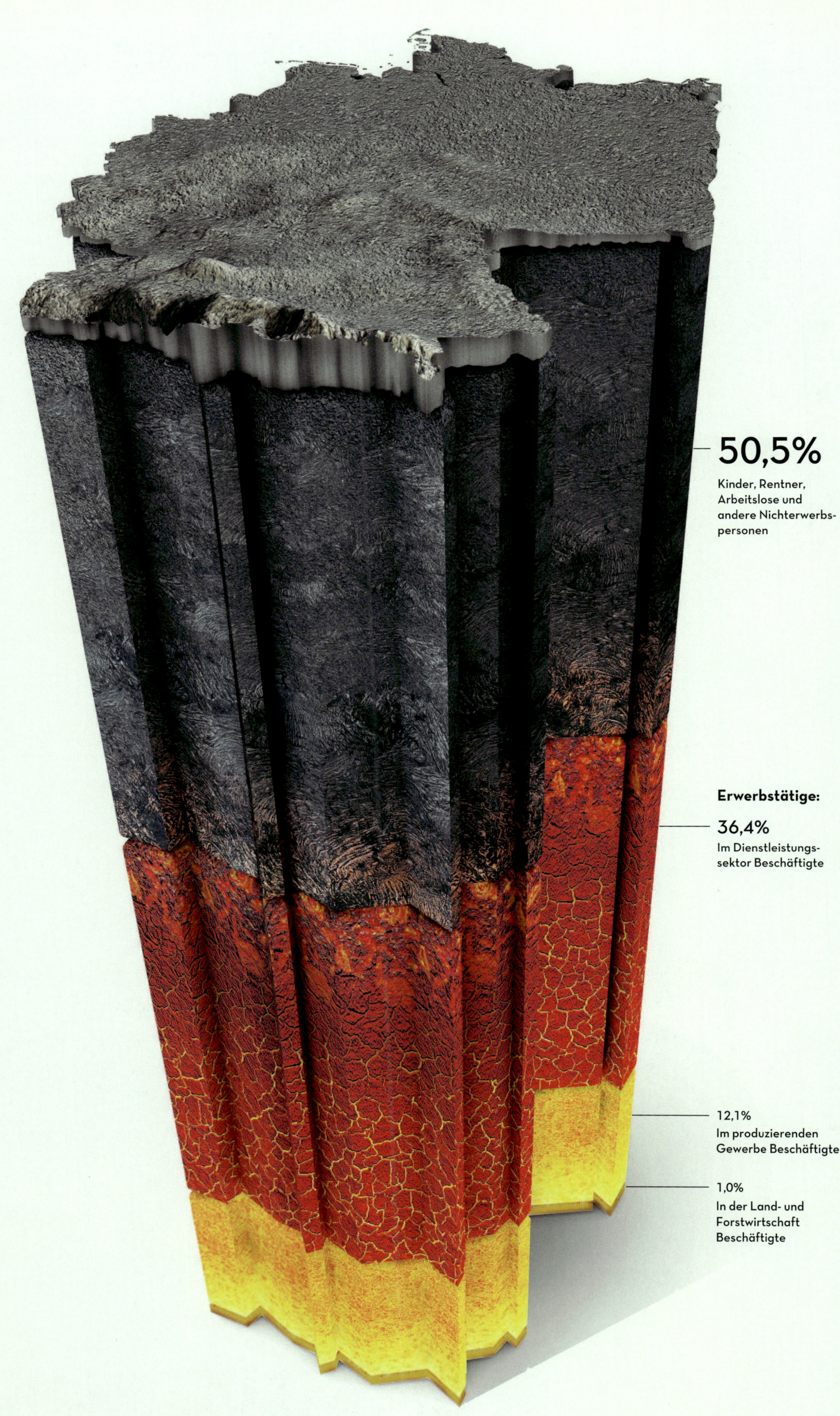

50,5%

Kinder, Rentner,
Arbeitslose und
andere Nichterwerbs-
personen

Erwerbstätige:

36,4%

Im Dienstleistungs-
sektor Beschäftigte

12,1%

Im produzierenden
Gewerbe Beschäftigte

1,0%

In der Land- und
Forstwirtschaft
Beschäftigte

GRAFIK: KIRCHERBURKHARDT / ERSCHIENEN IN: HANDELSBLATT

7,3 Millionen
geringfügig
Beschäftigte

22,0 Millionen
Angestellte

20,5 Millionen*
Rentner

Der produktive Kern
Er erzeugt Wohlstand – und schmilzt

Immer weniger arbeitende Menschen müssen immer
mehr nichtarbeitende versorgen – und die sie um-
gebenden Systeme gleich mit, von der Kita bis zum
Pflegeheim. Die demografische Klemme ist durch rei-
nes Wirtschaftswachstum nicht zu beseitigen. Schulden, steigende Energie- und Sozialkosten fressen die
Erträge schnell auf. Es wird in Zukunft wohl darum
gehen, wieder mehr Menschen produktiv werden zu
lassen. Ob die Produktivität der Zukunft noch „Arbeit"
oder dann schon „Tätigsein" heißt, wie Arbeitssozio-
logen es heute fordern, es wäre egal.

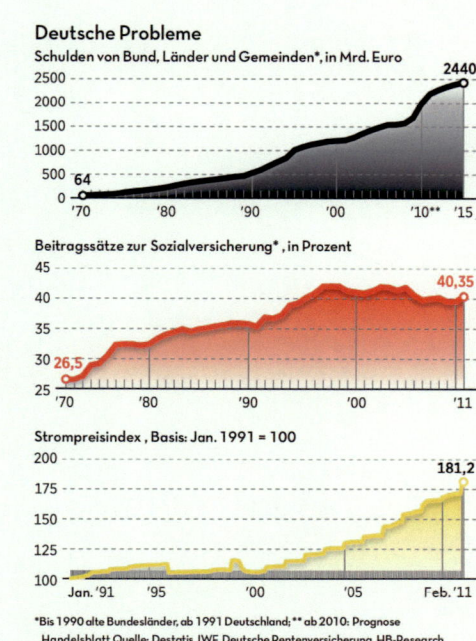

Deutsche Probleme

Schulden von Bund, Länder und Gemeinden*, in Mrd. Euro

2440

64

'70 '80 '90 '00 '10** '15

Beitragssätze zur Sozialversicherung*, in Prozent

40,35

26,5

'70 '80 '90 '00 '11

Strompreisindex , Basis: Jan. 1991 = 100

181,2

Jan. '91 '95 '00 '05 Feb. '11

*Bis 1990 alte Bundesländer, ab 1991 Deutschland; ** ab 2010: Prognose
Handelsblatt Quelle: Destatis, IWF, Deutsche Rentenversicherung, HB-Research

0,2 Millionen
mithelfende
Familien-
angehörige

2,1 Millionen
Beamte

3,2 Millionen**
Arbeitslose

4,2 Millionen
Selbständige

10,1 Millionen
Arbeiter

Daten von 2009, *Stand: 12/2010, **Stand: 03/2011

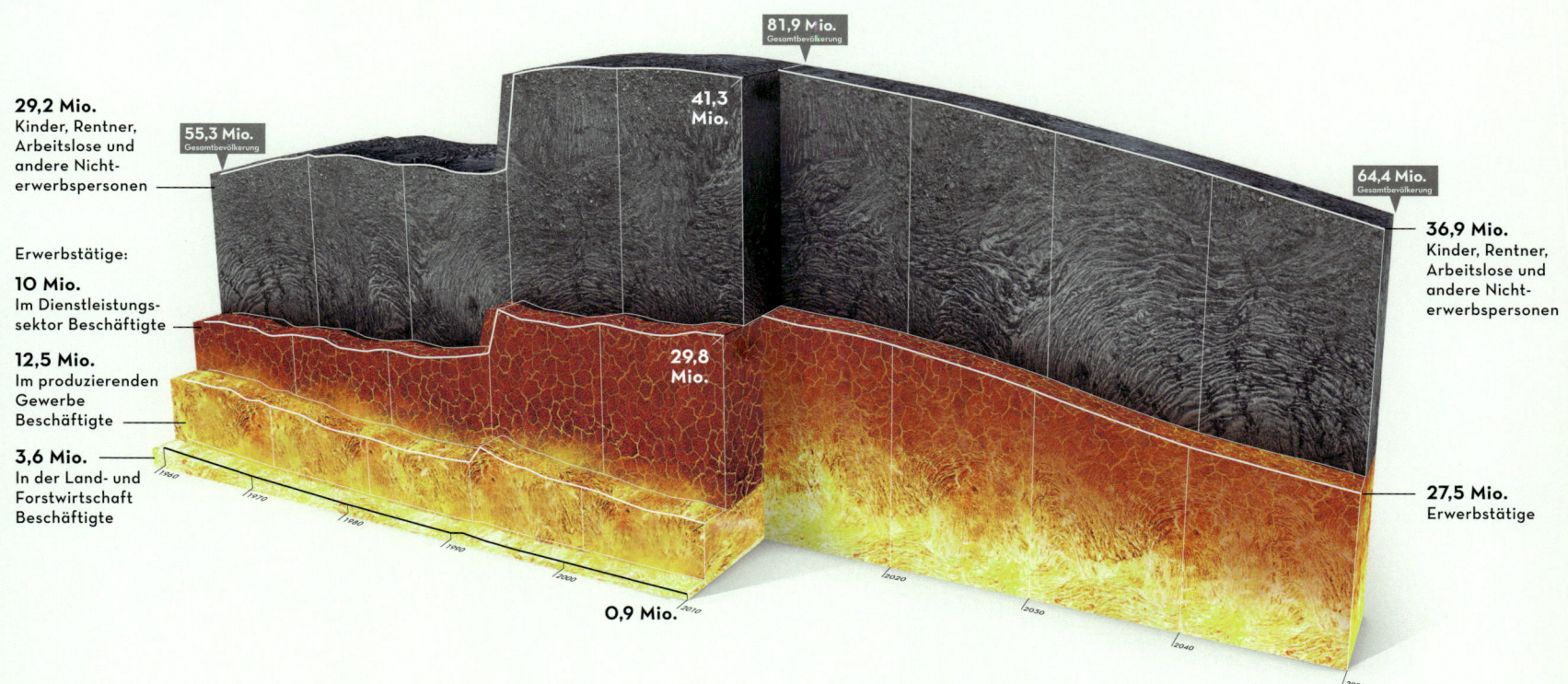

29,2 Mio.
Kinder, Rentner,
Arbeitslose und
andere Nicht-
erwerbspersonen

55,3 Mio.
Gesamtbevölkerung

81,9 Mio.
Gesamtbevölkerung

41,3 Mio.

64,4 Mio.
Gesamtbevölkerung

36,9 Mio.
Kinder, Rentner,
Arbeitslose und
andere Nicht-
erwerbspersonen

Erwerbstätige:

10 Mio.
Im Dienstleistungs-
sektor Beschäftigte

12,5 Mio.
Im produzierenden
Gewerbe
Beschäftigte

3,6 Mio.
In der Land- und
Forstwirtschaft
Beschäftigte

29,8 Mio.

27,5 Mio.
Erwerbstätige

0,9 Mio.

Heute jubeln, morgen zahlen. Übermorgen auch!

Wieso sollte, was bei Autos und Gebäuden geht, nicht auch bei Liegenschaften gehen? Und im Monopoly kann man sich doch auch Geld leihen, wenn man knapp bei Kasse ist: Einfach das Hotel auf die Seite gekippt und schon ist man wieder flüssig und im Spiel. Cross-Border-Leasing heißt die moderne Form der Liegenschaftshypothek, von der immer mehr klamme Kommunen Gebrauch

machen. Seit 1995 öffentliches Eigentum an Investoren abgetreten werden darf, steht die „grenzüberschreitende Finanzierung" hoch im Kurs. Investoren, hinter denen zum Beispiel internationale Rentenfonds stehen, lieben diese langfristige, sichere Anlageform. Und die Kommunen sind erst mal wieder liquide, sie mieten ihre Kraftwerke, Schwimmbäder und Messehallen

auf Jahresbasis. Das blöde ist nur, dass sich so die Einnahmesituation nicht verbessert. Den meisten Volksvertretern ist die Trickserei daher auch eher unangenehm: Selten werden Bürger informiert, die Verträge unterliegen meist der Geheimhaltung. Diese Deutschlandkarte zeigt daher lediglich Städte und Gemeinden, deren Leasing-Verträge öffentlich bekannt sind.

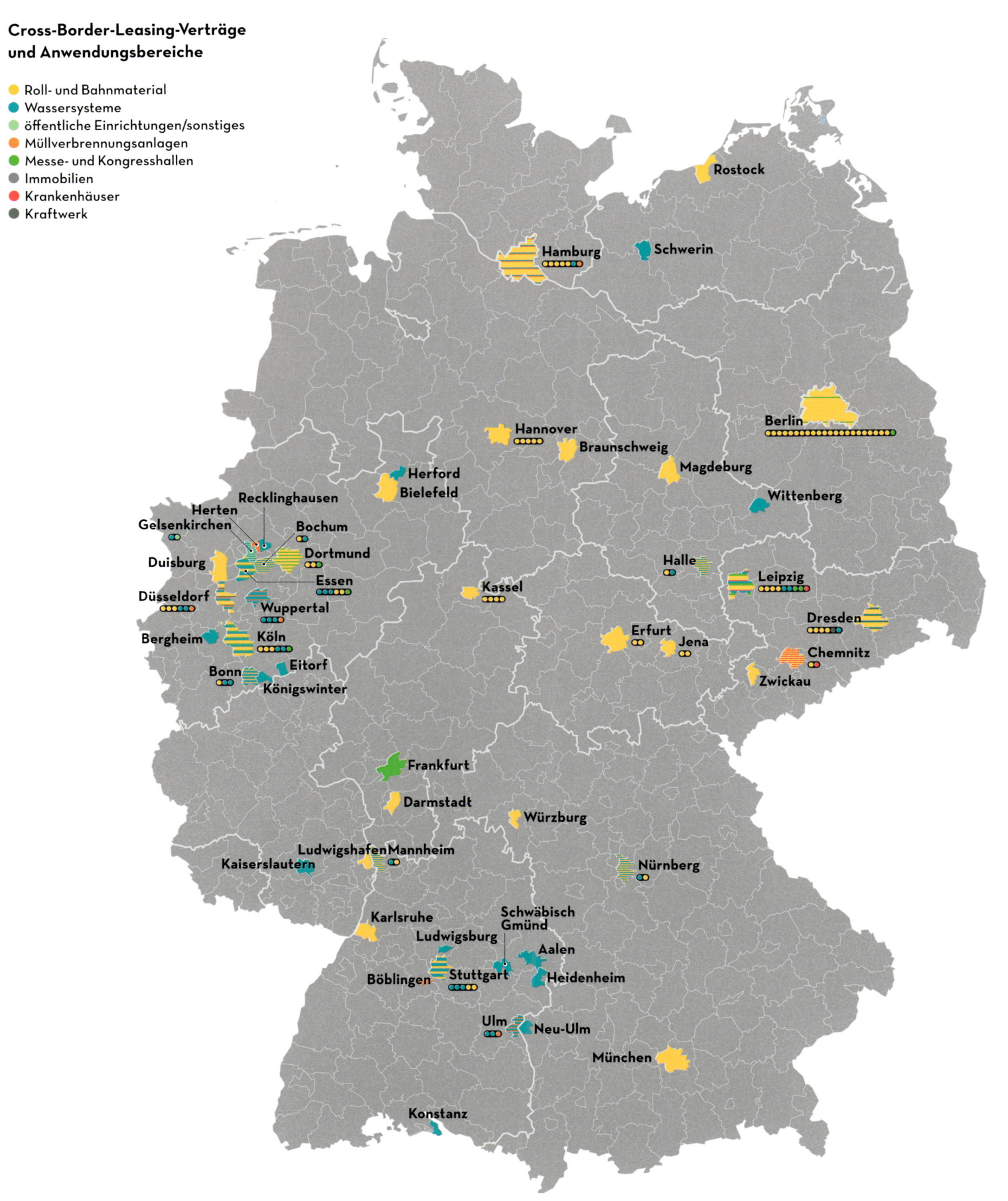

Cross-Border-Leasing-Verträge und Anwendungsbereiche

- Roll- und Bahnmaterial
- Wassersysteme
- öffentliche Einrichtungen/sonstiges
- Müllverbrennungsanlagen
- Messe- und Kongresshallen
- Immobilien
- Krankenhäuser
- Kraftwerk

GRAFIK / RECHERCHE: GOLDEN SECTION GRAPHICS / ERSCHIENEN IN: IN GRAPHICS

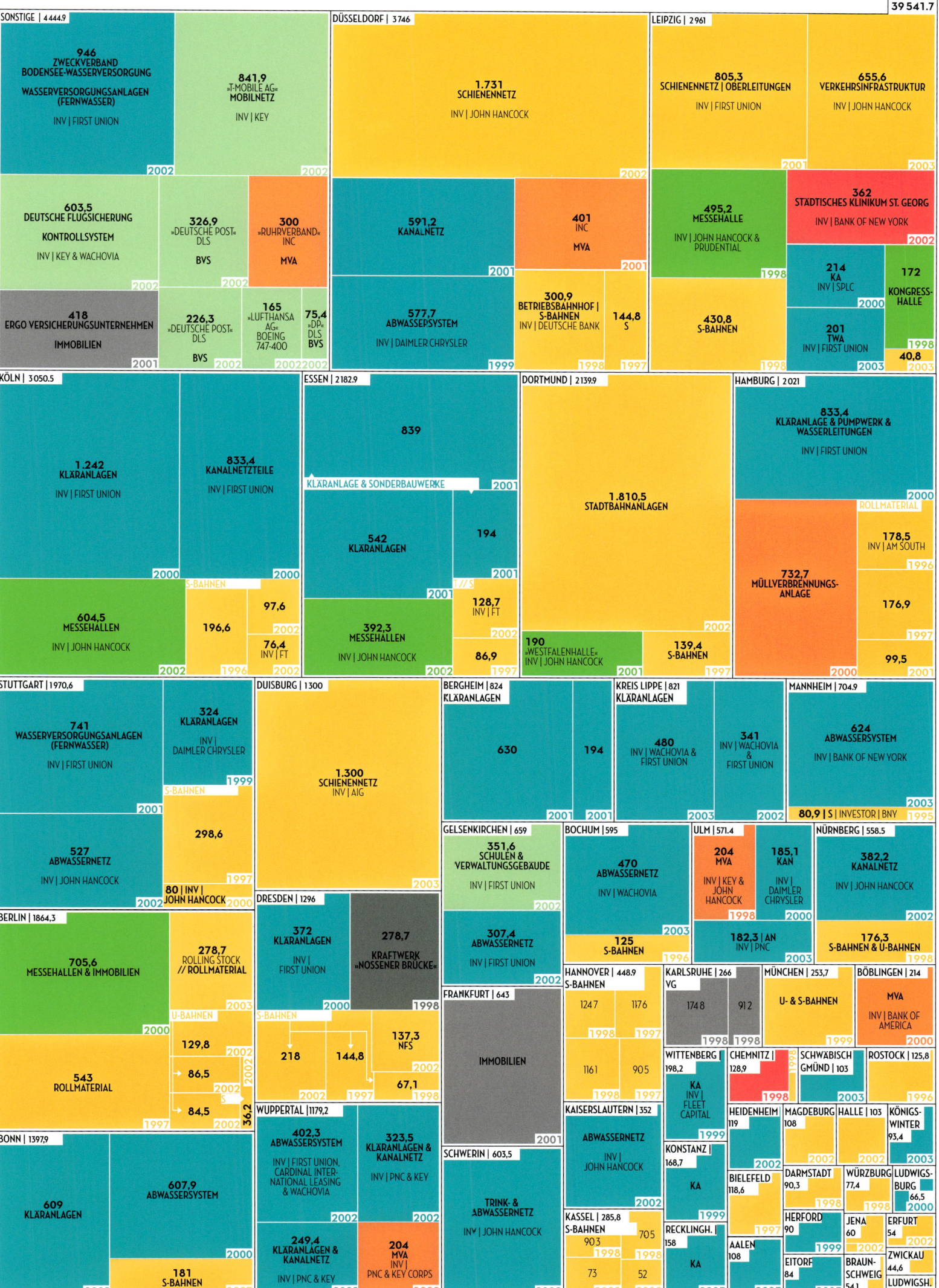

39 541.7

SONSTIGE | 4 444,9

946
ZWECKVERBAND
BODENSEE-WASSERVERSORGUNG
WASSERVERSORGUNGSANLAGEN
(FERNWASSER)
INV | FIRST UNION
2002

841,9
»T-MOBILE AG«
MOBILNETZ
INV | KEY
2002

603,5
DEUTSCHE FLUGSICHERUNG
KONTROLLSYSTEM
INV | KEY & WACHOVIA
2002

326,9
»DEUTSCHE POST«
DLS
BVS
2002

300
»RUHRVERBAND«
INC
MVA
2002

418
ERGO VERSICHERUNGSUNTERNEHMEN
IMMOBILIEN
2001

226,3
»DEUTSCHE POST«
DLS
BVS
2002

165
»LUFTHANSA
AG«
BOEING
747-400
BVS
2002

75,4
»DP«
DLS
BVS
2002

DÜSSELDORF | 3 746

1.731
SCHIENENNETZ
INV | JOHN HANCOCK
2002

591,2
KANALNETZ
2001

401
INC
MVA
2001

577,7
ABWASSEPSYSTEM
INV | DAIMLER CHRYSLER
1999

300,9
BETRIEBSBAHNHOF |
S-BAHNEN
INV | DEUTSCHE BANK
1998

144,8
S
1997

LEIPZIG | 2 961

805,3
SCHIENENNETZ | OBERLEITUNGEN
INV | FIRST UNION
2001

655,6
VERKEHRSINFRASTRUKTUR
INV | JOHN HANCOCK
2003

495,2
MESSEHALLE
INV | JOHN HANCOCK &
PRUDENTIAL
1998

362
STÄDTISCHES KLINIKUM ST. GEORG
INV | BANK OF NEW YORK
2002

214
KA
INV | SPLC
2000

172
KONGRESS-
HALLE
1998

201
TWA
INV | FIRST UNION
2003

40,8

430,8
S-BAHNEN
1998

KÖLN | 3 050,5

1.242
KLÄRANLAGEN
INV | FIRST UNION
2000

833,4
KANALNETZTEILE
INV | FIRST UNION
2000

604,5
MESSEHALLEN
INV | JOHN HANCOCK

S-BAHNEN
196,6

97,6
2002

76,4
INV | FT
2002

ESSEN | 2 182,9

839
KLÄRANLAGE & SONDERBAUWERKE
2001

542
KLÄRANLAGEN
2001

392,3
MESSEHALLEN
INV | JOHN HANCOCK
2002

194
2001

T//S
128,7
INV | FT
2002

86,9
1997

DORTMUND | 2 139,9

1.810,5
STADTBAHNANLAGEN
2002

190
»WESTFALENHALLE«
INV | JOHN HANCOCK
2001

139,4
S-BAHNEN
1997

HAMBURG | 2 021

833,4
KLÄRANLAGE & PUMPWERK &
WASSERLEITUNGEN
INV | FIRST UNION
2000

732,7
MÜLLVERBRENNUNGS-
ANLAGE
2000

ROLLMATERIAL
178,5
INV | AM SOUTH
1996

176,9
1997

99,5

STUTTGART | 1 970,6

741
WASSERVERSORGUNGSANLAGEN
(FERNWASSER)
INV | FIRST UNION
2001

324
KLÄRANLAGEN
INV |
DAIMLER CHRYSLER
1999

S-BAHNEN
298,6
1997

527
ABWASSERNETZ
INV | JOHN HANCOCK
2002

80 | INV |
JOHN HANCOCK
2000

DUISBURG | 1 300

1.300
SCHIENENNETZ
INV | AIG
2003

BERGHEIM | 824
KLÄRANLAGEN

630
2001

194
2001

KREIS LIPPE | 821
KLÄRANLAGEN

480
INV | WACHOVIA &
FIRST UNION
2003

341
INV | WACHOVIA
&
FIRST UNION
2002

MANNHEIM | 704,9

624
ABWASSERSYSTEM
INV | BANK OF NEW YORK
2003

80,9 | S | INVESTOR | BNY
1995

BERLIN | 1 864,3

705,6
MESSEHALLEN & IMMOBILIEN
2000

543
ROLLMATERIAL

278,7
ROLLING STOCK
// ROLLMATERIAL
2003

U-BAHNEN
129,8
2002

86,5
2002

84,5
1997

S
36,2
2002

DRESDEN | 1 296

372
KLÄRANLAGEN
INV | FIRST UNION
2000

278,7
KRAFTWERK
»NOSSENER BRÜCKE«
1998

S-BAHNEN
218
2002

144,8
1997

137,3
NFS
2002

67,1
1998

GELSENKIRCHEN | 659

351,6
SCHULEN &
VERWALTUNGSGEBÄUDE
INV | FIRST UNION
2002

307,4
ABWASSERNETZ
INV | FIRST UNION
2003

FRANKFURT | 643

IMMOBILIEN
2001

SCHWERIN | 603,5

TRINK- &
ABWASSERNETZ
INV | JOHN HANCOCK

BOCHUM | 595

470
ABWASSERNETZ
INV | WACHOVIA
2003

125
S-BAHNEN
1996

ULM | 571.4

204
MVA
INV | KEY &
JOHN
HANCOCK
1998

185,1
KAN
INV |
DAIMLER
CHRYSLER
2000

182,3 | AN
INV | PNC
2003

NÜRNBERG | 558.5

382,2
KANALNETZ
INV | JOHN HANCOCK
2002

176,3
S-BAHNEN & U-BAHNEN
1998

HANNOVER | 448,9
S-BAHNEN

124 7
1998

117 6
1997

116 1
1998

90 5
1997

KAISERSLAUTERN | 352

ABWASSERNETZ
INV |
JOHN HANCOCK
2002

KARLSRUHE | 266
VG

174 8
1998

91 2
1998

WITTENBERG |
198,2

KA
INV |
FLEET
CAPITAL
1999

KONSTANZ |
168,7

KA
2002

MÜNCHEN | 253,7

U- & S-BAHNEN
1999

CHEMNITZ |
128,9

1998

KA
INV |
1998

**SCHWÄBISCH
GMÜND | 103**
2002

BÖBLINGEN | 214

MVA
INV | BANK OF
AMERICA
2000

ROSTOCK | 125,8

2003

HEIDENHEIM |
119

BIELEFELD
118,6
1999

MAGDEBURG |
108
2002

DARMSTADT
90,3

HERFORD
90
1999

HALLE | 103
2002

WÜRZBURG
77,4
1998

**KÖNIGS-
WINTER**
93,4
2003

**LUDWIGS-
BURG**
66,5
2000

ERFURT
54
2002

ZWICKAU
44,6

LUDWIGSH.
33,3

BONN | 1 397,9

609
KLÄRANLAGEN

607,9
ABWASSERSYSTEM
2000

181
S-BAHNEN
2001

WUPPERTAL | 1 179,2

402,3
ABWASSERSYSTEM
INV | FIRST UNION,
CARDINAL INTER-
NATIONAL LEASING
& WACHOVIA
2002

323,5
KLÄRANLAGEN &
KANALNETZ
INV | PNC & KEY
2002

249,4
KLÄRANLAGEN &
KANALNETZ
INV | PNC & KEY
2001

204
MVA
INV |
PNC & KEY CORPS
1999

KASSEL | 285,8
S-BAHNEN

90 3
1998

70 5
1998

73
2002

52
2002

RECKLINGH. |
158

KA
2003

AALEN
108
2003

EITORF
84
2003

JENA
60
2002

**BRAUN-
SCHWEIG**
54,1
2003

Abkürzungen der Leasingnehmer: DP – Deutsche Post | Abkürzungen der Leasingobjekte: BVS – Briefverteilung, MVA – Müllverbrennungsanlage, S – S-Bahnen, KA(N) – Kläranlage(n), TWA – Trinkwasseranlagen, NFS – Niederflurstraßenbahnen, AN – Abwassernetz, VG – Verwaltungsgebäude | Abkürzungen der Investoren: Key – Key Bank, SPLC – Security Pacific Leasing Coporation, FT – Fifth Third, BNY – Bank of New York

WIR UND DAS GELD

SCHULDEN: KOMMUNEN

Geld und Geilheit

Von der New Economy zum Alptraum

1997 sollte der Neue Markt Index Start-ups, Dotcoms und Bio-Tec-Unternehmen an die Börse holen. Nur drei Jahre später wurde er zum Milliardengrab.

Die Nemax-Chronik

Kursverlauf des Nemax All Share in Punkten und Börsengänge aller Nemax-Unternehmen

Der Punkt markiert die Erstnotiz des Unternehmens und seine Branche.

- 🟢 Biotechnologie — **21**
- 🔵 Internet — **39**
- 🔴 Medien — **46**
- 🟡 Software — **114**
- ⚫ Technologie — **83**
- 🔴 Telekommunikation — **19**
- ⚪ Sonstige — **34**

356 Unternehmen

Die Linie bezeichnet den Zustand des Unternehmens.

▌ **Unternehmen existiert und ist börsennotiert**
Emittenten ohne Insolvenzphase

▌ **Unternehmen wurde verkauft, fusioniert oder von der Börse genommen**
Linie endet mit dem Verkauf, der Fusion oder einem Börsenabgang ohne vorausgehendes Insolvenzverfahren. Ereignisse nach 2003 sind am Linienende vermerkt.

▌ **Unternehmen ging in die Insolvenz**
Linie endet mit dem Insolvenzantrag. Entlassungen aus Insolvenzen sind nicht eingetragen. Insolvenzdaten nach 2003 sind am Linienende vermerkt.

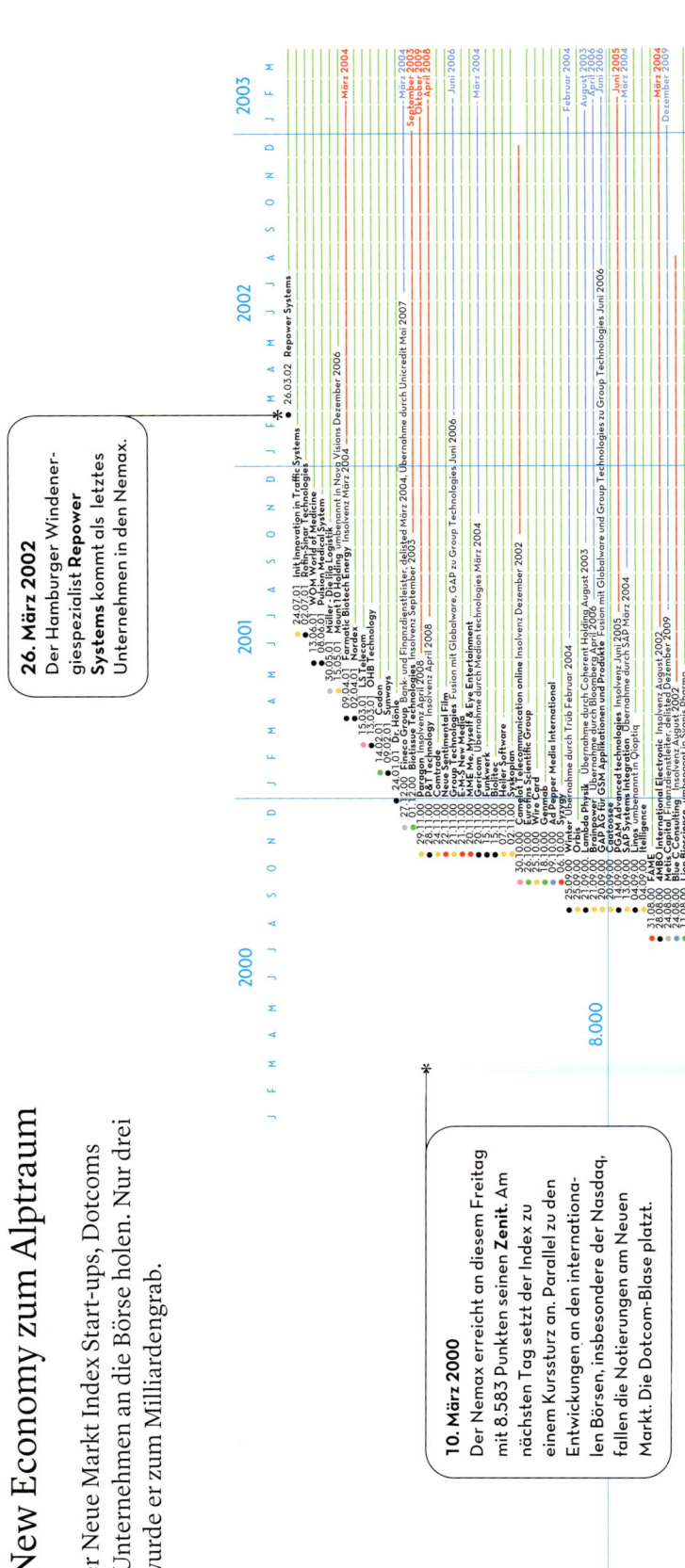

26. März 2002
Der Hamburger Windenergiespezialist **Repower Systems** kommt als letztes Unternehmen in den Nemax.

10. März 2000
Der Nemax erreicht an diesem Freitag mit 8.583 Punkten seinen **Zenit**. Am nächsten Tag setzt der Index zu einem Kurssturz an. Parallel zu den Entwicklungen an den internationalen Börsen, insbesondere der Nasdaq, fallen die Notierungen am Neuen Markt. Die Dotcom-Blase platzt.

17. April 2000
Die Emission von **T-Online** ist mit einem Volumen von 2.489 Mrd. Euro der größte Börsengang am Neuen Markt.

22. Februar 2000
Neuemissionen zu zeichnen wird zur Königsdisziplin im Börsenfieber. Als **Biodata** an die Börse geht – eine IT-Firma, die durchweg defizitär bleibt – wird der höchste Zeichnungsgewinn an der Deutschen Börse erzielt. Die zu 45 Euro ausgegebenen Aktien werden zur Erstnotiz mit 240 Euro festgestellt. Der Höchstkurs bewertet das Unternehmen wenig später mit 2 Mrd. € Börsenkapitalisierung.

26. November 1999
Börsengang von Comroad. Fünf Jahre später, am 7. Oktober 2002, wird die Firma nach dem größten Bilanzfälschungsskandal der Dotcom-Ära aus dem Nemax gestrichen. Gründer Bodo Schnabel, der nahezu alle gemeldeten Umsatzzahlen fingierte, wird zu sieben Jahren Haft verurteilt. Im selben Jahr wird unter anderem der Gründer der Kinowelt Medien wegen Verdachts auf Untreue verhaftet. Auch die Haffa-Brüder von EM.TV geraten 2004 in einem Betrugsprozess in Bedrängnis.

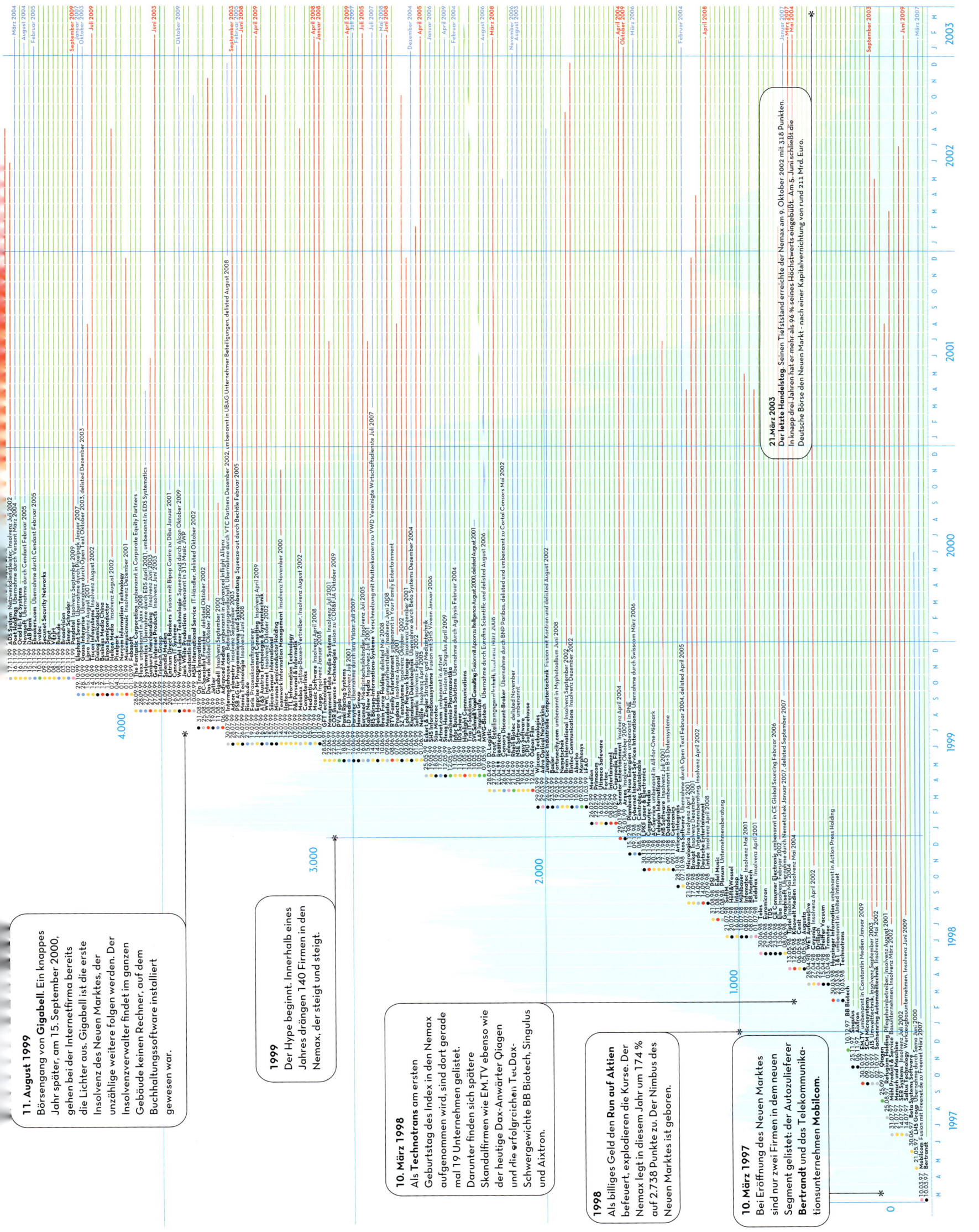

11. August 1999

Börsengang von **Gigabell**. Ein knappes Jahr später, am 15. September 2000, gehen bei der Internetfirma bereits die Lichter aus. Gigabell ist die erste Insolvenz des Neuen Marktes, der unzählige weitere folgen werden. Der Insolvenzverwalter findet im ganzen Gebäude keinen Rechner, auf dem Buchhaltungssoftware installiert gewesen war.

1999

Der Hype beginnt. Innerhalb eines Jahres drängen 140 Firmen in den Nemax, der steigt und steigt.

10. März 1998

Als **Technotrans** am ersten Geburtstag des Index in den Nemax aufgenommen wird, sind dort gerade mal 19 Unternehmen gelistet. Darunter finden sich spätere Skandalfirmen wie EM.TV ebenso wie der heutige Dax-Anwärter Qiagen und die erfolgreichen TecDax-Schwergewichte BB Biotech, Singulus und Aixtron.

1998

Als billiges Geld den **Run auf Aktien** befeuert, explodieren die Kurse. Der Nemax legt in diesem Jahr um 174 % auf 2.738 Punkte zu. Der Nimbus des Neuen Marktes ist geboren.

10. März 1997

Bei Eröffnung des Neuen Marktes sind nur zwei Firmen in dem neuen Segment gelistet: der Autozulieferer **Bertrandt** und das Telekommunikationsunternehmen **Mobilcom**.

21. März 2003

Der **letzte Handelstag**. Seinen Tiefststand erreichte der Nemax am 9. Oktober 2002 mit 318 Punkten. In knapp drei Jahren hat er mehr als 96 % seines Höchstwerts eingebüßt. Am 5. Juni schließt die Deutsche Börse den Neuen Markt - nach einer Kapitalvernichtung von rund 211 Mrd. Euro.

DER NEUE MARKT

Unser aller Herz-Kreislauf-System

Falls Sie jemals Einblicke in das komplexe, verwirrende und sicher auch undurchsichtige Gesundheitssystem gewinnen wollten: Jetzt haben Sie die einmalige Gelegenheit, den offenen Patienten ausgiebig zu studieren

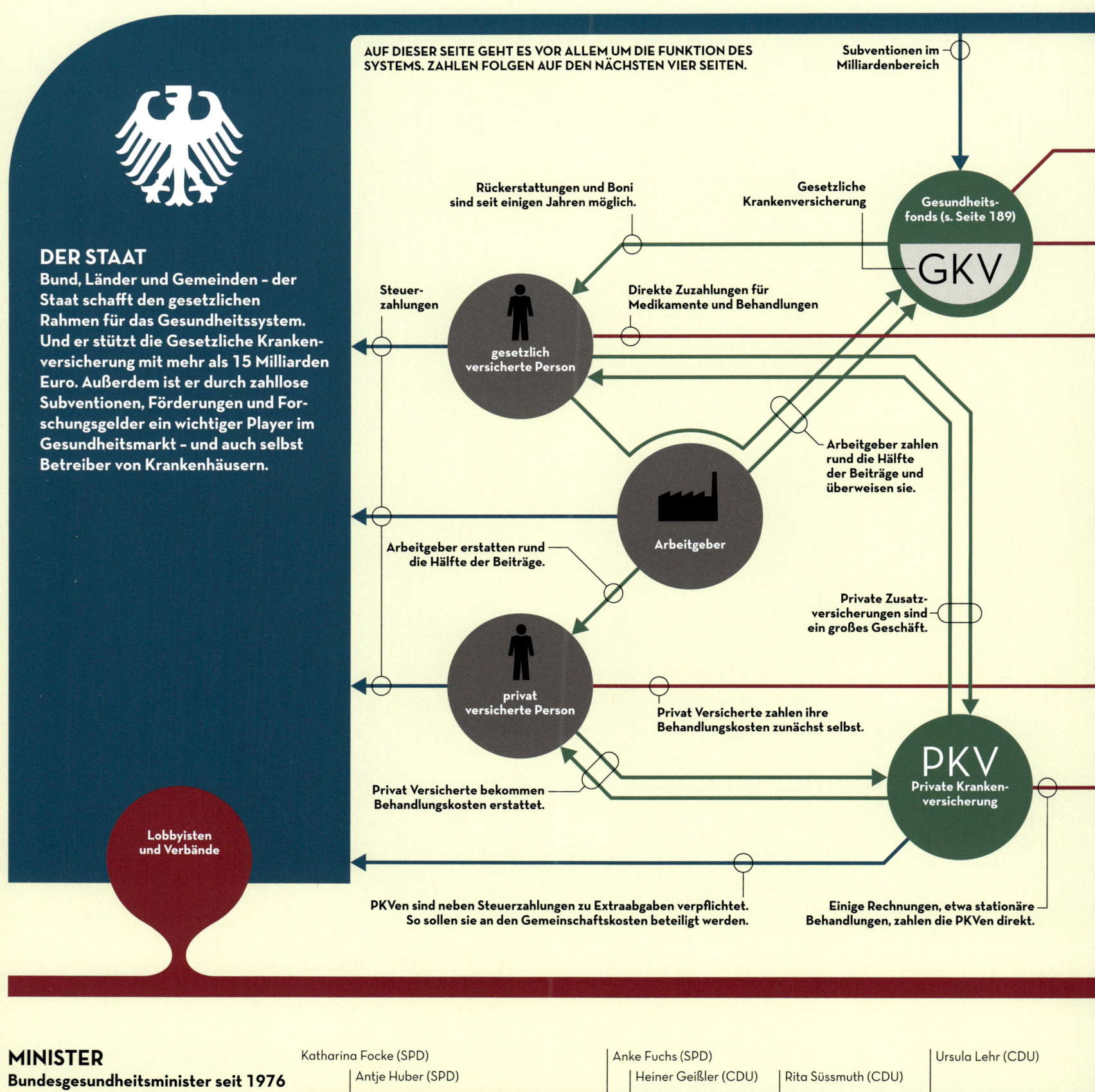

AUF DIESER SEITE GEHT ES VOR ALLEM UM DIE FUNKTION DES SYSTEMS. ZAHLEN FOLGEN AUF DEN NÄCHSTEN VIER SEITEN.

Subventionen im Milliardenbereich

Rückerstattungen und Boni sind seit einigen Jahren möglich.

Gesetzliche Krankenversicherung

Gesundheits-fonds (s. Seite 189)

GKV

Steuer-zahlungen

Direkte Zuzahlungen für Medikamente und Behandlungen

gesetzlich versicherte Person

Arbeitgeber zahlen rund die Hälfte der Beiträge und überweisen sie.

DER STAAT

Bund, Länder und Gemeinden – der Staat schafft den gesetzlichen Rahmen für das Gesundheitssystem. Und er stützt die Gesetzliche Krankenversicherung mit mehr als 15 Milliarden Euro. Außerdem ist er durch zahllose Subventionen, Förderungen und Forschungsgelder ein wichtiger Player im Gesundheitsmarkt – und auch selbst Betreiber von Krankenhäusern.

Arbeitgeber

Arbeitgeber erstatten rund die Hälfte der Beiträge.

Private Zusatz-versicherungen sind ein großes Geschäft.

privat versicherte Person

Privat Versicherte zahlen ihre Behandlungskosten zunächst selbst.

PKV
Private Kranken-versicherung

Privat Versicherte bekommen Behandlungskosten erstattet.

Lobbyisten und Verbände

PKVen sind neben Steuerzahlungen zu Extraabgaben verpflichtet. So sollen sie an den Gemeinschaftskosten beteiligt werden.

Einige Rechnungen, etwa stationäre Behandlungen, zahlen die PKVen direkt.

MINISTER
Bundesgesundheitsminister seit 1976

Katharina Focke (SPD)
Antje Huber (SPD)
Anke Fuchs (SPD)
Heiner Geißler (CDU)
Rita Süssmuth (CDU)
Ursula Lehr (CDU)

| 1976 | 1977 | 1978 | 1979 | 1980 | 1981 | 1982 | 1983 | 1984 | 1985 | 1986 | 1987 | 1988 | 1989 | 1990 |

REFORMEN
Seit den Siebzigern ist das System Dauerpatient in Parlamenten, Ministerien und Behörden.

In den 1970er- und 1980er-Jahren wurden vor allem sogenannte Kostendämpfungsmaßnahmen beschlossen. Zuzahlungen für Verschreibungen und Behandlungen stiegen kontinuierlich.

Die Reform von 1989 wird meist mit dem damaligen Arbeits- und Sozialminister Norbert Blüm in Verbindung gebracht. Zuzahlungen für Zahnersatz stiegen deutlich, viele Leistungen wurden gekürzt. Negativlisten für Medikamente wurden eingeführt.

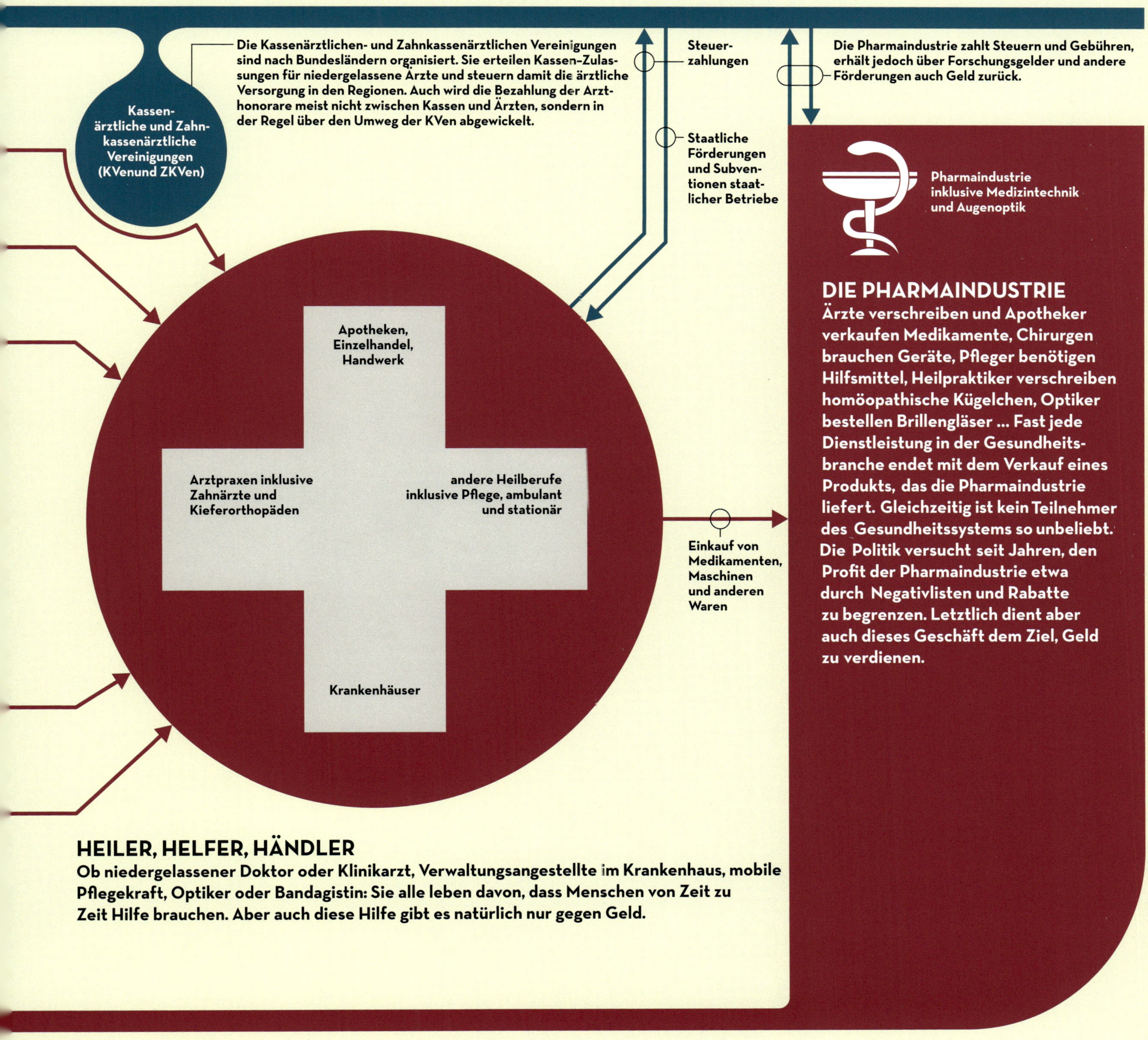

Die Kassenärztlichen- und Zahnkassenärztlichen Vereinigungen sind nach Bundesländern organisiert. Sie erteilen Kassen–Zulassungen für niedergelassene Ärzte und steuern damit die ärztliche Versorgung in den Regionen. Auch wird die Bezahlung der Arzthonorare meist nicht zwischen Kassen und Ärzten, sondern in der Regel über den Umweg der KVen abgewickelt.

Die Pharmaindustrie zahlt Steuern und Gebühren, erhält jedoch über Forschungsgelder und andere Förderungen auch Geld zurück.

Kassenärztliche und Zahnkassenärztliche Vereinigungen (KVen und ZKVen)

Steuerzahlungen

Staatliche Förderungen und Subventionen staatlicher Betriebe

Pharmaindustrie inklusive Medizintechnik und Augenoptik

Apotheken, Einzelhandel, Handwerk

Arztpraxen inklusive Zahnärzte und Kieferorthopäden

andere Heilberufe inklusive Pflege, ambulant und stationär

Krankenhäuser

Einkauf von Medikamenten, Maschinen und anderen Waren

DIE PHARMAINDUSTRIE
Ärzte verschreiben und Apotheker verkaufen Medikamente, Chirurgen brauchen Geräte, Pfleger benötigen Hilfsmittel, Heilpraktiker verschreiben homöopathische Kügelchen, Optiker bestellen Brillengläser … Fast jede Dienstleistung in der Gesundheitsbranche endet mit dem Verkauf eines Produkts, das die Pharmaindustrie liefert. Gleichzeitig ist kein Teilnehmer des Gesundheitssystems so unbeliebt. Die Politik versucht seit Jahren, den Profit der Pharmaindustrie etwa durch Negativlisten und Rabatte zu begrenzen. Letztlich dient aber auch dieses Geschäft dem Ziel, Geld zu verdienen.

HEILER, HELFER, HÄNDLER
Ob niedergelassener Doktor oder Klinikarzt, Verwaltungsangestellte im Krankenhaus, mobile Pflegekraft, Optiker oder Bandagistin: Sie alle leben davon, dass Menschen von Zeit zu Zeit Hilfe brauchen. Aber auch diese Hilfe gibt es natürlich nur gegen Geld.

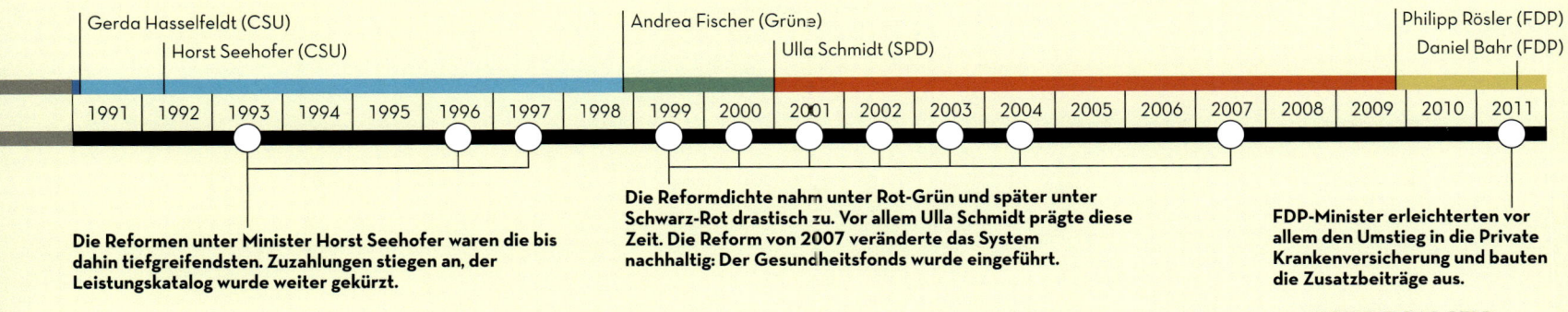

Gerda Hasselfeldt (CSU)

Horst Seehofer (CSU)

Andrea Fischer (Grüne)

Ulla Schmidt (SPD)

Philipp Rösler (FDP)

Daniel Bahr (FDP)

| 1991 | 1992 | 1993 | 1994 | 1995 | 1996 | 1997 | 1998 | 1999 | 2000 | 2001 | 2002 | 2003 | 2004 | 2005 | 2006 | 2007 | 2008 | 2009 | 2010 | 2011 |

Die Reformen unter Minister Horst Seehofer waren die bis dahin tiefgreifendsten. Zuzahlungen stiegen an, der Leistungskatalog wurde weiter gekürzt.

Die Reformdichte nahm unter Rot-Grün und später unter Schwarz-Rot drastisch zu. Vor allem Ulla Schmidt prägte diese Zeit. Die Reform von 2007 veränderte das System nachhaltig: Der Gesundheitsfonds wurde eingeführt.

FDP-Minister erleichterten vor allem den Umstieg in die Private Krankenversicherung und bauten die Zusatzbeiträge aus.

WIR UND DAS GELD

GESUNDHEITSSYSTEM I

DIE GESETZLICHE KRANKENVERSICHERUNG – VERSORGUNG FÜR ALLE

Unsere Krankenversicherungen sind Teile eines der ältesten Sozialversicherungssysteme der Welt. Sie wurden 1883 unter Bismarck eingeführt. Ihre Komplexität ist auch ihre Stärke

SO SIND 82 MILLIONEN DEUTSCHE VERSICHERT

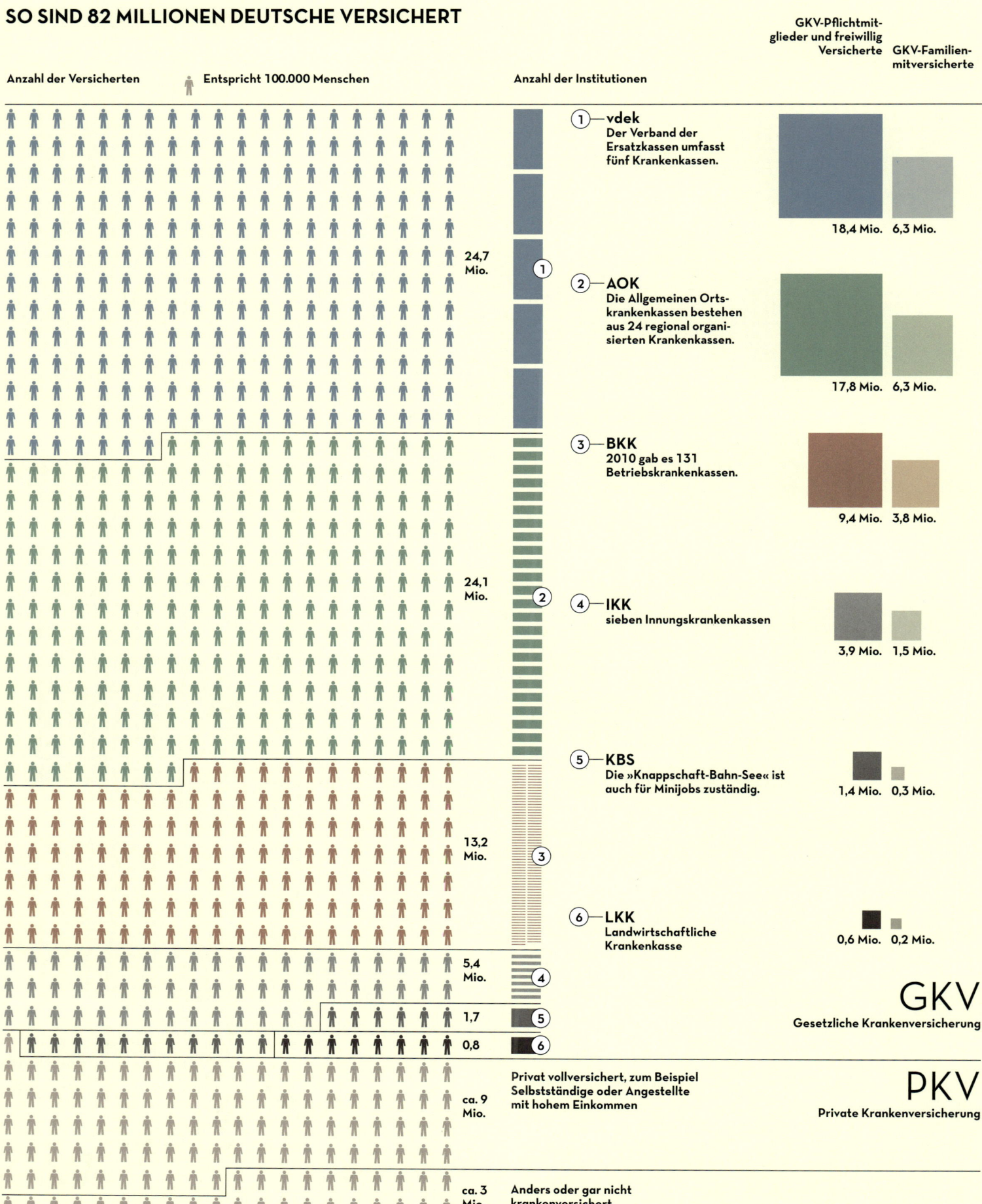

Anzahl der Versicherten

Entspricht 100.000 Menschen

Anzahl der Institutionen

GKV-Pflichtmit-glieder und freiwillig Versicherte

GKV-Familien-mitversicherte

24,7 Mio.

① vdek
Der Verband der Ersatzkassen umfasst fünf Krankenkassen.

18,4 Mio.   6,3 Mio.

② AOK
Die Allgemeinen Orts-krankenkassen bestehen aus 24 regional organi-sierten Krankenkassen.

17,8 Mio.   6,3 Mio.

③ BKK
2010 gab es 131 Betriebskrankenkassen.

9,4 Mio.   3,8 Mio.

24,1 Mio.

④ IKK
sieben Innungskrankenkassen

3,9 Mio.   1,5 Mio.

⑤ KBS
Die »Knappschaft-Bahn-See« ist auch für Minijobs zuständig.

1,4 Mio.   0,3 Mio.

13,2 Mio.

⑥ LKK
Landwirtschaftliche Krankenkasse

0,6 Mio.   0,2 Mio.

5,4 Mio.

1,7

0,8

GKV
Gesetzliche Krankenversicherung

ca. 9 Mio.

Privat vollversichert, zum Beispiel Selbstständige oder Angestellte mit hohem Einkommen

PKV
Private Krankenversicherung

ca. 3 Mio.

Anders oder gar nicht krankenversichert

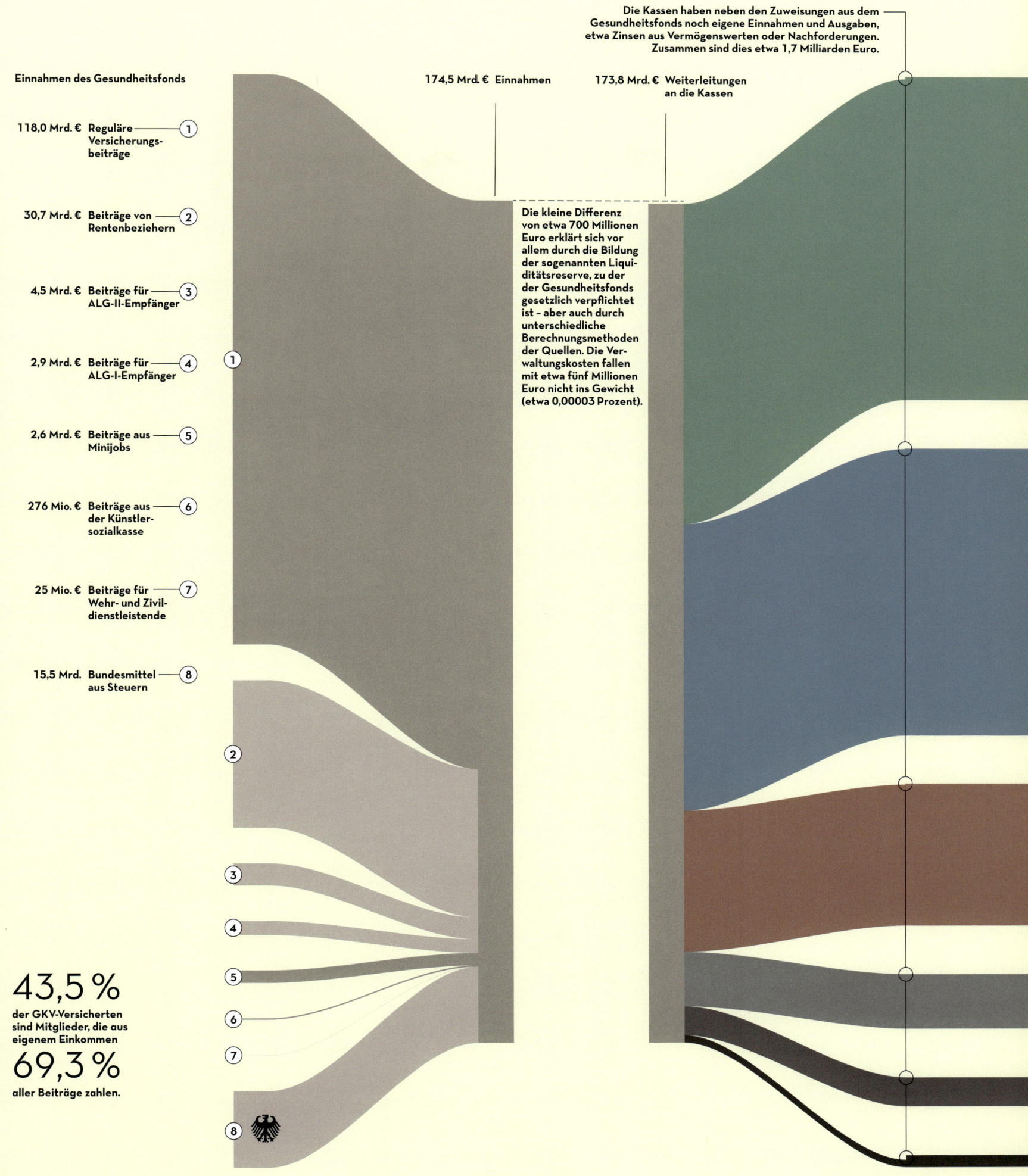

DER GESUNDHEITSFONDS – AUSGLEICHENDE GERECHTIGKEIT
Er verwaltet seit 2009 im Zuge des »Risikostrukturausgleichs« die Beiträge der Kassen. Diese erhalten je nach Mitgliederzahl und Erkrankungen Kostenpauschalen ausgezahlt

Die Kassen haben neben den Zuweisungen aus dem Gesundheitsfonds noch eigene Einnahmen und Ausgaben, etwa Zinsen aus Vermögenswerten oder Nachforderungen. Zusammen sind dies etwa 1,7 Milliarden Euro.

Einnahmen des Gesundheitsfonds

174,5 Mrd. € Einnahmen

173,8 Mrd. € Weiterleitungen an die Kassen

118,0 Mrd. € Reguläre Versicherungsbeiträge ①

30,7 Mrd. € Beiträge von Rentenbeziehern ②

4,5 Mrd. € Beiträge für ALG-II-Empfänger ③

2,9 Mrd. € Beiträge für ALG-I-Empfänger ④

2,6 Mrd. € Beiträge aus Minijobs ⑤

276 Mio. € Beiträge aus der Künstlersozialkasse ⑥

25 Mio. € Beiträge für Wehr- und Zivildienstleistende ⑦

15,5 Mrd. Bundesmittel aus Steuern ⑧

Die kleine Differenz von etwa 700 Millionen Euro erklärt sich vor allem durch die Bildung der sogenannten Liquiditätsreserve, zu der der Gesundheitsfonds gesetzlich verpflichtet ist – aber auch durch unterschiedliche Berechnungsmethoden der Quellen. Die Verwaltungskosten fallen mit etwa fünf Millionen Euro nicht ins Gewicht (etwa 0,00003 Prozent).

43,5 %
der GKV-Versicherten sind Mitglieder, die aus eigenem Einkommen
69,3 %
aller Beiträge zahlen.

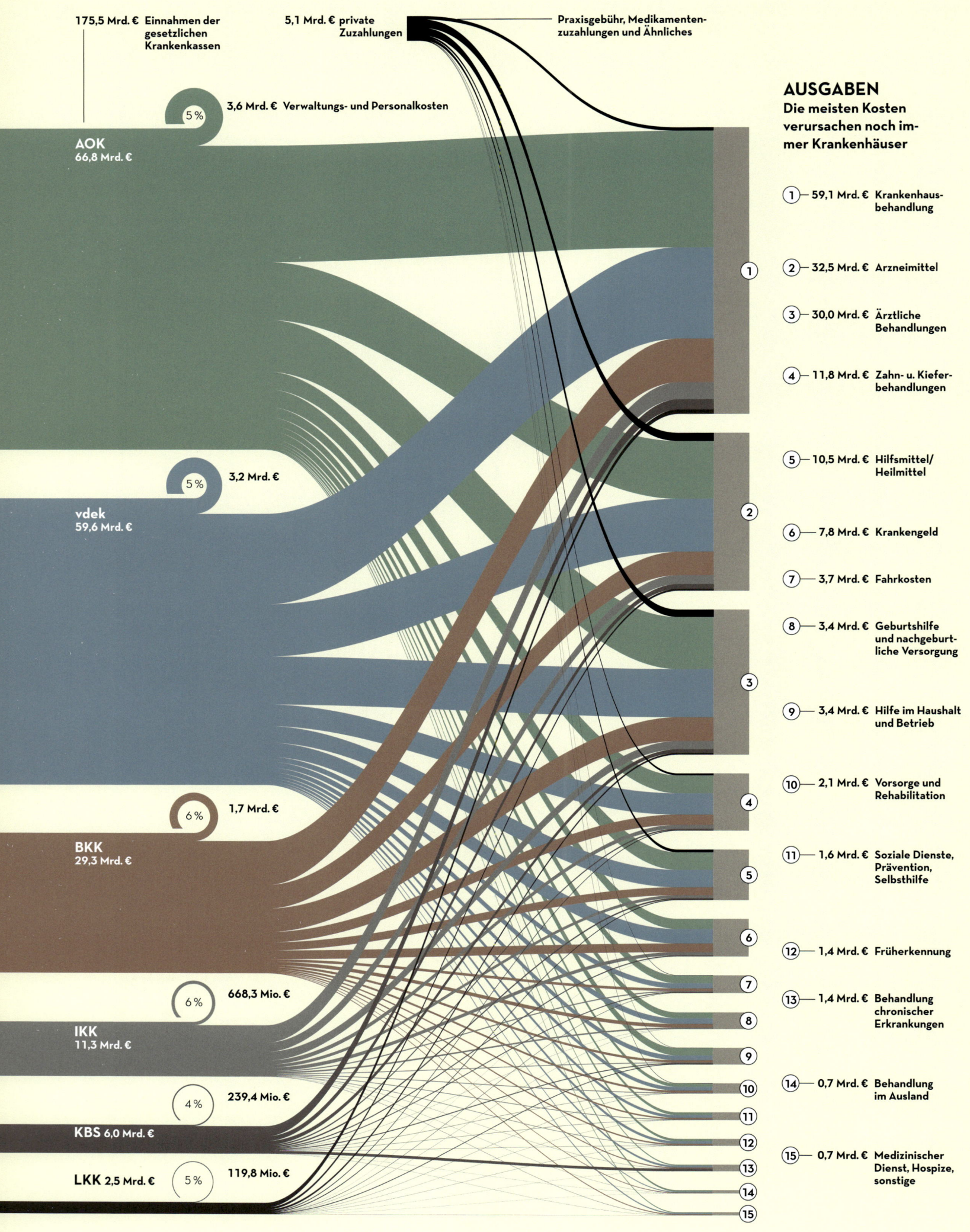

175,5 Mrd. € Einnahmen der gesetzlichen Krankenkassen

5,1 Mrd. € private Zuzahlungen

Praxisgebühr, Medikamenten-zuzahlungen und Ähnliches

3,6 Mrd. € Verwaltungs- und Personalkosten

AOK
66,8 Mrd. €

5 %

vdek
59,6 Mrd. €

5 % 3,2 Mrd. €

BKK
29,3 Mrd. €

6 % 1,7 Mrd. €

IKK
11,3 Mrd. €

6 % 668,3 Mio. €

KBS 6,0 Mrd. €

4 % 239,4 Mio. €

LKK 2,5 Mrd. €

5 % 119,8 Mio. €

AUSGABEN
Die meisten Kosten verursachen noch immer Krankenhäuser

① — 59,1 Mrd. € Krankenhaus-behandlung

② — 32,5 Mrd. € Arzneimittel

③ — 30,0 Mrd. € Ärztliche Behandlungen

④ — 11,8 Mrd. € Zahn- u. Kiefer-behandlungen

⑤ — 10,5 Mrd. € Hilfsmittel/Heilmittel

⑥ — 7,8 Mrd. € Krankengeld

⑦ — 3,7 Mrd. € Fahrkosten

⑧ — 3,4 Mrd. € Geburtshilfe und nachgeburt-liche Versorgung

⑨ — 3,4 Mrd. € Hilfe im Haushalt und Betrieb

⑩ — 2,1 Mrd. € Vorsorge und Rehabilitation

⑪ — 1,6 Mrd. € Soziale Dienste, Prävention, Selbsthilfe

⑫ — 1,4 Mrd. € Früherkennung

⑬ — 1,4 Mrd. € Behandlung chronischer Erkrankungen

⑭ — 0,7 Mrd. € Behandlung im Ausland

⑮ — 0,7 Mrd. € Medizinischer Dienst, Hospize, sonstige

GRAFIK / RECHERCHE: GOLDEN SECTION GRAPHICS / ERSCHIENEN IN: INGRAPHICS

DIE GESUNDHEITSBRANCHE – ARBEITSPLÄTZE UND INFRASTRUKTUR

MEHR ARBEITSPLÄTZE ALS KRANKENHAUSBETTEN

4,7 Millionen Menschen – das sind zehn Prozent der arbeitenden Bevölkerung – sind im deutschen Gesundheitssystem beschäftigt. Allein 335.000 von ihnen sind Ärzte. Zahlen und Berechnungen sind für 2008.

Beschäftigte im Gesundheitswesen   👤 **entspricht 10.000 Mitgliedern**

1.105 Tsd. Krankenhäuser

164 Tsd. davon Ärzte

1.034 Tsd. Arztpraxen, inkl. Zahnärzte und Kieferorthopäden

142 Tsd. davon Ärzte

360 Tsd. Praxen anderer Heilberufe

890 Tsd. Ambulant und stationäre Pflegeeinrichtungen

226 Tsd. Pharmaindustrie, inkl. Medizintechnik und Augenoptik

176 Tsd. Menschen arbeiten in ca. 21.000 Apotheken

162 Tsd. Einzelhandel und Handwerk

782 Tsd. Sonstige

29 Tsd. davon Ärzte

ALS WIRTSCHAFTSSEKTOR KERNGESUND

278,3 Milliarden Euro wurden in Deutschland für Gesundheit ausgegeben. Das sind 11,6 Prozent des Bruttoinlandproduktes oder 3.400 Euro pro Einwohner

Ausgabenträger

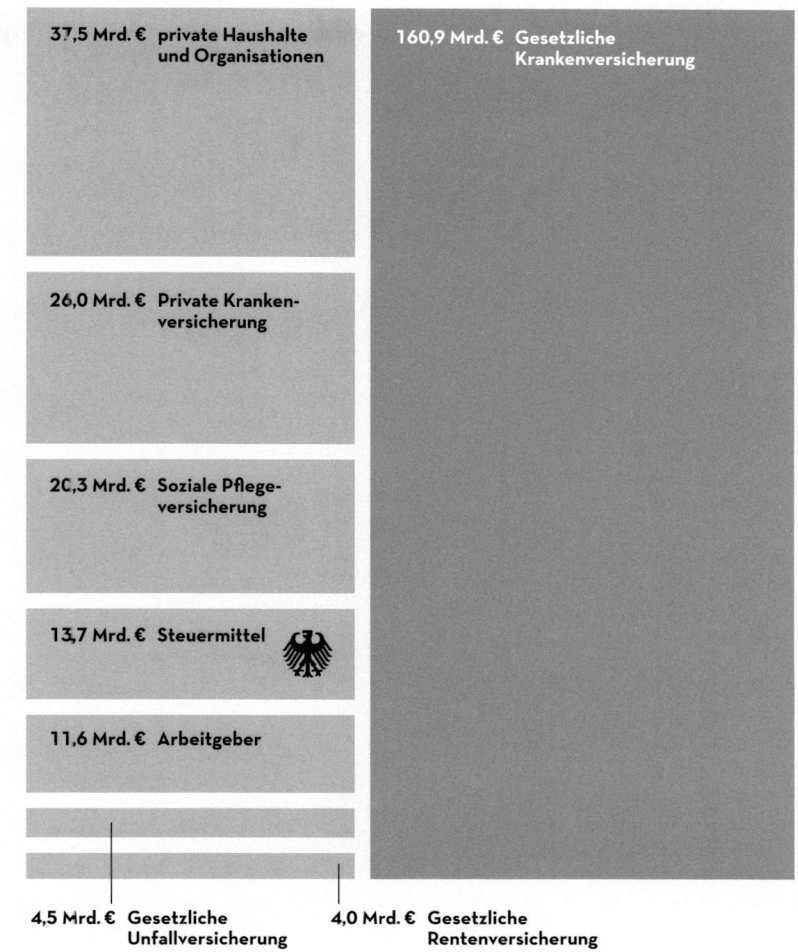

37,5 Mrd. € private Haushalte und Organisationen

160,9 Mrd. € Gesetzliche Krankenversicherung

26,0 Mrd. € Private Krankenversicherung

20,3 Mrd. € Soziale Pflegeversicherung

13,7 Mrd. € Steuermittel

11,6 Mrd. € Arbeitgeber

4,5 Mrd. € Gesetzliche Unfallversicherung

4,0 Mrd. € Gesetzliche Rentenversicherung

KRANKENHÄUSER

2.084 Hospitale mit über 500.000 Betten gab es 2009 in Deutschland

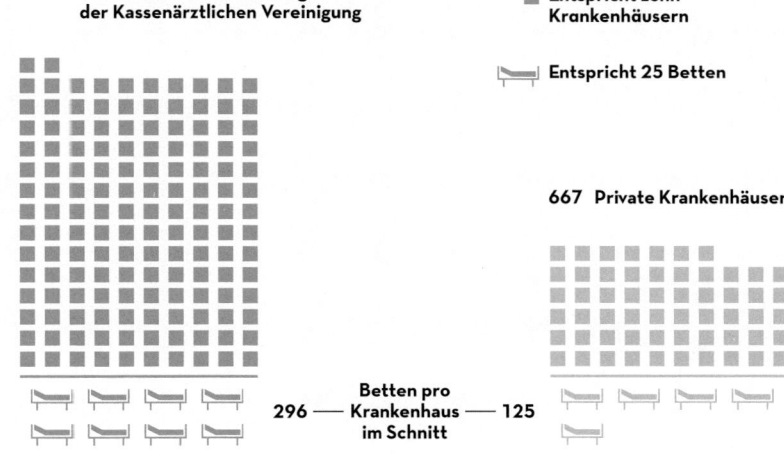

1.417 Krankenhäuser mit Verträgen mit der Kassenärztlichen Vereinigung

Entspricht zehn Krankenhäusern

Entspricht 25 Betten

667 Private Krankenhäuser

296 —— Betten pro Krankenhaus im Schnitt —— 125

Sie nennen es Sozialtransfer. Aber ist es auch gerecht?

So lesen Sie die Gegenüberstellung: In der linken Säule finden Sie die Bruttoeinkommen, aufgeteilt in Arbeitgeber- und Arbeitnehmeranteile. Die rechte Säule listet das daraus abgeleitete Nettoeinkommen. Rechts davon befindet sich die Kostenrechnung zur Ermittlung des verfügbaren Einkommens. In der hellen Säule ganz rechts: die maximale Höhe der Hartz IV-Bezüge, welche von der Familie beantragt werden können. Vorausgesetzt natürlich, sie gerät an einen freundlichen Sachbearbeiter!

EINKOMMEN EINES ARBEITNEHMERS
Stand 2010

BEZÜGE EINES HARTZ IV-EMPFÄNGERS
ab 2011

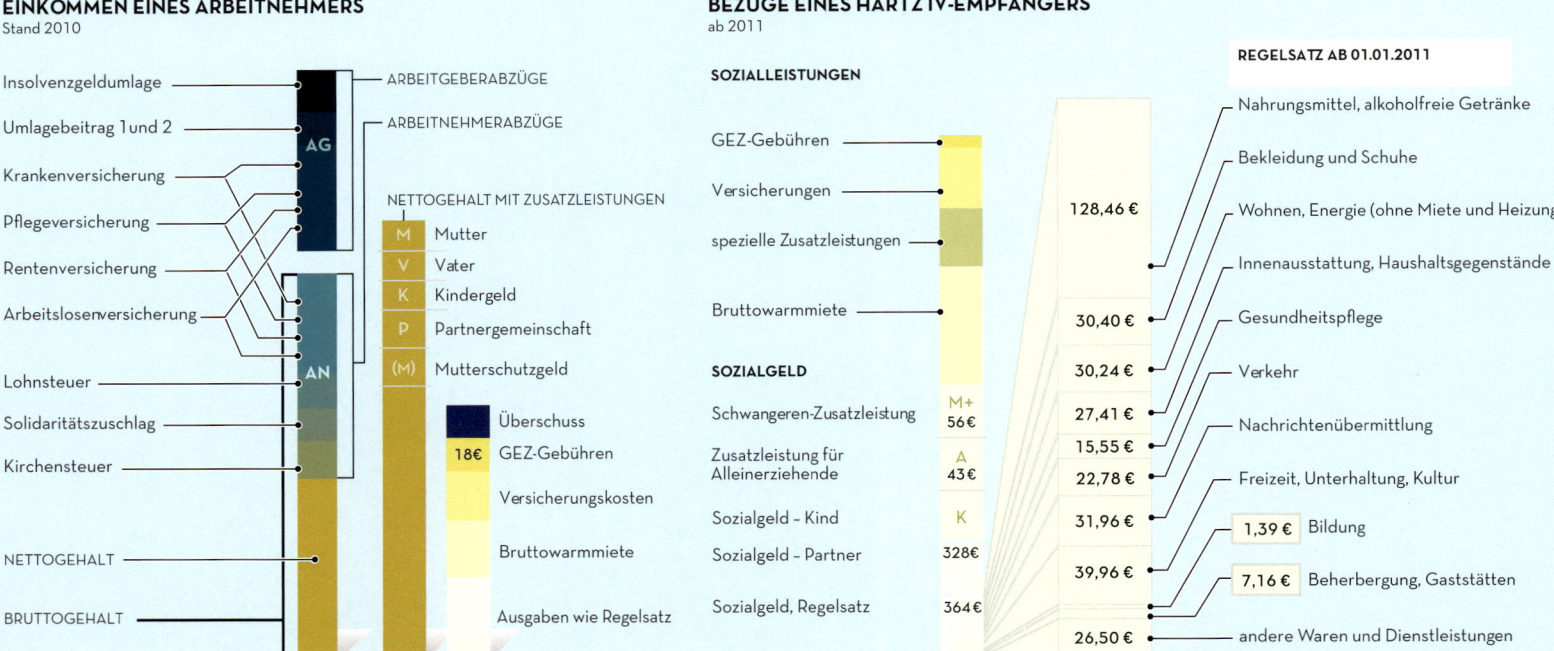

Alle Beispiele wurden für Berlin berechnet. Weil Hartz IV-Sätze sich fortlaufend ändern – sowohl in der Höhe als auch regional – sind die Bezüge Momentaufnahmen. Dasselbe gilt für die Berechnungen der Arbeiter, Beamten und Selbstständigen. Beamtengehälter zum Beispiel fallen je Bundesland, Alter, Besteuerung und Grad der Dienststelle unterschiedlich aus. Gleiches gilt für Selbstständige: Art und Form des Unternehmens sowie die steuerlichen Abgaben sorgen für große Unterschiede.

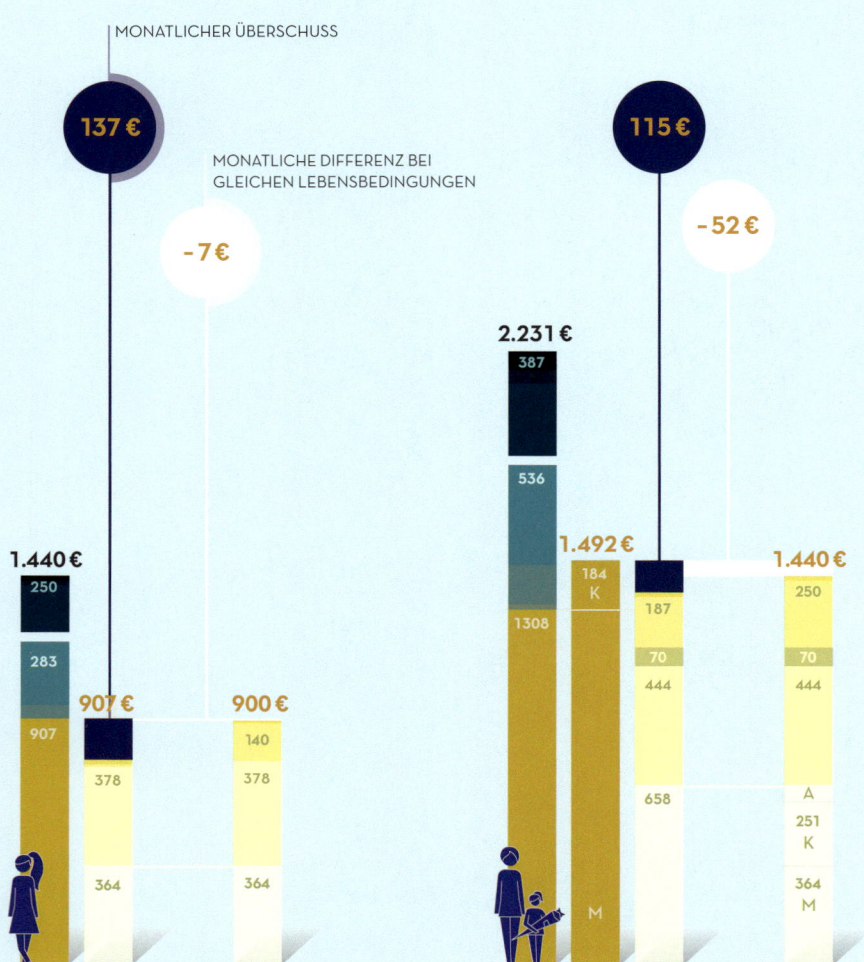

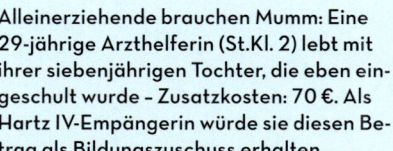

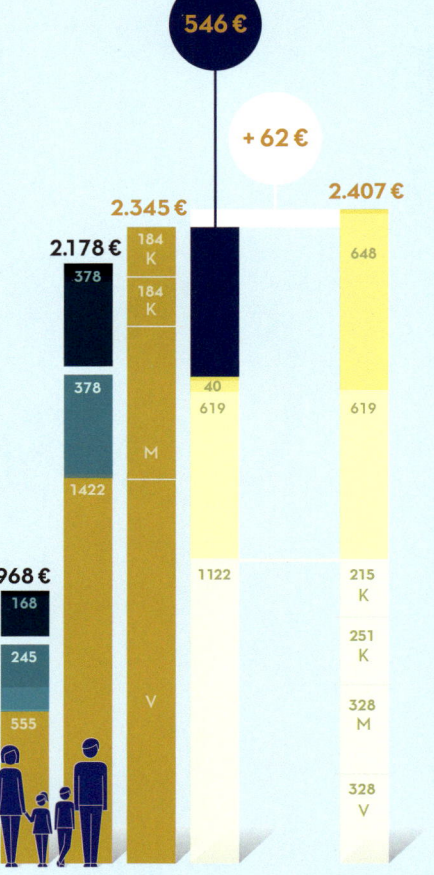

Ungerecht? Eine 22-jährige Friseurin (St. Kl. 1) geht mehr als 160 Stunden im Monat arbeiten. Ihr bleiben 137 € zum Leben. Monatlich hat sie somit 7 € mehr als eine Hartz IV-Empfängerin in der Tasche, bei vergleichbaren Lebensbedingungen.

Alleinerziehende brauchen Mumm: Eine 29-jährige Arzthelferin (St.Kl. 2) lebt mit ihrer siebenjährigen Tochter, die eben eingeschult wurde – Zusatzkosten: 70 €. Als Hartz IV-Empfängerin würde sie diesen Betrag als Bildungszuschuss erhalten.

Misslage bei der Kleinfamilie: Sie, 40, ist Kosmetikerin (St.Kl. 5), er, 43, arbeitet als Ergotherapeut (St.Kl. 3). Zusammen verdient das Ehepaar 1.977 € netto. Für die Kinder, fünf und neun, erhalten sie 368 € Kindergeld. Mit Hartz IV stünden sie besser da.

GRAFIK / RECHERCHE: GOLDEN SECTION GRAPHICS / ERSCHIENEN IN: IN GRAPHICS

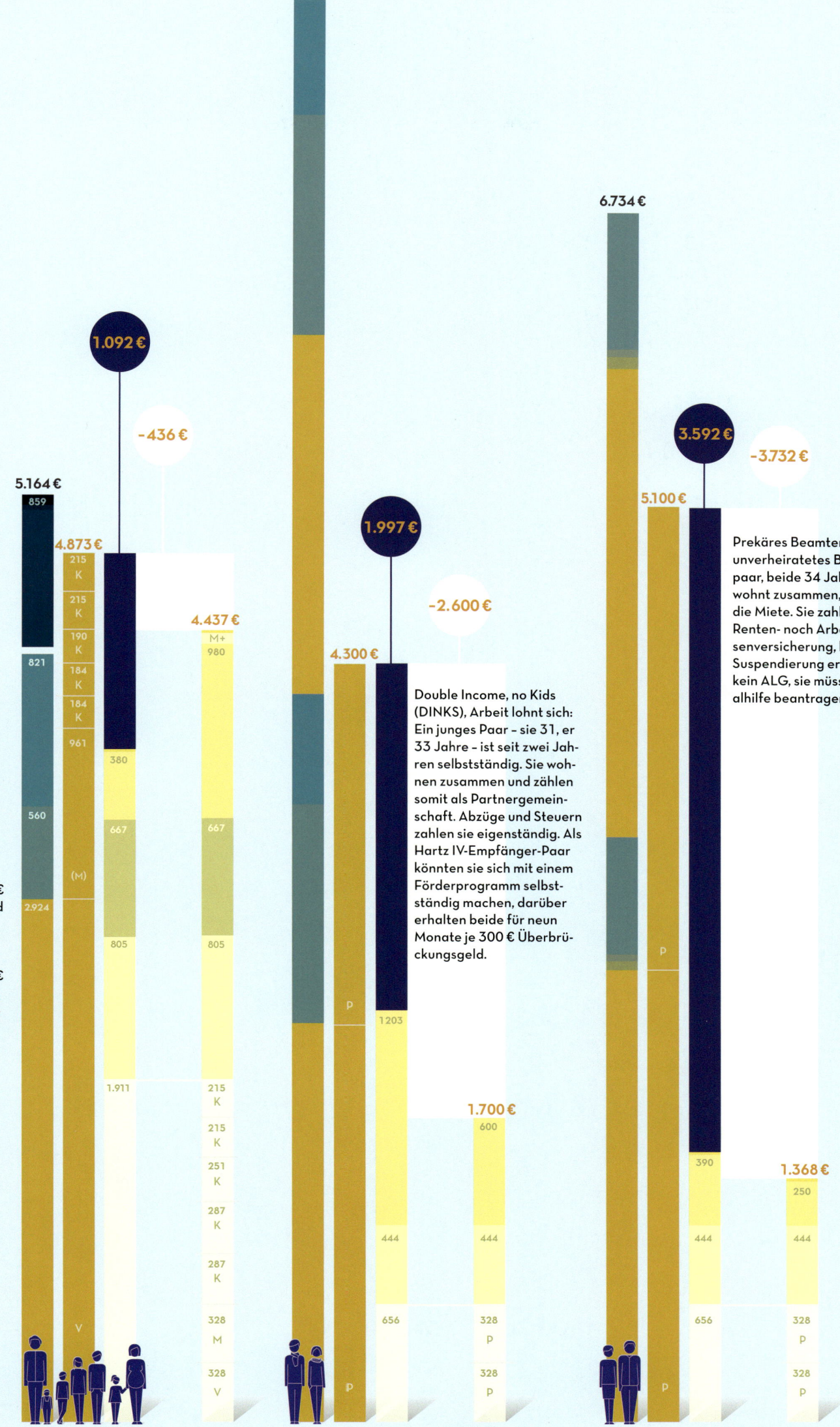

8.000 €

6.734 €

1.092 €

−436 €

3.592 €

−3.732 €

5.164 €

859

4.873 €

215 K

215 K

190 K

184 K

184 K

961

(M)

560

2.924

4.437 €

M+ 980

380

667

667

(M)

805

805

1.911

215 K

215 K

251 K

287 K

287 K

328 M

328 V

V

1.997 €

4.300 €

−2.600 €

p

1203

444

656

p

1.700 €

600

444

328 p

328 p

5.100 €

p

390

656

p

1.368 €

250

444

328 p

328 p

Kinderreichtum macht arm – und sichert ab: Eine Großfamilie verfügt monatlich über 4.873 €. Der Mann arbeitet als Ingenieur (St.Kl. 3), die Mutter ist im Mutterschutz und erhält 99 Tage lang 31 € täglich, bezogen auf ihr vorheriges Nettoeinkommen. Beide beziehen 988 € Kindergeld, die Kinder sind 18, 16, zwölf, sechs und drei Jahre alt. Soeben hat sich die Familie eine neue Babyausstattung für 667 € geleistet. Derselbe Betrag würde einer Hartz IV-Empfänger-Familie für diesen Zweck als Sozialgeld zur Verfügung gestellt.

Double Income, no Kids (DINKS), Arbeit lohnt sich: Ein junges Paar – sie 31, er 33 Jahre – ist seit zwei Jahren selbstständig. Sie wohnen zusammen und zählen somit als Partnergemeinschaft. Abzüge und Steuern zahlen sie eigenständig. Als Hartz IV-Empfänger-Paar könnten sie sich mit einem Förderprogramm selbstständig machen, darüber erhalten beide für neun Monate je 300 € Überbrückungsgeld.

Prekäres Beamtentum: Ein unverheiratetes Beamtenpaar, beide 34 Jahre alt, wohnt zusammen, teilt sich die Miete. Sie zahlen weder Renten- noch Arbeitslosenversicherung, bei einer Suspendierung erhalten sie kein ALG, sie müssten Sozialhilfe beantragen.

KAPITEL 7

WIR UND WIR

Dies ist das Kapitel der Gegenüberstellungen. Egal ob sich hier Ost und West [S. 196], 2000 und die Jahre danach [S. 198], Worte und Unworte [S. 200], Stefan Raab und Thomas Gottschalk [S. 210], die Kinder deutscher Managerinnen mit der Zahl ihrer Mitarbeiter [S. 206] begegnen, an allen nagt der Zahn der Zeit. Und der nagt unterschiedlich.

Wie Echos geben die Jungen- und Mädchennamen die Popcharts, Kino- und Literatur-Hits ihrer Ära [S. 202] wieder. Rocco Granatas „Marina", „Kevin allein zu Haus", „Lara Croft" und „Sophies Welt": Sie haben sich in den Kitaschildchen und Klassenbüchern der Epochen verewigt.

Andersartigkeit dominiert die Gegenüberstellung von Loveparade und Oktoberfest [S. 208]. Einerseits ein moderner Karnevalsumzug, der sich als Demo ausgibt, der wächst und wächst, neue Bilder von Deutschland in die Welt setzt und ins Stottern kommt, als er seine existenzielle Lüge aufgeben muss. Andererseits das mehr als 200 Jahre gewachsene, geordnete Chaos Oktoberfest, mit seinen deutlich größeren Gefahren (Schlägereien, Bomben), festen Ritualen und Strukturen und beständigen, sanften, bayerisch bleibenden Modernisierungen.

Parallelen zum Palast der Republik fallen auf [S. 212], denn ebenso selbstbewusst wie einst die Technoparty hat sich der Palast als Polit- und Partyhybrid in die alte Mitte Berlins platziert und durch pure Präsenz gegen seinen historischen Kontext gearbeitet. Seinen Besuchern war er ohnehin mehr Feierort als Politpalast und wurde irgendwann, gemeinsam mit seinen Schöpfern, von der Geschichte überrollt.

Wahrscheinlich gilt das Hugo'sche Bonmot von der guten Sache, deren Zeit irgendwann kommt, eben auch im umgekehrten Sinne. Frage ist nur, wann sich Hauptschule und Gymnasium, Lieblingsstreitobjekte deutscher Eltern, endlich in Luft auflösen. Das Bildungswirrwarr auf Seite 204 spricht Bände: Das am meisten ungerechte Bildungssystem Europas macht es nicht mehr lange.

Anteil westdeutscher Protestanten, die jeden Sonntag den Gottesdienst besuchen, in Prozent: **1**—*Anteil ostdeutscher Katholiken, die jeden Sonntag den Gottesdienst besuchen, in Prozent:* **17**—*Zahl rechtsextremistisch motivierter Delikte in Deutschland im Jahr 2011:* **17.000**—*Zahl linksextremistisch motivierter Delikte in Deutschland im Jahr 2011:* **8.600**—*Zahl rechter Gewaltdelikte gegen vermeintliche Linksextreme:* **275**—*Zahl linker Gewaltdelikte gegen vermeintliche Rechtsextreme:* **443**—*Anzahl der Männer (je 100.000 Einwohner), die sich aufgrund von Schlafstörungen stationär behandeln lassen:* **308,4**—*Anzahl der Frauen (je 100.000 Einwohner), die sich aufgrund von Schlafstörungen stationär behandeln lassen:* **79,7**—*Zahl der männlichen Autofahrer, denen Beschleunigung und Geschwindigkeit bei Autos wichtig sind, in Prozent:* **54**—*Zahl der weiblichen Autofahrer, denen Beschleunigung und Geschwindigkeit bei Autos wichtig sind, in Prozent:* **29**—*Zahl der Mord- und Totschlagsfälle 2009 in westdeutschen Städten mit mehr als 100.000 Einwohnern:* **137**—*Zahl der Mord- und Totschlagsfälle 2009 in ostdeutschen Städten mit mehr als 100.000 Einwohnern:* **91**—*Davon in Berlin:* **61**—*Anteil der Männer, die der Meinung sind, dass Frauen für Führungspositionen gleich gut geeignet sind wie Männer, in Prozent:* **88**—*Anteil der Frauen, die der Meinung sind, dass Frauen für Führungspositionen gleich gut geeignet sind wie Männer, in Prozent:* **85**—*Anteil der Männer, die der Meinung sind, dass Frauen für Führungspositionen besser geeignet sind als Männer, in Prozent:* **5**—*Anteil der Frauen, die der Meinung sind, dass Frauen für Führungspositionen besser geeignet sind als Männer, in Prozent:* **10**—*Anteil der Männer, die die Frage, ob sie gern eine Führungsposition im Beruf einnehmen möchten, mit nein beantworten, in Prozent:* **57**—*Anteil der Frauen, die die Frage, ob sie gerne eine Führungsposition im Beruf einnehmen möchten, mit nein beantworten, in Prozent:* **74**—*Zahl der Unterschriften, die vom „Bündnis für den Palast" gegen den Abriss des Palastes der Republik gesammelt wurden:* **10.000**—*Zahl der Spenden, die der Förderverein Berliner Schloss bis Ende 2011 hat sammeln können, um von dem Geld die historische Fassade zu finanzieren, in Millionen Euro:* **18,5**—*Zahl der „Likes" für „Wiederaufbau Berliner Schloss" des Fördervereins Berliner Schloss bei Facebook, Stand Juni 2012:* **1.603**—*Häufigste Vornamen, unter denen auf dem Reiseportal Holiday-Check im Jahr 2011 Urlaube nach Mallorca gebucht wurden:* **MICHAEL UND SABINE**—*Häufigste Vornamen, unter denen auf dem Reiseportal Holiday-Check im Jahr 2011 Urlaube in die Dominikanische Republik gebucht wurden:* **DANIEL UND NICOLE**

Mama, was war eigentlich DDR?

23 Jahre nach der Wende bleiben doch noch ein paar kleine Unterschiede

Sie hatten eine wunderschöne Hymne, die Brüder und Schwestern im Osten. „Auferstanden aus Ruinen", begann sie, „und der Zukunft zugewandt, lass uns dir zum Guten dienen, Deutschland einig Vaterland." Erst 1970, als BRD-Kanzler Willy Brandt den Vorsitzenden des DDR-Ministerrates Willy Stoph bei deutsch-deutschen Gesprächen auf die vierte Zeile ansprach, verschwand sie. Im Osten aßen sie Ketwurst, Krusta und Griletta. Der Westen hatte die Originale: HotDog, Pizza, Burger. Im Osten sangen die

Kinder von „Bummi", der „Kleinen Meise", „Sandmann", „Pittiplatsch", über „Blaue Wimpel im Sommerwind" und „Wenn Mutti früh zur Arbeit geht". Im Westen gab es „Rappelkiste", „Löwenzahn", „Sesamstraße" und die „Tigerente". Die DDR ist Vergangenheit. Aber sie ist nicht vergessen. Denn heute fragen die Enkel, was es mit dem Deutschland, das es nicht mehr gibt, auf sich hatte. Je nachdem, wie sehr die Erwachsenen sich für das Land im Osten interessieren, werden die Geschichten vielleicht mal nicht von

Selbstschussanlagen an der innerdeutschen Grenze handeln (insgesamt 55.000), Grenzschäferhunden (3.000) und Stasi-Akten (112 Kilometer lagern in der Birthler-Behörde). 90 Prozent aller Ost- und Westdeutschen finden es gut, dass Deutschland wiedervereinigt ist. Aber 64 Prozent der Ostdeutschen empfinden sich noch immer als Bürger zweiter Klasse (im Vergleich dazu: 13 Prozent Westdeutsche). Ein Unterschied, der niemals nur mit Arbeit zu tun haben kann. Wohl eher mit mangelnder Aufmerksamkeit?

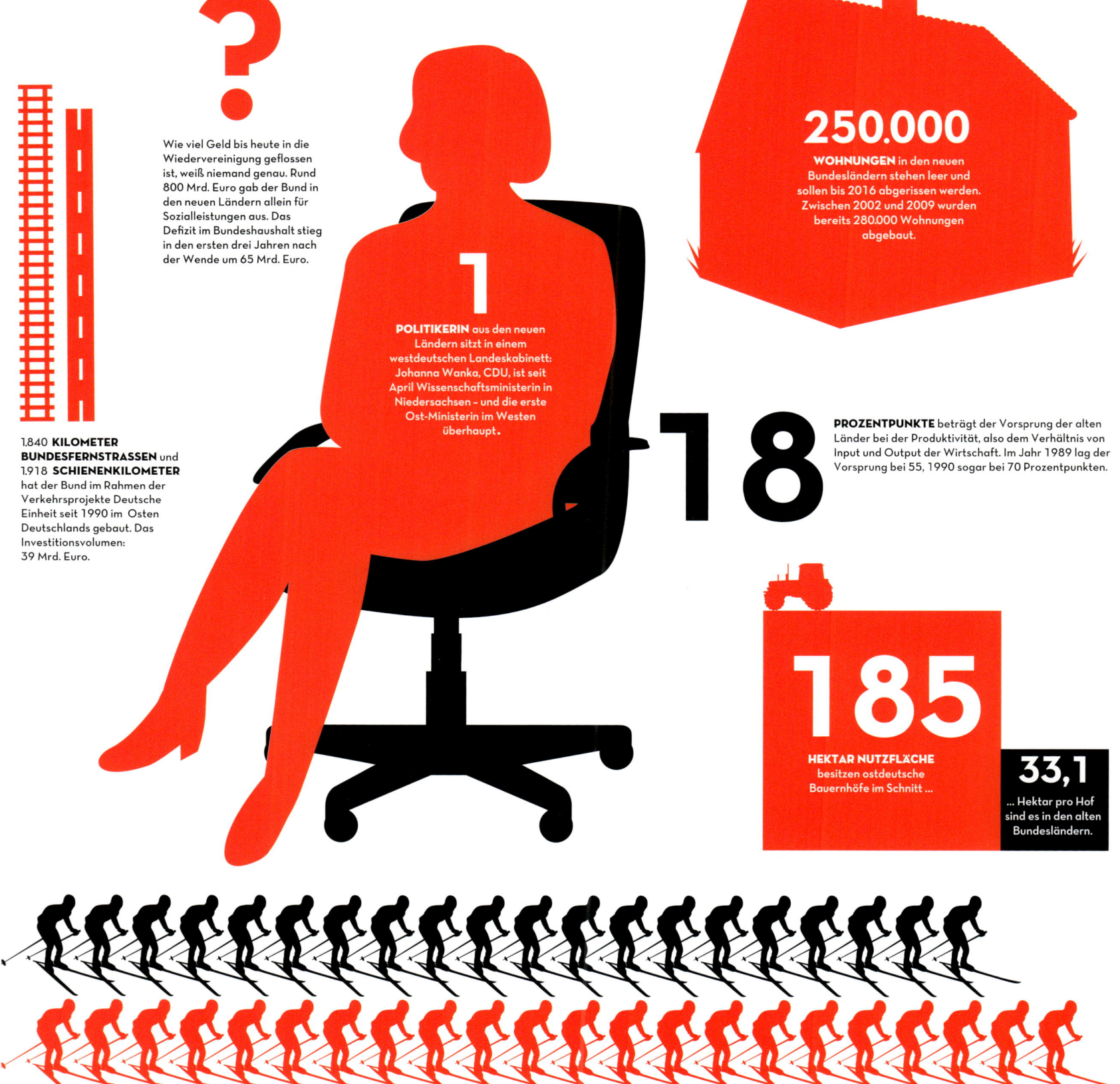

Wie viel Geld bis heute in die Wiedervereinigung geflossen ist, weiß niemand genau. Rund 800 Mrd. Euro gab der Bund in den neuen Ländern allein für Sozialleistungen aus. Das Defizit im Bundeshaushalt stieg in den ersten drei Jahren nach der Wende um 65 Mrd. Euro.

1.840 **KILOMETER BUNDESFERNSTRASSEN** und 1.918 **SCHIENENKILOMETER** hat der Bund im Rahmen der Verkehrsprojekte Deutsche Einheit seit 1990 im Osten Deutschlands gebaut. Das Investitionsvolumen: 39 Mrd. Euro.

1
POLITIKERIN aus den neuen Ländern sitzt in einem westdeutschen Landeskabinett: Johanna Wanka, CDU, ist seit April Wissenschaftsministerin in Niedersachsen – und die erste Ost-Ministerin im Westen überhaupt.

250.000
WOHNUNGEN in den neuen Bundesländern stehen leer und sollen bis 2016 abgerissen werden. Zwischen 2002 und 2009 wurden bereits 280.000 Wohnungen abgebaut.

18
PROZENTPUNKTE beträgt der Vorsprung der alten Länder bei der Produktivität, also dem Verhältnis von Input und Output der Wirtschaft. Im Jahr 1989 lag der Vorsprung bei 55, 1990 sogar bei 70 Prozentpunkten.

185
HEKTAR NUTZFLÄCHE besitzen ostdeutsche Bauernhöfe im Schnitt ...

33,1
... Hektar pro Hof sind es in den alten Bundesländern.

GRAFIK: KLAAS NEUMANN / ERSCHIENEN IN: FINANCIAL TIMES DEUTSCHLAND

22 der 42 **DEUTSCHEN ATHLETEN,** die bei den olympischen Spielen in Vancouver Medaillen gewannen, stammen aus den neuen Ländern.

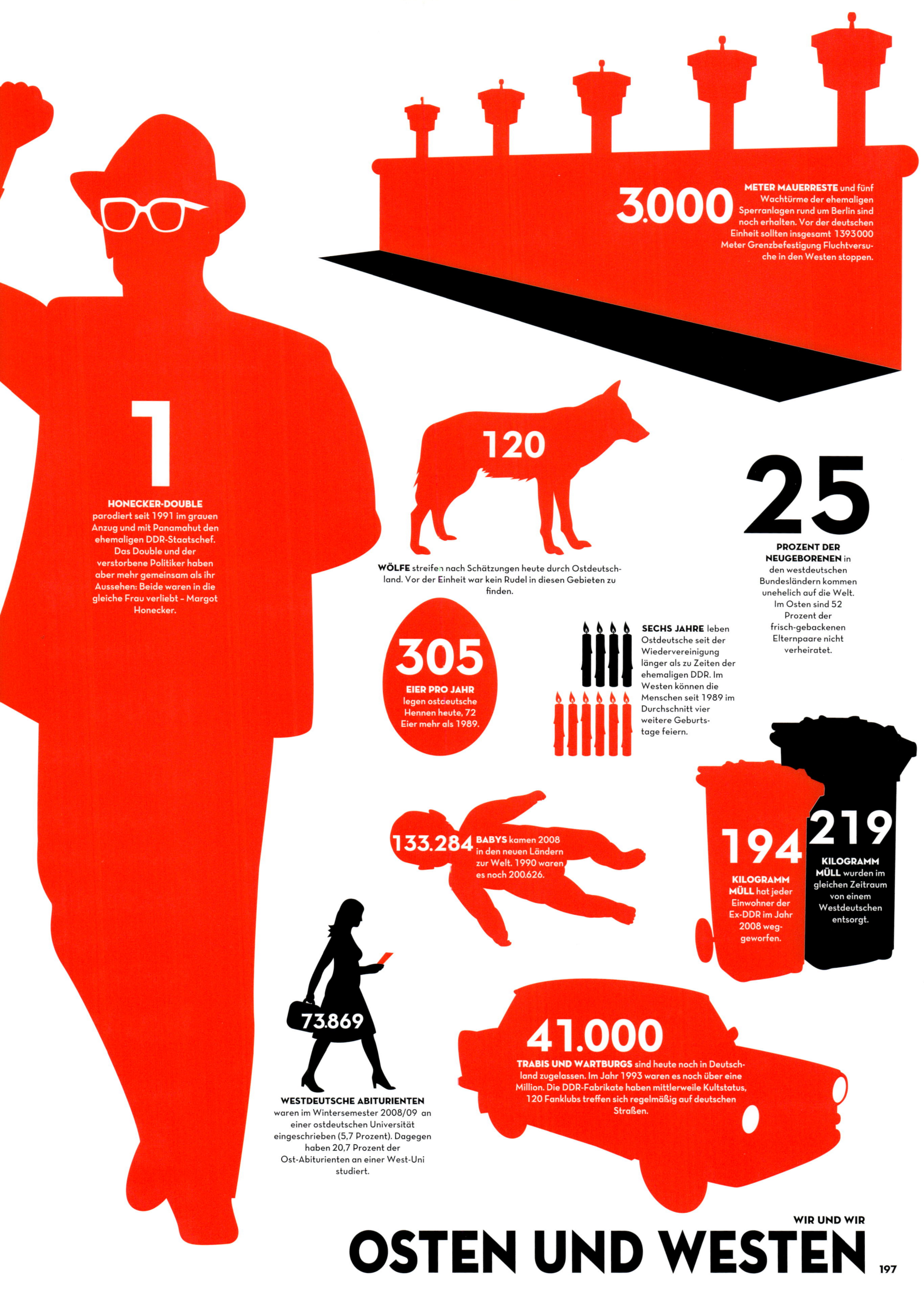

3.000

METER MAUERRESTE und fünf Wachtürme der ehemaligen Sperranlagen rund um Berlin sind noch erhalten. Vor der deutschen Einheit sollten insgesamt 1393000 Meter Grenzbefestigung Fluchtversuche in den Westen stoppen.

1

HONECKER-DOUBLE parodiert seit 1991 im grauen Anzug und mit Panamahut den ehemaligen DDR-Staatschef. Das Double und der verstorbene Politiker haben aber mehr gemeinsam als ihr Aussehen: Beide waren in die gleiche Frau verliebt – Margot Honecker.

120

WÖLFE streifen nach Schätzungen heute durch Ostdeutschland. Vor der Einheit war kein Rudel in diesen Gebieten zu finden.

25

PROZENT DER NEUGEBORENEN in den westdeutschen Bundesländern kommen unehelich auf die Welt. Im Osten sind 52 Prozent der frisch-gebackenen Elternpaare nicht verheiratet.

305

EIER PRO JAHR legen ostdeutsche Hennen heute, 72 Eier mehr als 1989.

SECHS JAHRE leben Ostdeutsche seit der Wiedervereinigung länger als zu Zeiten der ehemaligen DDR. Im Westen können die Menschen seit 1989 im Durchschnitt vier weitere Geburtstage feiern.

133.284

BABYS kamen 2008 in den neuen Ländern zur Welt. 1990 waren es noch 200.626.

194

KILOGRAMM MÜLL hat jeder Einwohner der Ex-DDR im Jahr 2008 weggeworfen.

219

KILOGRAMM MÜLL wurden im gleichen Zeitraum von einem Westdeutschen entsorgt.

73.869

WESTDEUTSCHE ABITURIENTEN waren im Wintersemester 2008/09 an einer ostdeutschen Universität eingeschrieben (5,7 Prozent). Dagegen haben 20,7 Prozent der Ost-Abiturienten an einer West-Uni studiert.

41.000

TRABIS UND WARTBURGS sind heute noch in Deutschland zugelassen. Im Jahr 1993 waren es noch über eine Million. Die DDR-Fabrikate haben mittlerweile Kultstatus, 120 Fanklubs treffen sich regelmäßig auf deutschen Straßen.

OSTEN UND WESTEN

BEVÖLKERUNG

Umzüge von Ost- nach Westdeutschland und umgekehrt, 1999–2009

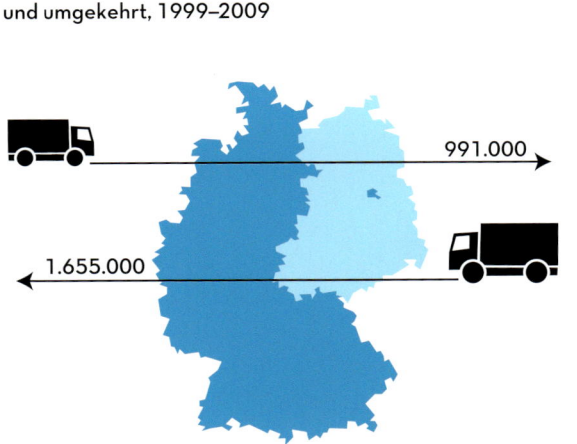

991.000

1.655.000

Bevölkerungsentwicklung

■ Deutschland
■ Philippinen

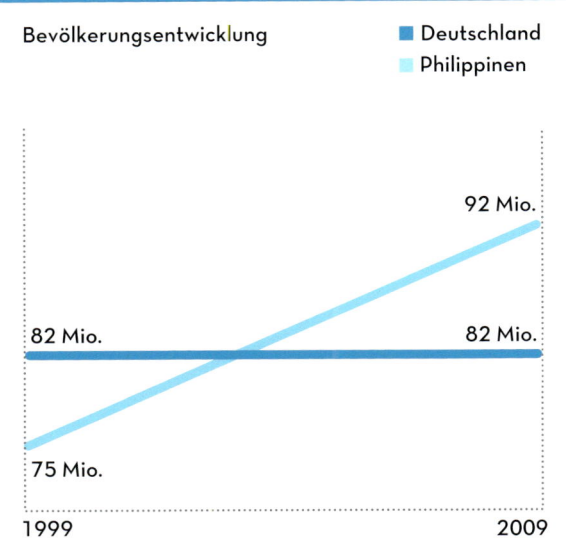

92 Mio.

82 Mio.   82 Mio.

75 Mio.

1999   2009

Muslime in Deutschland

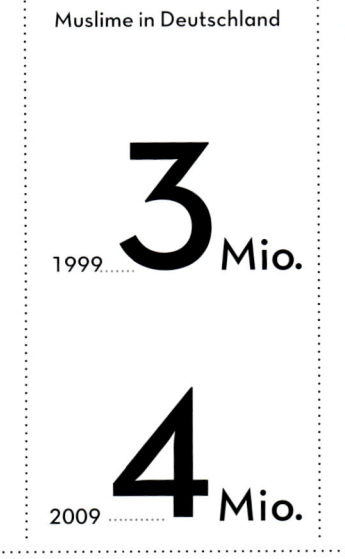

1999 **3** Mio.

2009 **4** Mio.

Alleinerziehende Eltern in Deutschland

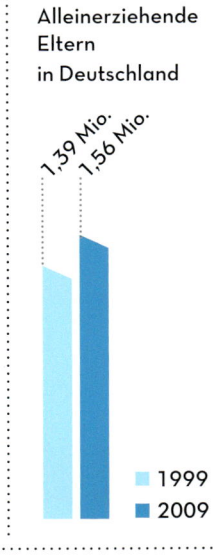

1,39 Mio.   1,56 Mio.

■ 1999
■ 2009

Gefängnisinsassen

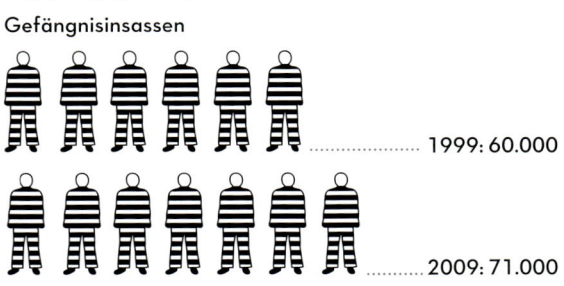

1999: 60.000

2009: 71.000

Wählerstimmen der Volksparteien (SPD, CDU/CSU) bei Bundestagswahlen

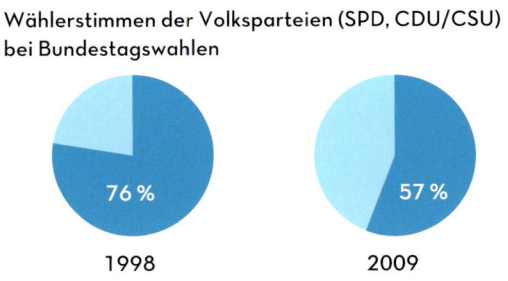

76 %   57 %

1998   2009

Verbrechensstatistik 1999 bis 2009

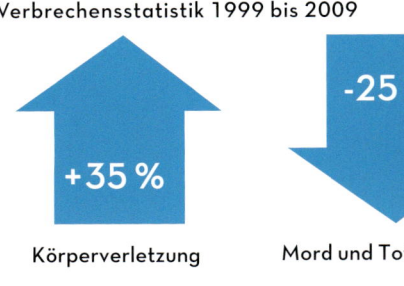

+35 %   -25 %

Körperverletzung   Mord und Totschlag

KOMMUNIKATION UND MEDIEN

Internetnutzer in Deutschland   ■ 1999 ■ 2009

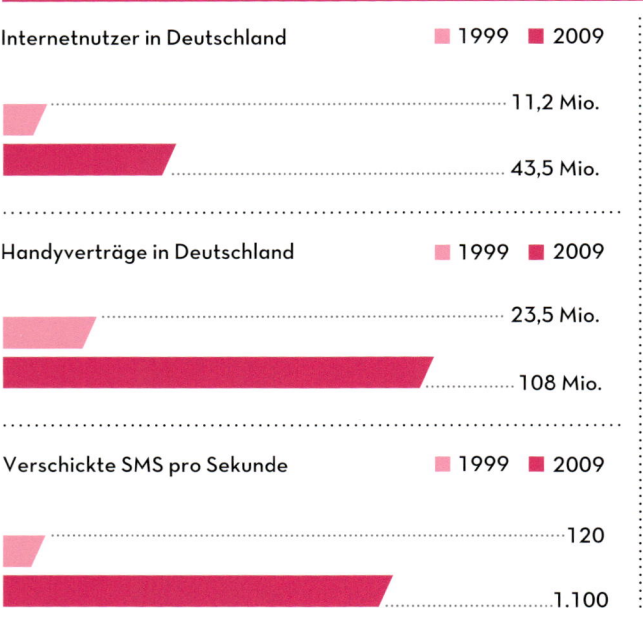

11,2 Mio.

43,5 Mio.

Handyverträge in Deutschland   ■ 1999 ■ 2009

23,5 Mio.

108 Mio.

Verschickte SMS pro Sekunde   ■ 1999 ■ 2009

120

1.100

Täglicher Medienkonsum in Minuten

■ Fehrnsehen
■ Radio
■ Internet

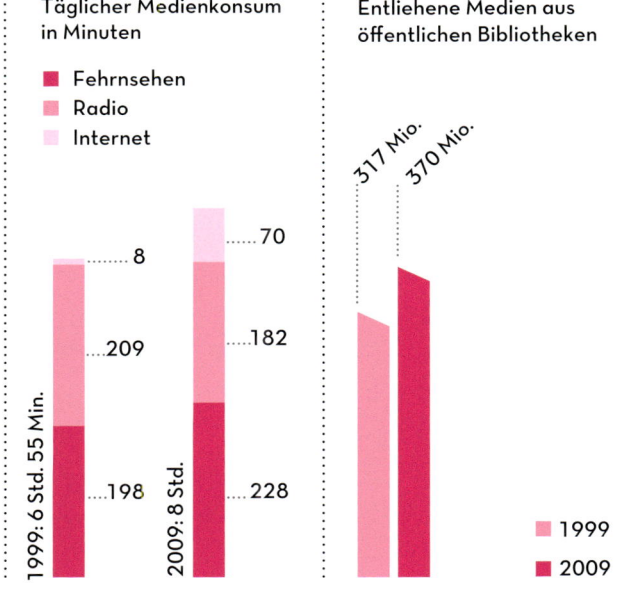

8   70

209   182

1999: 6 Std. 55 Min.   198   2009: 8 Std.   228

Entliehene Medien aus öffentlichen Bibliotheken

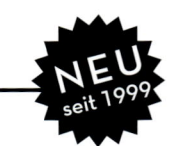

317 Mio.   370 Mio.

■ 1999
■ 2009

Anteil deutscher Künstler in den Charts

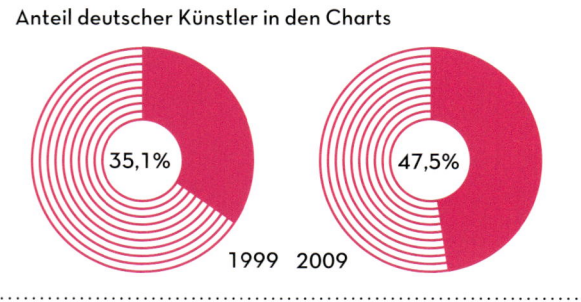

35,1 %   47,5 %

1999   2009

CD-Verkäufe

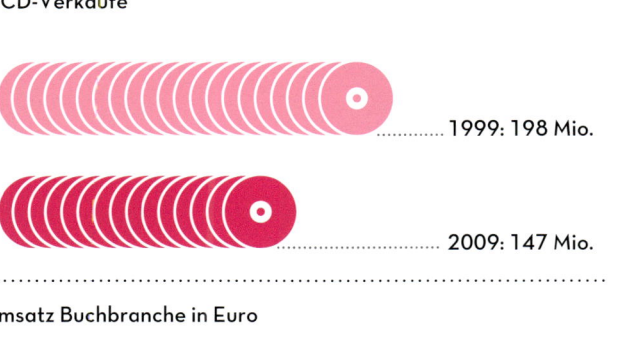

1999: 198 Mio.

2009: 147 Mio.

Gesamtauflage deutscher Tageszeitungen

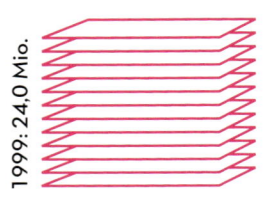   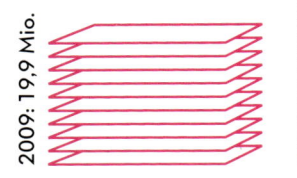

1999: 24,0 Mio.   2009: 19,9 Mio.

Umsatz Buchbranche in Euro

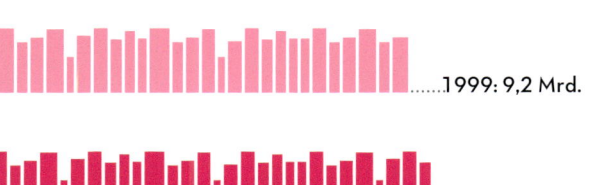

1999: 9,2 Mrd.

2009: 9,7 Mrd.

NEU seit 1999

Big Brother

iPod

Dosenpfand

DSDS

Homo-Ehe

Bundeskanzlerin

Facebook

Heizpilz

YouTube

Hartz IV

Fanmeile

Hybridauto

HDTV

Flatrate

Smartphone

GRAFIK: JULIKA ALTMANN / RECHERCHE: BENJAMIN REUTER / ERSCHIENEN IN: DIE ZEIT

Absolventen in naturwissenschaftlich-technischen Fächern

78.000
102.400

Bundeswehrsoldaten in Auslandseinsätzen

ca. 5.000
7.214

+168 %
Wirtschaftskriminalität

-26 %
Sexueller Kindesmissbrauch

MOBILITÄT

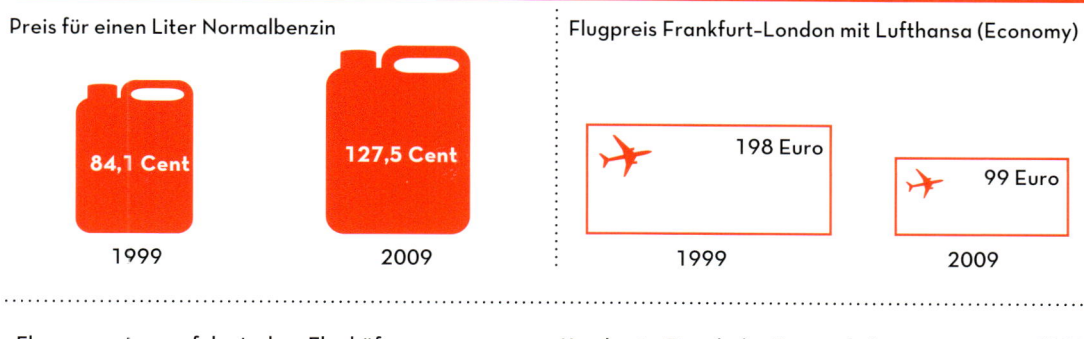

Preis für einen Liter Normalbenzin

84,1 Cent — 1999
127,5 Cent — 2009

Flugpreis Frankfurt–London mit Lufthansa (Economy)

198 Euro — 1999
99 Euro — 2009

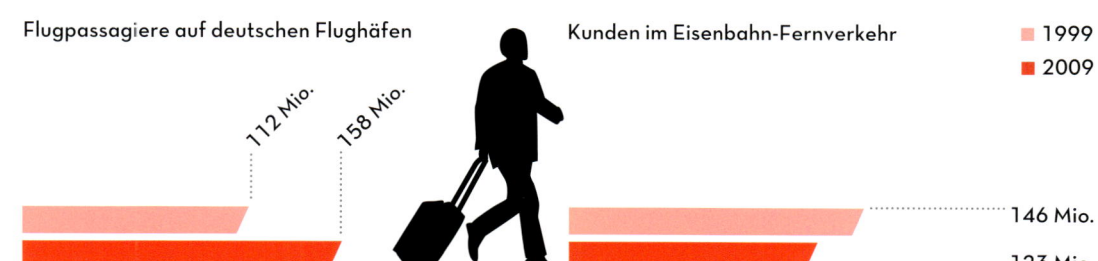

Flugpassagiere auf deutschen Flughäfen

112 Mio.
158 Mio.

Kunden im Eisenbahn-Fernverkehr

■ 1999
■ 2009

146 Mio.
123 Mio.

Was bleibt, ist der Wandel

Deutschland, Land der Stagnation? Weit gefehlt! Diese Statistiken zeigen, wie sich unsere Gesellschaft in den ersten zehn Jahren des Jahrtausends verändert hat

GESUNDHEIT

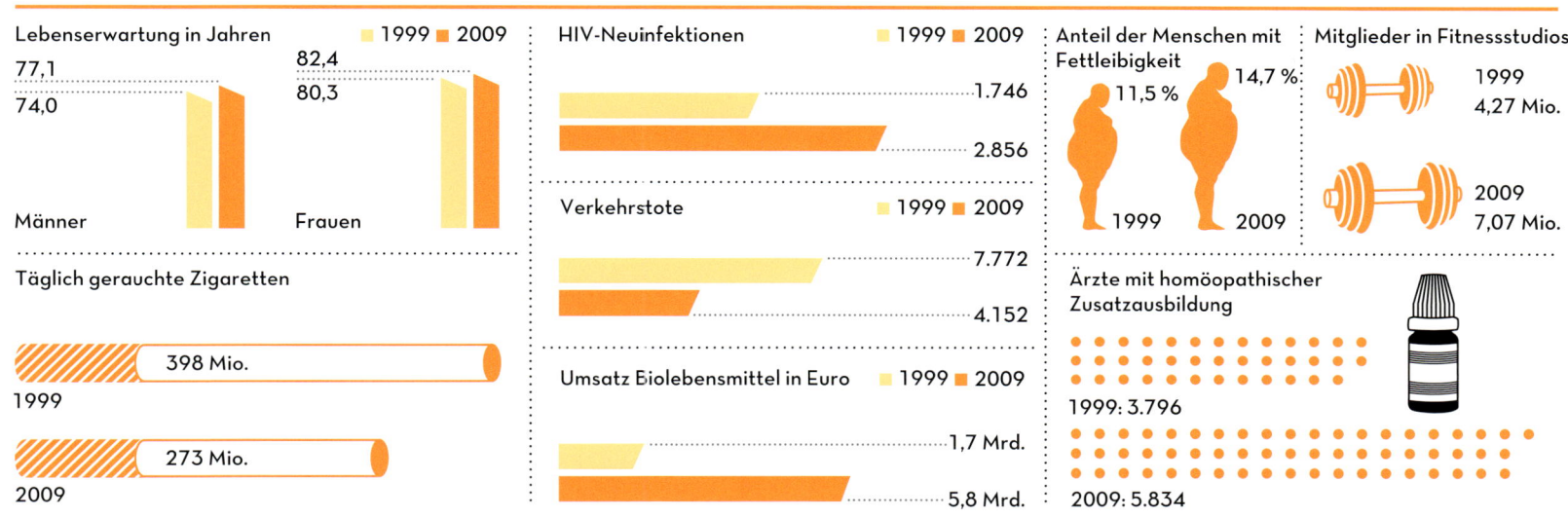

Lebenserwartung in Jahren   ■ 1999 ■ 2009

77,1
74,0
Männer

82,4
80,3
Frauen

Täglich gerauchte Zigaretten

398 Mio. — 1999
273 Mio. — 2009

HIV-Neuinfektionen   ■ 1999 ■ 2009

1.746
2.856

Verkehrstote   ■ 1999 ■ 2009

7.772
4.152

Umsatz Biolebensmittel in Euro   ■ 1999 ■ 2009

1,7 Mrd.
5,8 Mrd.

Anteil der Menschen mit Fettleibigkeit

11,5 %   14,7 %
1999   2009

Mitglieder in Fitnessstudios

1999
4,27 Mio.

2009
7,07 Mio.

Ärzte mit homöopathischer Zusatzausbildung

1999: 3.796

2009: 5.834

WIRTSCHAFT

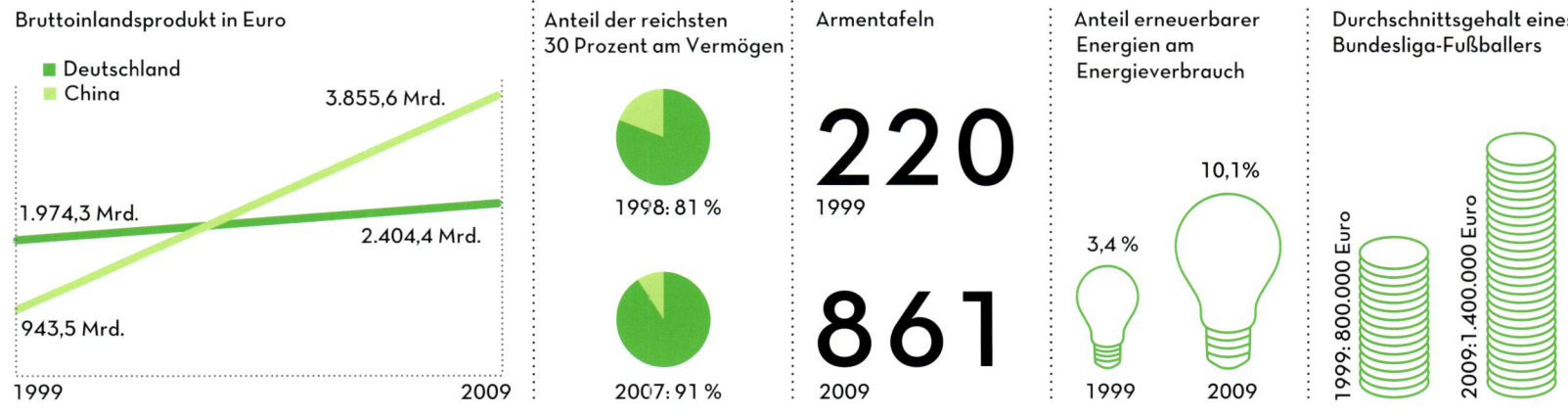

Bruttoinlandsprodukt in Euro

■ Deutschland
■ China

3.855,6 Mrd.
1.974,3 Mrd.
2.404,4 Mrd.
943,5 Mrd.

1999   2009

Anteil der reichsten 30 Prozent am Vermögen

1998: 81 %
2007: 91 %

Armentafeln

220
1999

861
2009

Anteil erneuerbarer Energien am Energieverbrauch

3,4 %   10,1 %
1999   2009

Durchschnittsgehalt eines Bundesliga-Fußballers

1999: 800.000 Euro
2009: 1.400.000 Euro

	1	2	3	4	5	6	7
2011	STRESSTEST	HEBELN	ARABELLION	MERKOZY	FUKUSHIMA	BURNOUT	GUTTENBERGEN
2010	WUTBÜRGER	STUTTGART 21	SARRAZIN-GEN	CYBERKRIEG	WIKILEAKS	SCHOTTERN	ASCHEWOLKE
2009	ABWRACK-PRÄMIE	KRIEGSÄHNLICHE ZUSTÄNDE	SCHWEINEGRIPPE	BAD BANK	WELTKLIMA-GIPFEL	DEUTSCHLAND IST EUROPAMEISTERIN	TWITTERN
2008	FINANZKRISE	VERZOCKT	DATENKLAU	HESSISCHE VERHÄLTNISSE	UMWELTZONE	MULTIPOLARE WELT	NACKTSCANNER
2007	KLIMAKATASTROPHE	HERDPRÄMIE	RAUCHERKNEIPE	ARM DURCH ARBEIT	DOPINGBEICHTE	LUSTREISEN	SECOND LIFE
2006	FANMEILE	GENERATION PRAKTIKUM	KARIKATUREN-STREIT	RECHTSCHREIB-FRIEDEN	PREKARIAT	BEZAHLSTUDIUM	PROBLEMBÄR
2005	BUNDESKANZLERIN	WIR SIND PAPST	TSUNAMI	HEUSCHRECKEN	GAMMELFLEISCH	JAMAIKA-KOALITION	HOYZERN
2004	HARTZ IV	PARALLEL-GESELLSCHAFTEN	PISA-GEBEUTELTE NATION	GEFÜHLTE ARMUT	EKELFERNSEHEN	PRAXISGEBÜHR	EIN-EURO-JOB
2003	DAS ALTE EUROPA	AGENDA 2010	REFORMSTREIT	SARS	EINGEBETTETE JOURNALISTEN	MAUT-DESASTER	STEUERBEGÜNSTIGUNGS-ABBAUGESETZ
2002	TEURO	PISA-SCHOCK	JAHRTAUSENDFLUT	KAKOPHONIE	ICH-AG	BUSH-KRIEGER	JOB-FLOATER
2001	DER 11. SEPTEMBER	ANTI-TERROR-KRIEG	MILZBRANDATTACKE	SCHLÄFER	STAMMZELLENIMPORT	SCHLAFMÜNZEN	HOMO-EHE
2000	SCHWARZGELD-AFFÄRE	BSE-KRISE	GREENCARD	GEGEN RECHTS	SMS	KAMPFHUND	BRUTALSTMÖGLICH
1999	MILLENNIUM	KOSOVOKRIEG	GENERATION @	EUROLAND	NACHBESSERN	DOPPELPASS	ANDERKONTO
1998	ROT-GRÜN	VIAGRA	NEUE MITTE	„ICH HABE FERTIG!"	EVENT	JAHR-2000-FÄHIG	COUSINENWIRTSCHAFT
1997	REFORMSTAU	RUCK DURCH DEUTSCHLAND	BILDUNGSMISERE	KLONSCHAF	ELCHTEST	TAMAGOTCHI	JAHRHUNDERTFLUT
1996	SPARPAKET	HAUSHALTSLÖCHER	LOHNFORTZAHLUNG	GLOBALISIERUNG	HOMEPAGE	RECHTSCHREIBREFORM	GENMANIPULIERT
1995	MULTIMEDIA	EUROGELD	KRUZIFIXURTEIL	REICHTAGS-VERHÜLLUNG	KAMPFEINSATZ	ANKLICKEN	VIRTUELLE REALITÄT
1994	SUPERWAHLJAHR	JACKPOT	UNWORT	OSTERWEITERUNG	FILOSOFIE	SCHLANKER STAAT	PEANUTS
1993	SOZIALABBAU	STANDORT DEUTSCHLAND	BLUTSKANDAL	AMIGO-AFFÄRE	PFLEGE	UMDENKEN	GROSSER LAUSCHANGRIFF
1992	POLITIK-VERDROSSENHEIT	FREMDENHASS	RASSISMUS	RECHTSRUCK	LICHTERKETTE	SOLIDARPAKT	GAUCKEN
1991	BESSERWESSI	ABWICKELN	KURZARBEIT NULL	AUSLÄNDERHASS	STASISYNDROM	WOHLSTANDMAUER	CHIRURGISCHE KRIEGFÜHRUNG
1990	DIE NEUEN BUNDESLÄNDER	VEREINTES DEUTSCHLAND	2+4-GESPRÄCHE	POLNISCHE WESTGRENZE	SOZIAL ABFEDERN	MENSCHLICHE SCHUTZSCHILDE	VERPACKUNGSFLUT
1989	REISEFREIHEIT	BRDDR	MONTAGS-DEMONSTRATIONEN	CHINESISCHE LÖSUNG	FLÜCHTLINGSSTROM	BEGRÜSSUNGSGELD	RUNDER TISCH
1988	GESUNDHEITS-REFORM	ROBBENSTERBEN	KÄLBERMAST-SKANDAL	ATOMMÜLLSKANDAL	TIEFFLUG	REICHSKRISTALLNACHT, REICHSPOGROMNACHT	EUROPÄISCHER BINNENMARKT
1987	AIDS, KONDOM	PERESTROIKA, GLASNOST	WATERKANTGATE	OZONLOCH	MOLKEPULVER	HANDLUNGSBEDARF	KREMLFLIEGER
1986	TSCHERNOBYL	HAVARIE	SUPER-GAU	HISTORIKERSTREIT			
1985	GLYKOL	SDI	EUREKA	HIGH-TECH	D 1	AIDS	REALO; RAMBO
1984	UMWELTAUTO	FORMALDEHYD	NEIDSTEUER	TEMPOLIMIT	BANANENREPUBLIK	TIEFKÜHLBABY	
1983	HEISSER HERBST	VOLKSAUSHORCHUNG	ZÜNDI	WALDSTERBEN			
1982	ELLENBOGEN-GESELLSCHAFT	WENDE	MITTE	TALFAHRT DER WIRTSCHAFT	ARBEITSLOSIGKEIT	SPAREN	AUSLÄNDER
1981	NULLLÖSUNG	SOMMERTHEATER	(RETT)BAR	ZWEIERKISTE	SCHRÄGSTRICHEHE	DRAUFSATTELN	JOB-SHARING
1980	RASTERFAHNDUNG	ASYLANT	INSTANDBESETZER	ARBEITSBEGRÄBNIS	OLYMPIABOYKOTT	AUF PROBE	
1979	HOLOCAUST	BOAT PEOPLE	NACHRÜSTUNG	ÖLSCHOCK	ALTERNATIV	ZUM ANFASSEN	
1978	KONSPIRATIVE WOHNUNG	DIE GRÜNEN	GEISTERFAHRER	ROOMING-IN	DIE SCHLÜMPFE	DISCO	SINGLE
1977	SZENE	TERRORISMUS, TERRORIST	SYMPATHISANT	ENTSORGUNG	LAUSCHANGRIFF	BLACK-OUT	
1971	AUFMÜPFIG	JUNKTIM	UMWELTSCHUTZ	UMWELT-VERSCHMUTZUNG	NOSTALGIE	HEISSE HÖSCHEN	

GRAFIK / RECHERCHE: GOLDEN SECTION GRAPHICS / ERSCHIENEN IN: IN GRAPHICS

Wort des Jahres

8	9	10
KILLERSPROSSEN	"AB JETZT WIRD GELIEFERT"	"WIR SIND DIE 99 %"
VUVUZELA	FEMITAINMENT	UNTER DEN EURORETTUNGS-SCHIRM SCHLÜPFEN
STUDIUM BOLOGNESE	WACHSTUMS-BESCHLEUNIGUNGSGESETZ	HASTE MAL 'NE MILLIARDE?
RETTUNGSSCHIRM	BILDUNGSFRÜHLING	...YES, WE CAN
BUNDESTROJANER	SPRITDURSTIG	ALLES WIRD KNUT
POLONIUMSPUREN	KLINSMÄNNER	SCHWARZ-ROT-GEIL
SUBOPTIMAL	TELENOVELA	FC DEUTSCHLAND 06
AUFGESTELLT	REHAKLES	
JAHRHUNDERTGLUT	GOOGELN	ALCOPOPS
VERHUNZINGERN	ARZNEIMITTELAUSGABEN-BEGRENZUNGSGESETZ	"ES GIBT NUR EIN RUDI VÖLLER!"
AGRARWENDE	LUDERLIGA	RIESTER-RENTE
LEITKULTUR	BIG-BROTHER-HAUS	BASTA
FEINDLICHE ÜBERNAHME	SOFI	
MORALKEULE	EUROLAND	ÖKOSTEUER
PAPARAZZI	ARBEITSGESELLSCHAFT	
KINDERSCHÄNDER	INLINE-SKATING	LADENSCHLUSS
DATENAUTOBAHN	WIR SIND KIRCHE	RECHTSCHREIBREFORM
BEZAHLBAR	ZUKUNFTSMINISTERIUM	ROTE SOCKEN
ASYLKOMPROMISS	OSTALGIE	DINO
MAASTRICHT	ETHNISCHE SÄUBERUNG	BLAUHELMEINSATZ
PAX AMERICANA	KEIN BLUT FÜR ÖL	PREUSSENFIEBER
VERKEHRSINFARKT	TATORTPRINZIP, WOHNORTPRINZIP	
MULTIKULTURELL	MAUERSPECHT	TRABI
DIENSTLEISTUNGSABEND		

Unwort des Jahres

1	2	3
DÖNER-MORDE	GUTMENSCH	MARKTKONFORME DEMOKRATIE
ALTERNATIVLOS	UNUMKEHRBAR	WUTBÜRGER
BETRIEBSRATS-VERSEUCHT	FLÜCHTLINGS-BEKÄMPFUNG	INTELLIGENTE WIRKSYSTEME
NOTLEIDENDE BANKEN	RENTNERDEMOKRATIE	KARLSRUHE-TOURISTEN
HERDPRÄMIE	KLIMANEUTRAL	ENTARTET
FREIWILLIGE AUSREISE	KONSUMOPFER	NEIDDEBATTE
ENTLASSUNGS-PRODUKTIVITÄT	EHRENMORD	BOMBENHOLOCAUST
HUMANKAPITAL	BEGRÜSSUNGS-ZENTRUM	LUFTVERSCHMUTZUNGS-RECHTE
TÄTERVOLK	ANGEBOTS-OPTIMIERUNG	ABWEICHLER
ICH-AG	AUSREISEZENTRUM	ZELLHAUFEN
GOTTESKRIEGER	KREUZZUG	TOPTERRORIST
NATIONAL BEFREITE ZONE	ÜBERKAPAZITÄRE MITARBEITER	SEPARATORENFLEISCH
KOLLATERALSCHADEN		
SOZIALVERTRÄGLICHES FRÜHABLEBEN	BELEGSCHAFTSLASTEN	HUMANKAPITAL
WOHLSTANDSMÜLL	ORGANSPENDE	BLOCKADEPOLITIK/-POLITIKER
RENTNERSCHWEMME	FLEXIBILISIERUNG	OUTSOURCING
DIÄTENANPASSUNG	ALTENPLAGE	BIOLOGISCHER ABBAU
PEANUTS	BESSERVERDIENENDE	DUNKELDEUTSCHLAND
ÜBERFREMDUNG	KOLLEKTIVER FREIZEITPARK	SOZIALLEICHEN
ETHNISCHE SÄUBERUNG	WEICHE ZIELE	JEMANDEN ABKLATSCHEN AUFKLATSCHEN
AUSLÄNDERFREI	DURCHRASSTE GESELLSCHAFT	INTELLIGENTE WAFFENSYSTEME

RINDFLEISCHETIKETTIERUNGSÜBERWACHUNGSAUFGABENÜBERTRAGUNGSGESETZ

ENTRÜSTET EUCH!   NEUE DEUTSCHE WELLE

Politik · Wissenschaft · Wirtschaft · Unterhaltung · Weitere

Hurra, die Sprache lebt!

Ideen, Debatten, Irrwitz. Und die Neulinge von damals sind heute fest etabliert

1972 stellt die Gesellschaft für deutsche Sprache erstmalig das „Wort des Jahres" vor. Eigentlich beschäftigt sich die GfS ja mit Prüfungen von Vornamen, erstellt Gutachten und neue Rechtschreibregeln. Mit den Charts aber ist ein Knüller in der Welt, ab 1978 erscheinen sie regelmäßig. Seit 1991 kürt die Jury obendrein noch das „Unwort des Jahres". Ab 1994 wird es von der Jury der „Sprachkritische Aktion Unwort des Jahres" an der Universität Frankfurt am Main bestimmt.

Kevin und Lisa sind nun auch schon zwanzig
Die beliebtesten Jungs- und Mädchennamen (Ost und West) der letzten 50 Jahre

■ 1. Platz ■ Top-Fünf ■ Top-Zehn ■ Top-Zwanzig ■ Top-Dreißig * Namen mit Sternchen gibt es in mehreren, gleich klingenden Schreibweisen

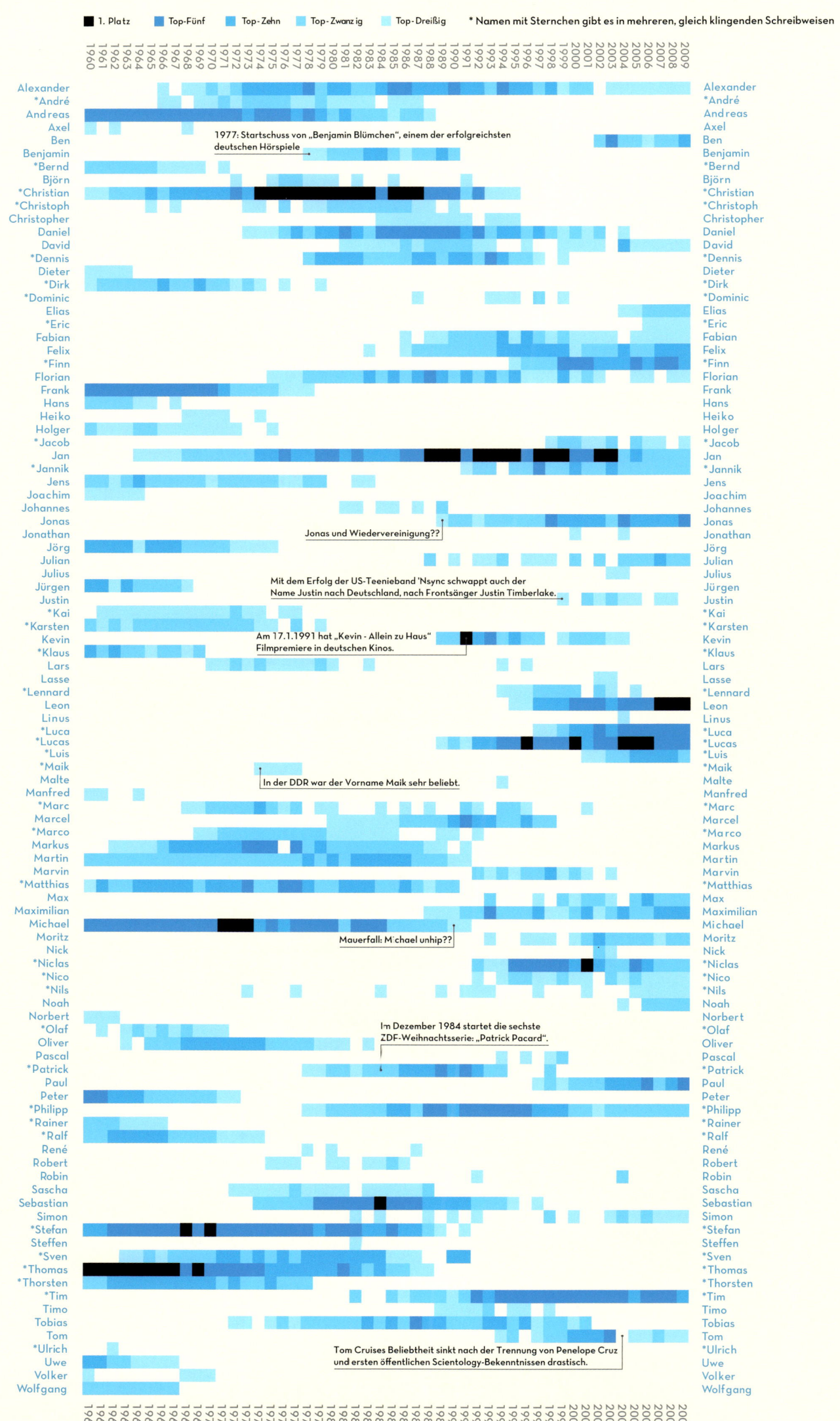

1977: Startschuss von „Benjamin Blümchen", einem der erfolgreichsten deutschen Hörspiele

Jonas und Wiedervereinigung??

Mit dem Erfolg der US-Teenieband 'Nsync schwappt auch der Name Justin nach Deutschland, nach Frontsänger Justin Timberlake.

Am 17.1.1991 hat „Kevin - Allein zu Haus" Filmpremiere in deutschen Kinos.

In der DDR war der Vorname Maik sehr beliebt.

Mauerfall: Michael unhip??

Im Dezember 1984 startet die sechste ZDF-Weihnachtsserie: „Patrick Pacard".

Tom Cruises Beliebtheit sinkt nach der Trennung von Penelope Cruz und ersten öffentlichen Scientology-Bekenntnissen drastisch.

Alexander · *André · Andreas · Axel · Ben · Benjamin · *Bernd · Björn · *Christian · *Christoph · Christopher · Daniel · David · *Dennis · Dieter · *Dirk · *Dominic · Elias · *Eric · Fabian · Felix · *Finn · Florian · Frank · Hans · Heiko · Holger · *Jacob · Jan · *Jannik · Jens · Joachim · Johannes · Jonas · Jonathan · Jörg · Julian · Julius · Jürgen · Justin · *Kai · *Karsten · Kevin · *Klaus · Lars · Lasse · *Lennard · Leon · Linus · *Luca · *Lucas · *Luis · *Maik · Malte · Manfred · *Marc · Marcel · *Marco · Markus · Martin · Marvin · *Matthias · Max · Maximilian · Michael · Moritz · Nick · *Niclas · *Nico · *Nils · Noah · Norbert · *Olaf · Oliver · Pascal · *Patrick · Paul · Peter · *Philipp · *Rainer · *Ralf · René · Robert · Robin · Sascha · Sebastian · Simon · *Stefan · Steffen · *Sven · *Thomas · *Thorsten · *Tim · Timo · Tobias · Tom · *Ulrich · Uwe · Volker · Wolfgang

GRAFIK: DAVID MCCANDLESS / ERSCHIENEN IN: DIE ZEIT

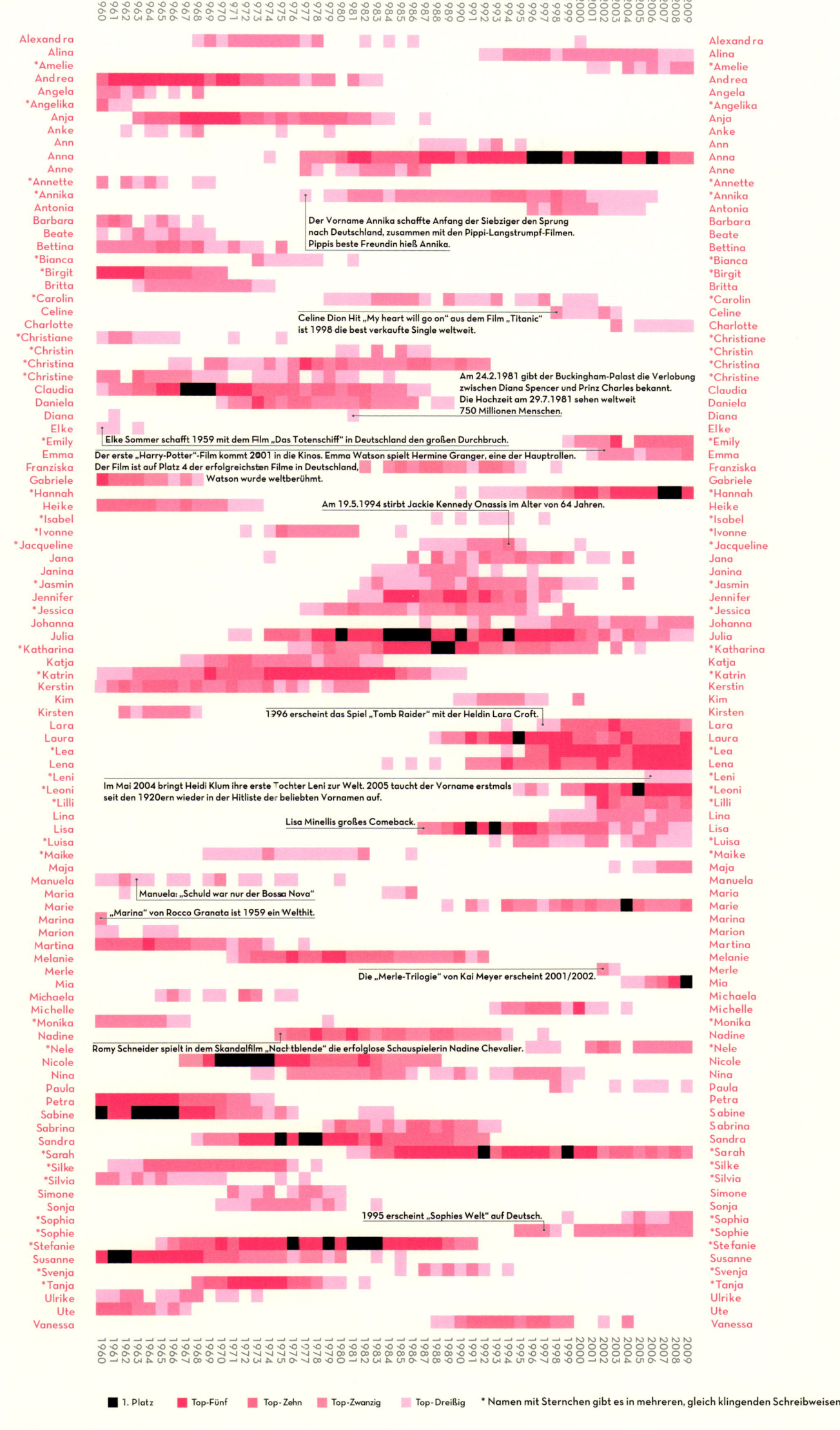

Der Vorname Annika schaffte Anfang der Siebziger den Sprung nach Deutschland, zusammen mit den Pippi-Langstrumpf-Filmen. Pippis beste Freundin hieß Annika.

Celine Dion Hit „My heart will go on" aus dem Film „Titanic" ist 1998 die best verkaufte Single weltweit.

Am 24.2.1981 gibt der Buckingham-Palast die Verlobung zwischen Diana Spencer und Prinz Charles bekannt. Die Hochzeit am 29.7.1981 sehen weltweit 750 Millionen Menschen.

Elke Sommer schafft 1959 mit dem Film „Das Totenschiff" in Deutschland den großen Durchbruch.

Der erste „Harry-Potter"-Film kommt 2001 in die Kinos. Emma Watson spielt Hermine Granger, eine der Hauptrollen. Der Film ist auf Platz 4 der erfolgreichsten Filme in Deutschland, Watson wurde weltberühmt.

Am 19.5.1994 stirbt Jackie Kennedy Onassis im Alter von 64 Jahren.

1996 erscheint das Spiel „Tomb Raider" mit der Heldin Lara Croft.

Im Mai 2004 bringt Heidi Klum ihre erste Tochter Leni zur Welt. 2005 taucht der Vorname erstmals seit den 1920ern wieder in der Hitliste der beliebten Vornamen auf.

Lisa Minellis großes Comeback.

Manuela: „Schuld war nur der Bossa Nova"

„Marina" von Rocco Granata ist 1959 ein Welthit.

Die „Merle-Trilogie" von Kai Meyer erscheint 2001/2002.

Romy Schneider spielt in dem Skandalfilm „Nachtblende" die erfolglose Schauspielerin Nadine Chevalier.

1995 erscheint „Sophies Welt" auf Deutsch.

■ 1. Platz　■ Top-Fünf　■ Top-Zehn　■ Top-Zwanzig　■ Top-Dreißig　* Namen mit Sternchen gibt es in mehreren, gleich klingenden Schreibweisen

JUNGEN UND MÄDCHEN

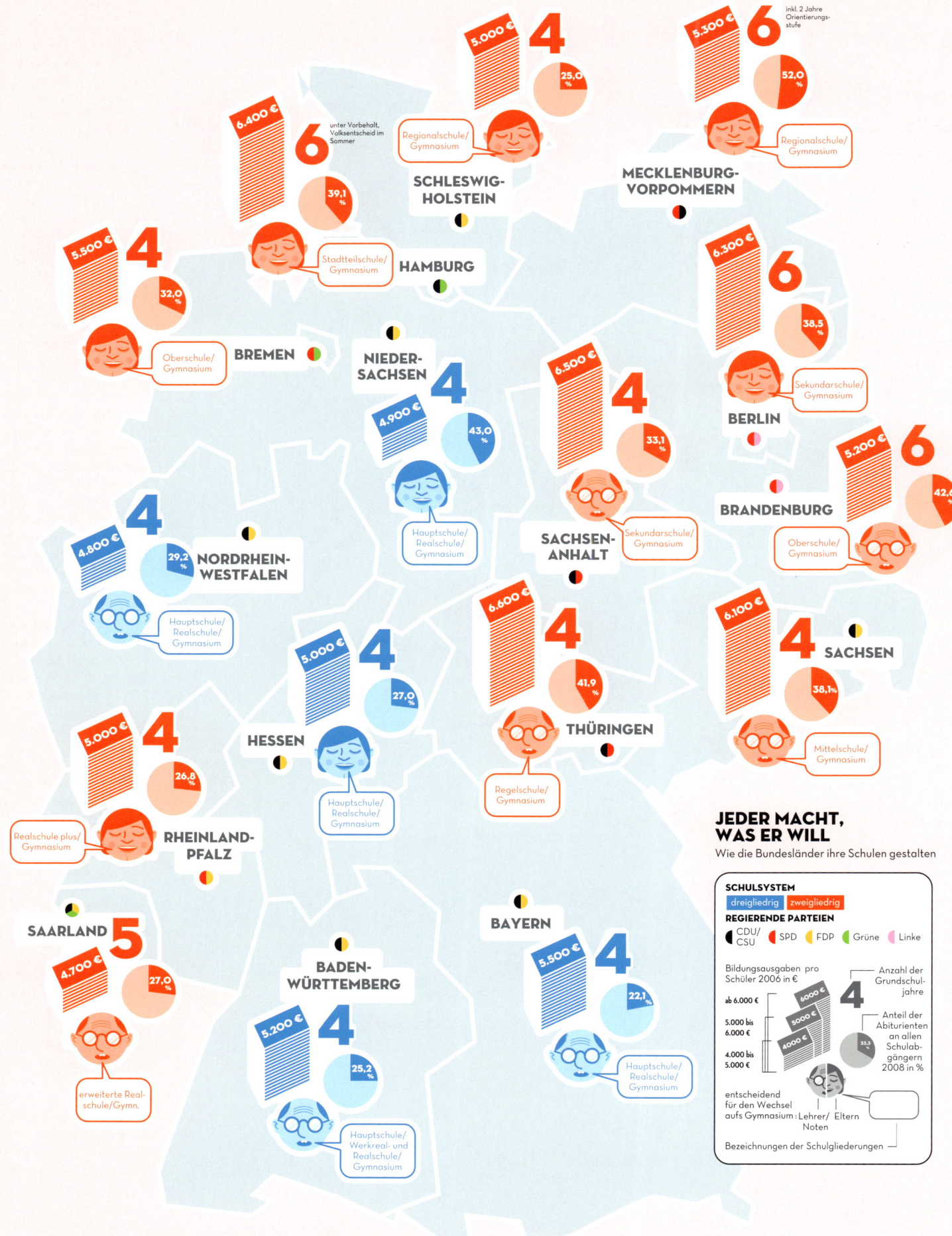

Wehe, wenn die Familie umzieht

Die Frage ist nicht wie, sondern wo unsere Kinder lernen: Je nach Bundesland dauert die Grundschule mal vier, fünf oder sechs Jahre, das Abitur gibt es mal nach acht, mal nach neun Jahren. Und neben den Gymnasien gibt es so viele neue Schulformen, dass Politiker immer neue Namen erfinden müssen. Der Föderalismus im deutschen Schulsystem war eigentlich mal eine feine Sache, gedacht, um den Wettbewerb der Länder zu fördern. Mittlerweile produziert er nichts als Frust, bei Lehrern, Schülern und Eltern.

GRAFIK: KLAAS NEUMANN / ERSCHIENEN IN: FINANCIAL TIMES DEUTSCHLAND

Das Lernen lernen
Unser Schulsystem steckt voller Prüfungen und Einbahnstraßen

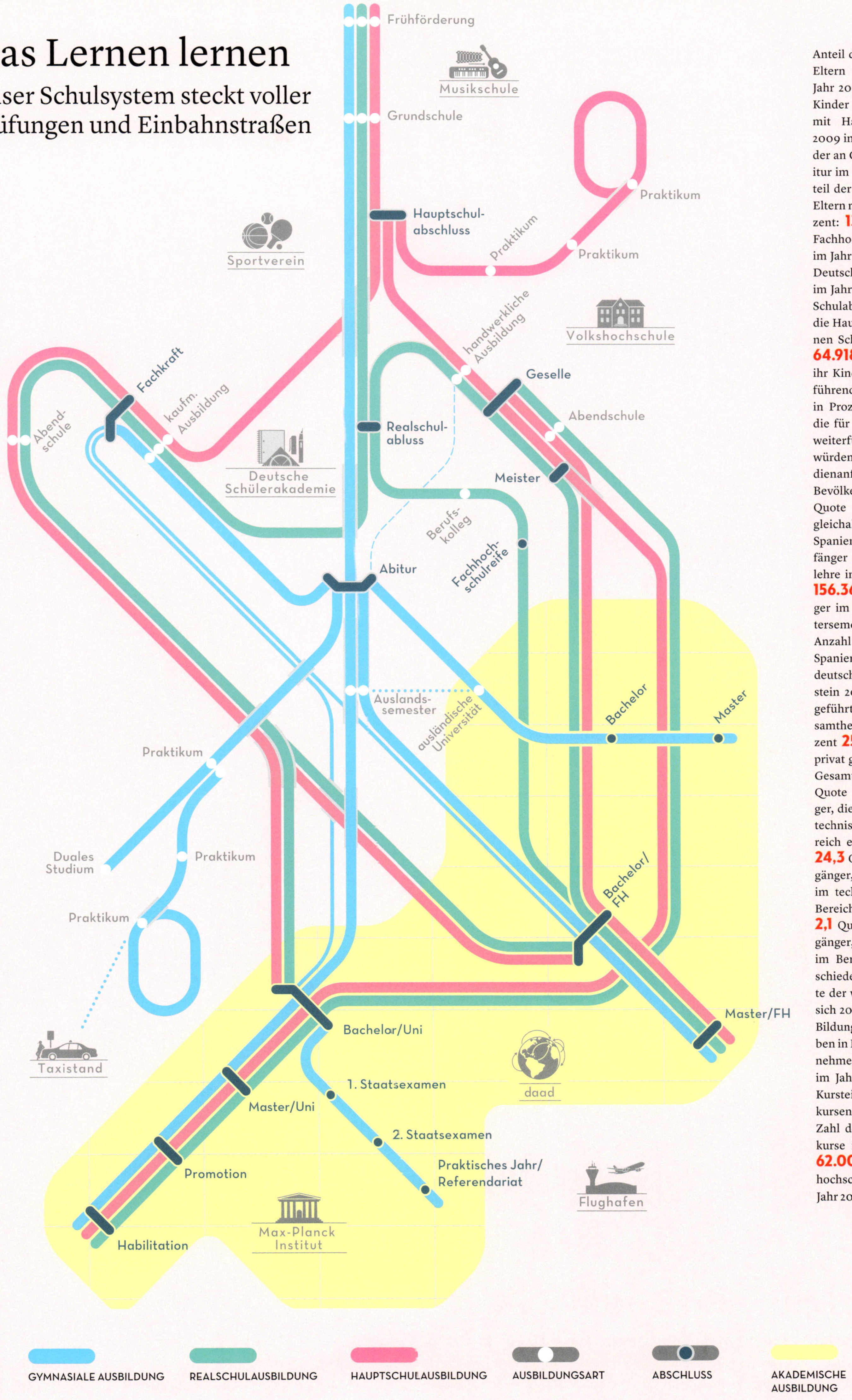

Frühförderung
Musikschule
Grundschule
Praktikum
Hauptschul-abschluss
Sportverein
Praktikum
Praktikum
Volkshochschule
handwerkliche Ausbildung
Fachkraft
Geselle
Abendschule
kaufm. Ausbildung
Realschul-abluss
Abendschule
Deutsche Schülerakademie
Meister
Berufs-kolleg
Fachhoch-schulreife
Abitur
Bachelor
Master
Auslands-semester
ausländische Universität
Praktikum
Duales Studium
Praktikum
Bachelor/ FH
Praktikum
Taxistand
Bachelor/Uni
1. Staatsexamen
daad
Master/Uni
Master/FH
2. Staatsexamen
Promotion
Praktisches Jahr/ Referendariat
Habilitation
Max-Planck Institut
Flughafen

LEGENDE:
- GYMNASIALE AUSBILDUNG
- REALSCHULAUSBILDUNG
- HAUPTSCHULAUSBILDUNG
- AUSBILDUNGSART
- ABSCHLUSS
- AKADEMISCHE AUSBILDUNG

Anteil der Kinder an Gymnasien von Eltern mit Hauptschulabschluss im Jahr 2009 in Prozent **8,9** Anteil der Kinder an Hauptschulen von Eltern mit Hauptschulabschluss im Jahr 2009 in Prozent **46,1** Anteil der Kinder an Gymnasien von Eltern mit Abitur im Jahr 2009 in Prozent: **59** Anteil der Kinder an Hauptschulen von Eltern mit Abitur im Jahr 2009 in Prozent: **13,1** Zahl der Deutschen mit Fachhochschul- oder Hochschulreife im Jahr 2008 **17.409.000** Zahl der Deutschen mit Hauptschulabschluss im Jahr 2008 **27.979.000** Zahl der Schulabgänger in Deutschland, die die Hauptschule 2008 ohne allgemeinen Schulabschluss verlassen haben **64.918** Zahl der Deutschen, die für ihr Kind das Gymnasium als weiterführende Schulart wählen würden in Prozent **75** Zahl der Deutschen, die für ihr Kind die Hauptschule als weiterführende Schulart wählen würden in Prozent **0** Quote der Studienanfänger an der gleichaltrigen Bevölkerung 2004 in Prozent **37,1** Quote der Studienanfänger an der gleichaltrigen Bevölkerung 2010 in Spanien **46,1** Anzahl der Studienanfänger im Fach Betriebswirtschaftslehre im Wintersemester 2009/2010 **156.363** Anzahl der Studienanfänger im Fach Soziale Arbeit im Wintersemester 2009/2010 **25 448** Anzahl deutscher Studierender in Spanien 2009/2010 **4954** Anzahl deutscher Studierender in Liechtenstein 2009/2010 **3** Anteil der privat geführten Hochschulen an der Gesamtheit aller Hochschulen in Prozent **25** Anteil der Studierenden an privat geführten Hochschulen an der Gesamtheit aller Studierenden **4,5** Quote der männlichen Schulabgänger, die sich 2009 für einen Beruf im technischen oder mechanischen Bereich entschieden haben in Prozent **24,3** Quote der weiblichen Schulabgänger, die sich 2009 für einen Beruf im technischen oder mechanischen Bereich entschieden haben in Prozent **2,1** Quote der männlichen Schulabgänger, die sich 2009 für einen Beruf im Bereich Bildung/Erziehung entschieden haben in Prozent **2,7** Quote der weiblichen Schulabgänger, die sich 2009 für einen Beruf im Bereich Bildung/Erziehung entschieden haben in Prozent **19,7** Zahl der Kursteilnehmer bei Volkshochschulkursen im Jahr 1962 **1.376.000** Zahl der Kursteilnehmer bei Volkshochschulkursen im Jahr 2009 **6.391.000** Zahl der jährlichen Volkshochschulkurse in Deutschland im Jahr 1962 **62.000** Zahl der jährlichen Volkshochschulkurse in Deutschland im Jahr 2009 **569.000**

GRAFIK: AXEL PFAENDER / ERSCHIENEN IN: WIRTSCHAFT & WISSENSCHAFT

HAUPTSCHULE VS. GYMNASIUM

Führungskräftinnen

Sie haben BWL, VWL, Mathematik, Chemie
oder Medizin studiert. Sie tragen Verant-
wortung für Mitarbeiter und für ihre Kinder.
Damit stehen die 81 Frauen, die im Netzwerk Generation CEO organisiert sind, ihren
männlichen Kollegen in nichts nach. Und
damit wäre auch schon alles gesagt, was es
zur Frage der Vereinbarkeit von Familie und
Beruf zu sagen gibt

81 Managerinnen

88 KINDER

42 der 81 Frauen haben Kinder. Jedes Kind
wird durch einen Baustein repräsentiert. Form
und Farbe geben Auskunft über sein Alter. Mit
1,1 Kindern pro Frau liegen die Managerinnen
etwas unter dem Bundesdurchschnitt.

Alter in Jahren

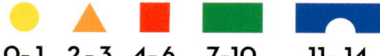

0–1   2–3   4–6   7–10   11–14

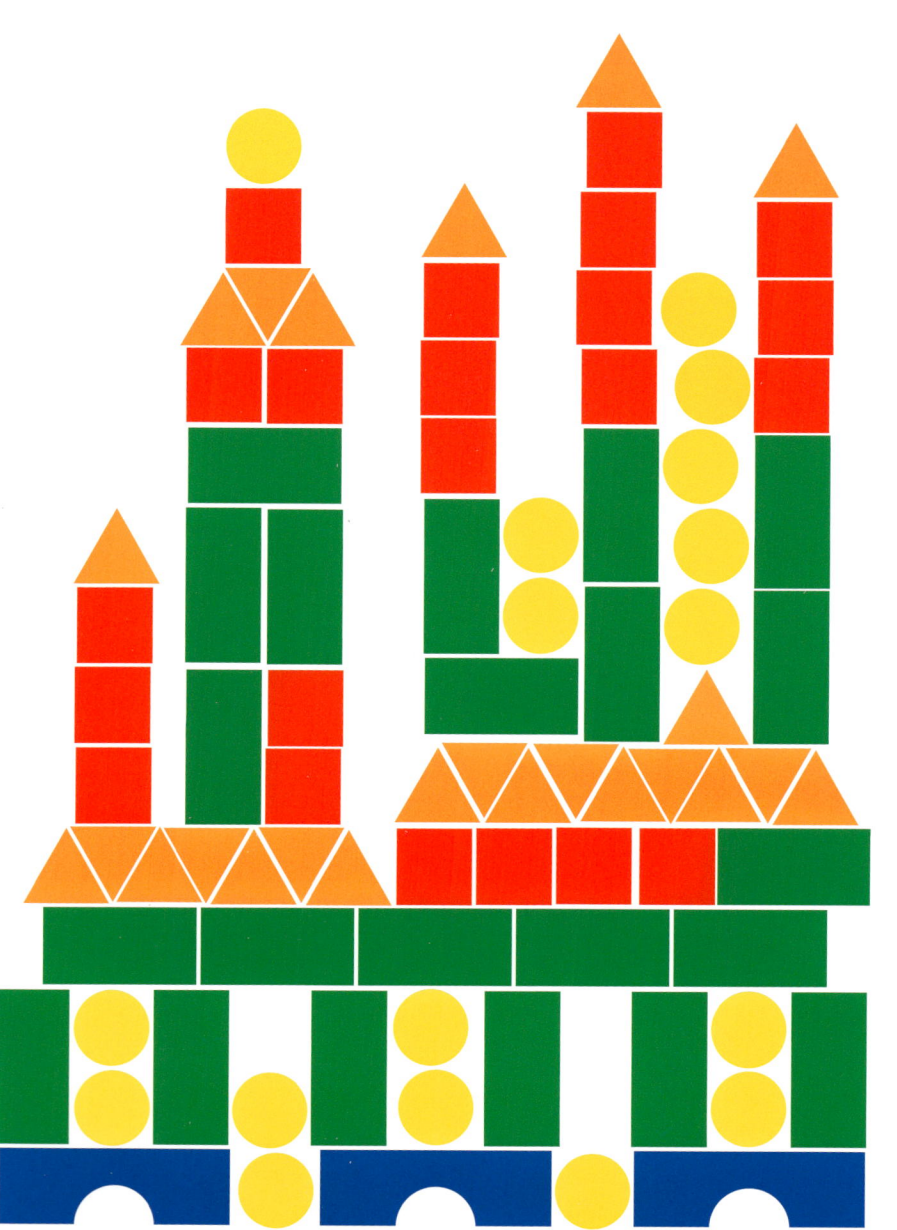

GRAFIK: BARBARA HAHN, CHRISTINE ZIMMERMANN /
ERSCHIENEN IN: JAHRESBERICHT DER GENERATION CEO

59.025 Mitarbeiter

KINDER UND KARRIERE

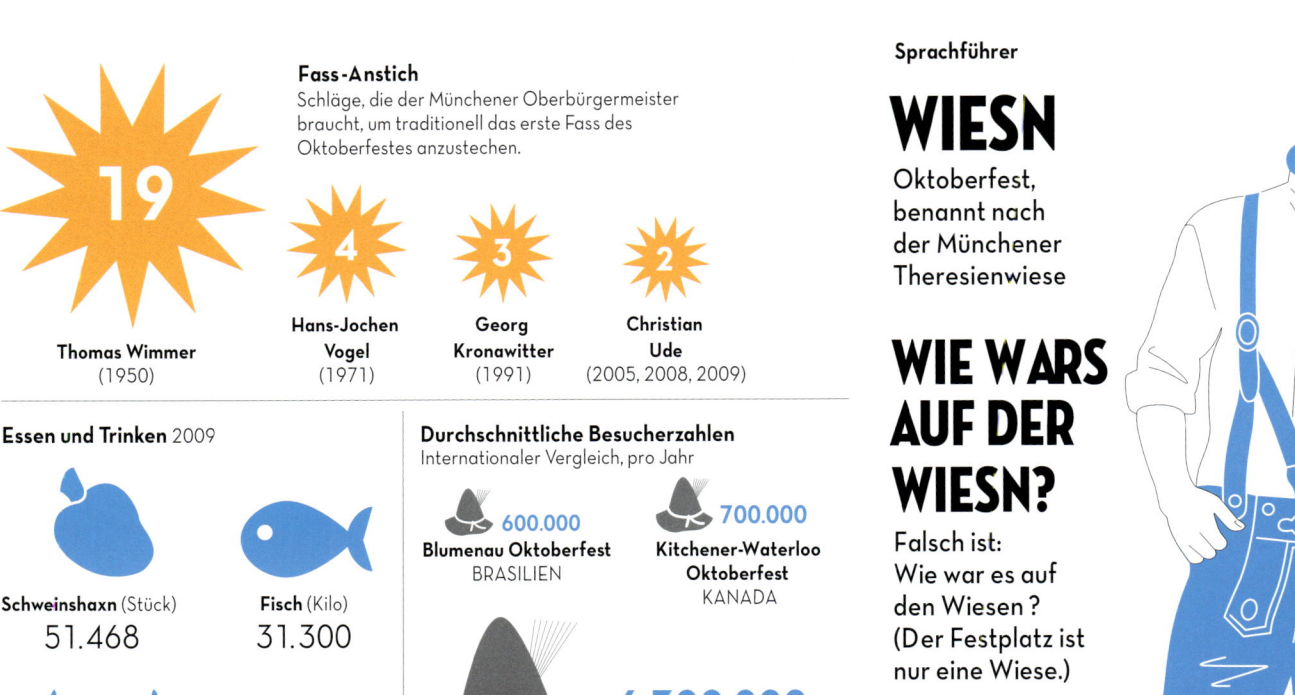

Fass-Anstich
Schläge, die der Münchener Oberbürgermeister braucht, um traditionell das erste Fass des Oktoberfestes anzustechen.

19 Thomas Wimmer (1950)

4 Hans-Jochen Vogel (1971)

3 Georg Kronawitter (1991)

2 Christian Ude (2005, 2008, 2009)

Essen und Trinken 2009

Schweinshaxn (Stück)
51.468

Fisch (Kilo)
31.300

Ochsen (Stück)
111

Schweinswürstl (Paar)
116.923

Bier (Liter)
6.643.600

Kaffee, Tee (Tasse)
210.585

Hendl (Stück)
488.137

Erfrischungsgetränke (Liter)
554.537

Wein (Liter)
79.359

Sekt (Flasche)
31.111

Durchschnittliche Besucherzahlen
Internationaler Vergleich, pro Jahr

600.000 Blumenau Oktoberfest BRASILIEN

700.000 Kitchener-Waterloo Oktoberfest KANADA

6.300.000 Oktoberfest München, DEUTSCHLAND

Fundsachen 2009
Insgesamt ca. **4.000** darunter:

BRILLEN **260**

MOBILTELEFONE **200**

KRÜCKEN **2**

ZAHNPROTHESE **1**

EHERING **1**

Beliebteste Wiesn-Hits
1. **Ein Prosit der Gemütlichkeit** Franz Lang
2. **We Will Rock You** Queen
3. **10 Meter geh'n** Chris Boettcher

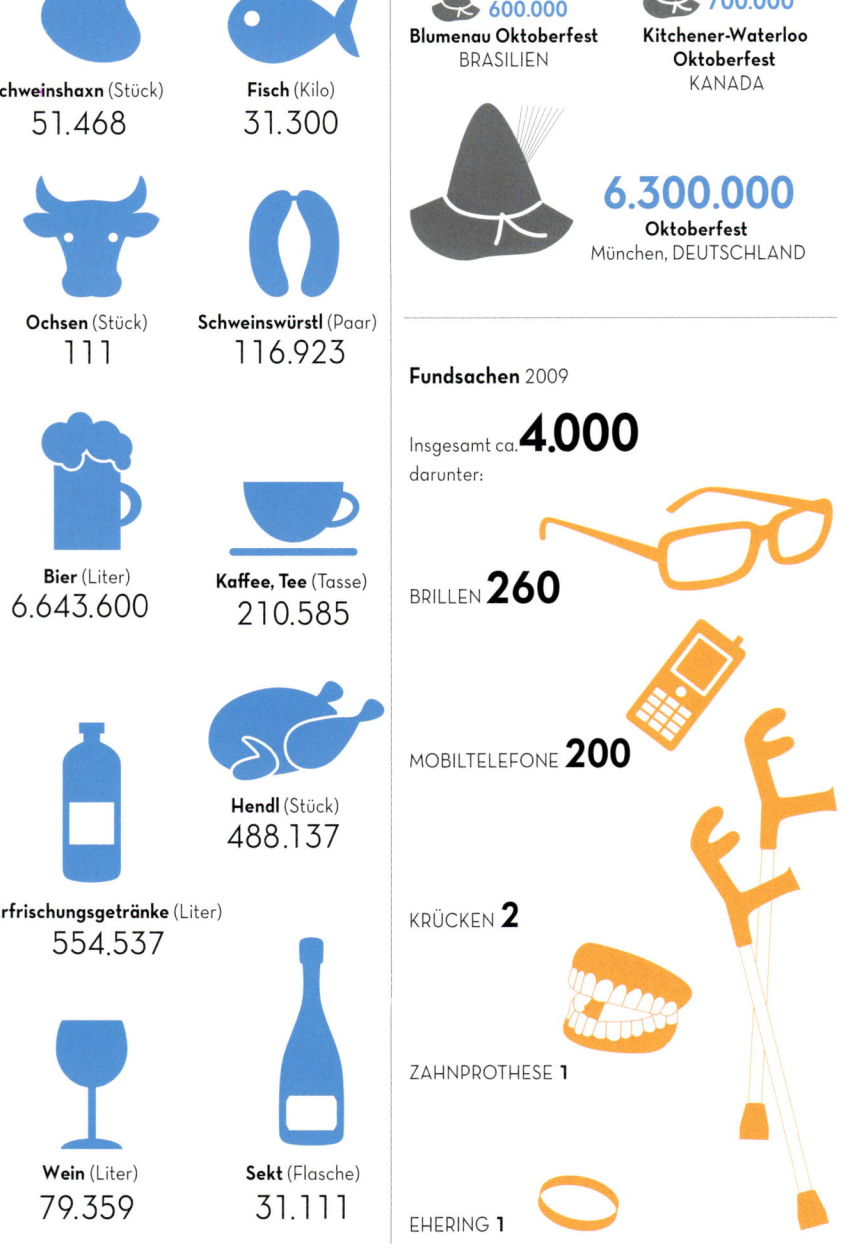

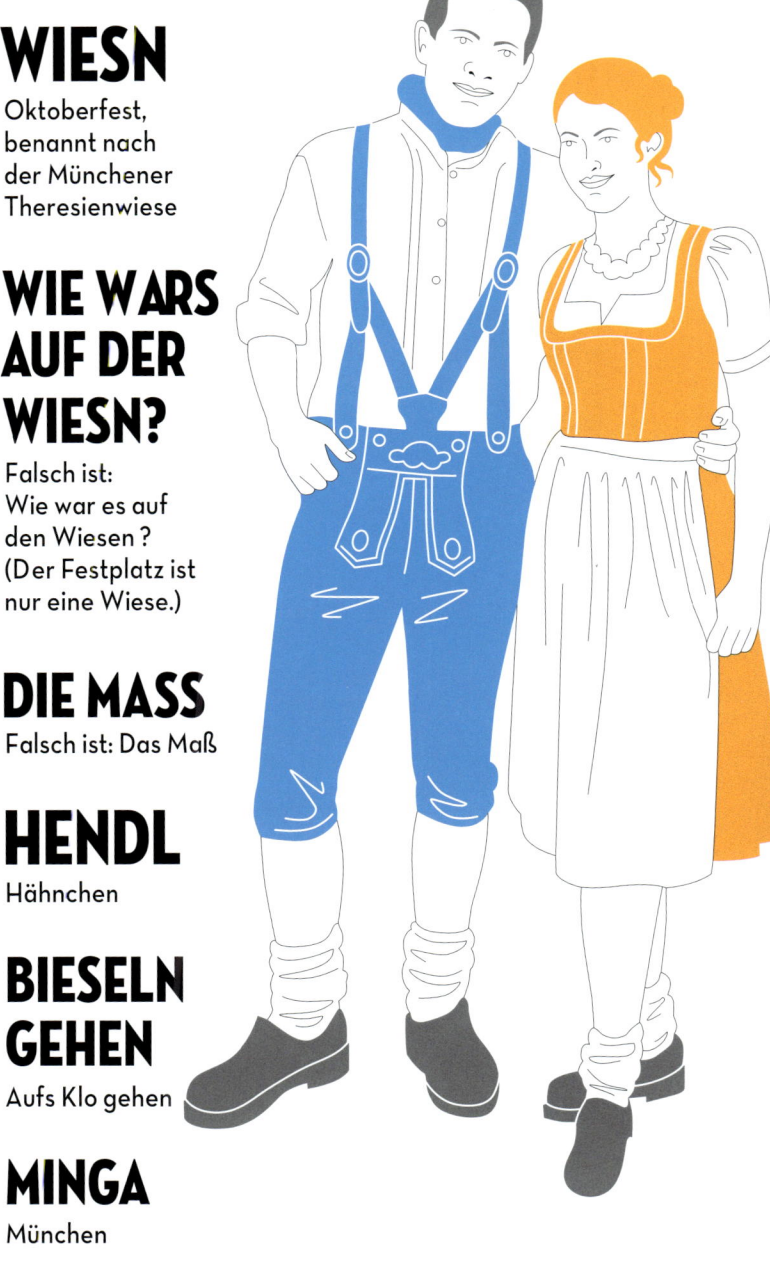

GRAFIK: SABINE HECHER / RECHERCHE: PHILIPP WOLDIN, JÖRG HUNKE / ERSCHIENEN IN: BERLINER ZEITUNG

Sprachführer

WIESN
Oktoberfest, benannt nach der Münchener Theresienwiese

WIE WARS AUF DER WIESN?
Falsch ist: Wie war es auf den Wiesen? (Der Festplatz ist nur eine Wiese.)

DIE MASS
Falsch ist: Das Maß

HENDL
Hähnchen

BIESELN GEHEN
Aufs Klo gehen

MINGA
München

Wirtschaftswert
Einnahmen für die Stadt München und das Umland, in Millionen Euro, 2009

Wiesn-erträge **324**

Übernachtungen **301**

Gesamt **830**

Einkäufe, Taxi, MVV-Fahrten **205**

Wiesn-Bier
Preisentwicklung pro Maß in Euro

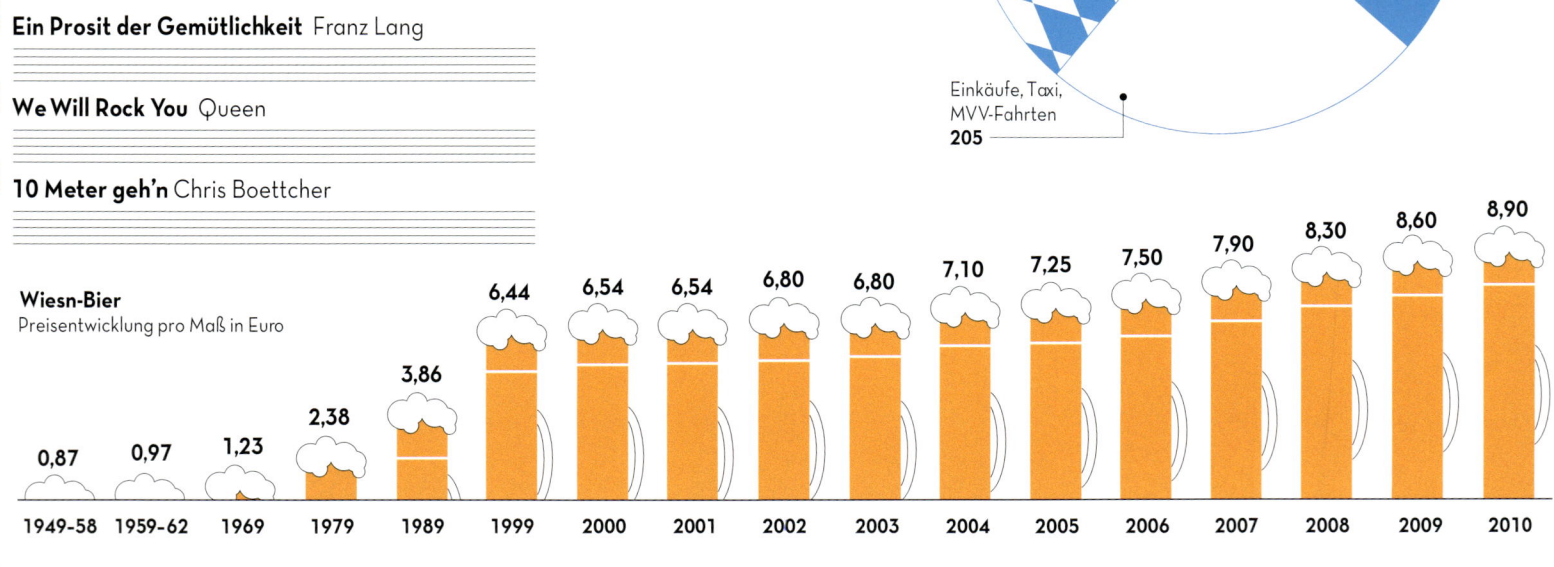

Jahr	Preis
1949-58	0,87
1959-62	0,97
1969	1,23
1979	2,38
1989	3,86
1999	6,44
2000	6,54
2001	6,54
2002	6,80
2003	6,80
2004	7,10
2005	7,25
2006	7,50
2007	7,90
2008	8,30
2009	8,60
2010	8,90

Loveparade

1989 bis 2010

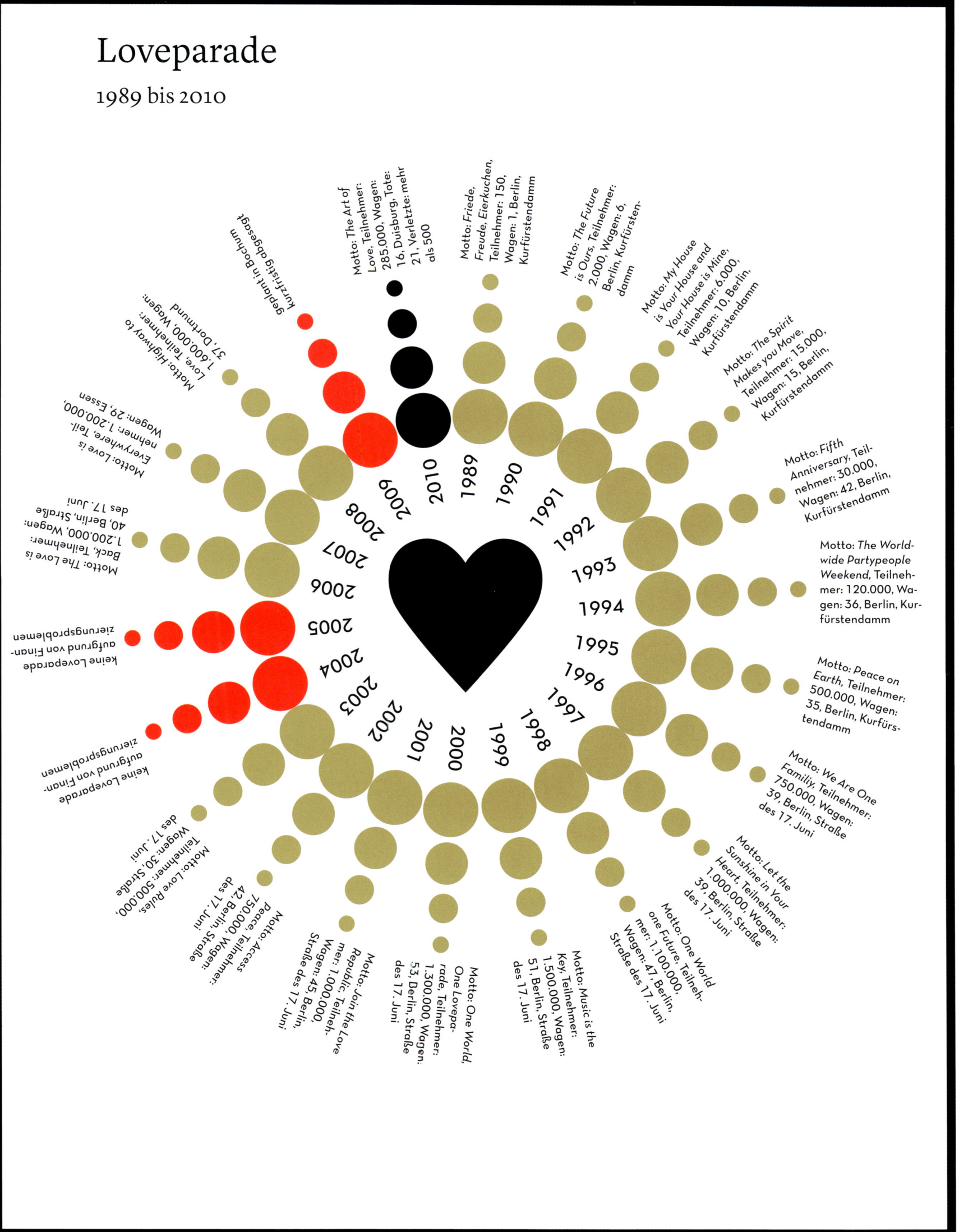

Motto: The Art of Love, Teilnehmer: 285.000, Wagen: 16, Duisburg, Tote: 21, Verletzte: mehr als 500

Motto: Friede, Freude, Eierkuchen, Teilnehmer: 150, Wagen: 1, Berlin, Kurfürstendamm

Motto: The Future is Ours, Teilnehmer: 2.000, Wagen: 6, Berlin, Kurfürsten-damm

Motto: My House is Your House and Your House is Mine, Teilnehmer: 6.000, Wagen: 10, Berlin, Kurfürstendamm

Motto: The Spirit Makes you Move, Teilneh-mer: 15.000, Wagen: 15, Berlin, Kurfürstendamm

Motto: Fifth Anniversary, Teil-nehmer: 30.000, Wagen: 42, Berlin, Kurfürstendamm

Motto: The World-wide Partypeople Weekend, Teilneh-mer: 120.000, Wa-gen: 36, Berlin, Kur-fürstendamm

Motto: Peace on Earth, Teilnehmer: 500.000, Wagen: 35, Berlin, Kurfürs-tendamm

Motto: We Are One Familiy, Teilnehmer: 750.000, Wagen: 39, Berlin, Straße des 17. Juni

Motto: Let the Sunshine in Your Heart, Teilnehmer: 1.000.000, Wagen: 39, Berlin, Straße des 17. Juni

Motto: One World one Future, Teilneh-mer: 1.100.000, Wagen: 47, Berlin, Straße des 17. Juni

Motto: Music is the Key, Teilnehmer: 1.500.000, Wagen: 51, Berlin, Straße des 17. Juni

Motto: One World, One Lovepa-rade, Teilnehmer: 1.300.000, Wagen: 53, Berlin, Straße des 17. Juni

Motto: Join the Love Republic, Teilneh-mer: 1.000.000, Wagen: 45, Berlin, Straße des 17. Juni

Motto: Access Peace, Teilnehmer: 750.000, Wagen: 42, Berlin, Straße des 17. Juni

Motto: Love Rules, Teilnehmer: 500.000, Wagen: 30, Straße des 17. Juni

keine Loveparade aufgrund von Finan-zierungsproblemen

keine Loveparade aufgrund von Finan-zierungsproblemen

Motto: The Love is Back, Teilnehmer: 1.200.000, Wagen: 40, Berlin, Straße des 17. Juni

Motto: Love is Everywhere, Teil-nehmer: 1.200.000, Wagen: 29, Essen

Motto: Highway to Love, Teilnehmer: 1.600.000, Wagen: 37, Dortmund

geplant in Bochum kurzfristig abgesagt

WIR UND WIR

OKTOBERFEST VS. LOVEPARADE

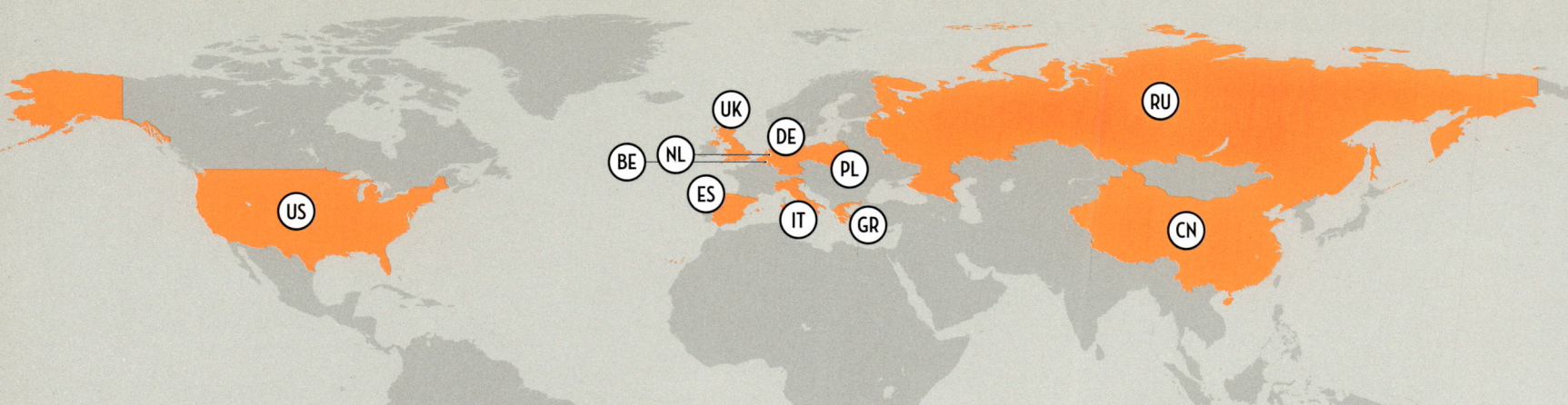

Wer schlägt „Wetten, dass..?"?

In Sachen Ehrgeiz schlägt keiner Stefan Raab. Den Mumm braucht er auch, wenn er die Erfolge von Thomas Gottschalk jemals toppen will. Der hat *Wetten, dass..?* zu Deutschlands Showexport Nummer eins gemacht

AUSSTRAHLUNGEN DER FORMATE IN ANDEREN LÄNDERN DER WELT

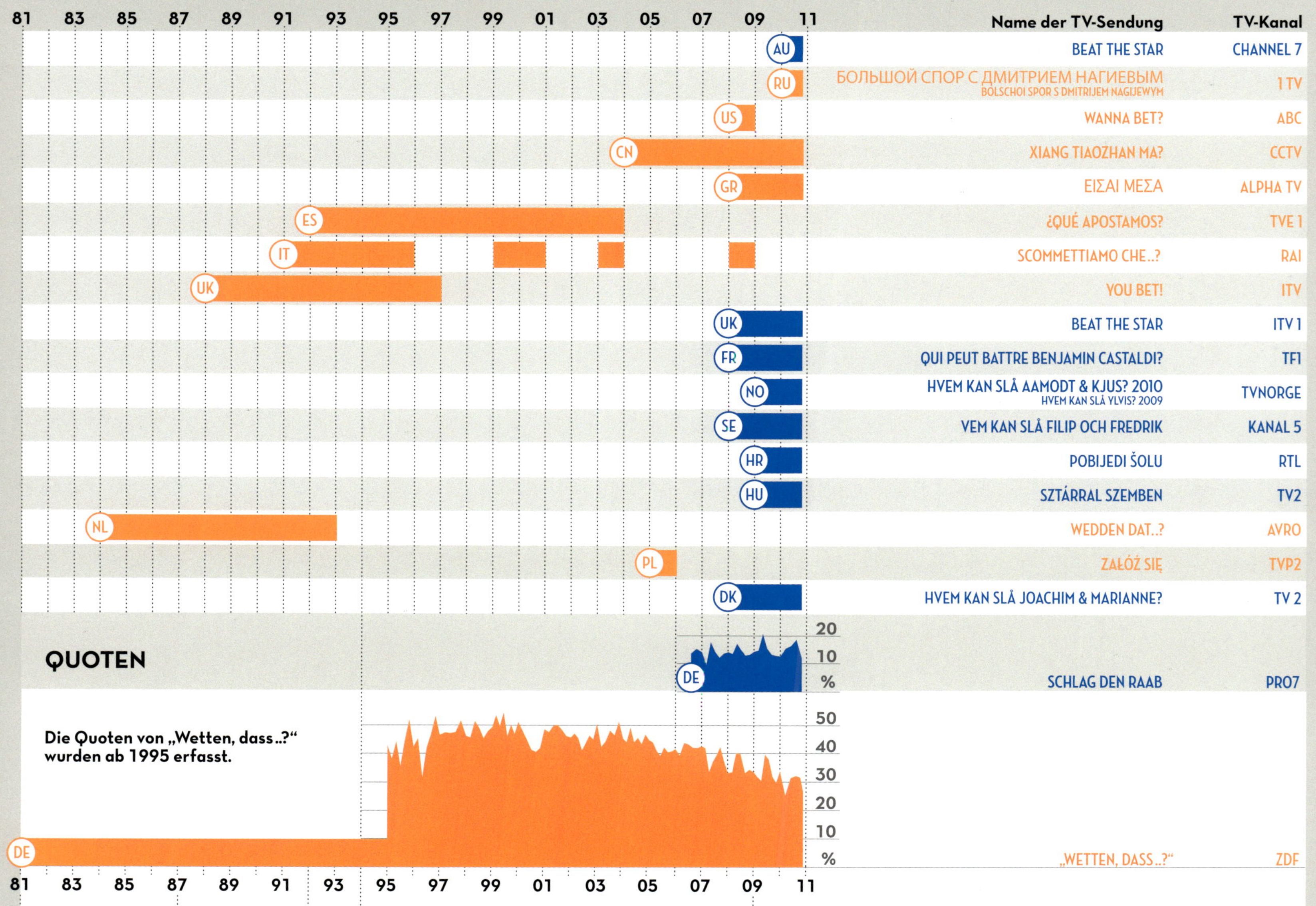

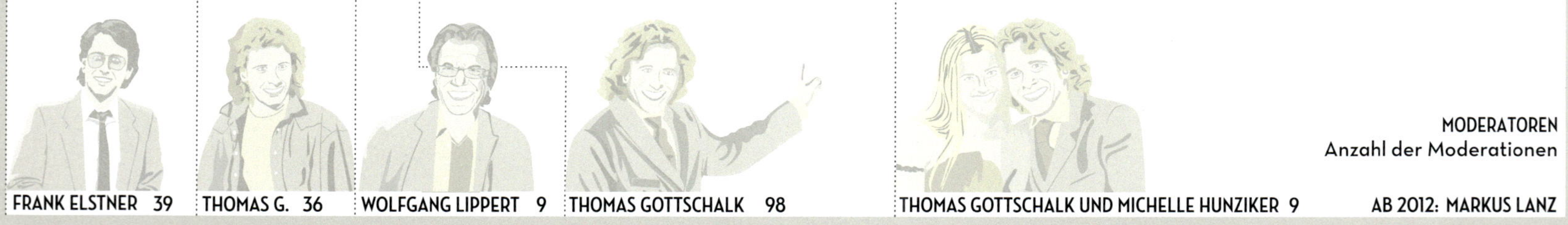

81	83	85	87	89	91	93	95	97	99	01	03	05	07	09	11		Name der TV-Sendung	TV-Kanal

Land	Name der TV-Sendung	TV-Kanal
AU	BEAT THE STAR	CHANNEL 7
RU	БОЛЬШОЙ СПОР С ДМИТРИЕМ НАГИЕВЫМ BOLSCHOI SPOR S DMITRIJEM NAGIJEWYM	1 TV
US	WANNA BET?	ABC
CN	XIANG TIAOZHAN MA?	CCTV
GR	ΕΙΣΑΙ ΜΕΣΑ	ALPHA TV
ES	¿QUÉ APOSTAMOS?	TVE 1
IT	SCOMMETTIAMO CHE..?	RAI
UK	YOU BET!	ITV
UK	BEAT THE STAR	ITV 1
FR	QUI PEUT BATTRE BENJAMIN CASTALDI?	TF1
NO	HVEM KAN SLÅ AAMODT & KJUS? 2010 HVEM KAN SLÅ YLVIS? 2009	TVNORGE
SE	VEM KAN SLÅ FILIP OCH FREDRIK	KANAL 5
HR	POBIJEDI ŠOLU	RTL
HU	SZTÁRRAL SZEMBEN	TV2
NL	WEDDEN DAT..?	AVRO
PL	ZAŁÓŻ SIĘ	TVP2
DK	HVEM KAN SLÅ JOACHIM & MARIANNE?	TV 2
DE	SCHLAG DEN RAAB	PRO7

QUOTEN

```
20
10
%
```

Die Quoten von „Wetten, dass..?" wurden ab 1995 erfasst.

```
50
40
30
20
10
%
```

DE	„WETTEN, DASS..?"	ZDF

81	83	85	87	89	91	93	95	97	99	01	03	05	07	09	11

FRANK ELSTNER 39 | **THOMAS G.** 36 | **WOLFGANG LIPPERT** 9 | **THOMAS GOTTSCHALK** 98 | **THOMAS GOTTSCHALK UND MICHELLE HUNZIKER** 9

MODERATOREN
Anzahl der Moderationen

AB 2012: MARKUS LANZ

GRAFIK / RECHERCHE: GOLDEN SECTION GRAPHICS / ERSCHIENEN IN: IN GRAPHICS

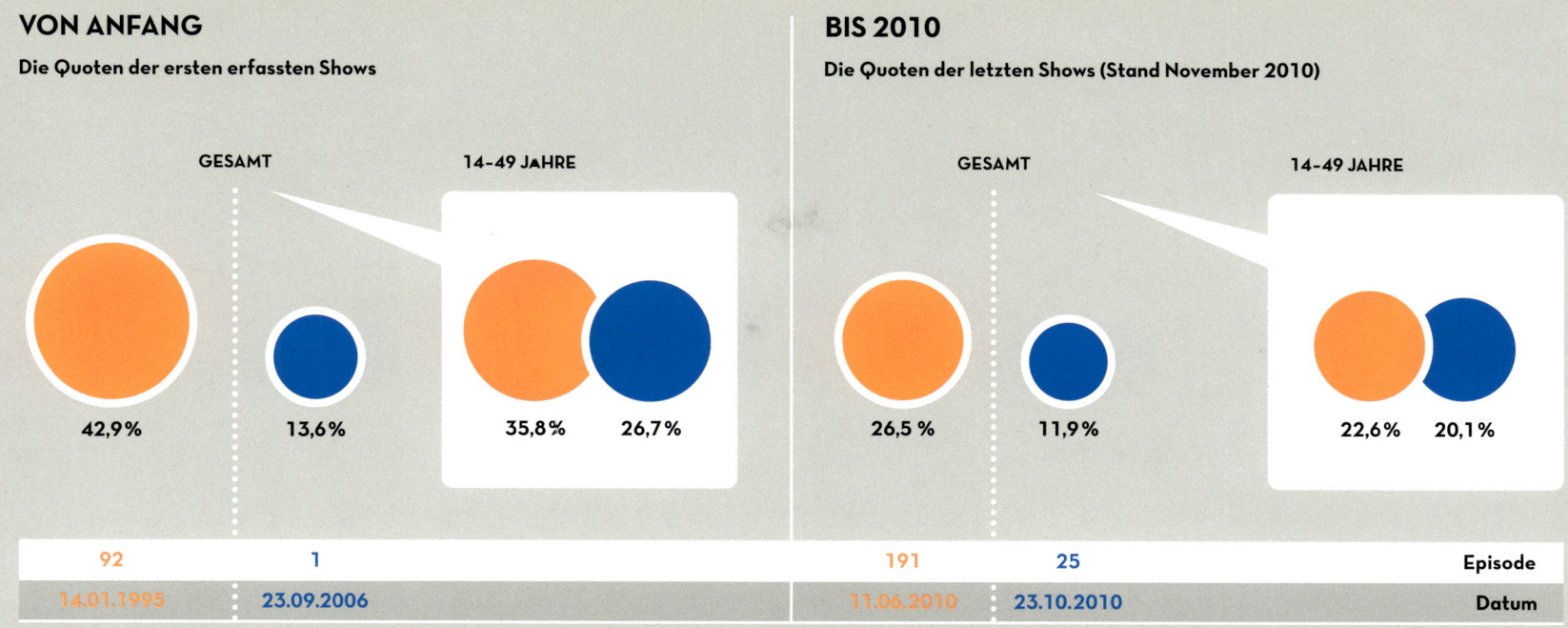

VON ANFANG
Die Quoten der ersten erfassten Shows

GESAMT

42,9 %

13,6 %

14–49 JAHRE

35,8 %   26,7 %

92	1		Episode
14.01.1995	23.09.2006		Datum

BIS 2010
Die Quoten der letzten Shows (Stand November 2010)

GESAMT

26,5 %

11,9 %

14–49 JAHRE

22,6 %   20,1 %

191	25		Episode
11.06.2010	23.10.2010		Datum

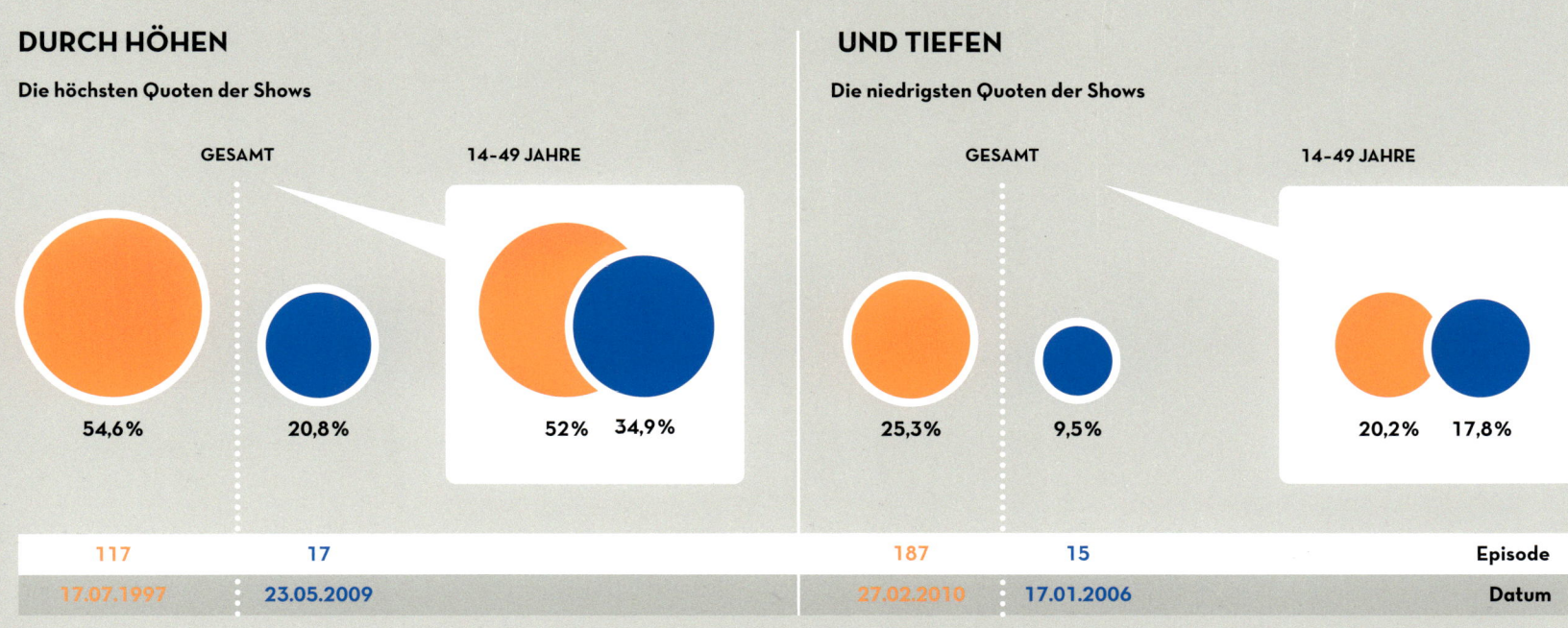

DURCH HÖHEN
Die höchsten Quoten der Shows

GESAMT

54,6 %

20,8 %

14–49 JAHRE

52 %   34,9 %

117	17		Episode
17.07.1997	23.05.2009		Datum

UND TIEFEN
Die niedrigsten Quoten der Shows

GESAMT

25,3 %

9,5 %

14–49 JAHRE

20,2 %   17,8 %

187	15		Episode
27.02.2010	17.01.2006		Datum

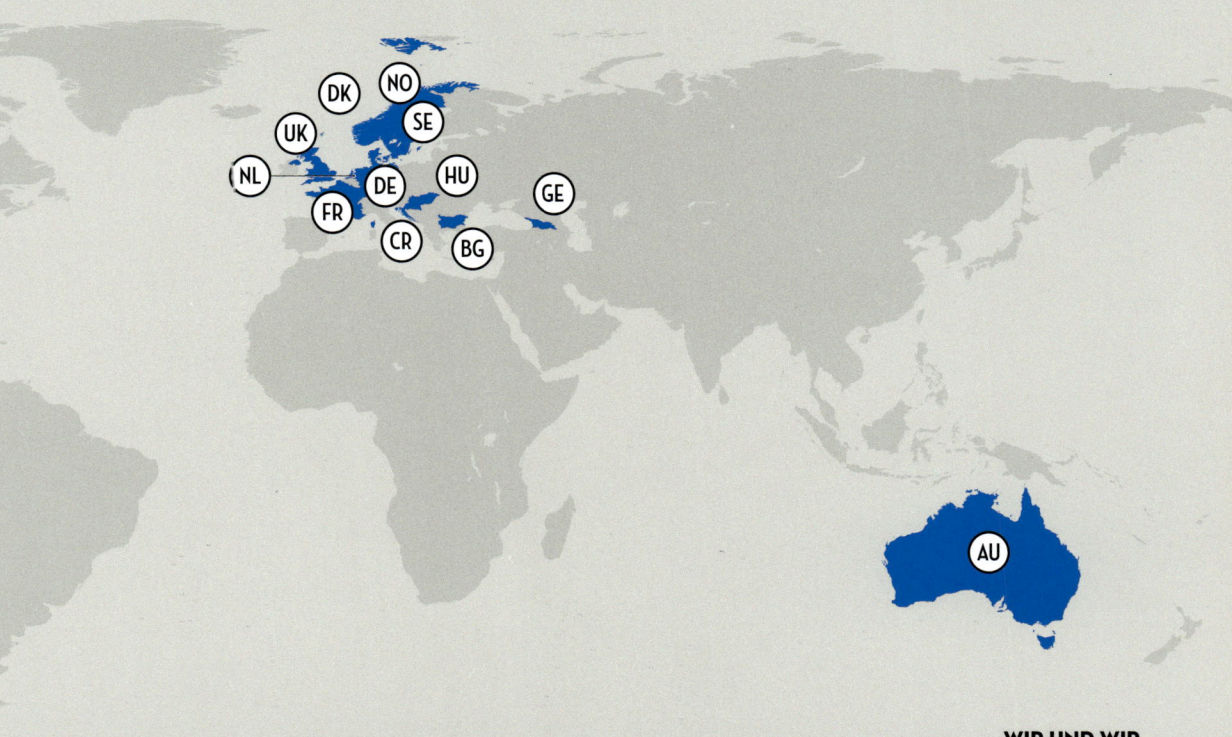

WIR UND WIR

GOTTSCHALK VS. RAAB

211

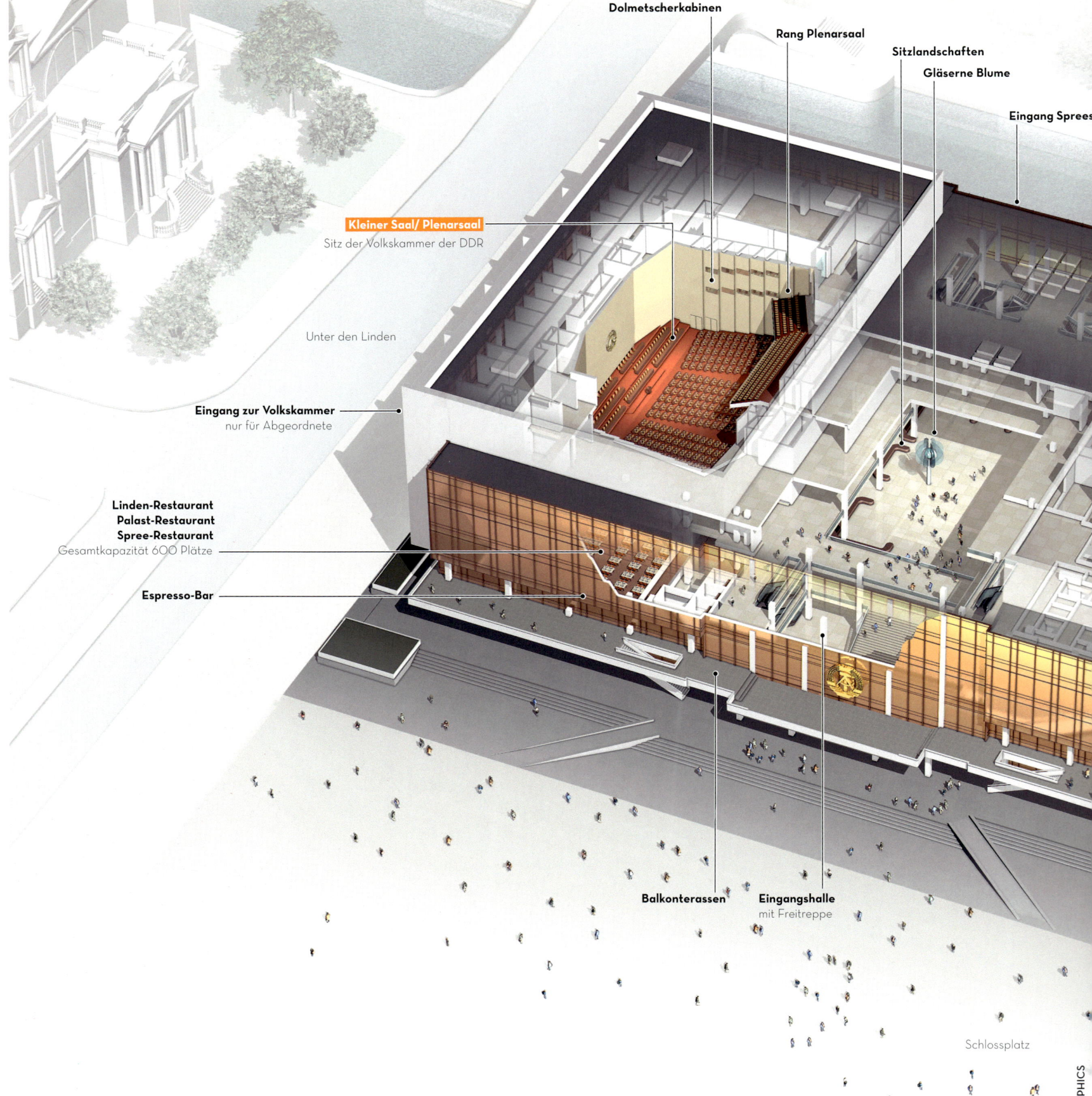

Dolmetscherkabinen

Rang Plenarsaal

Sitzlandschaften

Gläserne Blume

Eingang Spreeseite

Kleiner Saal/ Plenarsaal
Sitz der Volkskammer der DDR

Unter den Linden

Eingang zur Volkskammer
nur für Abgeordnete

Linden-Restaurant
Palast-Restaurant
Spree-Restaurant
Gesamtkapazität 600 Plätze

Espresso-Bar

Balkonterassen

Eingangshalle
mit Freitreppe

Schlossplatz

GRAFIK / RECHERCHE: GOLDEN SECTION GRAPHICS / ERSCHIENEN IN: IN GRAPHICS

Ein Kessel Buntes und ein Parlament

Hier waren Volk und Volksvertreter vereint unter einem Flachdach

Er war ein trotziger Block. Aufgebaut auf den Ruinen eines Schlosses schirmte er die sozialistische Leere des Alexanderplatzes vor den Lüftchen der preußischen Vergangenheit Berlins ab, die von Unter den Linden fortlaufend hochwehten. Er war eine Arena, ein Ort, an dem tatsächlich immer mal wieder alle unter einem Dach zusammenkamen: Schlagerstars, Staatsgäste, Politbüro, Silberhochzeiten. Er war riesig von innen; von außen wunderschön bei Sonnenuntergang.

Drei Jahre, nachdem das Zentralkomitee der SED am 27. März 1973 den Startschuss für den Bau erteilt hatte, war eines der größten und modernsten Mehrzweckgebäude Europas fertig, gleichermaßen Anlaufpunkt für das Volk und Ausdruck des Selbstverständnisses eines Staates. Darin waren: 13 gastronomische Einrichtungen wie das „Lindenrestaurant" Bier- und Weinstube, Bowlingbahn, Theater, der Große Saal für Feste und Staatsfeiern und der Plenarsaal, in dem

die Volkskammer der Deutschen Demokratischen Republik tagte. Nach dem Ende der DDR wurde er mit Brettern verrammelt, drinnen stiegen Parties und Kunstprojekte, bis 2006 die Abrissbagger anrollten. Die berühmten Lampen hängen heute in großen und kleinen Palästen in aller Herren Länder. Die golden schimmernden Glasplatten der Fassade wurden zu Schreibtischen verarbeitet, sie stehen heute in so manchen Büros des jungen Berlins.

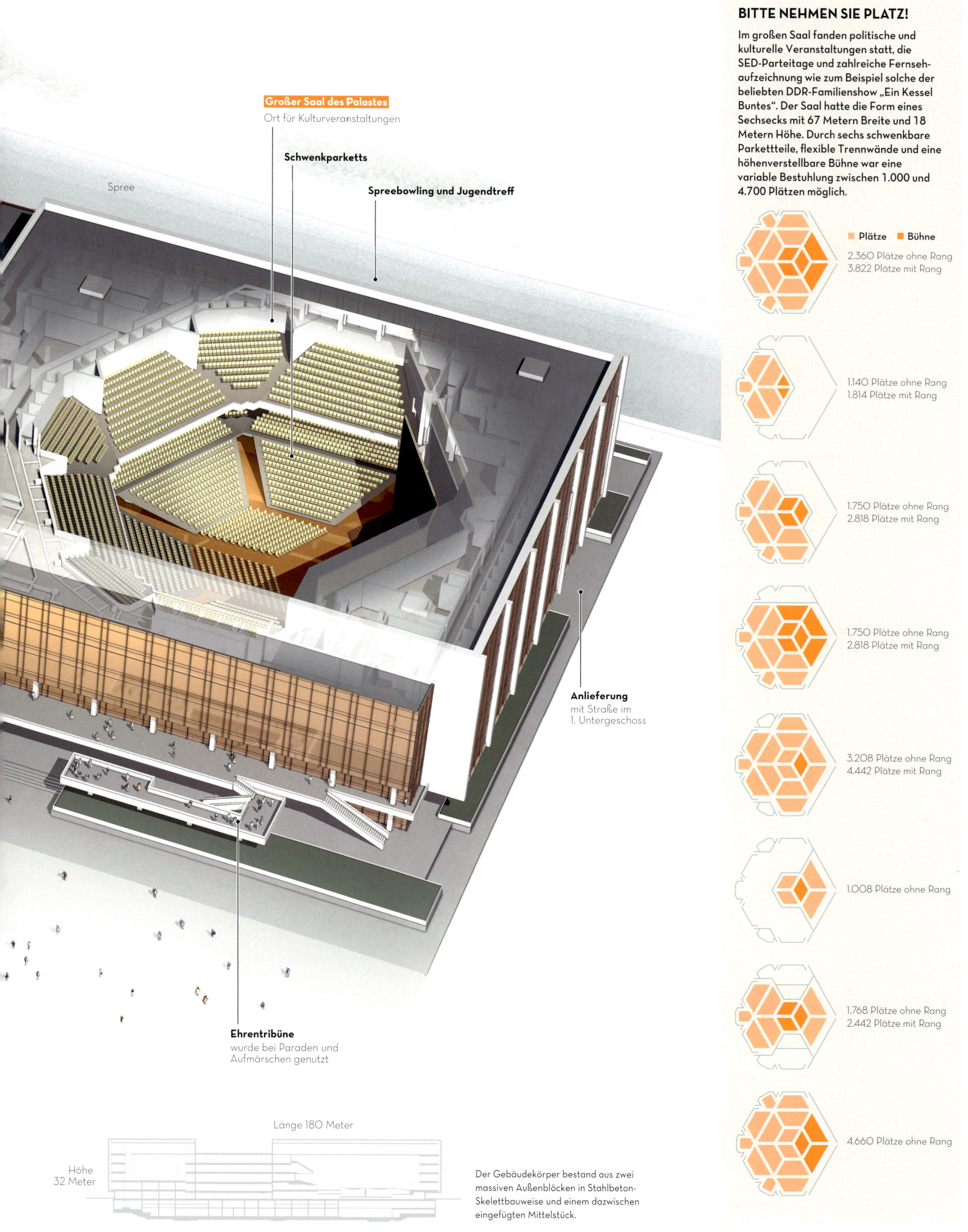

Großer Saal des Palastes
Ort für Kulturveranstaltungen

Schwenkparketts

Spreebowling und Jugendtreff

Spree

Anlieferung
mit Straße im
1. Untergeschoss

Ehrentribüne
wurde bei Paraden und
Aufmärschen genutzt

Länge 180 Meter

Höhe
32 Meter

Der Gebäudekörper bestand aus zwei
massiven Außenblöcken in Stahlbeton-
Skelettbauweise und einem dazwischen
eingefügten Mittelstück.

BITTE NEHMEN SIE PLATZ!

Im großen Saal fanden politische und
kulturelle Veranstaltungen statt, die
SED-Parteitage und zahlreiche Fernseh-
aufzeichnung wie zum Beispiel solche der
beliebten DDR-Familienshow „Ein Kessel
Buntes". Der Saal hatte die Form eines
Sechsecks mit 67 Metern Breite und 18
Metern Höhe. Durch sechs schwenkbare
Parkettteile, flexible Trennwände und eine
höhenverstellbare Bühne war eine
variable Bestuhlung zwischen 1.000 und
4.700 Plätzen möglich.

■ Plätze ■ Bühne

2.360 Plätze ohne Rang
3.822 Plätze mit Rang

1.140 Plätze ohne Rang
1.814 Plätze mit Rang

1.750 Plätze ohne Rang
2.818 Plätze mit Rang

1.750 Plätze ohne Rang
2.818 Plätze mit Rang

3.208 Plätze ohne Rang
4.442 Plätze mit Rang

1.008 Plätze ohne Rang

1.768 Plätze ohne Rang
2.442 Plätze mit Rang

4.660 Plätze ohne Rang

WIR UND WIR

PALAST DER REPUBLIK

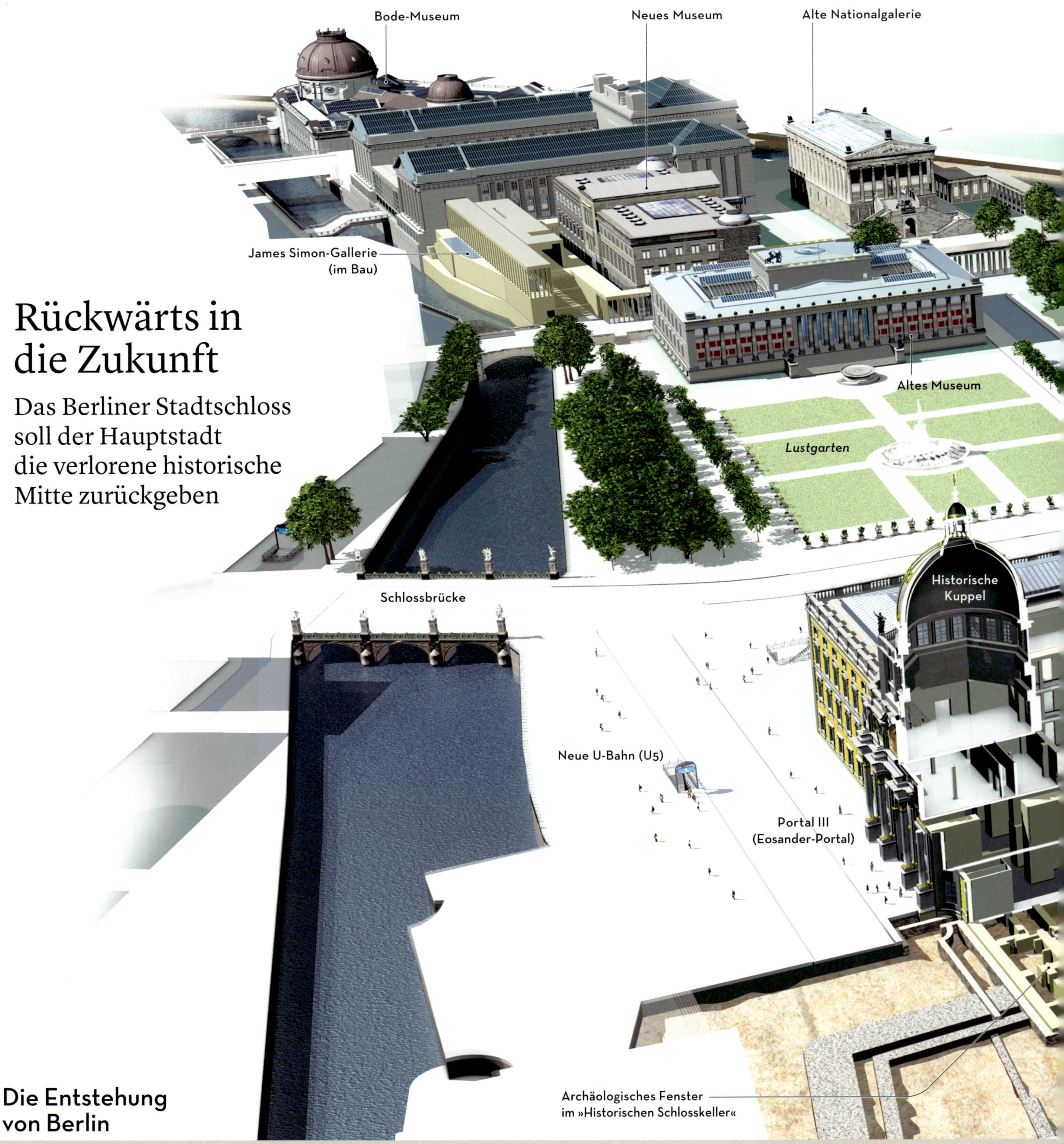

Rückwärts in die Zukunft

Das Berliner Stadtschloss soll der Hauptstadt die verlorene historische Mitte zurückgeben

Bode-Museum

Neues Museum

Alte Nationalgalerie

James Simon-Gallerie (im Bau)

Altes Museum

Lustgarten

Historische Kuppel

Schlossbrücke

Neue U-Bahn (U5)

Portal III (Eosander-Portal)

Archäologisches Fenster im »Historischen Schlosskeller«

Die Entstehung von Berlin

Die Doppelstadt um 1200/1250

Fläche: ca. 50 Hektar
Einwohner: ca. 2000
Häuser: ca. 220

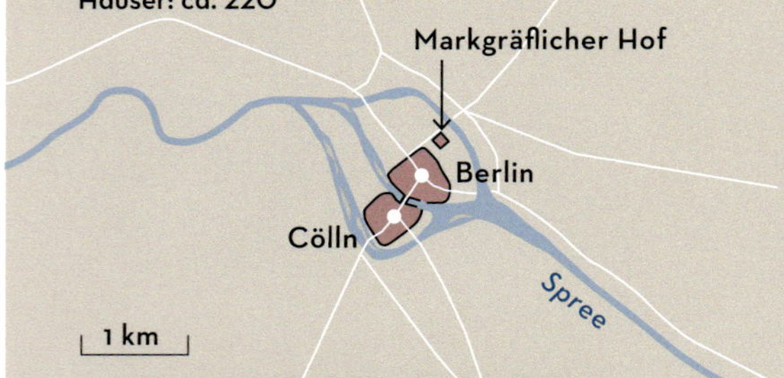

Markgräflicher Hof

Berlin

Cölln

Spree

1 km

Die auf der Spreeinsel gelegene Stadt Cölln wurde 1237 erstmals urkundlich erwähnt.

Berlin und Cölln um 1450

Fläche: ca. 76 Hektar
Einwohner: ca. 7.000
Häuser: 1.070

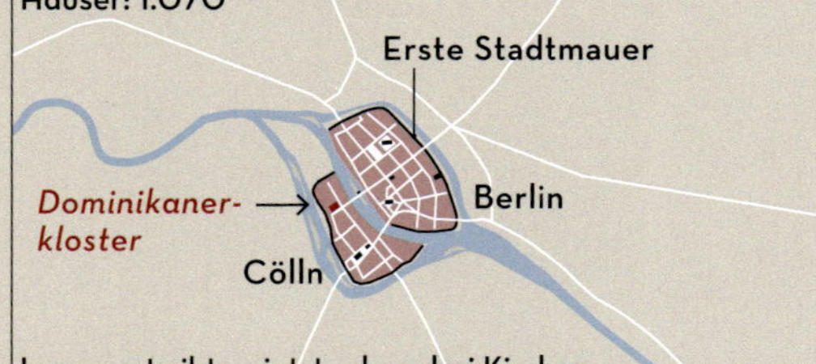

Erste Stadtmauer

Dominikaner- kloster

Berlin

Cölln

Insgesamt gibt es jetzt schon drei Kirchen, zwei Klöster, drei Spitäler mit Kapelle sowie drei Rathäuser, davon steht seit 1307 ein gemeinsames Rathaus auf der Spreebrücke zwischen den Städten.

Berlin und Cölln um 1500

Das erste Berliner Schloss wurde von 1442 bis 1451 errichtet.

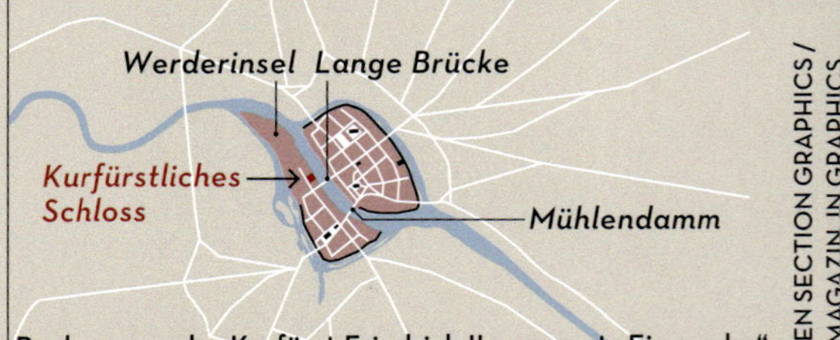

Werderinsel   Lange Brücke

Kurfürstliches Schloss

Mühlendamm

Bauherr war der Kurfürst Friedrich II., genannt „Eisenzahn". Kurfürst Joachim II. ließ im 16. Jahrhundert die Burg wieder weitgehend abtragen und an ihrer Stelle eine Renaissance-Residenz errichten.

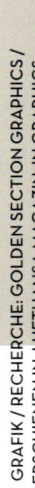

GRAFIK / RECHERCHE: GOLDEN SECTION GRAPHICS / ERSCHIENEN IN LUFTHANSA MAGAZIN IN GRAPHICS

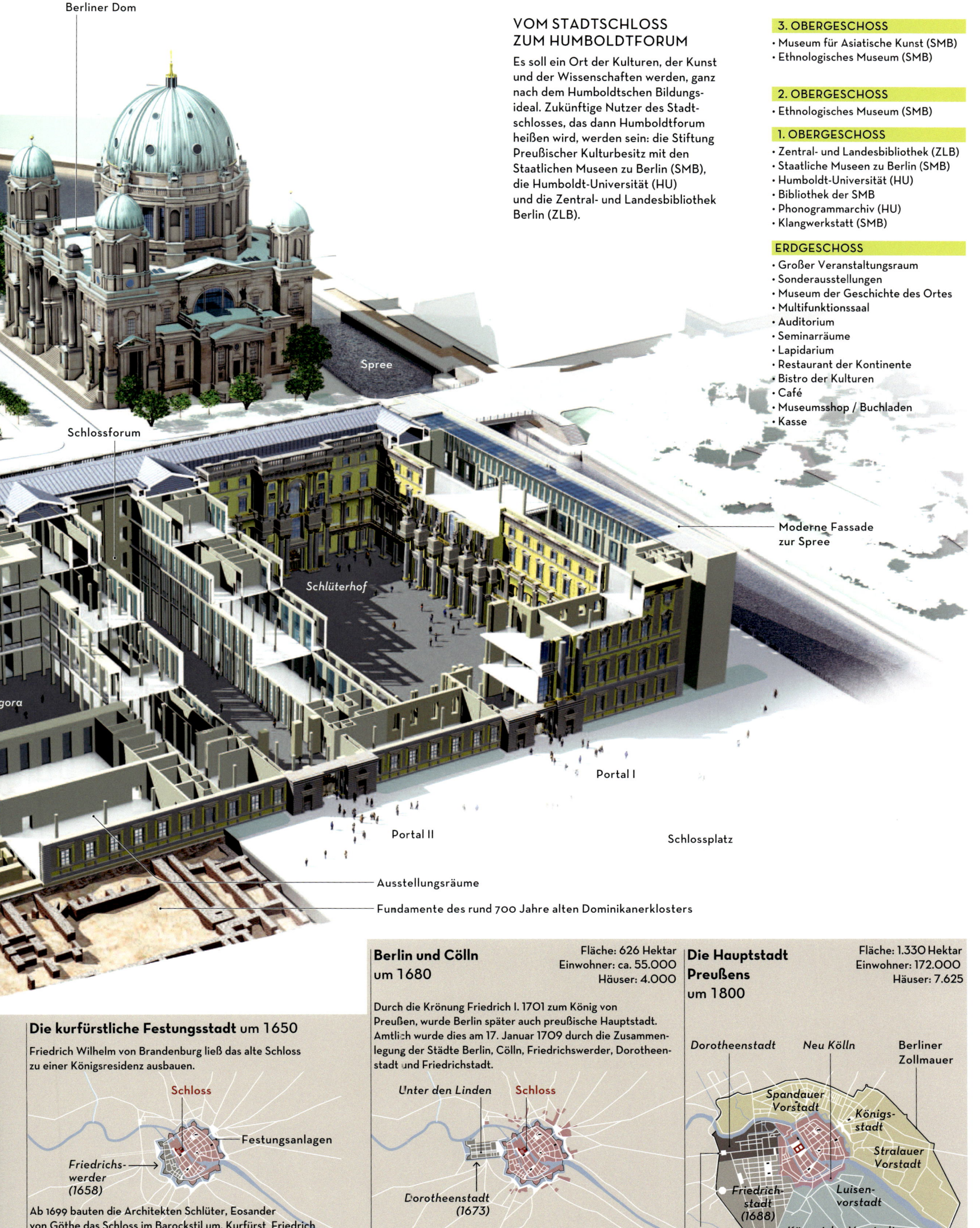

Berliner Dom

Schlossforum

Spree

gora

Schlüterhof

Moderne Fassade
zur Spree

Portal I

Portal II

Schlossplatz

Ausstellungsräume

Fundamente des rund 700 Jahre alten Dominikanerklosters

VOM STADTSCHLOSS ZUM HUMBOLDTFORUM

Es soll ein Ort der Kulturen, der Kunst und der Wissenschaften werden, ganz nach dem Humboldtschen Bildungsideal. Zukünftige Nutzer des Stadtschlosses, das dann Humboldtforum heißen wird, werden sein: die Stiftung Preußischer Kulturbesitz mit den Staatlichen Museen zu Berlin (SMB), die Humboldt-Universität (HU) und die Zentral- und Landesbibliothek Berlin (ZLB).

3. OBERGESCHOSS
- Museum für Asiatische Kunst (SMB)
- Ethnologisches Museum (SMB)

2. OBERGESCHOSS
- Ethnologisches Museum (SMB)

1. OBERGESCHOSS
- Zentral- und Landesbibliothek (ZLB)
- Staatliche Museen zu Berlin (SMB)
- Humboldt-Universität (HU)
- Bibliothek der SMB
- Phonogrammarchiv (HU)
- Klangwerkstatt (SMB)

ERDGESCHOSS
- Großer Veranstaltungsraum
- Sonderausstellungen
- Museum der Geschichte des Ortes
- Multifunktionssaal
- Auditorium
- Seminarräume
- Lapidarium
- Restaurant der Kontinente
- Bistro der Kulturen
- Café
- Museumsshop / Buchladen
- Kasse

Die kurfürstliche Festungsstadt um 1650

Friedrich Wilhelm von Brandenburg ließ das alte Schloss zu einer Königsresidenz ausbauen.

Schloss

Festungsanlagen

Friedrichs-
werder
(1658)

Ab 1699 bauten die Architekten Schlüter, Eosander von Göthe das Schloss im Barockstil um. Kurfürst Friedrich Wilhelm ließ die Bauten schließlich vom Architekten Böhme sparsam vollenden.

Berlin und Cölln
um 1680

Fläche: 626 Hektar
Einwohner: ca. 55.000
Häuser: 4.000

Durch die Krönung Friedrich I. 1701 zum König von Preußen, wurde Berlin später auch preußische Hauptstadt. Amtlich wurde dies am 17. Januar 1709 durch die Zusammenlegung der Städte Berlin, Cölln, Friedrichswerder, Dorotheenstadt und Friedrichstadt.

Unter den Linden

Schloss

Dorotheenstadt
(1673)

Die Hauptstadt Preußens
um 1800

Fläche: 1.330 Hektar
Einwohner: 172.000
Häuser: 7.625

Dorotheenstadt

Neu Kölln

Berliner
Zollmauer

Spandauer
Vorstadt

Königs-
stadt

Stralauer
Vorstadt

Friedrich-
stadt
(1688)

Luisen-
vorstadt

Brandenburger Tor

Köpenicker Vorstadt

VS. STADTSCHLOSS

KAPITEL 8

WIR UND DIE ANDEREN

Deutschland ist nicht der Mittelpunkt der Erde. Und die Sonne versinkt auch nicht am Horizont. Es ist der Erdball, der langsam nach hinten rollt, mit uns oben drauf, in der Hollywoodschaukel, am Ostseestrand oder Baggersee in Gießen, Greifswald oder Haltern. Im letzten Kapitel blicken wir hinaus in die Welt, wechseln Perspektiven bis uns schwindlig wird. Es geht ums Große: den weiterhin unstillbaren Hunger unserer Volkswirtschaft nach Rohstoffen [S. 230] und Wasser [S. 228]. Es geht ums Kleine: die Winzigkeit der Deutschen Börse (und der deutschen Unternehmen) im Vergleich mit den enormen Transaktionen amerikanischer und asiatischer Finanzplätze. Es geht ums Überschaubare: Angesichts des weltweiten Uranabbaus sehen unsere leidigen deutschen Meiler fast schon mickrig aus, zumal sie ohnehin bald abgeschaltet werden [S. 232].

Und es geht ins Unermessliche: Vergleichen Sie auf Seite 222 die Geldmengen der Erde. Starten Sie vielleicht mit etwas Bekanntem, stellen Sie sich vor, sie wären so reich wie die Aldi-Gründer Karl und Theo Albrecht (34 Mrd. Euro). Dann könnten Sie sich die nächsten 776 Jahre, also bis ins Jahr 2788, einen kleinen Ferrari (120.000 Euro) kaufen, jeden Tag. Sie könnten auf einen Schlag die Armut der Entwicklungsländer halbieren (32 Mrd. Euro). Oder Sie zahlen die jährlichen EU-Beiträge Deutschlands (22 Mrd. Euro), und vom Rest übernehmen Sie für Ihre deutschen Mitbürger vielleicht einmal die GEZ-Gebühren (7 Mrd. Euro).

Addieren Sie zu allen eben genannten Beträgen die Hartz IV-Bezüge (39 Mrd. Euro), dazu das Geld, das deutsche Steuerzahler jährlich im Ausland bunkern (30 Mrd. Euro), und Sie kommen langsam an die Beträge, die wir jährlich auf die hohe Kante legen (155 Mrd. Euro). Zehn Jahre sparen, und auf Ihrem Konto liegen die Ausgaben der USA für die Kriege im Irak und Afghanistan. Die Schäden der weltweiten Finanzkrise 2009 wären damit längst nicht erfasst. Schwindlig? Dann entspannen Sie auf Seite 234. Dort finden Sie ein vielleicht gewohnt überschaubares Weltbild.

Zahl der Deutschen, die angeben, in 2012 gern eine Kreuzfahrt ins außereuropäische Ausland unternehmen zu wollen, in Prozent: **30,1**—*Geld, das deutsche Touristen im Jahr 2010 im Ausland ausgaben, in Milliarden Euro:* **59**—*Geld, das ausländische Touristen im Jahr 2010 in Deutschland ausgaben, in Milliarden Euro:* **26**—*Durchschnittliche Ausgaben für eine Hochzeit in Deutschland in Euro:* **14.800**—*Durchschnittliche Ausgaben für eine Hochzeit in Indien in Euro:* **24.000**—*Durchschnittliche Ausgaben für eine Scheidung in Deutschland in Euro:* **2.100**—*Durchschnittliche Ausgaben für eine Scheidung in Polen, in Euro:* **550**—*Durchschnittliche Internetnutzung der Deutschen im April 2011 in Stunden:* **21,7**—*Durchschnittliche Internetnutzung der Österreicher im April 2011 in Stunden:* **12,5**—*Anteil des Einkommens, das Deutsche für Lebensmittel ausgeben, in Prozent:* **11,2**—*Anteil des Einkommens, das in Deutschland lebende Türken für Lebensmittel ausgeben, in Prozent:* **25,4**—*Zahl der 2010 angemeldeten Patente in Deutschland:* **33.139**—*Zahl der Patentanmeldungen im Jahr 2009 in Baden-Württemberg:* **15.532**—*Zahl der Patentanmeldungen im Jahr 2009 in Mecklenburg-Vorpommern:* **191**—*Zahl der 2010 angemeldeten Patente in Griechenland:* **130**—*Anteil, den China 2001 als erstplatzierte Nation am weltweiten Ausstoß von CO_2 hatte, in Prozent:* **23,71**—*Anteil, den Deutschland als sechstplazierte Nation am weltweiten Ausstoß von CO_2 hat, in Prozent:* **2,59**—*Dies bedeutet CO_2-Emissionen in Millionen Tonnen:* **800**—*CO_2-Emissionen des gesamten afrikanischen Kontinents in Millionen Tonnen:* **1.077**—*Faktor, um den die Fläche Afrikas größer ist als die Deutschlands:* **85**—*Zahl der jährlichen Schwangerschaftsabbrüche pro tausend Frauen in Deutschland:* **7,1**—*Zahl der jährlichen Schwangerschaftsabbrüche pro tausend Frauen in Großbritannien:* **18,2**—*Zahl der jährlichen Schwangerschaftsabbrüche pro tausend Frauen in Rumänien:* **31,3**—*Beiträge Deutschlands zum EU-Haushalt in Milliarden Euro:* **26,6**—*Forderungen deutscher Banken an das Land Spanien 2010 in Milliarden Euro:* **181,6**—*Forderungen von deutschen Banken an das Land Irland 2010 in Milliarden Euro:* **138,6**—*Zahl der Finanzberater in den USA pro tausend Einwohner:* **2,5**—*Zahl der Finanzberater in Deutschland pro tausend Einwohner:* **6,1**—*Zahl der in der Schweiz lebenden Deutschen im Jahr 1995:* **96.900**—*Zahl der in der Schweiz lebenden Deutschen im Jahr 2009:* **265.944**—*Menge der in Deutschland in 2011 geernteten Äpfel in tausend Tonnen:* **898,4**—*Menge der in China in 2010 geernteten Äpfel in tausend Tonnen:* **33.265**—*Zahl der 2010 aus Deutschland exportierten Weihnachtsbäume:* **558.796**—*Zahl der 2010 nach Deutschland importierten Weihnachtsbäume:* **1.053.016**

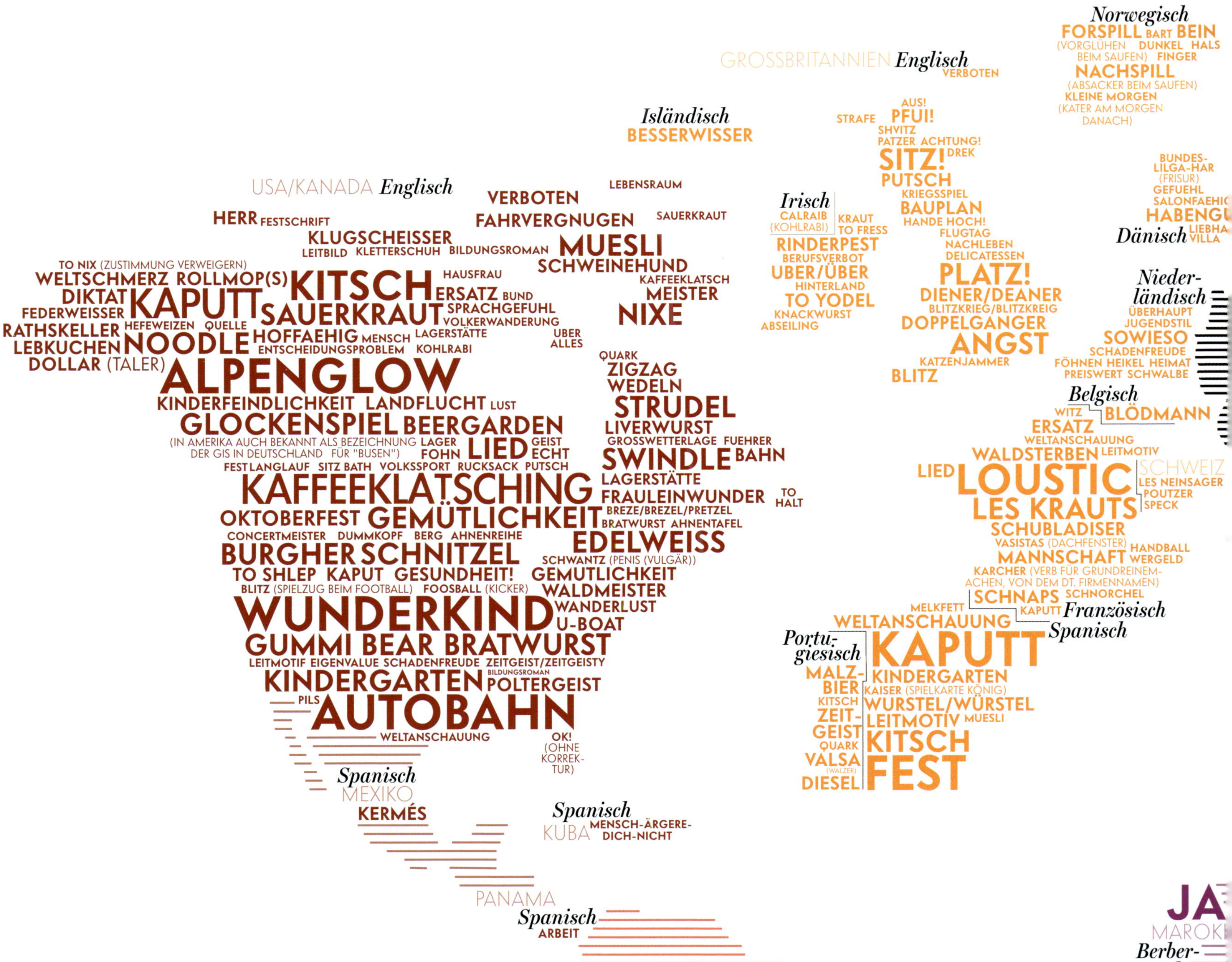

Norwegisch
FORSPILL (VORGLÜHEN) BART BEIN
DUNKEL HALS BEIM SAUFEN) FINGER
NACHSPILL
(ABSACKER BEIM SAUFEN)
KLEINE MORGEN
(KATER AM MORGEN DANACH)

Isländisch
BESSERWISSER

AUS!
STRAFE PFUI!
SHVITZ
PATZER ACHTUNG! DREK!
SITZ!
PUTSCH
KRIEGSSPIEL
BAUPLAN
HÄNDE HOCH!
FLUGTAG
NACHLEBEN
DELICATESSEN
PLATZ!
DIENER/DEANER
BLITZKRIEG/BLITZKRIEG
DOPPELGANGER
ANGST
KATZENJAMMER
BLITZ

BUNDES-LILGA-HAR (FRISUR)
GEFUEHL
SALONFAEHIG
HABENGU
Dänisch LIEBHA

Niederländisch
ÜBERHAUPT
JUGENDSTIL
SCHADENFREUDE
SOWIESO
FÖHNEN HEIKEL HEIMAT
PREISWERT SCHWALBE

Belgisch
WITZ BLÖDMANN
ERSATZ
WELTANSCHAUUNG
WALDSTERBEN LEITMOTIV
LIED LOUSTIC
LES KRAUTS
SCHUBLADISER
SCHWEIZ
LES NEINSAGER
POUTZER
SPECK
VASISTAS (DACHFENSTER) HANDBALL
MANNSCHAFT WERGELD
KARCHER (VERB FÜR GRUNDREINEM-ACHEN, VON DEM DT. FIRMENNAMEN)
SCHNAPS SCHNORCHEL
MELKFETT KAPUTT *Französisch*
WELTANSCHAUUNG *Spanisch*

Portugiesisch
KAPUTT
MALZ-BIER
KITSCH KINDERGARTEN
ZEIT-GEIST KAISER (SPIELKARTE KÖNIG)
WURSTEL/WÜRSTEL
LEITMOTIV MUESLI
QUARK
VALSA KITSCH
(WALZER)
DIESEL FEST

Irisch
CALRAIB (KOHLRABI) KRAUT TO FRESS
RINDERPEST
BERUFSVERBOT
UBER/ÜBER
HINTERLAND
TO YODEL
KNACKWURST
ABSEILING

LEBENSRAUM
USA/KANADA *Englisch*
VERBOTEN
FAHRVERGNUGEN SAUERKRAUT
HERR FESTSCHRIFT
KLUGSCHEISSER
LEITBILD KLETTERSCHUH BILDUNGSROMAN
MUESLI
SCHWEINEHUND
TO NIX (ZUSTIMMUNG VERWEIGERN) HAUSFRAU
WELTSCHMERZ ROLLMOP(S) KITSCH ERSATZ KAFFEEKLATSCH
DIKTAT KAPUTT SAUERKRAUT BUND MEISTER
FEDERWEISSER SPRACHGEFUHL NIXE
RATHSKELLER HEFEWEIZEN QUELLE VOLKERWANDERUNG
LEBKUCHEN NOODLE HOFFAEHIG MENSCH LAGERSTÄTTE UBER ALLES
DOLLAR (TALER) ENTSCHEIDUNGSPROBLEM KOHLRABI
ALPENGLOW QUARK
ZIGZAG
KINDERFEINDLICHKEIT LANDFLUCHT LUST WEDELN
GLOCKENSPIEL BEERGARDEN STRUDEL
(IN AMERIKA AUCH BEKANNT ALS BEZEICHNUNG LAGER LIVERWURST
DER GIS IN DEUTSCHLAND FÜR "BUSEN") FOHN LIED GEIST GROSSWETTERLAGE FUEHRER
FESTLANGLAUF SITZ BATH VOLKSSPORT RUCKSACK PUTSCH ECHT SWINDLE BAHN
KAFFEEKLATSCHING LAGERSTÄTTE TO HALT
FRAULEINWUNDER
OKTOBERFEST GEMÜTLICHKEIT SCHWANZ (PENIS (VULGÄR)) BREZE/BREZEL/PRETZEL
CONCERTMEISTER DUMMKOPF BERG AHNENREIHE BRATWURST AHNENTAFEL
BURGHER SCHNITZEL EDELWEISS
TO SHLEP KAPUT GESUNDHEIT! GEMUTLICHKEIT
BLITZ (SPIELZUG BEIM FOOTBALL) FOOSBALL (KICKER) WALDMEISTER
WUNDERKIND WANDERLUST
GUMMI BEAR BRATWURST U-BOAT
LEITMOTIF EIGENVALUE SCHADENFREUDE ZEITGEIST/ZEITGEISTY
KINDERGARTEN BILDUNGSROMAN
PILS POLTERGEIST
AUTOBAHN
WELTANSCHAUUNG OK!
(OHNE KORREK-TUR)

Spanisch
MEXIKO
KERMÉS

Spanisch
KUBA MENSCH-ÄRGERE-DICH-NICHT

PANAMA

Spanisch
ARBEIT

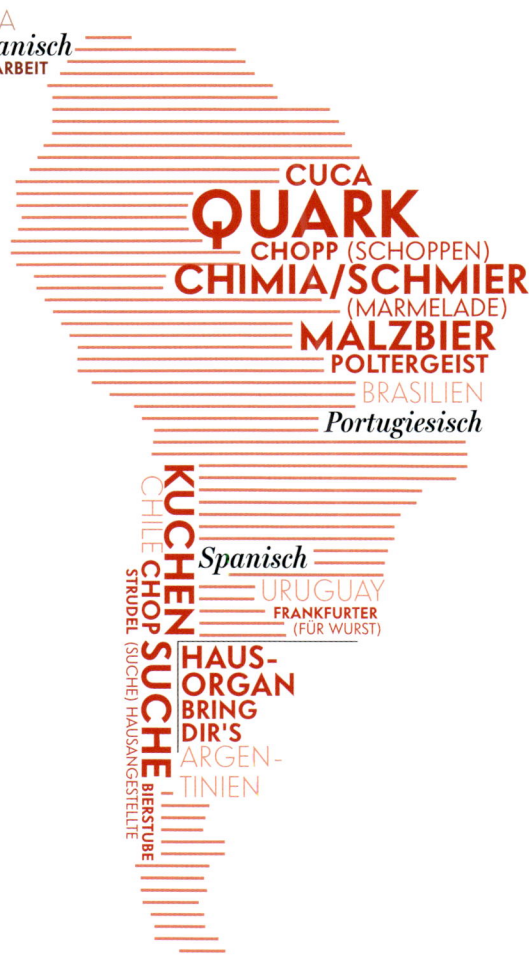

CUCA
QUARK
CHOPP (SCHOPPEN)
CHIMIA/SCHMIER
(MARMELADE)
MALZBIER
POLTERGEIST
BRASILIEN
Portugiesisch

KUCHEN
CHILE CHOPP
STRUDEL (SUCHE) HAUSANGESTELLTE
SUCHE BIERSTUBE
Spanisch
URUGUAY
FRANKFURTER (FÜR WURST)
HAUS-ORGAN
BRING DIR'S
ARGEN-TINIEN

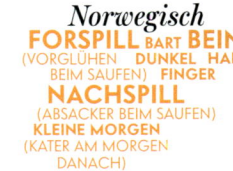
JA
MAROK
Berber-sprache

Kindergarten und Frontscheibniza

Deutsche Wörter, und wohin sie ausgewandert sind

In Russland beißt man ins *butterbrod*, der Kroate hält an der *tankstela*, und wer in Papua-Neuguinea sauer ist, schimpft seinen Nachbarn mitunter *rinfi!*, also Rindvieh. In Japan, wo einst deutsche Mediziner lehrten, ist der Gipsverband als *gipusu* bekannt und der Höhepunkt als *orugasumu*. Keineswegs sexuell sind *vorspil* und *nachspil* der Norweger: Sie meinen damit das Betrinken vor und nach dem Ausgehen. Den Anstoß für diese Karte der ausgewanderten und hängegebliebenen deutschen Worte gab ein Aufruf der Gesellschaft für deutsche Sprache (GfdS). Deutsche in aller Welt sollten Begriffe einsenden, die ihnen in der Fremde bekannt vorkommen. Gesagt, getan: Mehr als 10.000 Einsendungen folgten.

GRAFIK: GOLDEN SECTION GRAPHICS / RECHERCHE: THOMAS LINDEMANN / ERSCHIENEN VANITY FAIR

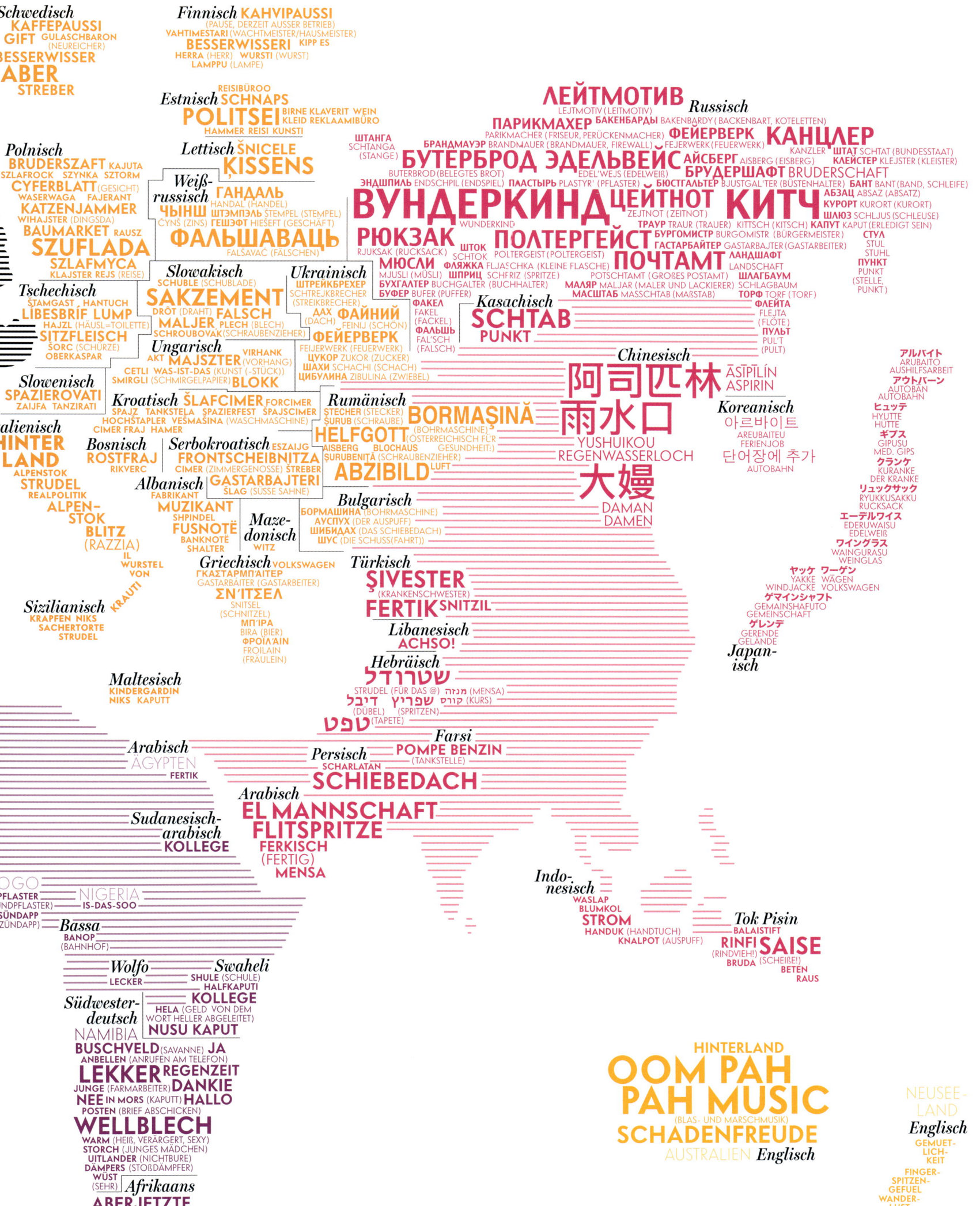

Schwedisch
KAFFEPAUSSI
GIFT GULASCHBARON
(NEUREICHER)
BESSERWISSER
ABER
STREBER

Finnisch KAHVIPAUSSI
(PAUSE, DERZEIT AUSSER BETRIEB)
VAHTIMESTARI (WACHTMEISTER/HAUSMEISTER)
BESSERWISSERI KIPP ES
HERRA (HERR) WURSTI (WURST)
LAMPPU (LAMPE)

Estnisch SCHNAPS
POLITSEI BIRNE KLAVERIT WEIN
REISIBÜRO
KLEID REKLAAMIBÜRO
HAMMER REISI KUNSTI

Polnisch
BRUDERSZAFT KAJUTA
SZLAFROCK SZYNKA SZTORM
CYFERBLATT (GESICHT)
WASERWAGA FAJERANT
KATZENJAMMER
WIHAJSTER (DINGSDA)
BAUMARKET RAUSZ
SZUFLADA
SZLAFMYCA
KLAJSTER REJS (REISE)

Lettisch ŠNICELE
ĶISSENS

Weiß-russisch ГАНДАЛЬ
HANDAL (HANDEL)
ЧЫНШ
CYNŠ (ZINS) ГЕШЭФТ HIEŠEFT (GESCHÄFT)

Slowakisch
SAKZEMENT
DRÔT (DRAHT)
FALSCH
MALJER PLECH (BLECH)
SCHUBLE (SCHUBLADE)
SCHROUBOVAK (SCHRAUBENZIEHER)

Ukrainisch
ШТРЕЙКБРЕХЕР
SCHTREJKBRECHER
(STREIKBRECHER)
ААХ ФАЙНИЙ
(ACH) FAJNIJ (SCHÖN)
(DACH)
ФЕЙЄРВЕРК
FEIJERWERK (FEUERWERK)
ЦУКОР ZUKOR (ZUCKER)
ШАХИ SCHACHI (SCHACH)
ЦИБУЛИНА ZIBULINA (ZWIEBEL)

Tschechisch
ŠTAMGAST HANTUCH
LIBESBRÍF LUMP
HAJZL (HÄUSL=TOILETTE)
SITZFLEISCH
ŠORC (SCHÜRZE)
OBERKASPAR

Ungarisch
AKT MAJSZTER
CETLI WAS-IST-DAS (KUNST
SMIRGLI (SCHMIRGELPAPIER)
VIRHANK (VORHANG)
WAS-IST-DAS (KUNST (-STÜCK))
BLOKK

Slowenisch
SPAZIEROVATI
ZAJJFA TANZIRATI

Kroatisch ŠLAFCIMER
SPAJZ TANKSTELA SPAZIERFEST ŠPAJSCIMER
HOCHSTAPLER VEŠMASINA (WASCHMASCHINE)
CIMER FRAJ HAMER FORCIMER

Italienisch
HINTER
LAND
ALPENSTOK
STRUDEL
REALPOLITIK
ALPEN-STOK
BLITZ
(RAZZIA)

Bosnisch
ROSTFRAJ
RIKVERC

Serbokroatisch
FRONTSCHEIBNITZA
CIMER (ZIMMERGENOSSE) ŠTREBER
ESZAJJG

Albanisch
FABRIKANT
MUZIKANT
SHPINDEL
FUSNOTË
BANKNOTË
SHALTER

Maze-donisch
WITZ
IL WURSTEL VON
KRAUTI

Rumänisch
STECHER (STECKER)
ŞURUB (SCHRAUBE)
HELFGOTT
AISBERG BLOCHAUS
(BOHRMASCHINE)
(ÖSTERREICHISCH FÜR
GESUNDHEIT:)
ŞURUBENIŢĂ (SCHRAUBENZIEHER)
ABZIBILD LUFT
BORMAŞINĂ

Griechisch VOLKSWAGEN
ΓΚΑΣΤΑΡΜΠΑΪΤΕΡ
GASTARBAITER (GASTARBEITER)
ΣΝ'ΙΤΣΕΛ
SNITSEL (SCHNITZEL)
ΜΠ'ΙΡΑ
BIRA (BIER)
ΦΡΟΪΛΆΙΝ
FROILAIN (FRAULEIN)

Türkisch
ŞIVESTER
(KRANKENSCHWESTER)
FERTIK SNITZIL

Bulgarisch
БОРМАШИНА (BOHRMASCHINE)
АУСПУХ (DER AUSPUFF)
ШИБИДАХ (DAS SCHIEBEDACH)
ШУС (DIE SCHUSS(FAHRT))

Libanesisch
ACHSO!

Hebräisch שטרודל
STRUDEL (FÜR DAS @) מנזה (MENSA)
קורס (KURS)
שפריץ דיבל (DÜBEL) (SPRITZEN)
טפט (TAPETE)

Sizilianisch
KRAPFEN NIKS
SACHERTORTE
STRUDEL

Maltesisch
KINDERGARDIN
NIKS KAPUTT

Farsi
POMPE BENZIN
(TANKSTELLE)

Arabisch
ÄGYPTEN
FERTIK

Persisch
SCHARLATAN
SCHIEBEDACH

Arabisch
EL MANNSCHAFT
FLITSPRITZE
FERKISCH
(FERTIG)
MENSA

Sudanesisch-arabisch
KOLLEGE

OGO
PFLASTER
JNDPFLASTER)
SÜNDAPP
(ZÜNDAPP)

NIGERIA
IS-DAS-SOO

Bassa
BANOP
(BAHNHOF)

Wolfo
LECKER

Swaheli
SHULE (SCHULE)
HALFKAPUTI
KOLLEGE
HELA (GELD VON DEM
WORT HELLER ABGELEITET)

Südwester-deutsch
NAMIBIA
NUSU KAPUT
BUSCHVELD (SAVANNE) JA
ANBELLEN (ANRUFEN AM TELEFON)
LEKKER REGENZEIT
JUNGE (FARMARBEITER) DANKIE
NEE IN MORS (KAPUTT) HALLO
POSTEN (BRIEF ABSCHICKEN)
WELLBLECH
WARM (HEIß, VERÄRGERT, SEXY)
STORCH (JUNGES MÄDCHEN)
UITLANDER (NICHTBURE)
DÄMPERS (STOßDÄMPFER)
WÜST
(SEHR) Afrikaans
ABERJETZTE
KANITZEN BOOT
(U-BOOT)

ЛЕЙТМОТИВ Russisch
LEJTMOTIV (LEITMOTIV)
ПАРИКМАХЕР БАКЕНБАРДЫ BAKENBARDY (BACKENBART, KOTELETTEN)
PARIKMACHER (FRISEUR, PERÜCKENMACHER) ФЕЙЕРВЕРК КАНЦЛЕР
БРАНДМАУЭР BRANDMAUER (BRANDMAUER, FIREWALL) FEJERWERK (FEUERWERK) KANZLER ШТАТ SCHTAT (BUNDESSTAAT)
БУТЕРБРОД (BELEGTES BROT) АЙСБЕРГ AISBERG (EISBERG) КЛЕЙСТЕР KLEJSTER (KLEISTER)
БУТЕРБРОД ЭДЕЛЬВЕЙС EDEL'WEJS (EDELWEISS) БРУДЕРШАФТ BRUDERSCHAFT
ЭНДШПИЛЬ ENDSCHPIL (ENDSPIEL) ПЛАСТЫРЬ PLASTYR' (PFLASTER) БЮСТГАЛЬТЕР BJUSTGAL'TER (BÜSTENHALTER) БАНТ BANT (BAND, SCHLEIFE)
ВУНДЕРКИНД ЦЕЙТНОТ КИТЧ
WUNDERKIND ZEJTNOT (ZEITNOT) БУРГОМИСТР BURGOMISTR (BÜRGERMEISTER) КУРОРТ KURORT (KURORT)
РЮКЗАК ПОЛТЕРГЕЙСТ ПОЧТАМТ ГАСТАРБАЙТЕР GASTARBAJTER (GASTARBEITER) ШЛЮЗ SCHLJUS (SCHLEUSE)
RJUKSAK (RUCKSACK) ШТОК POLTERGEIST (POLTERGEIST) ЛАНДШАФТ ШЛАГБАУМ SCHLAGBAUM
SCHTOK ПОЧТАМТ LANDSCHAFT STUL
МЮСЛИ ФЛЯЖКА FLJASCHKA (KLEINE FLASCHE) POTSCHTAMT (GROßES POSTAMT) МАЛЯР MALJAR (MALER UND LACKIERER) STUHL
MJUSLI (MÜSLI) ШПРИЦ SCHPRIZ (SPRITZE) МАСШТАБ MASSCHTAB (MAßSTAB) ПУНКТ
БУХГАЛТЕР BUCHGALTER (BUCHHALTER) ТОРФ TORF (TORF) PUNKT
БУФЕР BUFER (PUFFER) ФЛЕЙТА (STELLE, PUNKT)
ФАКЕЛ FLEJTA
FAKEL (FLÖTE)
(FACKEL) ПУЛЬТ
ФАЛЬШ PUL'T
FAL'SCH (PULT)
(FALSCH)

Kasachisch
SCHTAB
PUNKT

Chinesisch
阿司匹林 ĀSĪPǏLÍN
ASPIRIN
雨水口
YUSHUIKOU
REGENWASSERLOCH
大嫚
DAMAN
DAMEN

Koreanisch
아르바이트
AREUBAITEU
FERIENJOB
단어장에 추가
AUTOBAHN

アルバイト
ARUBAITO
AUSHILFSARBEIT
アウトバーン
AUTOBAN
AUTOBAHN
ヒュッテ
HYUTTE
HÜTTE
ギプス
GIPUSU
MED. GIPS
クランケ
KURANKE
DER KRANKE
リュックサック
RYUKKUSAKKU
RUCKSACK
エーデルワイス
EDERUWAISU
EDELWEISS
ワイングラス
WAINGURASU
WEINGLAS
ヤッケ ワーゲン
YAKKE WĀGEN
WINDJACKE VOLKSWAGEN
ゲマインシャフト
GEMAINSHAFUTO
GEMEINSCHAFT
ゲレンデ
GERENDE
GELÄNDE

Japan-isch

Indo-nesisch
WASLAP
BLUMKOL
STROM
HANDUK (HANDTUCH)
KNALPOT (AUSPUFF)

Tok Pisin
BALAISTIFT
RINFI SAISE
BRUDA (RINDVIEH!) (SCHEIßE!)
BETEN
RAUS

HINTERLAND
OOM PAH
PAH MUSIC
(BLAS- UND MARSCHMUSIK)
SCHADENFREUDE
AUSTRALIEN Englisch

NEUSEE-LAND
Englisch
GEMUET-LICH-KEIT
FINGER-SPITZEN-GEFUEL
WANDER-LUST

DEUTSCHE SPRACHE

Alles ist relativ, vor allem Zeit

24 Stunden dauern immer gleich lang. Aber sie sind nicht immer gleich weit.
In neunzig Jahren schrumpfte die Erde für uns auf Tagestrip-Niveau

Frankfurt – Santiago de Chile

1966 Passagierflüge im Jet-Zeitalter:
Flüge nach Südamerika gehören zum Flugplan.

Berlin – Moskau

1926 Erste regelmäßige Langstreckenflüge
der neugegründeten „Deutsche Luft Hansa"
in mehreren Etappen.

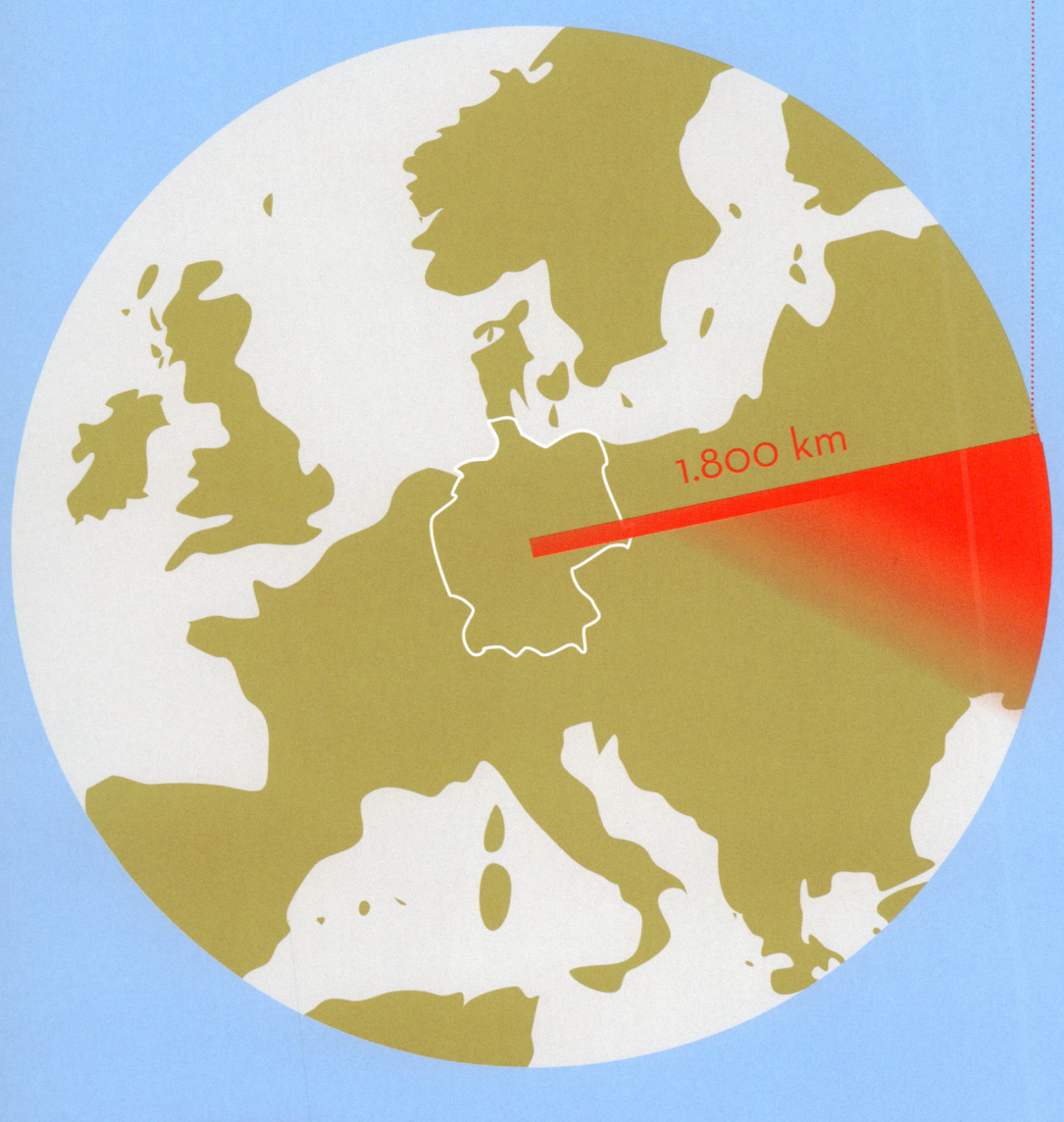

1.800 km

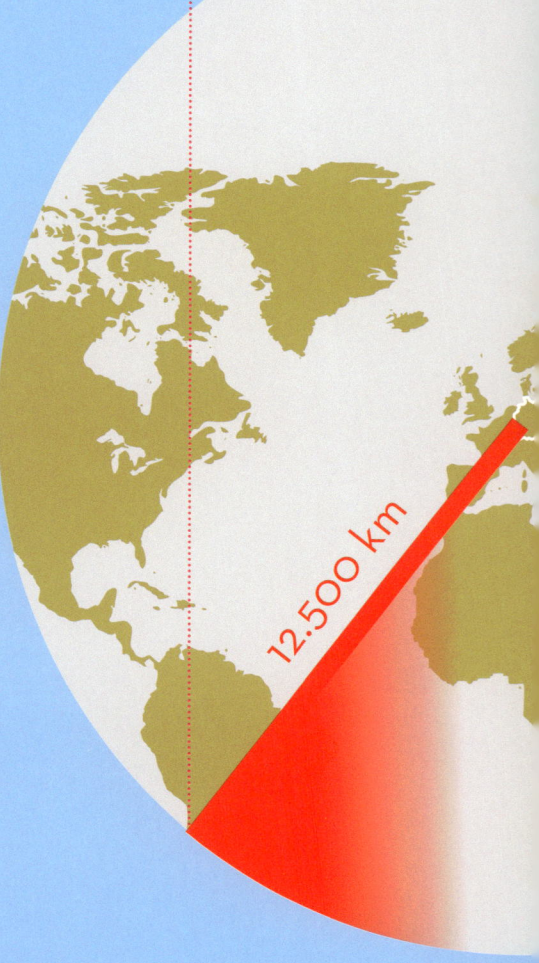

12.500 km

1926

1966

GRAFIK / RECHERCHE: MONTEURS

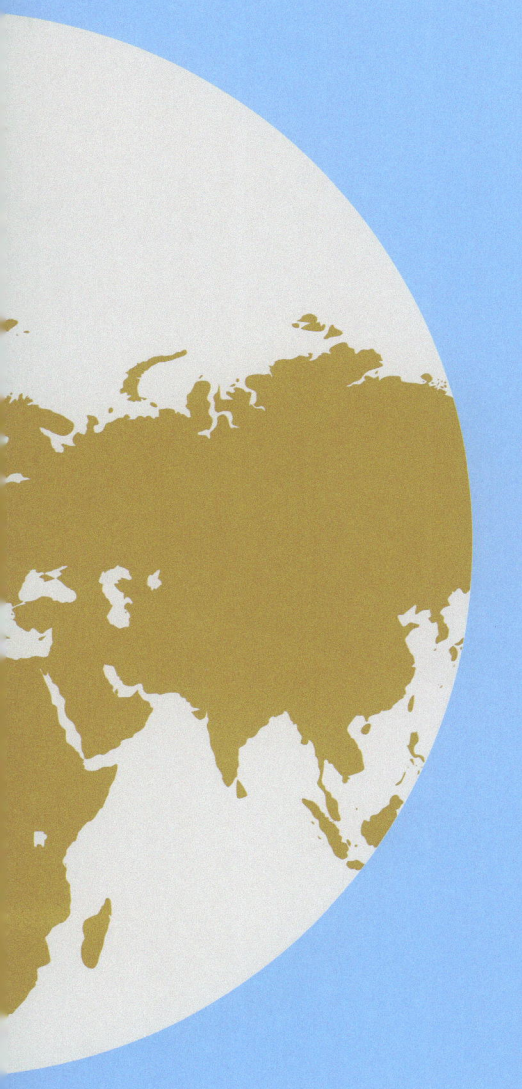
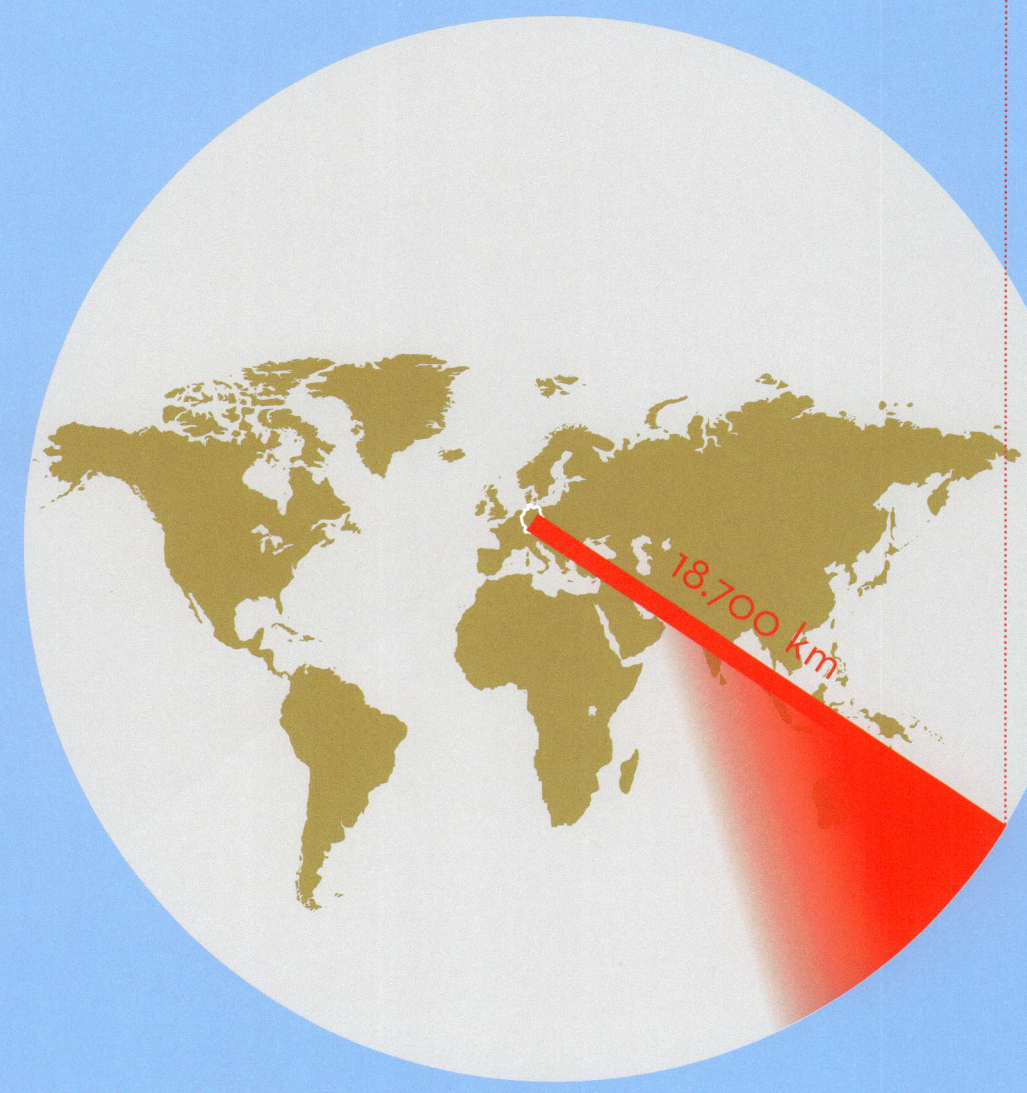

München – Auckland

2012 Mit regulären Linienflügen
in 24 Stunden via Hongkong in Neuseeland

18.700 km

2012

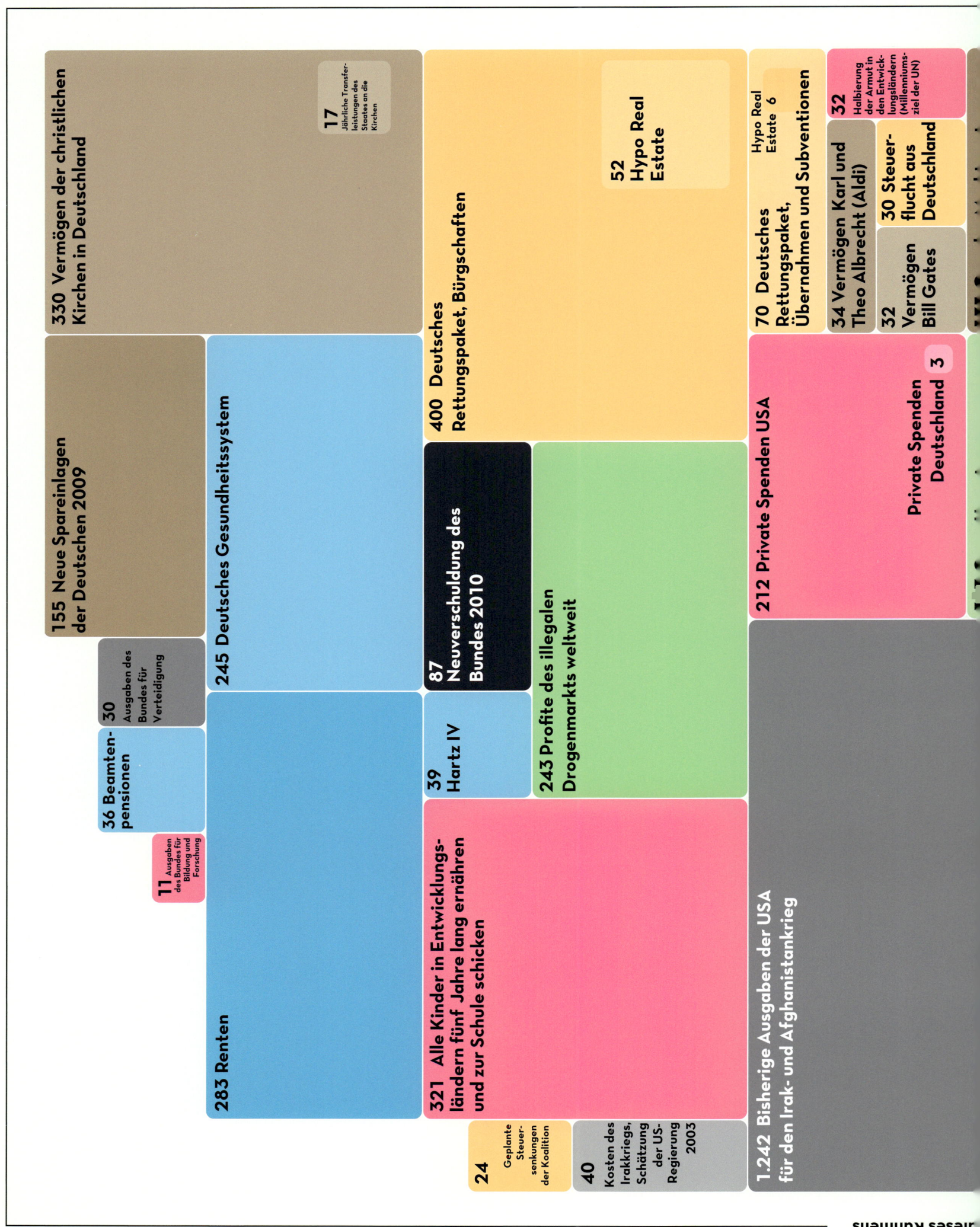

330 Vermögen der christlichen Kirchen in Deutschland

17 Jährliche Transferleistungen des Staates an die Kirchen

155 Neue Spareinlagen der Deutschen 2009

30 Ausgaben des Bundes für Verteidigung

36 Beamtenpensionen

11 Ausgaben des Bundes für Bildung und Forschung

245 Deutsches Gesundheitssystem

283 Renten

400 Deutsches Rettungspaket, Bürgschaften

52 Hypo Real Estate

87 Neuverschuldung des Bundes 2010

39 Hartz IV

243 Profite des illegalen Drogenmarkts weltweit

321 Alle Kinder in Entwicklungsländern fünf Jahre lang ernähren und zur Schule schicken

24 Geplante Steuersenkungen der Koalition

40 Kosten des Irakkriegs, Schätzung der US-Regierung 2003

1.242 Bisherige Ausgaben der USA für den Irak- und Afghanistankrieg

Hypo Real Estate 6

70 Deutsches Rettungspaket, Übernahmen und Subventionen

34 Vermögen Karl und Theo Albrecht (Aldi)

32 Vermögen Bill Gates

32 Halbierung der Armut in den Entwicklungsländern (Millenniumsziel der UN)

30 Steuerflucht aus Deutschland

212 Private Spenden USA

Private Spenden Deutschland 3

dieses Rahmens

GRAFIK: DAVID MCCANDLESS / RECHERCHE: CHRISTOPH DRÖSSER, DAVID MCCANDLESS / ERSCHIENEN IN: DIE ZEIT

Was kostet die Welt?

Es soll Menschen geben, die nicht wissen, wie viele Nullen eine Milliarde hat. Diese Grafik soll dabei helfen, Etatposten zu vergleichen, etwa mit märchenhaften Vermögen oder knappen Spendengeldern

7 GEZ

7 Hollywood

14 Tabaksteuer

9 US-Pornoindustrie

10 EU-Raumfahrtprogramm

22 Deutschlands EU-Beitrag

77 Neuwagen in Deutschland

5 Abwrackprämie

129 Ausgaben der Deutschen für Nahrungsmittel

72 Entwicklungshilfe der großen Industriestaaten

37 Wiederaufbau Irak

33 Profit von Shell und BP

15 Rettung des Amazonas-Regenwalds

15 Eurofighter (deutsche Kosten gesamt)

98 Afrikas Schulden

5 Opec-Klimafonds

218 Von russischen Beamten kassierte Bestechungsgelder

4

Bisherige Ausgaben Deutschlands für den Afghanistankrieg

569 Pharmamarkt weltweit

Geschenke und Proben für Ärzte 15

Antidepressiva 13

Potenzmittel 4

Angaben in Milliarden Euro. Wenn kein Zeitraum angegeben ist: pro Jahr, letzter verfügbarer Wert

Die Kosten der weltweiten Finanzkrise entsprechen recht genau de

- Schulden
- Haben
- Geschäfte
- Militär
- Geben
- Ausgeben
- Ausfälle

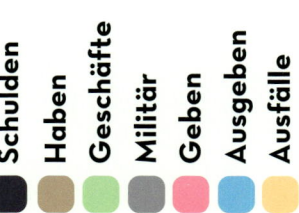

WIR UND DIE ANDEREN
GELD

Handelsbilanzsaldo der jeweiligen EU-Staaten gegenüber dem Rest der Welt Januar bis September 2011 in Mrd. €

Handelsbilanzüberschuss
Handelsbilanzdefizit

Handelsbilanzsaldo der jeweiligen EU-Staaten gegenüber Deutschland 2011 in Mrd. €
(Prognose basierend auf Daten von Jan. bis Nov. 2011)

Handelsbilanzüberschuss
Handelsbilanzdefizit

Finnland
1,21

Estland
0,47

Lettland
1,38

Litauen
1,89

1,31

0,63

0,52

1,82

Schweden
7,97

Dänemark
8,22

7,86

2,73

20,32

Großbritannien
82,71

Niederlande
18,34

13,11

8,26

Irland
30,41

Rot bedeutet: Kundschaft!

Deutsche Importe und Exporte im EU-Vergleich

Gern wird Deutschland hierzulande als „Zahlmeister Europas" bezeichnet, um mit einem kritischen Unterton deutlich zu machen, wie viel Steuergeld aus der Bundesrepublik scheinbar ohne nennenswerte Gegenleistung in die Kassen der schwächeren Nachbarn fließt. Dabei wird meist nicht erwähnt, dass unsere Wirtschaft in ganz besonderem Maße von der Eurozone abhängig ist. Das offenbart ein Blick auf die Handelsbilanz, in der die jährlichen Warenausfuhren den Wareneinfuhren gegenübergestellt werden. Im Jahre 2011 überschritten die deutschen Exporte erstmals die Marke von einer Billion Euro, davon gingen knapp 60 Prozent in den europäischen Wirtschaftsraum. Größte Abnehmer waren hier Frankreich, die Niederlande und England. Unter den zehn größten Abnehmern befinden sich mit den Vereinigten Staaten und der Volksrepublik China überhaupt nur zwei nichteuropäische Länder. Klar ist also: Schwächeln unsere Nachbarn und kaufen deshalb weniger deutsche Waren, hat das sofort deutliche Auswirkungen auf die hiesige Exportwirtschaft. Das lässt auch manche politische Diskussion gleich in einem anderen Licht erscheinen. Übrigens: Auch die deutschen Importe erreichten 2011 mit 902 Milliarden Euro eine neue Höchstmarke, gut 63 Prozent stammten wiederum aus europäischen Ländern.

GRAFIK: BENEDIKT GROTJAHN /
ERSCHIENEN IN: FINANCIAL TIMES DEUTSCHLAND

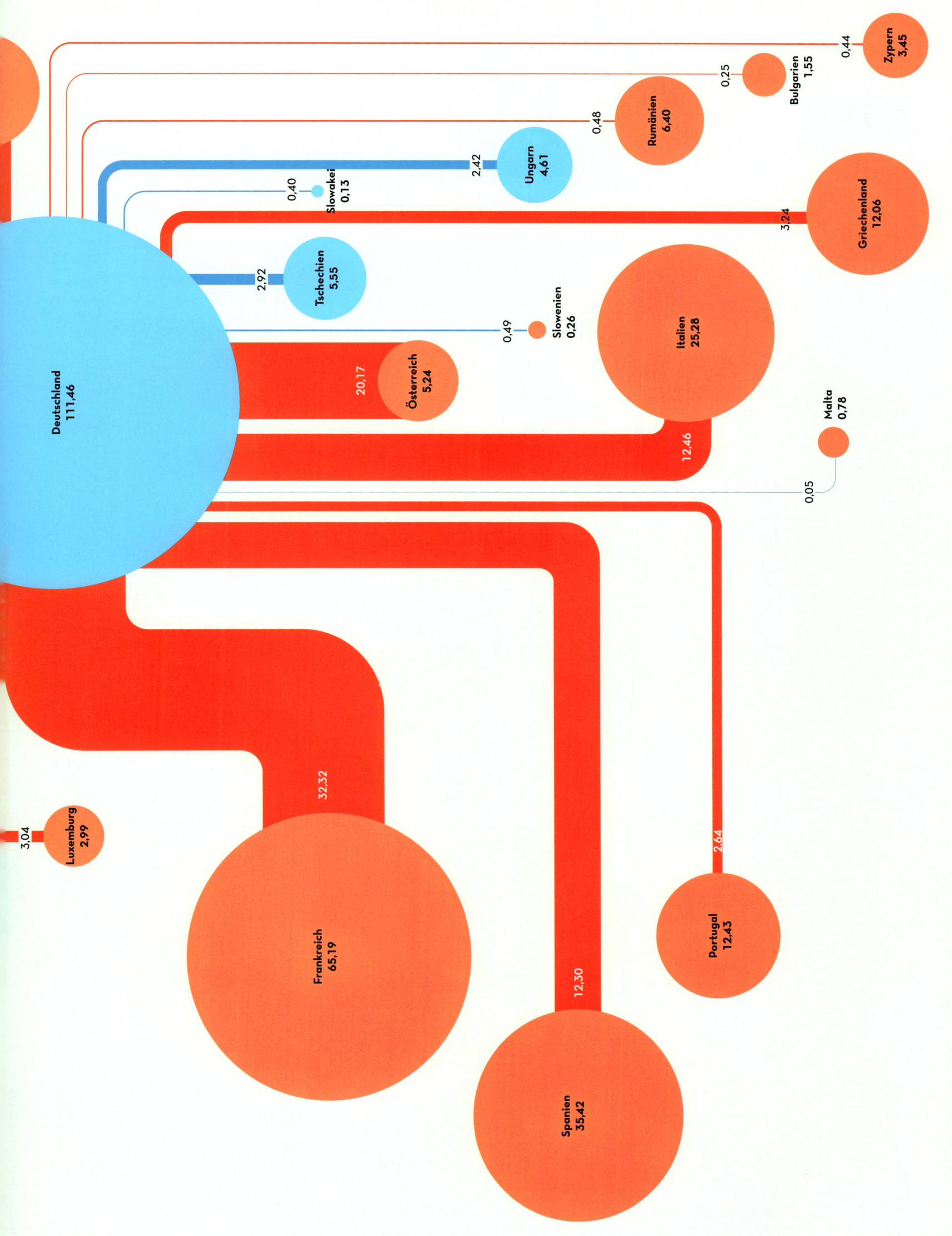

Zypern 3,45 — 0,44

Bulgarien 1,55 — 0,25

Rumänien 6,40 — 0,48

Ungarn 4,61 — 2,42

Slowakei 0,13 — 0,40

Griechenland 12,06 — 3,24

Tschechien 5,55 — 2,92

Deutschland 111,46

Slowenien 0,26 — 0,49

Österreich 5,24 — 20,17

Italien 25,28 — 12,46

Malta 0,78 — 0,05

Luxemburg 2,99 — 3,04

Frankreich 65,19 — 32,32

Portugal 12,43 — 2,64

Spanien 35,42 — 12,30

Nur die Größe zählt

Ein Überblick der globalen Handelsplätze für Aktien, Derivate und Finanzprodukte

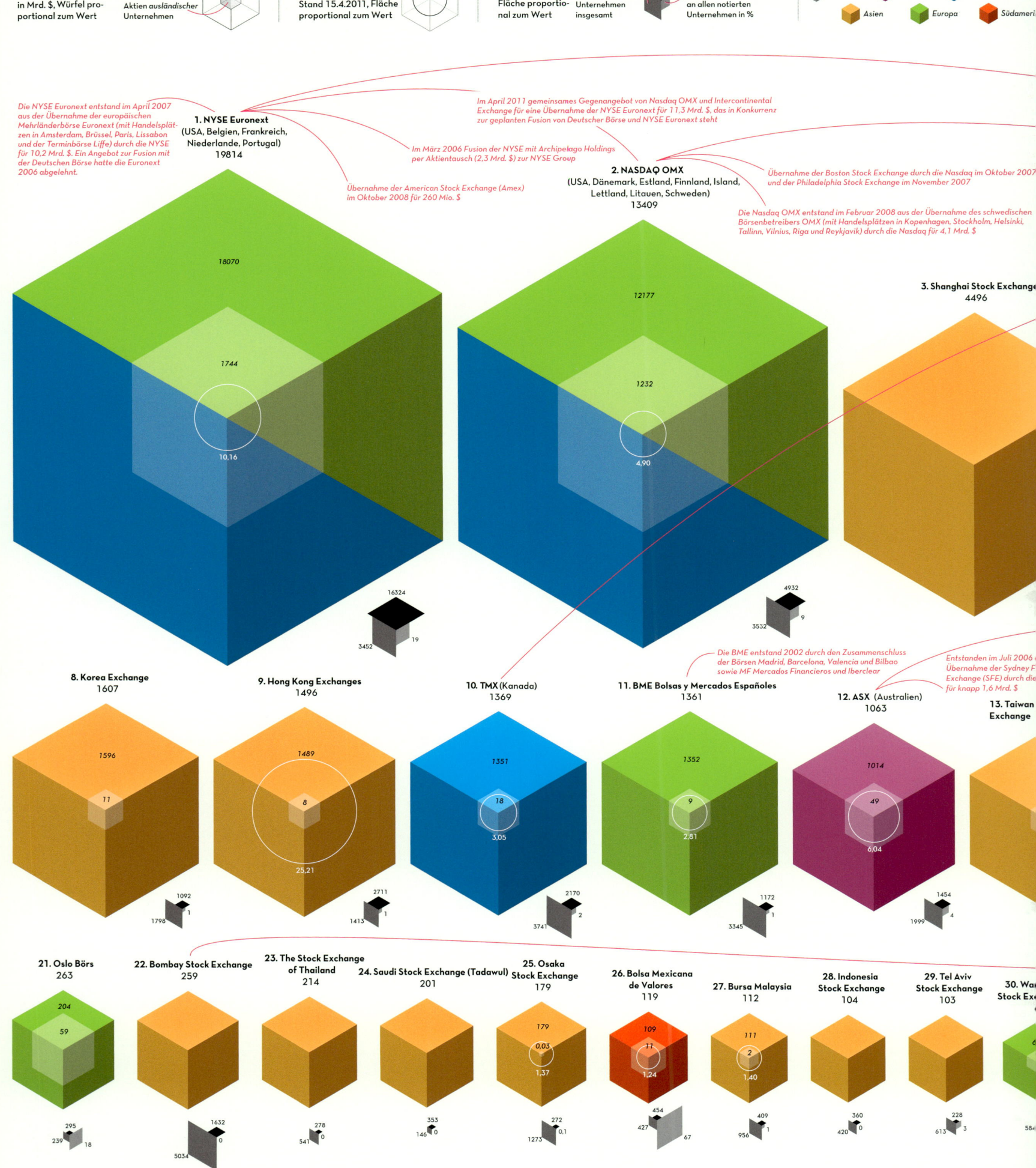

Handelsvolumen der weltweit größten Wertpapierbörsen 2010 in Mrd. \$, Würfel proportional zum Wert

davon entfällt auf: Aktien *inländischer* Unternehmen / Aktien *ausländischer* Unternehmen

Marktkapitalisierung der börsennotierten Handelsplätze in Mrd. \$, Stand 15.4.2011, Fläche proportional zum Wert

Kennzahlen der Börsen, Dezember 2010, Fläche proportional zum Wert

Marktkapitalisierung der notierten Unternehmen in Mrd. \$

Anzahl notierter Unternehmen insgesamt

Anteil der ausländischen an allen notierten Unternehmen in %

Standort der Börsen nach Kontinenten

Afrika / Australien / Nordamerika / Asien / Europa / Südameri

Die NYSE Euronext entstand im April 2007 aus der Übernahme der europäischen Mehrländerbörse Euronext (mit Handelsplätzen in Amsterdam, Brüssel, Paris, Lissabon und der Terminbörse Liffe) durch die NYSE für 10,2 Mrd. \$. Ein Angebot zur Fusion mit der Deutschen Börse hatte die Euronext 2006 abgelehnt.

Im April 2011 gemeinsames Gegenangebot von Nasdaq OMX und Intercontinental Exchange für eine Übernahme der NYSE Euronext für 11,3 Mrd. \$, das in Konkurrenz zur geplanten Fusion von Deutscher Börse und NYSE Euronext steht

Im März 2006 Fusion der NYSE mit Archipelago Holdings per Aktientausch (2,3 Mrd. \$) zur NYSE Group

Übernahme der Boston Stock Exchange durch die Nasdaq im Oktober 2007 und der Philadelphia Stock Exchange im November 2007

1. NYSE Euronext (USA, Belgien, Frankreich, Niederlande, Portugal) **19814**

Übernahme der American Stock Exchange (Amex) im Oktober 2008 für 260 Mio. \$

2. NASDAQ OMX (USA, Dänemark, Estland, Finnland, Island, Lettland, Litauen, Schweden) **13409**

Die Nasdaq OMX entstand im Februar 2008 aus der Übernahme des schwedischen Börsenbetreibers OMX (mit Handelsplätzen in Kopenhagen, Stockholm, Helsinki, Tallinn, Vilnius, Riga und Reykjavik) durch die Nasdaq für 4,1 Mrd. \$

3. Shanghai Stock Exchange 4496

18070 / 1744 / 10,16

12177 / 1232 / 4,90

16324 / 3452 / 19

4932 / 3552 / 9

Die BME entstand 2002 durch den Zusammenschluss der Börsen Madrid, Barcelona, Valencia und Bilbao sowie MF Mercados Financieros und Iberclear

Entstanden im Juli 2006 Übernahme der Sydney F Exchange (SFE) durch die für knapp 1,6 Mrd. \$

8. Korea Exchange 1607

9. Hong Kong Exchanges 1496

10. TMX (Kanada) **1369**

11. BME Bolsas y Mercados Españoles 1361

12. ASX (Australien) **1063**

13. Taiwan Exchange

1596 / 11 / ...

1489 / 8 / 25,21

1351 / 18 / 3,05

1352 / 9 / 2,81

1014 / 49 / 6,04

1092 / 1798 / 1

2711 / 1413 / 1

2170 / 3741 / 2

1172 / 3345 / 1

1454 / 1999 / 4

21. Oslo Börs 263

22. Bombay Stock Exchange 259

23. The Stock Exchange of Thailand 214

24. Saudi Stock Exchange (Tadawul) 201

25. Osaka Stock Exchange 179

26. Bolsa Mexicana de Valores 119

27. Bursa Malaysia 112

28. Indonesia Stock Exchange 104

29. Tel Aviv Stock Exchange 103

30. Wa Stock Exc

204 / 59

179 / 0,03 / 1,37

109 / 11 / 1,24

111 / 2 / 1,40

295 / 239 / 18

1632 / 5034 / 0

278 / 541 / 0

353 / 146 / 0

272 / 1273 / 0,1

454 / 427 / 67

409 / 956 / 1

360 / 420 / 0

228 / 613 / 3

58

GRAFIK: KLAAS NEUMANN / ERSCHIENEN IN: FINANCIAL TIMES DEUTSCHLAND

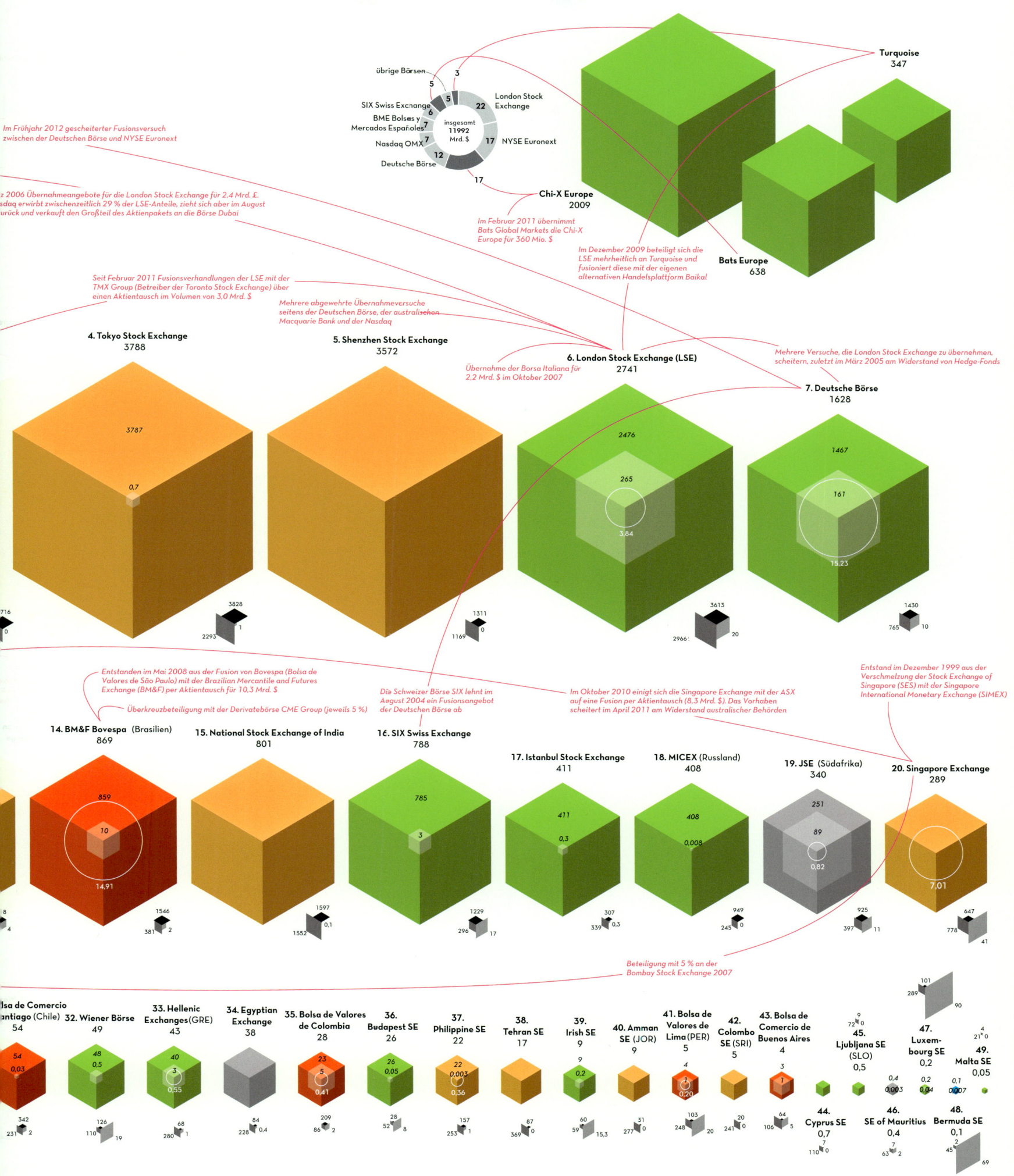

NEWCOMER AUF DEM VORMARSCH

Anteile der Börsen und alternativen Handelsplattformen am europäischen Aktienhandel nach Handelsvolumen 2010 in %

Turquoise 347

Im Frühjahr 2012 gescheiterter Fusionsversuch zwischen der Deutschen Börse und NYSE Euronext

übrige Börsen 3
SIX Swiss Exchange 5
BME Bolsas y Mercados Españoles 6
Nasdaq OMX 7
Deutsche Börse 12

insgesamt **11992** Mrd. $

5
22 London Stock Exchange
17 NYSE Euronext
17

Chi-X Europe 2009

z 2006 Übernahmeangebote für die London Stock Exchange für 2,4 Mrd. £. sdaq erwirbt zwischenzeitlich 29 % der LSE-Anteile, zieht sich aber im August rurück und verkauft den Großteil des Aktienpakets an die Börse Dubai

Im Februar 2011 übernimmt Bats Global Markets die Chi-X Europe für 360 Mio. $

Im Dezember 2009 beteiligt sich die LSE mehrheitlich an Turquoise und fusioniert diese mit der eigenen alternativen Handelsplattform Baikal

Bats Europe 638

Seit Februar 2011 Fusionsverhandlungen der LSE mit der TMX Group (Betreiber der Toronto Stock Exchange) über einen Aktientausch im Volumen von 3,0 Mrd. $

Mehrere abgewehrte Übernahmeversuche seitens der Deutschen Börse, der australischen Macquarie Bank und der Nasdaq

Mehrere Versuche, die London Stock Exchange zu übernehmen, scheitern, zuletzt im März 2005 am Widerstand von Hedge-Fonds

4. Tokyo Stock Exchange
3788

3787
0,7

716
0
2293 | 3828 | 1

5. Shenzhen Stock Exchange
3572

Übernahme der Borsa Italiana für 2,2 Mrd. $ im Oktober 2007

1311
0
1169 | 1

6. London Stock Exchange (LSE)
2741

2476
265
3,84

2966 | 3613 | 20

7. Deutsche Börse
1628

1467
161
15,23

765 | 1430 | 10

Entstanden im Mai 2008 aus der Fusion von Bovespa (Bolsa de Valores de São Paulo) mit der Brazilian Mercantile and Futures Exchange (BM&F) per Aktientausch für 10,3 Mrd. $

Überkreuzbeteiligung mit der Derivatebörse CME Group (jeweils 5 %)

Die Schweizer Börse SIX lehnt im August 2011 ein Fusionsangebot der Deutschen Börse ab

Im Oktober 2010 einigt sich die Singapore Exchange mit der ASX auf eine Fusion per Aktientausch (8,3 Mrd. $). Das Vorhaben scheitert im April 2011 am Widerstand australischer Behörden

Entstand im Dezember 1999 aus der Verschmelzung der Stock Exchange of Singapore (SES) mit der Singapore International Monetary Exchange (SIMEX)

14. BM&F Bovespa (Brasilien)
869

859
10
14,91

8
4 | 1546 | 381 | 2

15. National Stock Exchange of India
801

1597
0,1
1552

16. SIX Swiss Exchange
788

785
3

1229
296 | 339 | 17

17. Istanbul Stock Exchange
411

411
0,3

307
339 | 0,3

18. MICEX (Russland)
408

408
0,008

949
245 | 0

19. JSE (Südafrika)
340

251
89
0,82

925
397 | 11

20. Singapore Exchange
289

7,01

647
778 | 41

Beteiligung mit 5 % an der Bombay Stock Exchange 2007

101
289
90

lsa de Comercio antiago (Chile)
54

54
0,03

342
231 | 2

32. Wiener Börse
49

48
0,5

126
110 | 19

33. Hellenic Exchanges (GRE)
43

40
3
0,55

68
280

34. Egyptian Exchange
38

84
228 | 0,4

35. Bolsa de Valores de Colombia
28

23
5
0,41

209
86 | 2

36. Budapest SE
26

26
0,05

28
52 | 8

37. Philippine SE
22

22
0,003
0,36

157
253 | 1

38. Tehran SE
17

87
369

39. Irish SE
9

0,2

60
59 | 15,3

40. Amman SE (JOR)
9

31
277

41. Bolsa de Valores de Lima (PER)
5

4
0,20

103
248 | 20

42. Colombo SE (SRI)
5

20
241

43. Bolsa de Comercio de Buenos Aires
4

1

64
106

72 9

45. Ljubljana SE (SLO)
0,5

0,4
0,003

47. Luxembourg SE
0,2

0,2
0,04

4
21 0

49. Malta SE
0,05

0,07

44. Cyprus SE
0,7

110

46. SE of Mauritius
0,4

63 2

48. Bermuda SE
0,1

45
69

WIR UND DIE ANDEREN
BÖRSEN

Unser durstiges Leben

Was wir wissen: Jeder Mensch besteht zu 60 Prozent aus Wasser. Was wir gern vergessen: Unser Alltag, unsere Dinge, unser schönes Leben, ja der ganze Planet, besteht ebenso vor allem aus Wasser. Ist das einmal umgewandelt, sitzen wir auf dem Trockenen

SO WIRD DER WASSERGEHALT DER DINGE BERECHNET (AM BEISPIEL DER BAUMWOLLE)

1 Natürliche Bewässerung

Baumwolle kommt oft aus Ländern wie Usbekistan oder Indien, in denen Wassermangel herrscht. 11.000 Liter Wasser braucht man für eine Jeans, nur 41 Prozent davon sind Regen.

2 Künstliche Bewässerung

Weitere 42 Prozent des »Wasser-Fußabdrucks« verursacht die künstliche Bewässerung der Baumwolle. Sie trägt auch dazu bei, dass Gewässer — wie der Aralsee — austrocknen.

3 Abwasser

Das Abwasser, das beim Düngen der Felder sowie beim Bleichen und Färben der Baumwolle entsteht, verdünnt man virtuell, bis wieder sauberes Wasser entsteht. Dessen Anteil beträgt 14 Prozent.

WIE VIEL LITER WASSER WIR TÄGLICH VERBRAUCHEN

Trinkwasserverwendung in deutschen Haushalten: 125 Liter pro Einwohner und Tag

	Liter ▼
Baden, Duschen, Körperpflege	45
Toilettenspülung	34
Wäsche waschen	15
Anteil des Kleingewerbes	11
Putzen, Autopflege, Garten	8
Geschirr spülen	7
Essen und Trinken	5
	125

Grundsätzlich nutzbar wären in Deutschland **188 Milliarden Kubikmeter Wasser**. So verteilt sich der Verbrauch:

	% ▼
Wärmekraftwerke	12,0
Bergbau und verarbeitendes Gewerbe	4,1
Öffentliche Wasserversorgung	2,8
Landwirtschaft	0,1
Ungenutzt	81,0

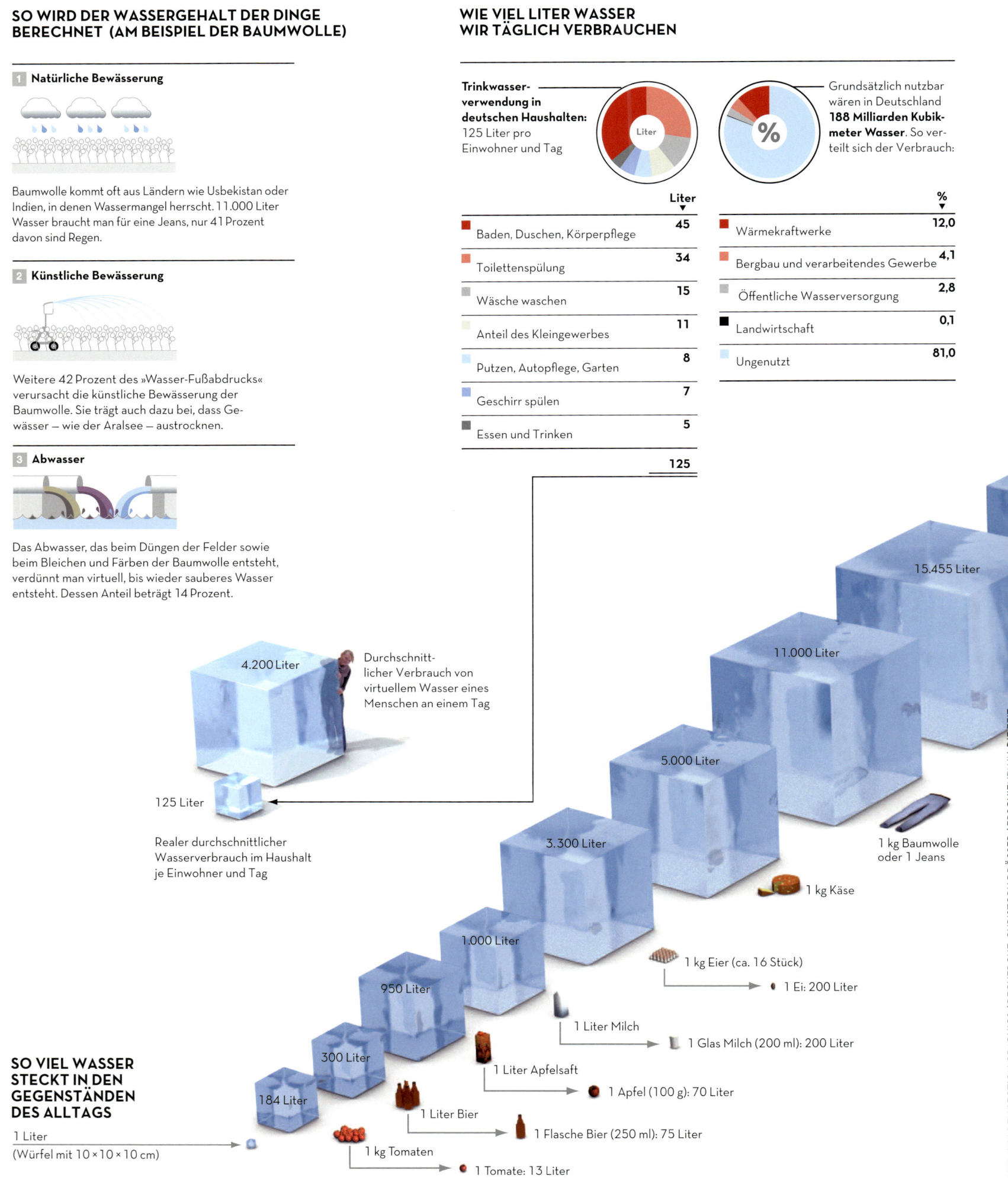

4.200 Liter — Durchschnittlicher Verbrauch von virtuellem Wasser eines Menschen an einem Tag

125 Liter — Realer durchschnittlicher Wasserverbrauch im Haushalt je Einwohner und Tag

15.455 Liter

11.000 Liter

5.000 Liter — 1 kg Baumwolle oder 1 Jeans

3.300 Liter — 1 kg Käse

1.000 Liter — 1 kg Eier (ca. 16 Stück) · 1 Ei: 200 Liter

950 Liter — 1 Liter Milch · 1 Glas Milch (200 ml): 200 Liter

300 Liter — 1 Liter Apfelsaft · 1 Apfel (100 g): 70 Liter

184 Liter — 1 Liter Bier · 1 Flasche Bier (250 ml): 75 Liter

1 kg Tomaten · 1 Tomate: 13 Liter

SO VIEL WASSER STECKT IN DEN GEGENSTÄNDEN DES ALLTAGS

1 Liter (Würfel mit 10 × 10 × 10 cm)

GRAFIK: GOLDEN SECTION GRAPHICS / RECHERCHE: CHRISTOPH DRÖSSER / ERSCHIENEN IN: DIE ZEIT

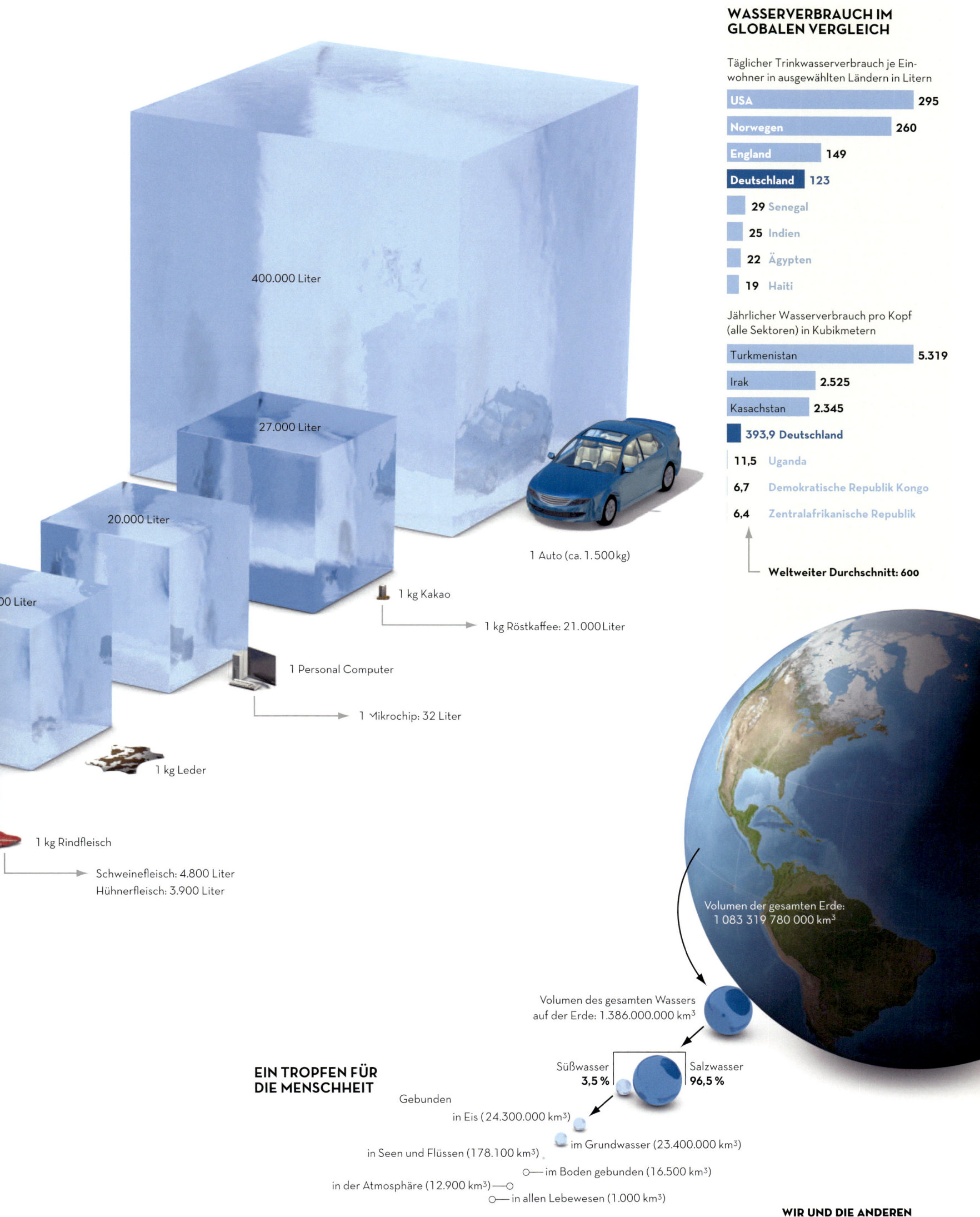

400.000 Liter

27.000 Liter

20.000 Liter

00 Liter

1 Auto (ca. 1.500kg)

1 kg Kakao

1 kg Röstkaffee: 21.000 Liter

1 Personal Computer

1 Mikrochip: 32 Liter

1 kg Leder

1 kg Rindfleisch

Schweinefleisch: 4.800 Liter
Hühnerfleisch: 3.900 Liter

Täglicher Trinkwasserverbrauch je Einwohner in ausgewählten Ländern in Litern

USA	295
Norwegen	260
England	149
Deutschland	123
Senegal	29
Indien	25
Ägypten	22
Haiti	19

Jährlicher Wasserverbrauch pro Kopf (alle Sektoren) in Kubikmetern

Turkmenistan	5.319
Irak	2.525
Kasachstan	2.345
Deutschland	393,9
Uganda	11,5
Demokratische Republik Kongo	6,7
Zentralafrikanische Republik	6,4

Weltweiter Durchschnitt: 600

Volumen der gesamten Erde:
1 083 319 780 000 km³

Volumen des gesamten Wassers
auf der Erde: 1.386.000.000 km³

Süßwasser **3,5 %**   Salzwasser **96,5 %**

EIN TROPFEN FÜR DIE MENSCHHEIT

Gebunden

in Eis (24.300.000 km³)

in Seen und Flüssen (178.100 km³)

im Grundwasser (23.400.000 km³)

in der Atmosphäre (12.900 km³)

im Boden gebunden (16.500 km³)

in allen Lebewesen (1.000 km³)

WIR UND DIE ANDEREN

WASSER

Fernwärme
Den Großteil des Energiebedarfs deckt Deutschland klimaschädlich

Sonne, Wind und Co. decken tatsächlich erst sieben Prozent unseres Energiebedarfs für Heizung, Strom, Verkehr und Industrie. Für den Rest werden Bodenschätze klimaschädlich verbrannt – oder in Atommüll verwandelt. Über 70 Prozent der Ausgangsstoffe importieren wir, vor allem aus Russland und Norwegen. Besonders klimaschädlich ist jener Anteil, den wir aus eigener Quelle stillen, vor allem aus Braunkohle. Es ginge auch anders: Bis 2050 könnten wir mit Sparsamkeit und neuer Technik unseren Energieverbrauch um 42 Prozent senken, gleichzeitig den regenerativen Anteil auf 49 Prozent steigern, heißt es in einem Szenario des Bundesumweltministeriums. Deutschlands CO_2-Emissionen sänken auf 20 Prozent des Niveaus von 1990. Unser Beitrag dazu, die globale Erwärmung auf zwei Grad zu begrenzen, wäre geleistet.

Erneuerbare Energie

BIOMASSE 718
Biomasse zu verbrennen ist klimaneutral – es kann nicht mehr Kohlenstoff freigesetzt werden, als die Pflanze während des Wachstums aus der Luft aufgenommen hat. Wurde das Holz zuvor über längere Zeit als Baustoff oder in Möbeln genutzt, senkt das sogar die Treibhausgasmenge in der Atmosphäre.

WINDKRAFT 145
20.000 Windräder decken zwar schon über sieben Prozent unseres Stromverbrauchs. 2002 war das Boomjahr, seitdem schwächelt jedoch der Zuwachs. Die attraktivsten Standorte an Land sind vergeben, deshalb will die Regierung, dass 2030 ein Sechstel unseres Stroms in Offshore-Windparks auf offener See erzeugt wird.

WASSERKRAFT 77
Seit über 100 Jahren liefern Wasserkraftwerke Elektrizität. Anders als träge Kern- oder Kohlekraftwerke können die Generatoren hinter einem Staudamm sekundengenau auf den schwankenden Bedarf im Stromnetz reagieren. Geeignete Standorte für neue Kraftwerke gibt es in Deutschland aber kaum noch.

SOLARENERGIE 29
53 Quadratkilometer deutscher Dächer und Äcker sind mit Solarzellen bestückt. Mit rund 10 Milliarden Euro wurden sie bezuschusst, decken aber nur 0,7 Prozent unseres Strombedarfs. Besser steht es um Sonnenkollektoren, die mit geringen Zuschüssen 1,7 Prozent der Wärme erzeugen.

GEOTHERMIE 9
Die Restwärme aus der Entstehungszeit der Erde anzuzapfen – das funktioniert in Deutschland jedoch noch nicht so gut. Drei kleine Geothermie-Kraftwerke in Süddeutschland erzeugen 0,003 Prozent unseres Stroms, 200.000 Wärmepumpen in Gebäuden liefern 0,2 Prozent unserer Heizenergie.

Konventionelle Energie

ERDÖL 4868
Der Gipfel der Ölförderung in Deutschland ist längst überschritten, seit 40 Jahren sinkt die Ausbeute der letzten Quellen in Norddeutschland und deckt heute nur noch drei Prozent unseres Jahresbedarfs von 109 Millionen Tonnen. 61 Prozent davon verbrauchen Autos und Lkw, 22 Prozent Ölheizungen und acht Prozent Flugzeuge.

ERDGAS 3091
Unter den fossilen Energieträgern ist Erdgas noch mit Abstand der sauberste. Für eine Kilowattstunde Strom entstehen im Gaskraftwerk weniger als 450 Gramm CO_2. In einem gasbefeuerten Blockheizkraftwerk, das neben Strom auch Heizwärme erzeugt, kann der Ausstoß auf unter hundert Gramm sinken.

STEINKOHLE 1832
Steinkohle erzeugt auf dem Weg von der Mine bis zum Schornstein knapp 20 Prozent weniger CO_2 als Braunkohle. In Deutschland endet die Kohleförderung 2018, statt zwei Dritteln werden dann hundert Prozent des Bedarfs (derzeit gut 70 Millionen Tonnen im Jahr) durch Importe gedeckt.

URAN 1623
Kernkraft verursacht außer Atommüll auch Treibhausgas – vor allem durch den Einsatz fossiler Energie in Uranbergbau und -aufbereitung. Berechnungen schwanken zwischen 25 und 120 Gramm pro Kilowattstunde Atomstrom. Neue, schwer erreichbare Lagerstätten könnten diesen Wert verdoppeln.

BRAUNKOHLE 1554
Braunkohle ist in Deutschland die wichtigste Quelle heimischer fossiler Energie. Leider ist sie auch die dreckigste. Für jede Kilowattstunde Strom emittieren selbst die modernsten Kraftwerke noch rund ein Kilo Treibhausgas – mehr als doppelt so viel wie ein vergleichbares Gaskraftwerk.

DEUTSCHER ENERGIEMIX
Im Jahr 2008 (linke Hälfte) und für 2050 (rechte Hälfte) gemäß des Leitszenarios des Bundesumweltministers

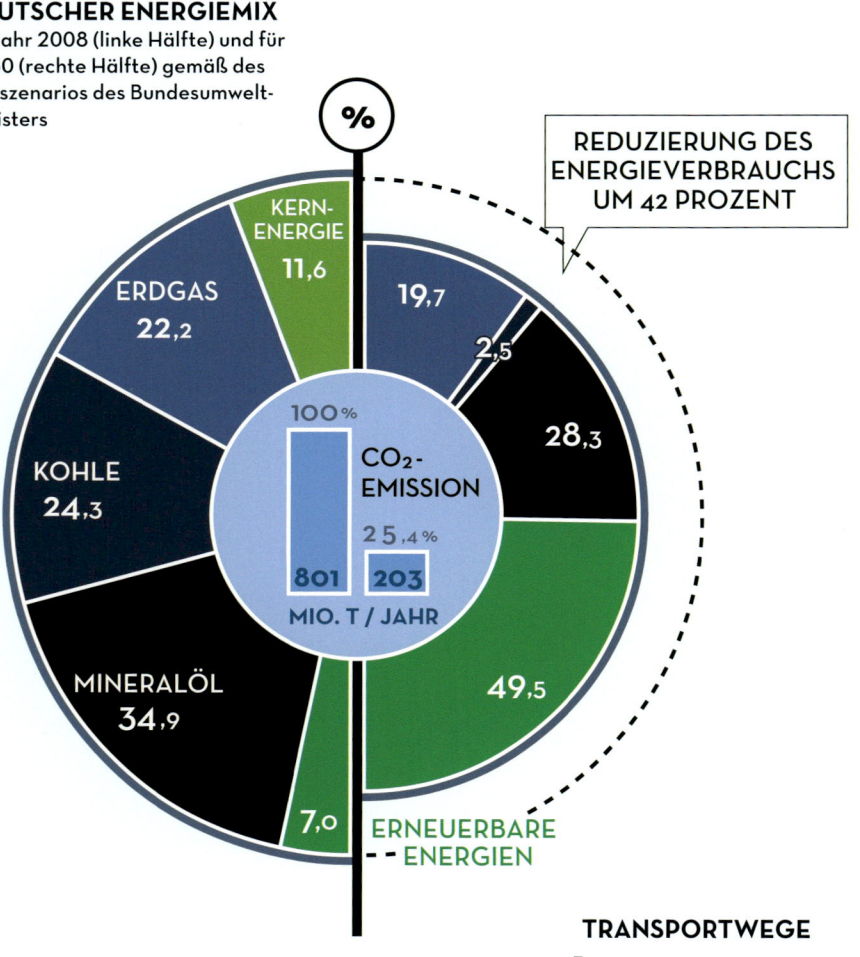

%

REDUZIERUNG DES ENERGIEVERBRAUCHS UM 42 PROZENT

KERN-ENERGIE 11,6
ERDGAS 22,2
KOHLE 24,3
MINERALÖL 34,9
7,0
ERNEUERBARE ENERGIEN

19,7
2,5
28,3
49,5

100 %
CO_2-EMISSION
25,4 %
801 203
MIO. T / JAHR

TRANSPORTWEGE

ERDÖL	PIPELINE 75 %		SCHIFF 25 %

STEINKOHLE	ÜBERSEE 54 %	ÜBERSEE 35 %	11 % ZUG, BINNENSCHIFF
	SEEHÄFEN in BELGIEN, NIEDERLANDE	DEUTSCHE SEEHÄFEN	POLEN, TSCHECHIEN, FRANKREICH

ERDGAS	PIPELINE 100 %		LNG

Uran für deutsche Kernkraftwerke kommt auf dem Seeweg, per Zug und Lkw ins Land. Jeder Transport muss vom Bundesamt für Strahlenschutz genehmigt werden.

Ein Tanker-Terminal für Flüssigerdgas (LNG) in Wilhelmshaven ist geplant.

GRAFIK: NICOLE KROHN / RECHERCHE: DIRK ASENDORPF / ERSCHIENEN IN: DIE ZEIT

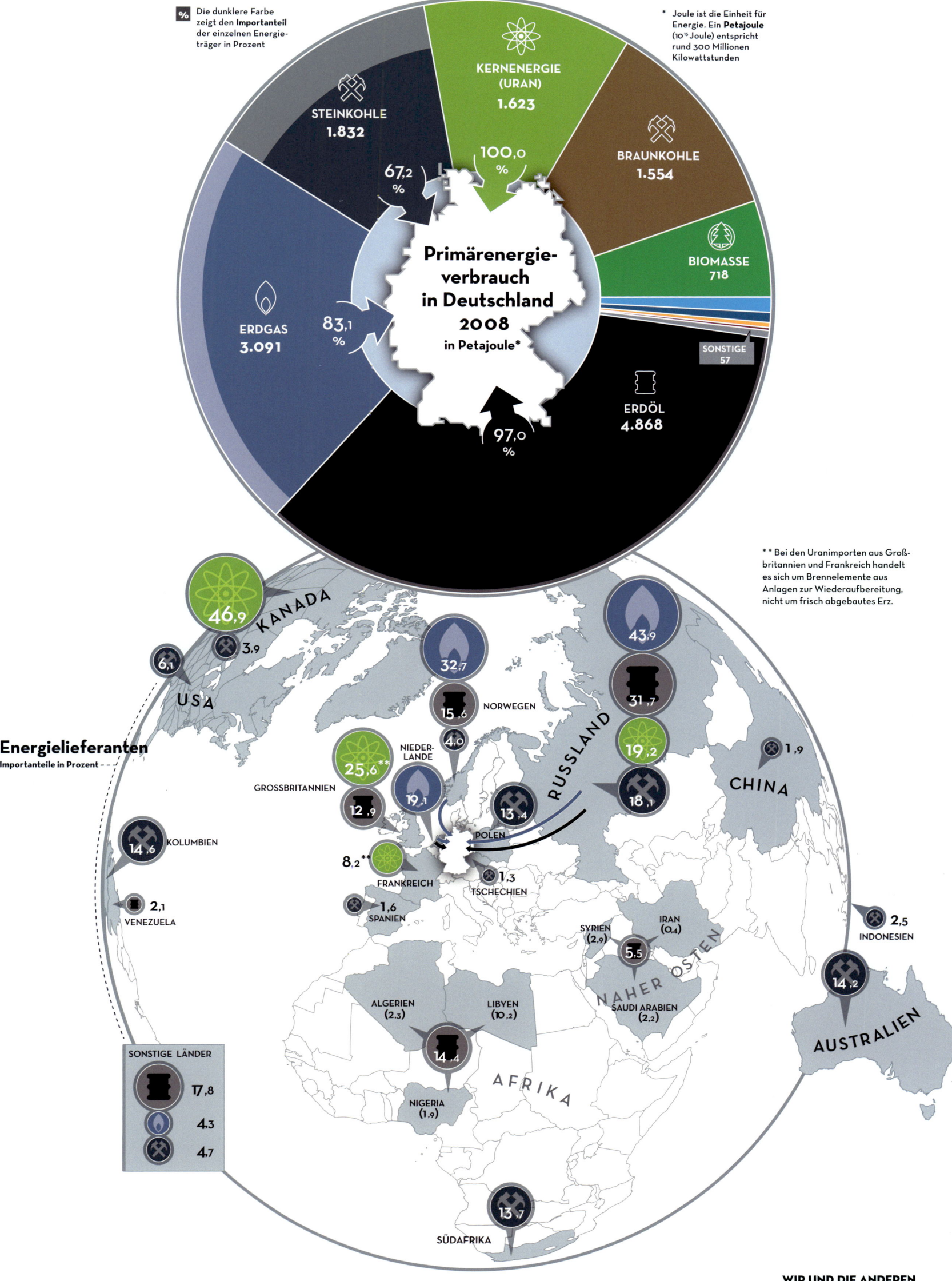

% Die dunklere Farbe zeigt den **Importanteil** der einzelnen Energieträger in Prozent

* Joule ist die Einheit für Energie. Ein **Petajoule** (10¹⁵ Joule) entspricht rund 300 Millionen Kilowattstunden

KERNENERGIE (URAN)
1.623
100,0 %

STEINKOHLE
1.832
67,2 %

BRAUNKOHLE
1.554

BIOMASSE
718

ERDGAS
3.091
83,1 %

Primärenergie-verbrauch in Deutschland 2008
in Petajoule*

SONSTIGE 57

ERDÖL
4.868
97,0 %

** Bei den Uranimporten aus Großbritannien und Frankreich handelt es sich um Brennelemente aus Anlagen zur Wiederaufbereitung, nicht um frisch abgebautes Erz.

KANADA
46,9
3,9
USA
6,1

NORWEGEN
32,7
15,6
4,0

RUSSLAND
43,9
31,7
19,2
18,1
13,4

CHINA
1,9

Energielieferanten
Importanteile in Prozent - - -

GROSSBRITANNIEN
25,6**
NIEDER-LANDE
19,1
12,9

KOLUMBIEN
14,6

VENEZUELA
2,1

FRANKREICH
8,2**

TSCHECHIEN
1,3

SPANIEN
1,6

POLEN

SYRIEN
(2,9)
IRAN
(0,4)
5,5

SAUDI ARABIEN
(2,2)

INDONESIEN
2,5

NAHER OSTEN

ALGERIEN
(2,3)
LIBYEN
(10,2)

AFRIKA

NIGERIA
(1,9)
14,4

AUSTRALIEN
14,2

SONSTIGE LÄNDER
17,8
4,3
4,7

SÜDAFRIKA
13,7

Strahlende Perspektiven

Vom Uranabbau bis zur Stationierung: globale Geschäfte mit Atom

Norwegen

Schweden

Niederlande

Belgien

Tschechien

Kanada

Großbritannien

Deutschland

USA

Frankreich

Spanien

Slowen

Schwe

Niger

Mexiko

Namibia

Brasilien

Argentinien

- ● Reaktoren in Planung (1 Reaktor je Millimeter)
- ● Reaktoren in Bau (1 Reaktor je Millimeter)
- ● Reaktoren in Betrieb (1 Reaktor je Millimeter)
- ● Atommüll-Lager/Wiederaufbereitungsanlagen
  (1 Anlage je Millimeter)
- ● Nuklearsprengköpfe (100 Stück je Millimeter; in
  Grafik jeweils auf die nächste Hunderterstelle aufgerundet)
- ● Uranabbau jährlich in hundert Tonnen
  (100 Tonnen je Millimeter)   STAND: 2010

ZAHLEN ZUR KARTE: Ägypten: 1; 1   Argentinien: 2; 1; 2; 2   Armenien: 1; 1   Australien: 84   Belgien: 7   Brasilien: 1; 2; 5   Bulgarien: 2; 2; 3   China: 37; 20; 11; 240; 8   Deutschland: 17; 8   Finnland: 1; 4; 2
Niger: 30   Nordkorea: 1; <10   Norwegen: 1   Pakistan: 2; 1; 2; 70–90; 1   Rumänien: 2; 2; 1   Russland: 16; 8; 32; 3; 12 000; 35   Schweden: 10; 2   Schweiz: 5; 1   Slowakei: 2; 4   Slowenien: 1   Spanien: 8; 1

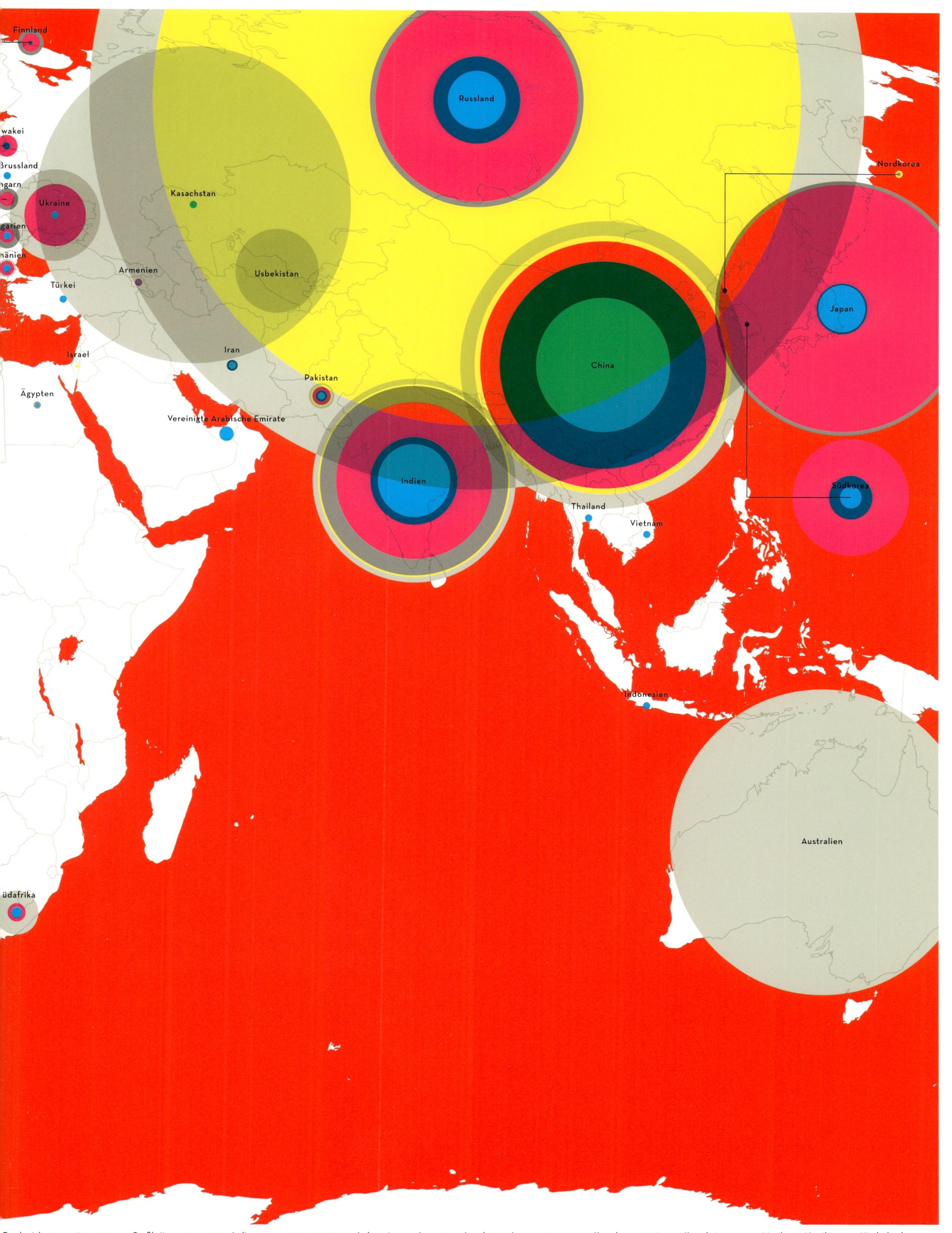

Finnland

Slowakei

Brussland

Ungarn

Ukraine

Bulgarien

Rumänien

Armenien

Türkei

Israel

Ägypten

Kasachstan

Usbekistan

Iran

Pakistan

Vereinigte Arabische Emirate

Russland

Nordkorea

Japan

China

Indien

Südkorea

Thailand

Vietnam

Indonesien

Australien

Südafrika

Frankreich: 1; 1; 58; 4; 300; 1   Großbrit. 4; 19; 4; 185   Indien: 20; 4; 19; 9; 60–80; 1   Indonesien: 2   Iran: 2; 1   Israel: 80   Japan: 13; 1; 54; 2   Kanada: 4; 2; 18; 70   Kasachstan: 2; 55   Mexiko: 2   Namibia: 44   Niederlande: 1
Südafrika: 3; 2; 7   Südkorea: 6; 6; 20   Thailand: 2   Tschechien: 6; 5; 3   Türkei: 2   Ukraine: 2; 15; 0   Ungarn: 4; 2; 0   USA: 9; 1; 104; 2; 8.400; 14   Usbekistan: 33   Vereinigte Arab. Emirate: 4   Vietnam: 2   Weißrussland: 2

WIR UND DIE ANDEREN

ATOMINDUSTRIE

Wir (mit Bayern) – und der Rest der Erde

Deutsche Perspektiven. Vereinfachte, dafür umso verständlichere Fassung

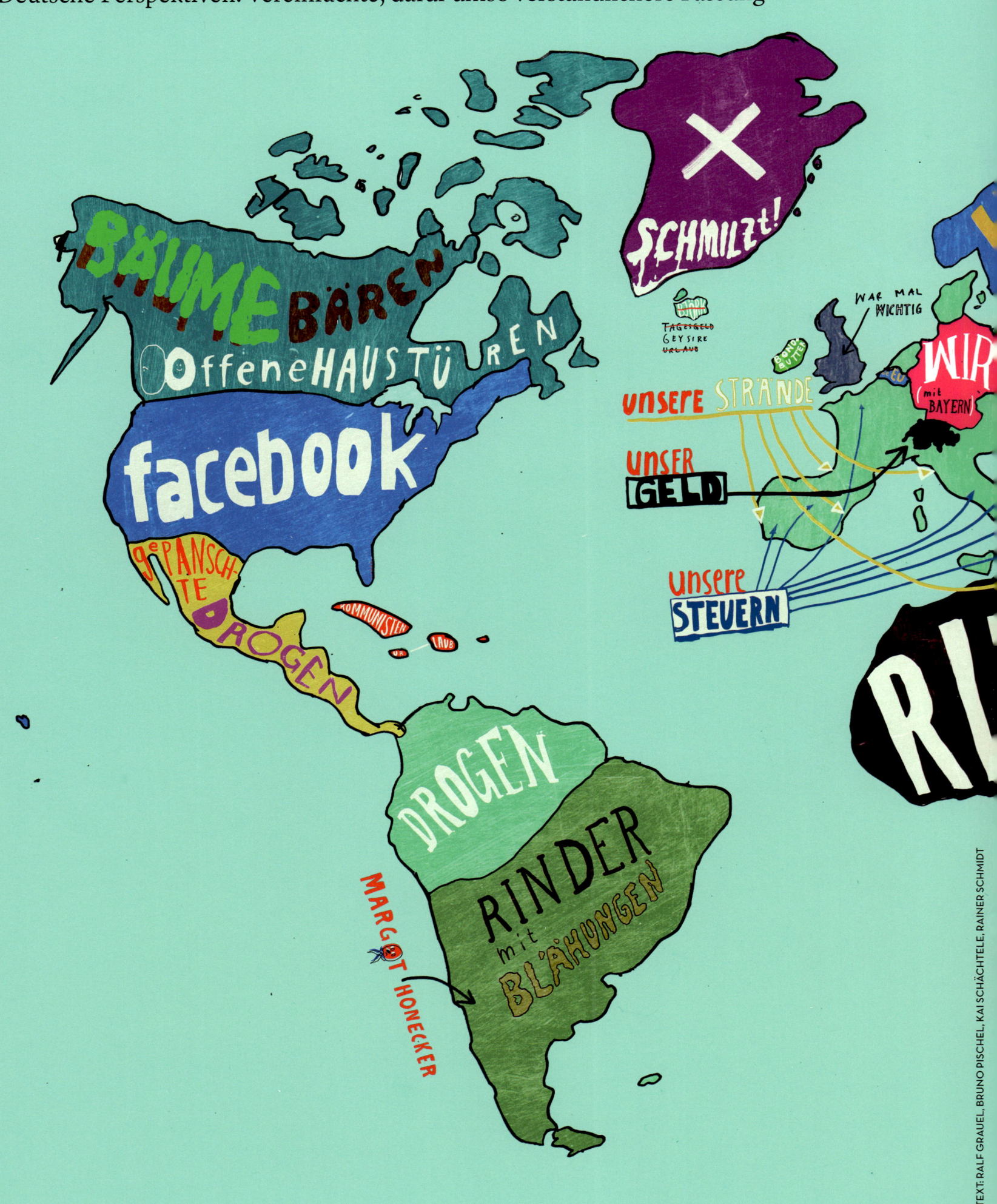

GRAFIK: FRANK HÖHNE / TEXT: RALF GRAUEL, BRUNO PISCHEL, KAI SCHÄCHTELE, RAINER SCHMIDT

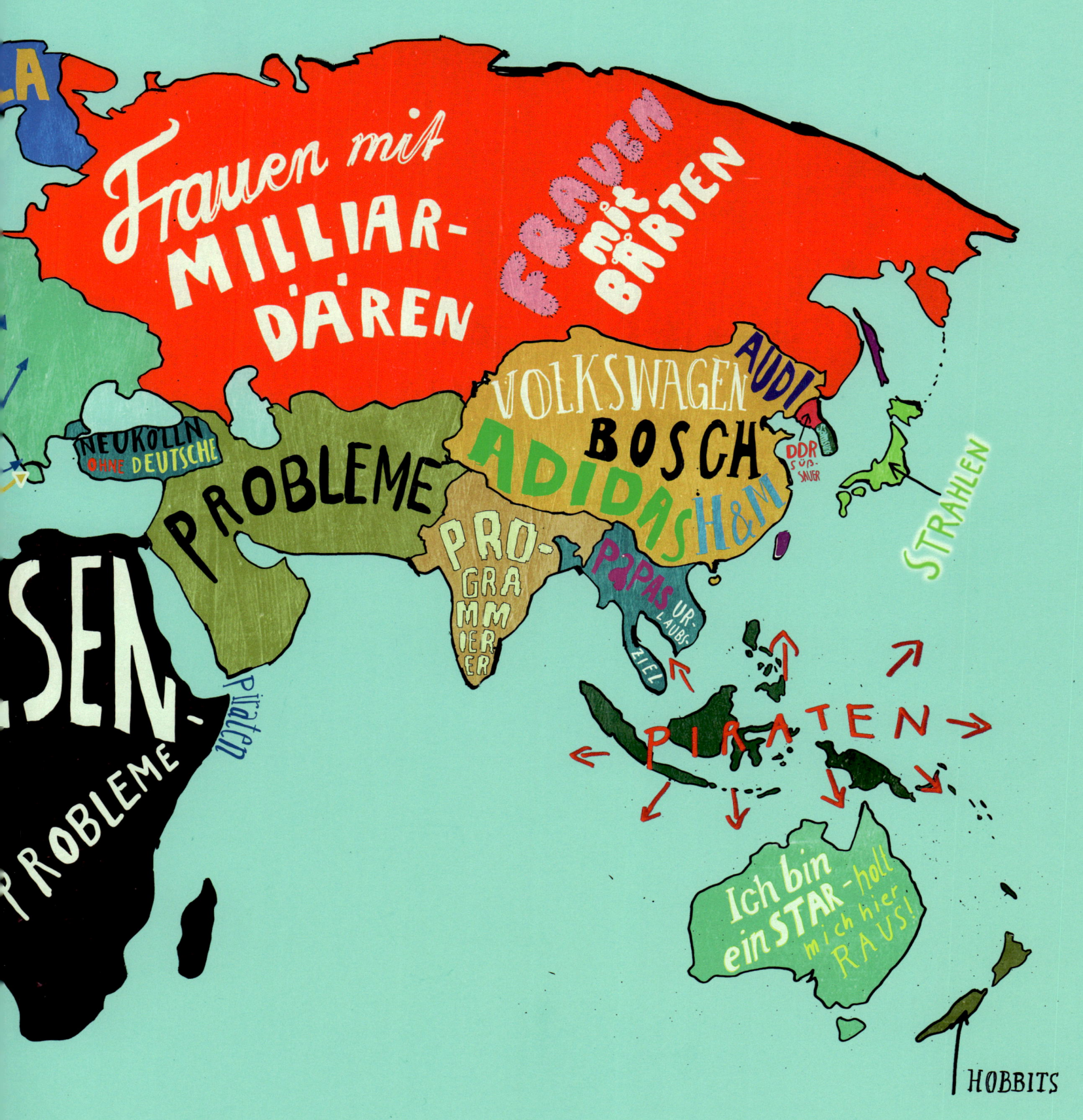

DIE WELT AUS DEUTSCHER SICHT

STICHWORTVERZEICHNIS

VORSATZ **FLÜSSE UND BERGE**
Grafik/Recherche: Golden Section Graphics – Jan Schwochow

13, 47, 71, 111, 143, 173, 195, 217
KAPITELTRENNER
Text: Ralf Grauel / Recherche: Ralf Grauel, Bruno Pischel / Quellen: Brand eins; Bundestag.de; Knud Bielefeld, beliebte-vornamen.de; Bundesverband Erneuerbare Energie e.V. (BEE); Bundesverband der Energie- und Wasserwirtschaft; Der Spiegel; Deutsche Zustände 2011, Wilhelm Heitmeyer; *Die Welt in Zahlen 2012*, Brand Eins Verlag; Die Zeit; DSW Aufsichtsratsstudie 2011, Deutsche Schutzvereinigung für Wertpapierbesitz e.V.; Fluter, Magazin der Bundeszentrale für politische Bildung; Frankfurter Allgemeine Zeitung; Gesundheitsberichterstattung des Bundes (gbe-bund.de); pwc:, Magazin der PriceWaterhouseCoopers AG; Icon Kids & Youth 2011, IfD Allensbach, GfK, Ipsos Deutschland; Spiegel Geschichte; Statista; Germanwatch, IEA; Statistisches Bundesamt; Süddeutsche Zeitung; Weltbank; Wikipedia; www.tatsachen-ueber-deutschland.de; www.transfermarkt.de; Zeit Magazin

6 **80 JAHRE DEUTSCHLAND**
Grafik: Sebastian Weiß, Oliver Schwartz [www.gobasil.com] / Quelle: Christa-Maria Ridder, Bernhard Engel: *Massenkommunikation 2010: Mediennutzung im Intermediavergleich*, Ergebnisse der 10. Welle der ARD/ZDF-Langzeitstudie zur Mediennutzung und -bewertung, Media-Perspektiven 11.2010; Geo Wissen Nr. 36, Seite 76–77: Die deutsche Lebensbilanz – Womit wir unsere Zeit verbringen: eine Abrechnung in Jahren, Monaten und Wochen / Erschienen in: Willow Magazin Nr. 4, Willow Creek D/CH [www.willowcreek.de]

8 **365 TAGE DEUTSCHLAND**
Recherche: Rainer Schmidt / Quelle: Statistisches Bundesamt, www.kirchenaustritt.de, Wikipedia, Süddeutsche Zeitung, Bundesministerium des Inneren, Industrieverband Heimtierbedarf, Kraftfahrt Bundesamt, Spiegel Online; Bundeskriminalamt, Bundesfinanzministerium, Bild, Wirtschaftswoche, Gesellschaft für Ästhetische Chirurgie, Deutsche Gesellschaft für Ästhetisch Plastische Chirurgie, Bundesbeauftragte für die Stasi-Unterlagen, Bundesverband der deutschen Fleischwarenindustrie

10 **60 MINUTEN DEUTSCHLAND**
Quelle: Handelsblatt Research, Handelsblatt, *60 Jahre BRD*, 2009

14 **ESSEN**
Grafik: Golden Section Graphics – Jan Schwochow / Recherche: Kathrin Lilienthal / Quelle: Statistisches Bundesamt, 2011

16 **SEX**
Grafik: Benjamin Erfurth [www.usegraphics.com] / Recherche: Kai Schächtele / Quelle: Durex, Men's Health, Mindline Media, Neon Magazin, Statistisches Jahrbuch des Statistischen Bundesamtes

18 **FERNSEHEN**
Grafik: Thorsten Lange [www.special-empire.com] / Recherche: Stefan Niggemeier / Quelle: Datenbanken der TV-Sender

20 **FUSSBALL I**
Grafik/Recherche: Zeit Online – Paul Blickle, Tibor Bogun, Steffen Dobbert, Christian Spiller, Sascha Venohr / Quelle: Spieleretats, Impire, Sportinformationsdienst / Erschienen in: wahretabelle.zeit.de; Zeit Online – www.zeit.de/sport/fussball-kosten
ZEIT ONLINE

22 **FUSSBALL II / III**
Grafik: Golden Section Graphics – Jan Schwochow, Tatiana Lysenko, Niko Wilkesmann / Recherche/Quelle: Cemano Communication / Erschienen in: sponsoring.allianz.com; In Graphics Vol. 1

26 **DEMONSTRATIONEN**
Grafik: Golden Section Graphics – Katharina Stipp, Jan Schwochow / Recherche: Max Rauner / Quelle: Zeit Wissen / Erschienen in: Zeit Wissen, 02.2012; In Graphics Vol. 4
ZEIT WISSEN

28 **MUSIK**
Grafik: Rüdiger Joppe [www.joppeberlin.de] / Recherche: Bruno Pischel / Quelle: Wikipedia, www.wolfgangroehl.de

30 **ALKOHOL**
Grafik: Golden Section Graphics – Paul Blickle, Rafael Vicente, Katharina und Jan Schwochow / Recherche: Die Zeit – Maria Rossbauer / Quelle: BKA, BMELV, BZgA, DHS, Eurobarometer, Destatis, TÜV Süd / Erschienen in: Die Zeit Nr. 20, 2010
DIE ZEIT

32 **AUTOS**
Grafik: Sabine Hecher [www.sabinehecher.de] / Recherche: Silke Janovsky / Quelle: ADAC, AVD / Erschienen in: Berliner Zeitung, 29.06.2011
Berliner Zeitung

34/35 **BIO**
34: Grafik: Jörg Block [www.joerg-block.de] / Recherche: Friederike Milbradt / Erschienen in: Zeit Magazin Nr. 45, 2009
ZEIT MAGAZIN

35: Recherche: Kathrin Lilienthal / Text: Rainer Schmidt / Quelle: Statistisches Bundesamt, Innofact, GfK ConsumerScan 2010, Transfair, TNS Infratest, IfD Allensbach, Typologie der Wünsche, Nielsen Research, Statista

36 **LITERATUR**
Grafik: Rüdiger Joppe [www.joppeberlin.de] / Recherche/Text: Julia Encke

38 **THEATER**
Grafik: KircherBurkhardt / Recherche/Quelle: Handelsblatt Research / Erschienen in: Handelsblatt, 2012
Handelsblatt

40 **KUNST**
Grafik: Thorsten Lange [www.special-empire.com] / Recherche: Artnet.de / Quelle: Artnet.de

42 **WALD**
Grafik/Recherche: Golden Section Graphics – Katharina Schwochow / Quelle: www.bundeswaldinventur.de, *Waldzustandsbericht 2009*, www.ima-agrar.de, www.wald.de; Harry Garms: *Handbuch der Tiere und Pflanzen*, Bindlach, 1993 / Erschienen in: In Graphics Vol. 2

44 **URLAUB**
Grafik: Benjamin Erfurth [www.usegraphics.com] / Recherche: Kai Schächtele, TUI / Quelle: Institut für Arbeitsmarkt- und Berufsforschung (IAB), TUI

48 **RADIOAKTIVITÄT**
Grafik: Golden Section Graphics – Jan Schwochow, Mesut Capkin / Text: SZ – Patrick Eickemeier / Recherche: SZ – Patrick Eickemeier; Golden Section Graphics – Jan Schwochow / Quelle: Bundesamt für Strahlenschutz / Erschienen in: SZ Wissen, 05.2008
Süddeutsche Zeitung WISSEN

50 **ATOMKRAFT**
Grafik: Daniel Stolle [www.d-stolle.de] / Recherche: Ralf Grauel, Matthias Sommer / Quelle: Bundesamt für Strahlenschutz, Wikipedia / Erschienen in: Katalog zu „Café Endlager", temporäre Kunstausstellung in Stuttgart, 04./05.2010

52 **ATOMMÜLL**
Grafik: Scrollan [www.scrollan.de] / Quelle: Bundesamt für Strahlenschutz / Erschienen in: *Asse Einblicke*, Publikation des Bundesamtes für Strahlenschutz, 07.2009

54 **VERBRECHEN, ZECKEN UND OZON**
Grafik: Golden Section Graphics – Jan Schwochow / Text: SZ – Patrick Eickemeier / Recherche: SZ – Patrick Eickemeier; Golden Section Graphics – Jan Schwochow / Quelle: Umweltbundesamt und Bundesländer; Statistisches Bundesamt: *Verkehrsunfälle 2006*, Wiesbaden 2007; Bundeskriminalamt: Polizeiliche Kriminalstatistik Bundesrepublik Deutschland, Berichtsjahr 2006; Robert-Koch-Institut: *SurvStat@RKI*, Datenstand März 2008 / Erschienen in: SZ Wissen, 05.2008
Süddeutsche Zeitung WISSEN

56 **ISLAM, AIDS UND JOBVERLUST**
Grafik: Die Zeit – Julika Altmann / Recherche: Die Zeit – Christoph Drösser / Quelle: Gruner + Jahr Pressedatenbank / Erschienen in: Die Zeit Nr. 2, 2011
DIE ZEIT

58 **NEONAZIS**
Grafik: Ole Häntzschel [www.olehaentzschel.com] / Quelle: *Versteckspiel – Lifestyle, Symbole und Codes von neonazistischen und extrem rechten Gruppen*, herausgegeben von: Agentur für soziale Perspektiven e.V. / Erschienen in: Fluter – Magazin der Bundeszentrale für politische Bildung Nr. 109, 2012
fluter.

60 **EUROKRISE**
Grafik: Golden Section Graphics – Jan Schwochow / Recherche: Golden Section Graphics – Jan Schwochow, Weltgruppe Axel Springer / Quelle: Eurostat, Bank for International Settlements (BIS), www.ec.europa.eu, www.efsf.europa.eu, www.ecb.int, www.bundesregierung.de, Sachverständigenrat zur Begutachtung der gesamtwirtschaftlichen Entwicklung, Statistisches Bundesamt, www.rechnungshof.gv.at, Wikipedia / Erschienen in: In Graphics Vol. 4

62 **AFGHANISTAN**
Grafik/Recherche: Karen Hentschel [www.karenhentschel.de], Pierre La Baume [www.labaume.de], Marc Tiedemann [www.marc-tiedemann.de] / Quelle: Diverse Interviews u.a. mit Susanne Köbl (Spiegel), Can Merey (dpa) und Hauke Friederichs (Die Zeit), sowie Online Quellen von Stiftungen und Zeitungen u.a. Heinrich Böll Stiftung, Wissenschaft und Politik, The New York Times, The Guardian, Afghan Conflict Monitor. Weitere Interviews mit Vertretern innerdeutscher Parteien: Karl-Heinz Niedermeyer (SPD), Katrin Schmidberger (Bündnis 90 die Grünen), Klaus Hatzenbuehler (BMVg) / Gestaltet als Poster im Rahmen eines Semesterprojekts an der FH Potsdam, 2010 / Erschienen in: *Information Graphics*, Taschen Verlag, 2012

66/67 **ALTER UND TOD**
66: Grafik: Nora Coenenberg [www.nocoii.com] / Quelle: Plegestatistik 2005 / Erschienen in: Stern Nr. 42, 2006
stern

67: Grafik: Golden Section Graphics – Jan Schwochow / Text: SZ – Patrick Eickemeier / Recherche: SZ – Patrick Eickemeier; Golden Section Graphics – Jan Schwochow / Quelle: Bundesamt für Bauwesen im Raumordnung (BBR) / Erschienen in: SZ Wissen, 05.2008
Süddeutsche Zeitung WISSEN

68 **FORSCHUNG**
Grafik/Recherche: Jana Kühl [www.hypetype.de], Dimitar Ruszev [dimitar.ruszev@gmail.com], Florian Köhne [www.floriankoehne.de] / Quelle: Stenographischer Bericht der Sitzung des deutschen Bundestags Nr. 142, 14.02.2008; mehr Informationen unter: www.incom.org/projekt/1281 / Erschienen in: www.incom.org der Fachhochschule Potsdam

72 **GRENZEN**
Grafik: Benjamin Erfurth [www.usegraphics.com] / Text: Ralf Grauel / Recherche: Ralf Grauel, Kai Schächtele / Quelle: Wikipedia; *Taschenatlas Deutsche Geschichte*, Stuttgart, 2009; www.atlas-europa.de; *Bevölkerungsgeschichte Europas, Mittelalter bis Neuzeit*, München, 1971; Berlin Institut für Bevölkerung und Entwicklung; *Der Weg in die Geschichte – die Ursprünge Deutschlands bis 1024*, Berlin, 1994

74 **GESCHICHTE**
Grafik: Torsten Meyer-Bautor [www.24-sieben.net] / Recherche: Philipp Albers, Ralf Grauel / Quelle: Wikipedia

76 **FAMILIENNAMEN**
Grafik: Vladimir Llovet Casademont [www.vladimirllovet.com] / Recherche: Bruno Pischel / Quelle: Ahnenforschung Böttcher

78 **ADELSHÄUSER**
Grafik: Sabine Hecher [www.sabinehecher.de] / Recherche: Eva Sudholt / Erschienen in: Berliner Morgenpost, Berliner Illustrirte Zeitung, 01.05.2011
Berliner Morgenpost

80 **WOHLSTAND**
Grafik: Nora Coenenberg [www.nocoii.com] / Recherche: Die Zeit – Christoph Drösser / Quelle: gapminder.org, UN, Deutsche Stiftung Weltbevölkerung, Volkswagen, Statistisches Bundesamt, measuringworth.com, Wikipedia / Erschienen in: Die Zeit Nr. 2, 2011
DIE ZEIT

82 **WIRTSCHAFT**
Grafik: FTD – Andreas Mohrmann / Recherche: Hauke Friedrichs, Eva Kühnen, Jan-Oliver Schütz, Dr. Nikolaus Förster / Dokumentation: Tobias Bayer, Kristian Kloß / Quelle: Unternehmen, eigene Recherche / Erschienen in: Financial Times Deutschland, 06.05.2005

Grafiken der FTD sind als Poster erhältlich unter: www.wirtschaftsmedien-shop.de/ftd/wandkarten
FINANCIAL TIMES DEUTSCHLAND

84 **ZWEITER WELTKRIEG**
Grafik: Rüdiger Joppe [www.joppeberlin.de] / Recherche: Rainer Schmidt / Quelle: Wikipedia

86 **AUSCHWITZ**
Grafik: Christian Eisenberg [www.christianeisenberg.de], Jochen Stuhrmann [www.illustrato.de] / Recherche/Text: Christian Eisenberg / Erschienen in: Stern Nr.5, 2005
stern

88 **DIE BEFREIUNG**
Grafik/Recherche: Stern – Andrew Timmins / Text: Teja Fiedler / Erschienen in: Stern Nr. 23, 2004
stern

90 **DAS HITLER-ATTENTAT**
Grafik: Golden Section Graphics – Nick Oelschlägel, Jan Schwochow / Recherche: Golden Section Graphics – Jan Schwochow / Quelle: Stern, F.A.Z, www.reise-nach-ostpreussen.de

92 **LUFTBRÜCKE I / II**
Grafik: Golden Section Graphics – Jan Schwochow, Mesut Capkin, Felix Waldow, Katharina Erfurth / Recherche: Golden Section Graphics – Jan Schwochow, Felix Waldow, Katharina Erfurth / Quelle: Bewag; Wolfgang J. Huschke: *Die Rosinenbomber: Die Berliner Luftbrücke 1948/49, ihre technischen Voraussetzungen und deren erfolgreiche Umsetzung*, Berliner Wissenschafts-Verlag; *Rosinenbomber über Berlin*, Dietz, Berlin; *Landing on Tempelhof – 75 Jahre Zentralflughafen – 50 Jahre Luftbrücke*, Ausstellungskatalog von Bezirksamt Tempelhof, Berlin, 1998; Auftrag Luftbrücke; Friedrich Jeschonnek, Dieter Riedel, William Durie: *Alliierte in Berlin 1945 - 1994: Ein Handbuch zur Geschichte der militärischen Präsenz der Westmächte*, Berliner Wissenschafts-Verlag; www.history.army.mil; Stiftung Haus der Geschichte der Bundesrepublik; Wikipedia; Wetterdaten: Deutscher Wetterdienst / Erschienen in: Berliner Morgenpost, 22.06.2008; Welt am Sonntag, 22.06.2008
Berliner Morgenpost
WELT am SONNTAG

96 **BAU DER MAUER**
Grafik/Recherche: Golden Section Graphics – Jan Schwochow / Quelle: Senatsverwaltung für Stadtentwicklung Abt.III D, Luftbildservice; Peter Joachim Lapp: *Frontdienst im Frieden – die Grenztruppen der DDR*, Bernard & Graefe Verlag, 1986; Thomas Flemming und Hagen Koch: *Die Berliner Mauer – Grenze durch eine Stadt*, be.bra Verlag, 2000; Wolfgang Rathje: *Gedenkstätte Berliner Mauer*, astfilm productions / Erschienen in: In Graphics Vol. 2

98 **BERLINER MAUER**
Grafik: Golden Section Graphics – Jan Schwochow, Jan Torzinski / Recherche: Golden Section Graphics – Jan Schwochow / Quelle: Peter Joachim Lapp: *Frontdienst im Frieden – die Grenztruppen der DDR*, Bernard & Graefe Verlag, 1986; Thomas Flemming und Hagen Koch: *Die Berliner Mauer – Grenze durch eine Stadt*, be.bra Verlag, 2000; Wolfgang Rathje: *Gedenkstätte Berliner Mauer*, astfilm productions / Erschienen in: In Graphics Vol. 2

100 **MAUERFALL**
Grafik: Christian Schlippes, Jutta Setzer / Recherche: Sven Felix Kellerhoff / Quelle: Hans-Herrmann Hertle: *Chronik des Mauerfalls*, Ch. Links Verlag, 2006 / Erschienen in: Berliner Morgenpost, Berliner Illustrirte Zeitung, 08.11.2009
Berliner Morgenpost

102 **ROTE ARMEE FRAKTION**
Grafik/Recherche: Nora Coenenberg [www.nocoii.com], Jochen Schlosser

104 **STUTTGART STAMMHEIM**
Grafik: Stern – Cyprian Lothringer / Recherche/Text: Klaudia Thal / Erschienen in: Stern Nr. 17, 2007
stern

106 **BEVÖLKERUNG**
Grafik: KircherBurkhardt / Recherche/Quelle: Handelsblatt Research / Erschienen in: Handelsblatt, *60 Jahre BRD*, 2009
Handelsblatt

108 **HANDEL**
Grafik: KircherBurkhardt / Recherche/Quelle: Handelsblatt Research / Erschienen in: Handelsblatt, *60 Jahre BRD*, 2009
Handelsblatt

112 **AUTOS BAUEN**
Grafik: FTD – Benedikt Grotjahn / Quelle: Unternehmen, Bloomberg, IHS Insight, VDA / Erschienen in: Financial Times Deutschland, 29.03.2011

Grafiken der FTD sind als Poster erhältlich unter: www.wirtschaftsmedien-shop.de/ftd/wandkarten
FINANCIAL TIMES DEUTSCHLAND

114 **FORSCHEN UND ENTWICKELN**
Grafik: Golden Section Graphics – Jan Schwochow, Paul Blickle / Recherche: Handelsblatt – Susanne Wesch / Quelle: Booz & Company / Erschienen in: Handelsblatt, 2009
Handelsblatt

116 **KRISEN ÜBERBRÜCKEN**
Grafik: KircherBurkhardt / Recherche/Quelle: Handelsblatt Research / Erschienen in: Handelsblatt, 2010
Handelsblatt

118 **BRÜCKEN BAUEN**
Grafik: Golden Section Graphics – Jan Schwochow, Felix Waldow, Sebastian Piesker, Katharina Schwochow / Recherche: Golden Section Graphics – Jan Schwochow / Quelle: www.ruegenbruecke.com, Wikipedia, www.ostseh.de, www.brueckenweb.de, www.brueckenbau-links.de, DARC, Bundesverkehrsministerium, Deges / Erschienen in: Stern View, 10.2007
VIEW

120 **WIEDERAUFBAUEN**
Grafik/Recherche: KircherBurkhardt / Quelle: Dieter Krull, Dieter Zumpe: *Memento Frauenkirche – Dresdens Wahrzeichen als Symbol der Versöhnung*, Verlag Bauwesen, Berlin, 2001; Fritz Löffler: *Die Frauenkirche zu Dresden – Ein Christliches Denkmal*, Union Verlag, Berlin, 1984; www.frauenkirche-dresden.org; www.dresden-und-sachsen.de / Erschienen in: Stern View, 10.2005
VIEW

122 **GROSSE DINGEN BAUEN**
Grafik: Golden Section Graphics – Simon Wimmer, Jan Schwochow / Recherche: Golden Section Graphics – Jan Schwochow, Simon Wimmer, Paul Blickle / Quelle: www.citytunnelleipzig.de, www.dipbt.bundestag.de, www.mdr.de, www.info-tv-leipzig.de, www.vr-transport.de, www.focus.de, www.spiegel.de, www.taz.de, www.faz.net, www.kopfbahnhof-21.de, www.leben-in-stuttgart.de, www.dasneue-herz-europas.de, www.tagesspiegel.de, www.berlinonline.de, www.deutschebahn.de, www.soms.ethz.ch, www.bmvbs.de, www.morgenpost.de, www.rp-online.de, www.femern.de, www.auto-motor-und-sport.de, Wikipedia, Berichte über den Ausbau des Schienennetzes / Erschienen in: In Graphics Vol. 1

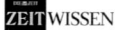

124 **MÜLL TRENNEN**
Grafik: Frank Höhne [www.frankhoehne.de] / Recherche: Kai Schächtele / Quelle: Grüner Punkt Deutschland; Ökoinstitut Freiburg; Duales Problem Deutschland, Brand Eins, 09.2002

126 **MODERN GESTALTEN**
Grafik/Recherche: Golden Section Graphics – Jan Schwochow / Quelle: Klaus Klemp: *Less and More – The Design Ethos of Dieter Rams*, Die Gestalten Verlag, 2009; Wikipedia, www.mathildenhoehe.info, www.wilhelm-wagenfeld-stiftung.de, www.stadtentwicklung.berlin.de, www.hfg-archiv.ulm.de, www.bauhaus.de, www.braun.com, www.typolexikon.de, www.kragstuhlmuseum.de, www.siemens.de, www.hansgugelot.com / Erschienen in: In Graphics Vol. 3

130 **PANZER BAUEN**
Grafik/Recherche: Golden Section Graphics – Nick Oelschlägel, Jan Schwochow / Quelle: Rheinmetall, Bundeswehr / Erschienen in: Loyal - Magazin für Sicherheitspolitik, 01.01.2009

132 **ÜBERWACHEN**
Grafik: Golden Section Graphics – Jan Schwochow / Text: Golden Section Graphics – Meike Bruns / Recherche: Golden Section Graphics – Meike Bruns, Jan Schwochow / Quelle: E-3A COMPONENT, Public Information Office / Erschienen in: Max Nr. 22, 2001

134 **ENERGIE VERNETZEN**
Grafik: Golden Section Graphics – Rafael Vicente, Katharina Stipp, Jan Schwochow / Recherche: Jürgen Petermann, Behnken & Prinz / Quelle: dena / Erschienen in: Jubiläumsbuch der Deutschen Energie-Agentur (dena), 2011

136/137 **STROM SPAREN**
136: Grafik: Stefan Fichtel [www.ixtract.de] / Recherche: Die Zeit – Dirk Asendorpf / Quelle: Fraunhofer-Institut für Windenergie und Energiesystemtechnik (IWES), Bundesverband Windenergie, Deutscher Wetterdienst, openstreetmaps.org / Erschienen in: Die Zeit Nr. 21, 2011
DIE ZEIT

137: Grafik: Golden Section Graphics – Rafael Vicente, Katharina Stipp, Jan Schwochow / Recherche: Jürgen Petermann, Behnken & Prinz / Quelle: www.farmsubsidy.org, dena / Erschienen in: Jubiläumsbuch der Deutschen Energie-Agentur (dena), 2011

138 **RUDERN**
Grafik: Helen Gruber [www.helengruber.de] / Recherche: Die Zeit – Jürgen Bröker / Quelle: Bootswerft Empacher, www.deutschlandachter.de, Ralf Holtmeyer (Bundestrainer) / Erschienen in: Die Zeit Nr. 44, 2010
DIE ZEIT

140 **AUSBILDEN**
Grafik: Golden Section Graphics – Jan Schwochow, Mesut Capkin, Felix Waldow / Recherche: Golden Section Graphics – Jan Schwochow / Quelle: Deutsche Marine; Heinrich Walle: *50 Jahre Segelschulschiff Gorch Fock*, Koehler, 2008 / Erschienen in: In Graphics Vol. 1

144 **WAHLEN**
Grafik: Golden Section Graphics – Jan Schwochow, Martin Freiling / Recherche: Golden Section Graphics – Jan Schwochow / Quelle: Niedersächsisches Innenministerium, Bundeswahlleiter, Infratest dimap, Landeshauptstadt Kiel, Bürger- und Ordnungsamt / Erschienen in: Max Nr. 20, 2002

146 **PARLAMENT**
Grafik/Recherche: Golden Section Graphics – Jan Schwochow / Quelle: www.bundeswahlleiter.de, www.bundestag.de, www.bundesarchiv.de / Erschienen in: Die Zeit Nr. 40, 2009
DIE ZEIT

148 **BUNDESPRÄSIDENTEN**
Grafik: Golden Section Graphics – Jan Schwochow, Paul Blickle / Recherche: Golden Section Graphics / Quelle: www.bundeswahlleiter.de, www.bundestag.de, www.bundesarchiv.de / Erschienen in: Die Zeit Nr. 26, 2010
DIE ZEIT

150 **MEDIEN**
Grafik: Von B und C – Barbara Hahn, Christine Zimmermann [www.von-b-und-c.net] / Recherche: Die Zeit – Mathias Brandt / Quelle: ARD/ZDF-Langzeitstudie Massenkommunikation (in: Media Perspektiven, 01.2011); ARD Marktanalyse 2011, Statistisches Bundesamt; AGF / Erschienen in: Die Zeit Nr. 29, 2011
DIE ZEIT

152 **VERBÄNDE**
Grafik: Benjamin Erfurth [www.usegraphics.com] / Recherche: Kai Schächtele / Quelle: Angabe der Verbände

154 **AUFSICHTSRÄTE**
Grafik: FTD – Klaas Neumann / Quelle: Unternehmen, Munzinger-Archiv, Bloomberg / Erschienen in: Financial Times Deutschland, 24.01.2012

Grafiken der FTD sind als Poster erhältlich unter: www.wirtschaftsmedien-shop.de/ftd/wandkarten
FINANCIAL TIMES

156 **PARTEIEN UND WIRTSCHAFT**
Grafik: Von B und C – Barbara Hahn, Christine Zimmermann [www.von-b-und-c.net] / Recherche/Text: SZ – Max Fellmann / Quelle: Für jede Partei ein Grundrissplan mit den Ausstellern früherer Parteitage / Erschienen in: Süddeutsche Zeitung Magazin Nr. 46, 2011
Süddeutsche Zeitung Magazin

159 **SICHERHEITSBEHÖRDEN**
Grafik: SZ – Daniel Braun / Recherche: Süddeutsche Zeitung / Erschienen in: Süddeutsche Zeitung, 03./04.12.2010
Süddeutsche Zeitung

160 **SEILSCHAFTEN**
Grafik: Rüdiger Joppe [www.joppeberlin.de] / Recherche: Julia Encke / Quelle: Frankfurter Allgemeine Zeitung, Der Spiegel, Bild-Zeitung, Süddeutsche Zeitung

162/163 **DOKTORTITEL**
162: Grafik: Die Zeit – Julika Altmann / Recherche: Helga Rietz, Die Zeit – Christoph Drösser / Quelle: OECD, HIS, Statistisches Bundesamt, Nature, Kienbaum, Deutscher Bundestag, Guttenplag Wiki, Vroniplag / Erschienen in: Die Zeit Nr. 22, 2011
DIE ZEIT

163: Grafik: Gregor Aisch [www.driven-by-data.net] / Quelle: Guttenplag Wiki

164 **BERLINER REPUBLIK**
Grafik: Golden Section Graphics – Jan Schwochow / Recherche: Ralf Grauel

166 **ROTES RATHAUS**
Grafik: Bild – Jim Dick / Quelle: Senatskanzlei Berlin / Erschienen in: Bild Zeitung, 27.08.2011
Bild

168 **REICHSTAGSGEBÄUDE**
Grafik/Recherche: KircherBurkhardt / Quelle: Deutscher Bundestag / Erschienen in: Poster für die Presse- und Öffentlichkeitsarbeit des Deutschen Bundestages

170 **KANZLERAMT**
Grafik: Golden Section Graphics – Jan Schwochow / Recherche: Der Tagesspiegel – Matthias Oloew; Golden Section Graphics – Katharina und Jan Schwochow / Redaktion: Der Tagesspiegel – Susanne Leimstoll / Quelle: Leiter Pressereferat, Bundeskanzleramt / Erschienen in: Der Tagesspiegel, Poster-Sonderbeilage Berliner Bauten, 20.01.2008
DER TAGESSPIEGEL

174 **60 JAHRE WACHSTUM**
Grafik: Golden Section Graphics – Katharina und Jan Schwochow / Recherche: Golden Section Graphics – Katharina Schwochow / Quelle: Statistisches Bundesamt, Statistisches Jahrbuch 2009/2010, Bundesagentur für Arbeit, www.denic.de / Erschienen in: In Graphics Vol. 1

176 **STEUERN: DER BUND**
Grafik: KircherBurkhardt / Quelle: Handelsblatt Research / Erschienen in: Handelsblatt, *Deutschland ungeschminkt*, 2011
Handelsblatt

178 **STEUERN: DIE LÄNDER**
Grafik: KircherBurkhardt / Quelle: Handelsblatt Research / Erschienen in: Handelsblatt, *60 Jahre BRD*, 2009
Handelsblatt

180 **DIE STEUERZAHLER**
Grafik: KircherBurkhardt / Quelle: Handelsblatt Research, Destatis, RWI / Erschienen in: Handelsblatt, *Deutschland ungeschminkt*, 2011
Handelsblatt

182 **SCHULDEN: KOMMUNEN**
Grafik/Recherche: Golden Section Graphics – Katharina Stipp / Quelle: Werner Rügemer: *Cross Border Leasing – Ein Lehrstück zur globalen Enteignung der Städte*, Münster, 2004; Petra Luksch: *U.S.-Cross-Border-Leasing-Transaktionen deutscher Kommunen – Ein Beitrag zum Recht der öffentlichen Sachen*, Diplomarbeit, 2009; Matthias Holdermann, Frank Wilhelm: *IfR Diskussionspapier – Leasing als kommunale Geldquelle: Fallstudie Verkehrsbetriebe der Stadt Karlsruhe (VBK)*; www.handelsblatt.com, www.gruene-bochum.de, www.blackdragonnews.blogg.de, www.stuttgarter-zeitung.de, www.infranken.de, www.faz.net, www.wasser-in-buergerhand.de, www.konstanz.de, www.abendblatt.de, www.taz.de, www.cross-border-wuppertal.de, www.l-iz.de, www.stadtbahn-dresden.de, www.stadtrevue.de, www.nachrichten.rp-online.de, www.spiegel.de, www.faz.net, www.derwesten.de, www.kapital-rechtinfo.de, www.openpr.de, www.rundschau-online.de, www.attac-netzwerk.de, www.bielefeld-blog.de, www.newsclick.de, www.vdi-nachrichten.com, www.webcache.googleusercontent.com, www.heise.de, www.freiepresse.de, www.oeffentlich-ist-wesentlich.verdi.de, www.mainpost.de, www.labournet.de, www.wochenanzeiger-muenchen.de, www.zeit.de, www.hahn.1on.de, www.vdi-nachrichten.com; Geschäftsüberblick und Leistungsbilanz 31.12.2002 – Structured Finance by DaimlerChrysler Services; Wilhelm Neurohr: *Cross-Border-Leasing: Ein trojanisches Pferd? Der Ausverkauf der Städte und Gemeinden durch dubiose Steuertricks mit amerikanischen Konzernen*, Hrsg. von der Initiative Netzwerk Dreigliederung, 2003; West LB Geschäftsbericht 1997; DFH Deutsche Fonds Holding Geschäftsüberblick und Leistungsbilanz zum 31.12.2006; East merchant – Referenzen US-Leases; DREWAG Geschäftsbericht 2009, Pressespiegel: Cross-Border-Leasing, Kontakt zu den einzelnen Gemeinden / Erschienen in: In Graphics Vol. 1

184 **DER NEUE MARKT**
Grafik: FTD – Klaas Neumann / Quelle: Bloomberg, FTD / Erschienen in: Financial Times Deutschland, 10.03.2010

Grafiken der FTD sind als Poster erhältlich unter: www.wirtschaftsmedien-shop.de/ftd/wandkarten
FINANCIAL TIMES

186 **GESUNDHEITSSYSTEM I/II/III**
Grafik: Golden Section Graphics – Dirk Aschoff, Jan Schwochow / Recherche: Golden Section Graphics – Dirk Aschoff / Quelle: Bundesministerium für Gesundheit (www.bundesgesundheitsministerium.de, KV45 & KJ1 & Broschüre *Daten des Gesundheitswesens*), GKV-Schätzkreis / Erschienen in: In Graphics Vol. 3

192 **HARTZ IV**
Grafik: Golden Section Graphics – Maria Thiele, Jan Schwochow / Recherche: Golden Section Graphics – Maria Thiele, Katharina Stipp / Quelle: www.arbeitsagentur.de, www.harald-thome.de, Hartz IV-Beratungsstelle des Nachbarschaftshauses RuDi, Modersohnstraße, Berlin; www.sozialhilfe24.de, www.hartz4-forum.de, www.gegen-hartz.de, www.n-heydorn.de, www.haushaltsgeld.net, www.hüttl-kollegen.de, Wikipedia, www.oeffentlicher-dienst.info, www.forium.de / Erschienen in: In Graphics Vol. 1

196 **OSTEN UND WESTEN**
Grafik: FTD – Klaas Neumann / Quelle: FTD-Recherche / Erschienen in: Financial Times Deutschland, 01.10.2010

Grafiken der FTD sind als Poster erhältlich unter: www.wirtschaftsmedien-shop.de/ftd/wandkarten
FINANCIAL TIMES

198 **2000 UND DANACH**
Grafik: Die Zeit – Julika Altmann / Recherche: Benjamin Reuter / Quelle: Bevölkerung: Statistisches Bundesamt, UN, PKS, Bundeswehr, Zentralinstitut Islam-Archiv Deutschland; Kommunikation und Medien: ARD/ZDF Onlinestudie, Bitkom, HBZ, BDZV, BdDB, BVMI; Mobilität: Statistisches Bundesamt, Lufthansa; Gesundheit: Statistisches Bundesamt, RKI, BÖLW, DSSV, Bundesärztekammer; Wirtschaft: Statistisches Bundesamt, Chinability, BMAS, eigene Berechnungen, BMU, BDT / Erschienen in: Die Zeit Nr. 37, 2010
DIE ZEIT

200 **WÖRTER UND UNWÖRTER**
Grafik/Recherche: Golden Section Graphics – Katharina Stipp / Quelle: www.gfds.de, www.americandialect.org, www.welt.de, www.unwortdesjahres.uni-frankfurt.de / Erschienen in: In Graphics Vol. 2

202 **JUNGEN UND MÄDCHEN**
Grafik: David McCandless [www.davidmccandless.com] / Quelle: Knud Bielefeld, www.beliebte-vornamen.de / Erschienen in: Die Zeit Nr. 10, 2010
DIE ZEIT

204/205 **HAUPTSCHULE VS. GYMNASIUM**
204: Grafik: FTD – Klaas Neumann / Quelle: Bundesamt für Statistik, Landeskultusministerien / Erschienen in: Financial Times Deutschland, 22.02.2010

Grafiken der FTD sind als Poster erhältlich unter: www.wirtschaftsmedien-shop.de/ftd/wandkarten
FINANCIAL TIMES

205: Grafik: Axel Pfaender [www.axelpfaender.com] / Quelle: Stifterverband für die Deutsche Wissenschaft / Erschienen in: Wirtschaft & Wissenschaft, 04.2011

206 **KINDER UND KARRIERE**
Grafik: Von B und C – Barbara Hahn, Christine Zimmermann [www.von-b-und-c.net] / Quelle: Die Daten wurden von der Brand Eins Wissen-Redaktion beim „Netzwerk Generation CEO“ erhoben / Erschienen in: Jahresbericht der Generation CEO „Eine Frage der Vernunft“, 11.2011

208/209 **OKTOBERFEST VS. LOVEPARADE**
208: Grafik: Sabine Hecher [www.sabinehecher.de] / Recherche: Philipp Woldin, Jörg Hunke / Quelle: Stadt München, I-Tunes-Redaktion, Wikipedia / Erschienen in: Berliner Zeitung, 17.09.2010
Berliner Zeitung

209: Grafik: Floyd E. Schulze / Recherche: Bruno Pischel

210 **GOTTSCHALK VS. RAAB**
Grafik/Recherche: Golden Section Graphics – Katharina Stipp / Quelle: www.imdb.de, www.quotenmeter.de, www.kress.de, www.welt.de, www.ukgameshows.com, www.zdf-enterprises.de, www.eenlevenlangtheater.nl, www.zdf-enterprises.de, www.imdb.de, www.bild.de, www.faz.net, www.youtube.com, Wikipedia, www.brainpool.de, AGF/GFK-Fernsehforschung, TV Scope, media control (ratings) / Erschienen in: In Graphics Vol. 1

212 **PALAST DER REPUBLIK**
Grafik: Golden Section Graphics – Jim Dick, Jan Schwochow / Recherche: Golden Section Graphics – Jan Schwochow / Quelle: Heinz Graffunder, Martin Beerbaum, Gerhard Murza: *Der Palast der Republik*, Leipzig, 1977; Anke Fuhrmann: *Der Palast der Republik*, Petersberg, 2006; Thomas Beutelschmidt, Julia M. Novak: *Ein Palast und seine Republik*, Berlin, 2001; Bauakademie der DDR: *Der Palast der Republik und seine Erbauer*, Berlin, 1976; www.deu.archinform.net; Wikipedia; Manfred Prasser (Architekt) / Erschienen in: In Graphics Vol. 4

214 **STADTSCHLOSS**
Grafik: Golden Section Graphics – Jan Schwochow, Tatiana Lysenko / Recherche: Golden Section Graphics – Jan Schwochow / Quelle: www.sbs-humboldt-forum.de / Erschienen in: Lufthansa Magazin, 12.2009; In Graphics Vol. 4

218 **DEUTSCHE SPRACHE**
Grafik: Golden Section Graphics – Jan Schwochow, Sebastian Piesker / Recherche: Thomas Lindemann / Quelle: Gesellschaft für Deutsche Sprache, Mannheim; Jutta Limbach: *Ausgewanderte Wörter*, Hüberverlag, 2007; Wikipedia / Erschienen in: Vanity Fair (Deutschland) Nr. 10, 2007

220 **ENTFERNUNGEN**
Grafik/Recherche: Moniteurs / Quelle: Wikipedia

222 **GELD**
Grafik: David McCandless [www.davidmccandless.com] / Recherche: Die Zeit – Christoph Drösser; David McCandless / Quelle: Eine Übersicht mit Links zu allen verwendeten Quellen findet sich unter www.zeit.de/grafik / Erschienen in: Die Zeit Nr. 5, 2010
DIE ZEIT

224 **HANDELSBILANZEN**
Grafik: FTD – Benedikt Grotjahn / Quelle: Ifo-Institut, Eurostat / Erschienen in: Financial Times Deutschland, 22.12.2011

Grafiken der FTD sind als Poster erhältlich unter: www.wirtschaftsmedien-shop.de/ftd/wandkarten
FINANCIAL TIMES

226 **BÖRSEN**
Grafik: FTD – Klaas Neumann / Quelle: Bats Trading, Bloomberg, Börsenbetreiber, Futures Industry Association; Thomson Reuters, World Federation of Exchanges / Erschienen in: Financial Times Deutschland, 21.04.2011

Grafiken der FTD sind als Poster erhältlich unter: www.wirtschaftsmedien-shop.de/ftd/wandkarten
FINANCIAL TIMES

228 **WASSER**
Grafik: Golden Section Graphics – Jan Schwochow / Recherche: Die Zeit – Christoph Drösser / Quelle: Statistisches Bundesamt 2006, BGW/BDW 2006, Vereinigung Deutscher Gewässerschutz e. V., www.virtuelles-wasser.de / Erschienen in: Die Zeit Nr. 26, 2009
DIE ZEIT

230 **ROHSTOFFE**
Grafik: Nicole Krohn / Recherche: Die Zeit – Dirk Asendorpf / Quelle: Bundesministerium für Wirtschaft und Technologie, Bundesministerium für Umwelt, Naturschutz und Reaktorsicherheit, Öko-Institut Freiburg / Erschienen in: Die Zeit Nr. 42, 2009
DIE ZEIT

232 **ATOMINDUSTRIE**
Grafik: Daniel Stolle [www.d-stolle.de] / Recherche: Ralf Grauel, Matthias Sommer / Quelle: World Nuclear Association (WNA), World Association of Nuclear Operators (WANO), Federation of American Scientists / Erschienen in: Katalog zu „Café Endlager“, temporäre Kunstausstellung in Stuttgart, 04./05. 2010

234 **DIE WELT AUS DEUTSCHER SICHT**
Grafik: Frank Höhne [www.frankhoehne.de] / Text: Ralf Grauel, Bruno Pischel, Kai Schächtele, Rainer Schmidt

NACHSATZ **STÄDTE UND BUNDESLÄNDER**
Grafik/Recherche: Golden Section Graphics – Jan Schwochow

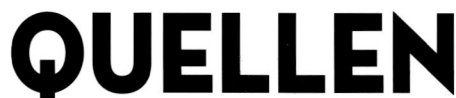

Deutschland verstehen: Ein Lese-, Lern- und Anschaubuch

Herausgegeben von Ralf Grauel, Jan Schwochow, Robert Klanten
Redaktion: Ralf Grauel
Redaktionelle Mitarbeit und Recherchen: Julia Encke, Kathrin Lilienthal, Nele Pachnicke, Bruno Pischel, Kai Schächtele, Rainer Schmidt

Umschlag Motiv: KircherBurkhardt mit freundlicher Genehmigung des Deutschen Bundestages
Layout- und Umschlaggestaltung: Kasper Zwaaneveld und Floyd Schulze für Gestalten
Schriften: Neutraface von Christian Schwartz, Lyon Text von Kai Bernau
Art Direction: Robert Klanten

Projektmanagement: Julian Sorge für Gestalten
Produktionsmanagement: Martin Bretschneider für Gestalten
Korrektorat: Anne Sauer
Druck: Optimal Media GmbH, Röbel
Made in Germany

Erschienen bei Gestalten, Berlin 2012
ISBN 978-3-89955-445-8

2. Auflage, 2012

© Die Gestalten Verlag GmbH & Co. KG, Berlin 2012

Alle in dieser Publikation verwendeten Grafiken wurden auf Basis ästhetischer und inhaltlicher Kriterien ausgewählt und in keinem Fall aufgrund von Zahlungen oder kommerziellen Zuwendungen seitens der vertretenen Designer und Medien.

Die Firma Gestalten ist klimaneutral. Wir arbeiten mit der Non-Profit-Stiftung myclimate (www.myclimate.org) zusammen, die zu den weltweit führenden Anbietern von freiwilligen Kompensationsmaßnahmen gehört. Wir investieren in emissionsreduzierende myclimate-Klimaschutzprojekte, um dieselbe Menge an klimawirksamen Emissionen wieder einzusparen, die durch unsere weltweiten Geschäftsaktivitäten anfallen. (www.gestalten.com/myclimate).

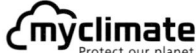

Wir bedanken uns für die freundliche Unterstützung bei:

Berliner Morgenpost · Handelsblatt · Süddeutsche Zeitung · WELT am SONNTAG
Berliner Zeitung · IN GRAPHICS · Süddeutsche Zeitung Magazin · DIE ZEIT
Bild · KIRCHER BURKHARDT · ZEIT MAGAZIN
FINANCIAL TIMES · stern · Süddeutsche Zeitung WISSEN · ZEIT ONLINE
fluter. · VIEW · DER TAGESSPIEGEL · ZEITWISSEN

Unser besonderer Dank gilt außerdem Dr. Norbert Lammert, Dr. Herbert Fleischhauer und Sebastian Przyrowski vom Deutschen Bundestag.

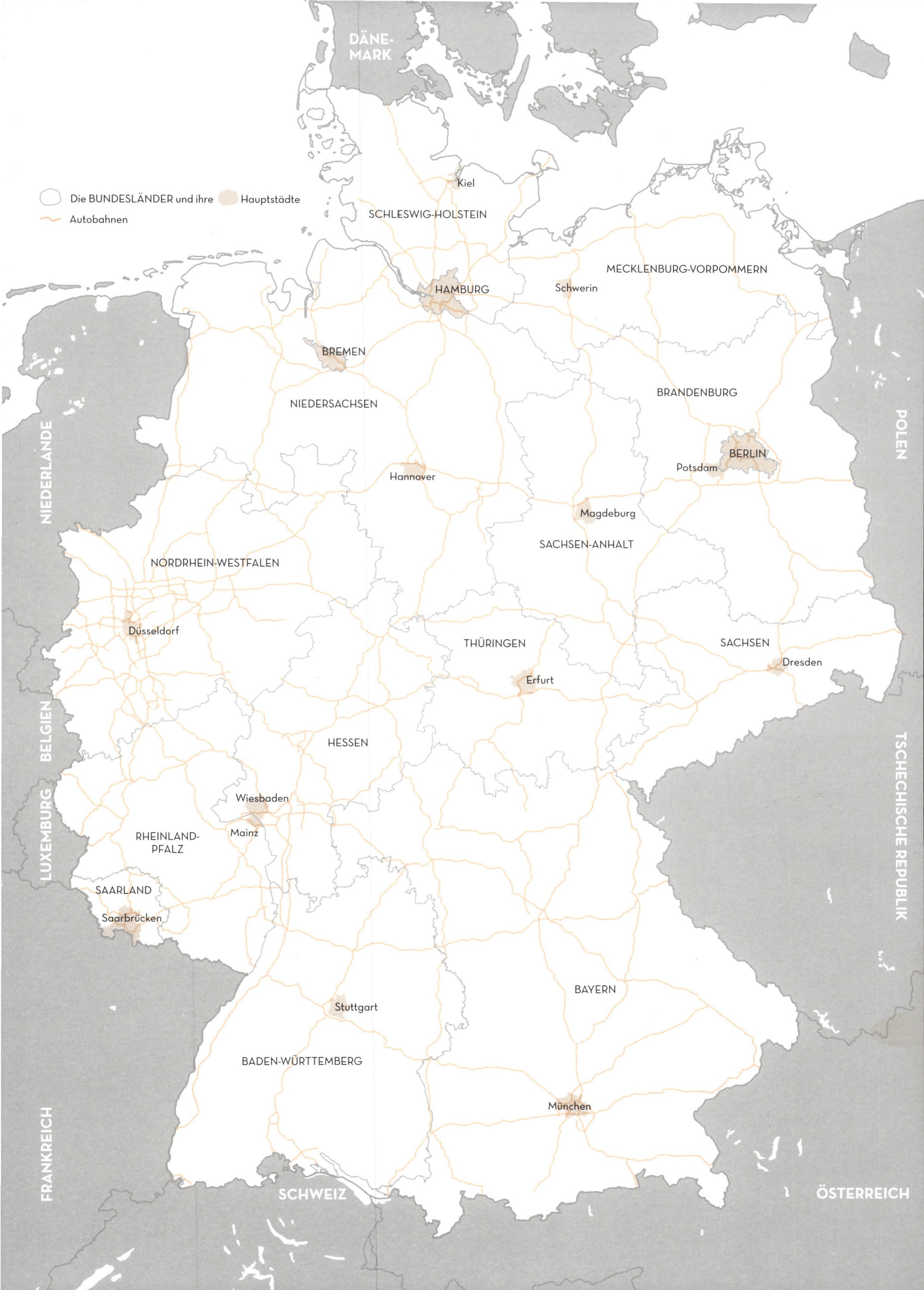